"十三五"国家重点出版物出版规划项目

南水北调中线工程文物保护项目
河南省考古发掘报告
第33号

淅川熊家岭墓地

河南省文物局　编　著

科学出版社
北京

内 容 简 介

　　熊家岭墓地位于河南省淅川县仓房镇沿江村三组的东部，是一处以战国时期墓葬为主的墓地。2010年10月至2011年6月，根据河南省文物局南水北调文物保护管理办公室安排，受河南省文物考古研究所委托，三门峡市文物考古研究所对该墓地进行了钻探和考古发掘，清理战国、汉、明清等时期墓葬82座。本书介绍了79座墓葬的发掘成果，结合既往考古报告和研究资料，对墓葬形制、出土器物进行早晚分析，开展分型定式、年代推断等方面的初步研究，为丹江流域区域考古提供了实物资料，对探索豫西南地区战国、汉代、明清等时期葬制葬俗和文化传承提供实物例证。

　　本书适合从事考古学、历史学、民族学、文物学的研究者及爱好者阅读、参考。

图书在版编目（CIP）数据

淅川熊家岭墓地 / 河南省文物局编著. —北京：科学出版社，2016.10
（南水北调中线工程文物保护项目·河南省考古发掘报告. 第33号）
"十三五"国家重点出版物出版规划项目
ISBN 978-7-03-050169-1

Ⅰ.①淅…　Ⅱ.①河…　Ⅲ.①墓葬（考古）–发掘报告–淅川县　Ⅳ.①K878.85

中国版本图书馆CIP数据核字（2016）第241309号

责任编辑：张亚娜　田　媛 / 责任校对：邹慧卿
责任印制：肖　兴 / 封面设计：陈　敬

科学出版社 出版
北京东黄城根北街16号
邮政编码：100717
http://www.sciencep.com

中国科学院印刷厂 印刷
科学出版社发行　各地新华书店经销

*

2016年12月第　一　版　　开本：889×1194　1/16
2016年12月第一次印刷　　印张：21 1/4　插页：49
字数：610 000

定价：298.00元
（如有印装质量问题，我社负责调换）

"13th Five-Year Plan" National Key Publications Publishing and Planning Project

Reports on the Cultural Relics Conservation
in the South-to-North Water Diversion Project
Henan Vol. 33

Xiongjialing Cemetery in Xichuan County

Administration of Cultural Heritage of Henan Province

Science Press
Beijing

南水北调中线工程文物保护项目

河南省考古发掘报告编辑委员会

主　　　　任	陈爱兰
副　主　　任	孙英民　郑小玲　马萧林　邓培全　尚宇鸣
	齐耀华　刘正才　张慧明
编　　　委	王　琴　孔祥珍　康国义　秦文波　张斌远
	姚向东　王瑞琴　马培良　王家永　韦耀国
	常志兵　李　勇　湛若云　任　伟　许晓鹏
	车俊朝　张长海　褚源新　邢心田　孟照阳
总　　　编	陈爱兰
执　行　总　编	孙英民　马萧林
副　　总　　编	张慧明

南水北调中线工程文物保护项目
河南省考古发掘报告
第33号

《淅川熊家岭墓地》

主　编

杨海青　史智民

副主编

郑立超　何　冰　燕　飞

项目承担单位

河南省文物考古研究院
三门峡市文物考古研究所

前　言

作为举世瞩目的特大型水利建设项目，南水北调中线工程的文物保护工作在河南是史无前例的。无论是工程涉及区域之广大，还是文物点分布的密集程度和价值之高，在河南的考古史上都是前所未有的。因此，在黄河小浪底水利枢纽工程和长江三峡库区的文物保护工作结束后不久，随着南水北调中线工程设计规划和施工的渐次展开，世人的目光便开始聚焦古老的中原大地。如何在配合特大型工程建设的同时，使中原大地珍贵的文化遗产得到有效保护，成为河南文物部门的重要任务。

南水北调中线工程包括水源地和总干渠两个主要项目。水源地丹江口水库地跨河南、湖北两省，总淹没面积达370平方千米，其中河南省境内占170平方千米，约占总面积的46%。总干渠起自河南省淅川县的陶岔，流经河南、河北、北京、天津等省市，全长1276千米，其中河南境内达731千米，约占总长度的58%。从南阳盆地沿太行山东麓北行，流经南阳、平顶山、许昌、郑州、焦作、新乡、鹤壁、安阳8个省辖市32个县（市、区），南水北调中线工程纵贯了古代中原的核心区域。在淹没区和总干渠沿线及其附近分布的文物点，既有旧石器时代的化石地点和古人类遗迹，也有新石器时代的大型聚落，更有数量众多、内涵丰富的反映不同文化风格及其交融过程的历史时期的城址、墓葬群、古代建筑和石刻艺术等。可以说，纵贯河南南北的总干渠，在中原大地形成了一条极为难得的融汇各个文化发展时期和各种文化因素的古代文化廊道。

南水北调中线工程河南段的文物保护工作，有以下几个显著特点：

一是全国文物考古队伍积极参与。1994~2005年，河南省组织协调省内外有关文物考古、科研和工程设计单位，对南水北调中线工程丹江口河南淹没区和总干渠沿线进行文物调查、复核和确认工作。经国家有关部门复核确认，南水北调中线工程共涉及河南境内文物点330处。2005年，南水北调中线工程河南段文物保护抢救工作正式启动。河南省文物考古研究所和中国社会科学院考古研究所、武汉大学历史系、陕西省考古研究院等来自全国各地的50余家文物考古单位，先后参加南水北调中线工程河南段的文物保护抢救工作。河南省文物局积极组织协调，在工作中强化大局意识、质量意识、安全意识和服务意识，组织专家现场指导，安排部署市县文物部门进行巡视，为考古发掘单位提供优良的工作环境，确保工程建设和文物保护工程顺利进行。

二是保护抢救了一大批珍贵文物。南水北调文物保护不仅工程浩大，而且总干渠绝大部分是开挖明渠，更容易造成文物的破坏和损害。我们组织考古队伍提前介入，对将要开工渠段的已知文物点进行抢救发掘，有效地保护了文物。其中不乏历史价值、科学价值、艺术价值颇高的珍贵文物。如徐家岭墓地清理的一座战国早期楚国贵族墓葬，出土的一件小口鼎上铸有多达49字的清晰铭文，铭文上有岁星纪年和墓主人身份等，对于研究墓葬年代及墓主人身份提供了重要资料；鹤壁关庄墓地发现的清代西安府守备之墓，出土了一批金质头饰，造型优美，制作精细，特别是一件印有喜鹊登梅图案的金冠，工艺精良，有极高的艺术价值；博爱聂村墓地出土的4件唐代三彩钵，做工精湛，造型精美，是唐三彩器物中不可多得的精品。

三是考古发现具有重要的科学研究价值。如鹤壁刘庄遗址在全国首次发现分布密集、排列规律的大面积先商文化墓地，填补了先商文化发掘和研究工作的一项空白，是该研究领域的最大学术突破；安阳固岸墓地在我国第一次发现了以二十四孝为题材的东魏时期围屏石榻，首次发现了明确纪年的东魏墓葬，出土了大批北齐时期陶俑、瓷器和多方北齐、东魏墓志等重要文物，是研究豫北地区北朝时期的丧葬习俗和陶塑艺术、白瓷、黑瓷的起源和制作工艺以及北齐和东魏时期的书法艺术的宝贵资料；卫辉大司马墓地唐代乞扶令和夫妇合葬墓的发掘，为研究我国隋唐时期的官吏体制、书法艺术和社会的繁盛提供新证据；温县徐堡发现了龙山、西周、春秋、战国、汉、宋、明和清时期连续叠压的古城址，是目前黄河流域所发现的龙山文化城址中保存较好、规模较大的一座城址，填补了豫西北龙山城址发现的空白；荥阳薛村遗址为二里头文化晚期到早商文化时期的大型遗址，该遗址的发掘保护工作，对于研究薛村遗址聚落的结构、内部功能区的划分及其特点，探讨夏、商文化的演变的态势和更替有重要的学术意义和科学研究价值；荥阳关帝庙遗址发现了保存完整的商代晚期小型聚落，聚落功能齐全，分居住区、制陶区、祭祀区、墓葬区四部分，在我国商代考古发掘中尚属首次；新郑唐户遗址发现了大面积裴李岗文化时期的居住基址，房址形制结构特点和排水系统的使用，反映了裴李岗文化时期较为先进的建筑理念。

四是考古发掘与课题研究有机结合。在发掘过程中，不仅注重各类文物的抢救保护，而且采用现代科技手段，最大可能采集各类标本。特别是对于出土的人骨、兽骨进行了性别、年龄、病理以及DNA等方面的鉴定；按照国家地理信息标准，对每处文物点都测量绘制了要素齐全的总平面图，为今后文物普查和保护奠定了基础。如武汉大学历史系对辉县大官庄墓地的一座9个墓室的大型汉墓，进行了发掘现场三维重建和近景摄影测绘技术的全面测绘，通过数字测绘技术、计算机虚拟现实技术，建立了三维的考古对象模型；山东大学在博爱西金城遗址发掘中，设立了主要涉及古地貌、动物、植物、石器、陶器以及遗址资源域十余个子课题的环境考古课题，是开展多学科综合研究的一次重大尝试。

河南省南水北调中线工程文物保护工作度过了艰辛而光荣的历程。我们积极探索大型项目建设中文物保护抢救工作的新路子，更新管理理念，创新管理机制，培育专业队伍，提升研究层次，取得了非凡的荣誉。安阳固岸墓地、鹤壁刘庄遗址、荥阳娘娘寨遗址、荥阳关帝庙遗址、新郑唐户遗址、新郑胡庄墓地6个项目先后被评为"全国十大考古新发现"。鹤壁刘庄遗址、荥阳娘娘寨遗址、荥阳关帝庙遗址、新郑唐户遗址、新郑胡庄墓地、淅川沟湾遗址6个项目荣获"全国田野考古质量奖"。国家文物局授予河南省文物局南水北调文物保护办公室"全国文化遗产保护工作先进集体"荣誉称号。

河南省南水北调中线工程文物保护工作一直受到各级领导的关心和社会各界的支持。全国政协张思卿副主席曾率团视察河南省南水北调工程文物保护工作。国务院南水北调办公室和国家文物局各位领导多次亲临一线检查指导，帮助排忧解难。河南省委、省政府多次召开会议，研究解决文物抢救保护工程中的重大问题。南水北调中线干线工程建设管理局、南水北调中线水源有限责任公司、河南省南水北调中线干线工程领导小组办公室、河南省人民政府移民工作领导小组办公室对南水北调文物保护工作也给予了大力支持和帮助。国家诸多考古学家多次深入到文物保护抢救现场，对重大学术问题和考古发掘质量给予帮助指导。社会各界特别是新闻媒体给予极大关注和广泛宣传。

为了更好地利用考古资料开展学术研究，充分展示河南省南水北调中线工程文物保护项目考古发掘的巨大成果，河南省文物局积极组织考古发掘单位及时对考古发掘资料进行整理和研究，编辑出版考古发掘报告，以期进一步推动文物保护和考古学研究工作。

河南省文物局
2010年5月

目　　录

前言 (i)

第一章　绪论 (1)

第一节　地理环境和历史沿革 (1)

一、地理环境 (1)

二、历史沿革 (2)

第二节　墓地概况 (3)

第三节　发掘经过 (3)

第四节　资料整理和报告的编写 (5)

第二章　战国墓葬 (7)

第一节　墓葬综述 (7)

一、墓葬分布 (7)

二、形制与结构 (7)

三、墓葬方向 (8)

四、葬具 (8)

五、葬式 (8)

六、随葬品 (8)

第二节　墓葬分述 (9)

一、M4 (9)

二、M5 (14)

三、M7 (16)

四、M8 (18)

五、M9 (21)

六、M11 (22)

七、M12 (23)

八、M13 (25)

九、M14 (26)

一〇、M15 (28)

一一、M16 (31)

一二、M17 …………………………………………………………………………（33）
一三、M18 …………………………………………………………………………（36）
一四、M19 …………………………………………………………………………（37）
一五、M20 …………………………………………………………………………（39）
一六、M21 …………………………………………………………………………（42）
一七、M22 …………………………………………………………………………（47）
一八、M23 …………………………………………………………………………（52）
一九、M24 …………………………………………………………………………（54）
二〇、M25 …………………………………………………………………………（66）
二一、M28 …………………………………………………………………………（68）
二二、M29 …………………………………………………………………………（72）
二三、M31 …………………………………………………………………………（76）
二四、M32 …………………………………………………………………………（78）
二五、M35 …………………………………………………………………………（82）
二六、M36 …………………………………………………………………………（86）
二七、M37 …………………………………………………………………………（90）
二八、M38 …………………………………………………………………………（91）
二九、M39 …………………………………………………………………………（95）
三〇、M41 …………………………………………………………………………（98）
三一、M43 …………………………………………………………………………（99）
三二、M44 …………………………………………………………………………（104）
三三、M45 …………………………………………………………………………（109）
三四、M48 …………………………………………………………………………（112）
三五、M49 …………………………………………………………………………（116）
三六、M50 …………………………………………………………………………（117）
三七、M51 …………………………………………………………………………（119）
三八、M53 …………………………………………………………………………（122）
三九、M54 …………………………………………………………………………（124）
四〇、M55 …………………………………………………………………………（125）
四一、M56 …………………………………………………………………………（126）
四二、M57 …………………………………………………………………………（127）
四三、M58 …………………………………………………………………………（129）
四四、M59 …………………………………………………………………………（132）
四五、M60 …………………………………………………………………………（136）
四六、M61 …………………………………………………………………………（137）

四七、M62 (140)
　　四八、M63 (144)
　　四九、M64 (147)
　　五〇、M65 (148)
　　五一、M66 (150)
　　五二、M67 (153)
　　五三、M68 (156)
　　五四、M69 (157)
　　五五、M70 (160)
　　五六、M71 (163)
　　五七、M72 (168)
　　五八、M73 (170)
　　五九、M74 (173)
　　六〇、M75 (176)
　　六一、M76 (180)
　　六二、M77 (183)
　　六三、M78 (185)
　　六四、M79 (188)
　　六五、M80 (191)
　　六六、M81 (193)
　　六七、M82 (196)
　第三节　出土器物的类型学分析 (199)
　　一、陶器 (202)
　　二、铜器 (227)
　　三、玉石器 (240)
　　四、水晶器 (245)
　　五、骨、角、料器 (245)
　　六、其他 (247)
　第四节　随葬器物的组合分析 (247)
　第五节　墓葬分期与年代 (250)
　　一、墓葬分期 (250)
　　二、墓葬年代 (263)
　第六节　小结 (267)
第三章　汉代墓葬 (270)
　第一节　墓葬的分布与概况 (270)

第二节　墓葬分述 …………………………………………………………………………（270）
　　一、M6 ……………………………………………………………………………………（270）
　　二、M10 …………………………………………………………………………………（272）
　　三、M26 …………………………………………………………………………………（273）
　　四、M27 …………………………………………………………………………………（274）
　　五、M33 …………………………………………………………………………………（279）
　　六、M34 …………………………………………………………………………………（280）
　　七、M40 …………………………………………………………………………………（283）
　　八、M42 …………………………………………………………………………………（285）
　　九、M52 …………………………………………………………………………………（288）
第三节　出土器物的类型学分析 …………………………………………………………（289）
　　一、陶器 …………………………………………………………………………………（289）
　　二、铜器 …………………………………………………………………………………（292）
第四节　墓葬分期与年代 …………………………………………………………………（293）
　　一、墓葬形制和器物组合所反映的时代关系 …………………………………………（293）
　　二、墓葬分期与年代 ……………………………………………………………………（294）
第五节　小结 ………………………………………………………………………………（296）

第四章　明清墓葬 ………………………………………………………………………………（298）
第一节　墓葬分布与位置 …………………………………………………………………（298）
第二节　墓葬分述 …………………………………………………………………………（298）
　　一、M30 …………………………………………………………………………………（298）
　　二、M46 …………………………………………………………………………………（299）
　　三、M47 …………………………………………………………………………………（300）
第三节　墓葬年代 …………………………………………………………………………（301）
第四节　小结 ………………………………………………………………………………（301）

第五章　结语 ……………………………………………………………………………………（302）
　一、战国墓葬的文化属性及相关问题 ……………………………………………………（302）
　二、关于汉代墓葬的文化特征 ……………………………………………………………（304）
　三、关于明清时期的墓葬 …………………………………………………………………（305）

附表 …………………………………………………………………………………………………（306）
　附表一　淅川熊家岭墓地战国墓葬登记表 ………………………………………………（306）
　附表二　淅川熊家岭墓地汉代墓葬登记表 ………………………………………………（314）
　附表三　淅川熊家岭墓地明清墓葬登记表 ………………………………………………（315）

后记 …………………………………………………………………………………………………（316）

插 图 目 录

图一	淅川熊家岭墓地位置示意图	（2）
图二	淅川熊家岭墓地地形图	（4）
图三	淅川熊家岭墓地总平面图	（插页）
图四	战国墓葬分布图	（插页）
图五	M4平、剖面图	（10）
图六	M4出土铜礼器	（12）
图七	M4出土器物	（13）
图八	M5平、剖面图	（14）
图九	M5出土陶器	（16）
图一○	M7平、剖面图	（17）
图一一	M7出土陶器	（18）
图一二	M8平、剖面图	（19）
图一三	M8出土器物	（20）
图一四	M9平、剖面图	（21）
图一五	M11平、剖面图	（22）
图一六	M11出土陶鬲	（23）
图一七	M12平、剖面图	（24）
图一八	M12出土陶器	（25）
图一九	M13平、剖面图	（26）
图二○	M14平、剖面图	（27）
图二一	M14出土陶器	（28）
图二二	M15平、剖面图	（29）
图二三	M15出土陶器	（30）
图二四	M16平、剖面图	（32）
图二五	M17平、剖面图	（34）
图二六	M17出土陶器	（35）
图二七	M18平、剖面图	（36）
图二八	M19平、剖面图	（38）
图二九	M20平、剖面图	（40）

图三〇	M20出土器物	（41）
图三一	M21平、剖面图	（43）
图三二	M21出土陶器	（44）
图三三	M21出土器物	（46）
图三四	M22平、剖面图	（48）
图三五	M22出土陶器	（50）
图三六	M22出土器物	（52）
图三七	M23平、剖面图	（53）
图三八	M24平、剖面图	（55）
图三九	M24出土陶器	（57）
图四〇	M24出土铜礼器	（59）
图四一	M24出土铜鼎与盖豆纹样拓片	（60）
图四二	M24出土铜兵器	（61）
图四三	M24出土铜车马器	（63）
图四四	M24出土铜车马器纹样拓片	（64）
图四五	M24出土玉、骨、贝器	（65）
图四六	M25平、剖面图	（67）
图四七	M25出土陶盘	（68）
图四八	M28平、剖面图	（69）
图四九	M28出土陶器	（70）
图五〇	M28出土铜器	（71）
图五一	M28出土玉、石器	（73）
图五二	M29平、剖面图	（74）
图五三	M29出土陶器	（75）
图五四	M31平、剖面图	（77）
图五五	M31出土器物	（78）
图五六	M32平、剖面图	（79）
图五七	M32出土器物	（81）
图五八	M35平、剖面图	（83）
图五九	M35出土陶器	（84）
图六〇	M35出土器物	（85）
图六一	M36平、剖面图	（87）
图六二	M36出土陶器	（88）
图六三	M36出土器物	（89）
图六四	M37平、剖面图	（91）

图六五	M38平、剖面图	（92）
图六六	M38出土陶器	（94）
图六七	M39平、剖面图	（96）
图六八	M39出土陶器	（97）
图六九	M41平、剖面图	（98）
图七〇	M41出土陶敦	（99）
图七一	M43平、剖面图	（100）
图七二	M43出土陶器	（102）
图七三	M43出土铜器	（103）
图七四	M44平、剖面图	（105）
图七五	M44出土陶器	（107）
图七六	M44出土器物	（108）
图七七	M45平、剖面图	（110）
图七八	M45出土陶器	（112）
图七九	M48平、剖面图	（113）
图八〇	M48出土器物	（115）
图八一	M49平、剖面图	（116）
图八二	M50平、剖面图	（118）
图八三	M50出土铜器	（119）
图八四	M50出土石片	（120）
图八五	M51平、剖面图	（121）
图八六	M51出土器物	（122）
图八七	M53平、剖面图	（123）
图八八	M53出土陶器	（123）
图八九	M54平、剖面图	（124）
图九〇	M55平、剖面图	（125）
图九一	M56平、剖面图	（126）
图九二	M57平、剖面图	（127）
图九三	M57出土陶器	（129）
图九四	M58平、剖面图	（130）
图九五	M58出土陶器	（132）
图九六	M59平、剖面图	（133）
图九七	M59出土陶器	（135）
图九八	M60平、剖面图	（136）
图九九	M60出土陶器	（137）

图一〇〇	M61平、剖面图	(138)
图一〇一	M61出土器物	(139)
图一〇二	M62平、剖面图	(141)
图一〇三	M62出土陶器	(143)
图一〇四	M63平、剖面图	(145)
图一〇五	M63出土器物	(146)
图一〇六	M64平、剖面图	(148)
图一〇七	M65平、剖面图	(149)
图一〇八	M65出土陶器	(151)
图一〇九	M66平、剖面图	(152)
图一一〇	M66出土陶器	(153)
图一一一	M67平、剖面图	(154)
图一一二	M67出土陶器	(155)
图一一三	M68平、剖面图	(156)
图一一四	M69平、剖面图	(157)
图一一五	M69出土器物	(159)
图一一六	M70平、剖面图	(161)
图一一七	M70出土陶器	(162)
图一一八	M71平、剖面图	(164)
图一一九	M71出土陶器	(166)
图一二〇	M71出土器物	(167)
图一二一	M72平、剖面图	(169)
图一二二	M72出土陶器	(170)
图一二三	M73平、剖面图	(171)
图一二四	M73出土陶器	(172)
图一二五	M74平、剖面图	(174)
图一二六	M74出土陶器	(175)
图一二七	M74出土石器	(176)
图一二八	M75平、剖面图	(177)
图一二九	M75出土器物	(179)
图一三〇	M76平、剖面图	(181)
图一三一	M76出土器物	(182)
图一三二	M77平、剖面图	(184)
图一三三	M77出土陶器	(185)
图一三四	M78平、剖面图	(186)

图一三五	M78出土陶器	（187）
图一三六	M79平、剖面图	（189）
图一三七	M79出土陶器	（190）
图一三八	M80平、剖面图	（192）
图一三九	M80出土陶器	（193）
图一四〇	M81平、剖面图	（194）
图一四一	M81出土器物	（195）
图一四二	M82平、剖面图	（197）
图一四三	M82出土器物	（199）
图一四四	战国墓葬出土A型陶鼎	（203）
图一四五	战国墓葬出土A、B型陶鼎	（204）
图一四六	战国墓葬出土B型陶鼎	（206）
图一四七	战国墓葬出土C型陶鼎	（207）
图一四八	战国墓葬出土A型陶豆	（208）
图一四九	战国墓葬出土B型陶豆	（210）
图一五〇	战国墓葬出土A型陶壶	（212）
图一五一	战国墓葬出土A、C、D型陶壶	（213）
图一五二	战国墓葬出土B型陶壶	（215）
图一五三	战国墓葬出土B型陶壶	（216）
图一五四	战国墓葬出土A、B、C型陶敦	（218）
图一五五	战国墓葬出土D、E型陶敦	（219）
图一五六	战国墓葬出土A、B型陶盘	（221）
图一五七	战国墓葬出土A、B、C型陶匜	（222）
图一五八	战国墓葬出土A、B型陶盉	（223）
图一五九	战国墓葬出土A、B型陶浴缶	（224）
图一六〇	战国墓葬出土日用陶器	（226）
图一六一	战国墓葬出土铜器	（228）
图一六二	战国墓葬出土铜盆、匜、器盖	（230）
图一六三	战国墓葬出土铜剑	（231）
图一六四	战国墓葬出土铜戈	（232）
图一六五	战国墓葬出土环首刀、矛、镞	（233）
图一六六	战国墓葬出土铜軎、辖	（235）
图一六七	战国墓葬出土铜軏饰和衔环铺首	（236）
图一六八	战国墓葬出土铜衔	（237）
图一六九	战国墓葬出土铜合页、带钩等	（239）

图一七〇	战国墓葬出土玉、石璧	（241）
图一七一	战国墓葬出土玉、石环	（242）
图一七二	战国墓葬出土玉佩饰、石器等	（244）
图一七三	战国墓葬出土水晶器、骨器、料器等	（246）
图一七四	战国墓葬出土海贝、蚌壳	（247）
图一七五	战国墓葬出土典型铜器分期图	（255）
图一七六	战国墓葬出土日用陶器分期图	（256）
图一七七	战国墓葬出土陶礼器分期图（一）	（257）
图一七八	战国墓葬出土陶礼器分期图（二）	（258）
图一七九	战国墓葬出土陶礼器分期图（三）	（259）
图一八〇	战国墓葬出土陶礼器分期图（四）	（260）
图一八一	战国墓葬出土陶礼器分期图（五）	（261）
图一八二	战国墓葬出土陶礼器分期图（六）	（262）
图一八三	M6平、剖面图	（271）
图一八四	M6出土铜钱拓片	（272）
图一八五	M10平、剖面图	（272）
图一八六	M10出土铜钱拓片	（273）
图一八七	M26平、剖面图	（274）
图一八八	M27平、剖面图	（275）
图一八九	M27出土器物	（277）
图一九〇	M27出土铜钱拓片	（278）
图一九一	M33平、剖面图	（279）
图一九二	M34平、剖面图	（281）
图一九三	M34出土器物	（282）
图一九四	M40平、剖面图	（284）
图一九五	M40出土器物	（285）
图一九六	M42平、剖面图	（286）
图一九七	M42出土器物	（287）
图一九八	M52平、剖面图	（288）
图一九九	汉代墓葬出土陶鼎、双耳罐、仓	（290）
图二〇〇	汉代墓葬出土陶灶、井、磨	（291）
图二〇一	汉代墓葬出土铜钱拓片	（293）
图二〇二	M30平、剖面图	（299）
图二〇三	M46平、剖面图	（300）
图二〇四	M47平、剖面图	（301）

插表目录

表一　战国墓葬出土器物统计表 …………………………………………………（200）
表二　战国墓葬出土陶器型式分期表 ……………………………………………（252）
表三　战国墓葬各期出土陶器型式统计表 ………………………………………（254）

彩版目录

彩版一　　淅川熊家岭墓地远景（东→西）
彩版二　　淅川熊家岭墓地战国墓葬形制与结构
彩版三　　淅川熊家岭墓地战国墓葬形制与结构
彩版四　　淅川熊家岭墓地战国墓葬形制与结构
彩版五　　淅川熊家岭墓地战国墓葬形制与结构
彩版六　　淅川熊家岭墓地战国墓葬形制与结构
彩版七　　淅川熊家岭墓地汉代墓葬形制与结构
彩版八　　淅川熊家岭墓地战国墓葬陶器组合
彩版九　　淅川熊家岭墓地战国墓葬出土陶鼎
彩版一〇　淅川熊家岭墓地战国墓葬出土陶盖豆
彩版一一　淅川熊家岭墓地战国墓葬出土陶豆
彩版一二　淅川熊家岭墓地战国墓葬出土陶壶
彩版一三　淅川熊家岭墓地战国墓葬出土陶敦
彩版一四　淅川熊家岭墓地战国墓葬出土陶器
彩版一五　淅川熊家岭墓地战国墓葬出土铜礼器
彩版一六　淅川熊家岭墓地战国墓葬出土铜剑
彩版一七　淅川熊家岭墓地战国墓葬出土铜戈
彩版一八　淅川熊家岭墓地战国墓葬出土铜器
彩版一九　淅川熊家岭墓地战国墓葬出土玉环、璧
彩版二〇　淅川熊家岭墓地战国墓葬出土玉、水晶器与料器

图版目录

图版一　淅川熊家岭墓地战国墓葬形制与结构
图版二　淅川熊家岭墓地战国墓葬形制与结构
图版三　淅川熊家岭墓地战国墓葬形制与结构
图版四　淅川熊家岭墓地战国墓葬形制与结构
图版五　淅川熊家岭墓地战国墓葬形制与结构
图版六　淅川熊家岭墓地战国墓葬形制与结构
图版七　淅川熊家岭墓地战国墓葬形制与结构
图版八　淅川熊家岭墓地战国墓葬陶器组合
图版九　淅川熊家岭墓地战国墓葬陶器组合
图版一〇　M5、M7出土陶器
图版一一　M8、M11、M12出土陶器
图版一二　M14、M15出土陶器
图版一三　M15、M17出土陶器
图版一四　M20、M21出土陶器
图版一五　M21、M22出土陶器
图版一六　M22出土陶器
图版一七　M22、M24出土陶器
图版一八　M24、M25、M28出土陶器
图版一九　M29、M31出土陶器
图版二〇　M31、M32出土陶器
图版二一　M35、M36出土陶器
图版二二　M36出土陶器
图版二三　M36、M38出土陶器
图版二四　M38、M39出土陶器
图版二五　M39、M41、M43出土陶器
图版二六　M43、M44出土陶器
图版二七　M44、M45出土陶器
图版二八　M45、M48出土陶器

图版二九　M48出土陶器
图版三〇　M48、M51、M57出土陶器
图版三一　M57、M58出土陶器
图版三二　M58、M59出土陶器
图版三三　M59、M60出土陶器
图版三四　M61、M62出土陶器
图版三五　M62出土陶器
图版三六　M63出土陶器
图版三七　M63、M65、M66出土陶器
图版三八　M66、M67出土陶器
图版三九　M67、M69出土陶器
图版四〇　M70出土陶器
图版四一　M70、M71出土陶器
图版四二　M71出土陶器
图版四三　M71、M72、M73出土陶器
图版四四　M74、M75出土陶器
图版四五　M75、M76出土陶器
图版四六　M76、M77出土陶器
图版四七　M77、M78、M79出土陶器
图版四八　M79、M80、M81出土陶器
图版四九　M81、M82出土陶器
图版五〇　M82出土陶器
图版五一　M4出土铜器
图版五二　M21出土铜器
图版五三　M22、M24出土铜器
图版五四　M24出土铜器
图版五五　M24出土铜器
图版五六　M24、M28出土铜器
图版五七　M28出土铜器
图版五八　M28、M32、M35、M43出土铜器
图版五九　M43出土铜器
图版六〇　M43出土铜器
图版六一　M44、M48、M50出土铜器
图版六二　M51、M61、M69、M75、M81出土铜器
图版六三　M4、M22出土玉石器

图版六四　M8、M20、M35出土石器

图版六五　M24、M28出土玉石器

图版六六　M31、M44出土玉石器

图版六七　M36、M51、M63、M71出土玉石器

图版六八　M76、M82、M21、M24出土石、骨器与蚌器

图版六九　淅川熊家岭墓地汉代墓葬陶器组合

图版七〇　M27出土陶器

图版七一　M27出土陶器

图版七二　M27、M34出土器物

图版七三　M34、M40、M42出土陶器

第一章 绪 论

第一节 地理环境和历史沿革[①]

一、地理环境

淅川县位于河南省西南部，与陕西、湖北省相邻，地理坐标介于东经110°58′~111°53′、北纬32°55′~33°23′之间。淅川县地处豫、鄂、陕三省结合的秦岭山系东南余脉的延伸地段，东北与本省的邓州市、内乡县、西峡县毗邻，北与陕西省商洛县接壤，西与湖北省郧县交界，南与湖北丹江口市为邻。总面积2798平方千米。淅川县平面大致呈南北向的长条状，北、西、南三面环山，地势西北高、东南低，呈西北—东南向倾斜，长107千米，横宽46千米。境内山峦绵延起伏，河川交错，坡陡谷深，地多险阻。北部和西部多为山地，海拔157~1086米，中部和东部为低山丘陵地带，东南部则为河川平地，丹江自西北向东南流入丹江口水库。

淅川县地处亚热带与暖温带过渡地带，属北亚热带大陆性季风气候，光、热、水资源比较丰富，年平均气温15.8℃，无霜期228天，降雨量804毫米左右。冬不严寒，夏不酷热，气候温和，四季分明，兼宜南北方植物生长。淅川县河流属于长江流域汉江水系，丹江为一级支流。淅川境内土壤类型有潮土、砂姜黑土、黄棕壤和紫色土四个类型。因处于亚热带与暖温带结合部，植被类型复杂，有十一种之多。由于这里自然环境条件的优越，所以非常适宜人类生存。

熊家岭墓地位于淅川县境内西南部的丹江口水库西岸的一级台地上，北、东、南三面被丹江口水库所环绕。墓地西北距淅川县城约60千米，西南距仓房镇近10千米，西南不远为著名的徐家岭楚墓群，行政区划隶属于河南省淅川县仓房镇沿江村三组。墓地地处山间的丘陵地带，地势西高东低。墓葬群中心地理坐标为东经111°32′21″，北纬32°47′36″，海拔在168米以下（图一）。

---

① 本节部分内容参考了淅川县地方史志编纂委员会编著《淅川县志》的相关资料，河南人民出版社，1990年。

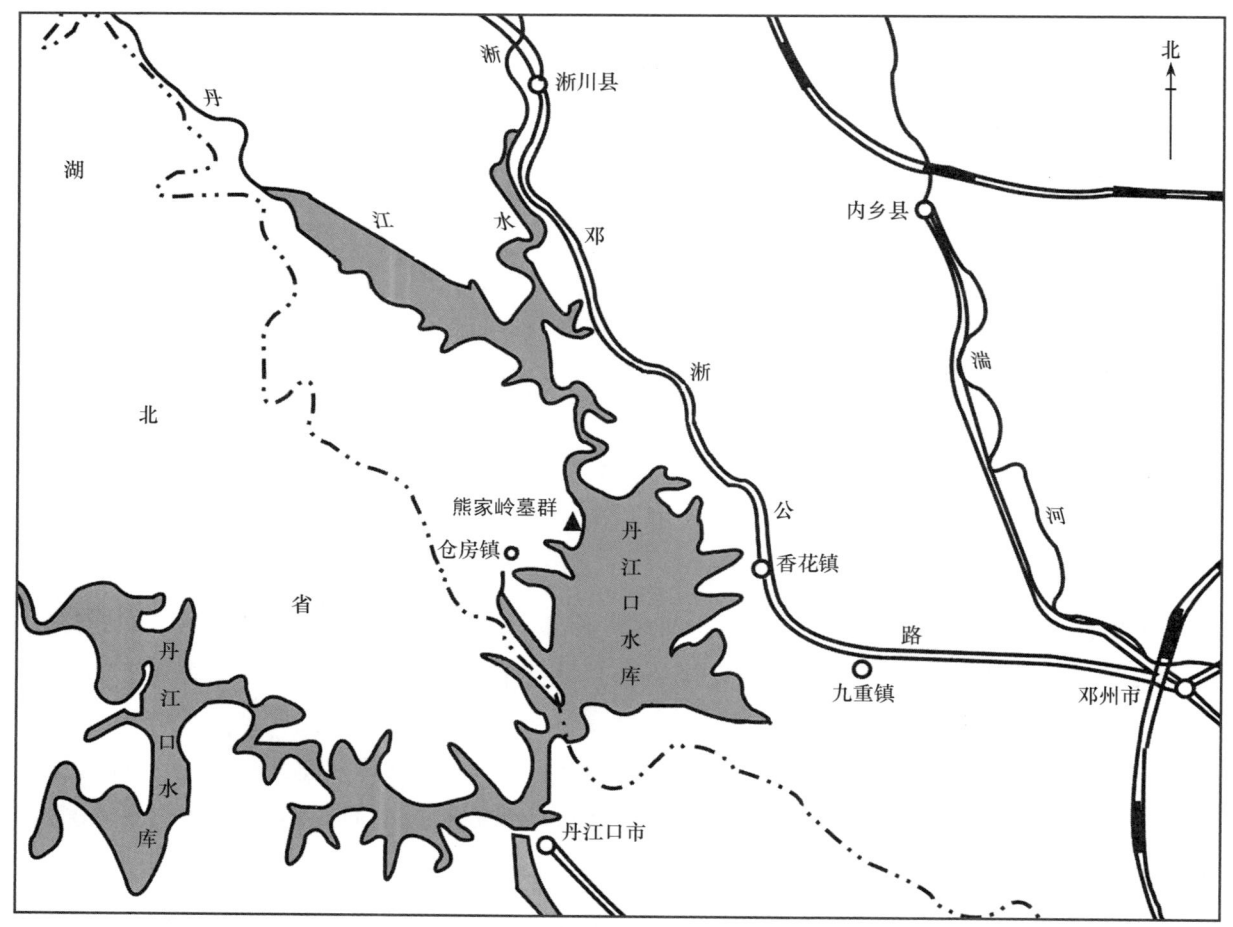

图一 淅川熊家岭墓地位置示意图

二、历 史 沿 革

淅川地处秦岭以南,水系发达,虽山地难行,但水上交通却十分便利,自古就是南北水陆要冲,军事要地。丹江舟楫上可达陕西龙驹寨(今陕西丹凤县城),下循汉水可达襄阳、武汉,历来为兵家必争之地。战国时的"丹阳之战"就发生在这里。秦末刘邦入咸阳亦取道于此,然后雄居关中而取天下。

淅川历史悠久。舜帝时,属尧之子丹朱的封地。西周时,为楚国熊绎的封地。春秋时期,分属楚国及其附属国鄀国地。战国时,西北部为秦国商於地,余为楚国丹淅地。周赧王三年(公元前312年),秦楚丹阳之战后,皆归于秦。秦昭襄王三年(公元前304年),秦楚黄棘之会后,归楚。九年(公元前298年),复归秦。秦始皇二十六年(公元前221年)设丹水、中乡二县,属南阳郡。西汉时期分属三县,北部和中部属析县;西南部为丹水县,属弘农郡;东南部为顺阳县,属南阳郡。哀帝时(公元前6年),顺阳改为博山,封为侯国。东汉时,博山复改为顺阳,仍为侯国,与丹水县同属荆州南阳郡,并封南乡三户亭为侯地。建安十三年(208年)升南乡为郡,下辖丹水县、南乡县和顺阳侯国。三国魏时,设丹水、南乡、顺阳三县,属南乡郡。晋时，南乡郡改为顺阳郡，下辖顺阳、丹水、南乡三县。南北朝时，北魏由荆州分置析州析阳郡，下辖东、西二析阳县；南部的顺阳郡治南乡，并领丹水、顺阳等县。西魏改东、西析阳县为中乡和淅川二县（淅川之名始见于此），并领淅州治南乡县，辖南乡、顺阳、丹川、秀山等郡十余县及侨县。北周时，淅川并入中乡，属淅阳郡。其他郡县合并撤销后，设南乡郡和顺阳郡，辖丹水、清乡、南乡三县，均属荆州。隋时，改南乡郡为县，并改清乡为顺阳。大业十三年（617年）撤丹水县。唐时，置淅州，并置淅川、丹水、顺阳三县，属山南东道邓州。旋俱废并入内乡。五代时，梁复置淅川县，属邓州。宋代太平兴国六年（981年），增设顺阳县。金初，淅川县废，并入内乡；正大年间（1224～1231年）复置，属邓州。元时，淅川、顺阳并入内乡，属河南省南阳府邓州。明成化六年（1479年），淅川自内乡分出置县，属南阳府邓州，治马蹬；次年，建县城。清初属南阳府。道光十二年（1832年），改县为厅。光绪三十一年（1905年）升为直隶厅，直属于省。宣统三年（1911年），属南汝光淅道。中华民国二年（1913年）撤厅为县，属汝阳道。道废后直属省。民国二十一年（1932年）属河南省第六行政督察区。1948年，淅川解放，置淅川县人民民主政府，属豫西行署第六专员公署。1949年改为淅川县人民政府，属河南省南阳行政区督察专员公署。1956年改为淅川县人民委员会，1968年改为淅川县革命委员会，1981年恢复为淅川县人民政府至今。

第二节 墓地概况

熊家岭墓地是南水北调中线工程丹江口水库淹没区河南省境内的一处抢救性文物保护发掘项目。该墓地发现于1991年。1994年为配合南水北调工程建设，河南省文物考古研究所与南阳市文物考古研究所、淅川县文化局联合对熊家岭墓地进行了调查，2003年和2004年又进行了复查确认。根据地面上散落的陶器残片和地头发现的墓砖，当时初步判断为汉代墓群，墓地面积为30000平方米。

墓地位于熊家岭东南部延伸带的中部岗脊上，西依山丘，北、东、南三面环水，海拔基本由西向东呈斜坡状下降。墓地东西长约300米，南北宽约200米，面积近60000平方米，地面上种植着农作物（图二；彩版一）。

第三节 发掘经过

根据河南省文物局南水北调文物保护办公室的统一安排，受河南省文物考古研究所的委托，2010年10月至2011年6月，三门峡市文物考古研究所承担了熊家岭墓地的钻探和考古发掘工作。

墓地的钻探和发掘工作始于2010年10月下旬，结束于2011年6月中旬，共计钻探面积56000平方米，完成发掘面积5260平方米，清理各时期墓葬82座。整个发掘工作分两个阶段跨年度

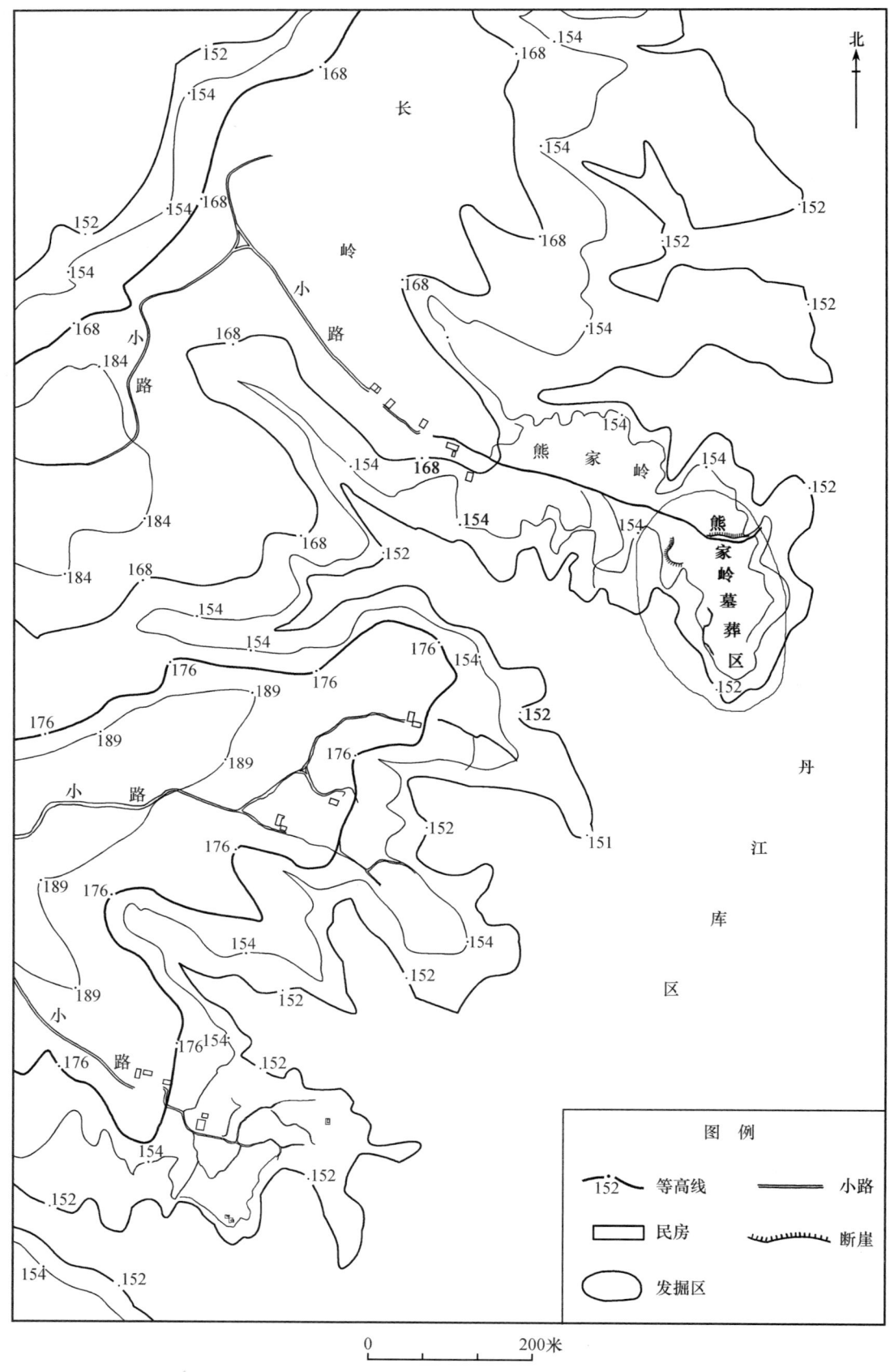

图二 淅川熊家岭墓地地形图

进行。

第一阶段的工作自2010年10月23日开始，到2011年1月2日结束。按照河南省文物局南水北调文物保护办公室下达的任务，首先对熊家岭墓地中部、东部和南部进行了钻探，共计钻探面积近29000平方米。然后根据钻探提供的资料，采用大面积布方进行全面揭露的方式发掘，共布5米×5米探方10个，10米×10米探方30个，实际发掘面积2860平方米，发现并清理墓葬47座。发掘的墓葬有战国墓、汉墓、明清墓和近现代墓等，全部开口于耕土层下。通过本年度的钻探和考古发掘，表明熊家岭墓地是一处墓葬较为集中、出土随葬品组合完整的战国墓地。

第二阶段的工作自2011年4月17日开始，到2011年6月14日结束。根据第一阶段的钻探和发掘情况，我们向河南省文物局南水北调文物保护管理办公室又申请增加了2000平方米的发掘任务。这次工作开始时，先对墓地的西半部（2010年发掘区的西部）进行大面积钻探，又钻探了27000平方米。然后也采取了大面积布方进行全面揭露的方式发掘，共布5米×5米探方5个，10米×10米探方28个，实际发掘面积2400平方米，发现并清理战国墓34座、汉墓1座。

熊家岭墓地的发掘工作虽然分两个阶段且跨年度进行，但发掘时间具有连贯性，故对发掘的墓葬实行统一编号。分别编号为2010HXXM1～2010HXXM47和2011HXXM48～2011HXXM82，以下简称M1～M82（图三）。

此次熊家岭墓地发掘工作的领队为杨海青。参加钻探和发掘的工作人员有杨海青、史智民、胡小龙、段海波、赵超元，技工有刘国汉、魏仁斌、苏贵洲等。李宪增和技工赵小光、王辉堂、王自宾、杜国富参加了第一阶段的钻探和发掘工作；崔松林和技工刘磊、司荣坤、禹建维、勾群朝参加了第二阶段的钻探和发掘工作。

第四节　资料整理和报告的编写

从田野发掘开始，经室内整理、研究，到报告的编写完成直至正式出版，无疑是一项极其复杂的工作，而对出土器物的修复、保护、整理研究以及对出土器物的鉴定、摄影、绘图、墨拓等工作更是十分繁缛和细致。

熊家岭墓地发掘结束后，由于种种原因致使室内资料整理、出土器物修复与保护等工作未能及时进行，直到2015年3月下旬，室内资料整理与出土器物修复工作才得以进行。整理工作由杨海青主持，具体工作由郑立超、燕飞负责。河南省文物局南水北调文物保护管理办公室承担了部分青铜器的修复工作，技工刘国汉、董勤光、魏仁俊和崔延渊等承担了陶器的修复工作，技工韩猛承担了部分陶器的修复并负责器物线图的绘制工作，描图工作由燕飞负责。

2015年9月下旬资料整理与出土器物修复工作结束后，接着进行报告的编写工作。报告的编写主要由杨海青、史智民负责完成，郑立超、燕飞、何冰等参与了报告的整理编写工作。在报告编写的同时，燕飞、杨海青、赵小灿和段海波负责完成了器物的摄影工作，河南省文物考古研究院的技工陈英完成了铜器的拓片工作，南阳市文物考古研究所的技工韩猛完成了铜钱的拓片工作。

熊家岭墓地的发掘和整理工作是在河南省文物局和三门峡市文物考古研究所领导下进行的，是参与发掘和整理工作的全体同仁共同努力的结果。

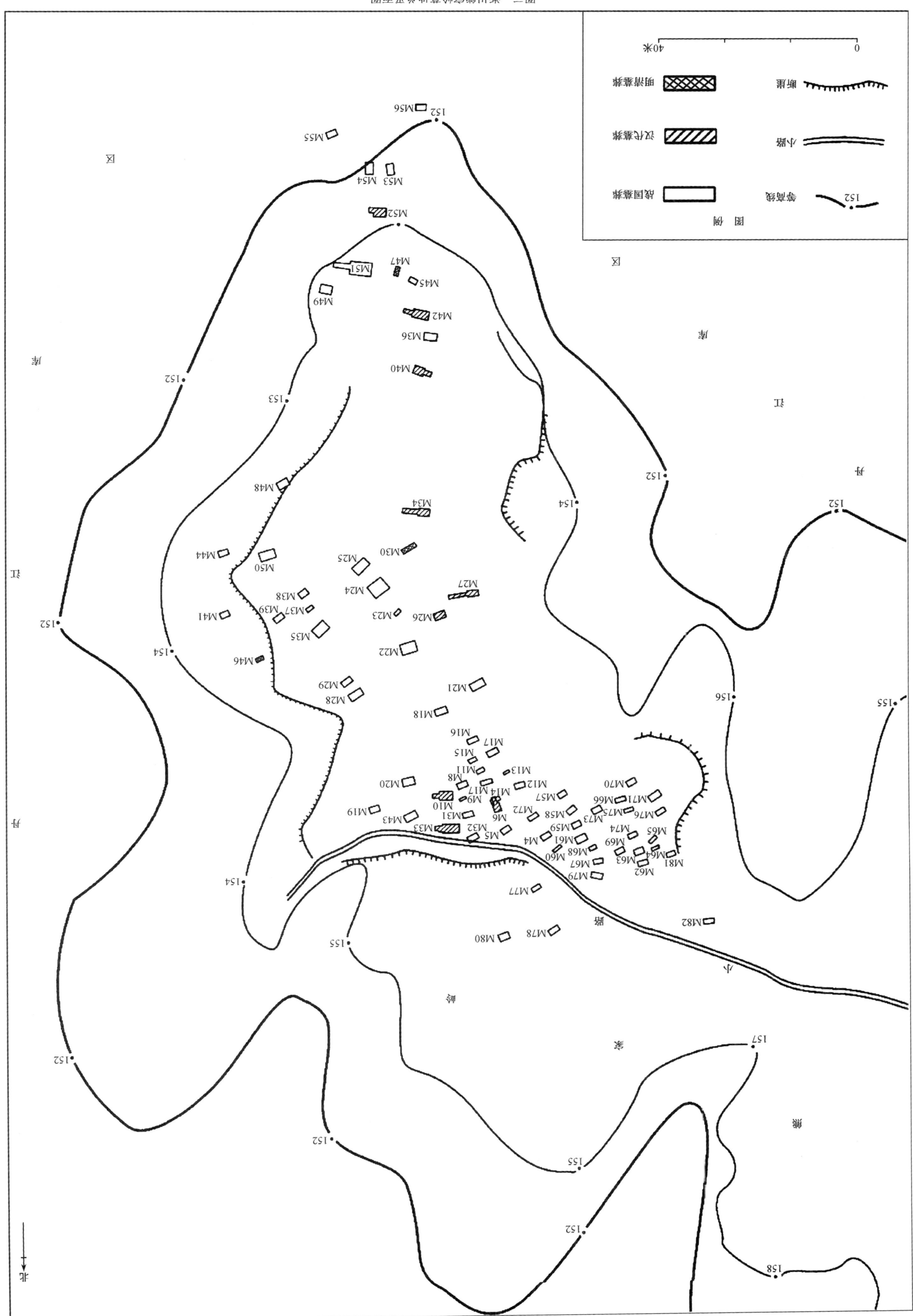

图三 淅川薄家沟墓地总平面图

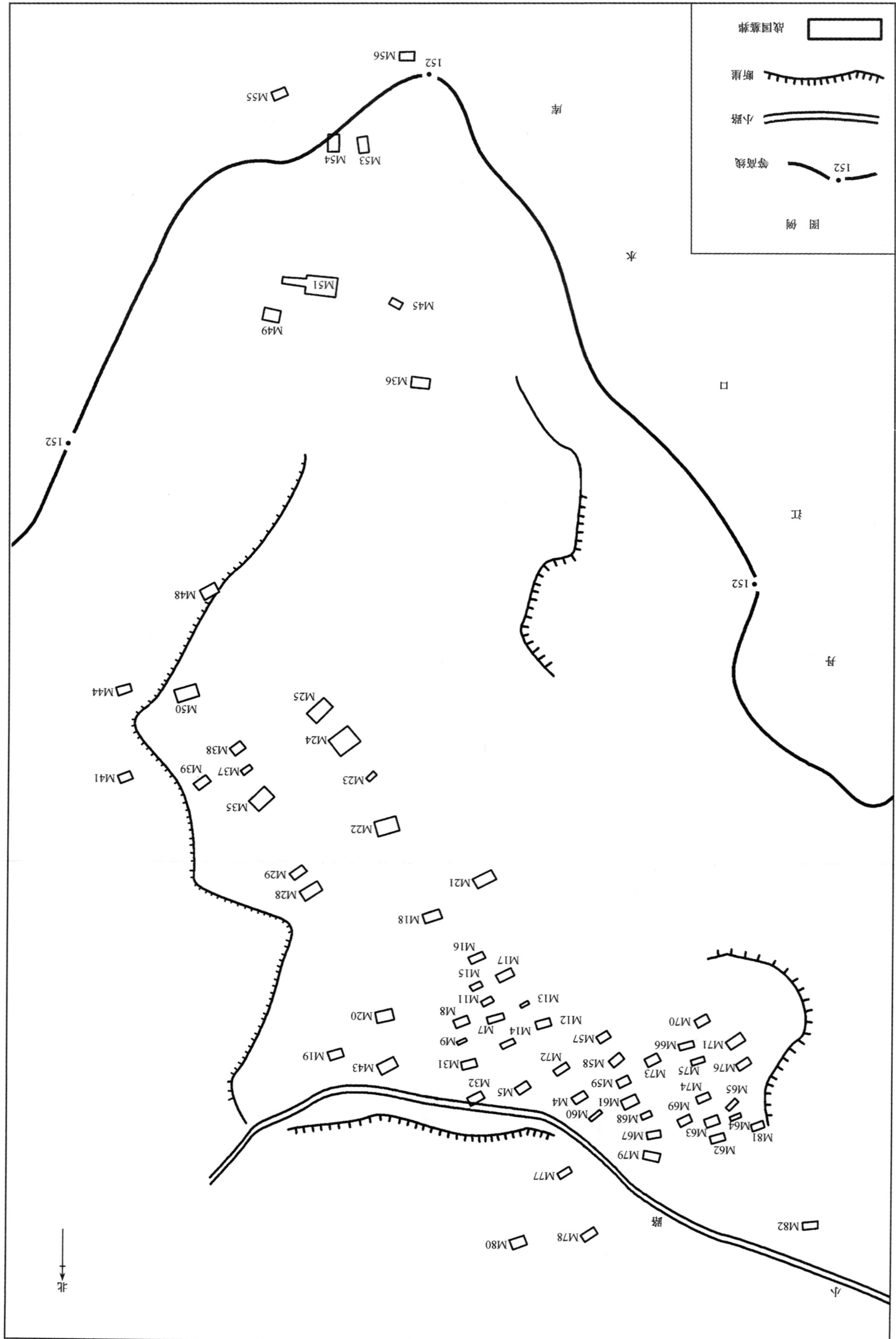

图四 战国墓葬分布图

第二章 战国墓葬

熊家岭墓地发掘的战国墓葬共计67座,分别编号为M4、M5、M7、M8、M9、M11、M12、M13、M14、M15、M16、M17、M18、M19、M20、M21、M22、M23、M24、M25、M28、M29、M31、M32、M35、M36、M37、M38、M39、M41、M43、M44、M45、M48、M49、M50、M51、M53、M54、M55、M56、M57、M58、M59、M60、M61、M62、M63、M64、M65、M66、M67、M68、M69、M70、M71、M72、M73、M74、M75、M76、M77、M78、M79、M80、M81、M82(图四)。

第一节 墓葬综述

一、墓葬分布

整个墓地的战国墓葬共67座,均分布于丹江口水库西岸沿江村东部一南北向狭长的丘陵上,分布较为集中,尤其以发掘区北部小路南侧的墓葬分布最为密集,发掘区中部和南部的墓葬则相对较稀疏。战国墓葬之间相互不存在打破或叠压关系,表明该墓地具有一定的规划,且有较为严格的埋葬制度。墓葬相互之间分布方向相同或相近,有的墓葬相对位置上存在并列关系,甚至一些墓葬成组分布,基本按照西北—东南向排列,呈现出一定的规律性。

二、形制与结构

从墓葬平面形状上看,这批战国墓葬可以分为带墓道的"甲"字形竖穴土坑墓和长方形竖穴土坑墓两类(见附表一)。

第一类为带墓道的墓葬,即"甲"字形竖穴土坑墓,仅有M51一座。在墓葬的短边一侧设有一条墓道,墓道为直壁斜坡状,位于墓室东壁略偏南。墓室口大底小,四壁斜直,墓底平坦。

第二类是长方形或近长方形的竖穴土坑墓,共66座。墓葬平面呈长方形或近长方形。其中55座墓葬口大底小,墓壁斜直,平底;10座墓葬口底同大,且为直壁,平底;1座墓葬(M45)口略小于底,近于直壁,平底。

战国墓葬的规模相差较大,墓室长度在1.8~5.28米,宽度在0.48~4.4米,墓室面积在0.86~9.36平方米。墓口距地表0~0.7米,墓深0.24~5.95米。墓底的墓壁四周设生土二层台的墓葬数量较多,共计46座,多数墓葬留有一级生土台,其中M15、M39在墓底三面留有生土二层台,M51则在墓室四壁留有二级生土台;其他无生土台而有棺椁的墓葬在棺椁外填土,形成熟土二层台。

墓内的填土均为红褐色五花土,土质较疏松,土内夹杂有少量的料姜石和青石块,有的填有白土块和黄泥块。其中M79墓内填土中包含较多的碎石块,应是墓内积石现象。

三、墓葬方向

这批战国墓葬的分布有一定规律,方向相对较为一致。其中方向在46°~135°之间者计64座,占墓葬总数的绝大多数,约占95.5%;北、南、西向的各1座,各约占1.5%。可以看出,墓葬的方向绝大多数向东,而向西、向北和向南者极少。

四、葬 具

67座战国墓葬中,葬具为一棺一椁者32座,一椁者11座,一棺者7座,一椁两棺者仅1座,其余16座墓葬未见葬具朽痕或痕迹不明显。另外,在10座墓葬的底部发现有枕木槽,均位于棺椁的底部,这与墓底放置枕木有关,枕木腐朽后留下沟槽。枕木均横向放置,多为两根,有的仅见1根。

五、葬 式

此次发掘的67座战国墓,除10座墓内未发现人骨、9座墓内人骨腐朽严重无法辨别葬式、2座墓内(M28、M48)为双人葬外,其余均为单人葬。其中仰身直肢葬43座,占可辨葬式的89.6%,死者一般双手交叉放于腹部。此外还有直肢葬4座,侧身屈肢葬1座。

六、随 葬 品

这批战国墓葬的随葬品放置位置具有明显规律。其中带墓道的"甲"字形墓由于被盗严重,随葬品几乎无存,仅残存三件放置于墓底的西南部;长方形土坑竖穴单棺墓一般多放置于墓坑底部棺外墓主人头端或墓底一端,少数置于身体一侧面;长方形土坑竖穴一椁一棺或一椁两棺墓则放置在棺椁之间的头箱或边箱中,其中还有一部分墓葬将大部分随葬品放置于墓主头端，少部分置于身体一侧面。此外，少数墓葬随葬的兵器或玉器，则放于棺内墓主身体一侧或两侧，较少墓葬置于棺内墓主头端。

此次发掘的67座战国墓中，除10座墓内不出随葬品外，其他墓葬均有为数不等的随葬器物。各墓内出土随葬品最少因被盗掘仅出1件，最多者出有121件（颗）。依质地不同，可分为陶器、铜器、玉器、石器、骨器、料器、海贝、蚌壳八类。其中陶器数量占随葬器物的绝大多数，铜器和玉、石、骨、料器等数量较少，只见于少数墓葬中。

随葬品以陶器为主，陶质分为泥质和夹砂两种。其中大多数为泥质陶，少数为夹砂陶。主要为黄褐或红褐胎陶，少量为灰胎陶或灰陶，多数陶器在器表施黑色或灰黑色陶衣。由于烧制火候低，陶器质地较差，出土时大多破碎严重，有的甚至粉碎而无法复原。陶器制法主要为轮制，少数为手制，多数器物手轮兼制，个别器物器身上的附件，如鼎、敦、壶等器物的耳、足则采用模制或手制。陶器表面装饰纹样简单，主要以弦纹装饰为主，少数饰绳纹和戳印麻点纹等。

陶器的器类较多，按用途可分为仿铜礼器、日用器两大类，器形有鼎、豆、壶、敦、盘、匜、盉、浴缶、鬲、罐、盂、纺轮等。

第二节 墓葬分述

一、M4

M4位于墓地的北部，东与M5相距9米，东南与M72相距7米，西南与M59相距6米，西与M61相距6米，西北与M60相距2米。

1. 墓葬形制

该墓为长方形竖穴土坑墓，方向55°。墓口开于耕土层下，距现地表0.2米。墓口平面呈长方形，口部略小于墓底，墓壁几乎垂直下切，修刮规整，墓底平坦。

墓口东西长3.2米，南北宽1.9米。墓底至墓口深3.76米。墓底的四周留有生土二层台，东侧台宽0.18米，南侧台宽0.18~0.2米，西侧台宽0.14米，北侧台宽0.16米，台高1.14米。

二层台的台面以下为墓室，平面近长方形，直壁。墓室东西长3.02米，南北宽1.62~1.7米，高1.14米（图五；彩版二，1）。

填土为浅红褐色五花土，土质湿软，较纯净，内含有少量的小料姜石块。

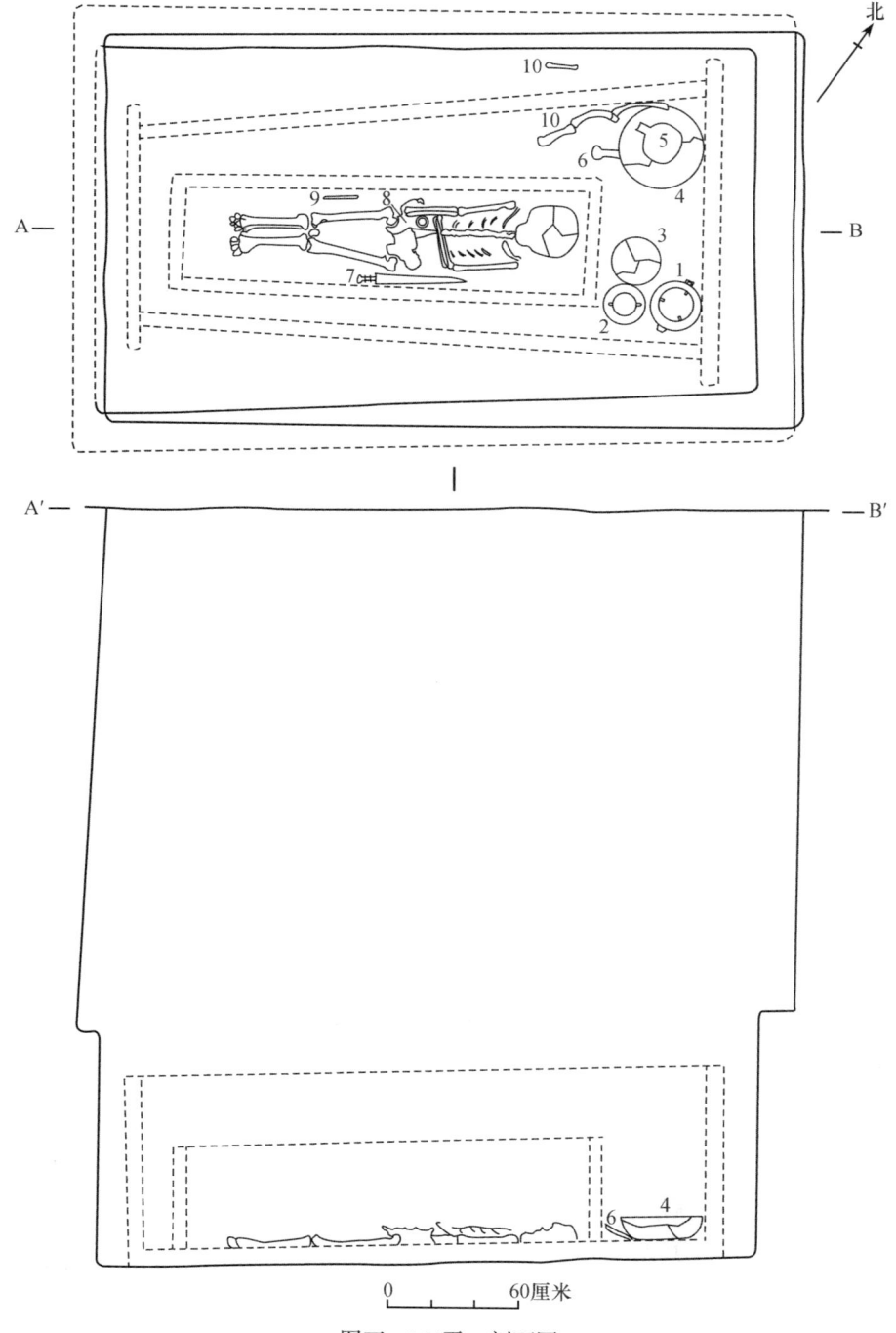

图五 M4平、剖面图

1. 铜鼎 2. 铜圆壶 3. 铜豆 4. 铜盆 5. 铜匜 6. 铜环首刀 7. 铜剑 8. 玉环 9. 铜戈 10. 鹿角

2. 葬具与葬式

（1）葬具

葬具均已严重腐朽，结构不明。从残存的灰白色和黑灰色木质朽痕判断为一椁一棺。

木椁置于墓室中部，平面呈"Π"形，东宽西窄，东西长2.72米，南北宽0.96~1.5米，残高0.82~0.87米，椁板厚为0.08米。椁的东、西两端挡板较长，分别伸出南、北两侧壁板之外，东端挡板长1.72米，西端挡板长1.14米。

木棺置于椁室底中部偏西，平面呈长方形，东西长1.98米，南北宽0.54~0.62米，高0.48米，棺板厚0.06米。

（2）葬式

棺内葬有墓主一人，虽然骨骼腐朽严重，保存较差，但仍能分辨出为仰身直肢葬，头东足西。从墓内随葬有兵器推断，墓主为男性，年龄不详。

3. 随葬器物

随葬器物放置于墓底棺椁之间的东部（即墓主人的头部）和棺内。其中棺椁间的东部自南向北依次有铜鼎、壶、豆、盆、匜、环首刀和鹿角等；墓主人盆骨左侧放置铜剑1件，腹部放置玉环1件，右股骨外侧放置铜戈1件。

随葬器物共11件。依质地可分为铜器、玉器和骨器三类。其中铜器9件，个别铜器因胎质较薄出土时已严重残碎，无法修复，计有鼎1件、豆1件、圆壶1件、盆1件、匜1件、剑1件、戈1件、环首刀2件；玉器仅玉环1件；骨器为鹿角1件。

（1）铜器

9件。

鼎　1件。M4：1，上有一弧形盖，盖口微敛，方唇，盖面上隆，顶中部有一半环形方钮，钮内套一圆环，近盖缘上均匀分布三个环形兽首钮。器子口内敛，方唇，口沿外侧有一周较高的凸棱，下附二个对称的长方形耳，深弧腹，腹壁近直，圜底近平，下腹有三个蹄形足。盖顶方钮两端各饰一兽面纹，两侧饰重环纹，三个兽首钮上饰绳索纹，盖面中部和近边缘处各饰一周凸弦纹，凸弦纹上皆饰两两相对的蝉纹，凸弦纹之间饰一周以珍珠纹作衬地的五组两两相对的异形龙纹，两龙首之间饰S形窃曲纹，里层凸弦纹由外至里分别饰一周绞索纹和一周绞龙纹，盖口沿外饰一周凹弦纹；器耳部内、外侧纹样锈蚀严重，模糊不清，腹部饰一周凸弦纹，凸弦纹两侧各饰一周以珍珠纹作衬地的蟠螭纹，足根上饰兽面纹。通高26.6、口径22、足高14.2厘米（图六，1、2；彩版一五，1；图版五一，1）。

豆　1件。M4：3，因胎质较薄，出土时残甚，未能修复。

圆壶　1件。M4：2，出土时两耳的下部略残。直口，方唇，直颈，颈部有两个对称的椭圆形环状耳，溜肩，鼓腹，平底，矮圈足。颈部和腹部各饰二周由数量众多谷纹组成的宽带纹，宽带纹两侧以细凸弦纹为界；耳部两侧皆饰云雷纹。通高30、口径9.9、腹径20.6、底径11.3厘米（图六，3、4；彩版一五，3；图版五一，2）。

盆　1件。M4：4，因胎质较薄，残碎较甚，未能修复。口微敞，宽平折沿，薄方唇。折腹，上腹近直，中腹折，折棱明显，下腹略外弧内收。口径33.8、腹径30.4、残高11.8厘米（图七，5）。

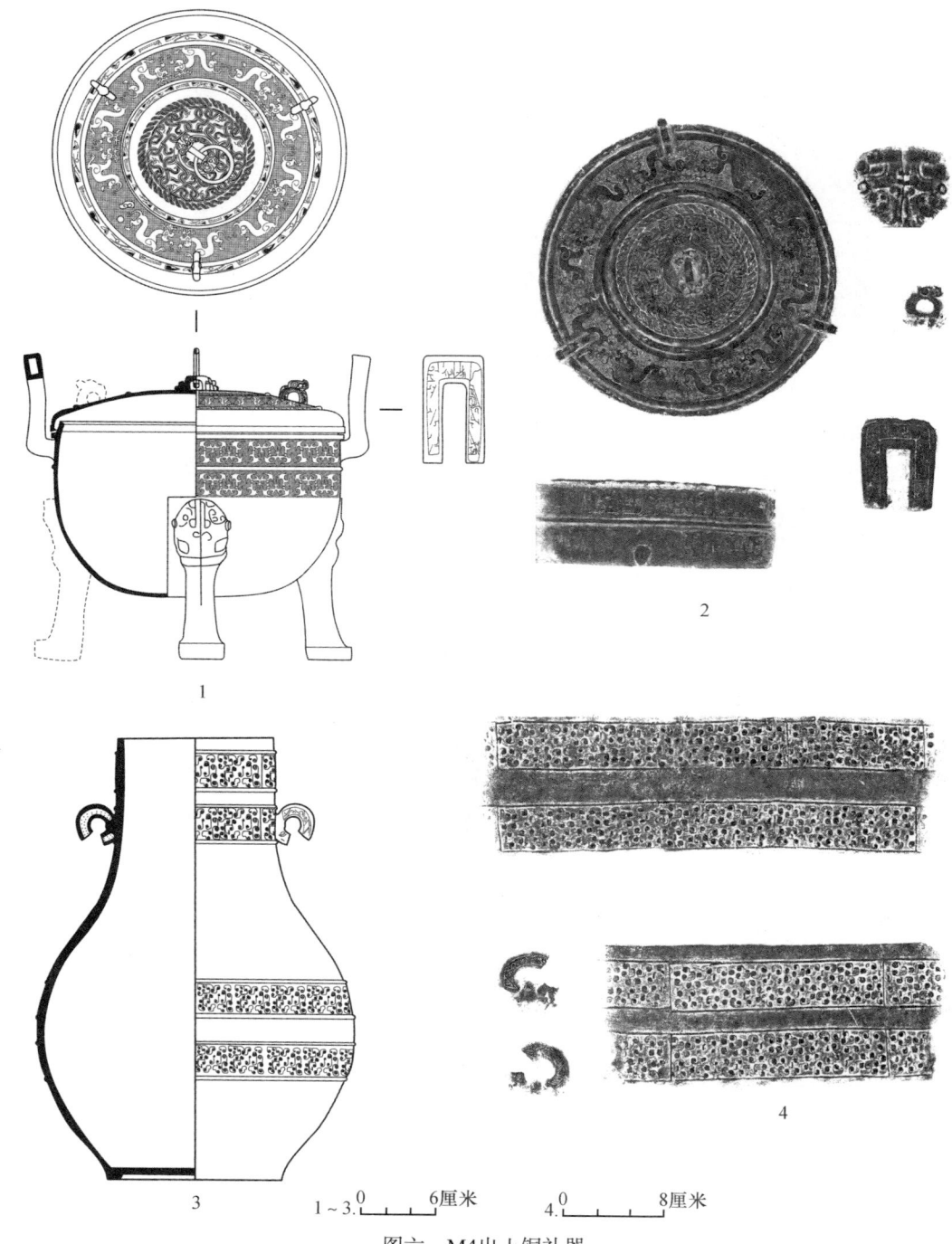

图六 M4出土铜礼器
1. 鼎（M4∶1） 2. 鼎（M4∶1）拓片 3. 壶（M4∶2） 4. 壶（M4∶2）拓片

匜 1件。M4∶5，因胎质较薄，残碎较甚，未能修复。近椭圆形直口，一侧有槽状短窄流。

剑 1件。M4∶7，出土时剑身已断为两截。锋尖及刃部锐利，剑身窄而稍短，中部起脊，宽镡，圆柱形茎，双箍，中空，内有范土，圆形剑首。剑身正背面均饰棱形方格纹，镡部饰兽面纹。通长47.6、身长39.5、身宽3.8、镡宽4、茎长8.1、剑首径3厘米（图七，1；彩版

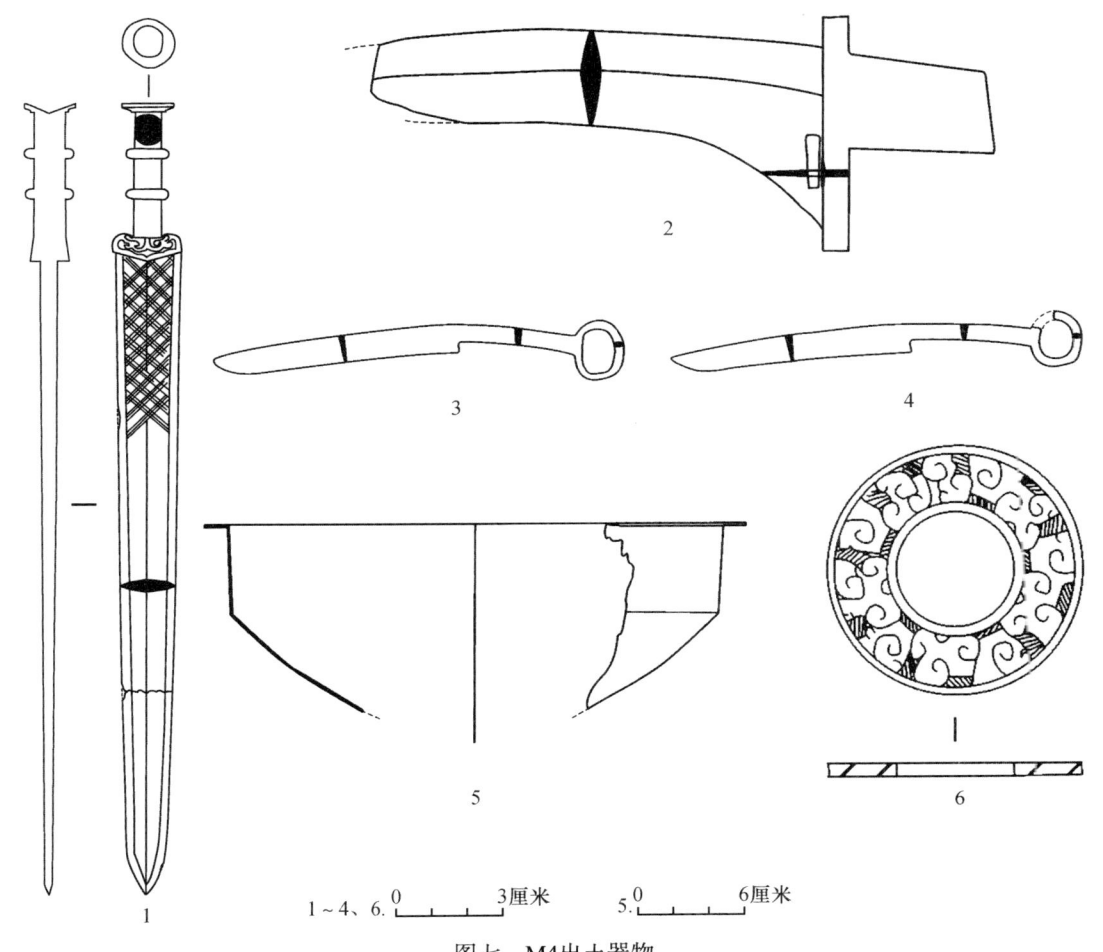

图七 M4出土器物

1.铜剑（M4:7） 2.铜戈（M4:9） 3、4.铜环首刀（M4:6-1、M4:6-2） 5.铜盆（M4:4） 6.玉环（M4:8）

一六，1；图版五一，3）。

戈 1件。M4:9，出土时锋部已略残。锋尖无收刹，长援较宽，援有脊，援胡交角大于90°，胡下端为直角，栏侧下部有一个长方形穿；近长方形直内，内上角为钝角，内下角近直角，内上无穿。残长19.3、援残长14、宽3厘米，内长4.5、宽3厘米（图七，2；彩版一七，1；图版五一，4）。

环首刀 2件。形制、大小基本相同。皆为斜尖锋，背稍弧，刃略凹，窄长柄，断面呈三角形，末端有椭圆形环状柄首。M4:6-1，出土时断为二截。通长13.8、身长8、宽1厘米（图七，3；图版五一，5）。M4:6-2，出土时锋尖和柄首稍残。通长13.6、身残长7.8、宽1厘米（图七，4；图版五一，6）。

（2）玉器

1件。仅环一种。M4:8，青玉。浅豆青色，大部受沁呈灰白色。玉质细腻，半透明。圆形，有内、外郭，断面呈长方形。正背面均阴刻卷云纹，以斜线纹衬底。直径3.5、好径1.7、厚0.2厘米（图七，6；彩版一九，1；图版六三，1）。

（3）骨器

1件。为鹿角。M4：10，因腐朽严重已成粉末状，无法复原。

二、M5

M5位于墓地的北部，东与M32相距6米，南与M14相距8米，西南与M72相距5.5米，西与M4相距9米。

1. 墓葬形制

该墓为长方形竖穴土坑墓，方向60°。墓口开于耕土层下，距现地表0.18米。墓口平面呈长方形，口部略大于墓底，墓壁斜直，光滑规整，墓底平坦。

墓口东西长3.05米，南北宽1.94米。墓底至墓口深2.09米。墓底的四周留有生土二层台，东侧台宽0.28米，南侧台宽0.42米，西侧台宽0.38米，北侧台宽0.32~0.38米，台高0.34米。

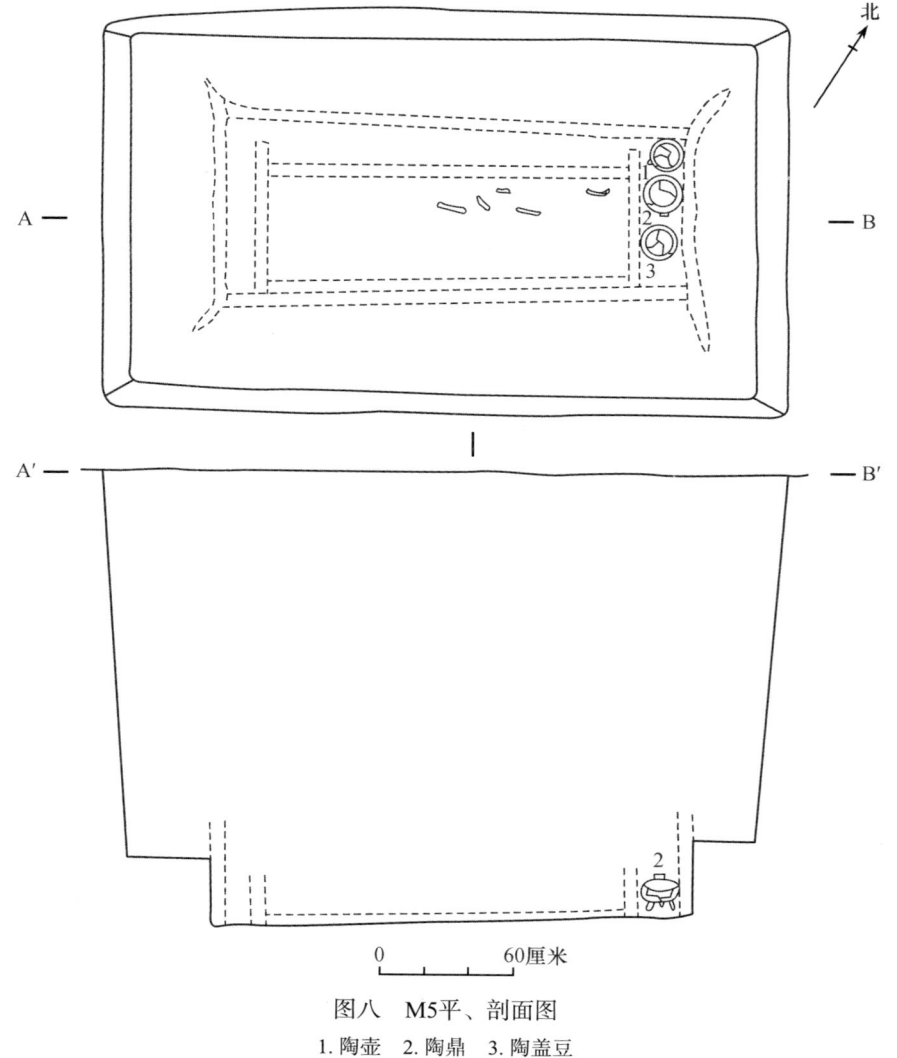

图八　M5平、剖面图
1. 陶壶　2. 陶鼎　3. 陶盖豆

二层台的台面以下为墓室，平面近长方形，直壁。墓室东西长2.16米，南北宽0.8~0.9米，高0.34米（图八；图版一，1）。

填土为浅红褐色五花土，土质湿软，较纯净，内含有少量的小料姜石块。

2. 葬具与葬式

（1）葬具

葬具为木质，已腐朽成粉末状，结构不明。从残存的灰白色和黑灰色木质朽痕，可知为一椁一棺。

木椁置于墓室底中部，平面呈"Ⅱ"形，东端略窄于西端，东西长2.08米，南北宽0.8~0.94米，残高0.34米，椁板厚0.06米。椁的东、西两端挡板较长，伸出南、北壁板之外，分别长1.2和1.18米。

木棺置于椁室底部偏南，平面呈"Ⅱ"形，东、西两端挡板较长，伸出南、北壁板之外，因变形东端略窄于西端。东西长1.72米，南北宽0.44~0.5米，棺板厚0.06米，高度不详。

（2）葬式

棺内墓主骨骸已严重腐朽，因土质黏湿，难以清理。仅在棺内东北部清理出几处粉末状人骨，可知葬有墓主一人，头东脚西，葬式、年龄、性别不详。

3. 随葬器物

随葬器物放置于墓底棺椁之间的东部，即墓主人的头部。自北向南依次为壶、鼎、豆等。

随葬器物共3件。均为陶器，计有鼎1件、盖豆1件、壶1件（彩版八，1）。

鼎 1件。M5:2，泥质黑皮陶，黄褐色胎。上有盖，作覆盘形，顶部较平，中部有一桥形纽，纽内套一圆环，盖缘上均匀分布三个环形立纽。器子口微敛，口沿外有一周凸棱，口沿外侧下有二个对称的长方形附耳，弧腹，圜底较深，下腹有三个蹄形足。盖面饰两周凸弦纹，腹上饰两周凹弦纹。通高20.4、口径16.8、足高9.6厘米（图九，1；彩版九，1；图版一〇，1）。

盖豆 1件。M5:3，泥质灰陶。盖、盘整体作盒形。盖作覆盘形，外缘内折起棱，方圆唇，盖顶微鼓，中部矮圈足形纽。器子口微敛，方唇，深弧腹，上腹较直，下腹斜弧内收至盘底，短空柄稍细，喇叭形圈足座，座面弧鼓，座上部起两周明显的折棱。盘腹外上部饰有三周凹弦纹，上边两周为一组，下部一周为一组，两组凹弦纹之间均匀装饰一周戳印的宽带状分布的麻点纹；底座中部饰两道凹弦纹，之间又分布有较宽一周戳印的麻点纹，折棱外沿上各饰有一圈麻点纹。通高20.4、口径13.6、底径10.4厘米（图九，3；彩版一〇，1；图版一〇，2）。

壶 1件。M5:1，夹细砂灰陶。上有一覆盘形盖，顶部隆起，盖上中部有一圆形握手。器子口较直，方唇，长颈，溜肩，鼓腹，腹部有四个桥形贯耳，平底略内凹。腹部饰两周凹弦纹。通高27.4、口径11.6、腹径16、底径7.2厘米（图九，2；图版一〇，3）。

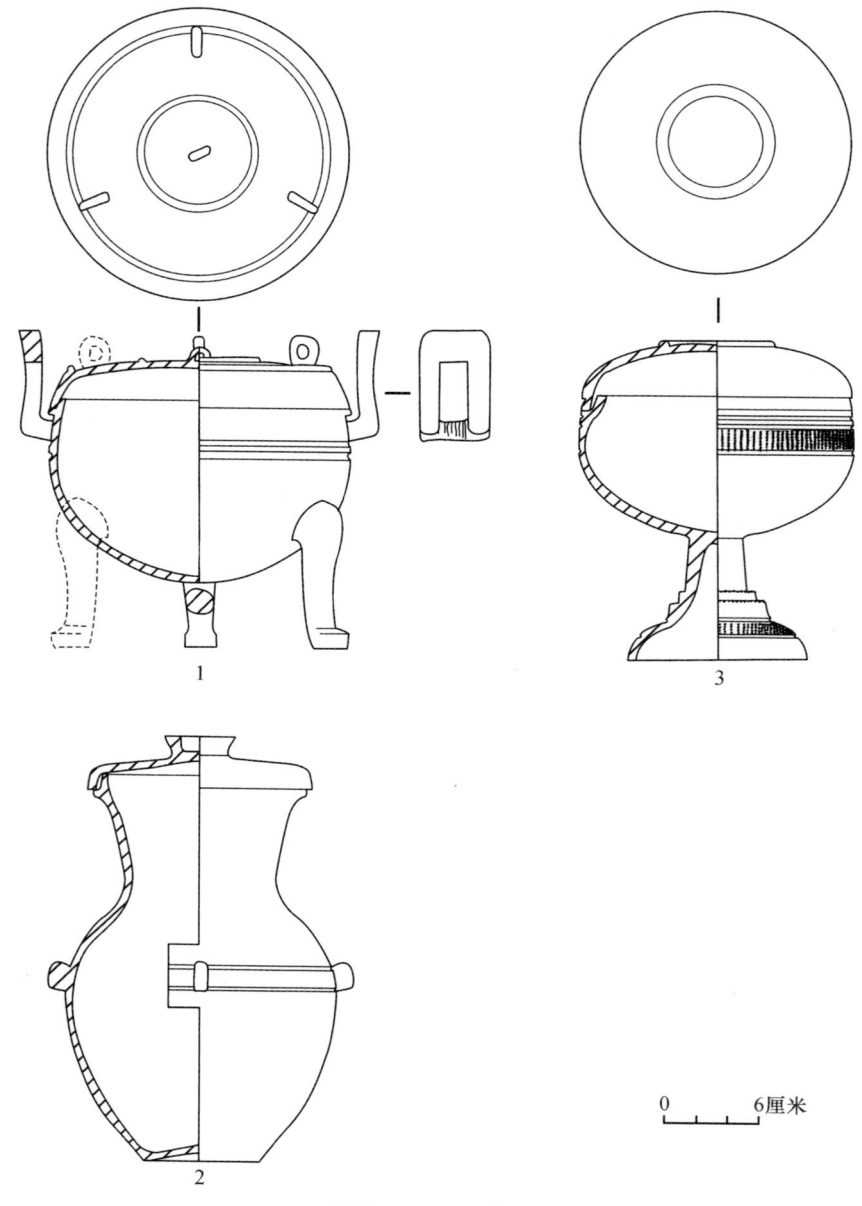

图九　M5出土陶器
1. 鼎（M5：2）　2. 壶（M5：1）　3. 盖豆（M5：3）

三、M7

M7位于墓地的北中部，北与M14相距4米，东与M8相距3米，南与M11相距2米，西南与M13相距4.2米，西与M12相距6米。

1. 墓葬形制

该墓为长方形竖穴土坑墓，方向72°。墓口开于耕土层下，距现地表0.2米。墓口平面呈长方形，口部略大于墓底，墓壁斜直，修整光滑，底部平坦。

墓口东西长3.46米，南北宽1.42米；墓底东西长3.3米，南北宽1.12米。墓底至墓口深0.78米（图一〇）。

墓内填土为浅红褐色五花土，土质较疏松，湿软，土内含有少量的小料姜石块。

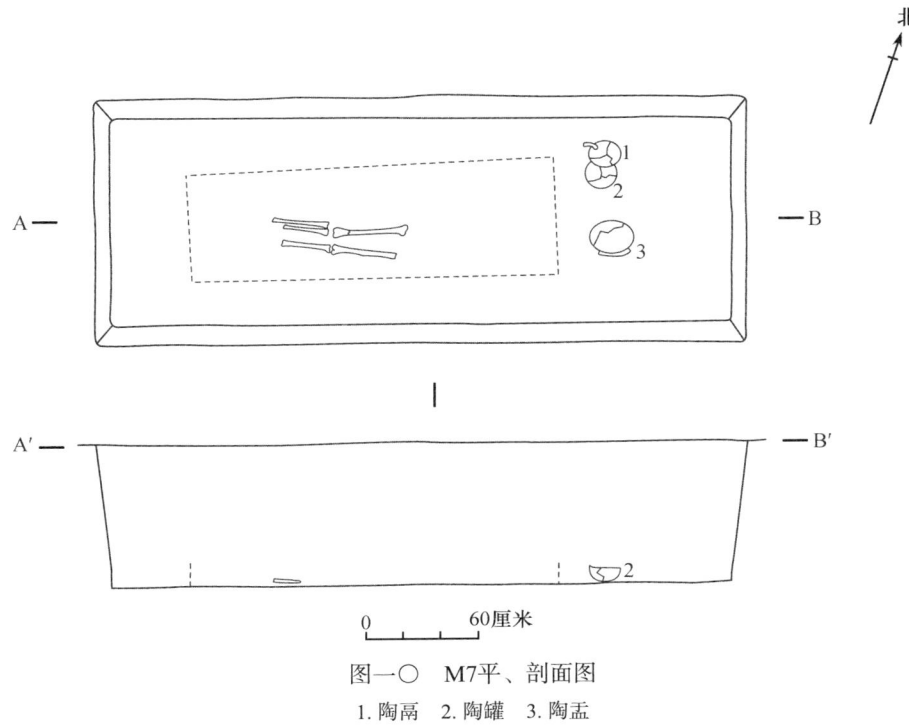

图一〇　M7平、剖面图
1. 陶鬲　2. 陶罐　3. 陶盂

2. 葬具与葬式

（1）葬具

葬具已严重腐朽，难以清理，但从残存的痕迹可知为一棺。

木棺置于墓底的中部，平面呈梯形，东西长1.86米，南北宽0.58~0.64米，棺的高度与棺板厚度不详。

（2）葬式

棺内的人骨骼已腐朽成粉末状，无法完整清出。从清理出的腿部骨痕判断，为单人葬，直肢，头向东。年龄、性别等不详。

3. 随葬器物

随葬器物放置于墓室的东部，即墓主人的头部。自北向南依次为鬲、罐、盂等。

随葬器物共3件。均为陶器，计有鬲1件、罐1件、盂1件。

鬲　1件。M7:1，夹砂黑皮陶，红褐胎，破碎，经粘对复原。器形规整，形体较大，口径小于腹径，也略小于三足外切圆径。平折沿，方唇，矮直领，上腹圆鼓，下腹呈弧形内收，弧裆，柱状足较矮。颈部以下饰粗绳纹。高19、口径12、腹径18厘米（图一一，1；图版一〇，4）。

罐 1件。M7：2，夹砂红褐陶。敞口，方唇，束颈，溜肩，圆鼓腹，下腹弧形内收至底，凹圜底。肩部以下至底饰竖粗绳纹。高19、口径12、腹径17.2、底径6厘米（图一一，3；图版一〇，5）。

盂 1件。M7：3，夹砂黑皮陶，红褐胎，破碎，经粘对复原。形制较规整，形体较大。平折沿，方唇，束颈，上腹圆鼓，下腹斜弧内收，凹圜底。下腹至底部饰斜细绳纹。高29.2、口径18.4、腹径21.6、底径8厘米（图一一，2；图版一〇，6）。

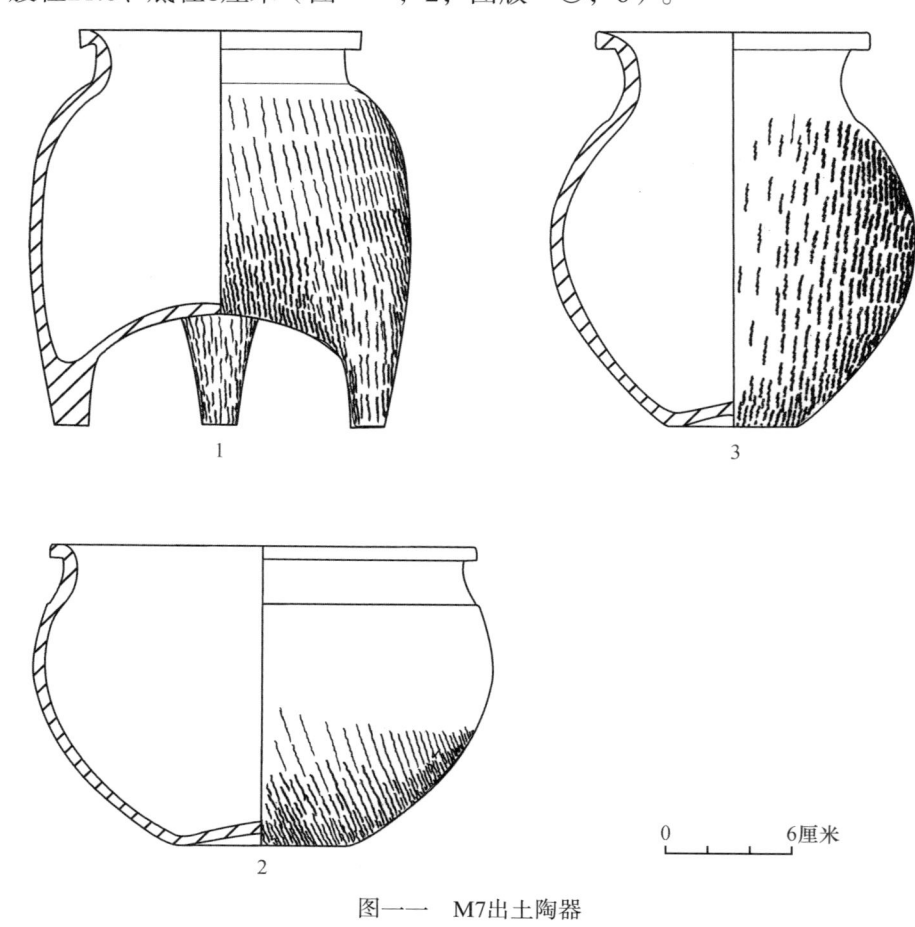

图一一　M7出土陶器
1.鬲（M7：1）　2.盂（M7：3）　3.罐（M7：2）

四、M8

M8位于墓地的北中部，北与M9相距2.8米，南与M15相距5米，西南与M11相距4米，西与M7相距3米。

1. 墓葬形制

该墓为长方形竖穴土坑墓,方向60°。墓口开于耕土层下,距现地表0.18米。墓口平面呈长方形,墓壁上下垂直,修刮平滑,底部平坦。

墓口东西长2.88米,南北宽1.64～1.68米。墓底至墓口深1.6米。墓底的四周留有生土二层台,东侧台宽0.28米,南侧台宽0.22米,西侧台宽0.2米,北侧台宽0.22米,台高0.25米。

二层台的台面以下为墓室,平面呈长方形,直壁。墓室东西长2.4米,南北宽1.2米,高0.25米(图一二;图版一,2)。

墓内填土为浅红褐色五花土,土质较疏松,较为纯净,土内仅含有少量的小料姜石块。

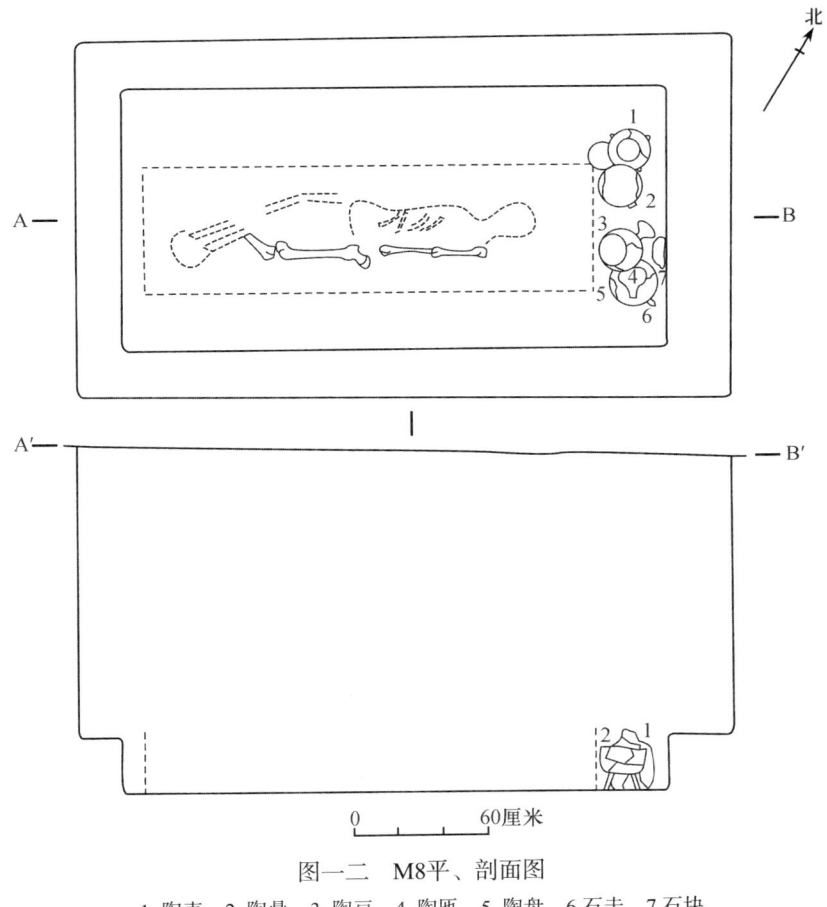

图一二　M8平、剖面图
1.陶壶　2.陶鼎　3.陶豆　4.陶匜　5.陶盘　6.石圭　7.石块

2. 葬具与葬式

(1)葬具

葬具已严重腐朽,结构不明。从残存的灰白色或黑灰色朽痕可知为一棺。

木棺置于墓室中部,平面呈长方形,东西长1.98米,南北宽0.58米,棺的高度和棺板厚度不详。

（2）葬式

棺内葬有墓主一人，骨骼腐朽过甚，保存较差。仅可看出墓主为仰身直肢葬，头东足西。性别、年龄等不详。

3. 随葬器物

随葬器物放置于墓底棺外的东部，即墓主人的头部。自北向南依次为陶壶、鼎、豆、匜、盘和石圭、石块等。

随葬器物共7件。依质地可分为陶器和石器两类。其中陶器5件，计有鼎1件、豆1件、壶1件、盘1件、匜1件；石器2件，计有石圭和石块各1件。

（1）陶器

5件。

鼎　1件。M8:2，夹砂黑皮陶，黄褐胎。盖残碎较甚，未能修复。器子口内敛，方唇，口沿外侧下附有两个对称的长方形耳，耳上外撇，耳顶略弧，弧腹，圜底，下腹附三个较矮的蹄形足。通高16.6、口径16.8、足高9.2厘米（图一三，1；图版一一，1）。

豆　1件。M8:3，破碎较甚，未能修复。

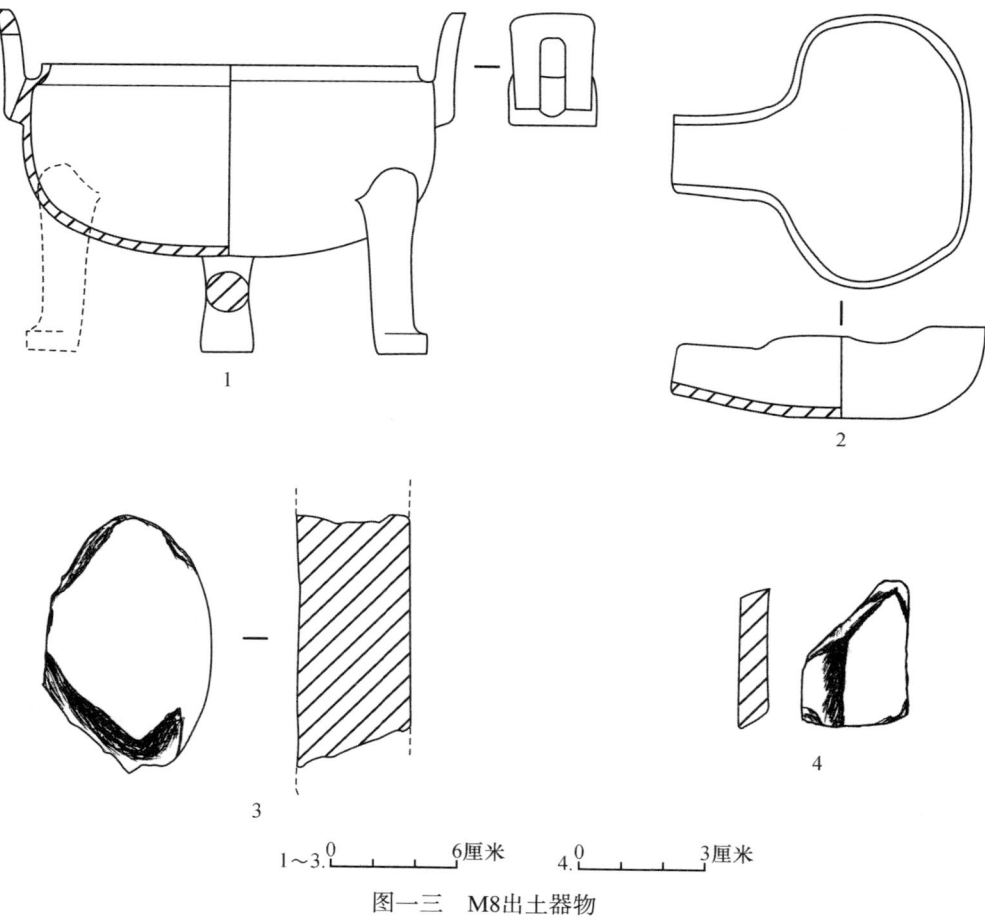

图一三　M8出土器物

1. 陶鼎（M8:2）　2. 陶匜（M8:4）　3. 石块（M8:7）　4. 石圭（M8:6）

壶　1件。M8：1，破碎较甚，未能修复。

盘　1件。M8：5，破碎较甚，未能修复。

匜　1件。M8：4，泥质灰皮陶，红褐胎。近椭圆形敞口，方圆唇，一侧有槽状宽直流，流较长，微上翘，断面近半圆形，弧腹，近平底。高4.6、口径9～13.2、底径6、流长5、流宽3.8厘米（图一三，2；图版一一，2）。

（2）石器

2件。

石圭　1件。M8：6，出土时圭的下部残缺。青石质。片状，顶端为斜面，其下呈扁长方体。残高3.5、宽1.5、厚0.7厘米（图一三，4；图版六四，1）。

石块　1件。M8：7，红褐色。形状呈不规则形。长11.5、宽7、厚5.2厘米（图一三，3；图版六四，2）。

五、M9

M9位于墓地的北中部，北与M31相距3.5米，南与M8相距2.5米，西南与M7相距5米，西与M14相距7米。

1. 墓葬形制

该墓为长方形竖穴土坑墓，方向64°。墓口开于耕土层下，距现地表0.18米。墓口平面呈长方形，口部略大于墓底，墓壁斜直，较规整，底部平坦。

墓口东西长1.94米，南北宽0.6米；墓底东西长1.88米，南北宽0.52米。墓底至墓口深0.76米（图一四）。

墓内填土为浅红褐色花土，土质较疏松，且较纯净，含有少量的小料姜石块。

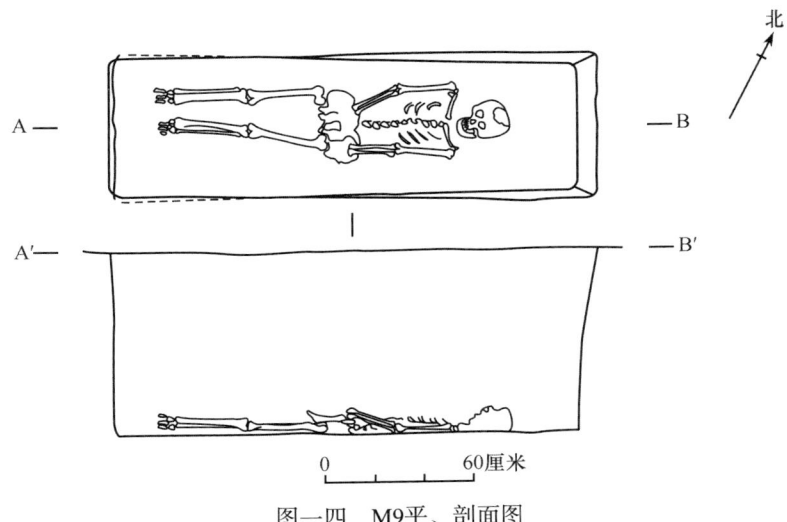

图一四　M9平、剖面图

2. 葬具与葬式

（1）葬具

墓内葬具不详。

（2）葬式

墓底中部葬有墓主一人，骨骼虽已腐朽，但保存相对较好，为仰身直肢葬，头东足西，面向上，双手置于盆骨之上。初步鉴定为一女性，年龄约35岁。

3. 随葬器物

无。

六、M11

M11位于墓地的北中部，北与M7相距2米，东北与M8相距4米，东南与M15相距2.4米，南与M17相距3米，西与M13相距6米。

1. 墓葬形制

该墓为长方形竖穴土坑墓，方向62°。墓口开于耕土层下，距现地表0.2米。墓口平面呈长方形，墓壁上下垂直，规整，底部平坦。

墓口东西长2.3米，南北宽1.4米。墓底长宽与墓口相同。墓底至墓口深0.26米（图一五）。

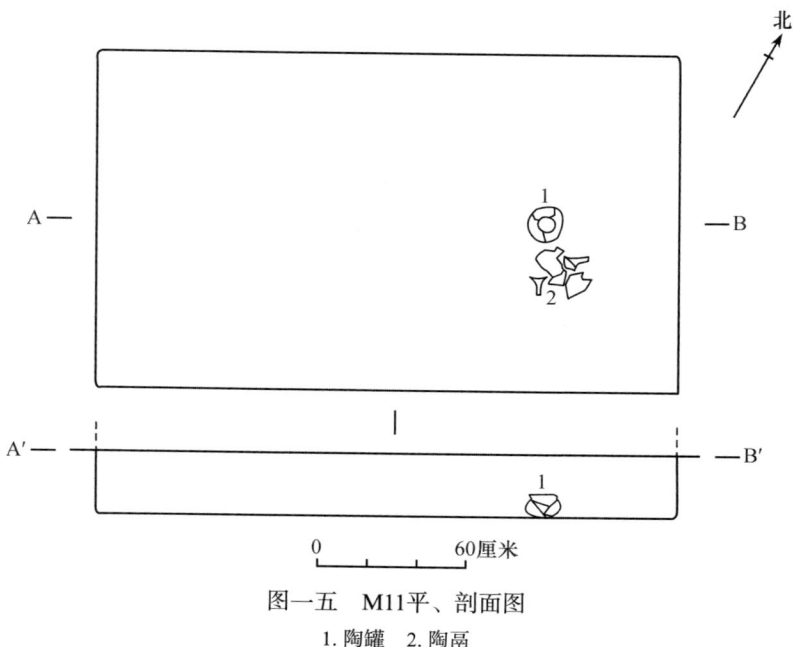

图一五　M11平、剖面图
1. 陶罐　2. 陶鬲

墓内填土为浅红褐色五花土，土质松软，含有少量的小料姜石块。

2. 葬具与葬式

因该墓距现地表很浅，毁坏严重，故葬具与葬式均不详。

3. 随葬器物

该墓被毁严重，仅在墓底东中部出土有破碎的陶器残片。从现存情况看，能辨出的器形为罐、鬲等。

随葬器物共2件。全为陶器，破碎较甚，计有鬲1件、罐1件。

陶鬲　1件。M11：2，夹砂红褐陶，破碎，经粘对，腹部以上残缺。下腹斜直内收，弧裆，柱状足较高，足跟部被截去。腹部以下满饰绳纹。残高12.9厘米（图一六；图版一一，6）。

陶罐　1件。M11：1，夹砂红褐陶，残碎，未能复原。

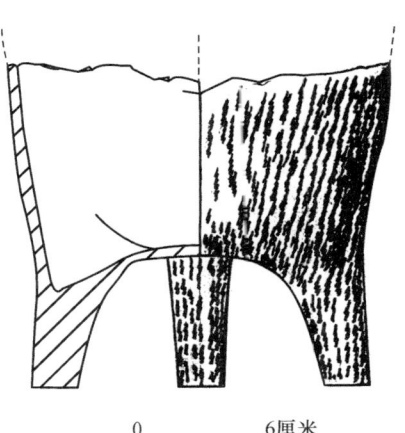

图一六　M11出土陶鬲（M11：2）

七、M12

M12位于墓地的北中部，北与M72相距8.5米，东北与M14相距4.7米，东与M7相距6米，东南与M13相距3.4米，西与M57相距10米。

1. 墓葬形制

该墓为长方形竖穴土坑墓，方向66°。墓口开于耕土层下，距现地表0.2米。墓口平面近长方形，口部略大于墓底，墓壁修整平滑，上下几乎垂直，墓底平坦。

墓口东西长2.92米，南北宽1.7~1.8米。墓底至墓口深1.0米。墓底的四周留有生土二层台，东侧台宽0.16米，南侧台宽0.24~0.3米，西侧台宽0.18米，北侧台宽0.24~0.3米，台高0.2米。

二层台的台面以下为墓室，平面呈长方形，直壁。墓室东西长2.6米，南北宽1.2米，高仅0.2米（图一七）。

墓内填土为浅红褐色五花土，土质较疏松，较纯净，土内含有少量的小料姜石块。

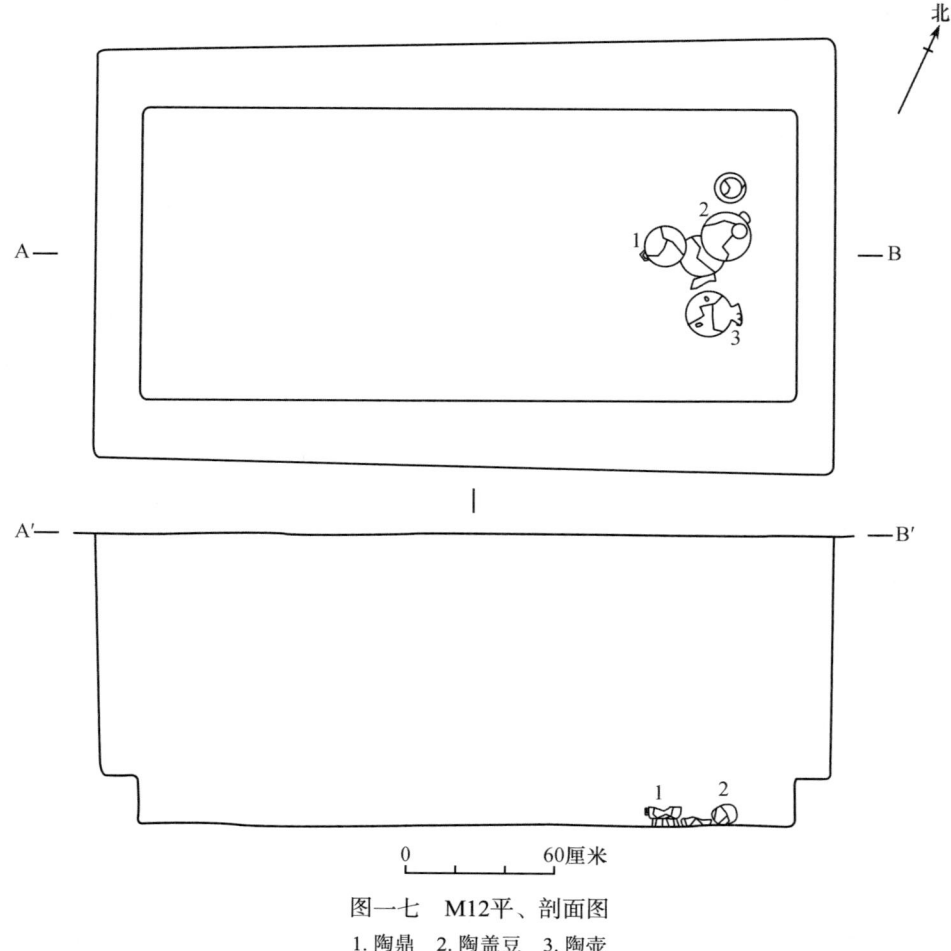

图一七　M12平、剖面图
1. 陶鼎　2. 陶盖豆　3. 陶壶

2. 葬具与葬式

（1）葬具

墓内葬具腐朽严重，结构不清。根据墓室内侧壁上的木质朽痕可看出，其葬具应为一椁。

木椁的四壁紧贴墓室周壁，平面呈长方形，东西长2.6米，南北宽1.2米，残高0.2米，椁板厚度不详。

在椁室内未见木棺痕迹。

（2）葬式

墓内未见有人骨，故葬式不明。

3. 随葬器物

随葬器物放置于墓底椁室的东端，推测为墓主人的头部方向，自北向南依次为鼎、盖豆、壶等。

随葬器物共3件。均为陶器，烧制火候很低，破碎严重。计有鼎1件、盖豆1件、壶1件。

鼎 1件。M12:1,夹砂灰陶。上有盖,作覆盘形,口沿微内折,顶部隆起,中心有一环形纽,内空。器子口微敛,方唇,口沿外侧下附有两个对称的近长方形耳,耳外撇,弧腹,圜底近平,下腹附三个蹄形足,较粗矮。肩部饰两周凹弦纹。通高18.2、口径15.6、足高8.2厘米(图一八,1;图版一一,5)。

盖豆 1件。M12:2,泥质褐色陶。盖、盘整体呈盒形。盖作覆盘形,斜方唇,中部有一圆形握手。器口部微敛,深弧腹,柄较短,喇叭形圈足座,座沿起台。通高19.8、口径16.8、底径10.4厘米(图一八,2;图版一一,4)。

壶 1件。M12:3,泥质灰陶。上有盖,平顶,浅子母口。器为敞口,平沿,方唇,长粗颈微束,溜肩,肩部下均匀分布有三个桥形耳,鼓腹,平底略内凹,最大腹径在器中部。腹部饰两周凹弦纹。通高21、口径10.6、腹径17.2、底径6厘米(图一八,3;图版一一,3)。

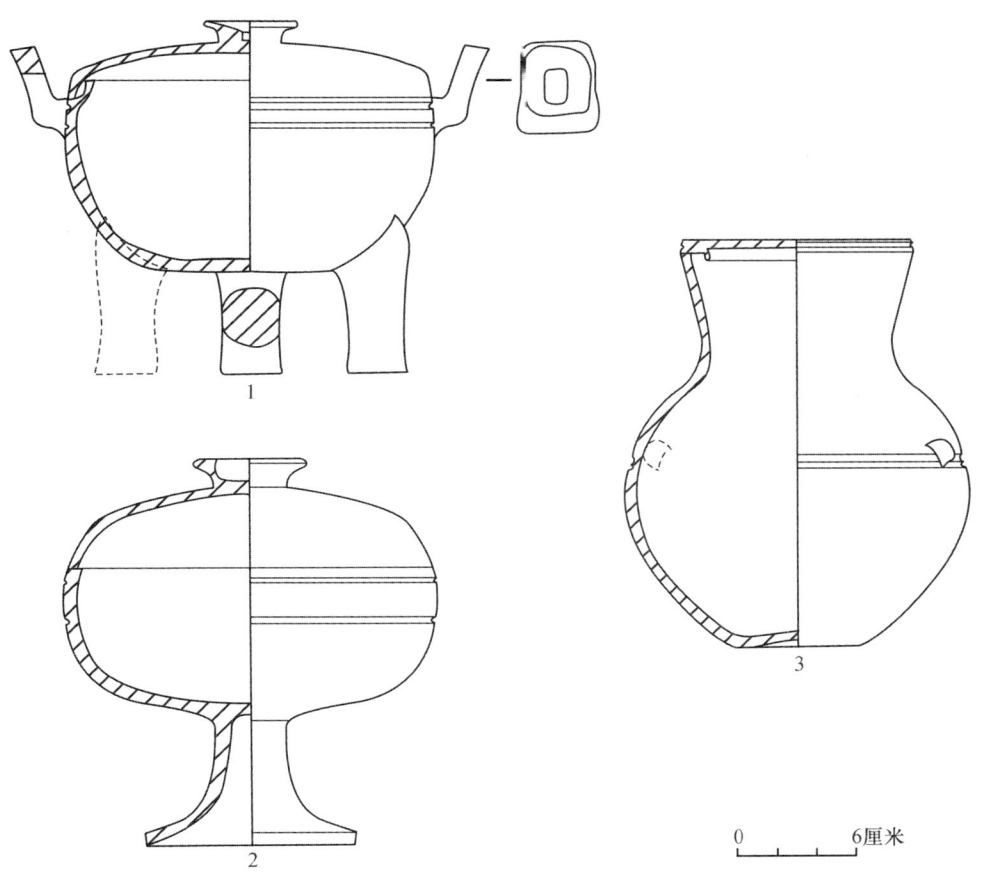

图一八 M12出土陶器
1.鼎(M12:1) 2.盖豆(M12:2) 3.壶(M12:3)

八、M13

M13位于墓地的北中部,东北与M7相距4.2米,东与M11相距6米,东南与M17相距6.4米,西北与M12相距3.4米。

1. 墓葬形制

该墓为长方形竖穴土坑墓，方向65°。墓口开于耕土层下，距现地表0.18米。墓口平面呈长方形，口部大于墓底，墓壁东、西两端坡度较大，南、北两侧陡直，墓底平坦。

墓口东西长1.9米，南北宽0.52米；墓底部长1.7米，宽0.47米。墓底至墓口深0.6米（图一九）。

填土为浅红褐色五花土，土质较疏松、纯净，土内含有少量的小料姜石块。

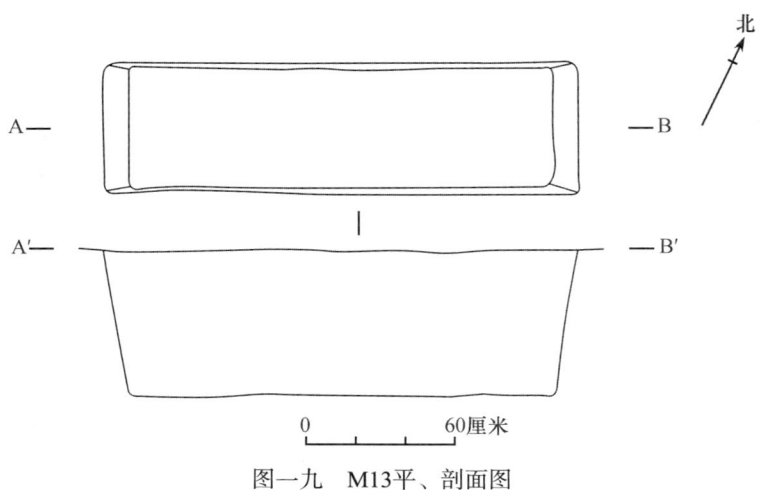

图一九 M13平、剖面图

2. 葬具与葬式

（1）葬具

墓内葬具不详。

（2）葬式

在墓底发现有零星的骨质粉末状痕迹，推测应有人骨架一具，葬式、性别、年龄等不详。

3. 随葬器物

无。

九、M14

M14位于墓地的北中部，上中部被M6打破。北与M5相距8米，东北与M31相距5.5米，东与M9相距7米，西南与M12相距4.7米。

1. 墓葬形制

该墓为长方形竖穴土坑墓,方向58°。墓口开于耕土层下,距现地表0.2米。墓口平面近长方形,口部略大于墓底,墓壁斜直,修刮规整,底部平坦。

墓口东西长3.06米,南北宽1.16~1.2米;墓底东西长2.94米,南北宽1.1米。墓底至墓口深0.76米(图二〇)。

墓内填土为浅红褐色五花土,土质疏松,较纯净,土内含有少量的小料姜石块。由于墓的中上部被M6打破,土内含有零星的砖渣。

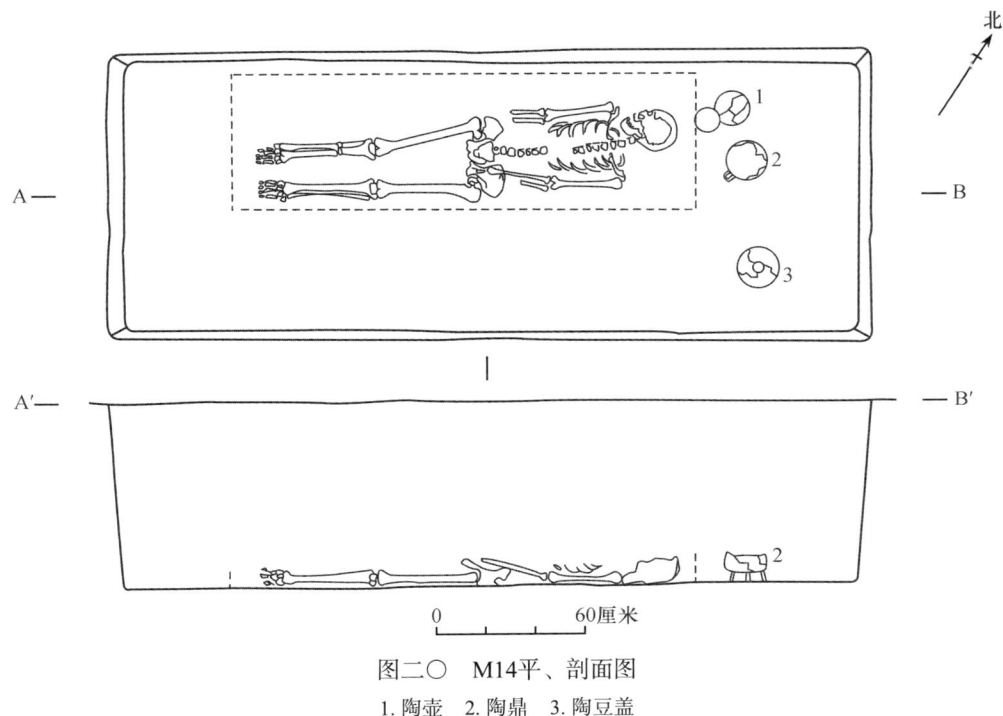

图二〇　M14平、剖面图
1.陶壶　2.陶鼎　3.陶豆盖

2. 葬具与葬式

(1)葬具

葬具腐朽严重,结构不清。从灰白色的木质朽痕可推知,其葬具为一棺。

木棺置于墓底中部略偏北,东西长1.86米,南北宽0.56米。棺的高度与棺板厚度不详。

(2)葬式

棺内葬有墓主一人,骨骼腐朽较轻。墓主为仰身直肢葬,头东足西,面向北。经初步鉴定为一年龄约40岁的女性。

3. 随葬器物

随葬器物放置于墓室底部的东端,即墓主人的头部。自北向南依次为壶、鼎、豆盖等。

随葬器物共3件。均为陶器，烧制火候很低，破碎严重。计有鼎1件、壶1件、豆盖1件。

鼎　1件。M14：2，泥质红褐陶。上有盖，作浅盘形，折沿，顶部较平，并均匀地分布三个半圆形立纽。器子口内敛，圆唇，口沿外侧下附有二个对称的长方形耳，耳外撇，弧腹，圜底较深，下腹附有三个蹄形足。盖面上饰一周凹弦纹。通高20.2、口径13.6、足高8厘米（图二一，1；图版一二，1）。

壶　1件。M14：1，泥质红陶。上有盖，子母口，平顶，中部有一扁圆形立纽。器为直口，方唇，粗颈微束，颈部稍长，溜肩，鼓腹，肩与腹部之间均匀分布有三个桥形贯耳，平底内凹，最大腹径在器中部略偏下。肩、腹部之间饰两周凹弦纹。通高24、口径8.8、腹径16.6、底径7厘米（图二一，2；图版一二，3）。

豆盖　1件。M14：3，泥质黑皮陶，红褐胎。盖呈覆盘形，敞口，斜方唇，顶部向上隆起，顶部三纽缺失。盖面饰两周浅细的凹弦纹。高5、口径20.5厘米（图二一，3；图版一二，2）。

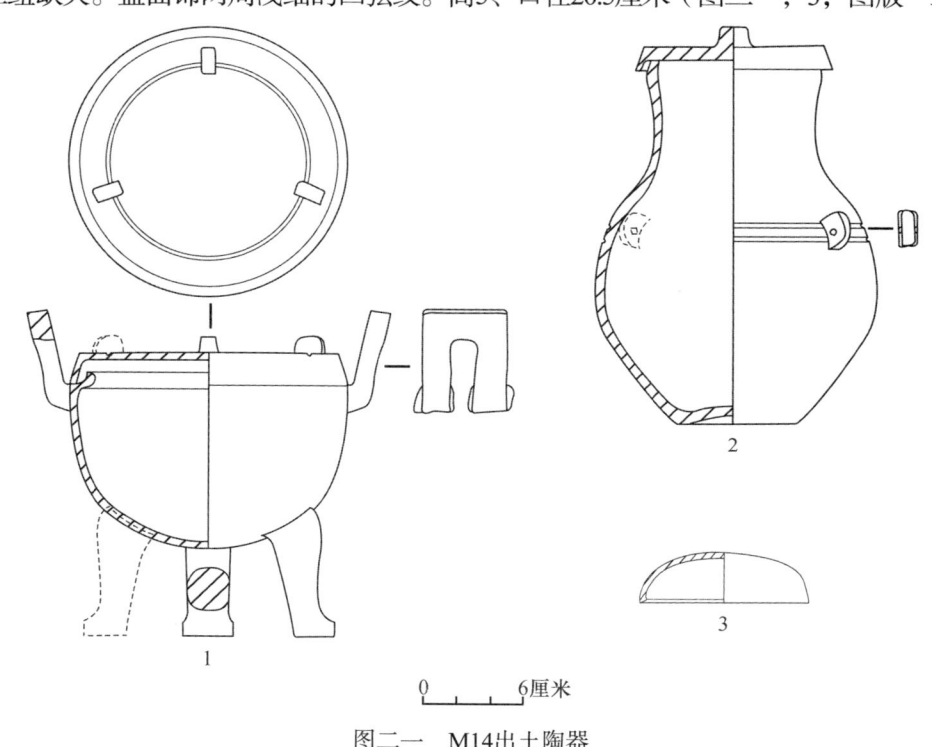

图二一　M14出土陶器
1.鼎（M14：2）　2.壶（M14：1）　3.豆盖（M14：3）

一〇、M15

M15位于墓地北部略偏南，北与M8相距5米，南与M16相距4米，西与M17相距3米，西北与M11相距2.4米。

1. 墓葬形制

该墓为长方形竖穴土坑墓，方向78°。墓口开于耕土层下，距现地表0.18米。墓口平面呈长方形，墓壁上下垂直，较规整，底部平坦。

墓口东西长2.36米，南北宽1.2米。墓底至墓口深2.2米。在墓底的东、北、南三面留有生土二层台，东侧台宽0.2米，南侧台宽0.1~0.12米，北侧台宽0.22米，台高0.24米。

二层台的台面以下为墓室，平面近长方形，直壁。墓室东西长2.16米，南北宽0.86~0.9米，高仅0.24米（图二二；彩版二，2）。

填土为浅红褐色五花土，湿度较大，土质较致密，含有少量的小料姜石块。

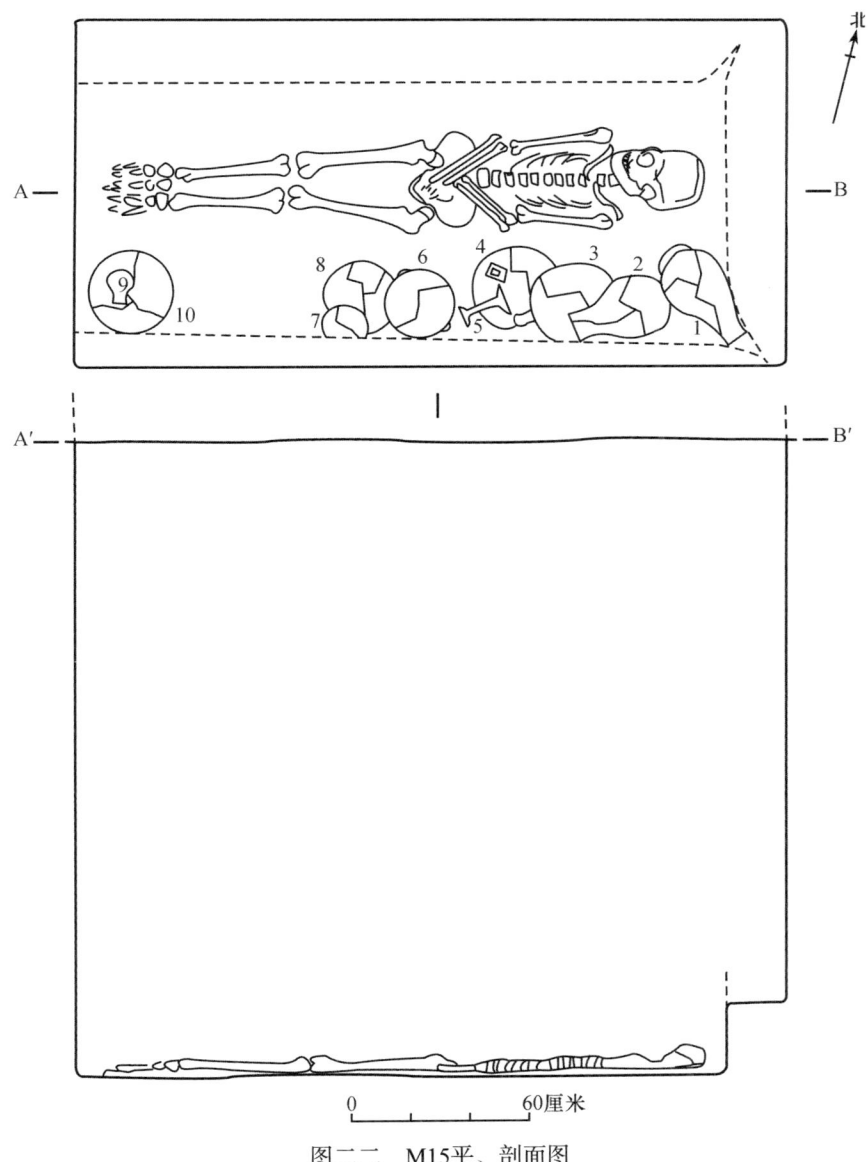

图二二　M15平、剖面图
1、2、10.陶壶　3、4、6.陶鼎　5、7.陶豆　8.陶盘　9.陶匜

2. 葬具与葬式

（1）葬具

葬具已严重腐朽，结构不清。根据墓室内侧壁上的木质朽痕可知，其葬具应为一椁。

木椁的四壁紧贴墓室周壁，平面呈"Ⅱ"形，东西长2.16米，南北宽0.86~0.9米，残高0.26米。椁板的宽度与厚度不详。另外椁室东部的南、北两角外伸呈尖角状凹槽，应为椁的一种形式。

在椁室内未见木棺痕迹。

（2）葬式

在椁室底中部葬有墓主一人，骨骼保存较好。墓主为仰身直肢葬，头东足西，面向上，双手交叉置于腹部。经初步鉴定，该墓主人的骨骼整体较粗大，应为一成年男性，年龄当在40~50岁。

3. 随葬器物

随葬器物放置于墓底椁室的南侧，即墓主人的左侧。由东向西依次为壶、鼎、豆、匜、盘等。

随葬器物共10件。皆为陶器，因烧制火候较低，均已破碎。计有鼎3件、豆2件、壶3件、盘1件、匜1件。

鼎　3件。皆为泥质灰陶。M15：3，子口微敛，方唇，口沿外侧下附有两个对称的长方形耳，耳略外撇，弧腹，近平底，下附三个较高的蹄形足，腹上部饰一周凹弦纹，腹下部饰二周凹弦纹。通高26.4、口径20.8、足高15.8厘米（图二三，1；图版一二，4）。M15：4和M15：6，因破碎较甚，未能修复。

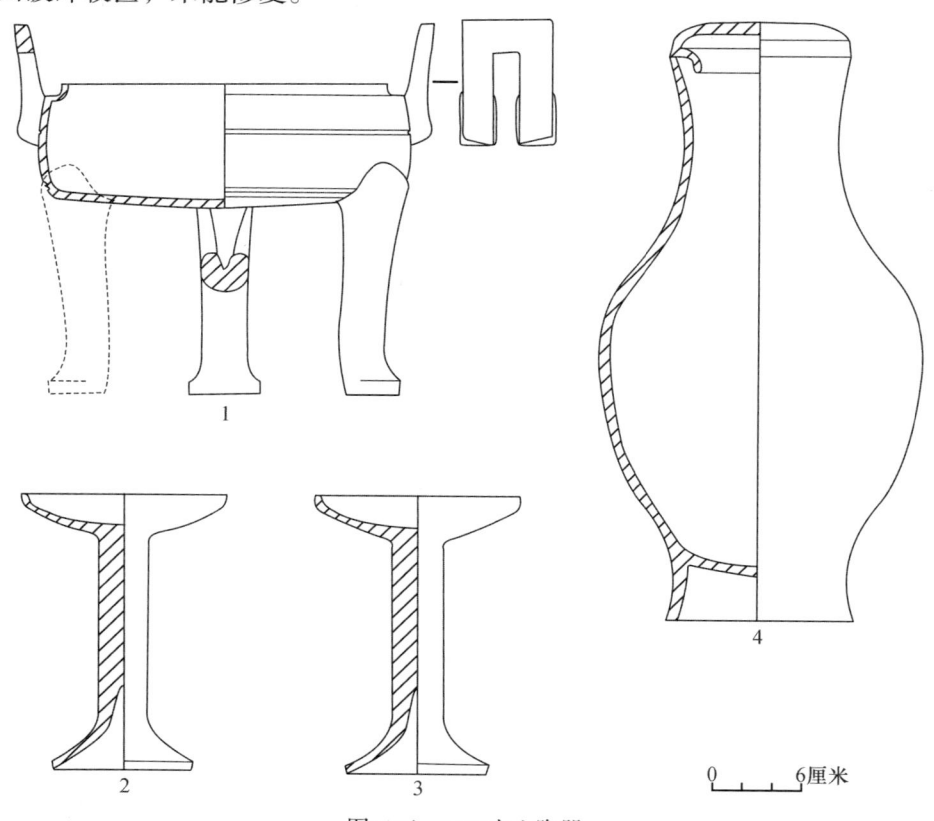

图二三　M15出土陶器
1.鼎（M15：3）　2、3.豆（M15：5、M15：7）　4.壶（M15：2）

豆　2件。陶质、形制及大小基本相同。皆泥质黑皮灰陶，黑皮脱落严重。敞口，圆唇，浅盘，弧腹，细实柄较高，喇叭形圈足座，座沿起台。M15：5，高18.6、口径13.6、底径9.2厘米（图二三，2；图版一二，5）。M15：7，高18.5、口径13.6、底径9.1厘米（图二三，3；图版一二，6）。

壶　3件。M15：2，夹砂黑皮红褐陶。上有盖，浅子母口，盖面隆起，平顶。器侈口，方唇，长束颈，溜肩，深鼓腹，下腹弧形内收，圜底，高圈足外侈，最大腹径在器上腹部。素面。通高40.8、口径12、腹径21.6、圈足高3.8、圈足径12.5厘米（图二三，4；图版一三，5）。M15：1和M15：10，均残甚，未能修复。

盘　1件。M15：8，残甚，未能修复。

匜　1件。M15：9，残甚，未能修复。

一一、M16

M16位于墓地的北部，西北和北面分别与M17、M15相距4米，东南与M18相距9米，南与M21相距12.5米。

1. 墓葬形制

该墓为长方形竖穴土坑墓，方向60°。墓口开于耕土层下，距现地表0.15米。墓口略大于墓底，墓壁陡直，坡度较小，较规整，墓底平坦。

墓口东西长2.98~3.1米，南北宽1.68米。墓底至墓口深2.2米。墓底的四周留有生土二层台，东侧台宽0.34米，南侧台宽0.26米，西侧台宽0.2米，北侧台宽0.14米，台高0.6米。

二层台的台面以下为墓室，平面呈长方形，直壁。墓室东西长2.34米，宽1.2~1.24米，高0.6米（图二四；图版一，3）。

墓内填土为浅红褐色五花土，湿度较大，土质较松软，土内有少量的小料姜石块。

2. 葬具与葬式

（1）葬具

墓内葬具已严重腐朽，结构不清。根据墓室内侧壁上的灰黑色木质朽痕可知，其葬具应为一椁。

木椁的四壁紧贴墓室周壁，平面近长方形，东西长2.34米，南北宽1.2~1.24米，残高0.6米，椁板厚0.04米，椁板的宽度不详。

在椁室内未发现棺木痕迹。

（2）葬式

在椁内中部偏北葬有墓主一人，骨骼腐朽严重，除头骨和四肢保存较好外，余皆已成粉末

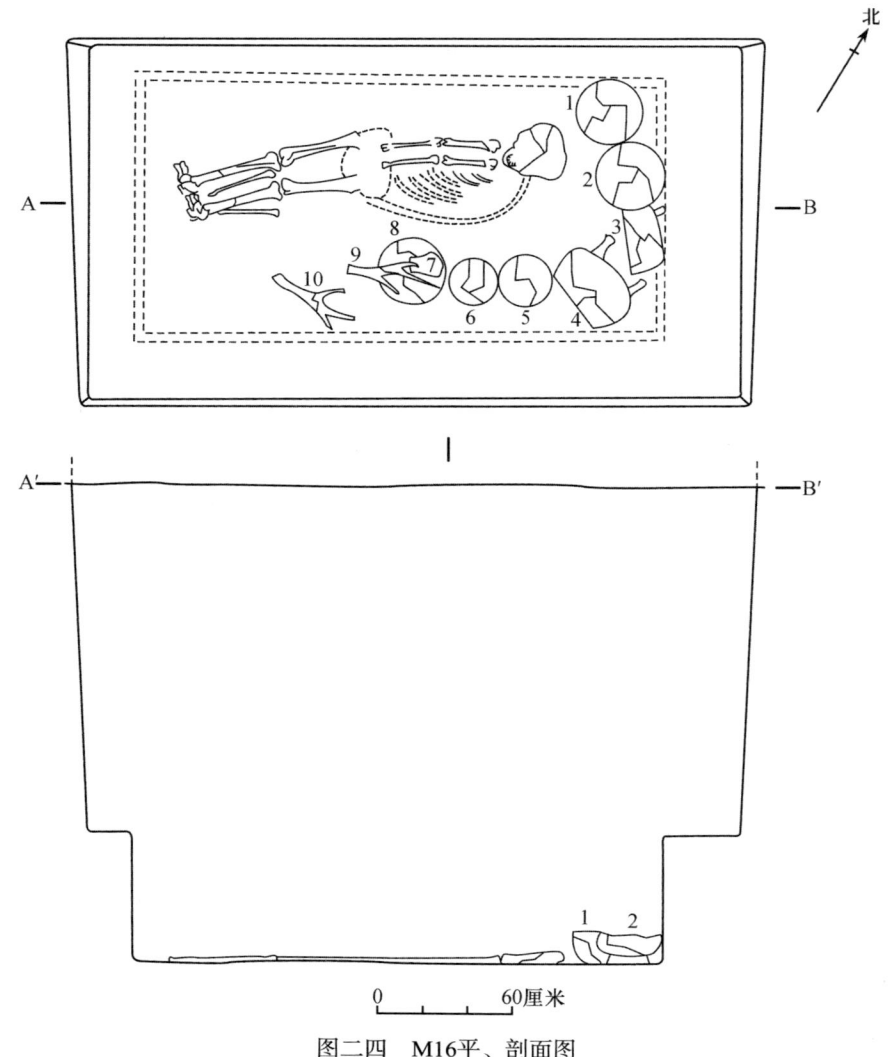

图二四　M16平、剖面图
1、2.陶壶　3、4.陶鼎　5、6.陶敦　7.陶匜　8.陶盘　9、10.鹿角

状。从现存情况看,墓主为侧身直肢葬,头东足西,面朝北。经初步鉴定为一男性,年龄不详。

3. 随葬器物

随葬器物放置于椁室底部的东部和南侧偏东,即墓主人的头部和左侧。东部自北向南依次有陶壶、鼎;南侧自东向西依次有陶鼎、敦、匜、盘和鹿角等。

随葬器物共10件。除2件鹿角外,其他均为陶器。陶器8件,计有鼎2件、敦2件、壶2件、盘1件、匜1件。这些陶器烧制火候低下,近泥质,破碎严重,无法修复。两件鹿角也因腐朽严重,仅采集有骨渣,无法复原。

一二、M17

M17位于墓地的北部偏南，北、东分别与M11和M15相距3米，东南与M16相距4米，西北与M13相距6.4米。

1. 墓葬形制

该墓为长方形竖穴土坑墓，方向60°。墓口开于耕土层下，距现地表0.15米。墓口平面近长方形，口部略大于底，墓壁陡直，坡度很小，近于垂直，周壁规整平滑，墓底平坦。

墓口东西长3.02米，南北宽1.88～1.96米。墓底至墓口深2.3米。墓底的四周留有生土二层台，东侧台0.2米，南侧台0.24～0.28米，西侧台宽0.29米，北侧台宽0.32～0.34米，台高0.4米。

二层台的台面以下为墓室，平面为长方形，直壁。墓室东西长2.45米，南北宽1.2～1.26米，高0.4米（图二五；图版一，4）。

墓内填土为浅红褐色五花土，土质干硬，较纯净，土内含有少量的小料姜石块。

2. 葬具与葬式

（1）葬具

葬具已严重腐朽，结构不明。从残存的灰白色木质痕迹可知，其葬具为一椁。

木椁置于墓室中部，平面呈"Ⅱ"形，椁的东、西两端挡板较长，伸出南、北两侧壁板之外。椁东西长2.1米，南北宽0.8米，东、西两端挡板长均为1.4米，椁板厚0.04米，高度不详。

椁室内未发现木棺痕迹。

（2）葬式

在椁内中部葬有墓主一人，骨骼腐朽严重，已成粉末状痕迹。仍可分辨出为仰身直肢葬，头东足西。性别、年龄等不详。

3. 随葬器物

随葬器物放置于墓底椁内东部和南部，即墓主人的头部和南侧。东部自北向南依次为陶壶、鼎；南部自东向西依次为陶鼎、盖豆、匜、盘和鹿角等。

随葬器物共9件。除M17：9（鹿角）因腐朽成粉末状未采集外，其余均为陶器。陶器8件，烧制火候较低，均破碎严重。计有鼎2件、盖豆2件、壶2件、盘1件、匜1件（图版八，1）。

鼎 2件。陶质、形制、纹样基本相同，大小略有差异。皆泥质褐色陶。器子口内敛，方唇，口沿外侧下附有两个对称的长方形耳，耳略外撇，鼓腹，圜底近平，下腹部附有较高的三个蹄形足，足略外撇。腹上部饰一周凸弦纹。M17：4，上有盖，作浅覆盘形，方圆唇，盖顶微隆，盖面中部饰两周凸弦纹。通高25、口径20.6、腹径26.4、足高14厘米（图二六，1；图版

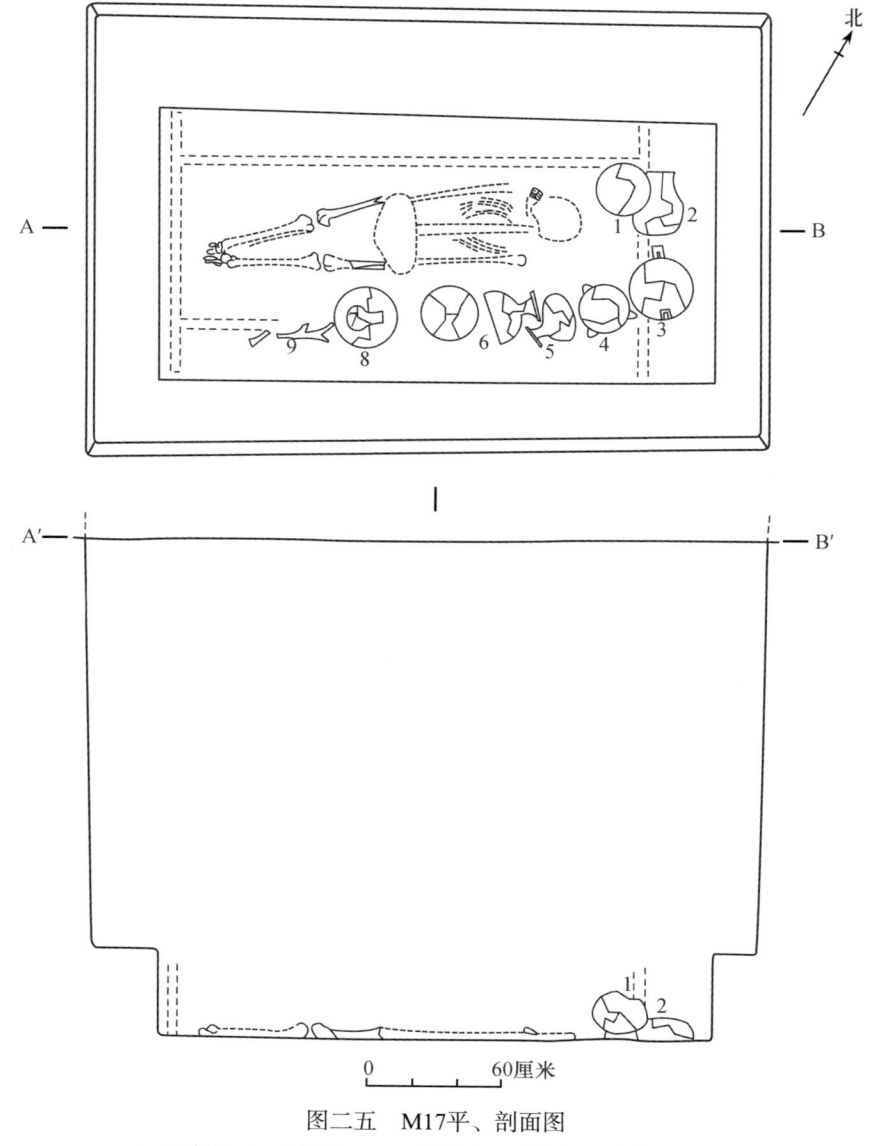

图二五 M17平、剖面图
1、2.陶壶 3、4.陶鼎 5、6.陶盖豆 7.陶匜 8.陶盘 9.鹿角

一三，2）。M17：3，无盖。通高24.6、口径20、腹径26.5、足高14.2厘米（图二六，2；图版一三，1）。

盖豆 2件。豆盖均残甚，未能修复。陶质、形制基本相同，大小稍异。皆泥质红褐陶。子口内敛，方唇，深腹盘，弧壁，喇叭形圈足座，底座中部有两道明显的折棱，座沿起台。M17：5，盘底近平，空柄较粗，座沿直折起台，沿面微凹。盘腹上部和豆柄中部各饰两道一组的凹弦纹。高20、口径17.4、底径12厘米（图二六，3；图版一三，3）。M17：6，空柄较高，座沿微折起台。盘腹上部和豆柄中部各饰两道一组的凹弦纹，盘腹下部饰一道凹弦纹。高22、口径18.4、底径13.6厘米（图二六，4；图版一三，4）。

壶 2件。陶质、形制及纹样基本相同，大小相差无几。皆泥质红褐陶。上皆有盖，浅子母口，盖面为弧形，近平顶，顶中部有一立纽。器侈口，方唇，粗束颈，溜肩，鼓腹，下腹

图二六　M17出土陶器
1、2. 鼎（M17：4、M17：3）　3、4. 盖豆（M17：5、M17：6）　5、6. 壶（M17：1、M17：2）

弧形内收，圜底内凹，最大腹径在上腹部。盖面饰两周凹弦纹，颈部与腹部各饰两周一组的凹弦纹。M17：1，顶中部立纽呈扁圆形，纽略残。肩部有两个对称的环形纽，并饰有两周一组的凹弦纹。通高32.7、口径11.2、腹径24.8、底径11.2厘米（图二六，5；图版一三，6）。M17：2，顶中部立纽残缺。素面。通高32、口径11.2、腹径24、底径11厘米（图二六，6；图版一三，7）。

盘　1件。M17：8，残甚，未能修复。

匜　1件。M17：7，残甚，未能修复。

一三、M18

M18位于墓地的中部偏北,西北与M16相距9米,东南与M22相距17米,南与M26相距25米,西南与M21相距9.5米。

1. 墓葬形制

该墓为长方形竖穴土坑墓,方向70°。墓口开于耕土层下,距现地表0.15米。墓口平面呈长方形,口部大于墓底,墓壁斜直,较规整,底部平坦。

墓口东西长3.3米,南北宽1.84米。墓底至墓口深1.55米。墓底的四周留有生土二层台,东侧台宽0.4米,南侧台宽0.24米,西、北两侧台宽均为0.26米,台高0.3米。

二层台的台面以下为墓室,平面呈长方形,直壁。墓室东西长2.5米,南北宽1.18米,高0.3米(图二七)。

墓内填土为浅红褐色五花土,湿度较大,土质松软,土内含有少量的小料姜石块。

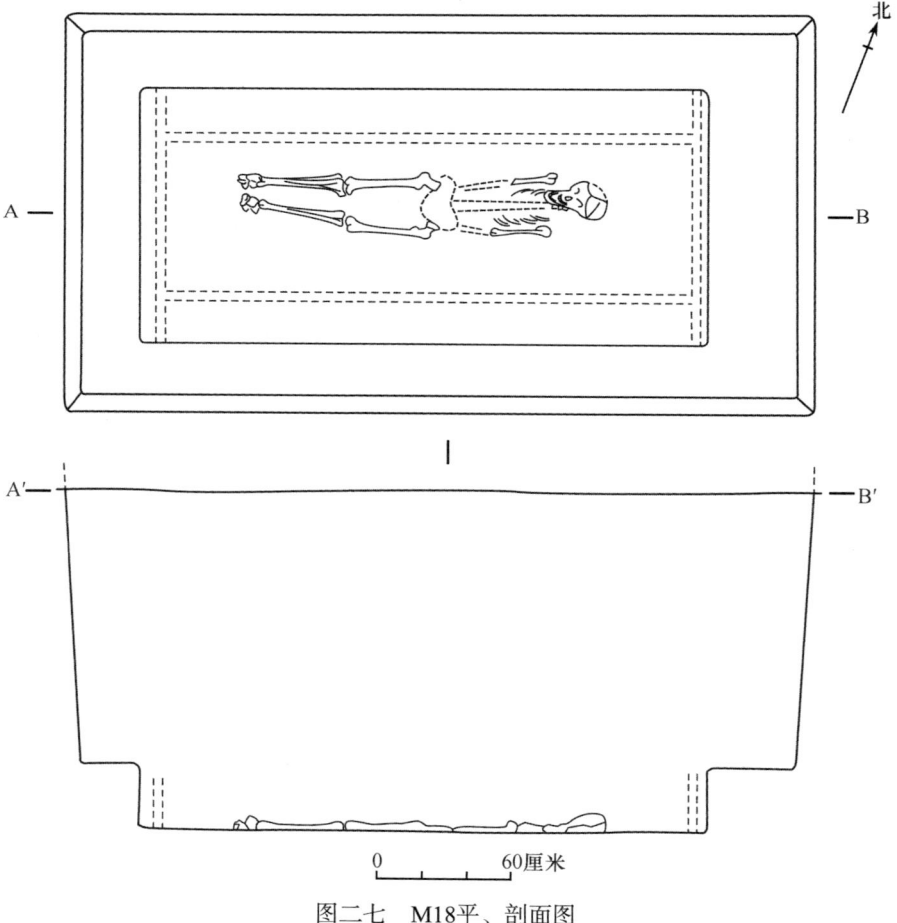

图二七 M18平、剖面图

2. 葬具与葬式

（1）葬具

葬具腐朽严重，结构不明。从残存的灰白色木质痕迹可知，其葬具应为一椁。

木椁置于墓底中部，平面呈"Ⅱ"形，东、西两端挡板较长，伸出南、北两侧壁板之外，且紧贴墓室的内壁。椁东西长2.4米，南北宽0.78米，东、西两端挡板长均为1.18米，椁板厚0.04米，高度不详。

在椁室内未发现木棺痕迹。

（2）葬式

在椁底中部葬有墓主一人，墓主的头部和四肢保存较好，其他部位骨骼腐朽较甚。为仰身直肢葬，头东足西，面向上。经初步鉴定为一女性，年龄不详。

3. 随葬器物

无。

一四、M19

M19位于墓地的东北部，西与M43相距6.4米，西南与M20相距8.5米。在该墓的中部偏北有一个长方形现代盗洞，盗洞长1.56米，宽0.95米，深1.86米，盗洞直达墓底，墓内的部分随葬器物被盗走或被扰动。

1. 墓葬形制

该墓为长方形竖穴土坑墓，方向72°。墓口开于耕土层下，距现地表0.2米。墓口西高东低，东宽西窄，且口部略大于墓底，墓壁向下斜直，东、西、北三壁坡度稍大，南壁近乎垂直，墓壁的四角略呈圆角，墓底平坦。

墓口东西长3.1米，南北宽1.76～2米。墓底至墓口深1.55～1.76米。墓底的四周设有生土二层台，东侧台宽0.22米，南侧台宽0.23米，西侧台宽0.1米，北侧台宽0.24米，台高0.45米。

二层台的台面以下为墓室，平面呈长方形，直壁。墓室东西长2.58米，南北宽1.23～1.37米，高0.45米（图二八）。

墓内填土为浅红褐色五花土，土质较疏松，湿黏度较大，土内含有少量的小料姜石块。

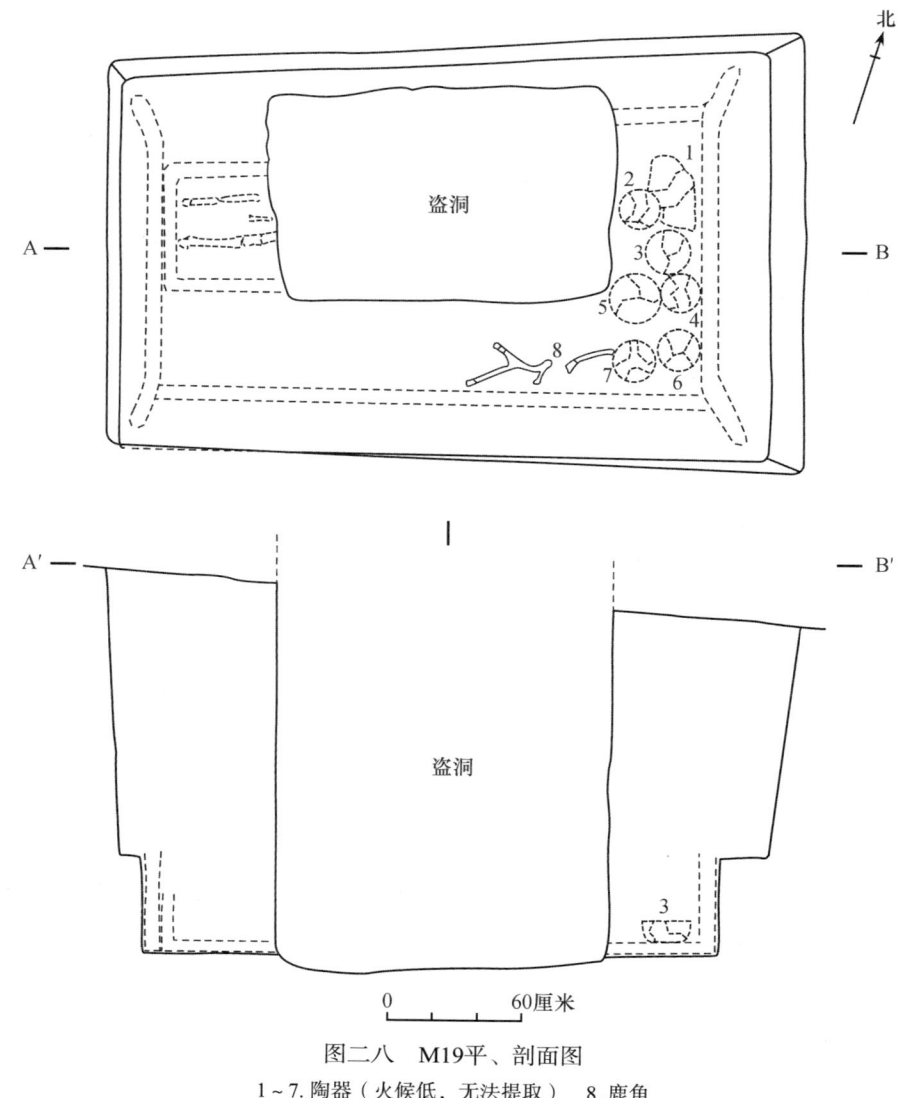

图二八 M19平、剖面图
1~7.陶器（火候低，无法提取） 8.鹿角

2. 葬具与葬式

（1）葬具

墓内葬具已严重腐朽，且局部被盗墓者扰动。从现存的灰白色和灰黑色木质朽痕看，其葬具应为一椁一棺。

木椁的四壁紧贴墓室周壁，北中部被盗洞毁坏。椁平面呈"Ⅱ"形，东西长2.55米，南北宽1.23~1.37米，残高0.44米，椁板厚0.06~0.08米。椁的东、西两端挡板较长，伸出南、北两侧壁板之外，且四角外翘。

木棺置于椁室北部，大部分被盗洞毁坏，仅残存西部一小部分。从残存部分推断，木棺的平面呈长方形，残长0.44~0.54米，宽0.58米，残高0.24米，棺板厚0.06米。

此外，在椁内的底部还铺有一层很薄的白灰和草木灰。

（2）葬式

由于该墓被盗，在棺内西端仅残存墓主的胫骨，且已腐朽成黄褐色粉末状。从仅存的胫骨骨痕判断，头向东，为单人直肢葬，性别与年龄不详。

3. 随葬器物

因该墓被盗，随葬器物被盗走或被扰动。从现存情况看，随葬器物主要放置于棺椁之间的东部，即墓主人的头部。

随葬器物共8件。其中陶器7件，烧制火候极低，近泥质，加上土质黏湿，保存极差，器形无法辨识，无法提取；鹿角1件，腐朽严重成粉末状，也无法提取。

一五、M20

M20位于墓地的东北部，北与M43相距8米，东北与M20相距8.5米，西与M8相距11.6米。

1. 墓葬形制

该墓为长方形竖穴土坑墓，方向70°。墓口开于耕土层下，距现地表0.16~0.2米。墓口西高东低，东端稍宽，西端略窄，平面近长方形；口部略大于墓底，墓壁向下斜直，东、南、西三壁坡度较小，北壁坡度相对较大，墓底平坦。

墓口东西长3.26米，南北宽2.28~2.35米。墓底至墓口深3.34~3.62米。墓底的四面留生土二层台，东侧台宽0.31米，南侧台宽0.34~0.39米，西侧台宽0.24米，北侧台宽0.46~0.48米，台高1.08米。

二层台的台面以下为墓室，平面为长方形，直壁。墓室东西长2.52米，南北宽1.08~1.14米，高1.08米（图二九；图版二，1）。

墓内填土为浅红褐色五花土，土质干硬，较纯净，土内含有少量的小料姜石块。

2. 葬具与葬式

（1）葬具

墓内葬具皆已严重腐朽，结构不明。从清理出的灰白色和灰黑色木质朽痕看，其葬具应为一椁一棺。

木椁的四壁紧贴墓室周壁，平面呈"Ⅱ"形，东西长2.52米，南北宽1.08~1.14米，高1.06米，椁板厚0.06~0.08米。椁的东、西两端挡板较长，伸出南、北两侧壁板之外，除东北角外，其他三角均向外翘。

木棺置于椁室中部偏西，平面呈梯形，东西长1.89米，南北宽0.52~0.66米，残高0.18米，棺板厚0.06米。

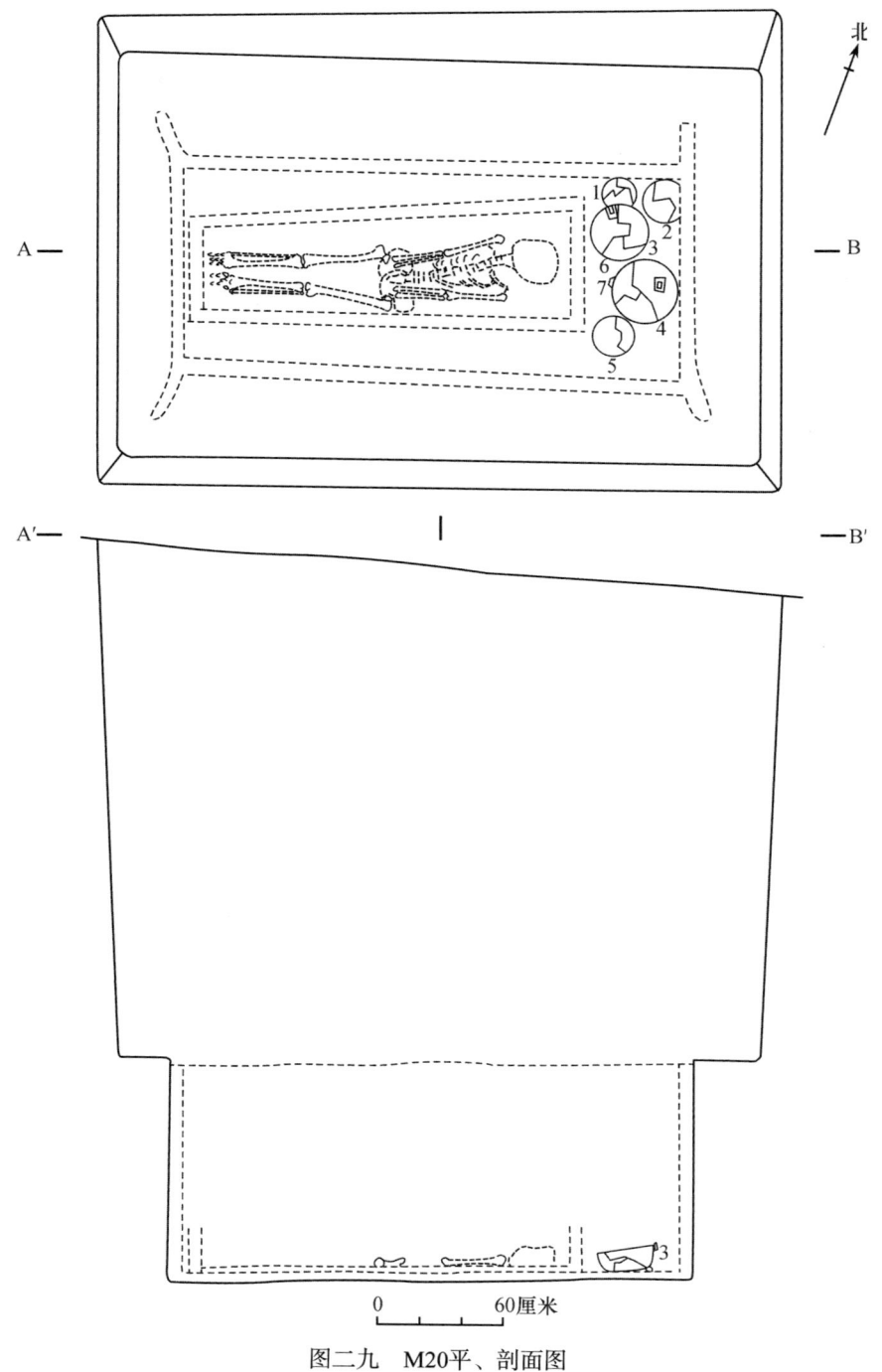

图二九　M20平、剖面图
1.陶壶　2、5.陶盖豆　3、6.陶鼎　4.陶盘　7.石铲

（2）葬式

棺内葬有墓主一人，骨骼腐朽严重，已成黄灰色粉末状。仍可分辨出为仰身直肢葬，头东足西。性别、年龄等不详。

值得一提的是，在墓主的身上面铺盖有一层黑褐色灰痕，推测可能是墓主身上所穿戴的殓衣，腐化以后遗留的痕迹。

3. 随葬器物

随葬器物放置于墓底棺椁之间的东部，即墓主人的头部。自北向南依次有陶壶、盖豆、鼎、盘和石铲。

随葬器物共7件。依质地可分为陶器和石器两类。其中陶器6件，破碎较甚，计有鼎2件、盖豆2件、壶1件、盘1件；石器仅石铲1件。

（1）陶器

6件。

鼎　2件。M20∶6，泥质黑皮陶，红褐胎。子口内敛，方唇，口沿外侧下附有二个对称的长方形附耳，耳上部外撇较甚，弧腹，圜底较尖，腹下附有三个兽蹄形足。口沿下饰一周凸弦纹。通高21.8、口径19.2、足高11.4厘米（图三〇，1；图版一四，1）。M20∶3，残甚，未能修复。

盖豆　2件。M20∶2，泥质黑皮陶。盖破碎较甚，未能复原。器子口内敛，方唇较直，深弧腹，下腹微折，盘底斜直近平，空柄较粗短，喇叭形圈足，底座座沿直折起台，中部有三道明显的折棱。盘腹部饰三周凹弦纹。高27.4、口径16、底径10.8厘米（图三〇，2；图版一四，2）。M20∶5，残甚，未能修复。

壶　1件。M20∶1，残甚，未能修复。

盘　1件。M20∶4，泥质黑皮陶，黄褐色胎。方唇，翻折沿上翘，沿面微凹，敞口，口部微敛，颈部略束，上腹有较明显的折棱，下腹斜直内收微外弧，大平底。高3.6、口径17.6、底径12厘米（图三〇，3；图版一四，3）。

（2）石器

1件。为铲。M20∶7，青石质，青灰色。长方形扁平体，顶端略弧，下端为单面弧刃。长8.8、宽5.1、厚0.9厘米（图三〇，4；图版六四，3）。

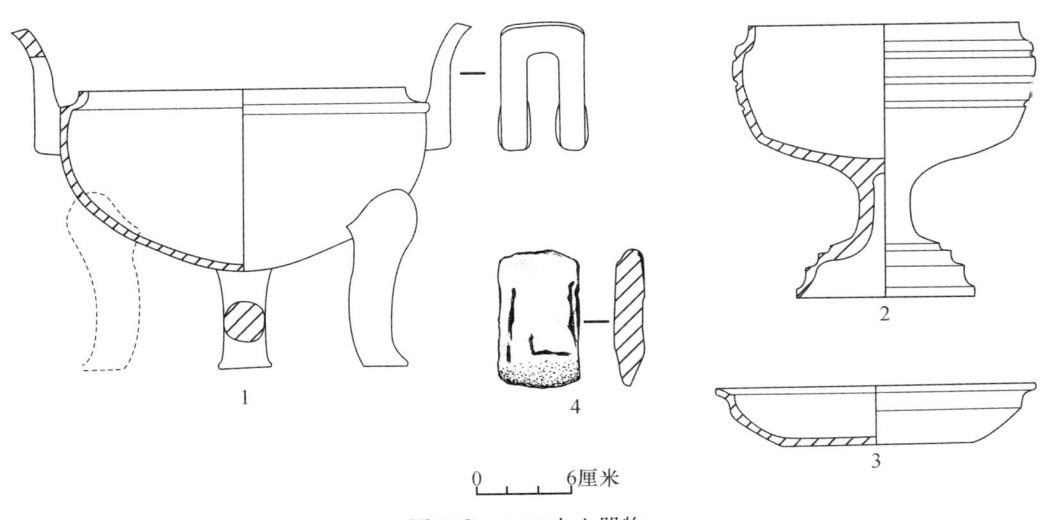

图三〇　M20出土器物

1.陶鼎（M20∶6）　2.陶盖豆（M20∶2）　3.陶盘（M20∶4）　4.石铲（M20∶7）

一六、M21

M21位于墓地的中部略偏北，北与M16相距21.5米，东北与M18相距9.5米。

1. 墓葬形制

该墓为长方形竖穴土坑墓，方向60°。墓口开于耕土层下，距现地表0.2米。墓口东高西低，东端比西端稍宽，南侧又稍宽于北侧，平面近长方形；口部略大于墓底，墓壁陡直，光滑规整，墓底平坦。

墓口长4.2~4.4米，宽2.3~2.4米。墓底至墓口深2.7~2.94米。墓底的四周留有生土二层台，东侧台宽0.46~0.54米，南侧台宽0.44~0.58米，西侧台宽0.68米，北侧台宽0.24~0.32米，台高0.4米。

二层台的台面以下为墓室，平面呈长方形，直壁。墓室底部东西长3米，南北宽1.36~1.38米，高0.4米（图三一；彩版三，1）。

墓内填土为浅红褐色五花土，土质致密，似经过夯打，未能辨清夯层，土内有少量的小料姜石块。

2. 葬具与葬式

（1）葬具

墓内葬具已严重腐朽，结构不明。从灰白色木质朽痕判断，其葬具应为一椁。

木椁的四壁紧贴墓室周壁，平面呈长方形，东西长3米，南北宽1.36~1.38米，残高0.4米，椁板厚0.06米。

在椁室内未发现木棺痕迹。

（2）葬式

在椁室内底中部葬有墓主一人，骨骼保存很差，已朽成粉末状。从痕迹仍可看出，为仰身直肢葬，头东足西，面朝上，性别、年龄不详。

3. 随葬器物

随葬器物主要放置于墓底椁室的东部、南部东侧，即墓主人的头部和左侧。墓主人的头上有一玉环，椁室东部自北向南依次有陶壶、鼎、敦、豆、盘，南部东侧向西有铜害、辖、衔、锥、鹿角和蚌壳等。

随葬器物共20件。依质地可分为陶、铜、玉、骨、蚌器四类。其中陶器10件，计有鼎3件、盖豆1件、壶2件、敦2件、盘1件、残器1件（图版八，2）；铜器7件，计有害2件、辖2件、衔2件、锥1件；玉环1件；鹿角和蚌壳各1件。

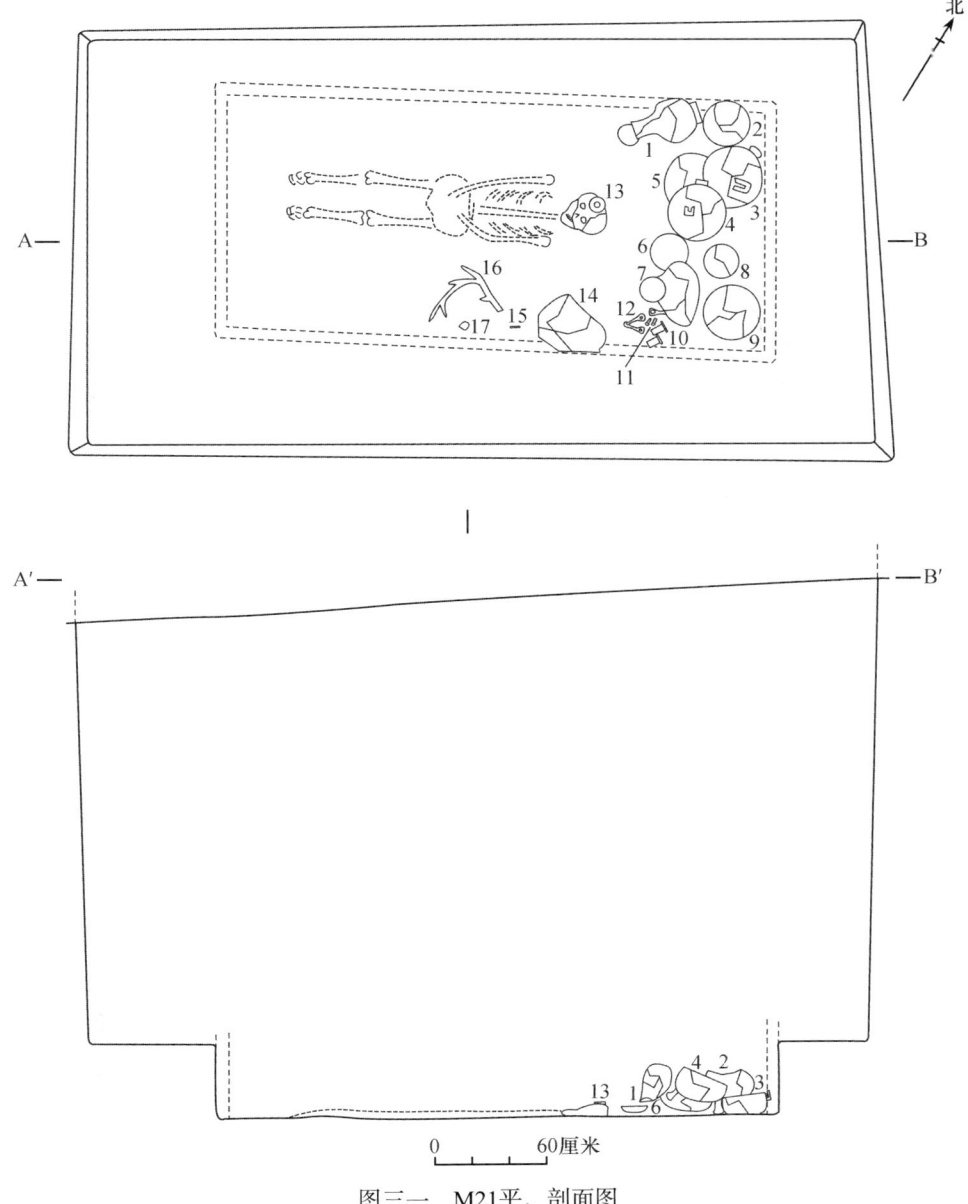

图三一　M21平、剖面图

1、2.陶壶　3、4、7.陶鼎　5、6.陶敦　8.陶盖豆　9.陶盘　10.铜軎　11.铜辖　12.铜衔　13.玉环
14.残陶器　15.铜锥　16.鹿角　17.蚌壳

（1）陶器

10件。

鼎　3件。除M21:7外，其他两件鼎的形制、大小及纹样相同。M21:3，泥质黑皮陶，红褐胎。上有盖，盖面上隆呈拱形顶，顶上有三个分布均匀的楔形纽。器子口微内敛，方唇，口沿外侧下附有二个对称的长方形耳，耳略外撇，弧腹，平底，腹下部附三个较高的兽蹄形足。盖面饰两周凸弦纹，腹中部饰一周凸弦纹。通高25.2、口径20.6、腹径27.2、足高13.8厘米（图三二，1；图版一四，4）。M21:4，夹细砂灰陶。形制、大小尺寸及纹样与M21:3完全

相同（图三二，2；图版一四，5）。M21：7，泥质灰褐陶。上有盖，圆形，方唇，直口，平顶。器为小直口，方唇，口沿外侧下附有两个对称的长方形耳，耳穿呈长方形，耳外撇较甚，广肩，鼓腹较深，圜底，下附三个矮兽蹄形足。通高22.6、口径14.4、腹径26.8、足高8.3厘米（图三二，3；图版一四，6）。

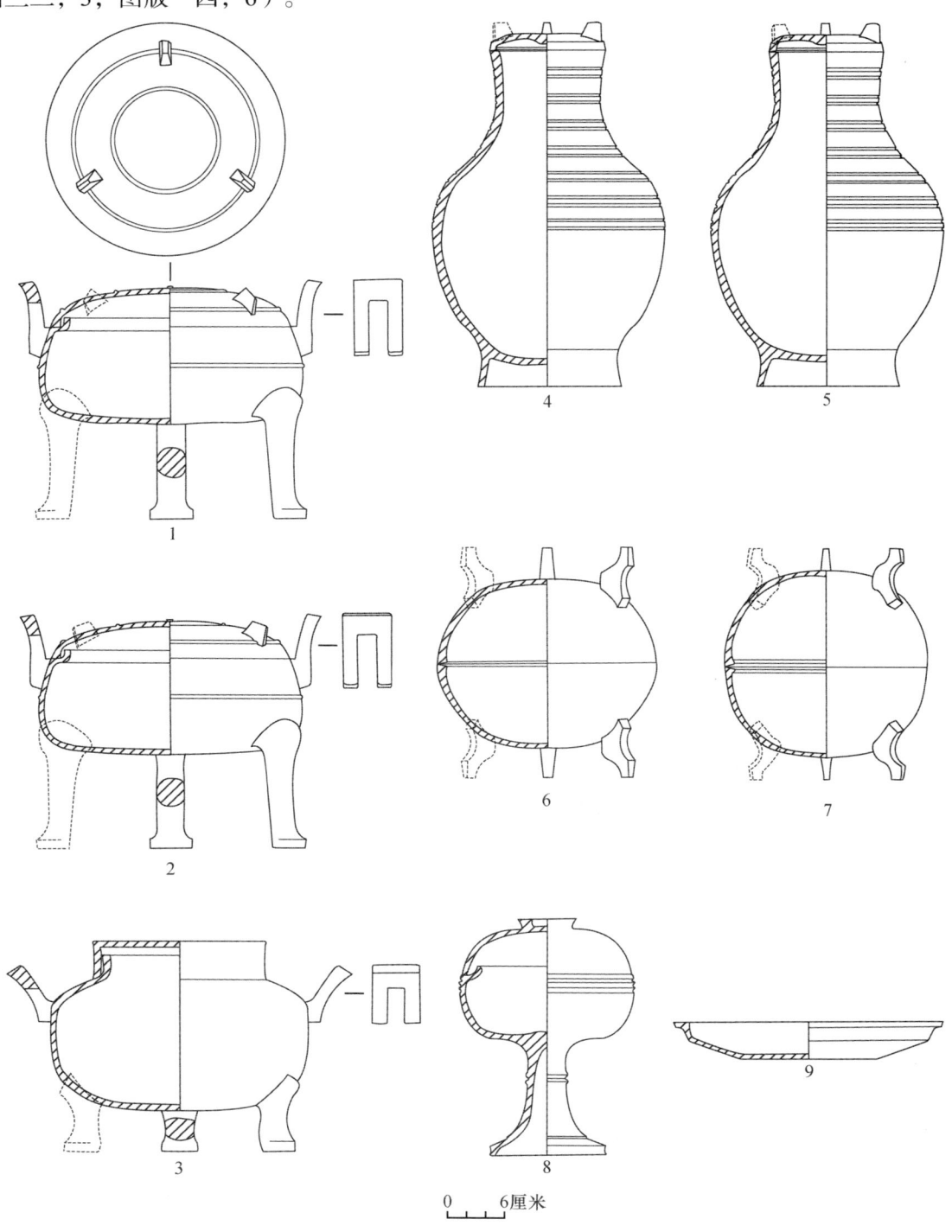

图三二　M21出土陶器

1～3.鼎（M21：3、M21：4、M21：7）　4、5.壶（M21：1、M21：2）　6、7.敦（M21：5、M21：6）
8.盖豆（M21：8）　9.盘（M21：9）

盖豆　1件。M21∶8，泥质灰陶，整体施有红彩，已脱落，仅在凹弦纹内有残留。盖、盘整体作呈盒形。盖作覆盘形，方唇，顶中部有一圆形握手。器子口内敛，方唇，深弧腹，腹内底部微鼓，空柄稍长，中部有两周凸弦纹形成的箍，喇叭形圈足座，底座直折起台，座沿外侧微凹，底座中部有一道折棱。盘腹上部饰三周凹弦纹。通高25.4、口径14.4、底径10.8厘米（图三二，8；彩版一〇，2；图版一五，1）。

壶　2件。形制、大小及纹样相同。皆有盖，呈覆盘形，平顶，顶上有三个分布均匀的楔形纽。器为侈口，方唇，束颈，溜肩，深鼓腹，圜底，高圈足外侈，最大腹径在上腹部。颈部有六周凹弦纹，肩部与腹部各饰四周凹弦纹，每二周为一组。盖上施有红彩，部分已脱落。M21∶1，泥质灰陶。通高38.6、口径10、腹径24.4、圈足高3、圈足径15厘米（图三二，4；图版一五，2）。M21∶2，泥质黑皮灰陶。尺寸大小与M21∶1相同（图三二，5；图版一五，3）。

敦　2件。形制相同，大小有别。皆由盖和器身上下扣合而成，整体呈圆球形。盖与器身形制相同，均呈半球状，口微敛，弧腹，圜底，盖上和器身下各附三个似简化的"S"形兽形纽（足），足稍外撇。M21∶5，泥质灰胎黑皮陶。通高24.8、口径20.8、足高6.4厘米（图三二，6；彩版一三，1；图版一五，4）。M21∶6，泥质灰陶。通高24.8、口径19、足高6.5厘米（图三二，7；彩版一三，2；图版一五，6）。

盘　1件。M21∶9，泥质黄褐胎黑皮陶。方唇，平折沿，折棱明显，直口微侈，折腹，腹上部近直，下部斜直，大平底。高4、口径24.8、底径14厘米（图三二，9；图版一五，5）。

残器　1件。M21∶14，残甚，已辨不出器形，未能修复。

（2）铜器

7件。

軎　2件，成对。形制、大小相同。体皆呈圆筒状，开口端略粗，顶端封闭。斜直口，斜方唇，宽折沿，近口沿部设有二个相对应的长方形辖孔，近辖孔处有一凸箍饰。素面。M21∶10-1，长7.7、口径6.4、顶端径3.5厘米（图三三，1；图版五二，3）。M21∶10-2，尺寸大小与M21∶10-1相同（图三三，2；图版五二，4）。

辖　2件，成对。形制、大小相同。整体皆呈"J"字形，辖首饰浮雕兽面，两侧面上均有一个相贯通的穿孔，背面为平面；辖键呈扁长条形，末端为斜弧边，近末端有一长方穿孔。M21∶11-1，通长6.6、键长5.5、宽1.2、厚0.5厘米（图三三，3；图版五二，5）。M21∶11-2，尺寸大小与M21∶11-1相同（图三三，4；图版五二，6）。

衔　2件。青铜质，铜绿色，形制、大小相同。皆由两根一端带椭圆形环、另一端带圆形环的扁圆形铜柱套接而成，套接的两圆环呈90°交角（图版五二，1）。M21∶12-1，通长21.2、椭圆形环外径4、内径2.4厘米；圆形环外径2.6、内径1.2厘米（图三三，5）。M21∶12-2，尺寸大小与标本M21∶12-1相同（图三三，6）。

锥　1件。M21∶15，出土时尾端残缺。锥体呈细长条形，断面呈圆形，至前端渐细，刃部尖锐。残长4.6厘米（图三三，7；图版五二，2）。

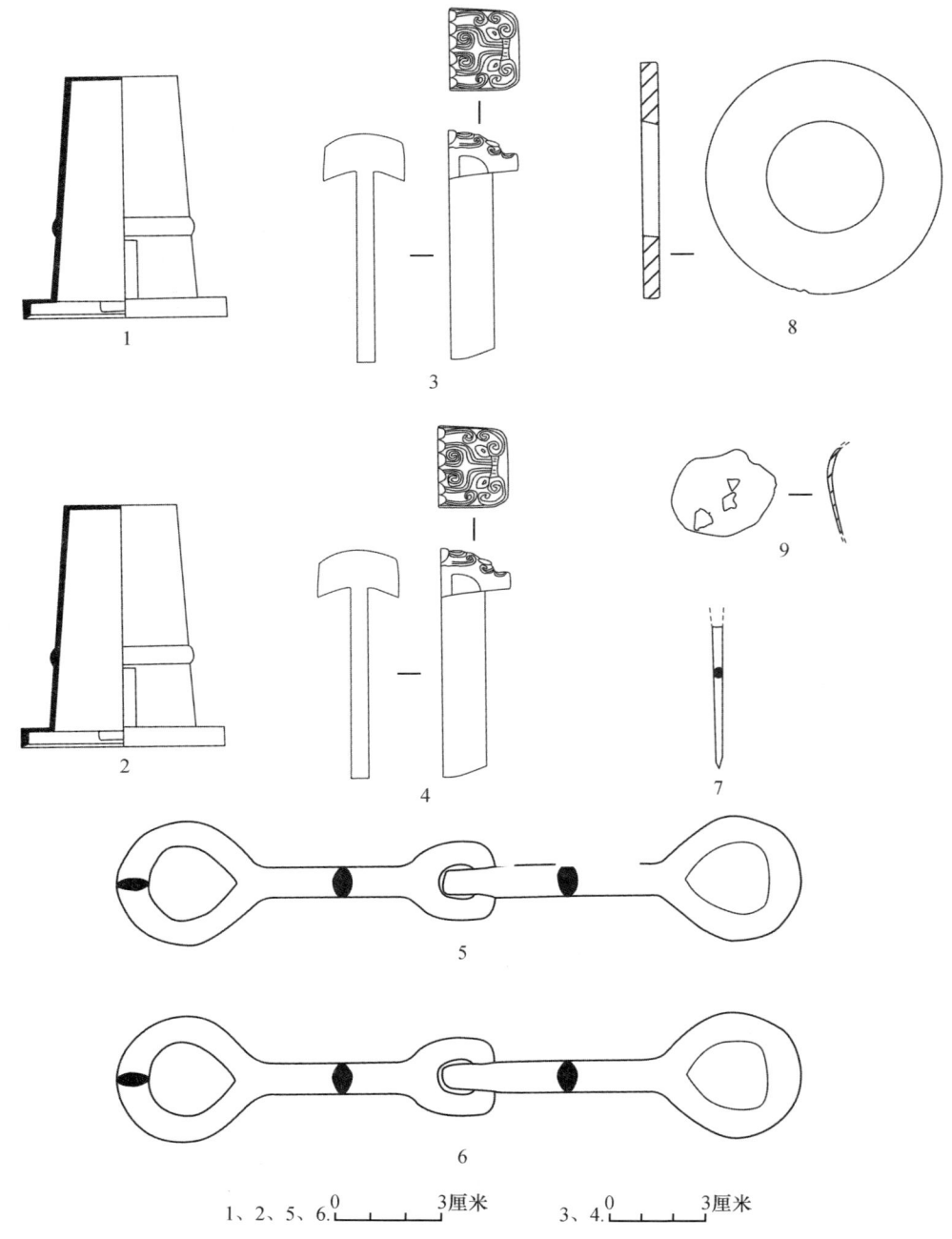

图三三　M21出土器物

1、2. 铜軎（M21：10-1、M21：10-2）　3、4. 铜辖（M21：11-1、M21：11-2）　5、6. 铜衔（M21：12-1、M21：12-2）　7. 铜锥（M21：15）　8. 玉环（M21：13）　9. 蚌壳（M21：17）

（3）玉器

1件。为环。M21：13，出土时边沿略残。青玉。豆青色，夹杂有黄褐色和灰白色斑。玉质较差，近石质，不透明。形体较厚，圆形，断面近长方形，单面钻孔。素面。直径7.3、好径3.7、厚0.5厘米（图三三，8）。

（4）骨器与蚌器

2件。

鹿角　1件。M21：16，腐朽严重，无法复原。

蚌壳　1件。M21：17，略残。白色。体呈扇形。长3.2、宽2.7、厚0.17厘米（图三三，9；图版六八，3）。

一七、M22

M22位于墓地的中部，南与M23相距8米，西南与M26相距9米。

1. 墓葬形制

该墓为长方形竖穴土坑墓，方向67°。墓口开于耕土层下，距现地表0.18米。墓口平面呈长方形，口部大于墓底，墓壁斜直光滑，坡度较大，墓底平坦。

墓口东西长4.4米，南北宽3米。墓底至墓口深4.12米。在墓底的四周留有生土二层台，东侧台宽0.16米，南侧台宽0.18~0.24米，西侧台宽0.22米，北侧台宽0.14~0.24米，台高1.8米。

二层台的台面以下为墓室，平面呈长方形，室壁略斜直。墓室口部东西长3.16米，南北宽1.86~1.88米；墓室底部东西长2.94米，南北宽1.58~1.66米，高1.8米（图三四；图版二，2）。

墓内填土为浅红褐色五花土，上半部土质较干硬，下部黏湿，较纯净，土内含有少量的小料姜石块。

2. 葬具与葬式

（1）葬具

墓内葬具腐朽严重，结构不明。从残存的灰白色朽木痕迹可判断，其葬具应为一椁。

木椁的底部几乎紧贴墓室周壁，平面呈长方形，东西长2.9，南北宽1.56~1.64米，高度不详。

在椁室内未见木棺痕迹。

（2）葬式

骨骼保存很差，仅残存有几段腿骨。依此仍可推断葬有墓主一人，直肢葬，头东足西，性别、年龄不详。

3. 随葬器物

随葬器物主要放置于墓底椁室的东部和南部，即墓主人的头部和南侧。墓主人上身两侧有三件石环，椁室东部自北向南依次有陶敦、壶、鼎、提梁盉、豆，南部东侧向西有铜环、铜衔

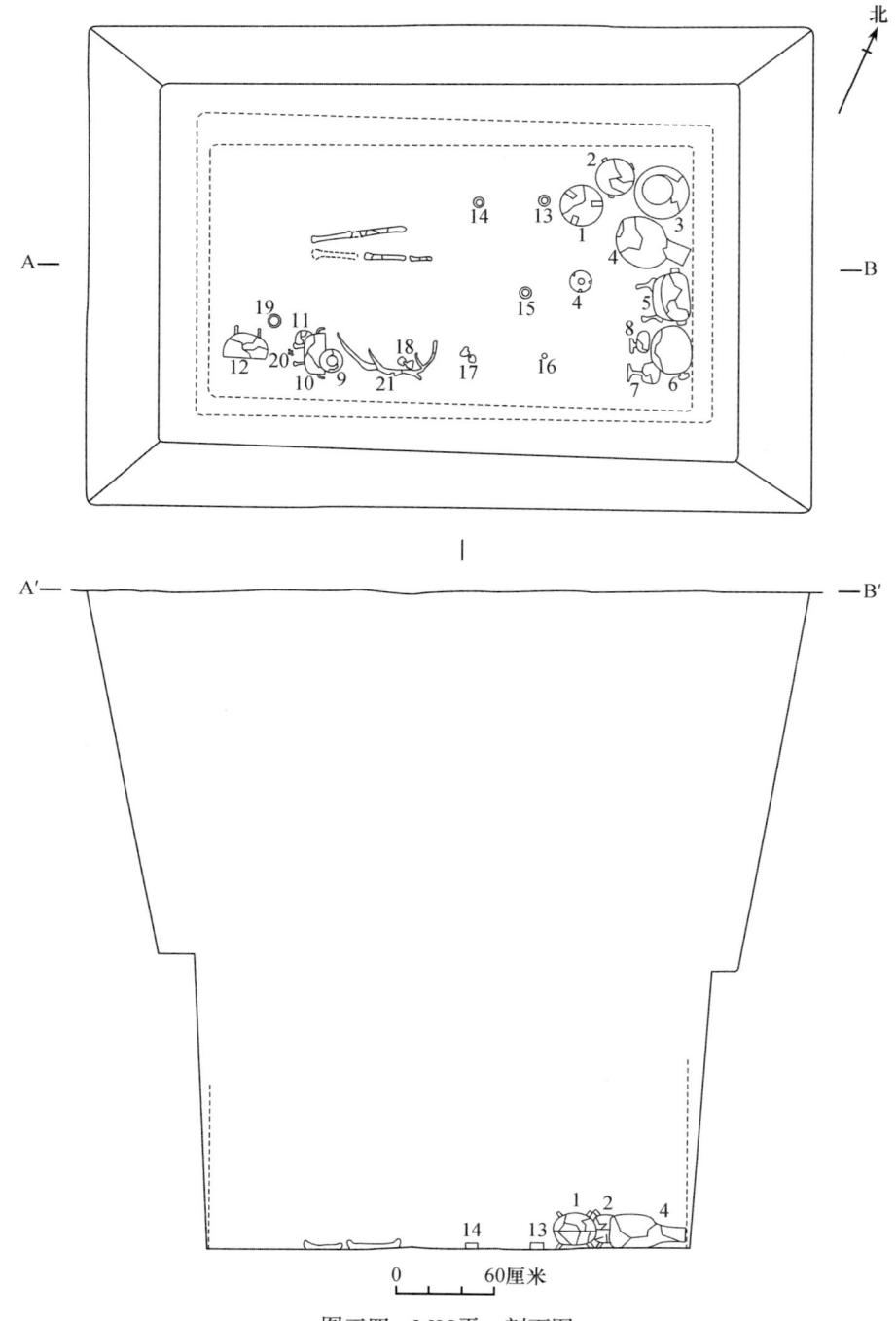

图三四 M22平、剖面图

1、2. 陶敦　3、4. 陶壶　5、6、12. 陶鼎　7、8. 陶豆　9. 陶浴缶　10. 陶提梁盉　11. 陶盘　13~15、19. 石环　16. 铜环　17、18. 铜衔环铺首　20. 绿松石管、料珠（22颗）　21. 鹿角

环铺首、鹿角、陶浴缶、陶鼎、陶盘和石环、绿松石管和料珠等。

随葬器物共42件（颗）。依质地可分为陶、铜、石、骨器四类。其中陶器12件，计有鼎3件、豆2件、壶2件、敦2件、浴缶1件、提梁盉1件、盘1件（彩版八，2）；铜器3件，计有环1件、衔环铺首2件；石料器26件（颗），计有石环4件、绿松石管5件、料珠17颗；骨器仅鹿角1件。

（1）陶器

12件。

鼎　3件。除M22：12外，其他两件鼎的陶质、形制、大小及纹样相同。M22：5，泥质灰陶。上有浅盘拱形盖，盖面有三个分布均匀的半圆形纽。器为子口，口稍内敛，方唇，口沿外侧下附有两个对称的长方形耳，耳稍外撇，腹略鼓，圜底近平，下附三个高兽蹄形足。盖面饰三周凹弦纹，腹部饰一周凸弦纹。通高27.2、口径21.4、腹径25.6、足高16厘米（图三五，2；彩版九，2；图版一五，7）。M22：6，陶质、形制、大小及纹样与M22：5相同（图三五，1；图版一六，1）。M22：12，泥质黑皮陶，黄褐胎。上有盖，盖顶隆起，直口微敛，方唇。器为小直口，方唇，圆肩，肩部附有两个对称的长方形耳，腹壁较直，下腹弧收，圜底近平，下附稍高的三个兽蹄形足，足上有刮削痕。盖顶部饰两周凹弦纹，肩部与腹部各有两周为一组的凹弦纹。通高24.8、口径10、腹径24.8、足高12厘米；盖口径14、高4厘米（图三五，3；图版一六，2）。

豆　2件。陶质、形制、大小基本相同。皆泥质灰陶。口稍敞，方唇，盘略深，壁近直，下部斜折，外侧折棱明显，柱状实心细高豆柄，喇叭形圈足座，底座中部均有明显折棱，座沿直折起台。M22：7，柄中部和底座上部各饰两周凹弦纹。通高20.8、口径14.8、底径11.6厘米（图三五，4；彩版一一，1；图版一六，3）。M22：8，柄中部和底座上部各饰两周凹弦纹，柄下部饰两周凹弦纹。通高20.8、口径14.8、底径11.6厘米（图三五，5；图版一六，4）。

壶　2件。陶质、形制、纹样相同，大小略异。皆泥质灰陶。上有拱形盖，子母口较深，盖面上有三个分布均匀的梯形纽。器侈口，方唇，长束颈，溜肩，深鼓腹，平底，圈足近直，最大腹径在中部。盖面上饰三周凹弦纹，颈部、肩部与腹部各有两周一组的凹弦纹。M22：3，通高41.2、口径9.2、腹径25.2、圈足高3.6、圈足径16.1厘米（图三五，6；图版一六，5）。M22：4，通高41.6、口径9.2、腹径25.6、圈足高3.5、圈足径16.1厘米（图三五，7；彩版一二，1；图版一六，6）。

敦　2件。陶质、形制及纹样基本相同，大小有别。皆泥质灰陶。由盖和器身上下扣合而成，盖与身形制相同，均呈半球状。口微敛，沿面有两道凹槽，深弧腹，圜底，盖上和器身下各附三个"S"形纽（足），足稍外撇。盖顶与器外底部各饰三周凸弦纹。M22：1，整体呈圆球形。高23.2、口径18.4、足高6.8厘米（图三五，9；彩版一三，3；图版一六，7）。M22：2，整体呈椭圆球形。高25.2厘米，口径19.2、足高6.8厘米（图三五，8；彩版一三，4；图版一六，8）。

浴缶　1件。M22：9，泥质灰陶。上有盖，盖面微隆，直口略内敛，方唇。器为小直口，方唇，肩部有两个对称的桥形贯耳，圆肩，鼓腹，下腹内收，平底略内凹。盖面中部和器身肩部各饰一道凹弦纹，腹部饰一组二周的凹弦纹。通高20.8、口径8.8、腹径24.8、底径10.8厘米（图三五，11；彩版一四，1；图版一七，2）。

提梁盉　1件。M22：10，泥质灰陶。上有盖，盖面微隆，直口略内敛，方唇。器为小

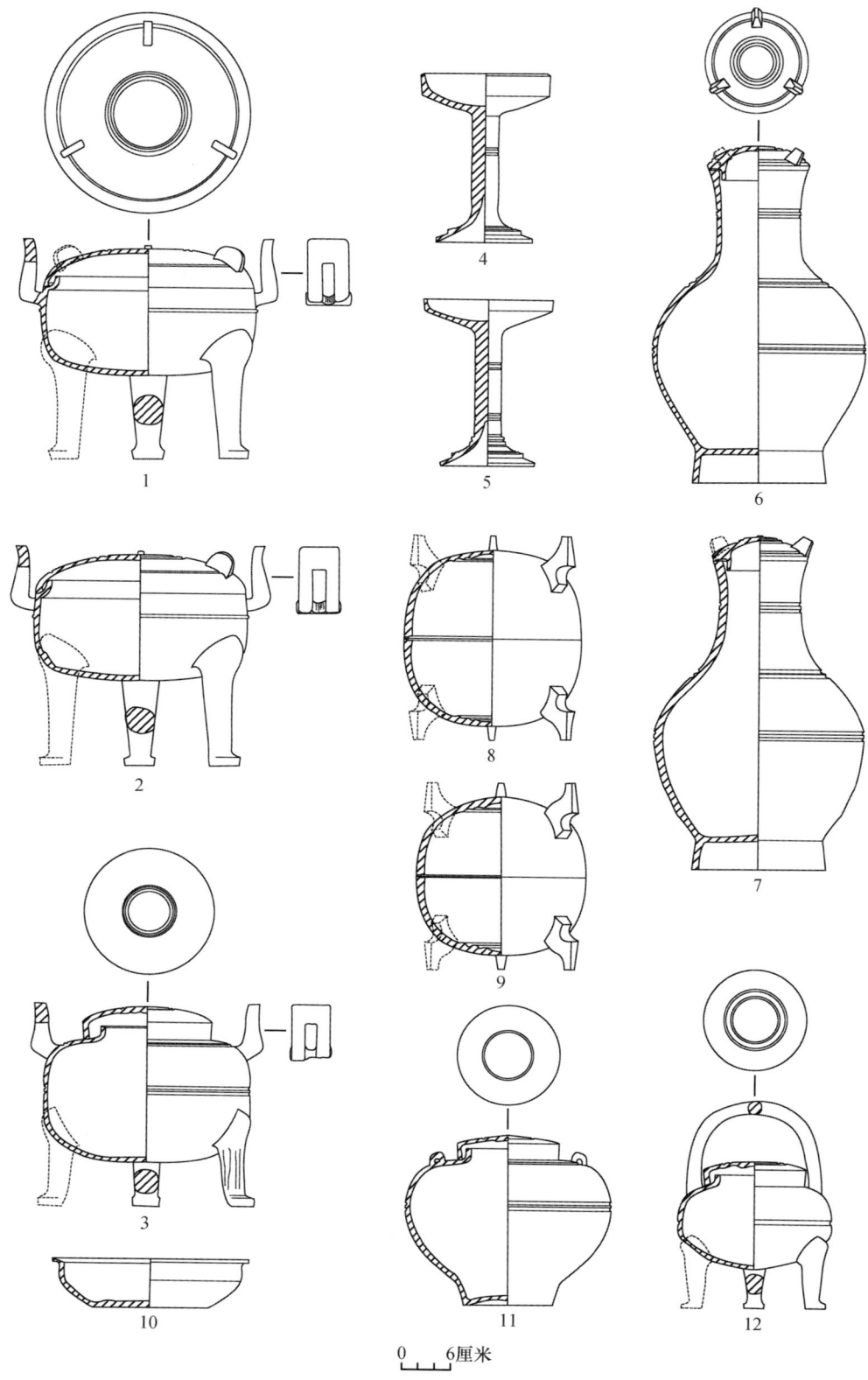

图三五 M22出土陶器

1~3.鼎（M22:6、M22:5、M22:12） 4、5.豆（M22:7、M22:8） 6、7.壶（M22:3、M22:4） 8、9.敦（M22:2、M22:1） 10.盘（M22:11） 11.浴缶（M22:9） 12.提梁盉（M22:10）

直口，方唇，圆肩，肩上有圆柱状的拱形提梁，鼓腹，圜底，下附三个较矮的蹄形足，足略外撇，足面上有刮削痕。盖面饰两周凹弦纹。腹部饰一周凹弦纹。通高25.5、口径8.4、腹径18.4、足高9厘米（图三五，12；彩版一四，3；图版一七，3）。

盘　1件。M22：11，泥质灰陶。方唇，宽平沿，外斜折，折棱明显。深腹弧折，上腹较直，平底。高6、口径20.8、底径13.6厘米（图三五，10；图版一七，1）。

（2）铜器

3件。

衔环铺首　2件。形制、大小相同。皆青铜质，铜绿色，锈蚀严重。正面上部为一兽首，其下为桥形纽，以圆圈纹、圆涡纹、卷云纹、流线纹、点纹勾勒出兽首的面部轮廓，下部纽内穿一圆环，环断面为圆形。背面微凹。M22：17，通长7.2厘米；铺首长3.8、最宽处4.2厘米；环径4.4厘米（图三六，1；图版五三，1）。M22：18，尺寸大小与M22：17相同（图三六，2；图版五三，2）。

环　1件。M22：16，圆形，断面呈圆柱形。素面。外环径2.8、内环径2.4、断面直径0.3厘米（图三六，3；图版五三，3）。

（3）石器与料器

26件（颗）。

石环　4件。石质、形状相同，大小各异。皆为大理石质。圆形，断面呈长方形，单面钻孔。素面。M22：13，灰白色，受沁有墨绿色杂斑。形体较大。直径6.8、好径4.6、厚0.5厘米（图三六，4；图版六三，2）。M22：14，出土时边沿略残，因受侵蚀表面沙化成粉末状。灰白色，表面呈土黄色或有墨斑。形体较大。直径7.1、好径4.4、厚0.5厘米（图三六，5；图版六三，3）。M22：15，白色，表面有墨斑。形体较小。直径5.8、好径3.45、厚0.45厘米（图三六，6；图版六三，4）。M22：19，出土时大部分已残。灰白色，受沁有墨绿色杂斑。厚0.5厘米（图三六，7）。

绿松石管　5件。形状、大小相同。其中两件完整，三件残甚（图版六三，5）。M22：20-1，绿松石质地，青绿色，微透明。整体呈圆柱形，两端平齐，中有一穿，断面为圆形。高1.2厘米，直径0.7厘米（图三六，8）。

料珠　17枚。形制、纹样相同，大小相差无几。皆近珠形，两端近平，中有一圆形贯穿孔。天蓝色底，饰白色圆圈和菱形图案（图版六三，6）。M22：20-6，高0.8、直径1厘米（图三六，9）。M22：20-7，高0.8、直径0.9厘米（图三六，10）。M22：20-8，高0.8、直径0.8厘米（图三六，11）。

（4）骨器

1件。为鹿角。M22：21，腐朽严重，出土时已粉碎，无法复原。

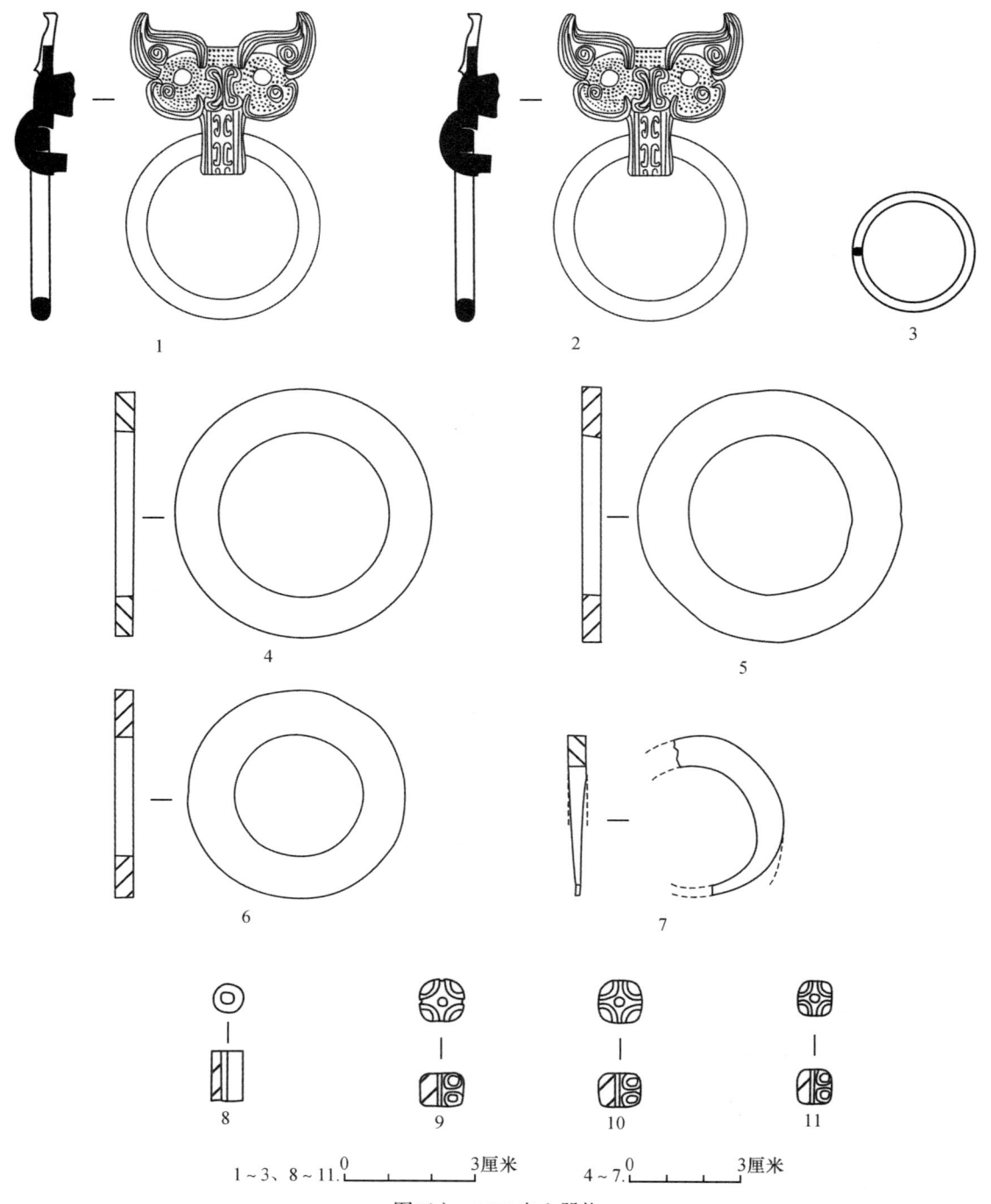

图三六 M22出土器物

1、2.铜衔环铺首（M22：17、M22：18） 3.铜环（M22：16） 4~7.石环（M22：13、M22：14、M22：15、M22：19）
8.绿松石管（M22：20-1） 9~11.料珠（M22：20-6、M22：20-7、M22：20-8）

一八、M23

M23位于墓地的中部，北与M22相距8米，东南与M24相距6.4米，西与M26相距8.6米。

1. 墓葬形制

该墓为长方形竖穴土坑墓，方向67°。墓口开于耕土层下，距现地表0.18米。墓口平面呈长方形，口部大于墓底，墓壁向下斜直，较规整，墓底的东部低西部高，略呈斜坡状。

墓口东西长2.3米，南北宽0.97米；墓底东西长2.08米，南北宽0.8~0.86米。墓底至墓口深1.44~1.5米（图三七）。

墓内填土为浅红褐色五花土，土质较疏松，土内含有少量的小料姜石块。

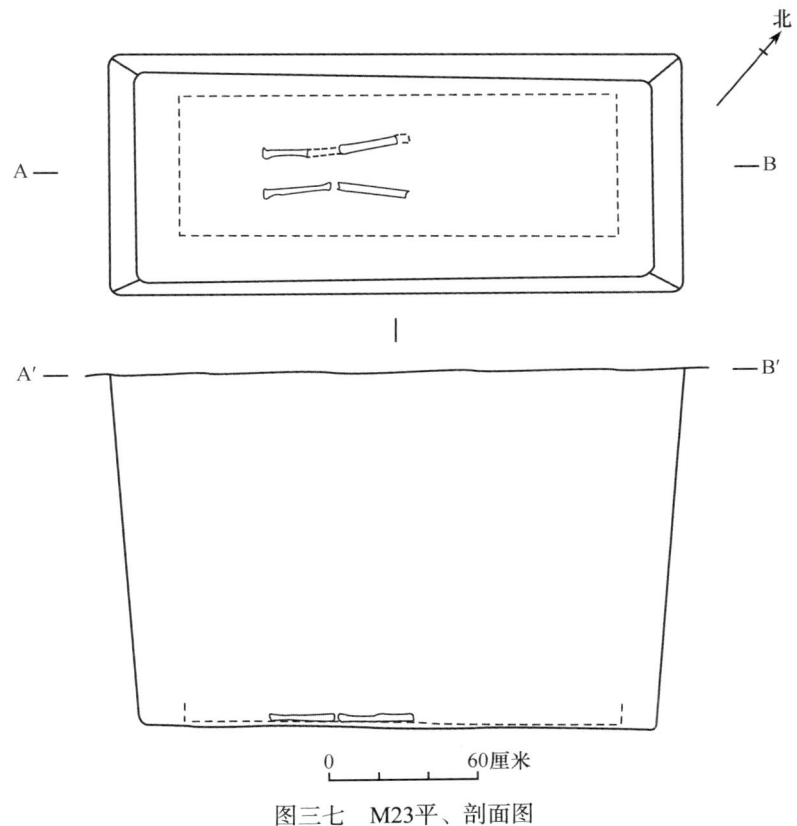

图三七　M23平、剖面图

2. 葬具与葬式

（1）葬具

葬具腐朽严重，结构不清，从留下的灰白色木质痕迹判断为一棺。

木棺置于墓底中部，平面呈长方形，东西长1.77米，南北宽0.56~0.58米，棺板厚度与高度不详。

（2）葬式

棺内骨骼腐朽严重，保存很差，仅残存有墓主的几段股骨和胫骨。依此可以推断，为单人直肢葬，头向东，性别与年龄不详。

3. 随葬器物

无。

一九、M24

M24位于墓地的中部，东与M38相距16.4米，南与M25相距5米，西北与M23相距6.4米。在该墓墓口外东部发现有一个直径约0.8~0.85米的圆形盗洞，向下斜入墓内至墓底二层台上，墓内随葬器物未被盗走或扰动。

1. 墓葬形制

该墓为长方形竖穴土坑墓，方向60°。墓口开于耕土层下，距现地表0.13米。墓口平面为长方形，口部大于墓底，墓壁向下斜直，坡度较大，修刮规整，墓底平坦。

墓口东西长5.28米，南北宽4.26~4.4米。墓底至墓口深5.96米。在墓底四周留有较低的生土二层台，东侧台宽0.16米，南侧台宽0.50~0.54米，西侧台宽0.31米，北侧台宽0.60~0.76米，台高0.31米。

二层台的台面以下为墓室，平面为长方形，直壁较低。墓室东西长3.54米，南北宽1.94~2.02米，高仅0.31米。

在椁室底部靠近东、西两端各有一道南北向的浅沟槽，用以放置枕木，每道沟槽的两端均伸入墓室的南、北两侧壁内。东端沟槽长2.88米，宽0.24米，深0.14米，距墓室东壁0.80米；西端沟槽长2.78米，宽0.23米，深0.15米，距墓室西壁0.84米~1.0米（图三八；彩版三，2）。

墓内填土为浅红褐色五花土，土质较疏松，土内含有少量的小料姜石块和青石块。

2. 葬具与葬式

（1）葬具

墓内葬具皆已严重腐朽，结构不清。从灰黑色和灰白色的木质的朽痕判断，其葬具为一椁一棺。

木椁的四壁底部紧贴墓室周壁，平面呈长方形，东西长3.54米，南北宽1.94~2.02米，残高0.21米，板厚0.08~0.1米。在椁底板下横铺两根枕木。

木棺置于椁室北部略偏西，平面近长方形。棺东西长2.15米，南北宽0.66~0.73米，棺板厚0.06米，高度不详。

（2）葬式

棺内葬有墓主一人，骨骼腐朽严重，保存差，仅能清出头骨、股骨和胫骨部分。依此可判断墓主为仰身直肢葬，头向东，性别与年龄不详。从墓内随葬的铜剑、铜戈等兵器看，墓主应

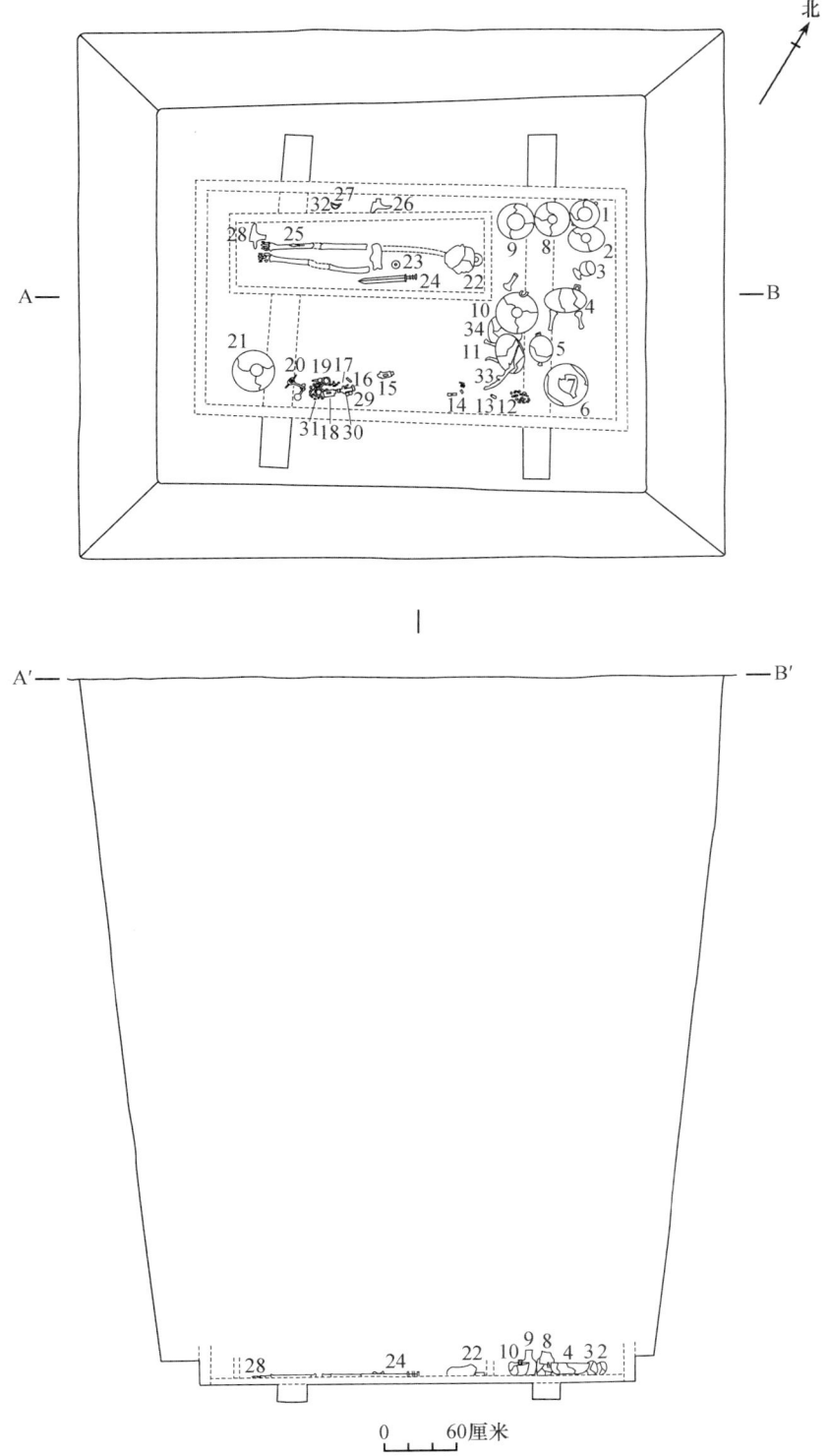

图三八　M24平、剖面图

1.铜圆壶　2.陶盖豆　3.铜盖豆　4、10、11.陶鼎　5.铜鼎　6.铜盆　7.铜匜　8、9.陶壶　12、31.海贝（34枚）　13.大骨管　14.小骨管（4颗）　15、18.铜軎饰　16、17.铜軎辖　19、20.铜衔　21.陶浴缶　22、23.玉璧　24.铜剑　25.铜镞　26、28.铜戈　27.刀形玉饰　29、30.铜环　32.璜形玉饰　33.鹿角　34.陶盘为男性。

3. 随葬器物

墓内随葬器物较为丰富。该墓虽经盗扰，但墓内随葬器物未被盗走或扰动。随葬器物主要放置于棺椁之间的东部、南部、北部和棺内，即墓主人的头部、左侧和右侧。椁室东部自北向南依次有壶、盖豆、鼎、盆、盘、匜等；南部自东向西有海贝、骨管、铜环、铜軓饰、铜軎、铜辖、铜衔、鹿角、陶浴缶等；北部自东向西有铜戈、刀形玉饰和璜形玉饰各1件；棺内墓主头部有大玉璧1件，腹部有小玉璧1件，腹左侧有铜剑1件，右胫骨上有铜镞3件，右足部有铜戈1件。

随葬器物共73件（颗）。依质地可分为陶、铜、玉、骨器和海贝五类。其中陶器8件，计有鼎3件、盖豆1件、壶2件、浴缶1件、盘1件（彩版八，3）；铜器21件（套），计有鼎1件、盖豆1件、壶1件、盆1件、匜1件、剑1件、戈2件、镞3件、衔2件、軎2件、辖2件、軓饰2件、环2件；玉器4件，计有璧2件、璜形玉饰1件、刀形玉饰1件；骨器6件，计有骨管5件、鹿角1件；海贝34枚。

（1）陶器

8件。

鼎　3件。皆泥质灰陶。除M24∶10外，其他两件鼎的形制、纹样相同，大小略有差异。M24∶10，子母口，直口微敛，方唇，口沿外侧下附有二个对称的长方形耳，耳略外撇，耳上略弧，深弧鼓腹，圜底，下附三个兽蹄形足，足跟外撇。耳根部下饰两周凹弦纹，腹下部饰一周凹弦纹，其下及底部满饰"〗"字形戳印纹。通高28、口径21.2、足高12.6厘米（三九，2；图版一七，5）。M24∶4，子口微敛，方圆唇，口沿外侧下附有二个对称的长方形耳，耳略外撇，弧腹，圜底，下附三个较高的兽蹄形足，足跟外撇较甚。耳根部上下各饰一道凹弦纹。通高22.6、口径21.6、足高10厘米（图三九，1；图版一七，4）。M24∶11，形制、纹样与M24∶4相同。通高26.4、口径21.2、足高12.5厘米（图三九，3；图版一七，6）。

盖豆　1件。M24∶2，泥质黑皮陶，灰胎。盖、盘整体呈盒形。盖作覆盘形，方唇，盖面微隆，顶部中心有一圆形握手，内空。器子口内敛，方唇，深弧腹，圜底近平，空柄较短，喇叭形圈足座，底座微鼓，上部外折，折痕明显。盘腹部饰三周凹弦纹，上部一周为一组，中部两周为一组，两组凹弦纹之间饰斜行均匀分布的宽带戳印麻点纹；底座上中部饰两周凹弦纹，其间饰斜行分布均匀的宽带戳印麻点纹。通高21.6、口径18、底径14厘米（图三九，4；图版一八，1）。

壶　2件。陶质、形制、大小及纹样相同。皆泥质黑皮陶，黄褐胎。方唇，直口，口下一周凸棱，形成子母口，束颈，溜肩，深鼓腹，腹上均匀分布着四个扁圆环形附耳，平底内凹，最大腹径在上部。颈上部饰有五周凹弦纹，上边每两周为一组，下边一周为一组，共三组，三组凹弦纹每两组之间各饰一周竖行均匀分布的宽带戳印麻点纹；颈下部装饰有一圈共四组刻划横向排列的曲线水波纹，有的地方已不太明显；肩部、腹部亦各有两周凹弦纹，每二周各为

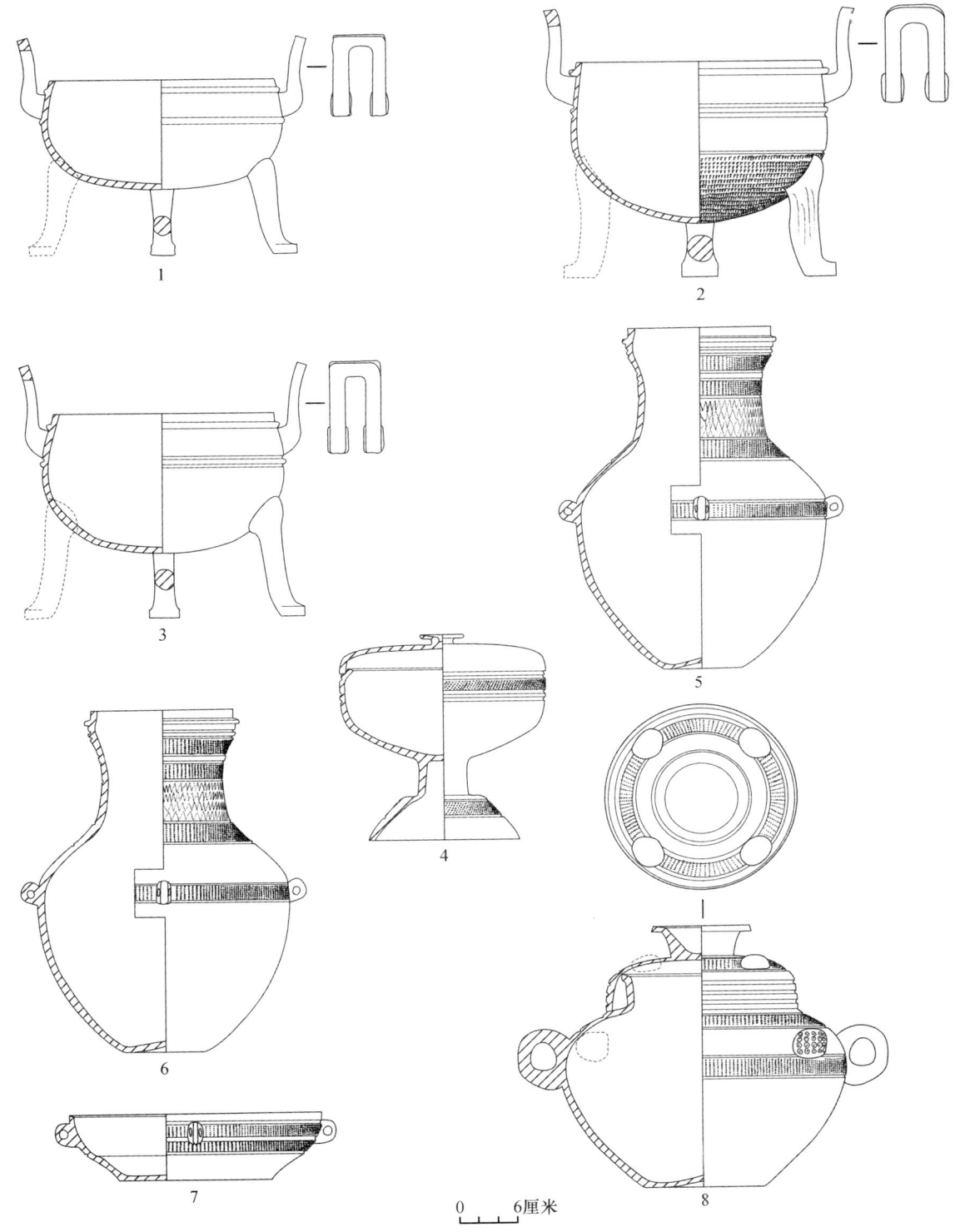

图三九　M24出土陶器
1~3. 鼎（M24：4、M24：10、M24：11）　4. 盖豆（M24：2）　5、6. 壶（M24：8、M24：9）
7. 盘（M24：34）　8. 浴缶（M24：21）

一组，间饰竖行均匀分布的宽带戳印麻点纹。M24：8，高35.6、口径13.2、腹径25.6、底径8厘米（图三九，5；图版一八，2）。M24：9，尺寸大小与M24：8相同（图三九，6；图版一八，3）。

浴缶　1件。M24：21，泥质黑皮陶，红褐胎。上有盖，作覆盘形，腹较深，方唇，直口，盖顶近平，顶中部有一圆形握手，内空，周围均匀地分布着四个扁圆形纽。器为尖唇，敞口，口部略外折，矮直领，圆肩，鼓腹，腹部有两个对称的较大圆环形耳，并均匀地分布着四个对称的突起圆饼，下腹弧形内收，平底略内凹。盖缘饰三周凹弦纹，盖面饰两周凹弦纹，其间饰以分布均匀的竖行麻点纹；颈部饰三周凹弦纹；肩部与腹部各饰一组为两周的凹弦纹，每组凹弦纹之间装饰均匀分布的竖行麻点纹，两组弦纹之间突起的圆饼上饰卷云纹。通高27.2、盖口径18、高8.8厘米；器口径16、底径12厘米（图三九，8；图版一八，4）。

盘　1件。M24：34，泥质黑皮陶，红褐胎。敞口，方唇，深弧腹，腹上部附有四个对称环状纽，腹中部微折，折痕不明显，平底。腹上部饰三周凹弦纹，其间饰以竖行分布均匀的两周宽带戳印麻点纹。高6.8、口径24.8、底径15.6厘米（图三九，7；彩版一四，5；图版一八，6）。

（2）铜器

21件。

鼎　1件。M24：5，上有一覆盘形盖，敞口，方唇，盖面上隆，顶部近平，中部有一半环形纽，纽内套一圆环，近边缘处有三个分布均匀的环形立纽。器子口微敛，方唇，口沿外侧下附有二个对称的长方形耳，鼓腹，圜底，下腹有三个蹄形足。盖顶半环形纽的两端各饰一兽面纹，三个环形立纽上饰勾云纹，盖面中部饰一周凸弦纹，凸弦纹内侧由外至里分别饰五周不同的纹样，最外一周为简易龙纹，向内依次为S形窃曲纹、绞索纹、重环纹和绞索纹，这五周纹样之间均界以一周宽带纹，凸弦纹外侧饰二周以珍珠纹作衬地、两两尾部相对的简易鸟纹；器耳部内、外侧皆饰一周纹样较模糊的鸟纹，口沿下和腹部各饰一周凸弦纹，凸弦纹上又饰两两相对的鸟纹和蝉纹，腹部凸弦纹的两侧各饰一周以珍珠纹作衬地、两两相对的凤鸟纹。通高20.8、口径20、足高11.4厘米（图四〇，1；图四一，1~3；彩版一五，2；图版五三，4）。

盖豆　1件。M24：3，上有一弧形盖，敞口，方唇，盖面微隆，近边缘处有三个分布均匀的环形纽。器子口内敛，方唇，深鼓腹，腹上部有两个对称的环形耳，圜底向上凸起，六棱形柱状短柄，中空有范土，喇叭形圈足座，底座直折起台。盖顶中心饰圆形涡纹，其周围饰绞龙纹，绞龙纹外侧饰二周绞索纹；器腹部上、下各饰一周以珍珠纹作衬地的蟠螭纹；底座表面饰一周以珍珠纹作衬地、两两相对的异形龙纹。通高18.6、口径14.1、底径11厘米（图四〇，2；图四一，4~6；彩版一五，5；图版五三，5）。

壶　1件。M24：1，口微侈，方唇，短粗颈略束，鼓腹，平底。腹部有一周凸棱，棱上有四个分布均匀的环形纽，纽内套一环形钩。高24.8、口径11.8、腹径21.6、底径11厘米（图四〇，3；彩版一五，4；图版五三，6）。

盆　1件。M24：6，因破碎较甚，未能修复。敛口，圆唇，口沿外侧下附有两个对称的

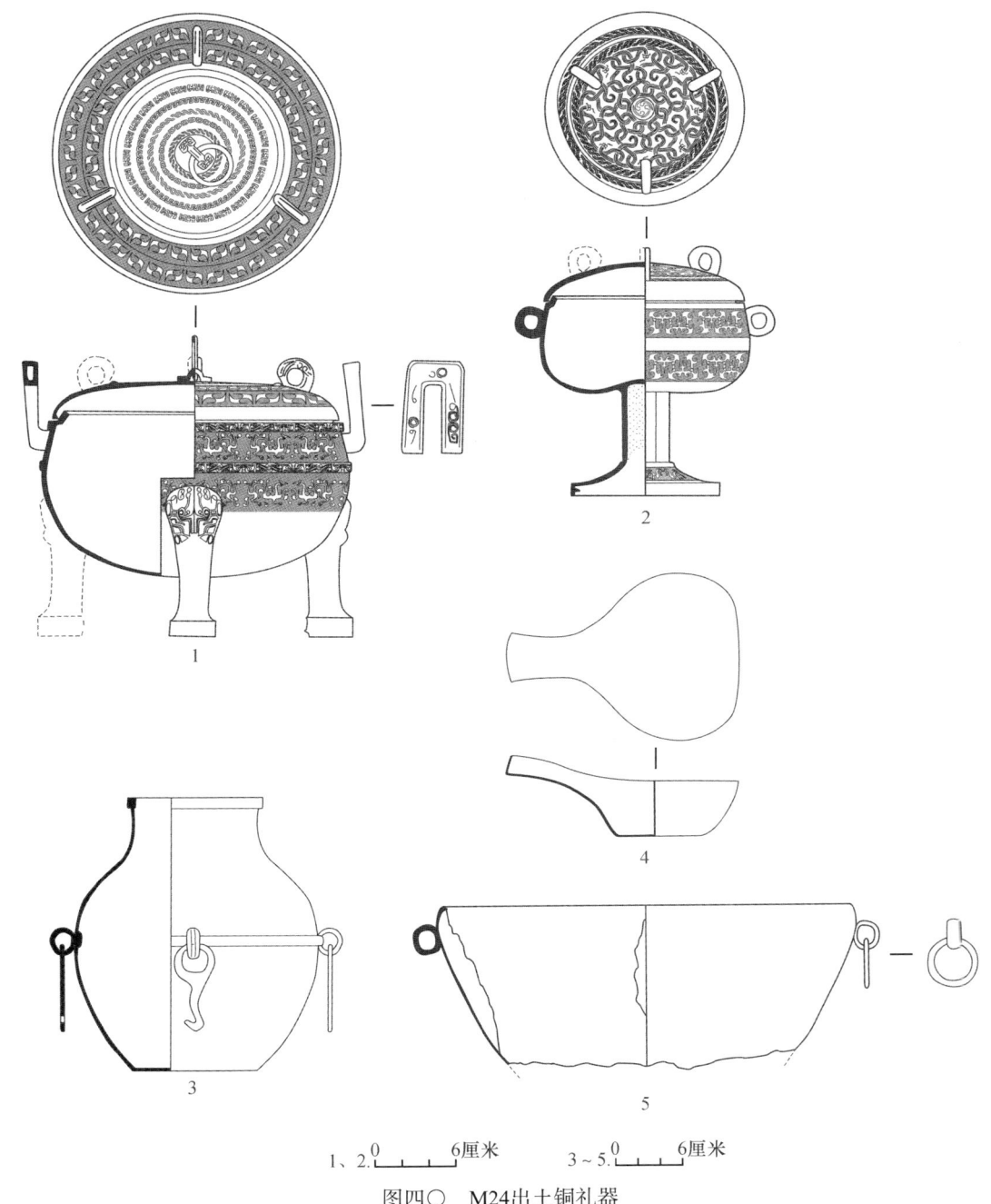

图四〇　M24出土铜礼器
1.鼎（M24:5）　2.盖豆（M24:3）　3.壶（M24:1）　4.匜（M24:7）　5.盆（M24:6）

环形耳，其中一耳套接一圆环，弧腹。口径36、腹径37.1、残高24厘米；附耳外径2.3、内径1.3、衔环外径4.4、内径3.3厘米（图四〇，5；图版五四，1）。

匜　1件。M24:7，器口近椭圆形，方唇微内敛，一侧有槽状窄长流，微上翘，断面近半圆形，深弧腹，平底。素面。高3.7、口长10.2、宽7.5、底径7.2厘米（图四〇，4；图版五四，2）。

剑　1件。M24:24，出土时锋尖及刃部锐利稍残。剑身宽而稍短，中部略厚无脊，宽

图四一　M24出土铜鼎与盖豆纹样拓片
1~3. 鼎（M24：5）纹样拓片　4~6. 盖豆（M24：3）纹样拓片

镡，圆柱形茎，双箍，喇叭形剑首。通长47.1、身长38.6、身宽4.6、镡宽5.4、茎长8.5、剑首径3.9厘米（图四二，1；彩版一六，2；图版五四，3）。

戈　2件。青铜质，铜绿色。M24：26，锋尖无收刹，短援较宽，援两面起脊，援胡交角大于90°，胡下端为直角，援本上部有一个半圆形穿，栏侧有两个长方形穿。近长方形直内，内上角略斜弧，内下角圆弧，内上有一个长方形穿。通长16.7、援长11.6、宽2.6厘米；内长4.9、宽3厘米（图四二，2；彩版一七，2；图版五四，4）。M24：28，出土时锈蚀严重，刃部、胡下端及内后下角略残。锋尖无收刹，短援稍直，无脊，援胡交角大于90°，胡下端为直

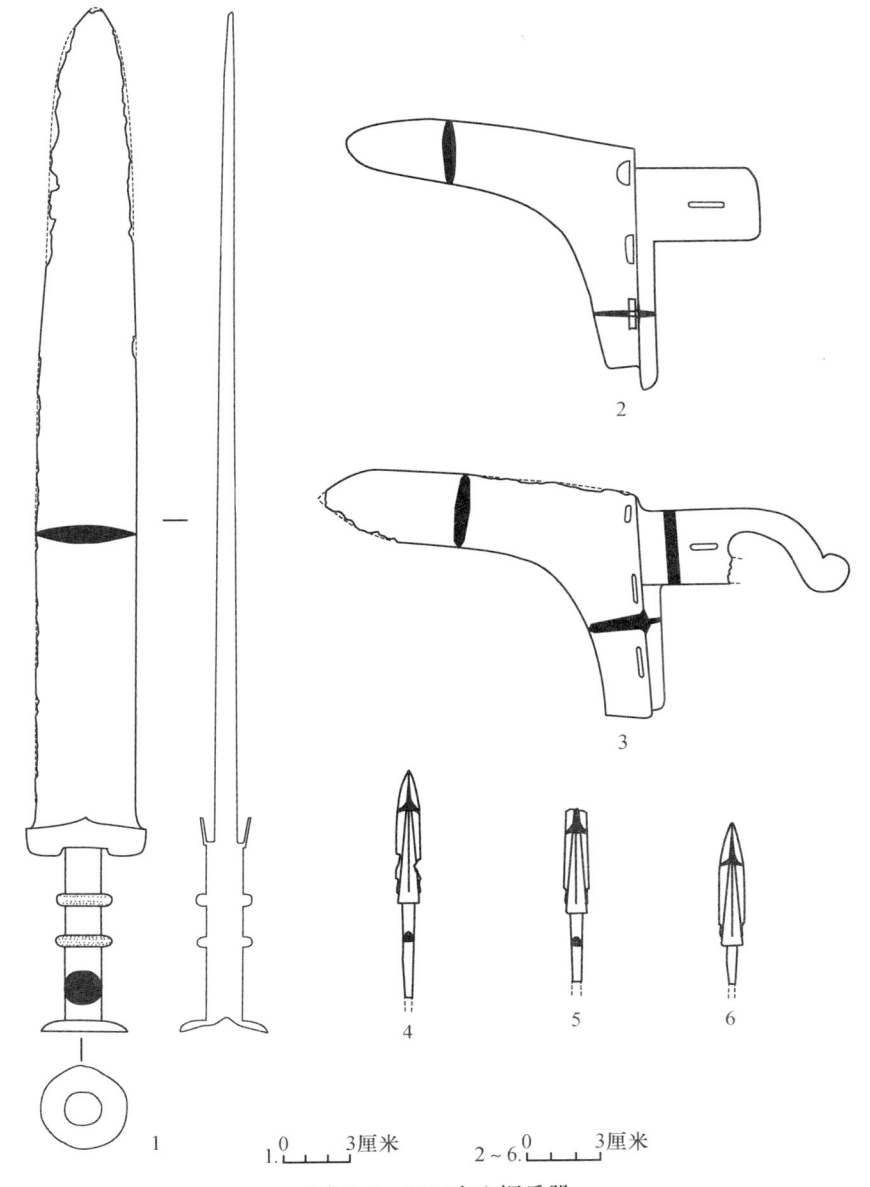

图四二　M24出土铜兵器

1. 铜剑（M24∶24）　2、3. 铜戈（M24∶26、M24∶28）　4～6. 铜镞（M24∶25-1、M24∶25-2、M24∶25-3）

角，援本上部有一个近半圆形穿，栏侧有两个长方形穿。近长方形内，内上角有一长尾向下弯曲，尾末上卷，内上有一个长方形穿。两面均残留有木鞘痕迹。通长21.5、援长13.1、宽3.1厘米；内长8.4、宽3.1厘米（图四二，3；彩版一七，3；图版五四，5）。

镞　3件。出土时铤末端均残。青铜质，铜绿色。形制相同，大小有别。镞身皆呈三棱形，三刃聚为前锋，两刃中部残，三棱形铤至末端渐细（图版五四，6）。M24∶25-1，前锋两侧中部刃略残，铤稍长。体长5.5、宽1、铤残长4厘米（图四二，4）。M24∶25-2，前端锋刃残断。体残长4.3、宽1、铤残长2.9厘米（图四二，5）。M24∶25-3，体长5.1、宽1、铤残长1.6厘米（图四二，6）。

衔　2件。形制相同，大小相差无几。皆由两根一端带椭圆形环，另一端带圆形环的扁圆形铜柱套接而成，套接的两圆环呈90°交角。M24：19，通长21、椭圆形环外径5.5、内环径4厘米；圆形环外径3.5、内环径1.5厘米（图四三，1；图版五六，1）。M24：20，铜柱的一面饰较细的绳索纹。通长21、椭圆形环外径5、内环径3.5厘米；圆形环外径3、内环径1.6厘米（图四三，2；图版五六，2）。

害　2件，成对。形制、纹样相同，大小近似。体皆呈圆筒状，开口端略粗，顶端封闭。斜直口，方唇，宽折沿，沿厚薄不一。近口沿部设有二个相对应的长方形辖孔，其中一侧辖孔外凸与口沿平齐，外凸部分两侧有二个相对应的圆形销孔。体中部近辖孔处有一凸箍饰，上端表面被等分为10个面，形成多棱体。顶部正中饰四个S形窃曲纹，边缘饰一周C形窃曲纹，两者之间界以一周凹弦纹；上端10个面上皆饰一组两两相对的S形窃曲纹，中部凸箍上饰一周同向的"人"字纹，下端饰细云雷纹作衬地的简易蟠虺纹；开口端的口沿下面饰一周简易S形窃曲纹，唇部饰一周C形与近T形相间的纹带。M24：16-1，长8、口径8、顶端径4.6厘米（图四三，3；图四四，1；彩版一八，3；图版五五，1）。M24：17-1，长8、口径8、顶端径4.9厘米（图四三，4；图四四，3；彩版一八，4；图版五五，2）。

辖　2件，成对。形制、纹样相同，大小近似。整体皆呈"J"字形，辖首饰浮雕兽面，两侧面上均有一个相贯通的穿孔，背面为平面；辖键呈扁长条形，近末端有一长方形穿孔。M24：16-2，通长7.1、键长5.1、宽1.1~1.3、厚0.7厘米（图四三，5；图四四，2；图版五五，3）。M24：17-2，通长7、键长5、宽1.2~1.3、厚0.8厘米（图四三，6；图四四，4；图版五五，4）。

軏饰　2件，成对。形制、大小及纹样相同。近长方形体，横断面呈梯形。一端封闭，底部边棱有内弧形缺口，两侧面中部有一长方形对穿孔，背面中部有一个小长方形孔和一个不规则形孔，开口端上部和一侧面的正中各有一个长方形豁口。封闭一端饰一兽首纹，头上有犄角，椭圆形凸目，张口露齿，口两边有上下獠牙；中部近开口端四个侧面皆饰一组细云雷纹作衬地的蟠虺纹，开口端外侧饰一周三角形纹，三角形内填云雷纹。M24：15，长10.4、口上部宽3.6、下部宽3.2、高4.8厘米（图四三，9、图四四，5；彩版一八，5；图版五五，5）。M24：18，尺寸大小与M24：15相同（图四三，10、图四四，6；彩版一八，6；图版五五，6）。

环　2件。形制、大小相同，锈蚀严重。皆呈圆形，横断面亦呈圆形。表面饰四组阴刻勾云纹，每六个勾云纹为一组。M24：29，外径5.7、内径4.4厘米（图四三，7；图版五六，3）。M24：30，尺寸大小与M24：29相同（图四三，8；图版五六，4）。

（3）玉器

4件。

璧　2件。玉质、形状相同。皆为青玉，近黄白色滑石质。器形体较薄，圆形，断面近长方形，中孔为单面钻。素面。M24：22，出土时少部分残缺。豆青色，全部受沁呈灰白色或有大面积的墨斑。玉质较差，近石质，不透明。直径9.8、好径3.4、厚0.1厘米（图四五，1；图

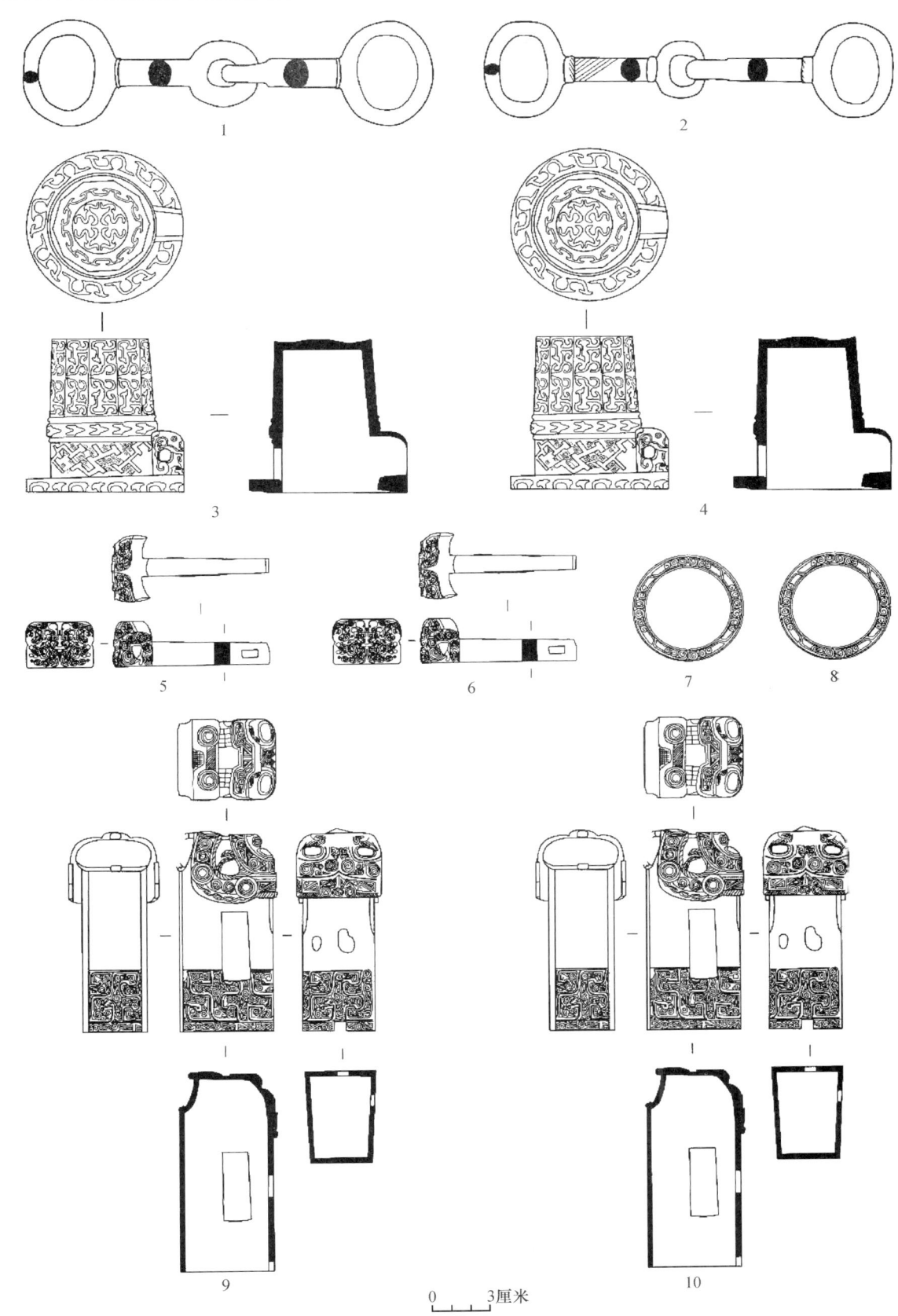

图四三　M24出土铜车马器

1、2. 铜衔（M24∶19、M24∶20）　3、4. 铜軎（M24∶16-1、M24∶17-1）　5、6. 铜辖（M24∶16-2、M24∶17-2）
7、8. 铜环（M24∶29、M24∶30）　9、10. 铜軏饰（M24∶15、M24∶18）

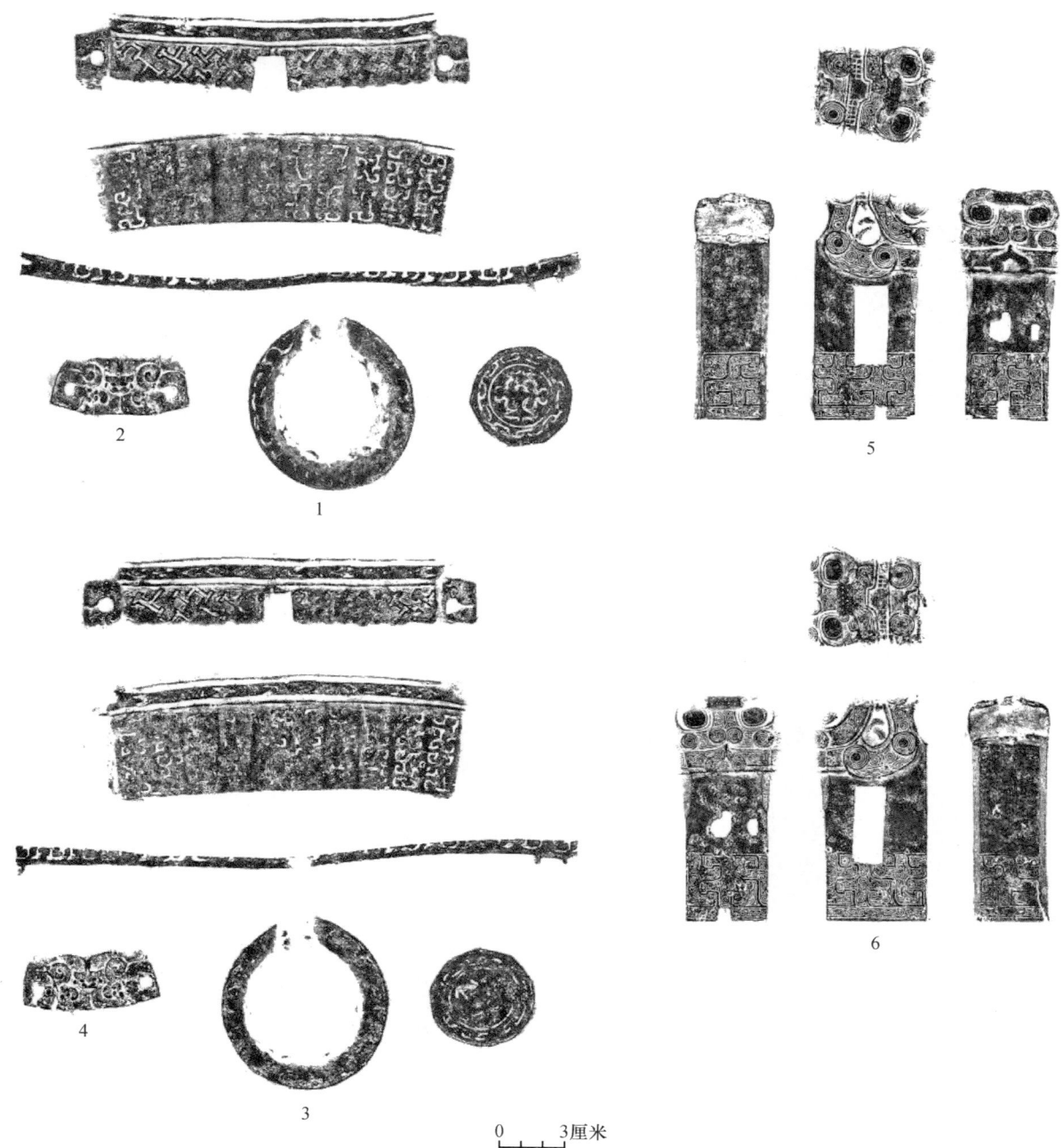

图四四　M24出土铜车马器纹样拓片

1、3. 铜軎（M24：16-1、M24：17-1）　2、4. 铜辖（M24：16-2、M24：17-2）　5、6. 铜軏饰（M24：15、M24：18）

版六五，1）。M24：23，深豆青色，大部受沁呈灰白色或黄褐色。玉质较粗，不透明。直径4.2、好径1.4、厚0.3厘米（图四五，2；彩版一九，2；图版六五，2）。

璜形玉饰　1件。M24：32，青玉。浅豆青色，受沁处有灰白斑。玉质较细，半透明。整体呈半圆形，断面近梯形，两端各有一双面钻细圆穿。长5、宽0.6、厚0.5厘米（图四五，4；彩版二〇，2；图版六五，4）。

刀形玉饰　1件。M24：27，青玉。豆青色。玉质细腻，半透明。平面呈刀形，断面近椭

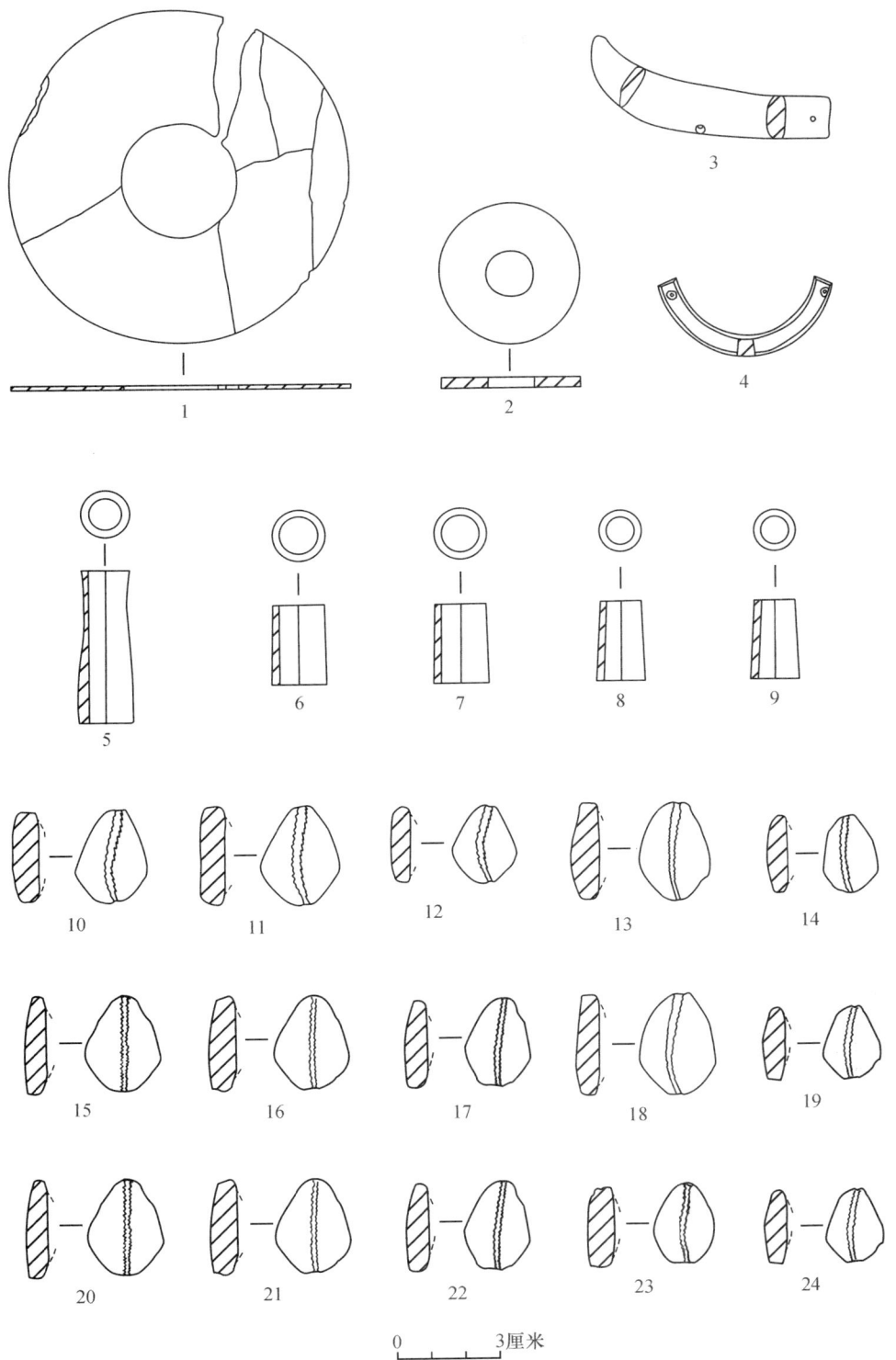

图四五　M24出土玉、骨、贝器

1、2. 玉璧（M24：22、M24：23）　3. 刀形玉饰（M24：27）　4. 璜形玉饰（M24：32）　5. 大骨管（M24：13）
6～9. 小骨管（M24：14-1～M24：14-4）　10～14. 海贝（M24：12-1～M24：12-5）　15～19. 海贝（M24：31-1～M24：31-5）
20～24. 海贝（M24：31-9～M24：31-13）

圆形，刀背微弧，刃部前端弯曲，一侧面近平，另一面略弧，接近刀刃中部和末端处各有一单面钻细圆穿。长6.9、最宽处1.4、厚0.5厘米（图四五，3；彩版二〇，1；图版六五，3）。

（4）骨器

6件。

骨管　5件。形制、颜色相同，大小不一。皆呈青白色。圆管形，一端稍粗，另一端略细，横断面为圆形，截面近长方形。表面磨光。其中较大者1件，较小者4件。M24：13，出土时已断为两块。形体较大。长4.6、直径1.4~1.6厘米（图四五，5；图版六八，4）。M24：14-1，形体粗短。长2.4、直径1.5~1.6厘米（图四五，6；图版六八，5左）。M24：14-2，形体粗短。长2.4、直径1.45~1.55厘米（图四五，7；图版六八，5中一）。M24：14-3，形体较细小。长2.4、直径1.25~1.4厘米（图四五，8；图版六八，5中二）。M24：14-4，形体较细小。长2.4、直径1.2~1.4厘米（图四五，9；图版六八，5右）。

鹿角　1件。M24：33，腐朽严重，无法复原。

（5）海贝

34件。分二组放置，其中M24：12一组12枚，M24：31一组22枚。形制基本相同，大小不一。皆将海贝进行两面加工而成，体近椭圆形，有一面较深的凹槽（图版六八，6）。标本M24：12-1~M24：12-5，长径1.5~3、短径0.8~2.3厘米（图四五，10~14）。标本M24：31-1~M24：31-5，长径2.2~2.9、短径1.7~2.2厘米（图四五，15~19）。标本M24：31-9~M24：31-13，长径2.1~3、短径1.7~2.2厘米（图四五，20~24）。

二〇、M25

M25位于墓地的中部，北与M24相距5米，西南与M30相距8米。在该墓中部有一较大的椭圆形盗洞，长径2.3米、短径1.34米、深3.84米，其深度超过墓室底部，墓内随葬器物被劫掠一空。

1. 墓葬形制

该墓为长方形竖穴土坑墓，方向60°。墓口开于耕土层下，距现地表0.18米。墓口平面为长方形，口部大于墓底，墓壁向下斜直，较规整，墓底较平坦。

墓口东西长4.76米，南北宽2.7~2.76米。墓底至墓口深3.70米。在墓底的四周留有生土二层台，东侧台宽0.66米，南侧台宽0.55米，西侧台宽0.78米，北侧台宽0.46米，台高0.58~0.6米（图四六；图版二，3）。

二层台的台面以下为墓室，平面近长方形，壁较直。墓室东西长3米，南北宽1.46~1.52米、高0.6米。

墓内填以浅红褐色为主的花土，质地较硬，内含少量的小料姜石块、青石块和砂子等。盗

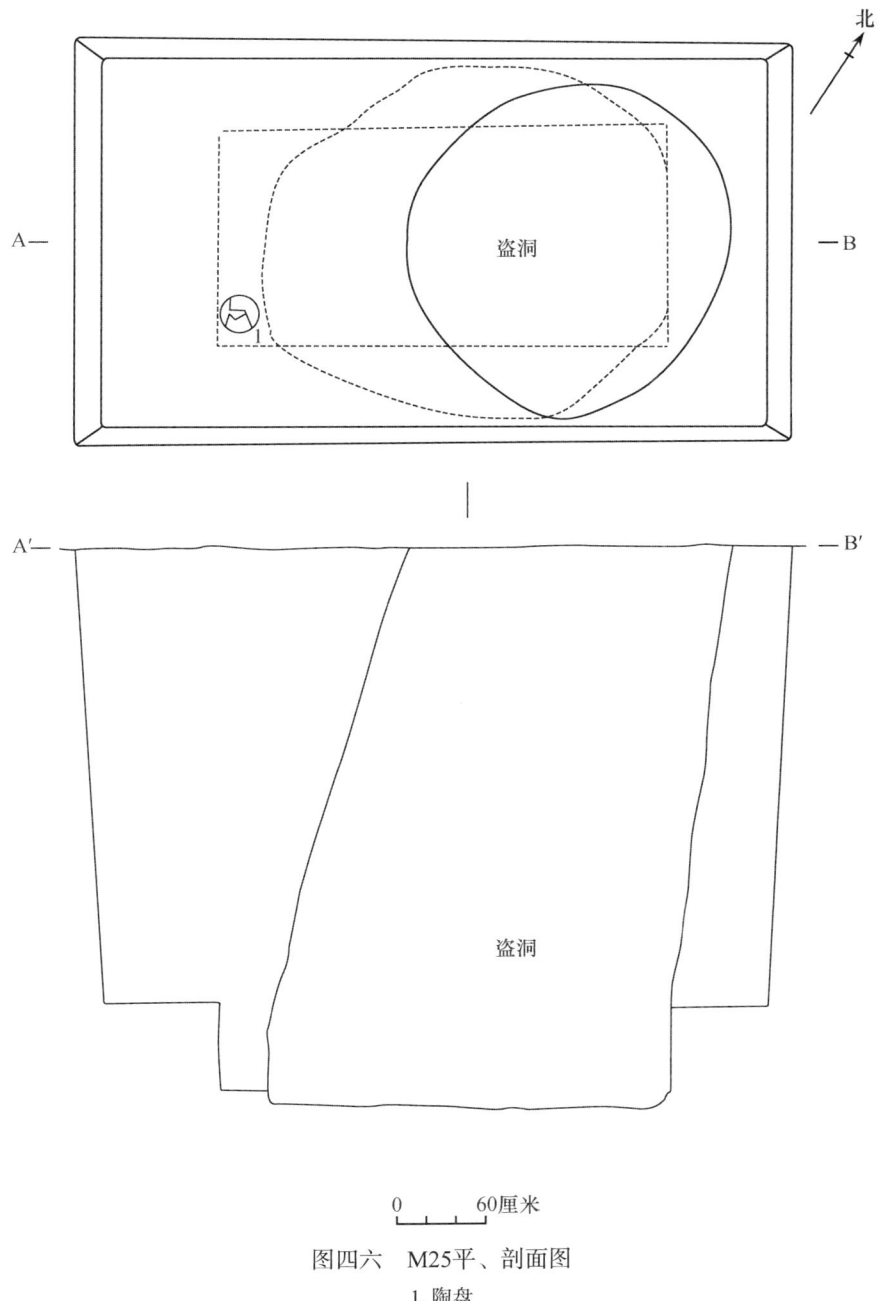

图四六　M25平、剖面图
1. 陶盘

洞中的扰土内含有木板、电线、雷管等现代杂物。

2. 葬具与葬式

由于该墓被盗严重，墓内的葬具与葬式不详。

3. 随葬器物

该墓被盗严重，随葬器物被劫掠一空，仅在墓底的西南角出土残陶盘1件。

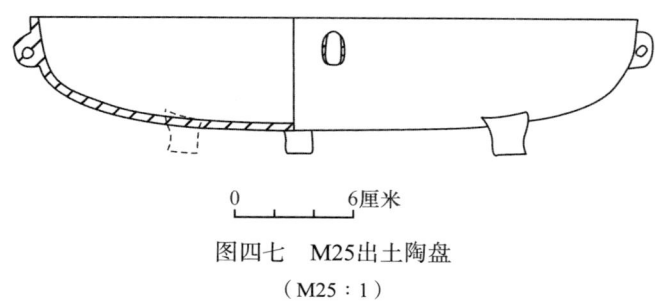

图四七 M25出土陶盘
（M25∶1）

陶盘 1件。M25∶1，泥质黑皮陶，黄褐胎。口微敞，方唇，弧腹，腹上部附有四个分布均匀的半环状纽，腹下部内收成圜底，下附三个较矮的蹄形足。通高7、口径29.6厘米（图四七；图版一八，7）。

二一、M28

M28位于墓地的中部偏东，南与M29相距2.0米，西南与M22相距14.6米。

1. 墓葬形制

该墓为长方形竖穴土坑墓，方向60°。墓口开于耕土层下，距现地表0.2米。墓口部西高东低，且墓口略大于墓底，墓壁向下几乎垂直，较规整，墓底平坦。

墓口东西长4.16米，口宽2.22米。墓底至墓口深1.5～2.1米。在墓底的四周留有生土二层台，东侧台宽0.32米，南侧台宽0.36～0.4米，西侧台宽0.36米，北侧台宽0.12～0.36米，高0.75米。

二层台的台面以下为墓室，平面近长方形，东端略窄，西部稍宽，直壁。墓室东西长3.38米，南北宽1.6～1.7，高0.75米。

在椁室底部靠近东、西两端各有一道南北向的浅沟槽，用以放置枕木。东端沟槽长1.62米，宽0.18米，深0.14米，距墓室东壁0.56米；西端沟槽长1.68米，宽0.18米，深0.14米，距墓室西壁0.56米（图四八；图版二，4）。

墓内填土为浅红褐色五花土，土质较硬，土内含有少量的小料姜石块。

2. 葬具与葬式

（1）葬具

墓内葬具已严重腐朽，结构不明。从残留的灰白色木质痕迹判断为一椁。

木椁置于墓室中部，平面呈"Ⅱ"形，东西长3.02米，南北宽1.44～1.46米，椁板厚0.04～0.06米。

在椁底板下横铺两根枕木，椁内未发现木棺痕迹。

（2）葬式

在椁底的中部偏北葬有人骨架二具，应为夫妇合葬墓。骨骼皆保存极差，均腐朽严重，已成浅黄色或灰白色粉末状。从清理出的骨骼范围看，皆为仰身直肢葬，头东足西，年龄皆不详。南侧人骨朽痕呈浅黄色，一侧置铜剑，推测应为男性；北侧人骨朽痕略发白，应为女性。

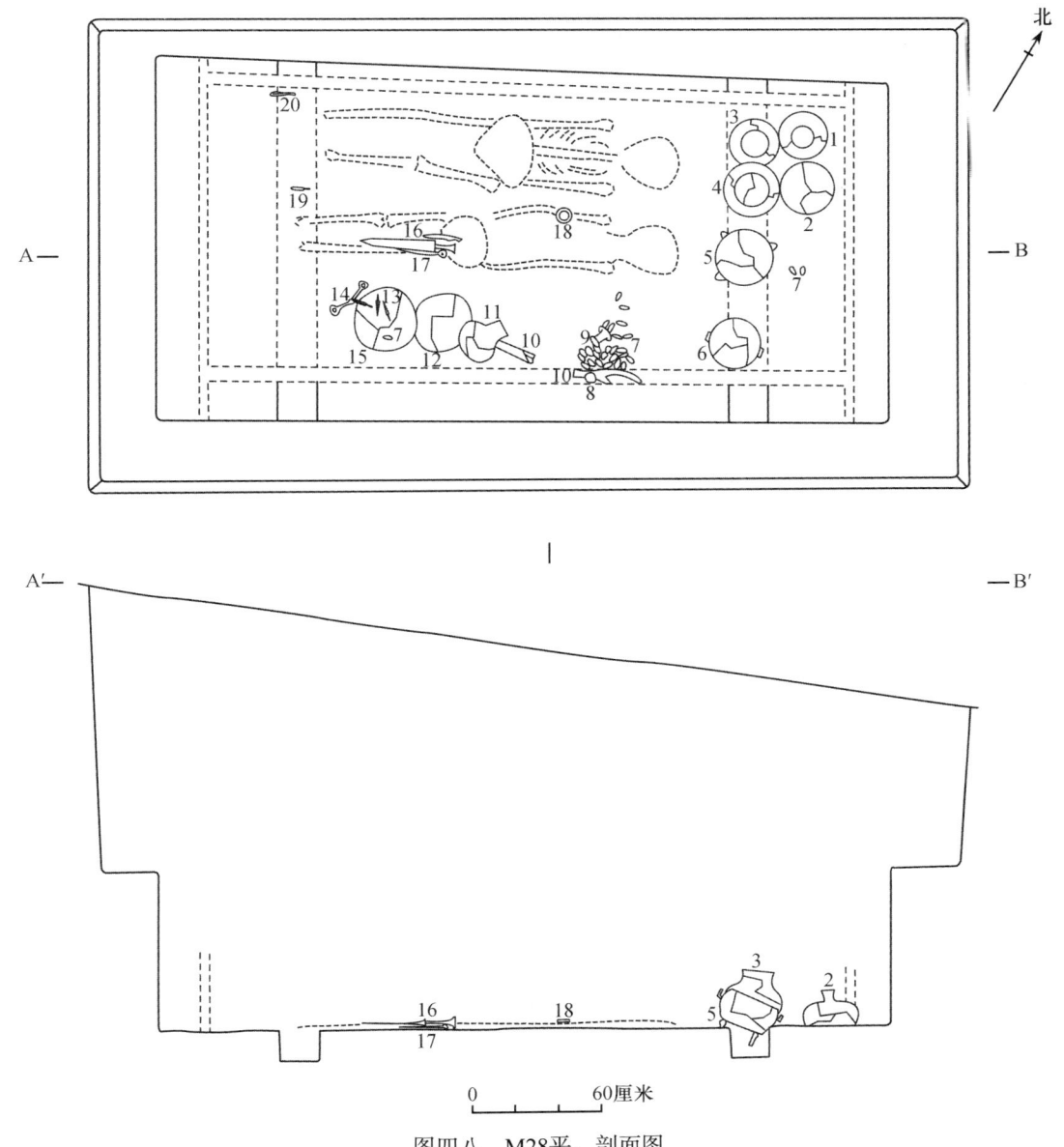

图四八 M28平、剖面图

1、2.陶豆 3、4.陶壶 5、6.陶鼎 7.石片（76件） 8.铜臿（2件） 9.铜辖（2件） 10.鹿角（2件） 11.陶匜 12.陶盘 13、19.铜镞（各3件） 14.铜衔（2件） 15.陶敦 16.铜剑 17.铜环首刀 18.玉环 20.铜带钩

3. 随葬器物

该墓的随葬器物较为丰富，主要放置于椁室的东部和南部，即墓主人的头部及左侧。椁室东部自北向南依次有陶豆、壶、鼎和石片；南部向西有铜臿、铜辖、鹿角、陶盘、陶匜、陶敦、铜镞和铜衔等；南侧墓主身上及周围有铜剑、环首刀、镞和小玉环等，北侧墓主的右足部有一件铜带钩。

随葬器物共103件。依质地可分为陶、铜、玉、石器和骨器五类。其中陶器9件，计有鼎2件、豆2件、壶2件、敦1件、盘1件、匜1件；铜器15件，计有剑1件、环首刀1件、镞6件、臿2

件、辖2件、衔2件、带钩1件；玉器仅环1件；椭圆形石片76枚；鹿角2件。

(1) 陶器

9件。

鼎　2件。M28：5和M28：6，均残甚，未能修复。

豆　2件。M28：1，泥质黑皮陶，红褐胎。豆盘破碎较甚，未能修复。空心柱状柄，较矮，喇叭形圈足座。残高10.4、底径12厘米（图四九，2）。M28：2，残甚，未能修复。

壶　2件。M28：4，泥质黑皮陶，红褐胎。子口内敛，方唇，束颈较粗，溜肩，鼓腹，平底微凹，矮圈足近直，最大腹径在中腹部。通高34.8、口径14、腹径23.6、底径10.8厘米（图四九，1；图版一八，5）。M28：3，残甚，未能修复。

敦　1件。M28：15，残甚，未能修复。

盘　1件。M28：12，残甚，未能修复。

匜　1件。M28：11，残甚，未能修复。

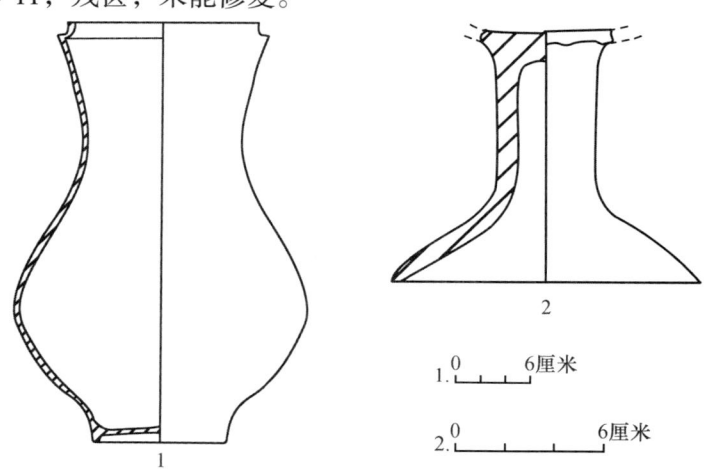

图四九　M28出土陶器
1. 壶（M28：4）　2. 豆（M28：1）

(2) 铜器

15件。

剑　1件。M28：16，出土时剑身两侧刃部略残。锋尖及刃部锐利，剑身宽而稍短，中部起脊，窄格，圆柱形茎，圆形剑首。通长45.7、身长36、身宽4.6、格宽5.1、茎长9.7、剑首径4厘米（图五○，15；彩版一六，3；图版五六，5）。

环首刀　1件。M28：17，出土时刀身已断为数截，刃稍残。斜尖锋，背稍弧，刃略凹，刀身横断面呈三角形。细长柄，末端有椭圆形环状柄首，柄横断面呈梯形。刃部有使用痕迹。通长26、身长15.9、宽1.9厘米（图五○，13；图版五六，6）。

镞　6件。分二组放置，每组各三件（图版五七，1、2）。形制基本相同，大小不同。镞身皆呈三棱形，三刃聚为前锋，铤截面近三棱形或圆形，至铤末端渐细。M28：13-1，铤细长，截面近三棱形。体长5.9、宽1、铤长4厘米（图五○，7）。M28：13-2，出土时铤末端略

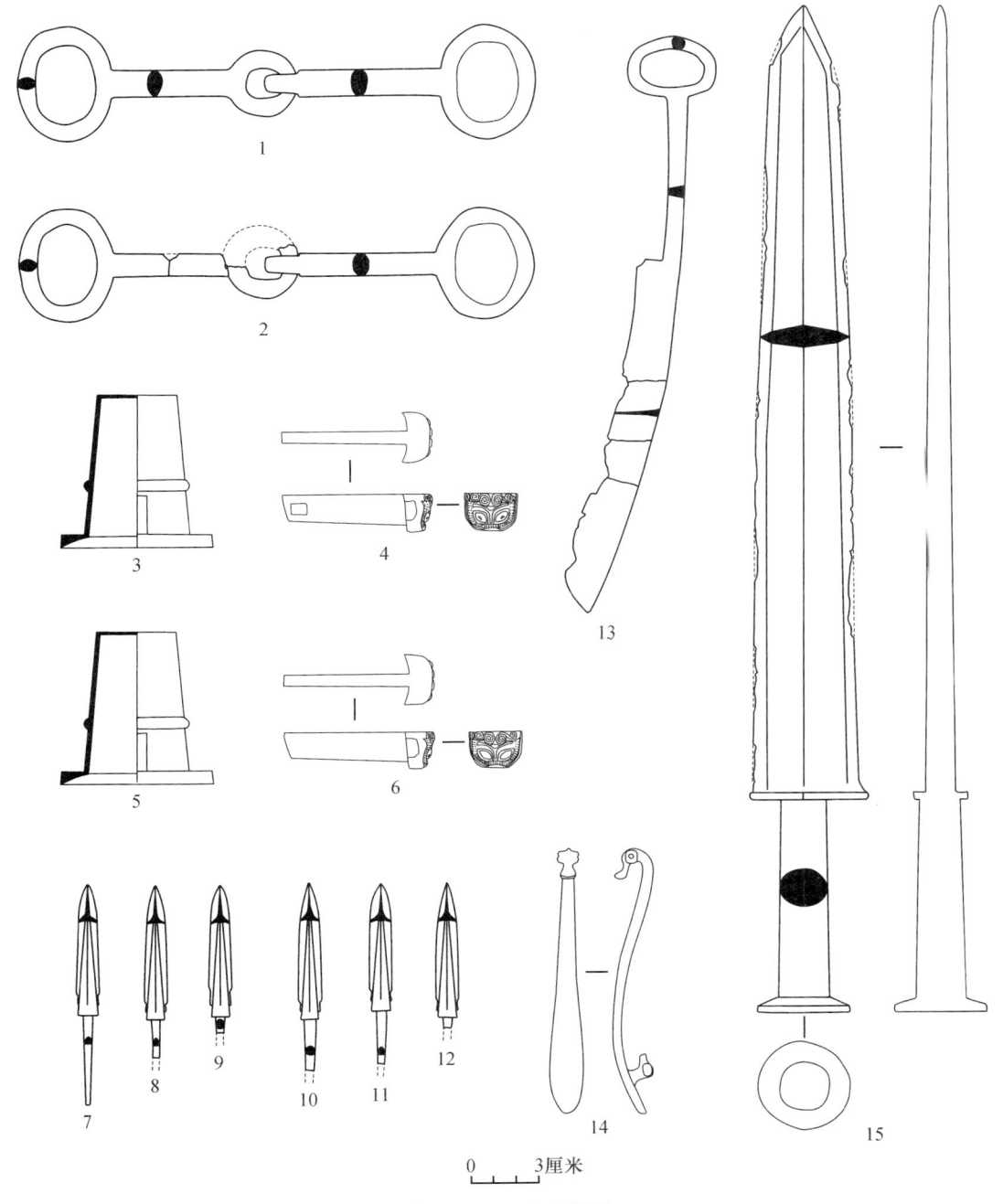

图五〇　M28出土铜器

1、2.铜衔（M28：14-1、M28：14-2）　3、5.铜軎（M28：8-1、M28：8-2）　4、6.铜辖（M28：9-1、M28：9-2）
7~9.铜镞（M28：13-1~M28：13-3）　10~12.铜镞（M28：19-1~M28：19-3）　13.铜环首刀（M28：17）
14.铜带钩（M28：20）　15.铜剑（M28：16）

残。铤截面近三棱形。体长6、宽1、铤残长1.7厘米（图五〇，8）。M28：13-3，出土时铤大部分残缺。铤截面呈圆形。体长5.9、宽1、铤残长0.7厘米（图五〇，9）。M28：19-1，出土时铤末端略残。铤截面为圆形。体长6.1、宽1、铤残长2.3厘米（图五〇，10）。M28：19-2，出土时铤末端略残。铤截面近三棱形。体长5.7、宽1、铤残长2.4厘米（图五〇，11）。

M28：19-3，出土时铤大部分残缺。铤截面近三棱形。体长6、宽1、铤残长0.5厘米（图五〇，12）。

軎 2件，成对。形制、大小相同。体皆呈圆筒状，开口端较粗，顶端封闭。斜直口，斜方唇，宽折沿，近口沿部设有二个相对应的长方形辖孔，近辖孔处有一凸箍饰。素面。M28：8-1，长6.9、口径6.7、顶端径3.5厘米（图五〇，3；图版五七，3）。M28：8-2，尺寸大小与M28：8-1相同（图五〇，5；图版五七，4）。

辖 2件，成对。形制、大小相同。整体皆呈"J"字形，辖首饰浮雕兽面，两侧面上均有一个相贯通的穿孔，背面为平面；辖键呈扁长条形，末端为斜弧边，近末端有一长方形穿孔，以便安钉，防止脱落。M28：9-1，通长6.6、键长5.5、宽1.2～1.4、厚0.5厘米（图五〇，4；图版五七，5）。M28：9-2，尺寸大小与M28：9-1相同（图五〇，6；图版五七，6）。

衔 2件。形制相同，大小略异。皆由两根一端带椭圆形环，另一端带圆形环的扁圆形铜柱套接而成，套接的两圆环呈90°交角。M28：14-1，通长22.8、椭圆形环外径5.2、内径3.5厘米；圆形环外径3、内径1.4厘米（图五〇，1；图版五八，1上）。M28：14-2，通长22.6、椭圆形环外径5、内径3.6厘米；圆形环外径3、内径1.5厘米（图五〇，2；图版五八，1下）。

带钩 1件。M28：20，青灰色泛绿。鸭首形钩首，平面呈琵琶形，身较长，正面弧鼓，背部平整，背面尾部有一鸟首形钮。素面。通长12、最宽处1.5厘米（图五〇，14；图版五八，2）。

（3）玉器

1件。为环。M28：18，青玉。冰青色，大部分受沁呈黄褐色或有灰白斑。玉质细腻，半透明。器体厚薄不均，圆形，断面呈长方形，对钻孔。背面保留有切割痕。素面。直径6.4、好径3、厚0.6厘米（图五一，1；彩版一九，3；图版六五，5）。

（4）石器

76件。仅石片一种。形制基本相同，大小不一。整体呈长椭圆形，两端有穿孔或无穿孔。系将石片两面加工磨平而成，一面较平，一面为弧形（图版六五，6）。标本M28：7-1～M28：7-11，长径2.6～4.9、短径1.8～2.6厘米（图五一，2～12）。

（5）骨器

2件。为鹿角。M28：10-1、M28：10-2，腐朽严重，无法复原。

二二、M29

M29位于墓地的中部偏东，北与M28相距2米，西南与M22相距15.2米。

1. 墓葬形制

该墓为长方形竖穴土坑墓，方向58°。墓口开于耕土层下，距现地表0.2米。墓口西高东

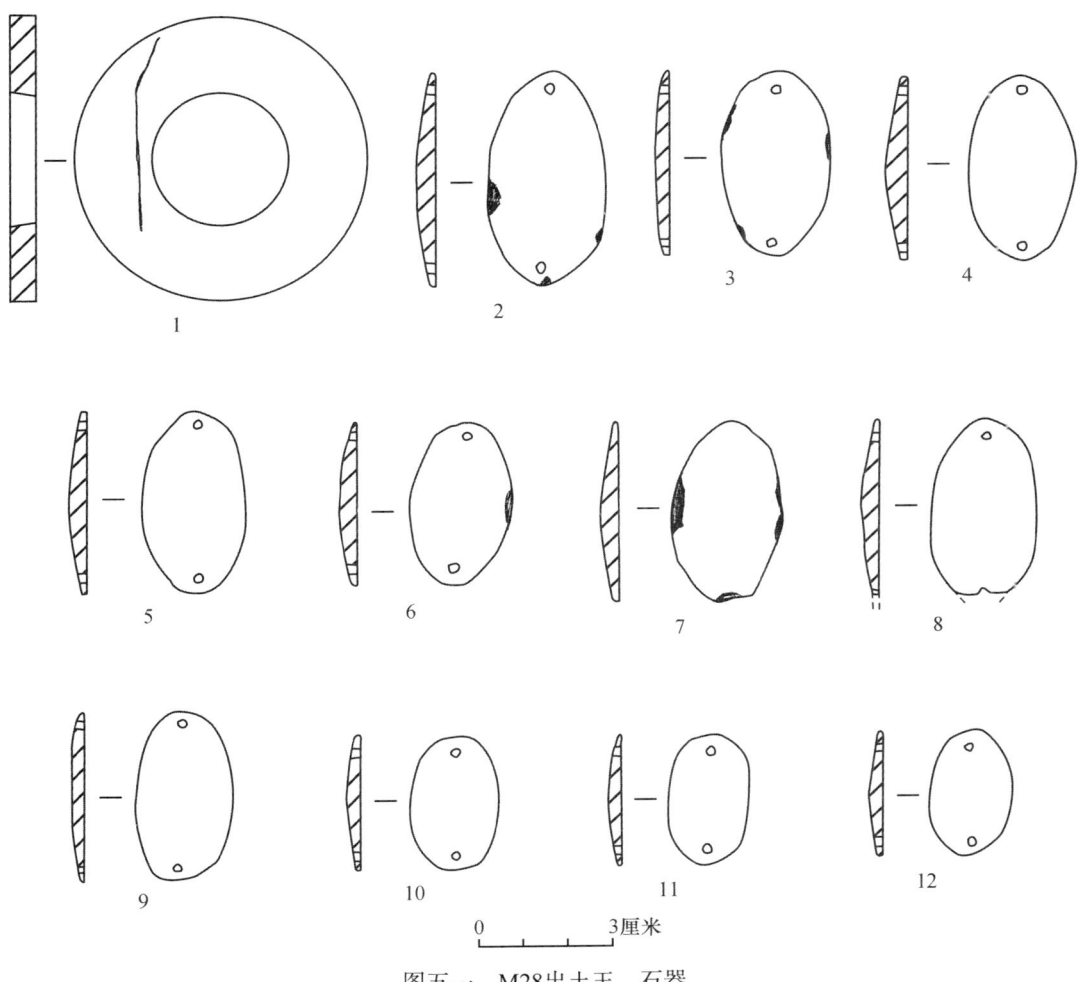

图五一　M28出土玉、石器
1. 玉环（M28∶18）　2~12. 石片（M28∶7-1~M28∶7-11）

低，平面呈长方形；口部稍大于墓底，墓壁向下斜直，较规整，底部平坦。

墓口东西长3.36米，南北宽1.72米。墓底至墓口深1.1~1.4米。在墓底的四周留有生土二层台，东侧台宽0.3米，南侧台宽0.2米，西侧台宽0.24米，北侧台宽0.2米，高0.3米。

二层台的台面以下为墓室，平面呈长方形，直壁。墓室东西长2.7米，宽1.2米，高仅0.3米。

在椁室底部靠近东、西两端各有一道南北向的浅沟槽，用以放置枕木。沟槽长度均与墓室的宽度相同，长1.2米，宽0.1米，深0.1米，距墓室的东壁和西壁分别为0.6米和0.54米（图五二；图版三，1）。

墓内填土为浅红褐色五花土，土质较硬，土内含有少量的小料姜石块。

2. 葬具与葬式

（1）葬具

葬具腐朽严重，结构不明。从残存的灰白色木质痕迹判断，为一棺。

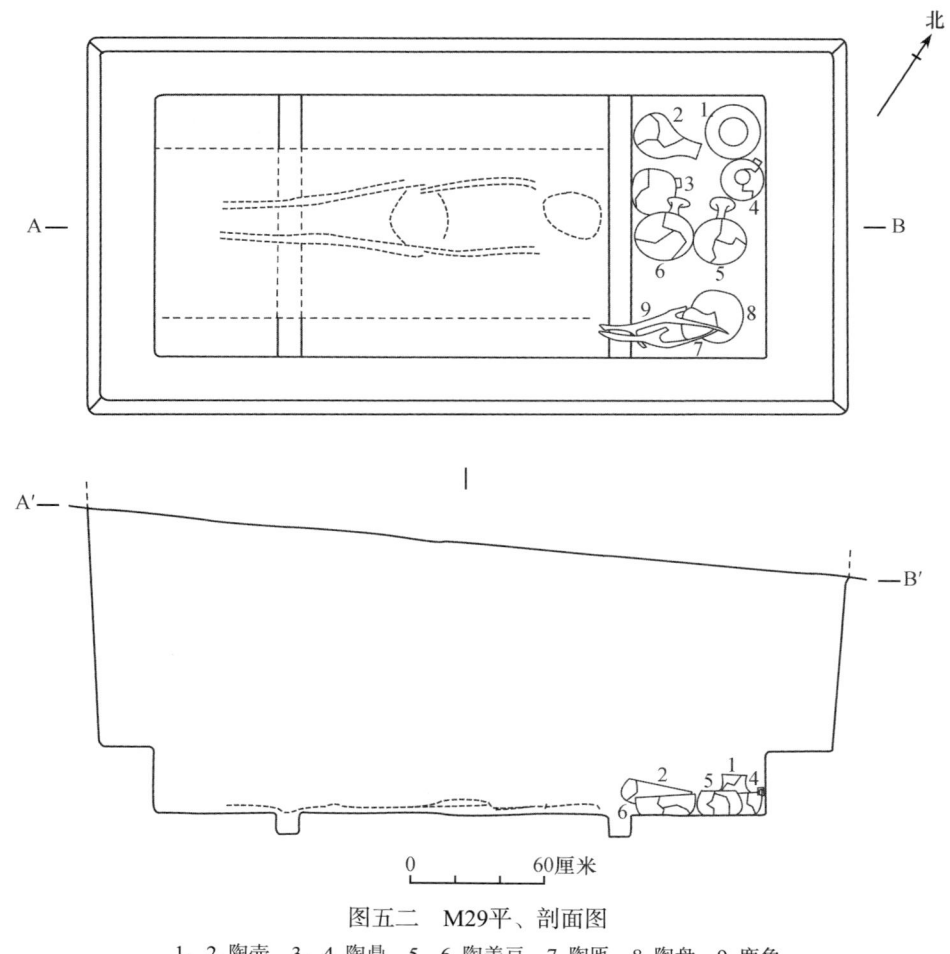

图五二　M29平、剖面图
1、2. 陶壶　3、4. 陶鼎　5、6. 陶盖豆　7. 陶匜　8. 陶盘　9. 鹿角

木棺置于墓室中部，平面呈长方形，长2.2米，宽0.78米，残高0.3米，棺板厚度不详。

（2）葬式

棺内葬有墓主一人，骨骼腐朽较甚，已成粉末状。从清理出的骨骼痕迹判断，为仰身直肢葬，头东足西，性别、年龄不详。

3. 随葬器物

随葬品放置于墓室底的东部，即墓主人的头部，自北向南依次有陶壶、鼎、盖豆、匜、盘和鹿角等。

随葬器物共10件。除M29：9-1、M29：9-2这两件鹿角，因腐朽严重无法提取外，其余均为陶器。陶器8件，计有鼎2件、盖豆2件、壶2件、盘1件、匜1件。这些陶器因烧制火候低下，破碎严重。

鼎　2件。陶质、形制、大小相同。皆夹砂灰褐陶。上均有浅盘拱形盖，盖顶微隆，中心有一圆形握手，内空。器子口内敛，方唇，口沿外侧下附有两个对称的长方形耳，弧腹略鼓，圜底，下附三个较高的蹄形足。M29：3，通高20.4、口径15.6、腹径19.2、足高10.7厘米（图五三，1；图版一九，1）。M29∶4，尺寸大小与M29∶3相同（图五三，2；图版一九，2）。

盖豆　2件。陶质、形制基本相同，大小略有差异。皆泥质灰陶。器子口内敛，方唇，盘腹较深，下腹弧收，实心柄稍长，喇叭形圈足座，底座直折起台。M29∶5，有盖，盖与盘整体作盒形。盖呈浅盘拱形，直口，折沿，盖顶隆起，中心有一圆形握手。通高24.2、口径15.6、底径10.8厘米（图五三，4；图版一九，3）。M29∶6，豆盖残甚，未能修复。高20.2、

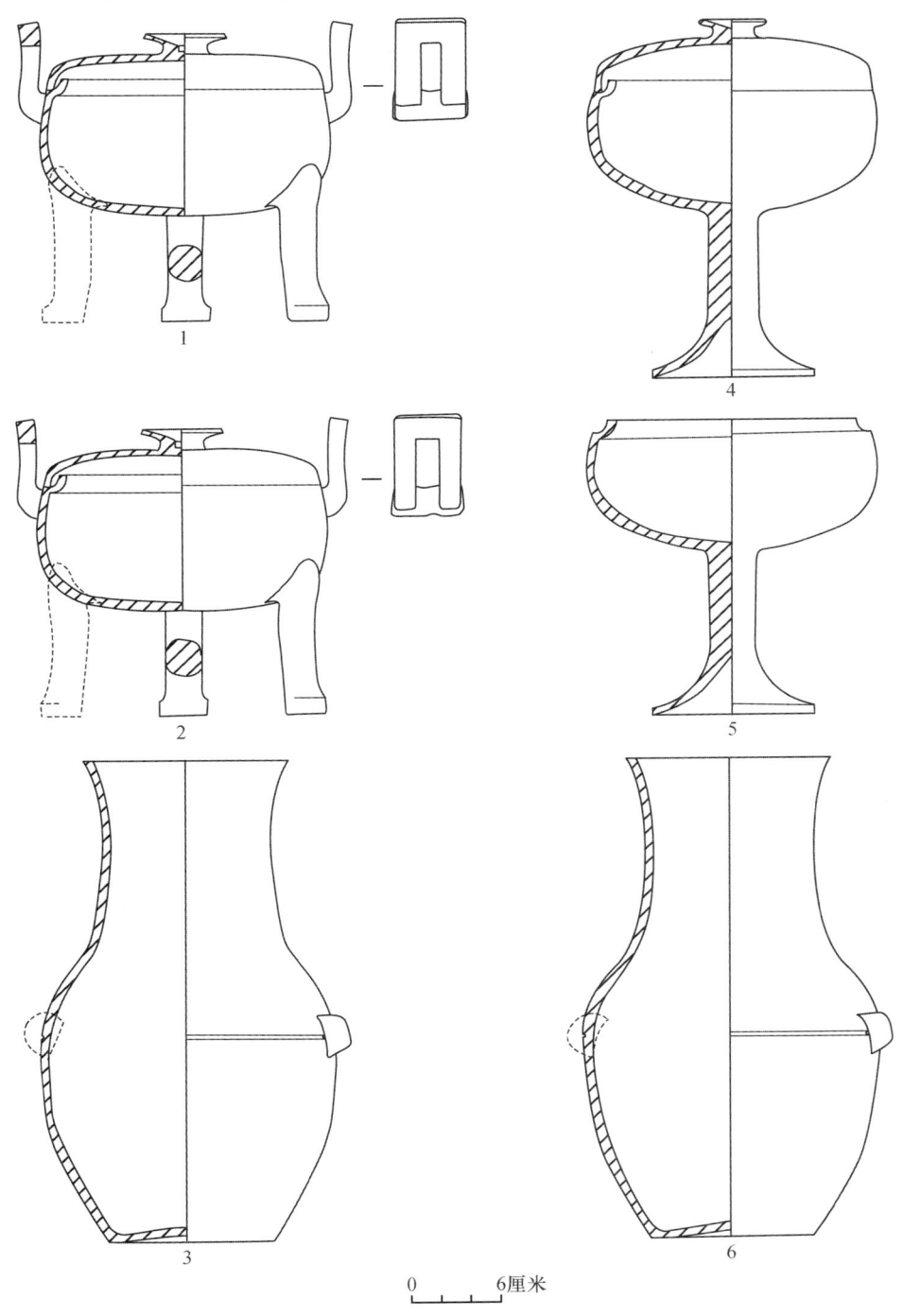

图五三　M29出土陶器

1、2. 鼎（M29∶3、M29∶4）　3、6. 壶（M29∶1、M29∶2）　4、5. 盖豆（M29∶5、M29∶6）

口径15.2、底径10.8厘米（图五三，5；图版一九，4）。

壶　2件。陶质、形制、大小及纹样相同。皆泥质灰陶。敞口，斜方唇，平沿，长粗颈微束，溜肩，鼓腹，腹上部附有三个分布均匀的方形盲耳，平底略内凹，最大径在器上腹部。腹上部饰一周凹弦纹。M29：1，高32.4、口径12.4、腹径19.6、底径11.2厘米（图五三，3；图版一九，5）。M29：2，尺寸大小与M29：1相同（图五三，6；图版一九，6）。

盘　1件。M29：8，残甚，未能修复。

匜　1件。M29：7，残甚，未能修复。

二三、M31

M31位于墓地的北部，北与M32相距5.6米，东与M43相距12.2米，南与M9相距3.5米，西南与M14相距5.5米。

1. 墓葬形制

该墓为长方形竖穴土坑墓，方向72°。墓口开于耕土层下，距现地表0.2米。墓口平面呈长方形，口部稍大于墓底，墓壁坡度很小，上下几乎垂直，壁面规整，墓底平坦。

墓口东西长3.04米，南北宽1.48米；墓底东西长2.94米，南北宽1.4米。墓底至墓口深2.8米（图五四）。

墓内填土为浅红褐色五花土，土质较疏松，较纯净，含有少量的小料姜石块。

2. 葬具与葬式

（1）葬具

墓内葬具腐朽严重，结构不明。从清理出的灰黑色木质痕迹判断，其葬具为一椁。

木椁置于墓室底中部，平面呈"Ⅱ"形，东西长2.3米，南北宽0.9米，椁板厚0.04米，高度不详。椁的东、西两端挡板较长，伸出南、北壁板之外，长度均为1.32米。

在椁内底部未发现木棺痕迹。

（2）葬式

在椁室底部葬有墓主一人，骨骼腐朽严重，除四肢外大部分已成骨渣。从现存情况看，葬式为仰身直肢葬，头东足西。性别、年龄不详。

3. 随葬器物

随葬器物放置于墓底椁室的东北部，即墓主人的头部，自北向南依次为壶、盖豆、鼎等。此外，在墓主的左侧股骨外放置一件玉环。

随葬器物共4件。依质地分为陶器和玉器两类。其中陶器3件，均破碎严重，计有鼎1件、

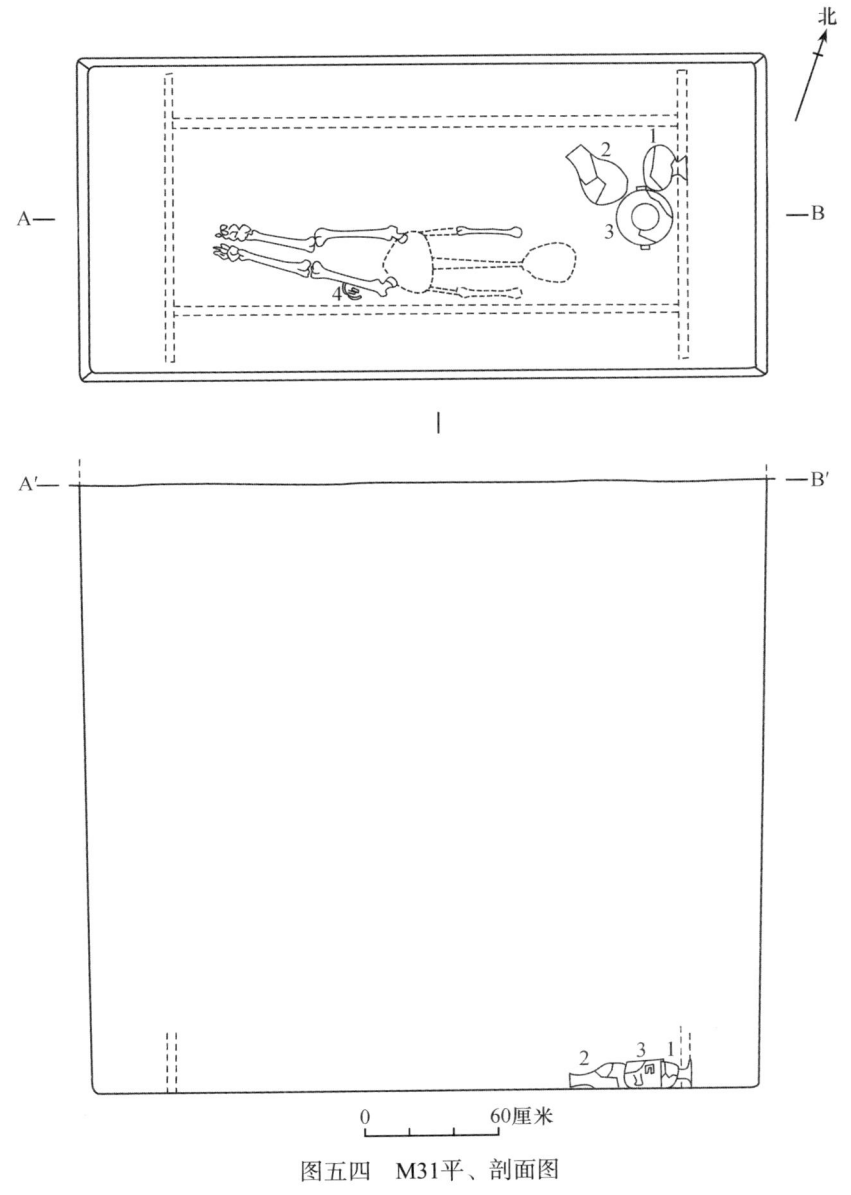

图五四 M31平、剖面图
1.陶盖豆 2.陶壶 3.陶鼎 4.玉环

盖豆1件、壶1件；玉环1件。

（1）陶器

3件。

鼎 1件。M31：3，泥质黑皮陶，红褐胎。上有浅盘形盖，盖顶隆起，中心有一圆环形握手，内空。器子口内敛，方唇，口沿外侧下附有两个对称的长方形耳，弧腹略鼓，圜底，下附三个蹄形足，足外撇较甚。腹部饰一周凹弦纹。通高21、口径17.2、足高9.4厘米（图五五，1；图版一九，7）。

盖豆 1件。M31：1，泥质黑皮灰陶。豆盖破碎较甚，未能修复。器子口微侈，折沿，盘腹较深，下腹弧收，底部较平，短粗空心柄，喇叭形圈足座，底座面弧鼓。口沿下及腹部各饰

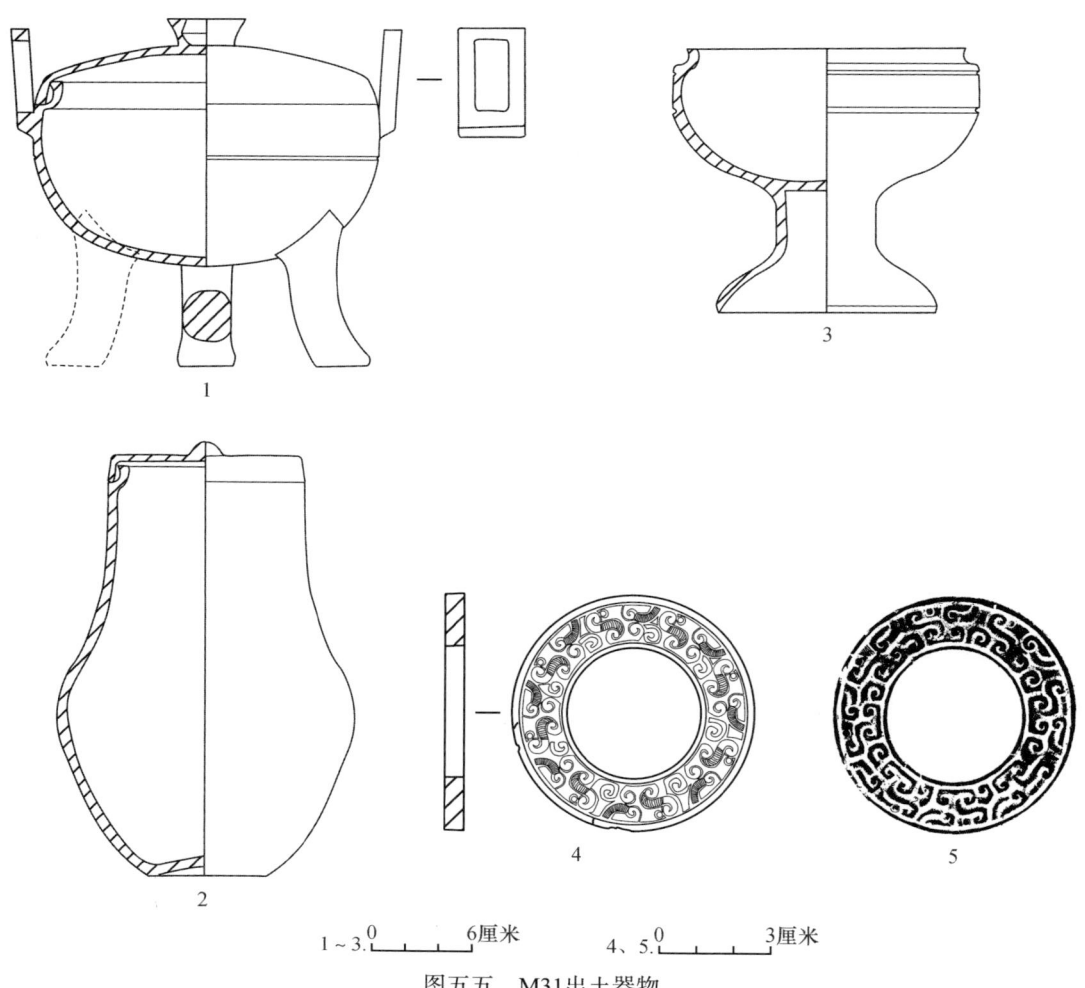

图五五 M31出土器物
1. 陶鼎（M31：3） 2. 陶壶（M31：2） 3. 陶盖豆（M31：1） 4. 玉环（M31：4） 5. 玉环（M31：4）纹样拓片

一周凹弦纹。高16、口径15.2、底径12.6厘米（图五五，3；彩版一〇，3；图版二〇，2）。

壶 1件。M31：2，泥质黑皮陶。上有盖，作覆盘形，平顶，中部有一半圆形纽。器子口较直，折沿，方唇，长粗颈，溜肩，鼓腹，平底内凹。通高25.4、口径9.2、腹径17.6、底径7.2厘米（图五五，2；图版二〇，1）。

（2）玉器

1件。为环。M31：4，出土时已断为三块，断口处略残。青玉。深冰青色。玉质细腻，半透明。器体稍厚，圆形，有内、外郭，断面呈长方形，对钻孔。正背面均饰蟠螭纹和勾云纹。直径6.55、好径3.55、厚0.5厘米（图五五，4、5；彩版一九，4；图版六六，1）。

二四、M32

M32位于墓地的北部，南与M31相距5.6米，西与M5相距6米。

1. 墓葬形制

该墓为长方形竖穴土坑墓，方向60°。墓口开于耕土层下，距现地表0.2米。墓口西高东低，平面为长方形，口部略大于墓底，墓壁向下斜直，较规整，墓底平坦。

墓口东西长3.46米，南北宽1.76~1.8米。墓底至墓口深2.24~2.4米。在墓底的四周留有生土二层台，东侧台宽0.26米，南侧台宽0.21米，西侧台宽0.34米，北侧台宽0.29米，台高0.64米。

二层台的台面以下为墓室，平面呈长方形，直壁。墓室东西长2.72米，南北宽1.2米，高0.64米（图五六；图版三，2）。

墓内填土为浅红褐色五花土，土质干燥较硬，较纯净，含有少量的料姜石块。

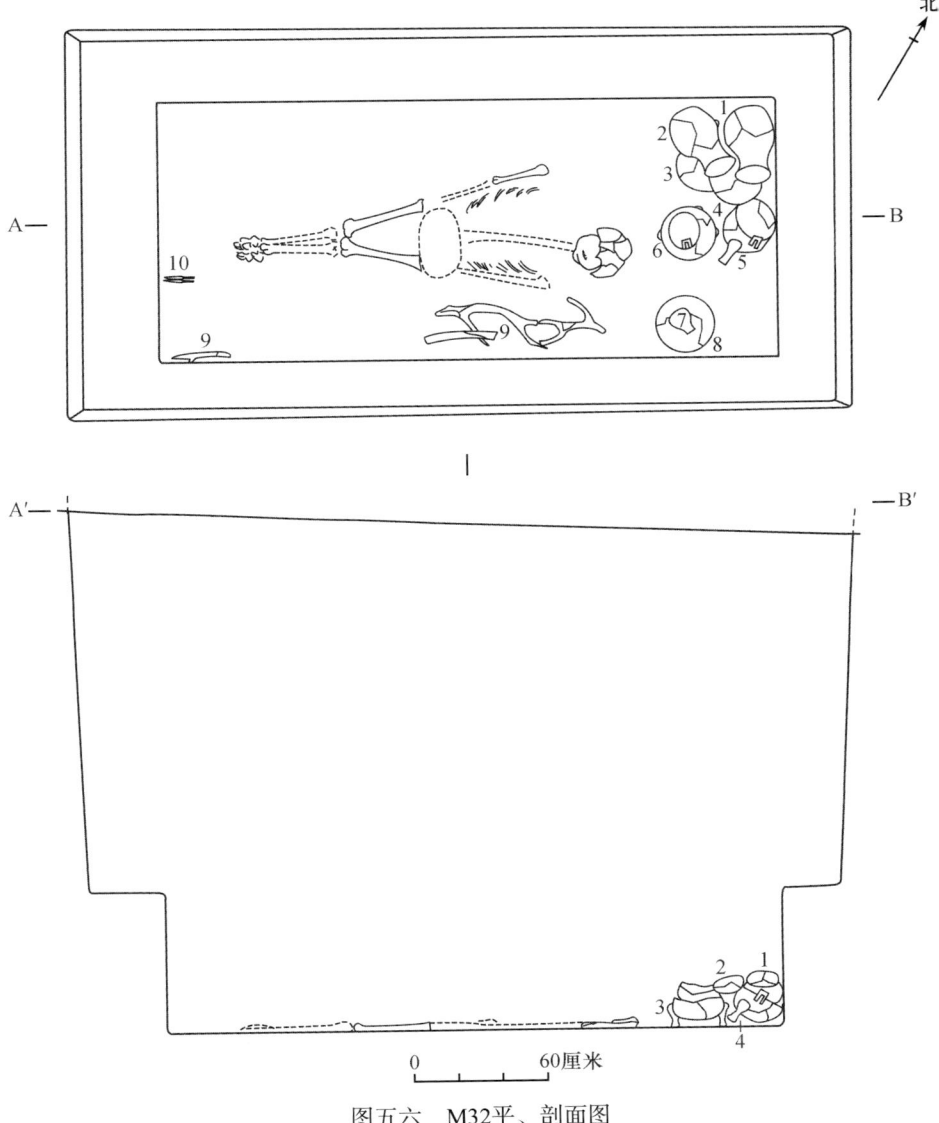

图五六　M32平、剖面图
1、2.陶壶　3、4.陶盖豆　5、6.陶鼎　7.陶匜　8.陶盘　9.鹿角　10.铜镞

2. 葬具与葬式

（1）葬具

葬具腐朽严重，结构不明。依其残存的灰黑色木质痕迹判断，为一椁。

木椁的四壁紧贴墓室周壁，平面呈长方形，东西长2.72米，宽1.2米，椁板厚度与高度不详。

在木椁内未发现木棺痕迹。

（2）葬式

在椁底中部葬有墓主一人，骨骼腐朽严重，保存较差。除头骨、右肱骨、股骨外，其他部分已成骨渣或粉末状。从现存情况看，葬式为仰身直肢葬，头东足西。性别、年龄不详。

3. 随葬器物

随葬器物放置于墓底椁室的东部和南部，即墓主人的头部和左侧。东部自北向南依次有壶、盖豆、鼎、匜、盘等；南部自东向西有鹿角和铜镞。

随葬器物共13件。依质地可分为陶、铜、骨器三类。其中陶器8件，皆已破碎，计有鼎2件、盖豆2件、壶2件、盘1件、匜1件；铜镞2件；鹿角3件。

（1）陶器

8件。

鼎　2件。形制基本相同，陶质、大小、纹样有别。器皆子口内敛，方圆唇，口沿外侧下附有两个对称的长方形耳，弧腹较深，圜底，下附三个较高的兽蹄形足。M32:5，泥质黄褐陶。鼎盖破碎较甚，未能修复。腹下部饰两周凹弦纹。通高22.4、口径18.4、足高11.8厘米（图五七，1；图版二〇，5）。M32:6，夹砂灰陶。上有拱形盖，盖顶微隆近平。通高22.2、口径18.4、足高12厘米（图五七，2；图版二〇，4）。

盖豆　2件。陶质、形制相同，大小略有差别。皆为泥质黑皮灰陶。器子口内敛，方唇，深弧腹，细长实心柄，喇叭形圈足座，底座直折，微起台。M32:3，盖破碎较甚，未能复原。高20、口径15.2、底径11.2厘米（图五七，3；图版二〇，3）。M32:4，有盖，盖呈覆盘形，方唇，盖面微隆，盖上中部有一圆形握手，内空。通高22、口径15、底径12厘米（图五七，4；图版二〇，6）。

壶　2件。形制、纹样基本相同，陶质、大小各异。皆有覆盘形盖，直口，折沿方唇，唇部内敛，顶部微鼓。器子口内敛，方唇，长粗颈微束，溜肩，肩部均匀分布有三个桥形盲耳，弧腹略鼓，平底略内凹。肩部饰一周凹弦纹。M32:1，夹砂灰陶。平底略内凹。通高34.8、口径9、腹径21.6、底径10厘米（图五七，5；图版二〇，7）。M32:2，泥质灰陶，红褐胎。圜底微凹。通高34.8、口径11.2、腹径20.4、底径8厘米（图五七，6；图版二〇，8）。

盘　1件。M32:8，残碎较甚，未能修复。

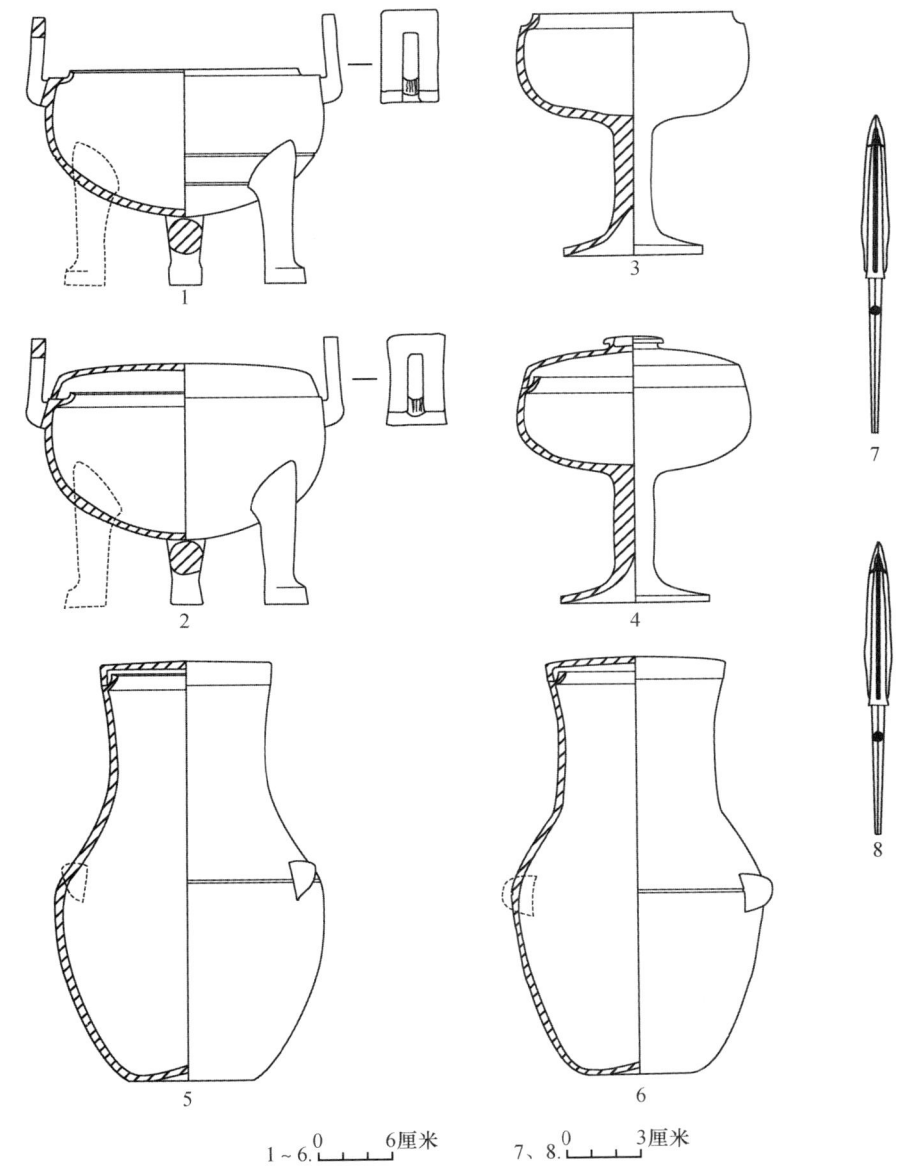

图五七　M32出土器物
1、2. 陶鼎（M32：5、M32：6）　3、4. 陶盖豆（M32：3、M32：4）　5、6. 陶壶（M32：1、M32：2）
7、8. 铜镞（M32：10-1、M32：10-2）

匜　1件。M32：7，残碎较甚，未能修复。

（2）铜器

2件。仅镞一种。形制相同，大小有别。镞身皆呈三棱形，三刃聚为前锋，圆柱形铤至末端渐细（图版五八，3）。M32：10-1，铤稍长。体长13.1、宽1.1、铤长6.4厘米（图五七，7）。M32：10-2，铤稍短。体长12.1、宽1.1、铤长5.4厘米（图五七，8）。

（3）骨器

3件。为鹿角。M32：9-1~3，腐朽严重，已成粉末状，未采集。

二五、M35

M35位于墓地的中部偏东，东与M39相距9米，东南与M37相距3.6米。

1. 墓葬形制

该墓为长方形竖穴土坑墓，方向56°。墓口开于耕土层下，距现地表0.18米。墓口西高东低，东端略宽于西端，平面近长方形；口部大于墓底，墓壁向下斜直，坡度较大，墓底部平坦。

墓口东西长4.4米，南北宽3.08~3.13米。墓底至墓口深5.1~5.4米。在墓底的四周留有生土二层台，台面平整。东侧台宽0.28米，南侧台宽0.36~0.44米，西侧台宽0.27米，北侧台宽0.22~0.24米，台高0.8米。

二层台的台面以下为墓室，平面呈长方形，直壁。墓室东西长2.96米，南北宽1.6米，高0.8米。

在椁室底部靠近东、西两端各有一道南北向的浅沟槽，用以放置枕木，每道沟槽的两端均伸入墓室南、北两侧的壁内。东端沟槽长1.83米，宽0.22米，深0.16米，距墓室东壁0.36米；西端沟槽长1.92米，宽0.2米，深0.16米，距墓室西壁0.3米（图五八；彩版四，1）。

墓内填土为浅红褐色五花土，土质较疏松，土内有少量的小料姜石块和青石块。

2. 葬具与葬式

（1）葬具

葬具皆腐朽严重，结构不明。依残存的黑灰色和灰白色木质痕迹判断，为一椁一棺。

木椁的四壁紧贴墓室周壁，平面呈长方形，东西长2.96米，南北宽1.6米，高0.78米，椁壁板厚0.06米。椁的四壁用木板封堵，椁室底用木板平铺。在椁底板下铺有两根枕木。

木棺置于椁室中部，平面呈梯形，长1.8米，宽0.5~0.6米，残高0.18米，棺板厚0.06米。

（2）葬式

棺内葬有墓主一人，骨骼腐朽严重，大部分已成黄色粉末。墓主为仰身直肢葬，头东足西，面向南。性别与年龄不详。

3. 随葬器物

随葬器物放置于墓底棺椁之间的东部和南中部，即墓主人的头部与左侧。东部自北向南依次有陶壶、盖豆、鼎和鹿角等；南中部有铜盆、匜和骨管等。

随葬器物共10件。依质地分为陶、铜、石器和骨器四类。其中陶器6件，计有鼎2件、盖豆2件、壶2件（彩版八，4）；铜器2件，计有盆1件、匜1件；石器为绿松石管1件；骨器仅鹿

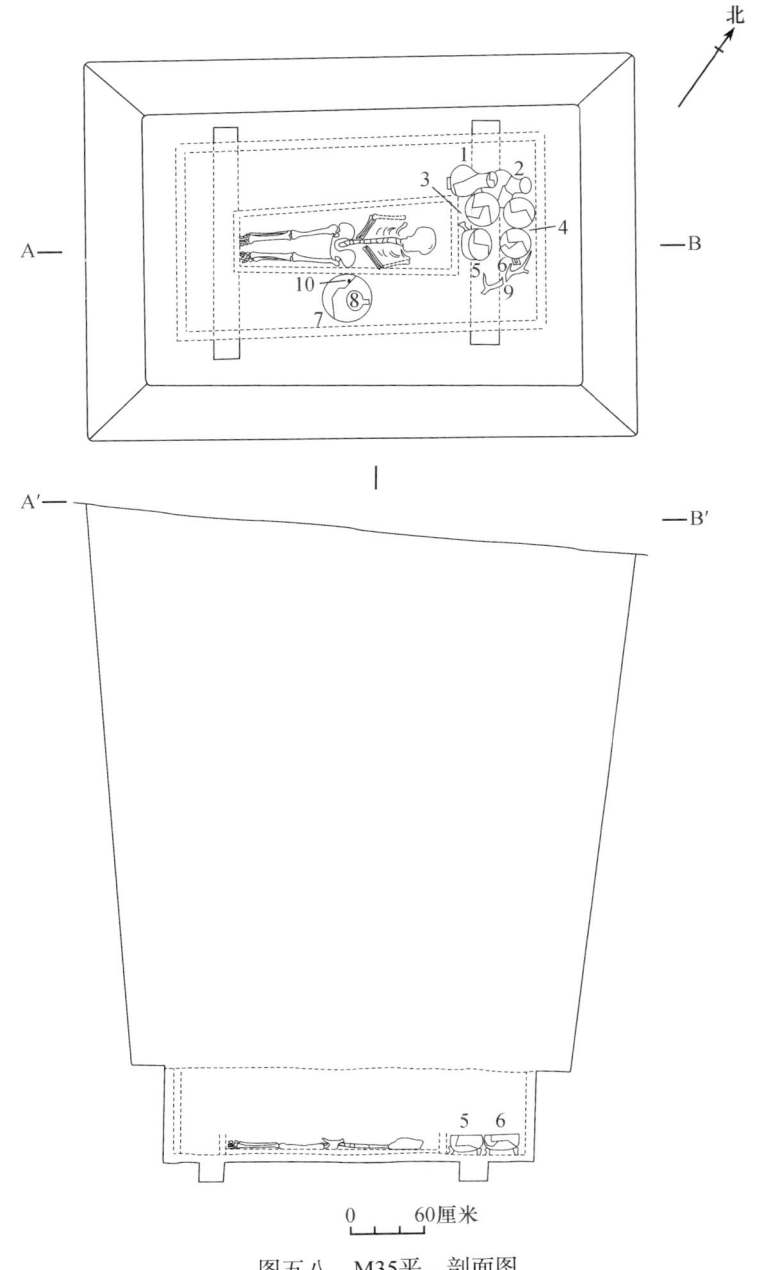

图五八　M35平、剖面图
1、2.陶壶　3、4.陶盖豆　5、6.陶鼎　7.铜盆　8.铜匜　9.鹿角　10.绿松石管

角1件。

（1）陶器

6件。

鼎　2件。形制基本相同，陶质、大小各异。上均有弧形盖，盖顶微隆，盖近边缘处均匀地分布三个立纽。器子口内敛，斜方唇或方唇，口沿外侧下附有两个对称的长方形耳，圆鼓腹，圜底，下附三个粗高的蹄形足。M35：5，夹砂黑皮陶，红褐胎。盖面立纽呈半圆形。器口为斜方唇，腹上部较直，下部弧形内收。盖面上饰两组凹弦纹，每两周为一组。腹下部

饰一组两周刻划的弦纹。通高24、口径17.4、足高12.7厘米（图五九，5；图版二一，1）。
M35：6，泥质红褐陶。盖面立纽呈扁圆形。器口为方唇，腹较深。盖面上饰两组凹弦纹，每两周为一组。腹中部饰一周凹弦纹，腹下部饰二周凹弦纹。通高25.6、口径18.8、足高12.3厘米（图五九，1；图版二一，2）。

盖豆　2件。陶质、形制及纹样基本相同，大小略有差异。皆泥质黑皮陶，红褐胎，盖上施有朱砂红彩，多已脱落。盖、盘整体呈盒形。盖为方唇，微折沿，沿内一周突起，盖顶微

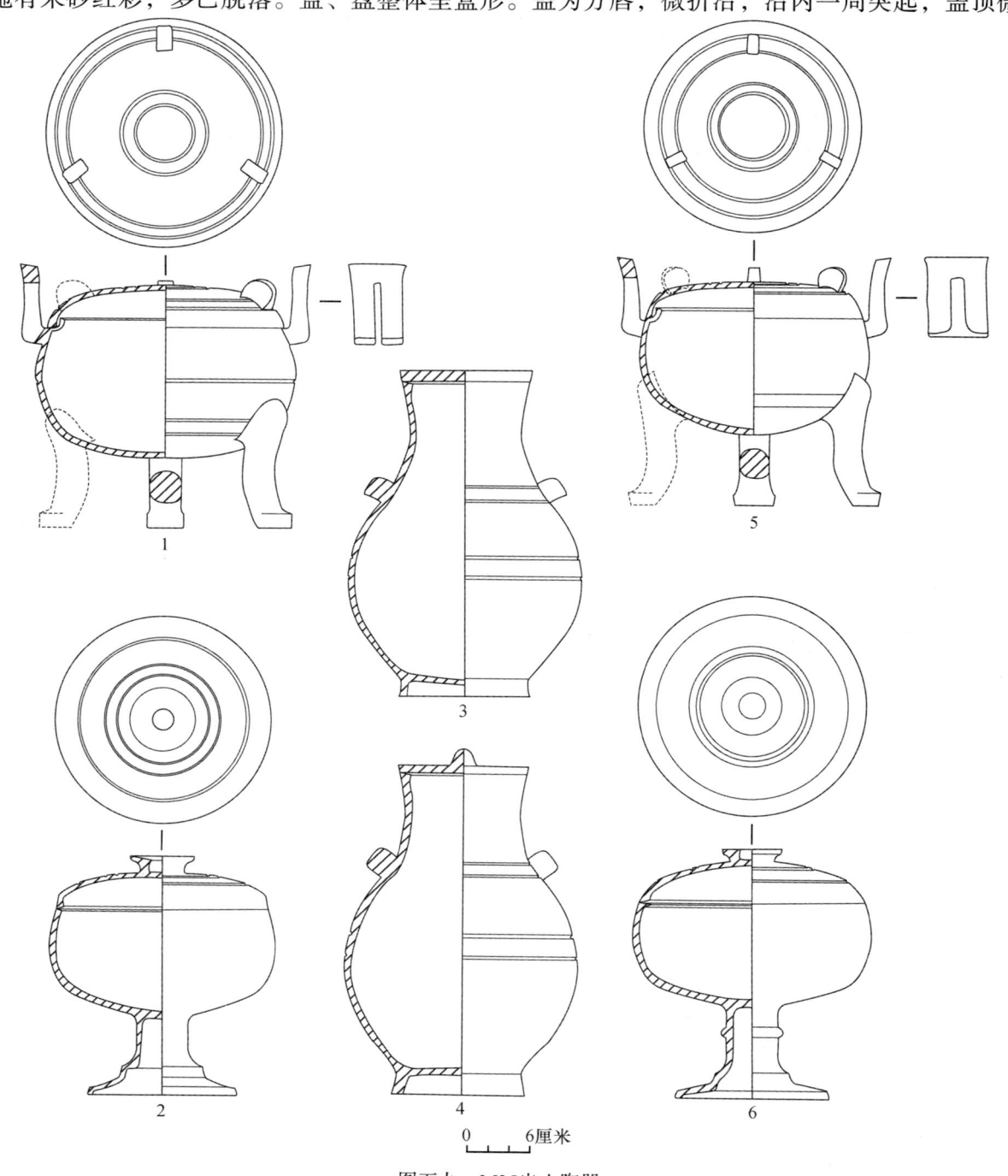

图五九　M35出土陶器
1、5.鼎（M35：6、M35：5）　2、6.盖豆（M35：3、M35：4）　3、4.壶（M35：1、M35：2）

隆，顶部中心有一圆形握手，内空。器为敛口，方唇，深弧腹略鼓，圜底近平，空柄较短，喇叭形圈足座。底座面微凹，上部外折，折痕明显。座底斜折起台。盖面上饰三周凹弦纹。M35∶3，通高23.4、口径18.8、底径13厘米（图五九，2；彩版一〇，4；图版二一，5）。M35∶4，器口唇部内折呈一周尖突，柄中部有一周凸棱。通高24.4、口径18.8、底径13.2厘米（图五九，6；图版二一，6）。

壶　2件。陶质、形制及纹样相同，大小稍异。皆泥质灰陶。上有盖，作圆饼状，中部有一扁圆形纽。器直口微侈，方唇，短粗颈，溜肩，肩部有一个对称的扁方形盲耳，鼓腹，底近平，矮圈足略外撇。肩部与腹部各饰一组两周凹弦纹。M35∶1，纽残。通高31.6、口径10、腹径22、圈足高1.5、圈足径12.4厘米（图五九，3；图版二一，3）。M35∶2，通高33.6、口径9.8、腹径22、圈足高1.8、圈足径12.5厘米（图五九，4；图版二一，4）。

（2）铜器

2件。

盆　1件。M35∶7，平折沿，薄方唇。因胎质较薄，残甚，无法修复（图六〇，1）。

匜　1件。M35∶8，椭圆形口，方唇微内敛，一侧有宽槽状直流，流上翘，断面近半圆形，弧腹，腹外一侧附一圆环形纽，平底。高7.5、口径16.4、底径6.8、流长5.6、流宽4.2厘米（图六〇，2；彩版一五，6；图版五八，4）。

（3）石器

1件。为绿松石管。M35∶10，绿松石质，浅青绿色，不透明。整体呈圆柱形，两端平齐，中间有一贯穿孔，断面为圆形。直径0.8、长1.1厘米（图六〇，3；图版六四，4）。

（4）骨器

1件。为鹿角。M35∶9，腐朽严重，无法复原。

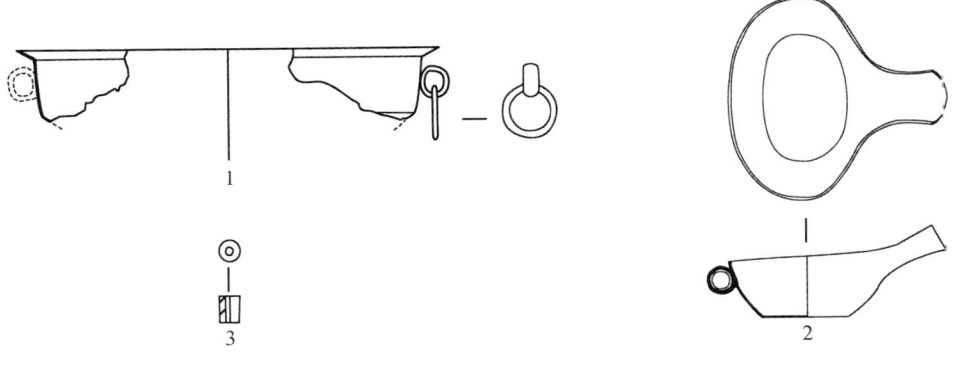

图六〇　M35出土器物
1.铜盆（M35∶7）　2.铜匜（M35∶8）　3.绿松石管（M35∶10）

二六、M36

M36位于墓地的南部略偏北，北与M40相距7.5米，南与M42相距3.6米。

1. 墓葬形制

该墓为长方形竖穴土坑墓，方向98°。墓口开于耕土层下，距现地表0.18米。墓口平面近长方形，口部大于墓底；墓圹东、西两壁陡直，坡度较小，南、北两壁斜直，坡度相对较大，墓底平坦，东部略高于西部。

墓口东西长3.84米，南北宽2.2~2.3米。墓底至墓口深2.9~2.96米。在墓底的四周留有生土二层台，东侧台宽0.32米，南侧台宽0.34~0.38米，西侧台宽0.25米，北侧台宽0.26~0.28米，台高0.24米。

二层台的台面以下为墓室，平面呈长方形，直壁。墓室东西长3.02米，南北宽1.22米，高仅0.24米（图六一；图版三，3）。

墓内填土为浅红褐色五花土，上部土质较干硬，下部黏湿，较纯净，内含有少量的小料姜石块。

2. 葬具与葬式

（1）葬具

墓内葬具腐朽严重，保存差，结构不明。从残存的木质痕迹判断为一椁一棺。

木椁的四壁紧贴墓室周壁，平面呈长方形，东西长3.0米，南北宽1.22米，残高0.24米。

木棺置于椁室的北部，平面呈长方形，东西长2.2米，南北宽0.62米，棺板厚度和高度不详。

（2）葬式

棺内葬有墓主一人，骨骼腐朽严重，保存极差。葬式、性别及年龄不详。

3. 随葬器物

随葬器物多放置于墓底棺椁之间的东部和南部，即墓主人的头部与左侧。东部自北向南依次有陶鼎、盉、盘、匜、豆、壶等，南部自东向西有陶敦、浴缶、鼎，棺内有石璧一件。

随葬器物共13件。依质地分为陶器和石器两类。其中陶器12件，计有鼎2件、豆2件、壶2件、敦2件、盉1件、浴缶1件、盘1件、匜1件；石器仅璧1件。

（1）陶器

12件。

鼎　2件。陶质、形制、大小及纹样不同。M36∶11，泥质黑皮陶，红褐胎。上承覆盘形

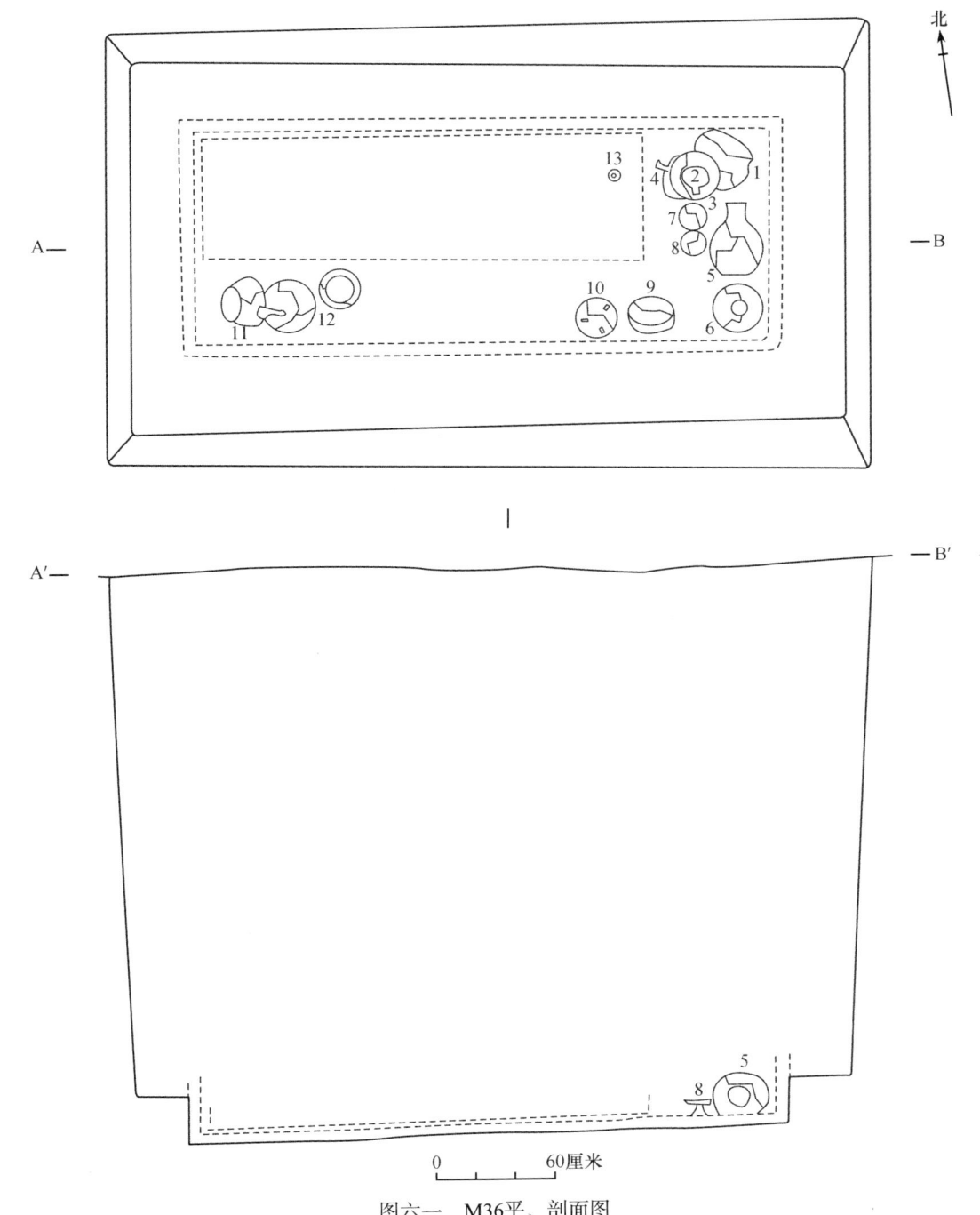

图六一　M36平、剖面图

1、11.陶鼎　2.陶匜　3.陶盘　4.陶盉　5、6.陶壶　7、8.陶豆　9、10.陶敦　12.陶浴缶　13.石璧

盖，盖顶隆起，近边缘处有三个梯形竖纽。器子口内敛，圆唇，口沿外侧下附有二个对称长方形耳，弧腹略鼓，上腹较直，下腹弧收，圜底，三个兽蹄形足较高。鼎腿上有刮削痕迹。盖面饰两周凸弦纹，器腹部饰一周凸弦纹。通高28.6、口径22.4、足高17.4厘米（图六二，1；图版二一，7）。M36：1，泥质灰陶。上有盖，破碎较甚，未能修复。小直口，方唇，圆肩，肩部原有二个对称附耳，耳残失，圆球形腹较深，下腹内收呈圜底，下附三个兽蹄形足，足上有

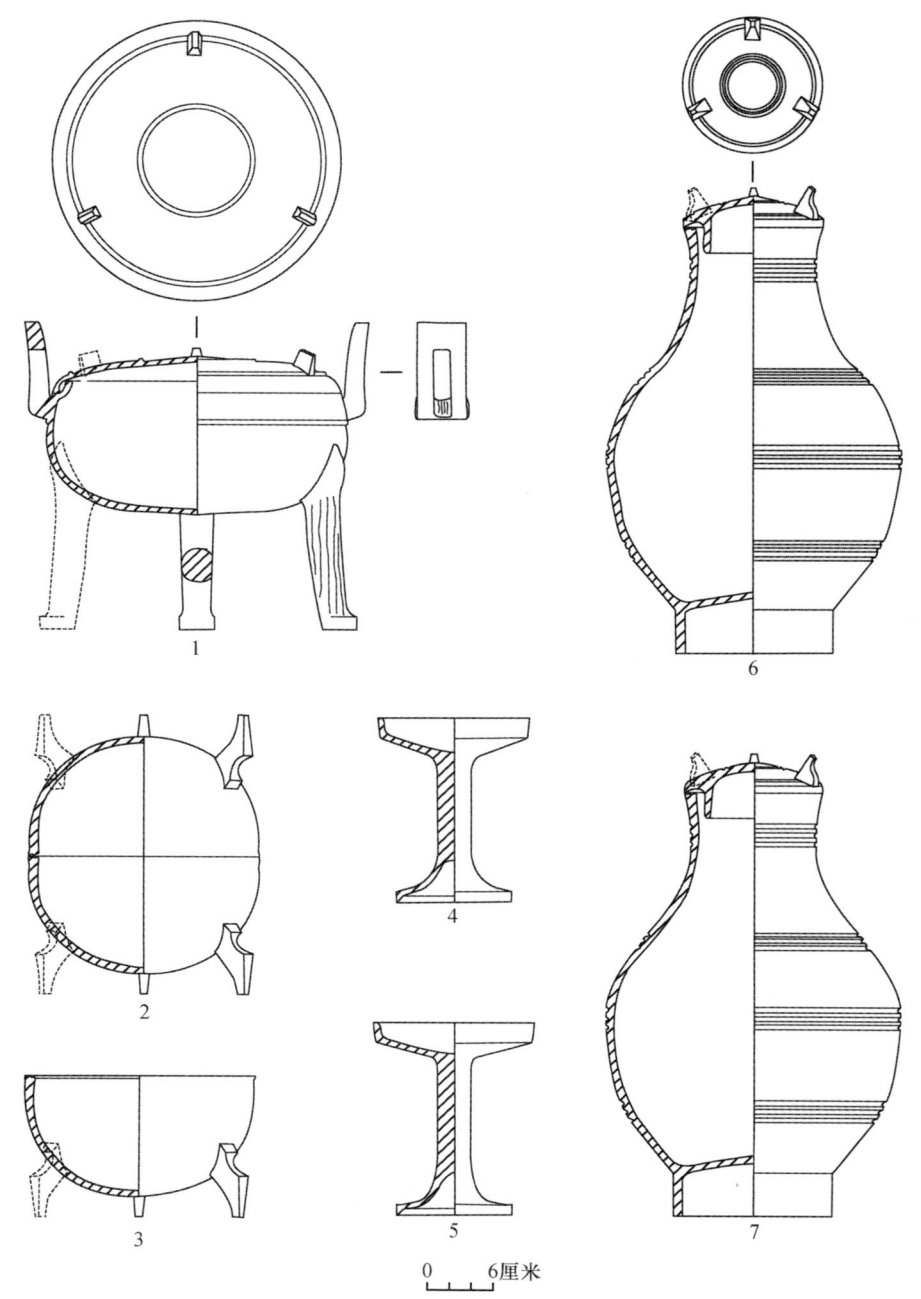

图六二　M36出土陶器

1. 鼎（M36∶11）　2、3. 敦（M36∶9、M36∶10）　4、5. 豆（M36∶7、M36∶8）　6、7. 壶（M36∶5、M36∶6）

刮削痕迹。肩部、腹部各饰一组凸弦纹，每组各为三周。高25.8、口径13、足高13.2厘米（图六三，1；图版二二，1）。

豆　2件。陶质、形制相同，大小相差无几。皆泥质灰陶。口微敞，圆唇，盘较浅，腹壁近直，下部斜折，外侧折棱明显，柱状实心细高柄，喇叭形圈足座，座沿直折起台。M36∶7，通高17、口径12.8、底径10.4厘米（图六二，4；彩版一一，2；图版二二，2）。M36∶8，通高17.8、口径13.6、底径10.4厘米（图六二，5；图版二二，3）。

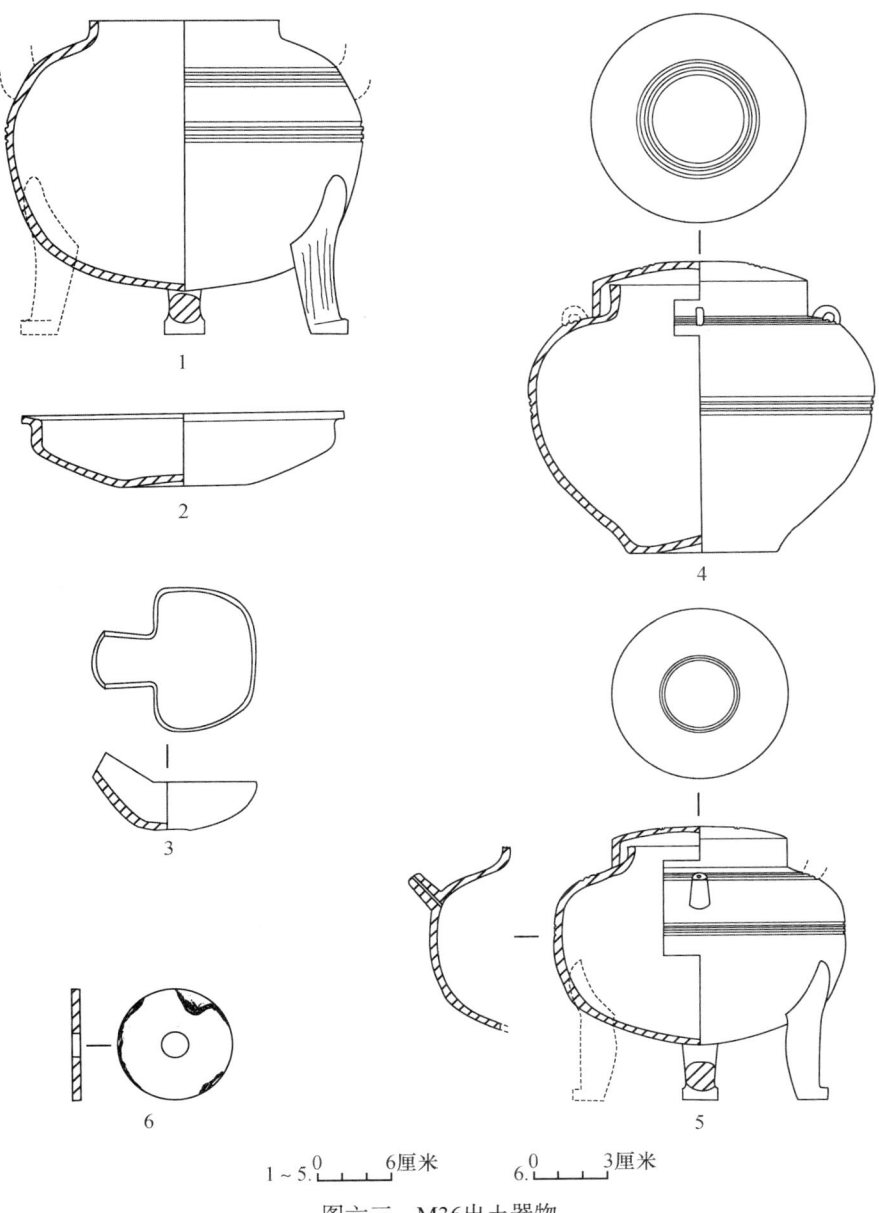

图六三　M36出土器物
1. 陶鼎（M36∶1）　2. 陶盘（M36∶3）　3. 陶匜（M36∶2）　4. 陶浴缶（M36∶12）
5. 陶盉（M36∶4）　6. 石璧（M36∶13）

壶　2件。陶质、形制、纹样基本相同，大小略异。皆泥质黑皮陶，红褐胎。上有盖，深子母口，圆唇，盖面向上隆起，近边缘处有三个分布均匀的简易兽蹄形纽。器为侈口，方唇，唇上有两道浅凹槽，束颈，溜肩，鼓腹，平底内凹，矮圈足较直。盖面中部饰两周凹弦纹，边缘饰一周凹弦纹；器颈部、肩部、腹中部与腹下部各饰一组三周凹弦纹。M36∶5，通高43.2、口径12.6、腹径26.6、圈足高4、圈足径14.2厘米（图六二，6；图版二二，5）。M36∶6，通高44、口径12.5、腹径26.6、圈足高4、圈足径14.3厘米（图六二，7；图版二二，4）。

敦　2件。皆为泥质黑皮陶，红褐胎。M36∶9，由盖和身上下扣合而成，整体呈扁圆形。

盖与身形制相同，均呈半球状，口微敛，方唇，弧腹稍鼓，圜底，盖上和器身下各附三个似简化的"S"形兽形纽（足）。唇面上各有两道凹弦纹。通高26、口径18.8厘米（图六二，2；图版二二，6）。M36：10，盖残甚，未能修复。器身形制、大小、纹样均与M36：9相同。高13、口径18.8厘米（图六二，3；图版二二，7）。

盉　1件。M36：4，出土时提梁已缺失。泥质黑皮陶，红褐胎。上有盖，直口，直壁，弧形顶。器为小直口，方唇，鼓肩，肩部有一圆柱形流，上翘，中空，球形腹，圜底，下附三个蹄形足，足略外撇，上有刮削痕。盖顶上饰一组两周凹弦纹，器肩与腹部各饰一组三周凹弦纹。通高22.8、口径10.4、最大腹径23.2厘米；盖口径13、高3.4厘米（图六三，5；图版二三，4）。

浴缶　1件。M36：12，泥质黑皮陶，红褐胎。上有盖，直口，直壁，盖顶隆起。器身小直口，折沿，方唇，圆肩，肩部分布有四个对称的半环形耳，鼓腹，下腹内收，平底内凹。盖顶中部、器身肩部和腹部各饰一组三周凹弦纹。通高24.2、口径12.8、腹径27.6、底径12厘米（图六三，4；图版二三，3）。

盘　1件。M36：3，泥质黑皮陶，红褐胎。直口，方唇，宽平沿斜外折，折棱明显，折腹较深，腹上部近直，下部斜直略弧，平底微凹。高6、口径22.8、底径10厘米（图六三，2；图版二三，1）。

匜　1件。M36：2，泥质灰陶。近椭圆形口，方唇，一侧有槽状宽直流，流上翘，断面近半圆形，弧腹，平底微凹。高6.6、口径8.2~12、底径4、流长4.7、流宽4.2~4.8厘米（图六三，3；图版二三，2）。

（2）石器

1件。为璧。M36：13，因锈蚀边沿稍残。大理石质，白色，受沁表面呈土黄色，不透明。圆形，断面呈长方形，单面钻孔。直径4.6、好径1、厚0.3厘米（图六三，6；图版六七，1）。

二七、M37

M37位于墓地的中东部，东与M39相距5.5米，南与M38相距4米，西北与M35相距3.6米。

1. 墓葬形制

该墓为长方形竖穴土坑墓，方向58°。墓口开于耕土层下，距现地表0.18米。墓口西高东低，东宽西窄，平面近长方形，口部稍大于墓底，墓圹东、西、南三壁向下斜直，坡度较小，北壁向下斜直外张，墓底平坦。

墓口东西长2.45米，南北宽0.92~1.02米；墓底东西长2.34米，南北宽0.88~0.9米。墓底至墓口深0.86~0.98米（图六四）。

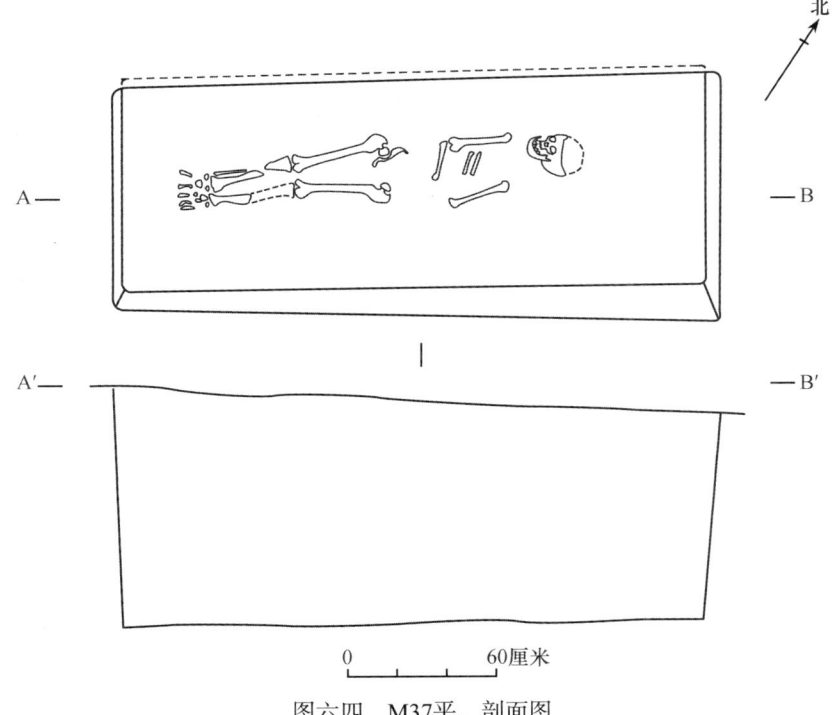

图六四　M37平、剖面图

墓内填土为浅红褐色五花土，土质较疏松，土内有少量的小料姜石块。

2. 葬具与葬式

（1）葬具

墓内葬具不详。

（2）葬式

墓底葬有墓主一人，骨骼已腐朽，骨架保存较差。墓主为单人仰身直肢葬，头东足西，面向北。经初步鉴定为一中老年女性。

3. 随葬器物

无。

二八、M38

M38位于墓地的中东部，北与M37相距4米，东北与M39相距6米，东南与M50相距12米，西与M24相距16.4米。

1. 墓葬形制

该墓为长方形竖穴土坑墓，方向57°。墓口开于耕土层下，距现地表0.16米。墓口西高东低，平面呈长方形，口部略大于墓底，墓圹东、西两壁几乎垂直下切，南、北两壁斜直，坡度相对较大，墓底平坦。

墓口东西长3.05米，南北宽2.05米。墓底至墓口深2.3~2.4米。墓底的四周留有生土二层台，东侧台宽0.34米，南侧台宽0.38米，西侧台宽0.22米，北侧台宽0.44~0.48米，台高0.5米。

二层台的台面以下为墓室，平面近长方形，直壁。墓室东西长2.4米，南北宽0.96~1.06米，高0.5米（图六五；图版三，4）。

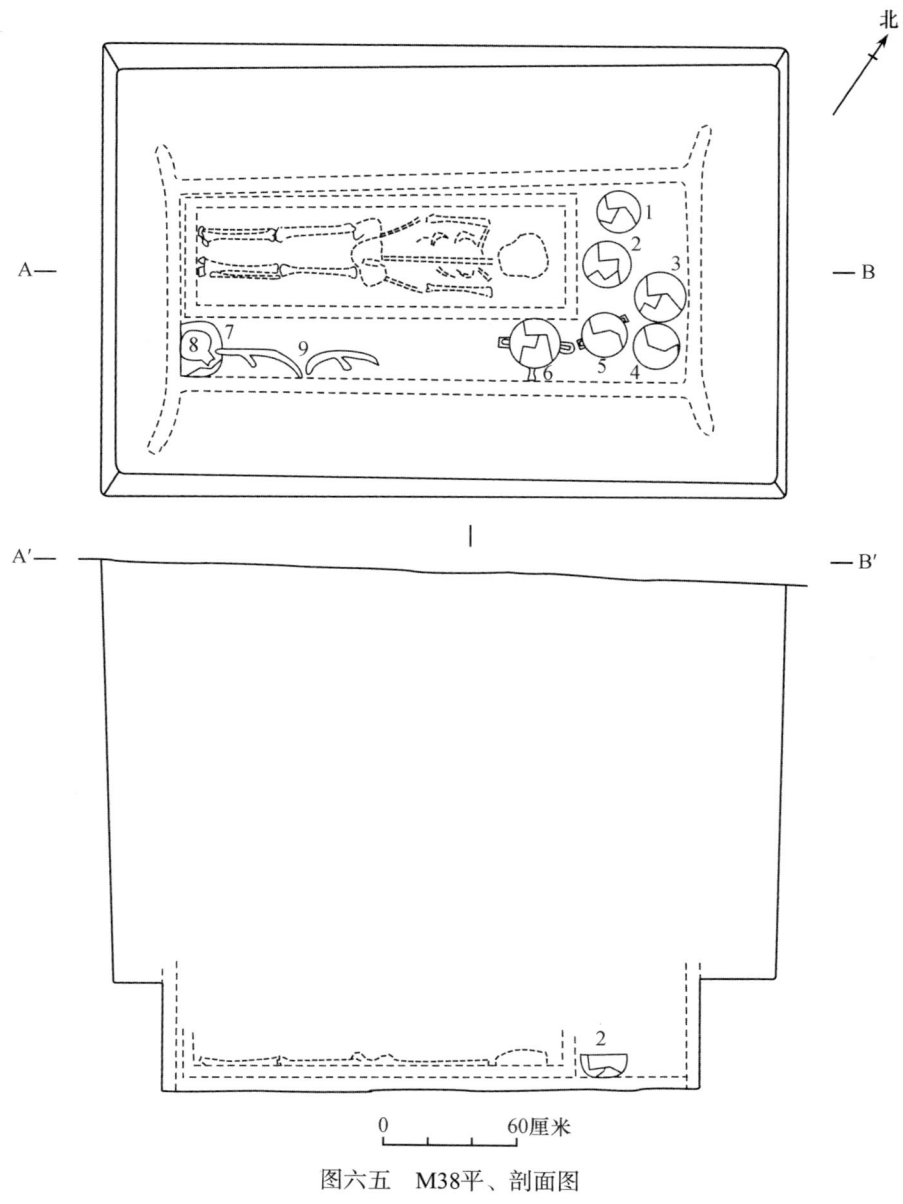

图六五　M38平、剖面图
1、2.陶壶　3、4.陶敦　5、6.陶鼎　7.陶盘　8.陶匜　9.鹿角

填土为浅红褐色五花土，土质较疏松，土内有少量的料姜石块和青石块。

2. 葬具与葬式

（1）葬具

葬具均腐朽严重，结构不明，仅存灰白色或黑灰色木质痕迹。依其痕迹判断为一椁一棺。

木椁的四壁紧贴墓室周壁，平面呈"Ⅱ"形，东西长2.4米，南北宽0.96~1.06米，残高0.48米，椁板厚0.06米。椁的东、西两端挡板较长，分别伸出南、北两侧壁板之外，并进入二层台内，四角外翘，东、西两端挡板长均为1.4米。

木棺置于椁室内的西北部，平面呈长方形，东西长1.75米，南北宽0.55~0.58米，残高0.16米，棺板厚0.05米。

（2）葬式

棺内葬有墓主一人，骨骼腐朽严重，已成浅黄色粉末状。从骨骼痕迹可看出，为仰身直肢葬，头东足西，性别、年龄不详。

3. 随葬器物

随葬器物放置于墓底棺椁之间的东部和西南部，即墓主人的头部与左侧。东部自北向南依次有陶壶、敦、鼎等；西南部有鹿角和陶盘、匜。

随葬器物共10件。除M38:9-1及M38:9-2这两件鹿角，因腐朽严重未采集外，其余均为陶器。陶器8件，烧制火候较低，破碎较甚，计有鼎2件、壶2件、敦2件、盘1件、匜1件（图版八，3）。

鼎　2件。皆泥质红褐陶。M38:6，上有弧形盖，盖顶隆起，中部有一桥形纽，近边缘处分布有三个鸟首形纽，盖面上饰两周凸弦纹。器子口内敛，方唇，口沿外侧下附有二个对称的长方形耳，鼓腹较深，圜底近平，下附三个蹄形足，足稍高且外撇。上腹部饰一周凸弦纹。通高26.6、口径21.6、足高13.4厘米（图六六，1；图版二三，6）。M38:5，无盖。器子口内敛，方唇，口沿外侧下附有二个对称的长方形耳，鼓腹较浅，圜底近平，下附三个蹄形足，足稍高且外撇。腹上部饰一周凸弦纹，下部饰三周凹弦纹。通高26.8、口径20.8、足高14.2厘米（图六六，2；图版二三，5）。

壶　2件。陶质、形制、大小及纹样相同。皆泥质红陶。上承一弧形盖，子母口较深，顶部隆起，近边缘处均匀地分布有三个楔形纽。器为侈口，方唇，短粗束颈，溜肩，肩部有对称的两个环形贯耳，圆鼓腹，圜底内凹。颈部、肩部和腹上部各饰一组两周凹弦纹。M38:1，通高33.6、口径11.2、腹径25.2、底径11.2厘米（图六六，4；图版二四，1）。M38:2，尺寸大小与M38:1相同（图六六，3；图版二四，2）。

敦　2件。陶质、形制、大小及纹样基本相同。皆为泥质灰陶。由盖和身上下扣合而成，整体呈扁椭圆形。盖与身形制相同，均呈半球状，口微敛，方唇，弧腹略鼓，圜底，盖和器身的口沿下各有一对称环状耳，盖上与器身下各附三个简化的"S"形兽形纽（足）。盖与器的

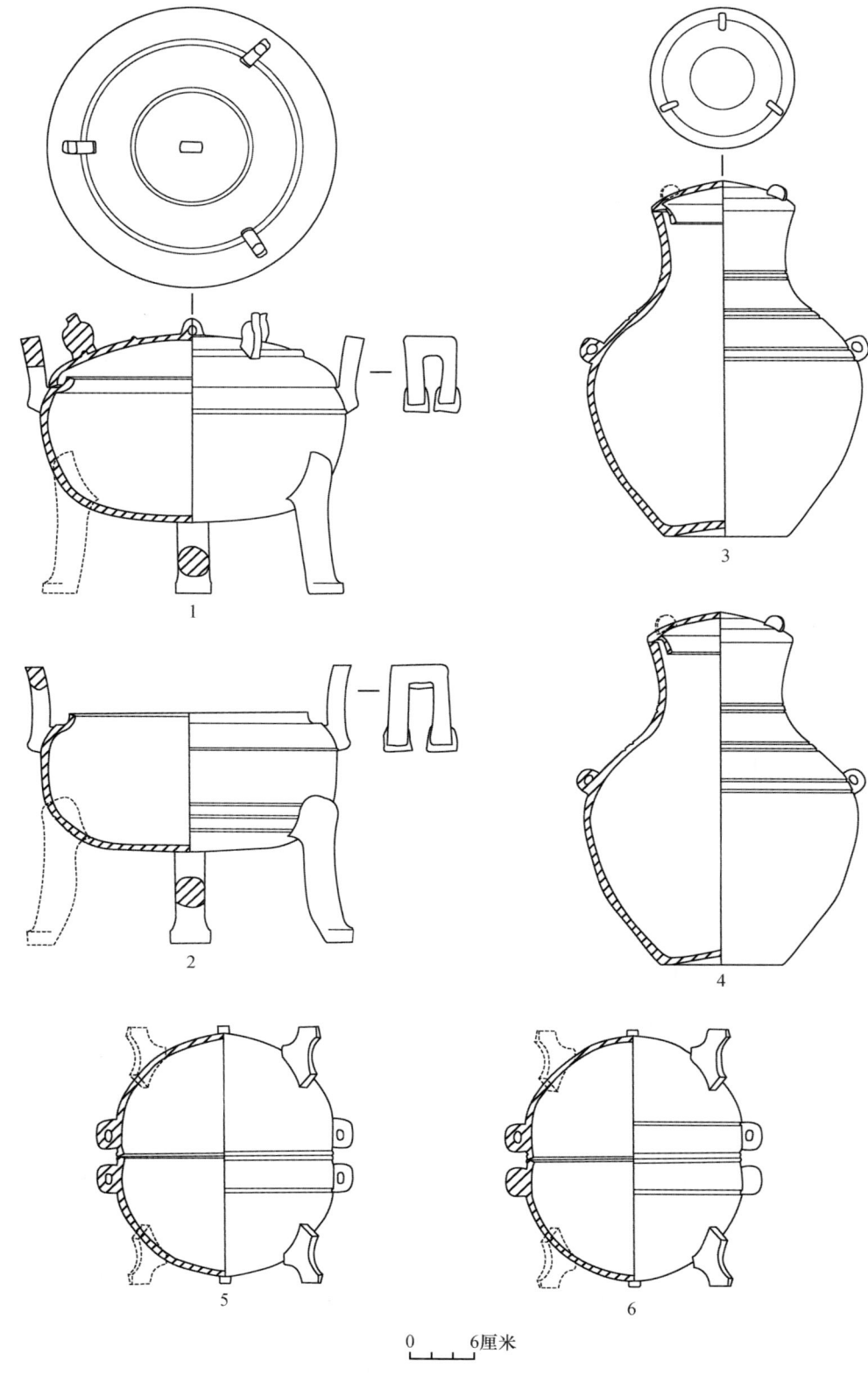

图六六 M38出土陶器

1、2.鼎（M38：6、M38：5） 3、4.壶（M38：2、M38：1） 5、6.敦（M38：3、M38：4）

腹上部均饰一周凹弦纹。M38：3，盖耳、器耳均对穿。通高24、口径18.4厘米（图六六，5；图版二四，3）。M38：4，器耳为盲耳，盖耳对穿。尺寸大小与标本M38：3相同（图六六，6；图版二四，4）。

盘　1件。M38：7，残甚，未能修复。

匜　1件。M38：8，残甚，未能修复。

二九、M39

M39位于墓地的东部，东北与M46相距10米，东与M41相距12米，西南与M38相距6米，西与M37相距5.5米。

1. 墓葬形制

该墓为长方形竖穴土坑墓，方向237°。墓口开于耕土层下，距现地表0.16米。墓口西高东低，西部比东部稍宽，平面为长方形，口部大于墓底，墓壁向下斜直，较规整，墓底平坦。

墓口东西长3.2米，南北宽1.94~2米。墓底至墓口深2.5~2.88米。在墓底的南、西、北三面留有生土二层台，南侧台宽0.2~0.36米，西侧台宽0.27米，北侧台宽0.29~0.39米，台高0.3米。

二层台的台面以下为墓室，平面呈梯形，直壁。墓室东西长2.7米，南北宽1.14~1.24米，高0.3~0.32米（图六七；彩版四，2）。

墓内填土为浅红褐色五花土，土质较疏松，土内含有少量的小料姜石块和青石块。

2. 葬具与葬式

（1）葬具

墓内葬具腐朽严重，均已腐朽成黑灰色或灰黄色木质痕迹，结构不明。依其痕迹可判断为一椁一棺。

木椁的四壁紧贴墓室周壁，平面呈梯形，东西长2.7米，南北宽1.14~1.24米，残高0.3~0.32米，椁板厚0.04~0.06米。

木棺置于椁室内的中部略偏西，平面近长方形，东西长1.91米，南北宽0.45~0.52米，残高0.2米，棺板厚0.04~0.05米。

（2）葬式

棺内葬有墓主一人，骨骼腐朽严重，已成黄色粉末状。墓主为仰身直肢葬，头西足东，性别、年龄不详。

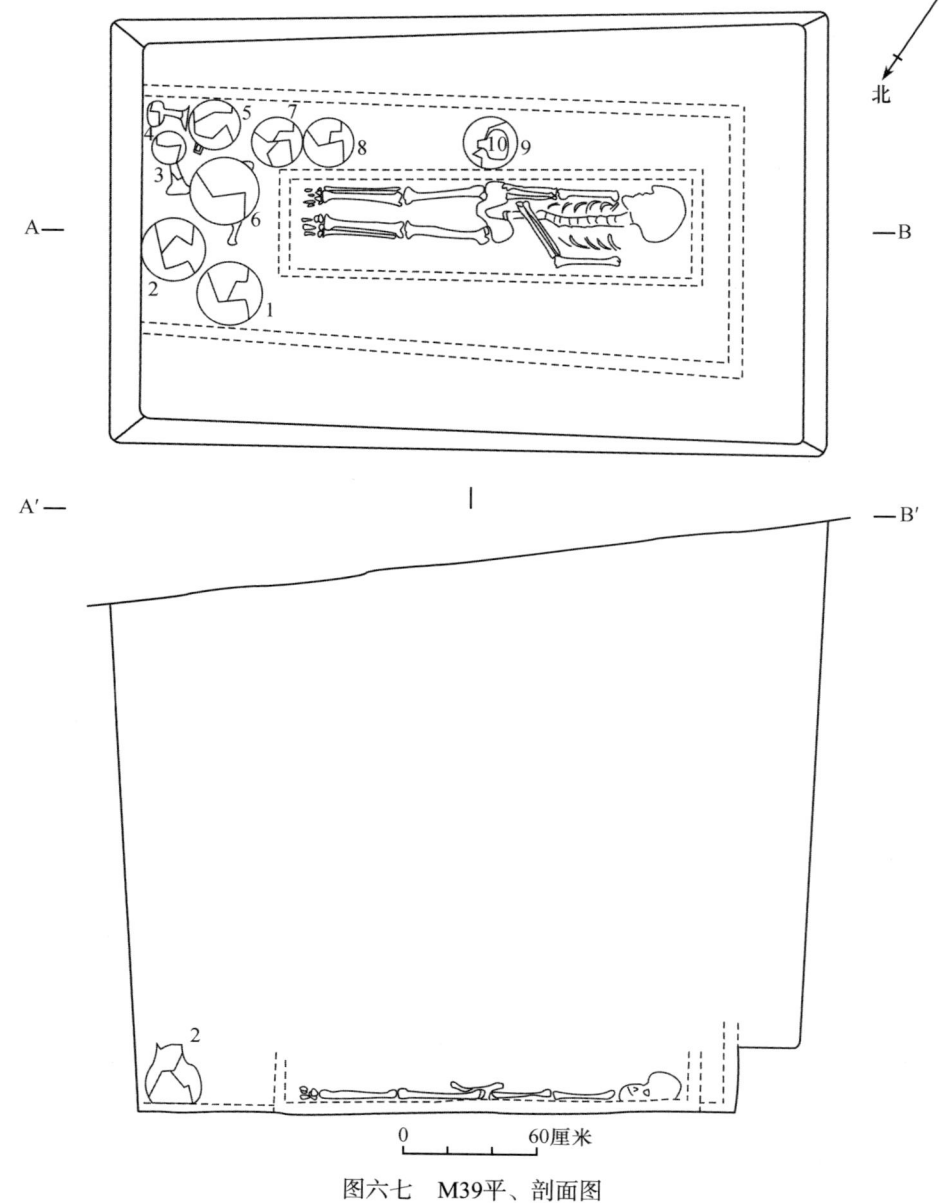

图六七　M39平、剖面图
1、2.陶壶　3、4.陶豆　5、6.陶鼎　7、8.陶敦　9.陶盘　10.陶匜

3. 随葬器物

随葬器物放置于墓底棺椁之间的东部和南部东侧，即墓主人的足部与右侧。东部自北向南依次有陶壶、鼎、豆等，南部向西有陶敦、盘、匜。

随葬器物共10件。全部为陶器，均已破碎，计有鼎2件、豆2件、壶2件、敦2件、盘1件、匜1件。

鼎　2件。M39∶5和M39∶6，泥质黑皮陶，红褐胎。破碎严重，无法修复。

豆　2件。陶质、形制、大小及纹样基本相同。皆泥质黑皮灰陶，红褐胎。敞口，圆唇，浅盘，弧腹，细柄较高，上部实心，下部空心，喇叭形圈足座，座沿斜折起台。柄中部和座上部各饰数周凹弦纹。M39：3，高20.3、口径15、底径10.5厘米（图六八，5；图版二四，5）。M39：4，高21、口径15、底径10.5厘米（图六八，6；图版二四，6）。

壶　2件。陶质、形制、纹样相同，大小略有差别。皆泥质黑皮陶，红褐胎。敞口微折，尖唇，短束颈，溜肩，鼓腹，平底微凹，矮圈足。口沿下饰两周凸弦纹，颈部饰一组三周凹弦纹，肩部与腹部各饰两组凹弦纹，每两周为一组。M39：1，高35.4、口径11.2、腹径24.8、圈足高2.4、圈足径14厘米（图六八，7；彩版一二，2；图版二四，7）。M39：2，高36、口径11.6、腹径25.2、圈足高3、圈足径14厘米（图六八，8；图版二四，8）。

敦　2件。陶质、形制、大小相同。皆为泥质黑皮陶，红褐胎。由盖和身上下扣合而成，整体呈扁椭圆形。盖与器形制相同，均呈半球状，口微敛，斜方唇，弧腹，圜底，盖上与器身下各附三个似简化的"S"形兽形纽（足）。M39：7，口径20.8、通高26.4厘米（图六八，1；

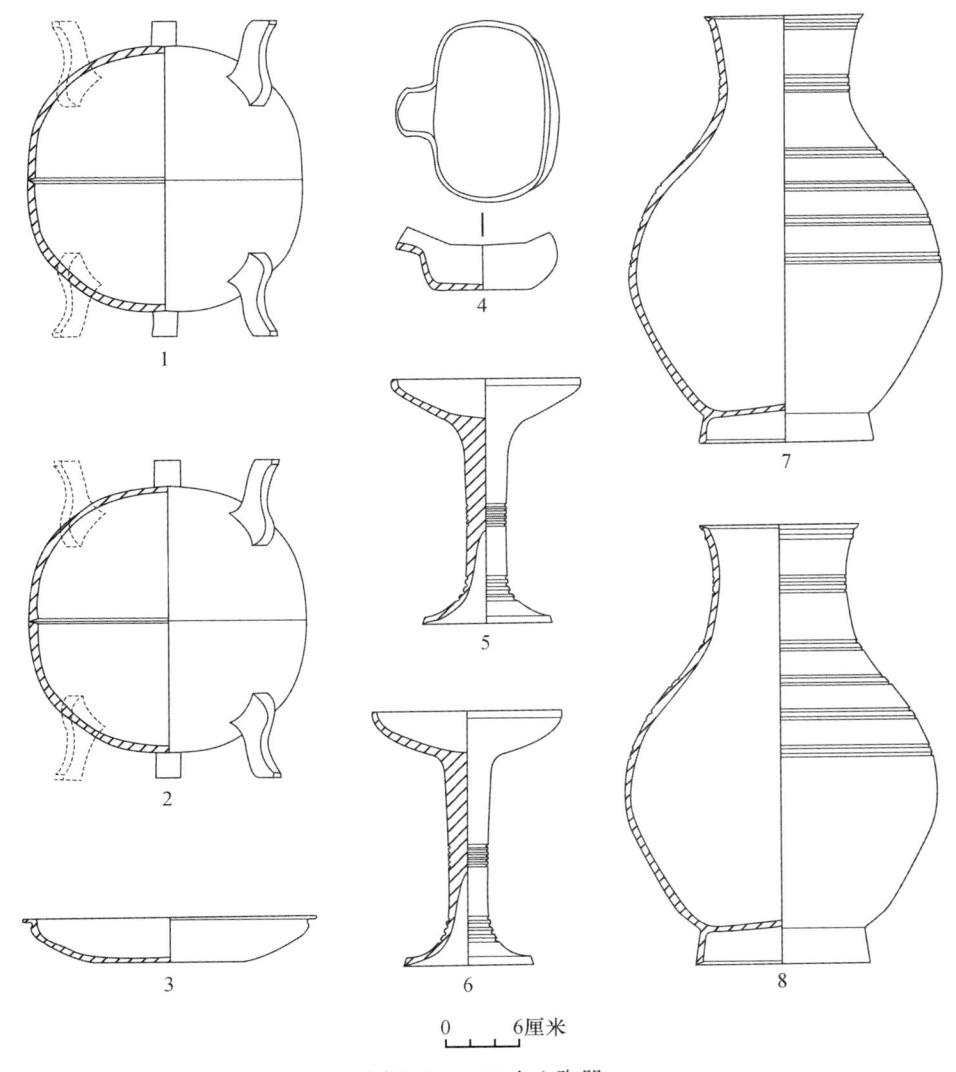

图六八　M39出土陶器
1、2.敦（M39：7、M39：8）　3.盘（M39：9）　4.匜（M39：10）　5、6.豆（M39：3、M39：4）
7、8.壶（M39：1、M39：2）

图版二四，9）。M39：8，尺寸大小与M39：7相同（图六八，2；图版二五，1）。

盘　1件。M39：9，泥质黑皮陶，红褐胎。敞口，尖圆唇，窄平折沿，浅腹稍折，上腹斜直，下腹弧收，平底。高3.7、口径23.3、底径12.1厘米（图六八，3；图版二五，2）。

匜　1件。M39：10，泥质黑皮陶，红褐胎。近椭圆形口，口内敛，方圆唇，一侧有槽状流，流上翘，呈圆角长方形，弧腹略深，大平底。高5.4、口径14.8、底径7.6厘米（图六八，4；图版二五，3）。

三〇、M41

M41位于墓地的东部，南与M44相距15.5米，西与M39相距12米。在墓的东中部有一个长方形现代盗洞，盗洞口长1米，宽0.5米，深度直达墓底，墓内随葬器物被劫掠一空。

1. 墓葬形制

该墓为长方形竖穴土坑墓，方向70°。墓口开于耕土层下，距现地表0.2米。墓口西高东低，平面近长方形，口部略大于墓底，墓壁向下斜直，光滑规整，墓底平坦。

墓口东西长2.98米，南北宽1.78～1.82米；墓底东西长2.9米，南北宽1.68～1.72米。墓底至墓口深0.66～0.8米（图六九）。

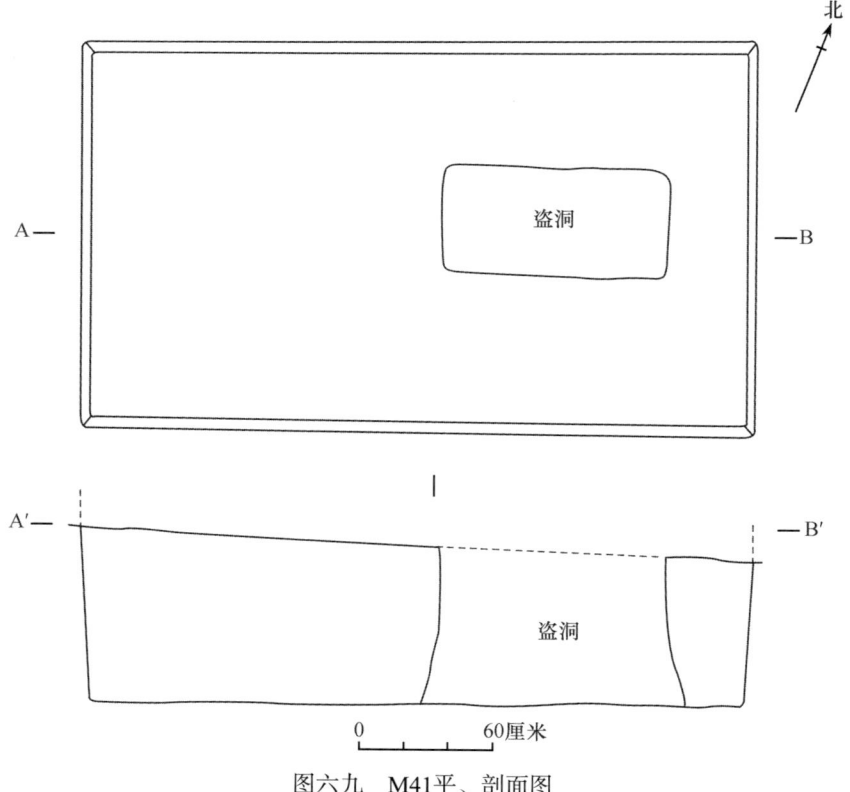

图六九　M41平、剖面图

墓内填土为浅红褐色五花土，土质松软，湿度较大，土内含有少量的料姜石块。盗洞内填土非常松软，土内夹杂有零星的陶器残片。

2. 葬具与葬式

由于该墓被盗严重，故葬具与葬式不详。

3. 随葬器物

该墓被盗严重，随葬器物被劫掠一空，仅在盗洞填土中发现有零乱的陶敦残片，整理后修复成陶敦1件。

陶敦　1件。M41：1，泥质灰陶。由盖和身上下扣合而成，整体呈扁圆球形。盖与器形制相同，均呈半球状，口微敛，斜方唇，弧腹，圜底，盖上和器身下各附三个似简化的"S"形兽形纽（足）。通高24、口径18.8厘米（图七〇；图版二五，4）。

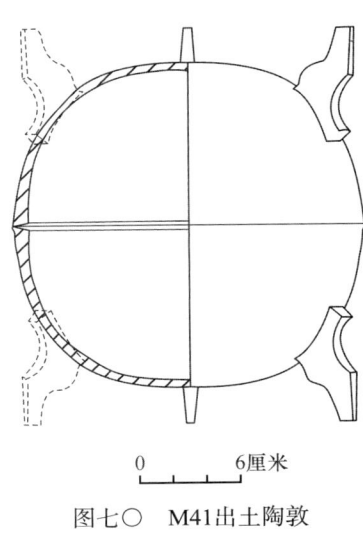

图七〇　M41出土陶敦（M41：1）

三一、M43

M43位于墓地的东北部，东与M19相距6.4米，南与M20相距8米，西与M31相距12.2米。

1. 墓葬形制

该墓为长方形竖穴土坑墓，方向62°。墓口开于耕土层下，距现地表0.18米。墓口西高东低，东宽西窄，平面近长方形，口部略小于墓底，墓壁向下外张，较规整，墓底平坦。

墓口东西长3.62米，南北宽2.26~2.4米。墓底至墓口深2.7~3米。在墓底的四周留有生土二层台，东侧台宽0.34米，南侧台宽0.42~0.48米，西侧台宽0.44米，北侧台宽0.42~0.44米，台高0.4米。

二层台的台面以下为墓室，平面呈长方形，直壁。墓室东西长2.93米，南北宽1.6~1.64米，高0.4米。

在椁室底部靠近东、西两端各有一道南北向的浅沟槽，用以放置枕木，每道沟槽的两端均伸入墓室的南、北两侧壁内。东端沟槽长2.05米，宽0.16米，深0.15米，距墓室东壁0.6米；西端沟槽长2.06米，宽0.16米，深0.15米，距墓室西壁0.54米（图七一）。

墓内填土为浅红褐色五花土，土质疏松，较纯净，含有少量的小料姜石块。

2. 葬具与葬式

（1）葬具

墓内葬具皆腐朽严重，已腐朽成灰白色和黑灰色木质痕迹，结构不明。依其残存的痕迹判

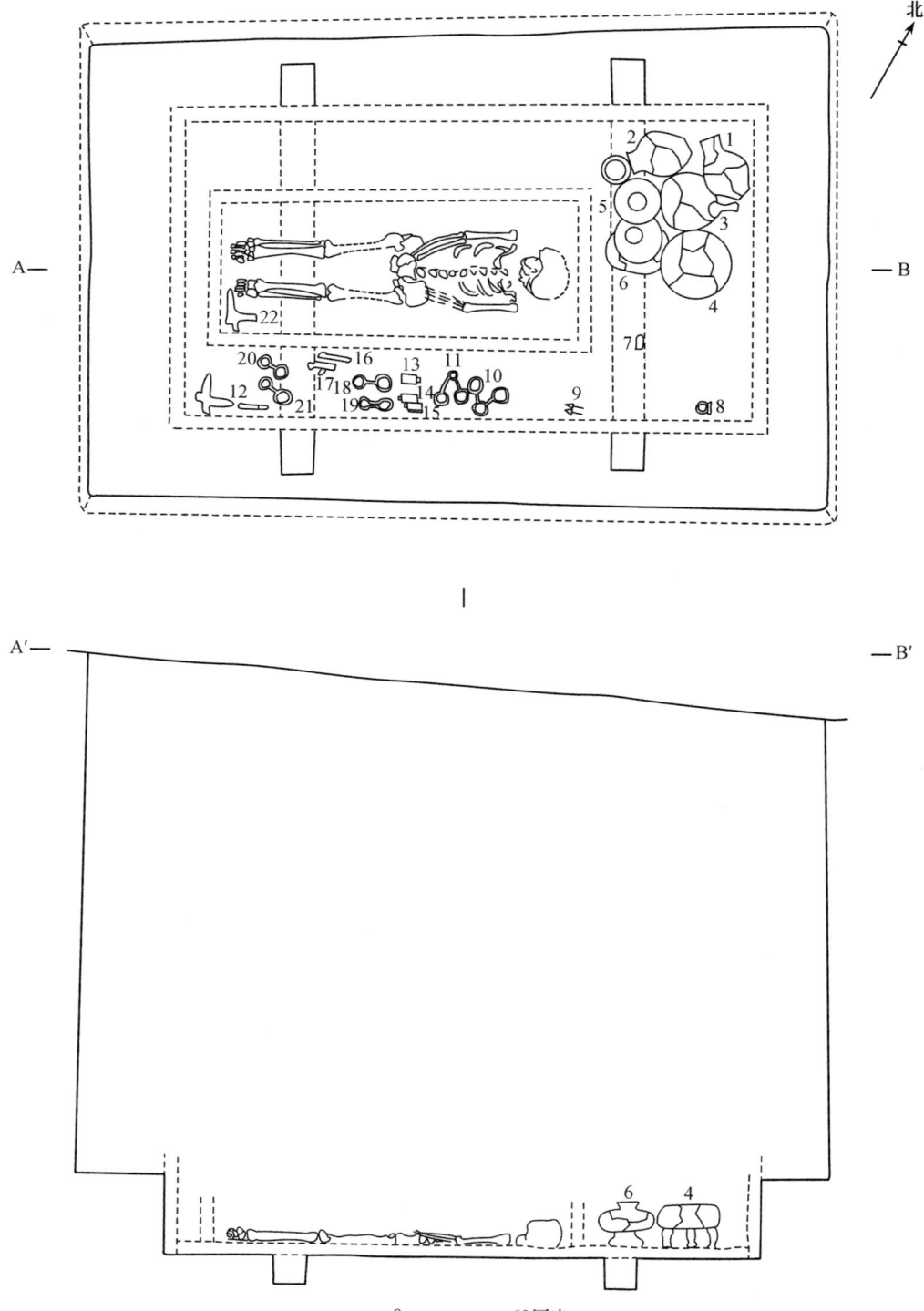

图七一 M43平、剖面图

1、2. 陶壶 3、4. 陶鼎 5、6. 陶盖豆 7、8. 铜衔环铺首 9. 铜镞 10、11、18~21. 铜衔 12、17、22. 铜戈 13~15. 铜合页 16. 铜矛

断为一椁一棺。

木椁的四壁紧贴墓室周壁，平面呈长方形，东西长2.93米，宽1.57~1.62米，残高0.4米，椁板厚0.05~0.07米。椁室底下面横铺有两根枕木。

木棺置于椁室内的中部，平面呈长方形，东西长1.88米，南北宽0.78~0.82米，残高0.14米，棺板厚0.05~0.06米。

（2）葬式

棺内葬有墓主一人，骨骼腐朽严重，保存较差。葬式为仰身直肢葬，头东足西，面向北，双手交叉置于下腹部。经初步鉴定墓主为男性，年龄为中老年。

另在墓主身上的周围发现有红色和黑色痕迹，可能是墓主殓衣腐化形成。

3. 随葬器物

随葬器物主要放置于墓底棺椁之间的东部和南部，即墓主人的头部与左侧。棺内有一件铜戈，棺椁之间的东部自北向南依次有陶壶、鼎、盖豆和铜衔环铺首等，南部向西有铜镞、衔、合页、矛、戈等。

随葬品共25件。依质地分为陶器与铜器两类。其中陶器6件，计有鼎2件、盖豆2件、壶2件；铜器19件，计有戈3件、矛1件、镞4件、衔6件、合页3件、衔环铺首2件。

（1）陶器

6件。

鼎　2件。陶质、形制、纹样相同，大小有别。皆泥质黑皮陶，红褐胎。子口内敛，方唇，口沿外侧下附有二个对称的长方形耳，耳外撇，扁鼓腹，下腹微折，折棱不明显。圜底，下附三个蹄形足，足略外撇。腹下部及底部饰绳纹。M43:3，通高19.8、口径19.6、足高10.6厘米（图七二，1；图版二五，5）。M43:4，通高22.8、口径16、足高11.6厘米（图七二，2；图版二五，6）。

盖豆　2件。器皆残甚，未能修复，均修复豆盖。盖的陶质、形制相同，大小稍异。均泥质黑皮陶，红褐胎，黑皮大部分已脱落。盖呈拱弧形，敞口，方唇，盖面向上隆起，顶中部有一喇叭形握手，中空。M43:5，高6.8、口径27.2厘米（图七二，3；图版二六，1）。M43:6，高5、口径27.2厘米（图七二，4；图版二六，2）。

壶　2件。皆泥质黑皮陶，红褐胎，黑皮大部分已脱落。M43:1，无盖。器敞口，方唇，束颈较粗，溜肩，弧腹略鼓，肩腹交界处有一道折棱，并附有四个相互对称的半圆形盲耳，平底略内凹。肩腹处的折棱两侧各饰一周宽凹弦纹，腹下部饰斜绳纹。高27.2、口径10.5、腹径20.9、底径8.6厘米（图七二，5；图版二六，3）。M43:2，上有盖，盖为浅子母口，尖圆唇，顶部隆起较尖。器敞口，方唇，束颈较细，溜肩，弧腹略鼓，肩腹交界处有一道折棱，并附有四个相互对称的半圆形盲耳，平底略内凹。肩腹处的折棱两侧各饰一周宽凹弦纹，腹下部饰斜绳纹。通高32.5、口径10.5、腹径21.7、底径8.5厘米（图七二，6；图版二六，4）。

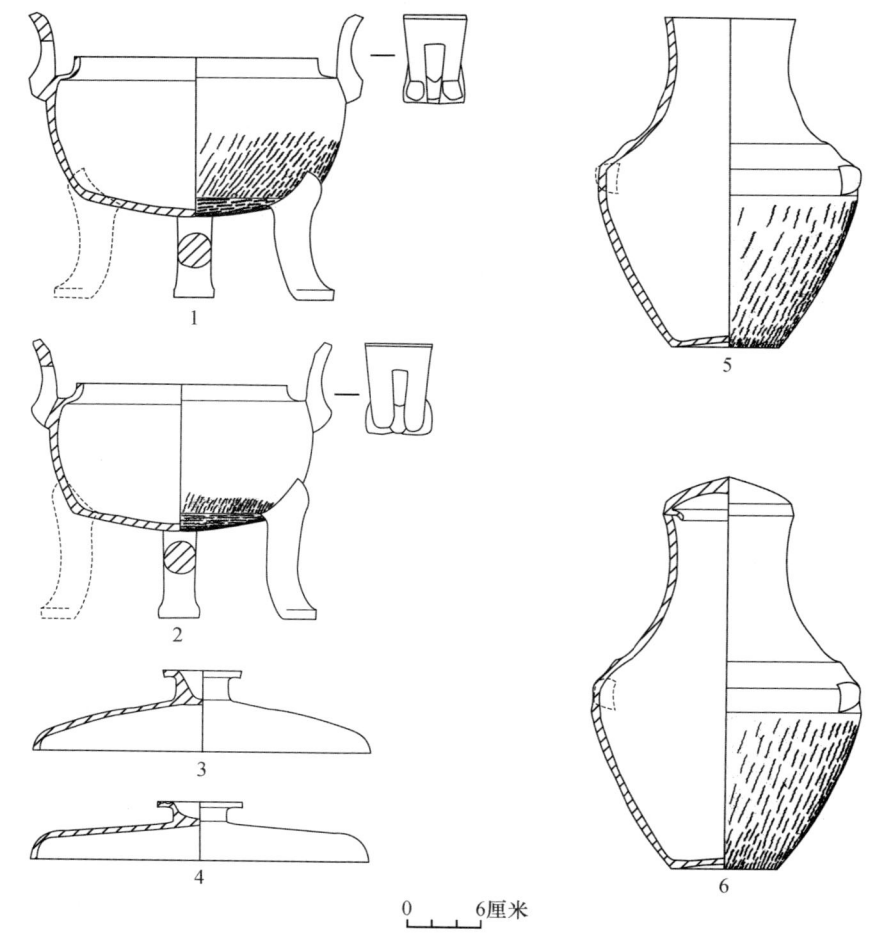

图七二　M43出土陶器
1、2.鼎（M43：3、M43：4）　3、4.盖豆（M43：5、M43：6）　5、6.壶（M43：1、M43：2）

（2）铜器

19件。皆青铜质，铜绿色。

戈　3件。M43：17，出土时援断为两截，援下中部刃略残。柳叶形锋，尖锐，窄援较长，援有脊，援胡交角近90°，胡下端为直角，栏侧有三个长方形穿，长方形短内。通长17.8、援长16.8、宽2.2厘米；内长1、宽2.3厘米（图七三，1；彩版一七，5；图版五九，1）。M43：22，柳叶形锋，锋尖无收刹，较尖锐，宽援较长，援脊不明显，援胡交角大于90°，胡下端为钝角，援根上部有一半圆形穿，栏侧有两个长方形穿。长方形直内，内上角略斜弧，内下角有缺，内上有一长方形穿。通长22、援长14.2、宽2.7厘米；内长7、内宽2.5厘米（图七三，2；彩版一七，6；图版五九，2）。M43：12，出土时援前半部残缺。援较宽，且有脊，援胡交角近90°，胡下端为直角，栏侧有三个长方形穿。近长方形内较长，内上角为直角，内下为弧角，内上有一个长方形穿。通长13.5、援残长5.2、宽2.6厘米；内长7.9、宽2.7厘米（图七三，3；彩版一七，4；图版五八，6）。

矛　1件。M43：16，器身呈柳叶形，尖锋和叶刃较锐利，两侧叶刃向后弧线收刹，中脊

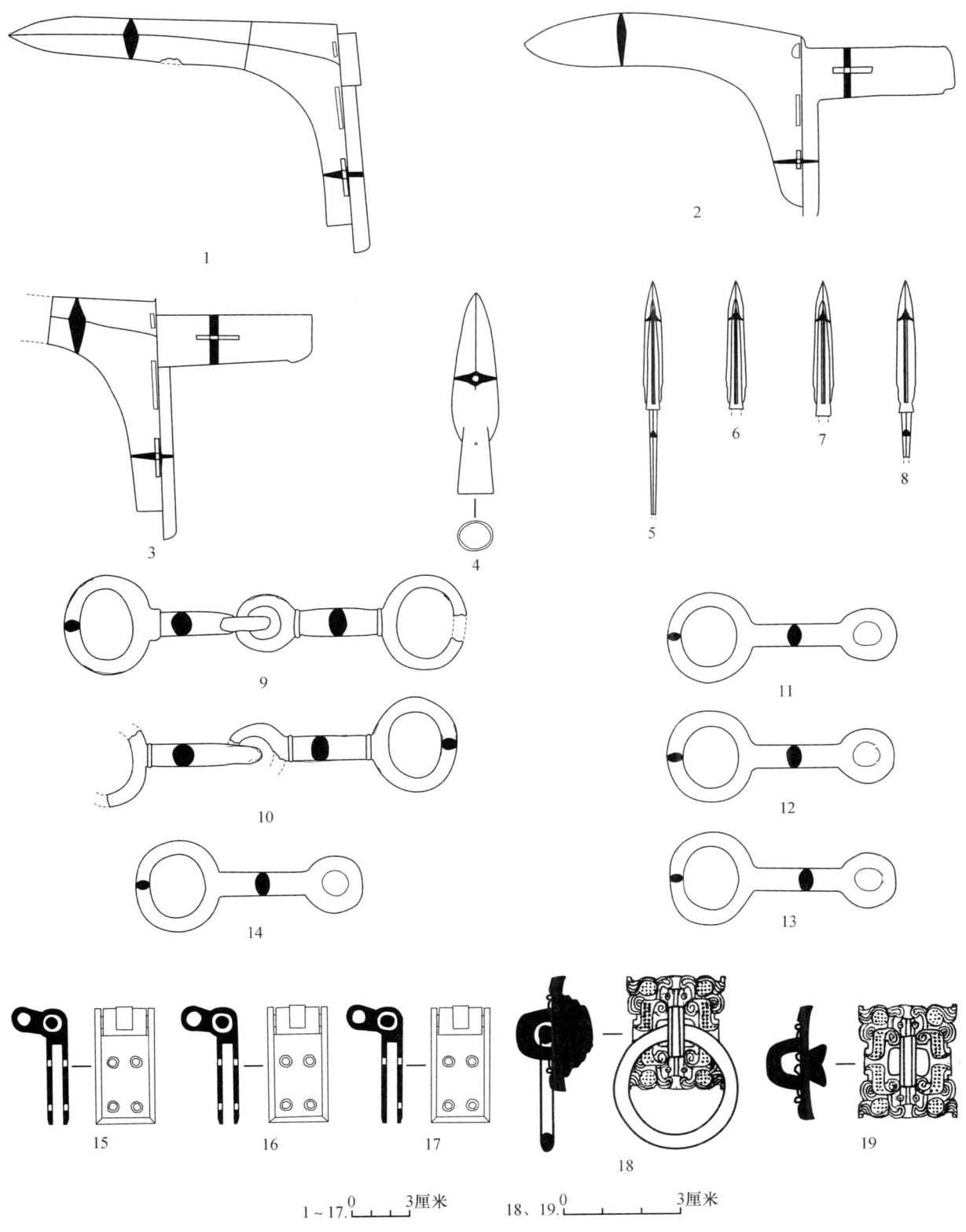

图七三　M43出土铜器

1~3. 戈（M43：17、M43：22、M43：12）　4. 矛（M43：16）　5~8. 镞（M43：9-1~M43：9-4）　9~14. 衔（M43：11、M43：21、M43：10、M43：18、M43：19、M43：20）　15~17. 合页（M43：13、M43：14、M43：15）　18、19. 衔环铺首（M43：7、M43：8）

起棱，长骹圆銎延伸至叶身前段，骹前部有一个小圆形穿孔。长10.5、叶宽2.4、骹口径1.8厘米（图七三，4；彩版一八，1；图版五八，5）。

镞　4件。皆锈蚀严重，其中两件锈蚀在一起，分不开。形状相同，大小不一。皆为三棱形镞身，三刃聚为前锋，三棱形铤至末端渐细（图版五九，3）。M43：9-1，出土时锋部残断三块，铤末端略残。残长12.2、宽1、铤残长5.5厘米（图七三，5）。M43：9-2，出土时铤末端残缺。残长9.2、宽1、铤残长2.3厘米（图七三，6）。M43：9-3，出土时铤部残缺。残长7、宽1厘米（图七三，7）。M43：9-4，出土时铤部残缺。残长6.7、宽1厘米（图七三，8）。

衔　6件。其中M43：11和M43：21形状相同，其余四件的形状、大小相同。M43：11，出土时一端椭圆形环略残。由两根一端带椭圆形环，另一端带圆形环的扁圆形铜柱套接而成，套接的两圆环呈90°交角，一端椭圆形环和圆形环与扁铜柱套接处有箍。通长20.6、外环径5.2、内环径3厘米（图七三，9；图版五九，5）。M43：21，出土时一端椭圆形环和另一端圆形环残破。形制与M43：11相同。残长17.9、外环径5、内环径3厘米（图七三，10；图版六〇，3）。M43：10，体中部为扁圆形细铜柱，断面呈椭圆形，一端连接椭圆形环，另一端连接圆形环。通长11.7、椭圆形环外径4.8、内径3.2、圆形环外径3、内径1.3厘米（图七三，11；图版五九，4）。M43：18、M43：19、M43：20，形状、尺寸大小均与M43：10相同（图七三，12~14；图版五九，6；图版六〇，1、2）。

合页　3件。应为木箱上的饰件。形制、大小相同。皆由两块长方形穴片与顶端的环形纽相套接，上下可以活动，两页片间留有空隙，但页片不能开合，两穴片各有四个对称圆孔。M43：13，长6.1、宽3厘米（图七三，15；图版六〇，6）。M43：14、M43：15，尺寸大小均与M43：13相同（图七三，16、17；图版六〇，7、8）。

衔环铺首　2件。应为木箱上的饰件。形制、大小基本相同。正面为一长方形牌饰，中间有桥形纽，上下雕刻一兽首，周边饰乳钉纹、卷云纹、龙纹等。背面微凹，中有铆钉，锈蚀严重。M43：7，正面纽内有一圆环，环断面为圆形。牌饰长2.9、宽2.6、环径3.2厘米（图七三，18；图版六〇，4）。M43：8，出土时铜环缺失。牌饰尺寸大小与M43：7相同（图七三，19；图版六〇，5）。

三二、M44

M44位于墓地的东部，北与M41相距15.5米，西与M50相距8.5米。在墓的西南部有一个近长方形现代盗洞，盗洞口部长1.2米，宽0.86米，深度直达墓底，墓内部分遗物或被盗掘。

1. 墓葬形制

该墓为长方形竖穴土坑墓，方向80°。墓口开于耕土层下，距现地表0.15米。墓口西高东低，平面呈长方形，口部略大于墓底，墓壁向下斜直，较规整，墓底平坦。

墓口东西长3.2米，南北宽1.7米；墓底东西长3.1米，南北宽1.6米。墓底至墓口深1.1~1.32米（图七四）。

墓内填土为浅红褐色五花土，土质较松软，且较湿润，土内有少量的料姜石块。

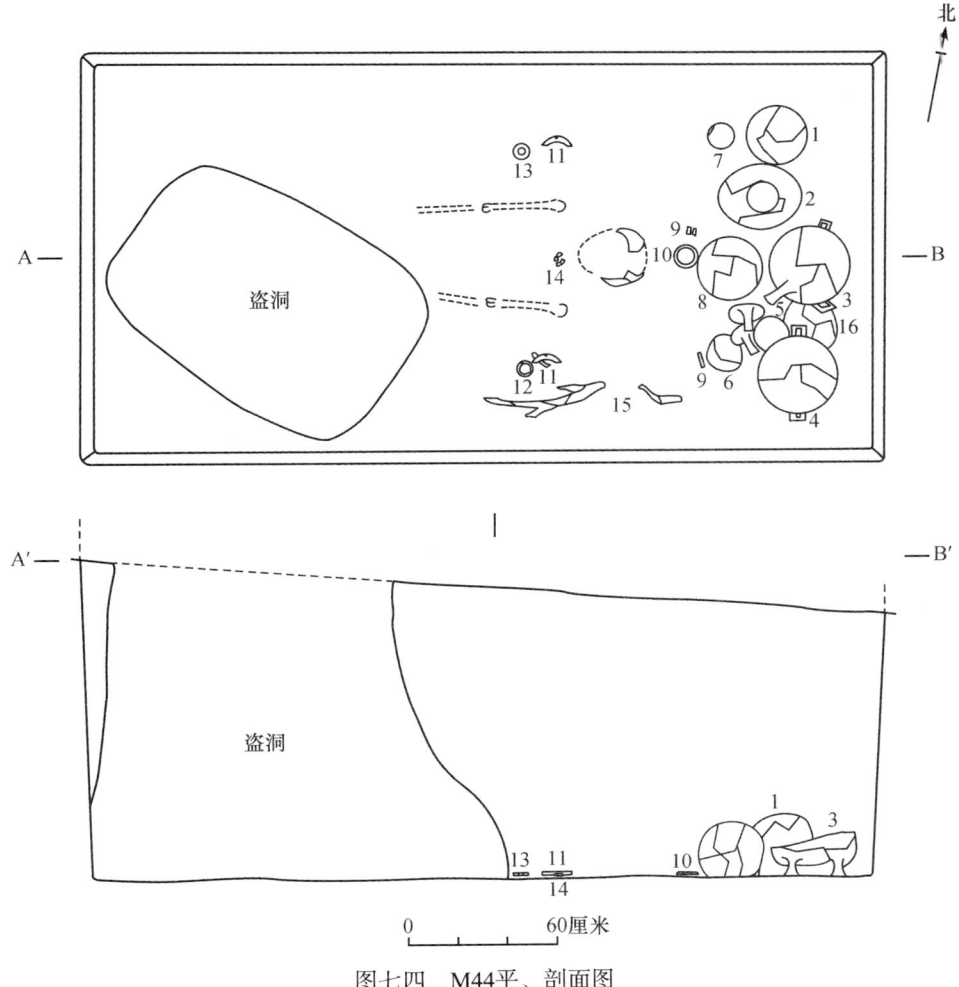

图七四　M44平、剖面图

1、2.陶壶　3、4.陶鼎　5、6.陶豆　7.铜器盖　8、16.陶敦　9.水晶方管（2件）　10.玉环　11.铜珩（8件）　12.水晶环　13、14.玉璧　15.鹿角

2. 葬具与葬式

（1）葬具

因该墓被严重盗扰，仅在墓底中部的墓主身下发现有黑灰色木质朽痕，推测应为木棺遗留的痕迹，尺寸不详。

（2）葬式

墓底仅存墓主骨骼的上部，且腐朽严重，保存较差。从残存的骨骼情况看，墓主为仰身直肢葬，头东足西，年龄、性别不详。

3. 随葬器物

该墓的西部被盗严重，东部则未被扰动，大部分随葬器物未被盗走。从现存情况看，随葬器物主要放置于墓室东侧和中部南、北两侧，即墓主人的头部与上身左、右侧。其中东侧从北向南依次为陶壶、鼎、敦、豆及铜器盖、玉环、水晶方管等，中部北侧有铜珩、玉璧，南侧有铜珩、水晶环和鹿角等。在墓主的颈部还放有一件玉璧。从出土位置分析，玉璧、玉环、水晶方管和铜珩等原来应放于棺内。

随葬器物共24件。依质地可分为陶、铜、玉、水晶器和骨器五类。其中陶器8件，均残破，计有鼎2件、豆2件、壶2件、敦2件（图版八，4）；铜器9件，计有器盖1件、珩8件；玉器3件，计有璧2件、环1件；水晶器3件，计有环1件、方管2件；骨器仅鹿角1件，残碎。

（1）陶器

8件。

鼎 2件。陶质、形制、纹样相同，大小近似。皆泥质灰陶。上有一拱弧形盖，口微敛，斜方唇，近边缘处有三个分布均匀的楔形纽。器子口近直，方唇，口沿外侧下附有二个对称的长方形耳，耳上部外撇，鼓腹，圜底近平，下附三个蹄形足，较高。盖面上饰三周凸弦纹，腹部饰一周凸弦纹。M44:3，通高29.5、口径24、足高17厘米（图七五，1；彩版九，3；图版二六，5）。M44:4，通高28、口径24.4、足高17厘米（图七五，2；图版二六，6）。

豆 2件。陶质、形制基本相同，大小近似。皆泥质灰陶。尖圆唇，盘较浅，上壁近直，下部斜折，外侧折棱明显，柱状空心细高柄，喇叭形圈足座。M44:5，座沿直折。柄上部和下部各饰一组三周的凹弦纹。座沿面饰一道凹弦纹。高22.4、口径14、底径10.6厘米（图七五，5；图版二七，1）。M44:6，底座表面中部有一道折棱。柄上部、中部和下部各饰一组三周的凹弦纹。通高24、口径14.4、底径11.2厘米（图七五，6；图版二七，2）。

壶 2件。陶质、形制、纹样相同，大小略异。皆泥质灰陶。上有一拱弧形盖，口微敛，方唇，顶部隆起，近边缘处有三个分布均匀的楔形纽。器为敞口，方唇，束颈，溜肩，鼓腹，平底，高圈足较直。盖面中部和边缘各饰一周凹弦纹，器颈部和肩部各饰两组凹弦纹，腹部饰一组凹弦纹，每组凹弦纹为二周。M44:1，通高43.5、口径13、腹径26.4、圈足高4.3、圈足径14.6厘米（图七五，7；图版二七，3）。M44:2，通高42.7、口径13.2、腹径26.1、圈足高4.4、圈足径15.4厘米（图七五，8；图版二七，4）。

敦 2件。陶质、形制、纹样相同，大小近似。皆泥质黑灰陶。由盖和器上下扣合而成，整体呈扁椭圆形。盖与身形制相同，均呈半球状，口微敛，方唇，唇上有一道凹槽，弧腹略鼓，圜底，盖上与器身下各附三个似简化的"S"形兽形纽（足）。盖面上部与器下部各饰一周凹弦纹。M44:8，通高26.3、口径22.1厘米（图七五，3；图版二七，5）。M44:16，通高27.1、口径23.2厘米（图七五，4；图版二七，6）。

（2）铜器

9件。

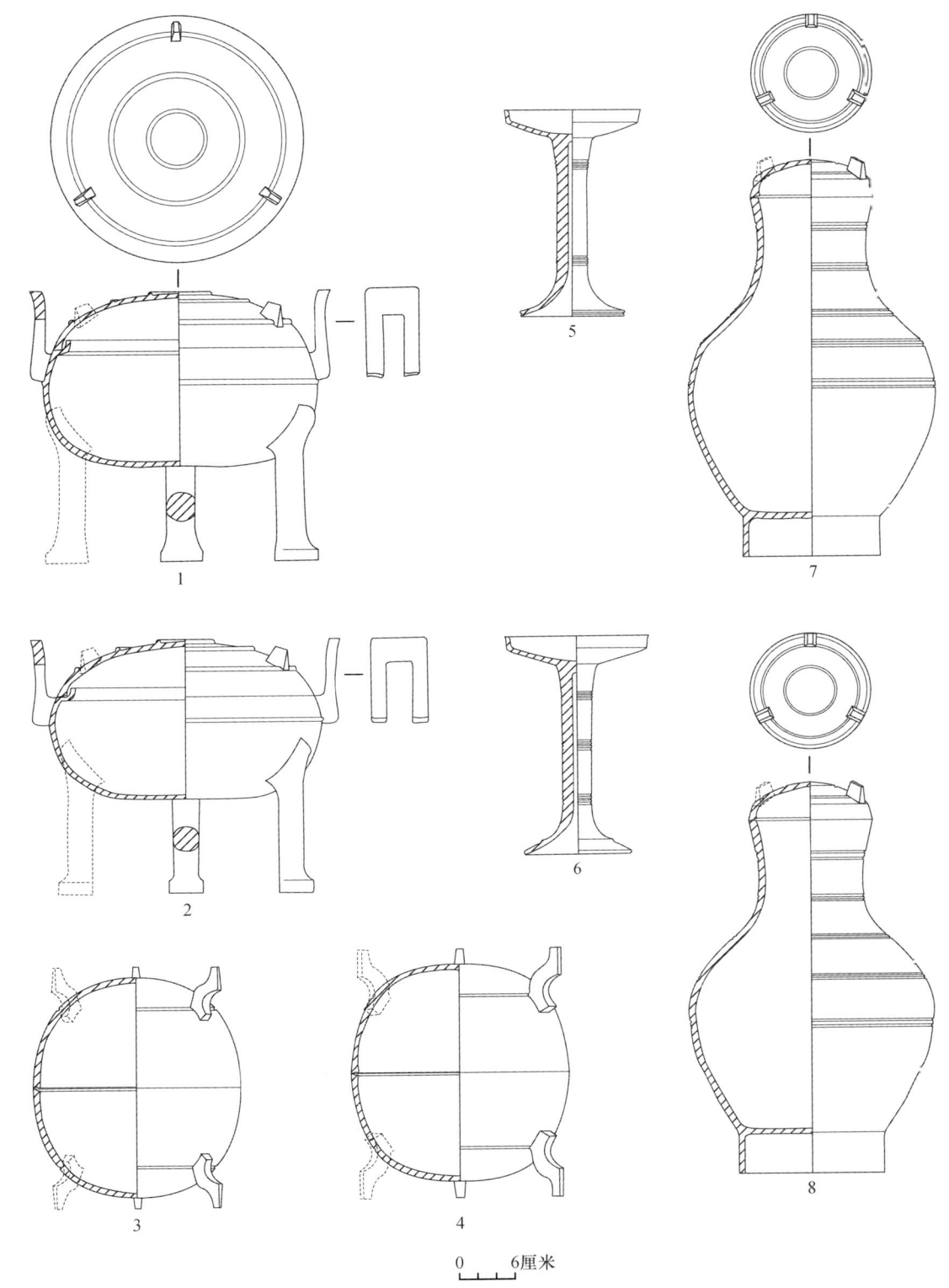

图七五　M44出土陶器

1、2.鼎（M44：3、M44：4）　3、4.敦（M44：8、M44：16）　5、6.豆（M44：5、M44：6）　7、8.壶（M44：1、M44：2）

器盖　1件。M44：7，呈覆盘形，折沿，方唇，直壁，盖顶隆起，顶中部有一半环形扁纽，纽上套一小圆环。通高2.7、口径9.6厘米（图七六，9；图版六一，1）。

珩　8件。形制、大小相同。器身较窄薄，呈拱弧形，弧顶有一圆形小孔。其中五件完整，三件周边略残。M44：11-1～M44：11-8，长10.5、宽2.5、厚0.1厘米（图七六，1～8；图版六一，2）。

（3）玉器

3件。

璧　2件。形状相同，玉质、大小不同。皆呈圆形，形体较小，断面呈长方形，双面钻孔。M44：13，出土时背面边缘略残。青玉。浅冰青色，局部受沁呈灰白色或有黄褐斑。质地较细，半透明。素面。直径5.3、好径2.2、厚0.4厘米（图七六，12；彩版一九，6；图版六六，4）。M44：14，出土时部分残缺。青白玉。青白色，受沁处呈灰白色。玉质细腻，半

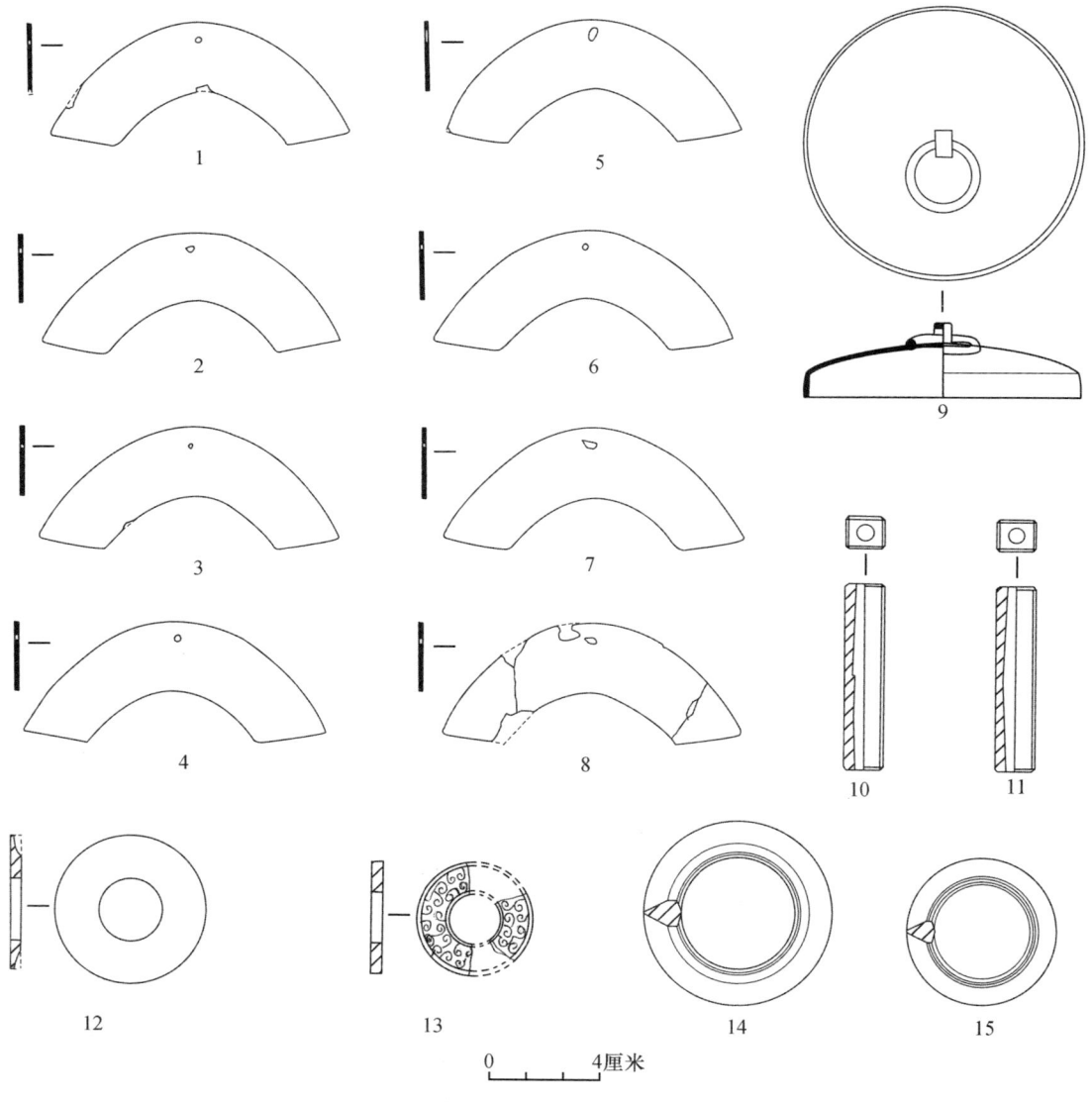

图七六　M44出土器物

1～8. 铜珩（M44：11-1～M44：11-8）　9. 铜器盖（M44：7）　10、11. 水晶方管（M44：9-1、M44：9-2）
12、13. 玉璧（M44：13、M44：14）　14. 玉环（M44：10）　15. 水晶环（M44：12）

透明。两面纹样相同，皆饰卷云纹，其两侧各饰一周凹弦纹。直径4、好径1.8、厚0.4厘米（图七六，13）。

环　1件。M44：10，出土时一侧有断裂缝。白玉。乳白色，受沁处有灰白斑。玉质细腻，晶莹透彻。圆形，中部厚至周围边缘渐薄，断面呈多边形。素面。直径6.6、好径4、最厚0.9厘米（图七六，14；彩版一九，5；图版六六，2）。

（4）水晶器

3件。

环　1件。M44：12，出土时断为三块。水晶质。无色，透明。圆形，中部厚至周围边缘渐薄，断面近三棱形。素面。直径5.2、好径3.4、最厚0.8厘米（图七六，15；彩版二〇，5；图版六六，3）。

方管　2件。质地、形制、大小相同。皆为水晶质。无色，洁莹透亮。方柱形体，两端面平齐，中间有一对钻的圆形贯穿孔。素面。M44：9-1，长1.4、宽1.2、高6.7厘米（图七六，10；彩版二〇，3；图版六六，5）。M44：9-2，出土时断为两截。尺寸大小与M44：9-1相同（图七六，11；彩版二〇，4；图版六六，6）。

（5）骨器

1件。为鹿角。M44：15，腐朽严重，无法复原。

三三、M45

M45位于墓地的南中部，北与M42相距7米，东与M49相距20米，东南与M47相距3米。

1. 墓葬形制

该墓为一座长方形竖穴土坑墓，方向97°。墓口开于耕土层下，距现地表0.16米。墓口东高西低，平面呈长方形，口部略小于墓底，墓圹东壁、西壁以及南、北壁的西部均向下斜直外张，南、北壁的东部几乎垂直下切，墓底平坦。

墓口东西长2.58米，南北宽1.52米。墓底至墓口深2.04～2.2米。在墓底的四周留有生土二层台，东侧台宽0.28米，南侧台宽0.22～0.26米，西侧台宽0.28米，北侧台宽0.22米，台高0.36米。

二层台的台面以下为墓室，平面近长方形，西端略宽于东端，直壁。墓室东西长2.12米，宽1.02～1.08米，高0.36米（图七七）。

墓内填土为浅红褐色五花土，土质湿软，且较纯净，土内含有少量的小料姜石块。

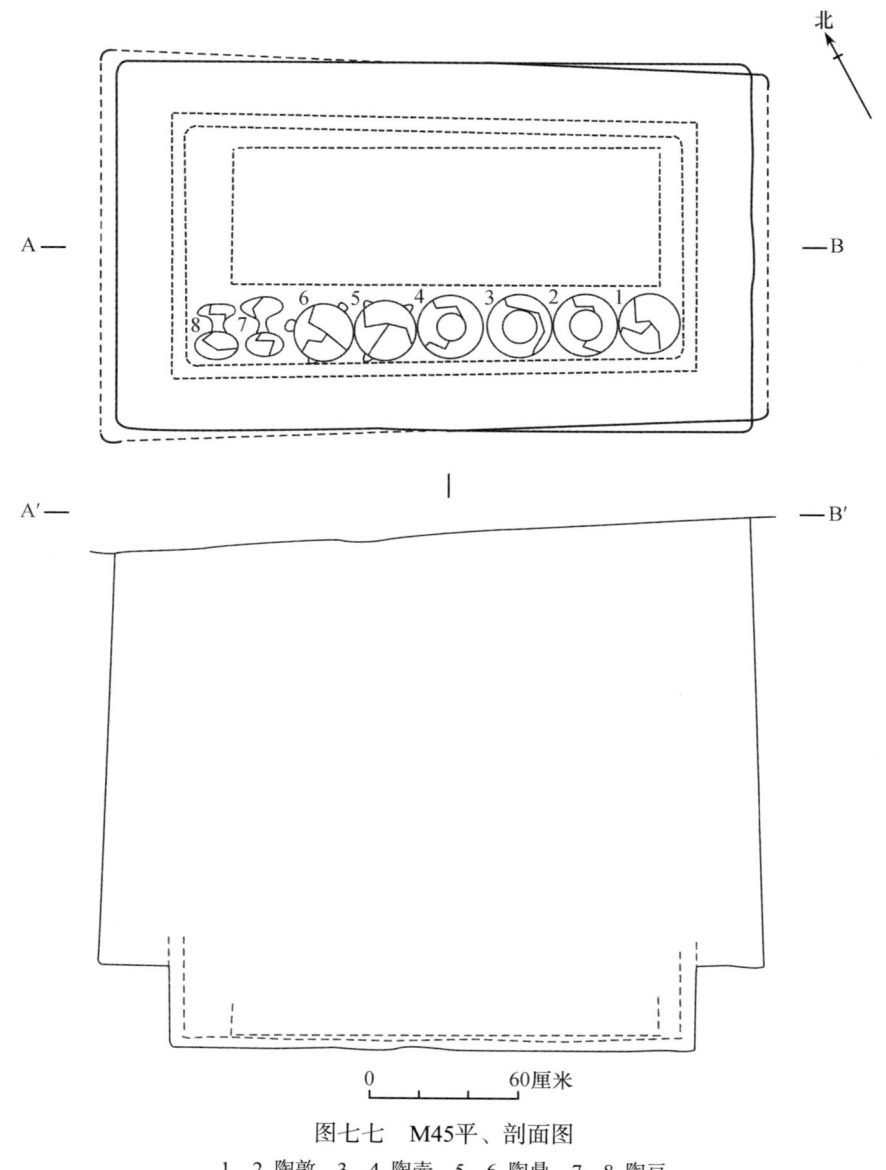

图七七　M45平、剖面图
1、2.陶敦　3、4.陶壶　5、6.陶鼎　7、8.陶豆

2. 葬具与葬式

（1）葬具

墓内葬具腐朽严重，均已腐朽成灰白色或黑灰色木质朽痕，结构不明。从残存的痕迹判断为一椁一棺。

木椁的四壁紧贴墓室周壁，西端略宽于东端，平面近长方形，东西长2.12米，南北宽1.06~1.1米，残高0.32米，椁板厚0.05~0.06米。

木棺置于椁室内的中部偏北，平面呈长方形，东西长1.73米，南北宽0.56米，残高0.14米，棺板厚度不详。

（2）葬式

棺内墓主骨骼腐朽严重，保存较差，由于土质太过湿黏，未清出来。葬式、性别、年龄皆不详。

3. 随葬器物

随葬器物放置于墓底棺椁之间的南部，即墓主人的左侧。自东向西依次有陶敦、壶、鼎、豆等。

随葬器物共8件。全部为陶器，因烧制火候较低，残碎严重。计有鼎2件、豆2件、壶2件、敦2件。

鼎　2件。M45：6，泥质黑皮陶，黄褐胎。上有盖，残甚，未能修复。鼎子口内敛，方唇，上腹部附有两个对称的长方形耳，上腹近直，下腹略鼓，圜底近平，下附较高的三个蹄形足，足面有刮削的痕迹。腹上部饰一周凸弦纹。通高22.8、口径16.8、足高13.8厘米（图七八，1；图版二八，1）。M45：5，残甚，未能修复。

豆　2件。陶质、形制基本相同，大小有别。皆泥质灰陶。口微侈，圆唇，盘较浅，弧腹，上腹直折，中腹部有一周较宽的凹面，下腹外弧，柱状空心细高柄，喇叭形圈足座，座沿直折，沿面上部外凸，底座中部有一道明显的折棱。M45：7，柄上部和下部各饰一组三周的凹弦纹。高23.2、口径16、底径13.2厘米（图七八，4；图版二七，7）。M45：8，柄上部、中部和下部各饰一组三周的凹弦纹。高21.8、口径14.4、底径12.8厘米（图七八，5；图版二七，8）。

壶　2件。陶质、形制及纹样相同，大小近似。皆泥质黄褐胎，黑皮陶。上有一弧形盖，深子母口，尖圆唇，盖顶隆起较尖，近边缘处有三个分布均匀的梯形立纽。器为侈口，斜方唇，粗束颈，圆肩，鼓腹，平底微内凹，高圈足略外撇。盖面上中部饰二周凹弦纹，边缘处饰一周凹弦纹，器颈部、肩部、腹中部和腹下部各饰一组三周凹弦纹。M45：3，盖上立纽已缺失。通高34.4、口径11.2、腹径21.4、圈足高3.2、圈足径11.3厘米（图七八，6；图版二七，9）。M45：4，通高35.4、口径11.3、腹径21.6、圈足高3.1、圈足径11.2厘米（图七八，7；图版二八，2）。

敦　2件。陶质、形制、大小相同。皆为泥质黄褐胎，黑皮陶。由盖和身上下扣合而成，整体呈圆球形。盖与器形制相同，均呈半球状，口微敛，方唇，弧腹稍鼓，圜底，盖上和器身下各附三个似简化或变形的"S"形兽形纽（足）。M45：1，通高22.8、口径17.6厘米（图七八，2；图版二八，3）。M45：2，尺寸大小与M45：1相同（图七八，3；图版二八，4）。

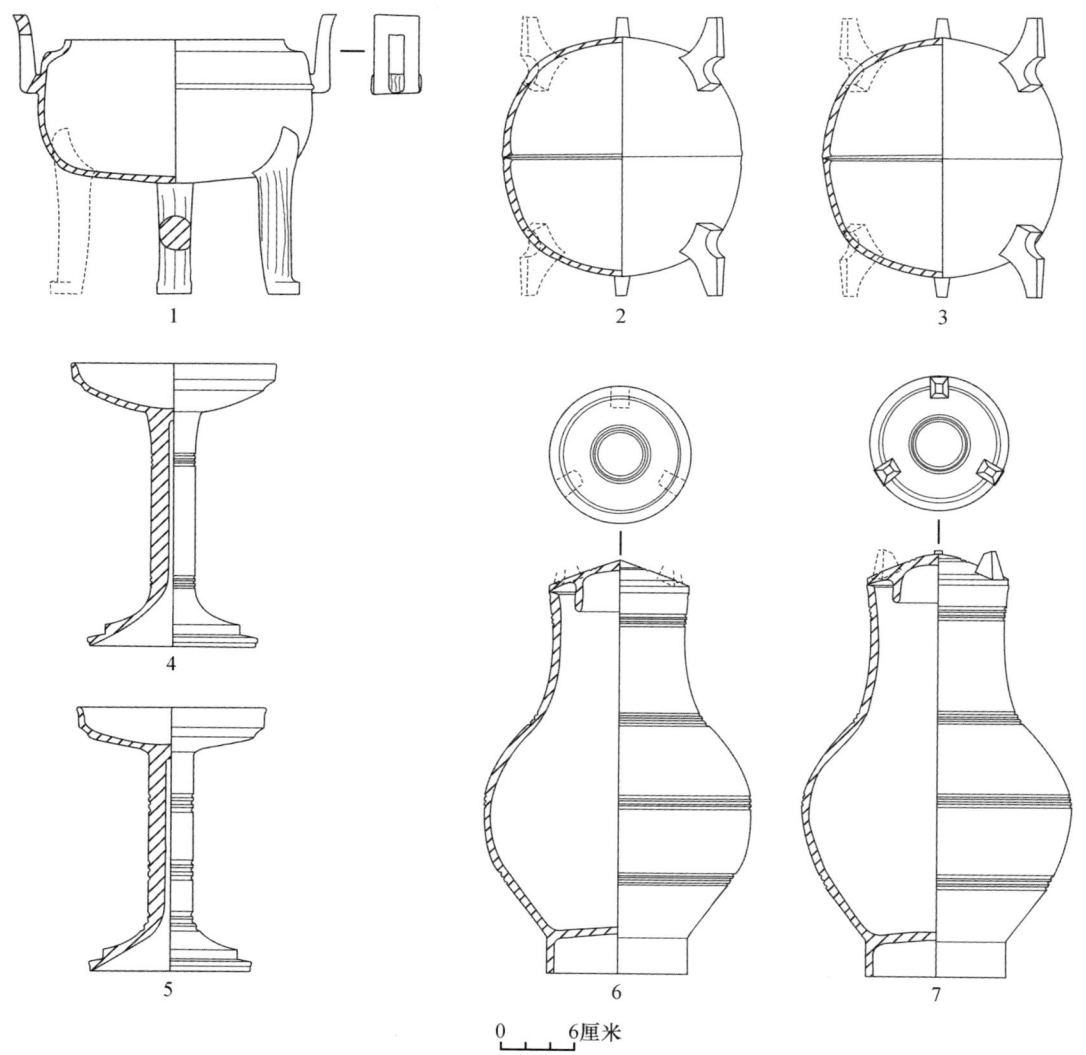

图七八　M45出土陶器

1. 鼎（M45：6）　2、3. 敦（M45：1、M45：2）　4、5. 豆（M45：7、M45：8）　6、7. 壶（M45：3、M45：4）

三四、M48

M48位于墓地中部偏东南，东北与M50相距17.5米。

1. 墓葬形制

该墓为长方形竖穴土坑墓，方向67°。墓口开于耕土层下，距现地表0.15米。墓葬处于一个南北向断崖边上，墓口西高东低，平面近长方形，墓壁上下垂直，规整平滑，底部平坦。

墓口东西长3.4米，南北宽2.2～2.32米。墓底至墓口深0.8～1.16米。在墓底的四周留有生土二层台，东侧台宽0.12～0.3米，南侧台宽0.16～0.24米，西侧台宽0.32米，北侧台宽0～0.3米，台高0.36米。

二层台的台面以下为墓室，东、南稍宽，西、北略窄，平面近长方形，直壁。墓室东西长2.8~2.96米，南北宽1.74~1.88米，高0.36米。

在椁室底部靠近东、西两端各有一道南北向的浅沟槽，用以放置枕木，以承托椁室。东端沟槽长1.84米，宽0.1米，深0.05米，距墓室东壁0.42米；西端沟槽长1.75米，宽0.1米，深0.05米，距墓室西壁0.38米（图七九；彩版五，1）。

墓内填土为浅红褐色五花土，土质湿润较软，土内含有较多的小料姜石块和白土块、黄泥块。

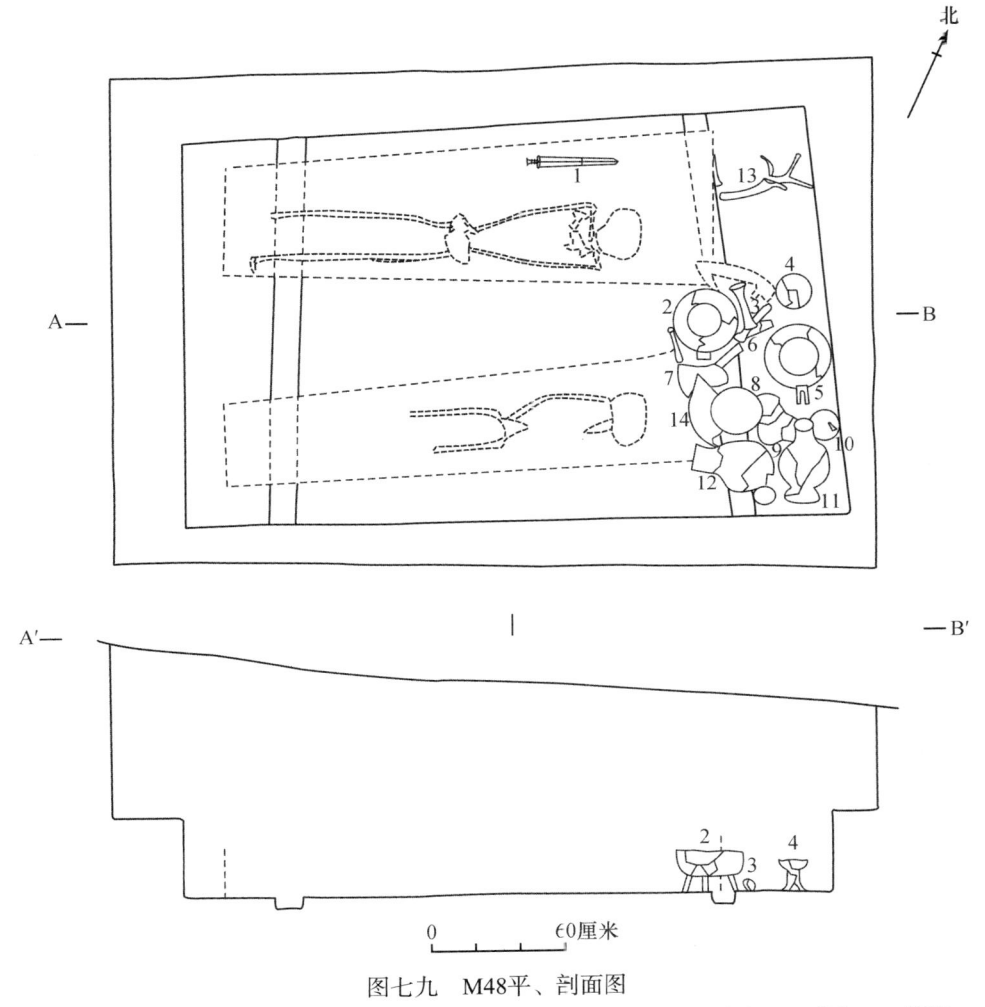

图七九　M48平、剖面图

1. 铜剑　2、5. 陶鼎　3、4、6、8. 陶豆　7. 陶盘　9、10. 陶敦　11、12. 陶壶　13. 鹿角　14. 陶匜

2. 葬具与葬式

（1）葬具

墓内葬具腐朽严重，结构不明。依其残存的白色或灰黑色木痕迹判断为一椁双棺。

木椁的四壁紧贴墓室周壁，平面近长方形，东西长2.8~2.96米，南北宽1.74~1.88米，残高0.36米，椁板厚度不详。在椁底板下铺有两根枕木。

木棺两具，平行并列置于椁室内偏西。北侧棺长2.2米，宽0.5~0.7米；南侧棺长2.24米，宽0.4~0.5米。两具棺的高度和棺板厚度不详。

（2）葬式

两具棺内各葬有墓主一人，骨骼保存很差，均已腐朽成黄灰色或黄褐色粉末状。墓主皆为仰身直肢葬，头东足西，年龄不详。从棺内随葬铜剑的位置看，北侧棺内墓主为男性，南侧棺内墓主为女性，两者应为夫妇合葬。

3. 随葬器物

随葬器物主要放置于墓底棺椁之间的东部，即墓主人的头部。东部自北向南依次有鹿角、陶豆、鼎、盘、匜、敦、壶等，北侧棺内有一件铜剑。

随葬器物共15件。依质地分为陶、铜、骨器三类。其中陶器12件，因烧制火候较低，破碎严重，计有鼎2件、豆4件、壶2件、敦2件、盘1件、匜1件（彩版八，5）；铜器仅为剑1件；骨器有鹿角2件。

（1）陶器

12件。

鼎 2件。陶质、形制及纹样相同，大小稍有差别。皆泥质灰陶。子口内敛，方唇，口沿外侧下附有两个对称的长方形耳，浅鼓腹，圜底近平，底附三个蹄形足，足较高且略外撇。腹中部饰两周凸弦纹。M48:2，通高28.4、口径22.4、足高17.4厘米（图八〇，1；图版二八，5）。M48:5，通高26.6、口径21.6、足高15厘米（图八〇，2；图版二八，6）。

豆 4件。陶质、形制及纹样基本相同，大小各一。皆泥质黑皮陶，灰胎。敞口，圆唇或方唇，盘较浅，弧壁，上部稍直，下部斜折，折棱明显，实心柱状细高柄，喇叭形圈足座，底座中部有明显的折棱，座沿直折起台。盘腹部饰一周较宽的凹弦纹，柄上部、中部和下部各饰一组三周的凹弦纹。M48:3，圆唇。通高22.8、口径16、底径11.6厘米（图八〇，5；图版二九，1）。M48:4，方唇。通高22.6、口径16、底径11.6厘米（图八〇，6；图版二九，2）。M48:6，圆唇。通高22.2、口径16、底径11.2厘米（图八〇，7；图版二九，3）。M48:8，圆唇。通高23.6、口径16、底径12厘米（图八〇，8；图版二九，4）。

壶 2件。陶质、形制、大小及纹样相同。皆泥质灰陶，外施红彩，已脱落。上承一弧形顶盖，直口，斜方唇，盖顶向上隆起，近边缘处均匀分布有三个梯形纽。器直口微侈，斜方唇，粗束颈，溜肩，圆鼓腹，圜底，高圈足近直。颈部与肩部各饰四周凹弦纹，腹部饰两周凹弦纹，每两周凹弦纹为一组。M48:11，通高38.8、口径9.6、腹径23.2、圈足径13.6厘米（图八〇，9；彩版一二，3；图版二九，5）。M48:12，尺寸大小与M48:11相同（图八〇，10；图版二九，6）。

敦 2件。陶质、形制、大小相同。皆泥质灰陶，外施朱砂彩绘，大部分已脱落。由盖和器上下扣合而成，整体呈扁圆球形。盖与器形制相同，均呈半球状，口微敛，斜方唇，弧腹微鼓，圜底，盖上和器身下各附三个似简化的"S"形兽形纽（足）。M48:9，通高24.4、口径

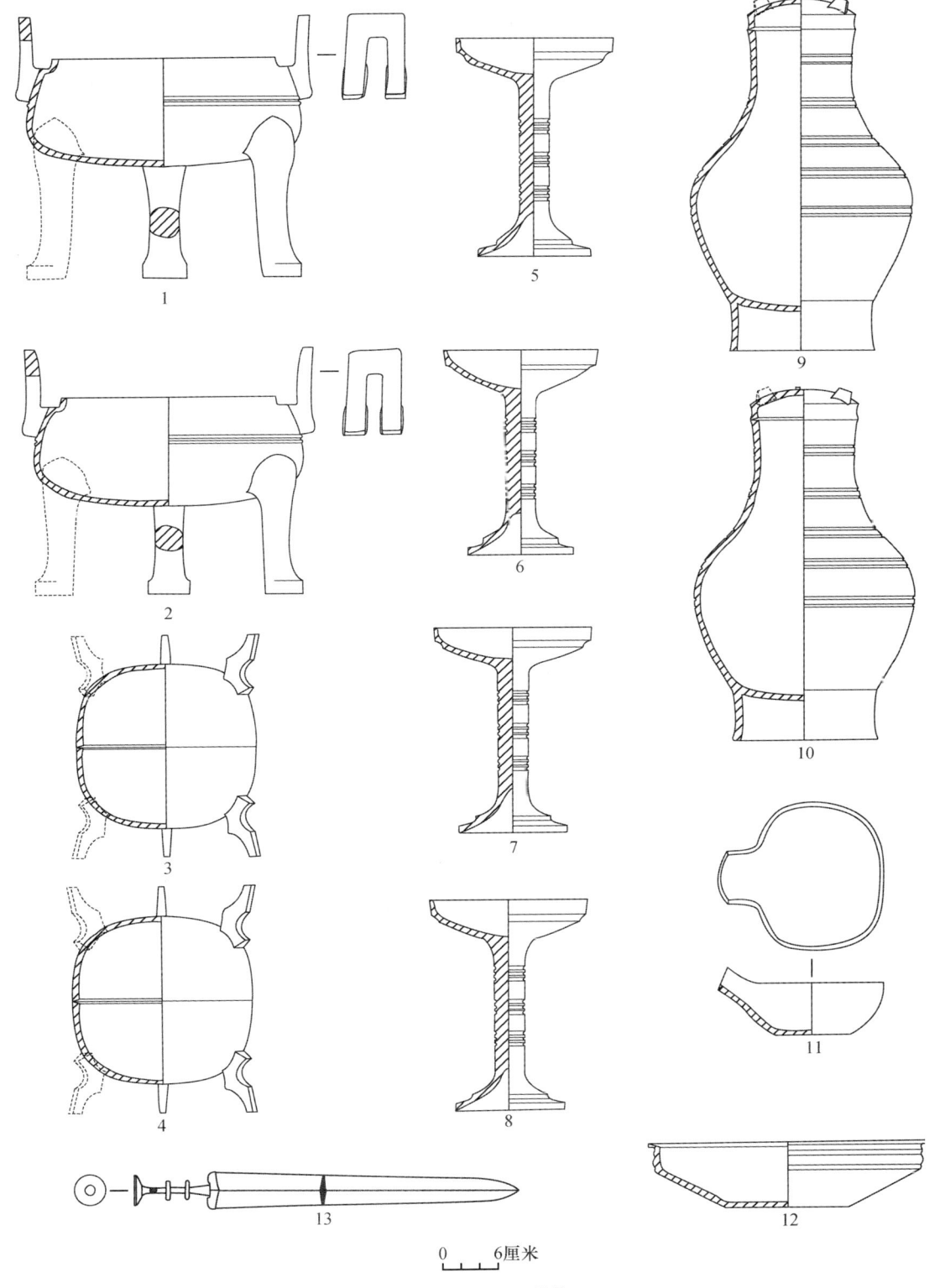

图八〇　M48出土器物

1、2.陶鼎（M48：2、M48：5）　3、4.陶敦（M48：9、M48：10）　5~8.陶豆（M48：3、M48：4、M48：6、M48：8）
9、10.陶壶（M48：11、M48：12）　11.陶匜（M48：14）　12.陶盘（M48：7）　13.铜剑（M48：1）

17.6厘米（图八〇，3；图版三〇，1）。M48：10，尺寸大小与M48：9相同（图八〇，4；图版三〇，2）。

盘　1件。M48：7，泥质灰陶。直口，方唇，宽平沿斜外折，折棱明显，折腹较深，腹上部近直，下部斜直略内弧，平底，腹上部饰三周凹弦纹。高7、口径27.2、底径13.2厘米（图八〇，12；图版二九，7）。

匜　1件。M48：14，泥质灰陶。椭圆形口，微敛，方唇，一侧有槽状宽短直流，流上翘，断面近半圆形，弧腹，平底。高7.4、口径16、底径8厘米；流长4、流宽5.6～6.4厘米（图八〇，11；图版二九，8）。

（2）铜器

1件。为剑。M48：1，锋尖锐利，剑身长且窄，中起脊，宽镡，圆柱状实茎，双箍，喇叭形柄首。通长40.8、身长32.2、身宽3.2、镡宽4、茎长7.2、剑首径3.2厘米（图八〇，13；彩版一六，4；图版六一，3）。

（3）骨器

2件。为鹿角。M48：13-1、M48：13-2，残碎且腐朽严重，未能复原。

三五、M49

M49位于墓地的南部略偏东，西南与M51相距5.5米，西与M45相距20米。

1. 墓葬形制

该墓为长方形竖穴土坑墓，方向105°。墓口开于耕土层下，距现地表0.2米，墓葬处于一个南北向断崖边上，墓口西高东低，平面呈长方形，墓壁上下垂直，规整，底部平坦。

墓口东西长3.1米，南北宽2.3米，墓底长、宽与墓口相同。墓底至墓口深0.1～0.3米（图八一）。

墓内填土为浅红褐色五花土，土质干燥较硬，土内有少量的黄土块和小料姜石块。

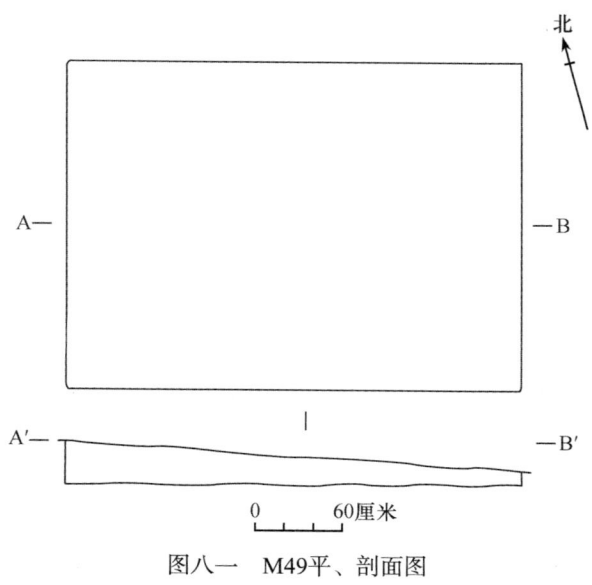

图八一　M49平、剖面图

2. 葬具与葬式

由于该墓被雨水长年冲刷和人为扰动等原因，墓葬破坏严重，墓底距现地表仅0.3～0.5米，故葬具与葬式均不详。仅在墓底铺有一层厚0.02～0.03米的草木灰。

3. 随葬器物

无。

三六、M50

M50位于墓地的东部，东与M44相距8.5米，西南与M48相距17.5米，西北与M38相距12米。在该墓的上部有一个现代的椭圆形大盗洞，盗洞长径3.9米，短径2.42米，几乎覆盖整个墓室，深度直达墓底。墓内随葬品被劫掠一空。

1. 墓葬形制

该墓为长方形竖穴土坑墓，方向65°。墓口开于耕土层下，距现地表0.2米。该墓处于一个南北向断崖上，墓口西高东低，平面近长方形，口部略大于墓底，墓壁向下斜直，规整光滑，墓底平坦。

墓口东西长4.6米，南北宽2.8~2.92米。墓底至墓口深1.12~2.48米。在墓底的四周留有较浅生土二层台，因该墓严重被盗，致使墓的西部、北部西端和南部西端的二层台被毁。从现存情况看，东侧台宽0.30米，南侧台宽0.24~0.32米，西侧台宽0.2~0.26米，北侧台宽0.28~0.32米，高0.08米。

二层台的台面以下为墓室，平面呈长方形，直壁。墓室东西长3.6米，南北宽1.8~1.94米，高0.08米（图八二）。

墓内填土为浅红褐色五花土，土质松软湿润，土内含有较多的小料姜石块和白土块、黄泥块等。

2. 葬具与葬式

该墓被严重盗扰，葬具与葬式不详。

3. 随葬器物

该墓被盗严重，随葬器物被盗一空，仅在盗洞的扰土中发现铜衔、镞、圆环、异形环、小半圆形箍饰和石片等。

随葬器物共121件（颗）。有铜器与石器两类。其中铜器98件，计有镞2件、衔1件、圆环3件、异形环2件、小半圆形箍饰90件；石器为石片23枚。

（1）铜器

98件。

镞　2件。形制相同，长短不一。皆为三棱形镞身，三刃聚为前锋，圆柱形铤较短，至铤

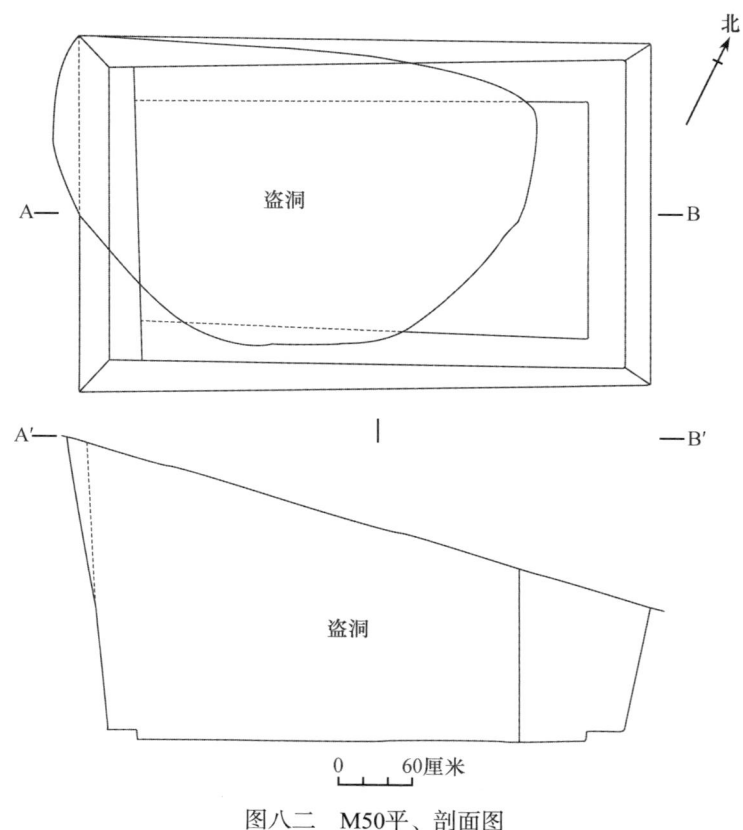

图八二 M50平、剖面图

末端渐细（图版六一，4）。M50：2-1，出土时铤末端略残。残长7.7、宽1、铤长3厘米（图八三，13）。M50：2-2，出土时铤部大部分残缺。残长6.5、宽1、铤残长0.9厘米（图八三，14）。

衔　1件。M50：1，由两根一端带椭圆形环，另一端带圆形环的扁圆形铜柱套接而成，套接的两圆环呈90°夹角。通长22.4、外环径5.1、内环径3厘米（图八三，1；图版六一，5）。

圆环　3件。形制、大小与纹样完全相同。皆圆环形铜饰，两面较平，正面上饰绞索纹（图版六一，6）。M50：3-1，直径3.6、孔径1.6、厚0.2厘米（图八三，2）。M50：3-2、M50：3-3，尺寸大小均与M50：3-1相同（图八三，3、4）。

异形环　2件。形制相同，大小近似。皆呈环形，有一直边，环的断面为圆形（图版六一，7）。M50：4-1，环外径2.5、孔径1.5、直边长1.5、环断面径0.5厘米（图八三，5）。M50：4-2，环外径2.5、孔径1.6、直边长1.6、环断面径0.5厘米（图八三，6）。

小半圆形箍饰　1组（90枚）。形制、大小基本相同。皆呈半环形，个体较小，外侧有锯齿，一端平直（图版六一，8）。M50：5-1，直边长0.9、外环径1.2、孔径0.9厘米（图八三，7）。M50：5-2～M50：5-6，尺寸大小与M50：5-1相同（图八三，8～12）。

（2）石器

23枚。仅石片一种。形制相同，大小不一。体皆呈椭圆形，系将石片两面加工磨平而成，一面较平，另一面微鼓，两端各有一细小圆穿。M50：6-1～M50：6-18，有穿孔，多数边缘残

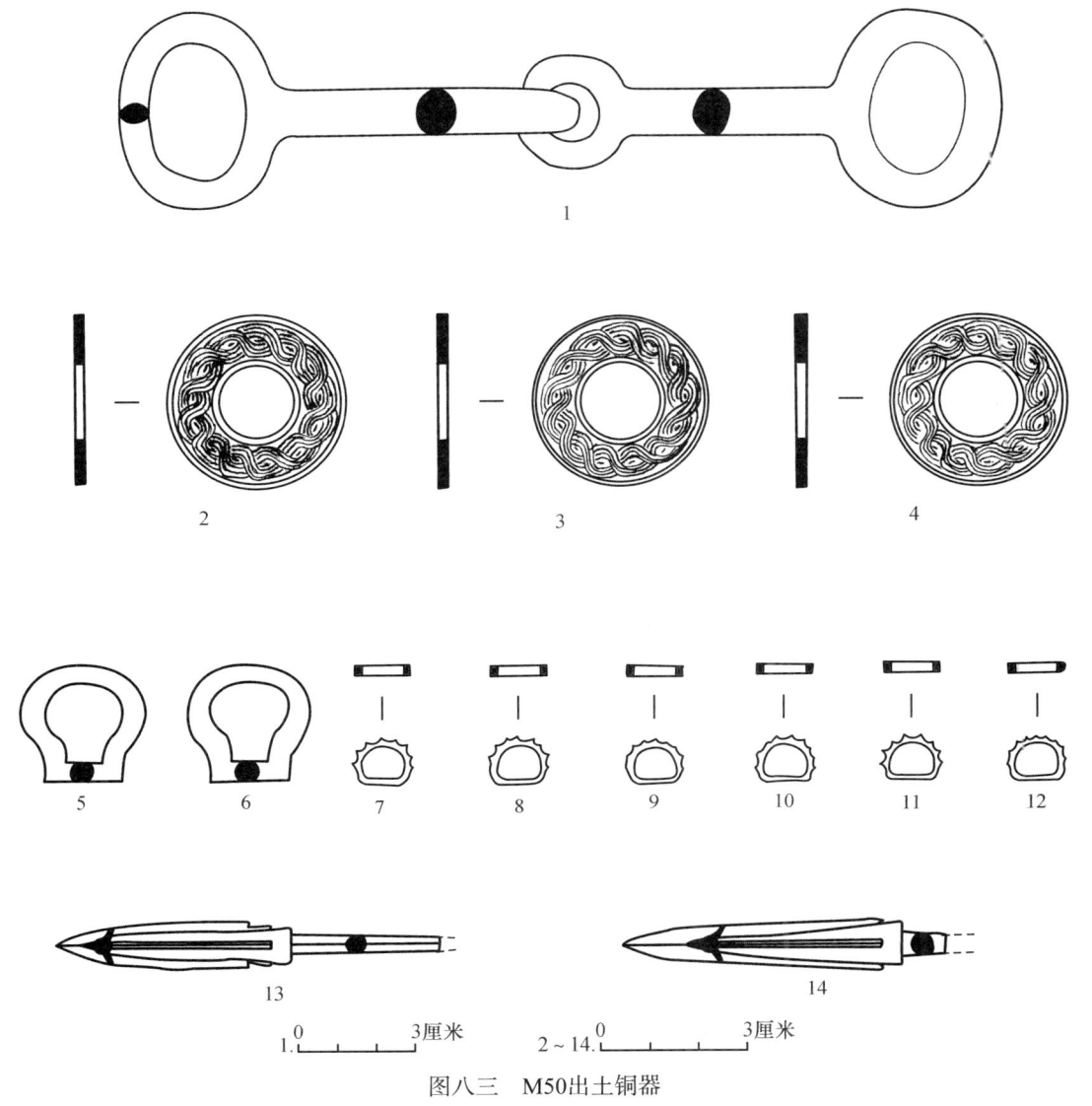

图八三　M50出土铜器

1. 衔（M50：1）　2~4. 圆环（M50：3-1、M50：3-2、M50：3-3）　5、6. 异形环（M50：4-1、M50：4-2）
7~12. 小半圆形箍饰（M50：5-1~M50：5-6）　13、14. 镞（M50：2-1、M50：2-2）

缺，少数残缺较甚。长径3~4.4、短径1.9~2.8厘米（图八四，1~18）。M50：6-19、M50：6-20，无穿，皆一端残失。长径约3~4.2、短径1.9~2.2厘米（图八四，19、20）。

三七、M51

M51位于墓地的南中部，东北与M49相距5.5米，南与M52相距13米，西与M47相距6米。在该墓的东部有一个现代的不规则形大盗洞，盗洞长3.6米，宽2.9米，深度直达墓底。墓内随葬器物大部分被盗走。

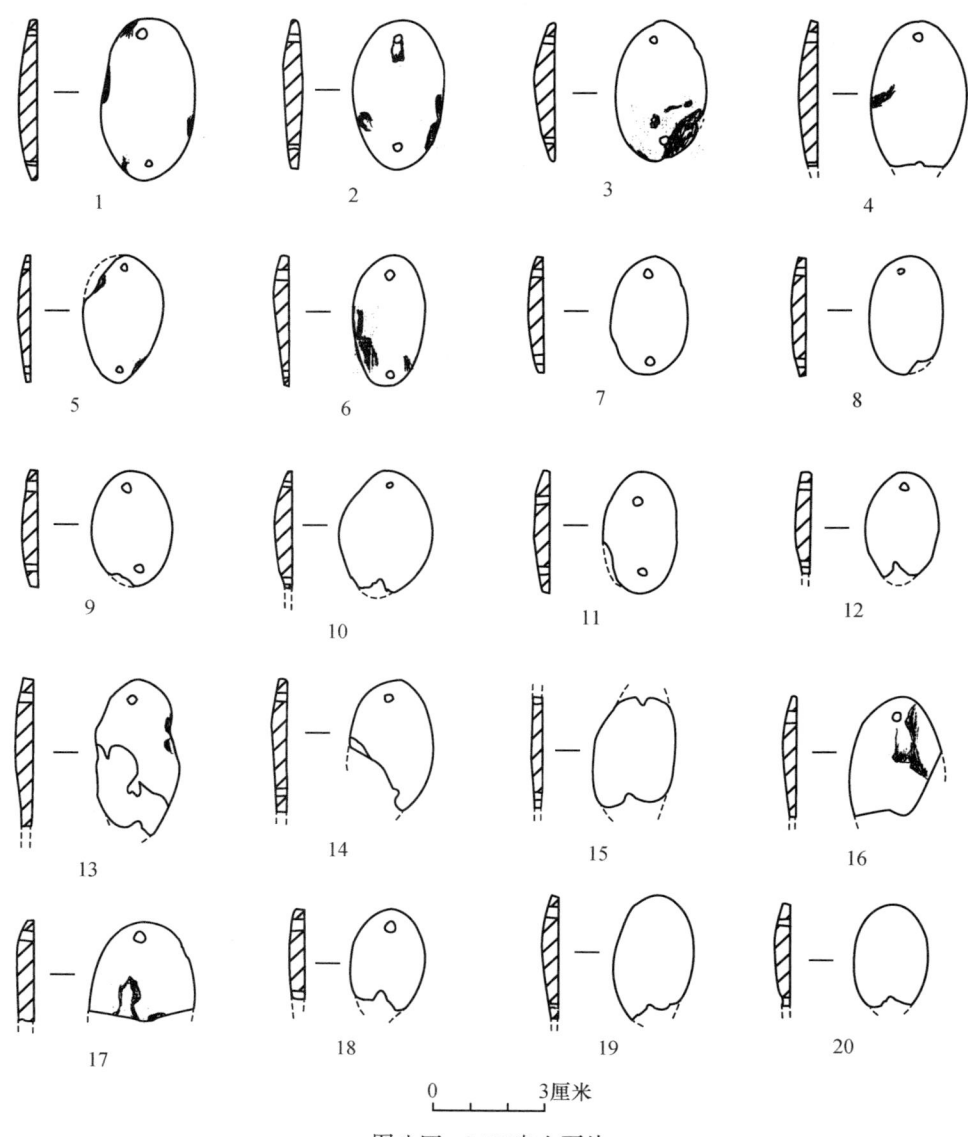

图八四　M50出土石片

1~18. 石片（M50：6-1~M50：6-18）　　19、20. 石片（M50：6-19、M50：6-20）

1. 墓葬形制

该墓为"甲"字形土坑竖穴墓，方向97°。墓口开于耕土层下，距现地表0.25米，因地势原因造成该墓的整体墓口西高东低。该墓由墓道和墓室组成，总残长8.4米。

墓道　位于在墓室东部，呈斜坡状。东端处于一个南北向断崖边上，被雨水和江水冲刷破坏，西端被盗墓者毁坏。口部残长2.6米，宽1.4米，底坡残长2.94米，宽1.4米，西端底部至口部深2.2米。坡度20°。

墓室　口部清晰，平面呈长方形。墓口西高东低，墓壁垂直，墓底平坦。墓口东西长5.8米，南北宽3.6米。墓底至墓口深3.8~4.4米。在墓的周围上下留有两级生土台阶，台面平整。第一级生土台阶距墓口深0.5~1.1米，东、西两侧台面宽各0.4米，南、北两侧台面各宽

0.3~0.5米。第二级生土台阶距第一级生土台阶面深1.3米,东侧及南、北两侧的东部台阶被盗墓者破坏,西侧台面宽0.3米,南侧的西部台面宽0.1~0.3米,残长2.0米;北侧的西部台面宽0.14~0.3米,残长1.7米。墓室底部东西长4.7米,南北宽2.7米(图八五)。

墓内填土为浅红褐色五花土,上部土质结构紧密,干燥较硬,呈块状,似夯打过,下部土质松软湿润,土内含有少量的料姜石块和黄泥块。盗洞下部填土为淤泥。

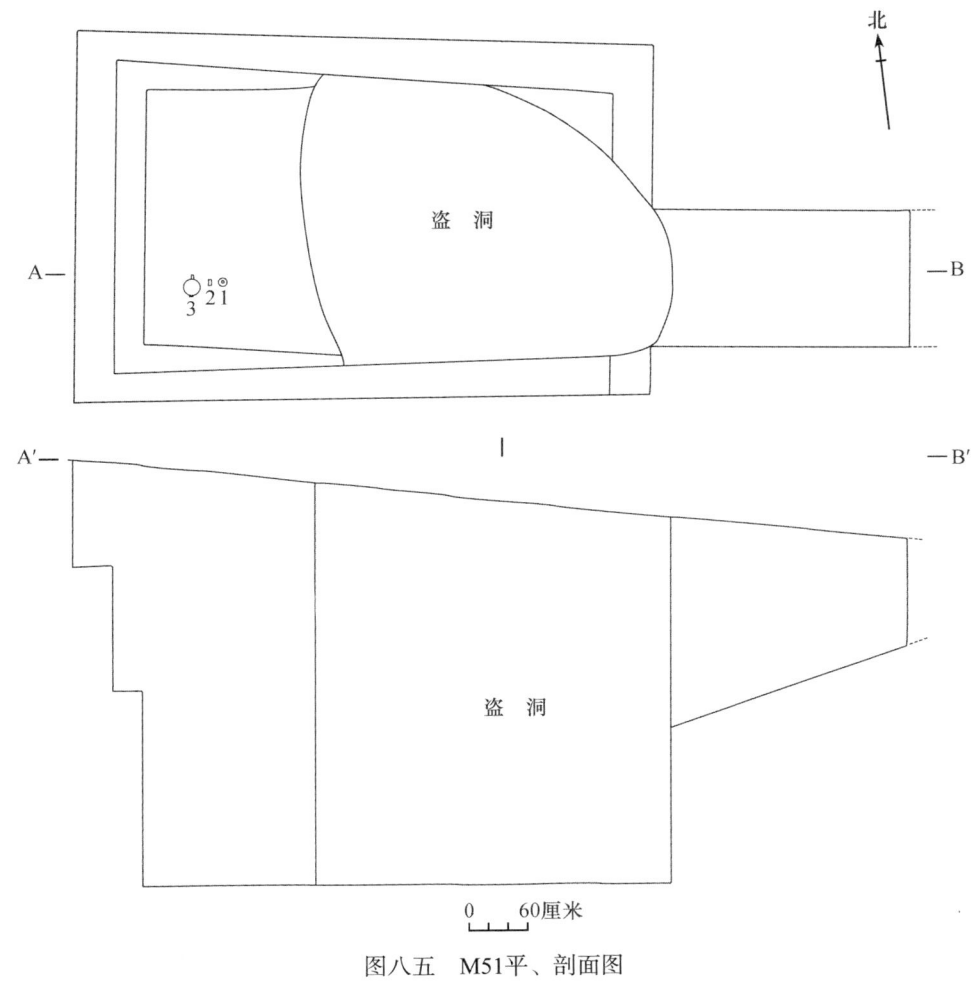

图八五 M51平、剖面图
1. 石环 2. 铜柲帽 3. 陶提梁盉

2. 葬具与葬式

该墓被严重盗扰,葬具与葬式不详。

3. 随葬器物

该墓被盗严重,大部分随葬器物被盗走,仅在墓室的西南部残存随葬器物3件,其中陶提梁盉1件,铜柲帽1件,石环1件。

陶提梁盉 1件。M51:3,泥质灰皮陶,黄褐胎。上有一盖,盖直口微敛,斜方唇,斜直壁，弧形顶。器小口近直，微内敛，方唇，弧肩，上有圆柱状的拱形提梁，扁圆鼓腹，圜底近平，下附三个较高蹄形足，足上有刮削痕。盖顶中部、器肩部及腹部各饰一组两周凹弦纹。通高25、口径8.8、最大腹径18、足高13厘米（图八六，1；彩版一四，4；图版三〇，3）。

铜柲帽　1件。M51：2，铜绿色。整体似蘑菇状，上部为圆饼状平顶，顶中部有一圆环形立钮，下部为圆形銎，器身中部有对穿的小钉孔。通长7.8、顶部直径2.6、口部直径2.4、环纽径1.2厘米（图八六，3；图版六二，1）。

石环　1件。M51：1，受侵蚀严重。青石质，青灰色，不透明。圆形，断面呈长方形，中孔为双面钻，一面有切割痕。直径7.8、好径3.8、厚0.5厘米（图八六，2；图版六七，2）。

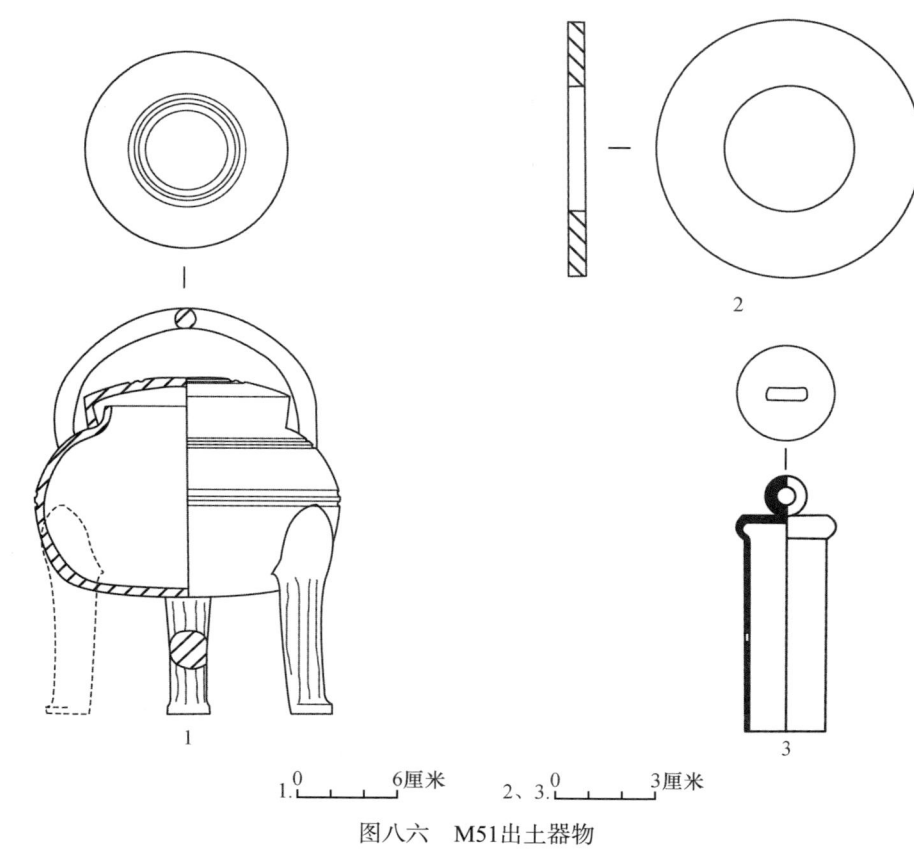

图八六　M51出土器物
1. 陶提梁盉（M51：3）　2. 石环（M51：1）　3. 铜柲帽（M51：2）

三八、M53

M53位于墓地的南部，北与M52相距9米，东与M54相距3.5米，西南与M56相距17米。

1. 墓葬形制

该墓为长方形竖穴土坑墓。参考残存的器物，方向170°。因江水长年侵蚀、冲刷，墓口已直接暴露于地表。现残存墓圹清楚，墓口北高南低，平面呈长方形，墓壁较直，墓底平坦。

墓口南北长3.3米，东西宽1.8米，墓底尺寸与墓口相同，墓底至墓口深0.24～0.32米（图八七）。

墓内填土为浅红褐色五花土，因被水侵蚀，土质松软，含有少量的小料姜石块。

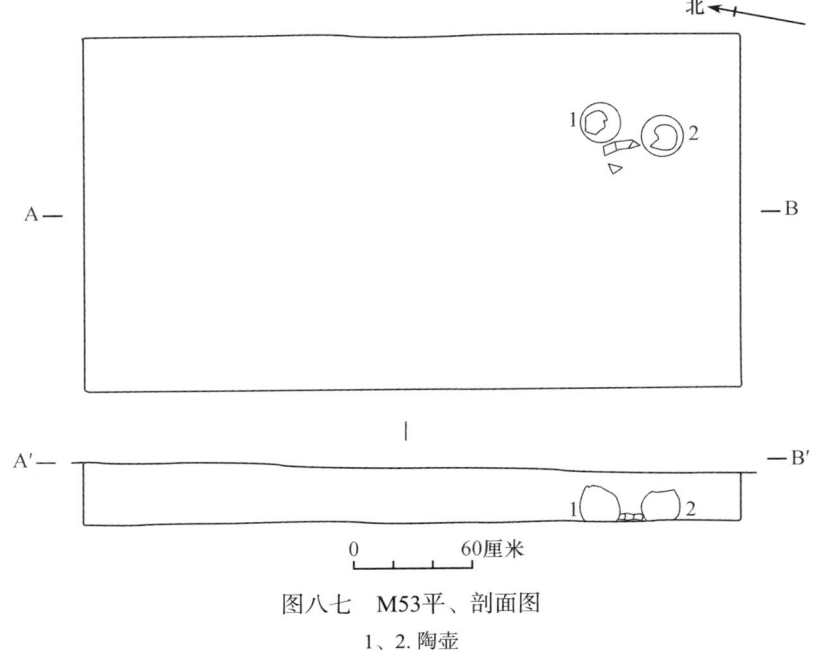

图八七　M53平、剖面图
1、2.陶壶

2. 葬具与葬式

该墓被盗和毁坏严重，葬具与葬式不详。

3. 随葬器物

该墓被盗严重，大部分随葬器物被盗走或被扰动。从现存情况看，随葬器物主要放置于墓室的南侧。出土器物较破碎，全部为陶器，可辨的器形有壶2件。

壶　2件。均残。皆泥质灰陶。M53：1，颈部以上部分残缺。溜肩，圆鼓腹，圜底内凹，高圈足近直。肩部、腹中部和下部各饰一组三周的凹弦纹。残高27.8、最大腹径22.4、足径11.2厘米（图八八，1）。M53：2，肩部以上部分残缺。溜肩，圆鼓腹，圜底内凹，高圈足近直。腹中部和下部各饰有一组三周凹弦纹。残高21.8、最大腹径22.4、足径11.2厘米（图八八，2）。

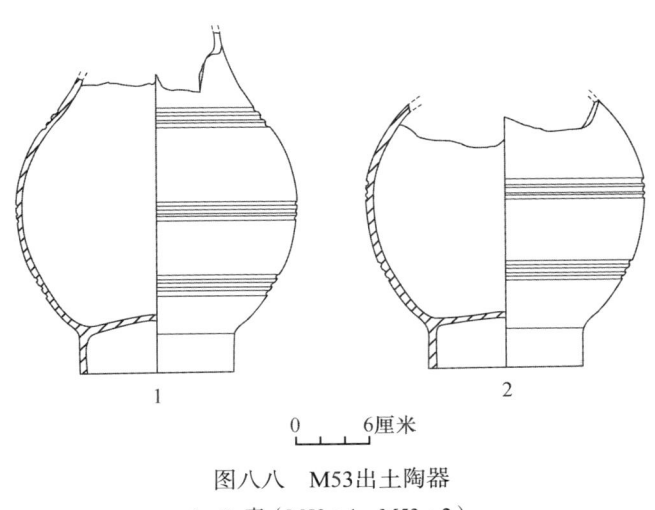

图八八　M53出土陶器
1、2.壶（M53：1、M53：2）

三九、M54

M54位于墓地的南部，北与M52相距9米，东南与M55相距11米，西与M53相距3.5米。

1. 墓葬形制

该墓为长方形竖穴土坑墓，方向350°。因江水长年侵蚀、冲刷，墓口已直接暴露于地表。现残存墓圹清楚，墓口南高北低，南窄北宽，平面近长方形，墓壁垂直，墓底平坦。

墓口南北长3.5米，东西宽1.8～2米，墓底尺寸与墓口相同，墓底至墓口深0.4～0.6米（图八九）。

墓内填土为浅红褐色五花土，因被水侵蚀，土质松软，含有少量的料姜石块。

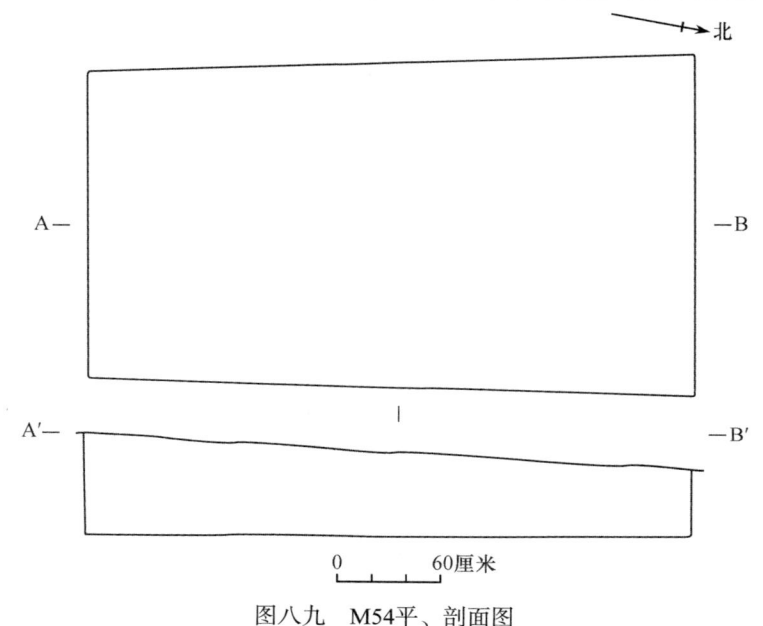

图八九　M54平、剖面图

2. 葬具与葬式

该墓被盗和毁坏严重，葬具与葬式不详。

3. 随葬器物

该墓被盗严重，随葬器物被劫掠一空。仅在扰土中出土几块陶鼎和陶壶残片。

四〇、M55

M55位于墓地的南端，西北与M54相距11米，西南与M56相距22.5米。

1. 墓葬形制

该墓为长方形竖穴土坑墓，方向70°。因江水长年侵蚀、冲刷，墓口已直接暴露于地表。现残存墓圹清楚，墓口东部略高于西部，平面呈长方形，墓壁垂直，墓底平坦。

墓口东西长2.9米，南北宽1.88米，墓底尺寸与墓口相同，墓底至墓口深0.44~0.5米（图九〇）。

墓内填土为浅红褐色五花土，因被水侵蚀，土质松软，含有少量的料姜石块。

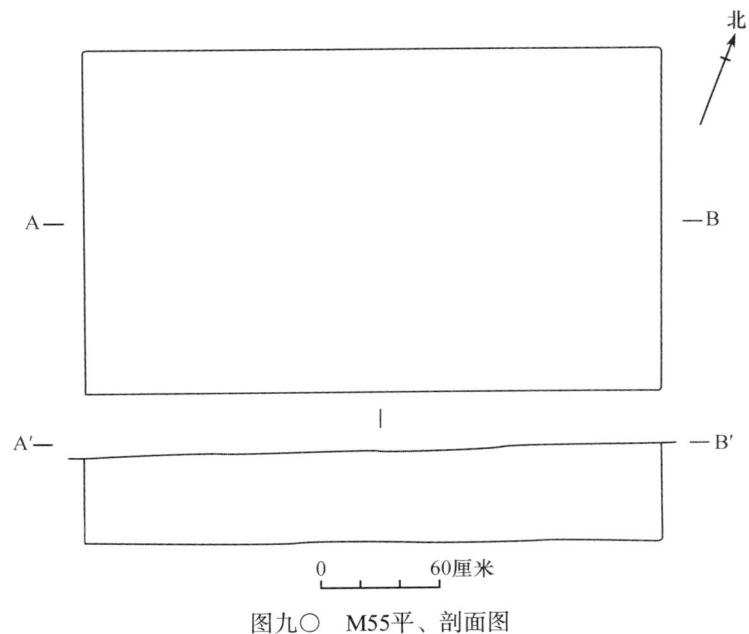

图九〇　M55平、剖面图

2. 葬具与葬式

墓被盗和毁坏严重，葬具与葬式不详。

3. 随葬器物

该墓被盗严重，随葬器物被劫掠一空，未发现随葬遗物。

四一、M56

M56位于墓地的南端,东北与M53和M55相距分别为17米和22.5米。

1. 墓葬形制

该墓为长方形竖穴土坑墓,方向85°。因江水长年侵蚀、冲刷,墓口已直接暴露于地表。现残存墓圹清楚,墓口东部略高于西部,且口部东宽西窄,平面近长方形,墓壁垂直,墓底平坦。

墓口平面近梯形,东西长2.9米,南北宽1.57~1.7米,墓底尺寸与墓口相同,墓底至墓口深0.24~0.3米(图九一)。

墓内填土为浅红褐色五花土,因被水侵蚀,土质松软,含有少量的料姜石块。

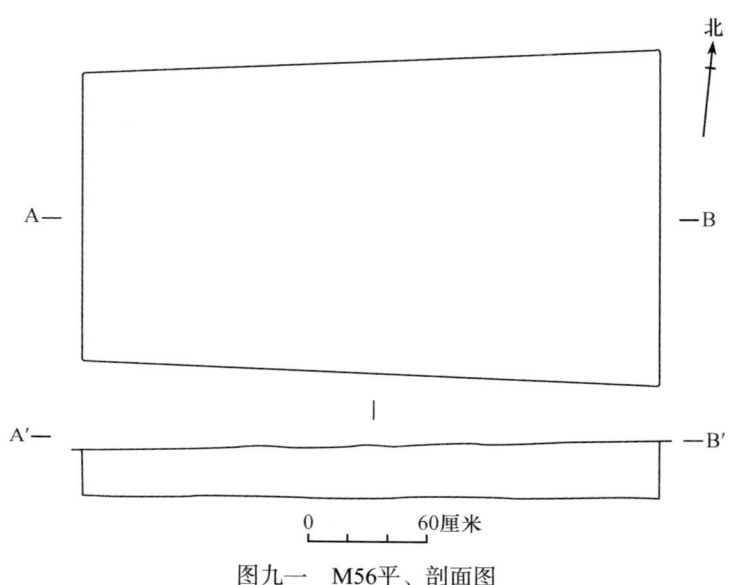

图九一 M56平、剖面图

2. 葬具与葬式

墓被盗和毁坏严重,葬具与葬式不详。

3. 随葬器物

该墓被盗严重,随葬器物被劫掠一空,未发现随葬遗物。

四二、M57

M57位于墓地的北部略偏西,东北与M72相距8米,东与M12相距10米,西北与M58相距4米。

1. 墓葬形制

该墓为长方形竖穴土坑墓,方向57°。墓口开于耕土层下,距现地表0.25米。墓口清晰,平面呈长方形,墓壁上下垂直,平滑规整,墓底平坦。

墓口东西长2.66米,南北宽1.68米。墓底至墓口深1.2米。在墓底的四周留有生土二层台,东侧台宽0.2~0.24米,南侧台宽0.34~0.42米,西侧台宽0.26~0.3米,北侧台宽0.2米,台高0.5米。

二层台的台面以下为墓室,平面近长方形,东端略宽于西端,直壁。墓室东西长2.2米,南北宽1.1米,高0.5米(图九二)。

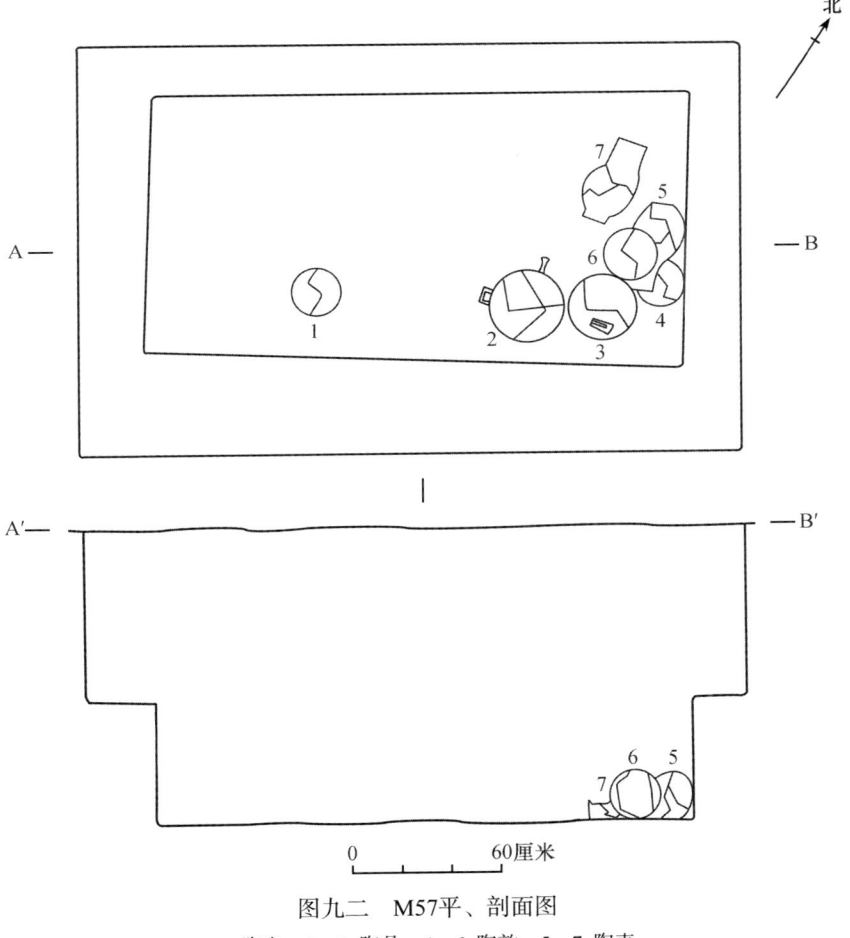

图九二 M57平、剖面图
1.陶盘 2、3.陶鼎 4、6.陶敦 5、7.陶壶

墓内填土为浅红褐色五花土，上部土质结构紧密，干燥较硬，下部土质松软湿润，较纯净，含有少量的小料姜石块。

2. 葬具与葬式

（1）葬具

葬具腐朽严重，结构不明。依其残存的灰白色或灰黑色木质痕迹判断为一椁。

木椁的四壁紧贴墓室周壁，平面近长方形，东西长2.2米，南北宽1.1米，残高0.5米，椁板厚度不详。

在椁室内未见木棺痕迹。

（2）葬式

木椁内葬有墓主一人，骨骼腐朽严重，保存很差，已朽成黄褐色粉末状。因墓底土质较湿，未能清出。仍可辨出墓主为直肢葬，头向东，年龄、性别不详。

3. 随葬器物

随葬器物放置于墓底椁室的东侧及南侧，即墓主人的头部及左侧。东侧自北向南依次有壶、敦，南侧向西有鼎、盘等。

随葬器物共7件。全部为陶器，因烧制火候低下，破碎严重。计有鼎2件、壶2件、敦2件、盘1件。

鼎　2件。陶质、器身形制、纹样基本相同，大小相差无几。皆泥质黑皮陶，黄褐色胎。器子口内敛，口沿外侧下附有二个对称的长方形耳，扁鼓腹略浅，圜底，下附三个蹄形足。腹上部和下部各饰一周凹弦纹。M57：2，上有一弧形盖，盖顶面隆起。器口圆唇，通高21.4、口径16.4、足高11.6厘米（图九三，1；图版三〇，4）。M57：3，盖残甚，未能修复。器口方唇，足上有刮削的痕迹。通高21、口径16、足高11.8厘米（图九三，2；图版三〇，5）。

壶　2件。陶质、形制及纹样基本相同，大小略异。皆泥质黑皮陶，黄褐色胎。粗颈微束，溜肩，圆鼓腹，平底内凹，最大腹径在上腹部。颈部、肩部和腹上部各饰一周凹弦纹。M57：5，唇部残缺。侈口。高29.4、口径10.4、最大腹径19.6、底径8.4厘米（图九三，5；图版三〇，6）。M57：7，子口内敛，方唇。高30.6、口径8.8、最大腹径19.6、底径8.4厘米（图九三，4；图版三〇，7）。

敦　2件。M57：4，泥质黑皮陶，黄褐色胎。敦盖残甚，未能修复。器呈半球状，口微侈，方唇，弧腹，圜底，下附三个似简化的"S"形兽足。通高10.3、口径18.1厘米（图九三，3；图版三一，1）。M57：6，残甚，未能修复。

盘　1件。M57：1，残甚，未能修复。

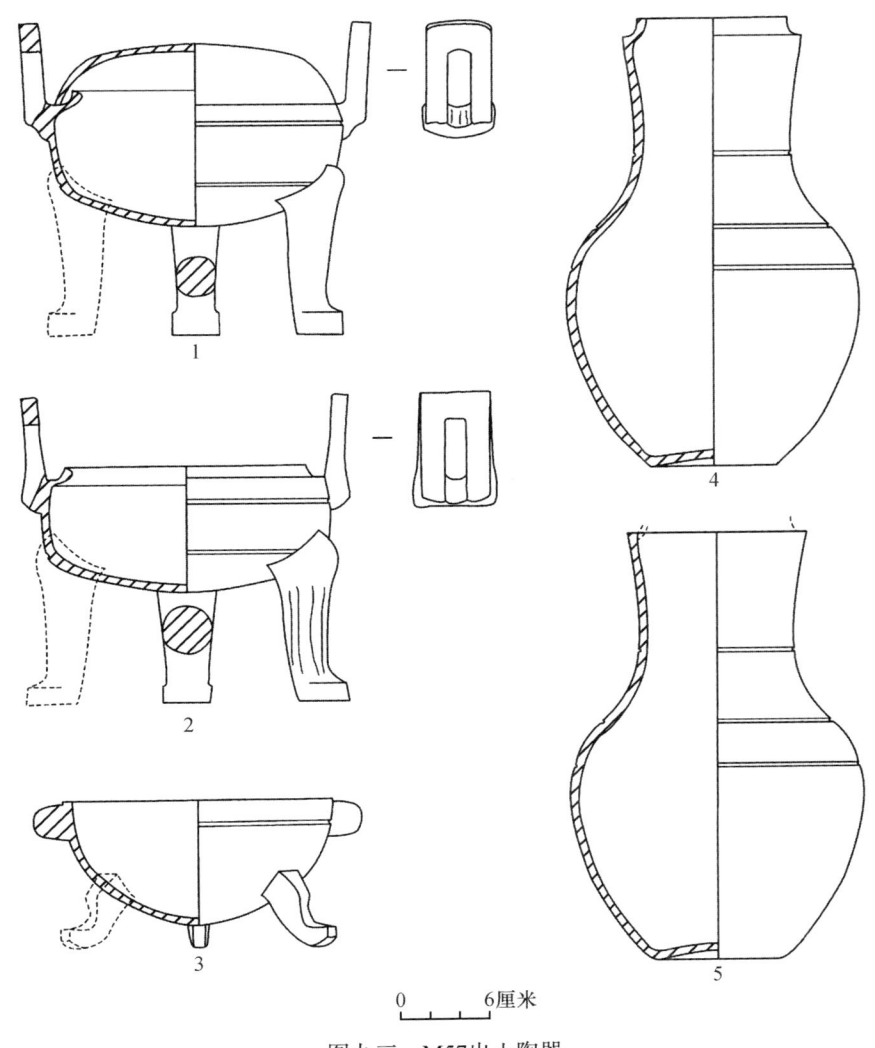

图九三　M57出土陶器

1、2. 鼎（M57：2、M57：3）　3. 敦（M57：4）　4、5. 壶（M57：7、M57：5）

四三、M58

M58位于墓地的西北部，北与M59相距3米，东与M72相距8.1米，南与M57相距4米，西与M73相距3.5米。

1. 墓葬形制

该墓为长方形竖穴土坑墓，方向52°。墓口开于耕土层下，距现地表0.2米。墓口平面呈长方形，墓壁上下垂直，光滑规整，墓底平坦。

墓口东西长2.8米，南北宽1.76米。墓底至墓口深2.1米。在墓底的四周留有生土二层台，东侧台宽0.22～0.28米，南侧台宽0.26～0.4米，西侧台宽0.24～0.28米，北侧台宽0.26～0.3米，台高0.4米。

二层台的台面以下为墓室，平面近长方形，东端略宽于西端，直壁。墓室东西长2.26～2.34米，南北宽1.06～1.24米，高0.4米（图九四）。

墓内填土为浅红褐色五花土，上部土质干燥较硬，下部湿润较软，土内含有少量的白土块、黄泥块和料姜石块。

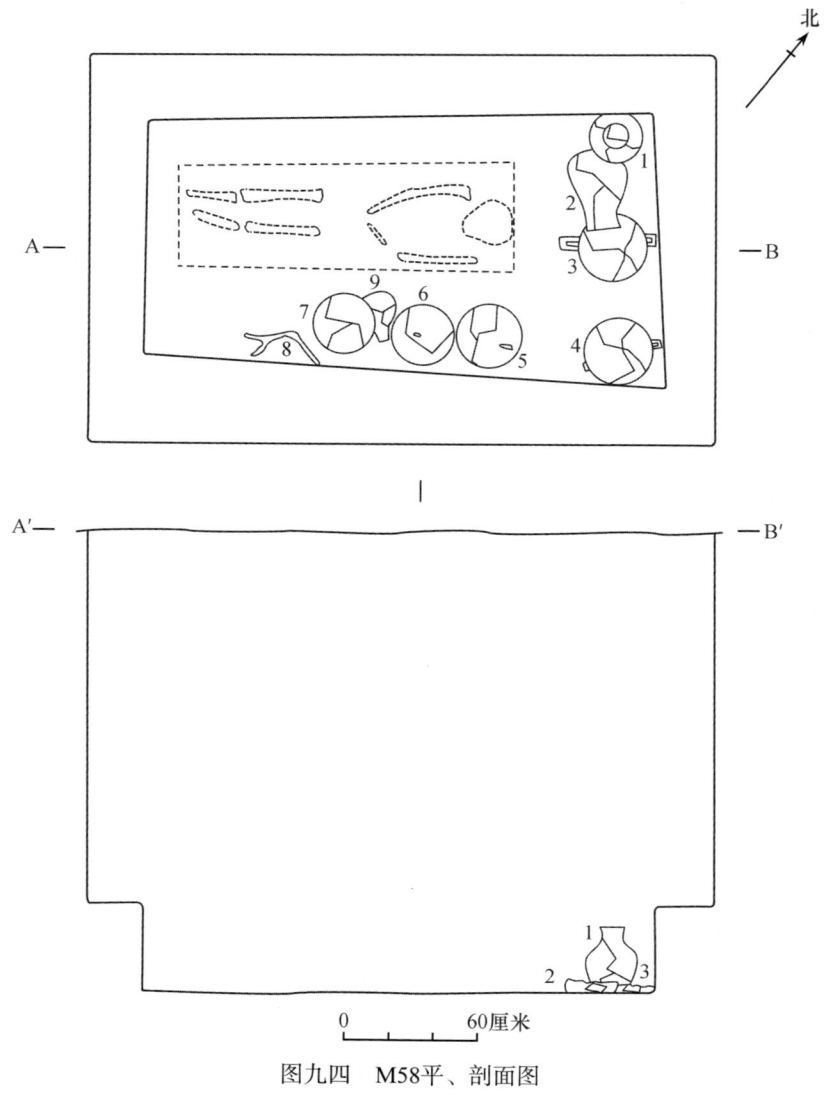

图九四　M58平、剖面图
1、2.陶壶　3、4.陶鼎　5、6.陶敦　7.陶盘　8.鹿角　9.陶匜

2. 葬具与葬式

（1）葬具

葬具腐朽严重，结构不明。依据残存的灰白色木质朽痕判断为一椁一棺。

木椁的四壁紧贴墓室周壁，平面近长方形，东西长2.26～2.34米，南北宽1.06～1.24米，残高0.4米，椁板厚度不详。

木棺置于椁室内的北侧，平面呈长方形，东西长1.5米，南北宽0.5米，棺板厚度和高度不详。

（2）葬式

棺内葬有墓主一人，骨骸已腐朽成黄褐色粉末。依痕迹可辨为仰身直肢葬，头东足西，性别与年龄不详。

3. 随葬器物

随葬器物放置于墓底棺椁之间的东侧和南侧，即墓主人的头部与左侧。东侧自北向南依次有陶壶、鼎，南侧向西有陶敦、匜、盘和鹿角等。

随葬器物共9件。除M58：8鹿角因腐朽成粉末状未采集外，其余全为陶器。陶器8件，计有鼎2件、壶2件、敦2件、盘1件、匜1件。

鼎　2件。陶质、形制、大小及纹样相同。均为泥质黑皮陶，黄褐色胎。器为子口内敛，方唇，深腹，上腹部较直，外侧附有两个对称的长方形直耳，下腹呈弧形缓收至底，圜底近平，下附三个兽蹄形足，足根部略外撇。盖面上饰两周凸弦纹，腹部饰一周凸弦纹。M58：4，上有一弧形盖，顶部向上隆起。通高21.8、口径20、足高12.2厘米（图九五，1；图版三一，3）。M58：3，器盖残碎较甚，未能修复。器身尺寸大小与M58：4相同（图九五，2；图版三一，2）。

壶　2件。陶质、形制、大小及纹样相同。皆泥质黑皮陶，红褐色胎。器为侈口，方唇，唇部内侧有一周凸棱，粗束颈，溜肩，肩部附有两个对称的扁圆形盲耳，圆鼓腹，平底内凹。盖面上饰两周凹弦纹，颈部饰二组四周凹弦纹，肩部和腹部各饰一组两周凹弦纹。M58：1，上有盖，浅子母口，弧顶形，顶部微隆。通高33.8、口径11.2、最大腹径23.2、底径10.8厘米（图九五，5；图版三一，6）。M58：2，壶盖残甚，未能修复。器身尺寸大小与M58：1相同（图九五，6；图版三一，7）。

敦　2件。陶质、形制、大小各有差异。M58：6，泥质红褐陶。由盖和器上下扣合而成，整体呈圆球形。盖与器形制相同，均呈半球状，口微敛，方唇，深弧腹，腹上部近口处附有两个对称扁圆形盲耳（盖上盲耳缺失），圜底，盖上和器身下各附三个鸟首状纽（足），外撇较甚。腹上部饰一周凹弦纹。高24、口径19.2厘米（图九五，3；图版三一，5）。M58：5，泥质黑皮陶，黄褐胎。敦盖破碎较甚，未能修复。器呈半球状，口微敛，方唇，弧腹较浅，圜底，下附三个似鸟首状足。腹部饰一周凹弦纹。高12、口径19.2厘米（图九五，4；图版三一，4）。

盘　1件。M58：7，泥质黑皮陶，黄褐胎。敞口，方唇，宽平折沿，折棱明显，弧腹略深，腹上部微折，平底微凹。高6.2、口径22.8、底径9.2厘米（图九五，7；图版三二，1）。

匜　1件。M58：9，泥质黑皮陶，黄褐胎。流残缺。近椭圆形口，稍外侈，方唇，弧腹，小平底。高3.2、口径9.6、底径3.2厘米（图九五，8；图版三二，2）。

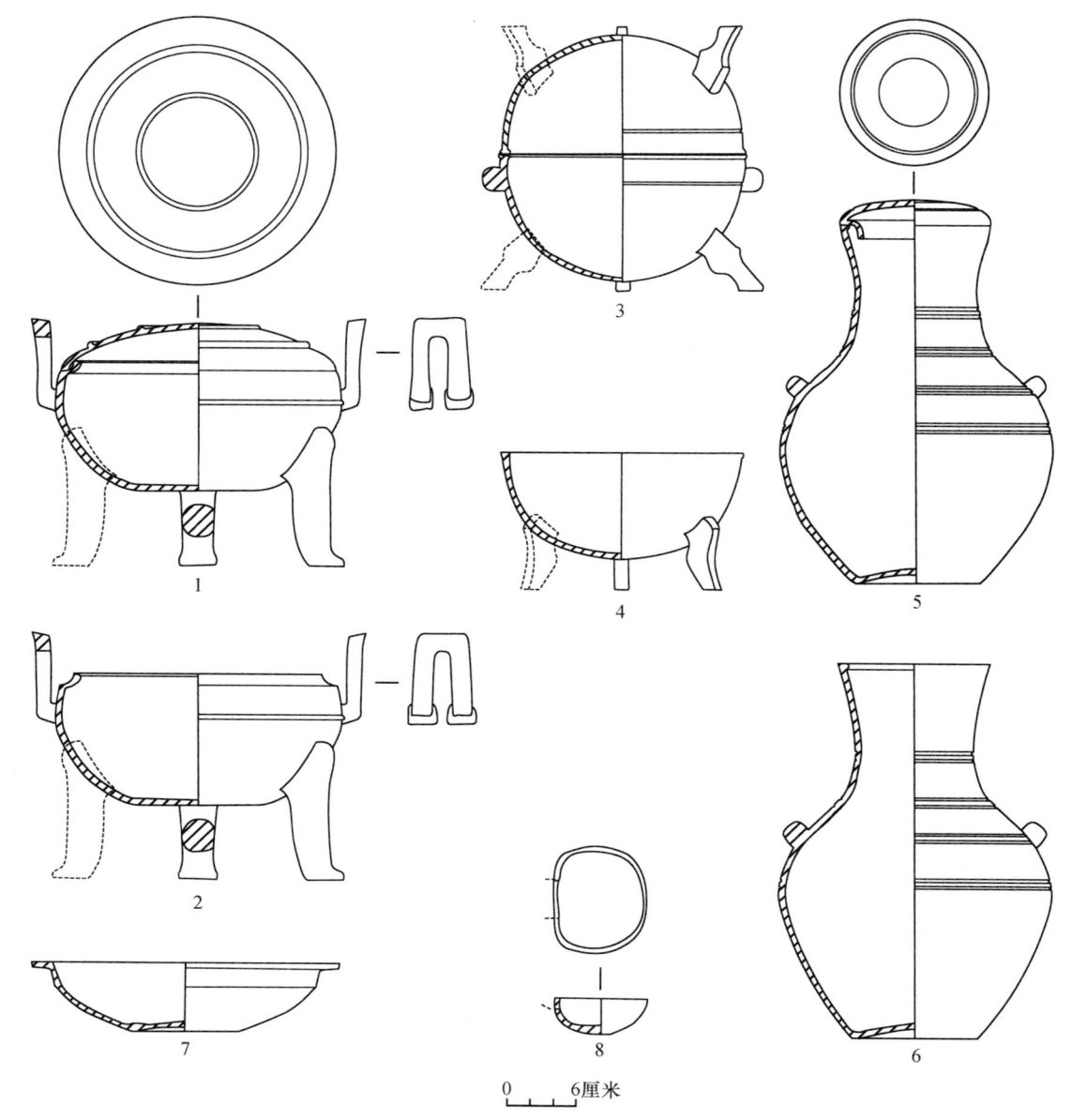

图九五　M58出土陶器

1、2. 鼎（M58∶4、M58∶3）　3、4. 敦（M58∶6、M58∶5）　5、6. 壶（M58∶1、M58∶2）
7. 盘（M58∶7）　8. 匜（M58∶9）

四四、M59

M59位于墓地的西北部，北与M61相距2.5米，东北与M4相距6米，东南与M72相距9.5米，南与M58相距3米，西南与M73相距4米。

1. 墓葬形制

该墓为长方形竖穴土坑墓，方向55°。墓口开于耕土层下，距现地表0.2米。墓口东端略宽于西端，平面近长方形，墓壁上下垂直，光滑规整，墓底平坦。

墓口东西长2.9米，南北宽1.64~1.76米。墓底至墓口深2.7米。在墓底的四周留有生土二层台，东侧台宽0.22米，南侧台宽0.3米，西侧台宽0.26~0.3米，北侧台宽0.24~0.34米，台高0.4米。

二层台的台面以下为墓室，平面近长方形，直壁。墓室东西长2.4米，南北宽1.08~1.12米，高0.4米（图九六；彩版五，2）。

墓内填土为浅红褐色五花土，土质干燥较硬，呈块状，内含有少量的白土块、黄泥块和料姜石块。

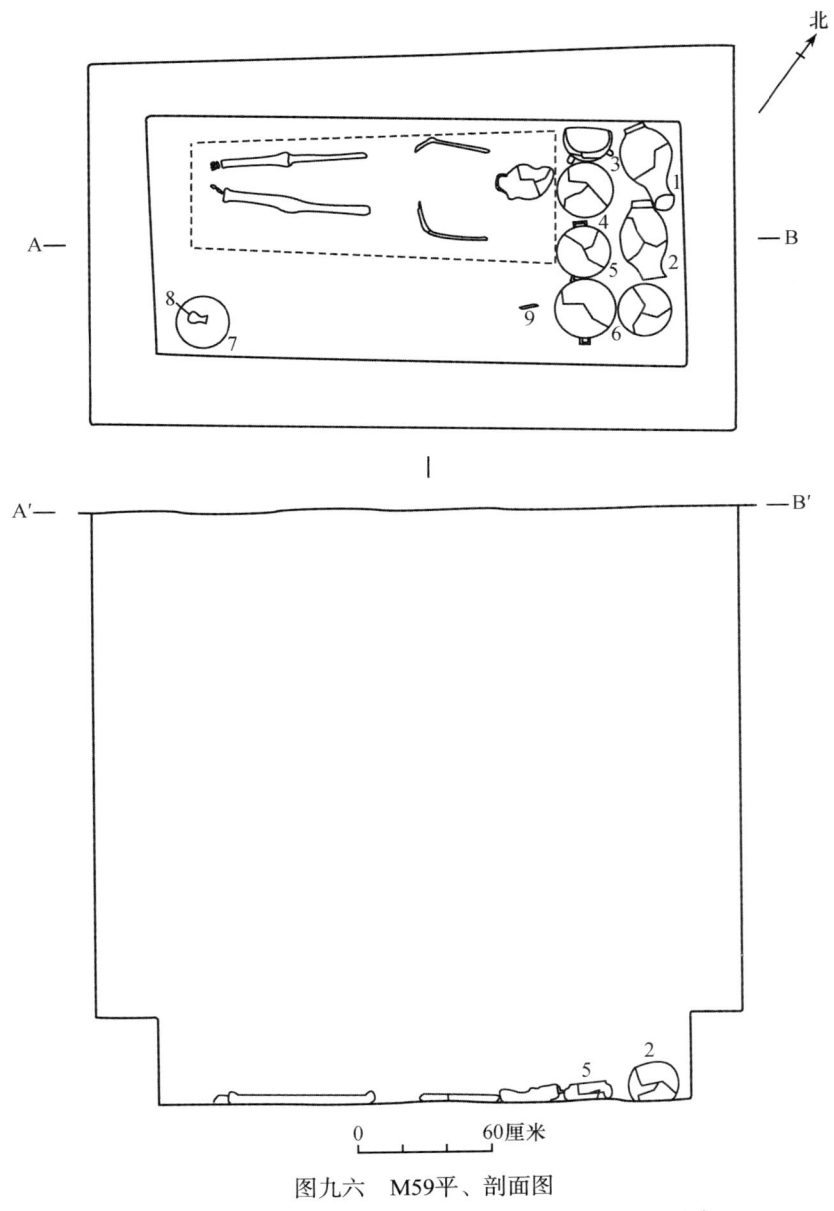

图九六　M59平、剖面图
1、2.陶壶　3、4.陶敦　5、6.陶鼎　7.陶盘　8.陶匜　9.鹿角

2. 葬具与葬式

（1）葬具

葬具皆腐朽严重，结构不明。依残存的灰白色木质痕迹判断为一椁一棺。

木椁的四壁紧贴墓室周壁，平面近长方形，东西长2.4米，宽1.08～1.12米，残高0.4米。

木棺置于椁室的北侧，平面近长方形，东西长1.64米，南北宽0.48～0.6米，高度和棺板厚度不详。

（2）葬式

棺内葬有墓主一人，骨骼腐朽严重。除股骨和胫骨外，其他部分已朽成黄褐色粉末或骨渣。墓主为仰身直肢葬，头东足西，面向上，性别和年龄不详。

3. 随葬器物

随葬器物放置于墓底棺椁之间的东侧和西南角，即墓主人的头部与左脚外侧。东侧自北向南依次有陶壶、敦、鼎及鹿角等，西南角有陶盘、匜。

随葬器物共9件。除鹿角M59:9因腐朽严重未采集外，其余均为陶器。陶器8件，计有鼎2件、壶2件、敦2件、盘1件、匜1件（彩版八，6）。

鼎　2件。盖皆残甚，无法修复。陶质、形制、纹样相同，大小近似。均为泥质灰陶。子口内敛，斜方唇，腹部微折，上腹部较直，外附两个对称的长方形耳，下腹部外弧缓收至底，圜底，下附三个较高的兽蹄形足，足内侧上部微凹。腹部饰二周凹弦纹。M59:5，通高26.2、口径19.2、足高14.8厘米（图九七，1；图版三二，3）。M59:6，通高25.2、口径19.2、足高15厘米（图九七，2；图版三二，4）。

壶　2件。陶质、形制、大小及纹样相同。均为泥质黑皮陶，黄褐色胎。上承一拱形盖，深子母口，盖顶隆起，近边缘均匀分布四个楔形纽。器为侈口，方唇，粗束颈，溜肩，肩部附有四个相互对称的梯形盲耳，深鼓腹，圜底，矮圈足近直，器身最大腹径在中部。肩部饰一周凹弦纹。M59:1，通高37.8、口径10.8、最大腹径22.8、圈足径11.6厘米（图九七，7；图版三二，5）。M59:2，尺寸大小与M59:1相同（图九七，8；图版三二，6）。

敦　2件。陶质、形制、大小相同。皆为泥质黑皮陶。由盖和器上下扣合而成，整体呈圆球形。盖与器形制相同，均呈半球状，直口微敛，方唇，弧腹，圜底，盖上和器身下各附三个似简化的扁蹄形兽形纽（足），略外撇。M59:3，通高22.8、口径19.8厘米（图九七，3；图版三三，1）。M59:4，尺寸大小与M59:3相同（图九七，6；图版三三，2）。

盘　1件。M59:7，泥质黑皮陶，黄褐色胎。敞口，方唇，翻折沿上翘，折腹，折棱明显，下腹斜直内收微外弧，平底。高5.4、口径20.8、底径9.2厘米（图九七，5；图版三三，3）。

匜　1件。M59:8，泥质黑皮陶，黄褐色胎。器形较小，椭圆形口，微内敛，方唇，一侧

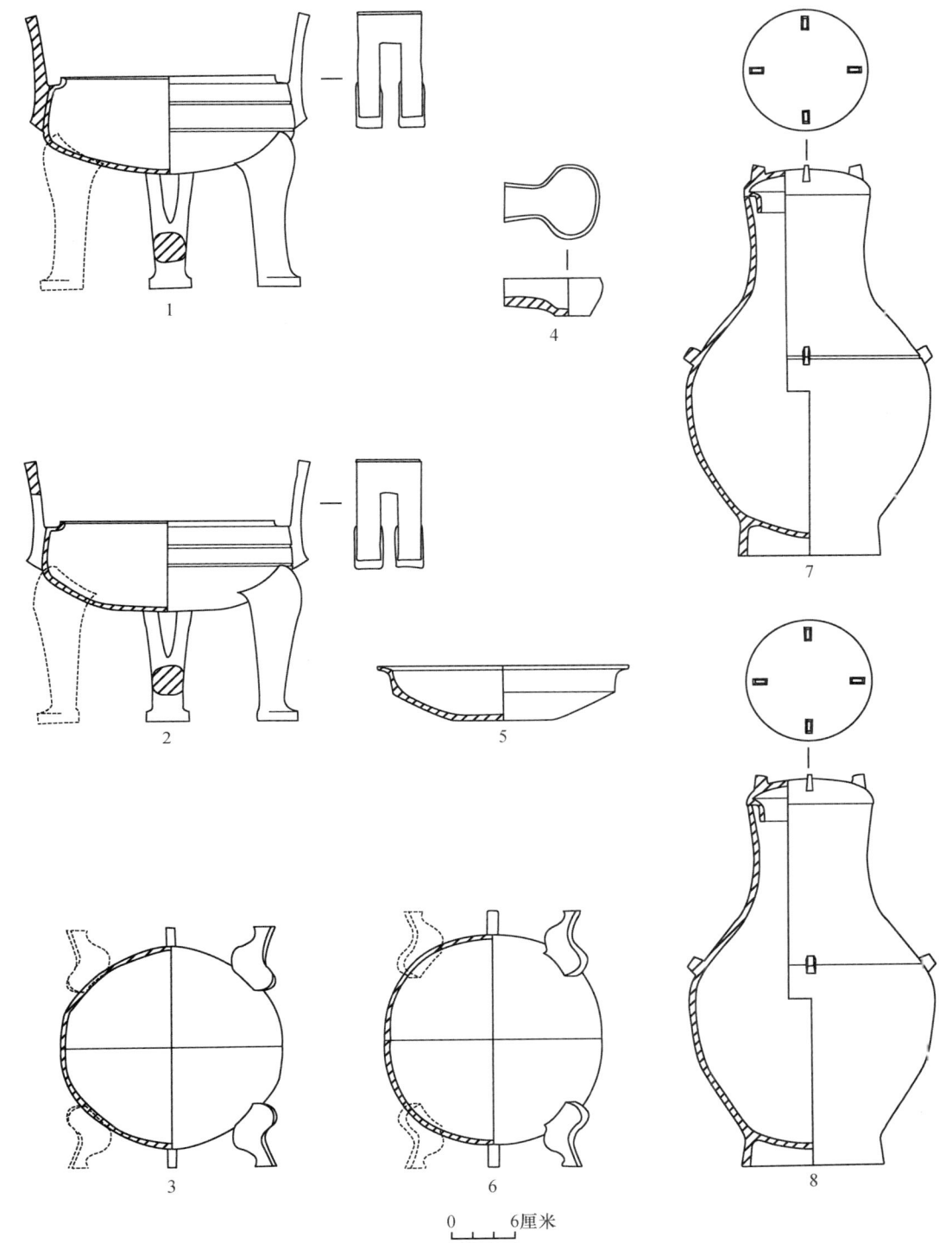

图九七 M59出土陶器
1、2. 鼎（M59：5、M59：6） 3、6. 敦（M59：3、M59：4） 4. 匜（M59：8） 5. 盘（M59：7）
7、8. 壶（M59：1、M59：2）

有槽状宽直流，流微上翘，断面近半圆形，弧腹，小平底。通高3.6、口径7.2、底径3.2厘米；流长3.4、流宽3.6厘米（图九七，4；图版三三，4）。

四五、M60

M60位于墓地的西北部，东北与M77相距11米，东南与M4相距2米，西南与M61相距4米，西与M68相距7.8米。

1. 墓葬形制

该墓为长方形竖穴土坑墓，方向50°。墓口开于耕土层下，距现地表0.25米。墓口平面呈长方形，墓壁规整，上下垂直，墓底平坦。

墓口东西长2.1米，南北宽0.64米；墓底尺寸与墓口相同，墓底至墓口深0.3米（图九八）。

墓内填土为浅红褐色五花土，土质干燥较硬，结构紧密，呈块状，内含有较多的料姜石块。

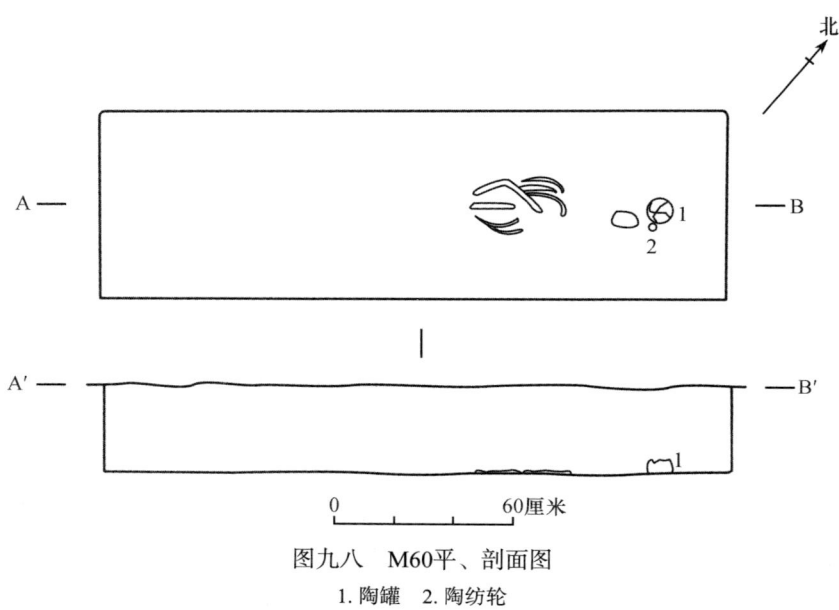

图九八　M60平、剖面图
1. 陶罐　2. 陶纺轮

2. 葬具与葬式

（1）葬具

葬具不详。

（2）葬式

墓内葬有墓主一人，骨骼腐朽严重，且不完整，仅残存部分肋骨。依据肋骨的位置判断，墓主头向东，葬式、性别及年龄不详。

3. 随葬器物

墓内的随葬器物放置于墓室的东部，即墓主人的头部，有陶罐、纺轮等。

随葬器物共2件。全部为陶器,计有罐1件、纺轮1件。

罐　1件。M60:1,泥质红褐陶。口外侈,圆唇,平折沿外翻,短束颈,折肩,弧腹向下内收,平底内凹。肩部饰一周凹弦纹。高5.4、口径4.8、底径2.8厘米(图九九,1;图版三三,5)。

纺轮　1件。M60:2,泥质灰陶。圆形,断面呈长方形,中心有一圆形小穿孔。直径4.4、厚0.7厘米(图九九,2;图版三三,6)。

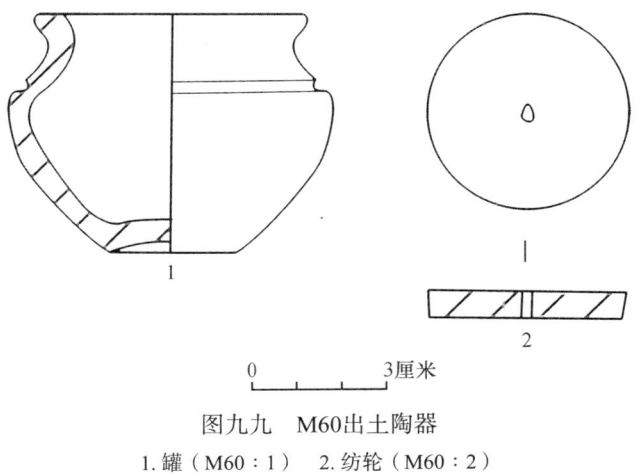

图九九　M60出土陶器
1. 罐(M60:1)　2. 纺轮(M60:2)

四六、M61

M61位于墓地的西北部,东北与M60相距4米,东与M4相距6米,南和西北分别与M59、M68相距2.5米。

1. 墓葬形制

该墓为长方形竖穴土坑墓,方向60°。墓口开于耕土层下,距现地表0.25米。墓口平面呈长方形,墓壁规整,上下垂直,墓底平坦。

墓口东西长3.7米,南北宽1.84米。墓底至墓口深1.8米。在墓底的四周留有生土二层台,东侧台宽0.48~0.58米,南侧台宽0.28~0.34米,西侧台宽0.48~0.52米,北侧台宽0.32~0.38米,高0.5米。

二层台的台面以下为墓室,平面近长方形,东端略宽,西端稍窄,直壁。墓室东西长2.3~2.4米,南北宽1.12~1.24米,高0.5米(图一〇〇;图版四,1)。

墓内填土为浅红褐色五花土,土质干燥较硬,呈块状,内含有较多的料姜石块和白土块。

2. 葬具与葬式

(1)葬具

葬具腐朽严重,结构不明。依其残存的黑色或褐色粉末状木质痕迹判断为一椁一棺。

木椁的四壁紧贴墓室周壁,平面近长方形,东西长2.3~2.4米,南北宽1.12~1.2米,残高0.5米,椁板厚度不详。

木棺置于椁室内的北侧,平面近长方形,东西长1.7米,南北宽0.54~0.64米,棺板厚度和高度不详。

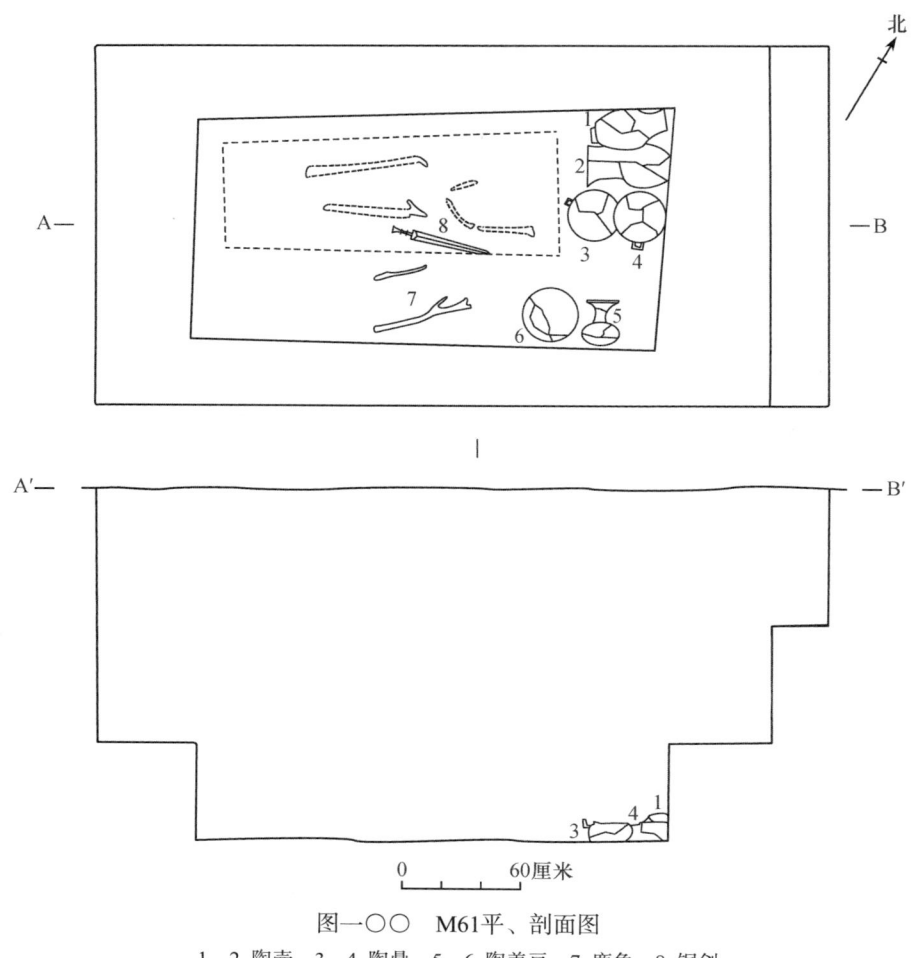

图一〇〇 M61平、剖面图
1、2.陶壶 3、4.陶鼎 5、6.陶盖豆 7.鹿角 8.铜剑

（2）葬式

棺内葬有墓主一人，骨骼腐朽严重，保存很差，已成粉末状。从保留的痕迹可以看出，墓主为仰身直肢葬，头东足西，性别、年龄不详。

3. 随葬器物

随葬器物放置于墓底棺椁之间的东侧、东南部和棺内，即墓主人的头部与左侧。棺椁之间的东侧自北向南依次有陶壶、鼎，东南部向西有陶盖豆和鹿角；棺内有铜剑。

随葬器物共8件。依质地可分为陶、铜器和骨器三类。其中陶器6件，烧制火候较低，破碎严重，计有鼎2件、盖豆2件、壶2件（图版八，5）；铜器为剑1件；骨器为鹿角1件。

（1）陶器

6件。

鼎　2件。陶质、形制、大小各异。M61∶4，泥质黑皮陶，红褐色胎。子口内敛，方唇，口沿外侧下附二个对称的长方形耳，弧腹，至底部处缓收，圜底，下附三个蹄形足，足根略外撇。腹上部饰一周凸弦纹，下部饰一周凹弦纹。通高19.5、口径17、足高12.2厘米（图一〇一，1；彩版九，4；图版三四，1）。M61：3，夹砂黑皮陶，红褐色胎。陶质较差，残碎较甚，口部、腹部未能修复。下腹部外弧缓收至底部，圜底，下附三个蹄形足，足根略外撇。下腹部饰一周凹弦纹。残高15.2、足高12.5厘米（图一〇一，2）。

盖豆 2件。陶质、形制相同，大小略异。皆夹砂红褐陶。盖、盘整体呈盒形。盖作弧形，方唇，盖面隆起。器子口内敛，方唇，弧腹略外鼓，圜底，豆柄中空稍短，喇叭形圈足座，底座直折。M61：5，通高21.2、口径15.8、底径11.6厘米（图一〇一，3；图版三四，2）。M61：6，通高21.2、口径15.2、底径11.2厘米（图一〇一，4；图版三四，3）。

壶 2件。陶质相同，形制、大小稍异。皆夹砂黑皮陶，红褐胎。M61：1，上承一弧形盖，盖为敞口，圆唇，盖面高隆。器子口内敛，方唇，束颈细长，溜肩，鼓腹，腹上部原附有四个对称的耳，耳现均已残失，平底，矮圈足近直，器身最大腹径在中部。腹上部饰一周

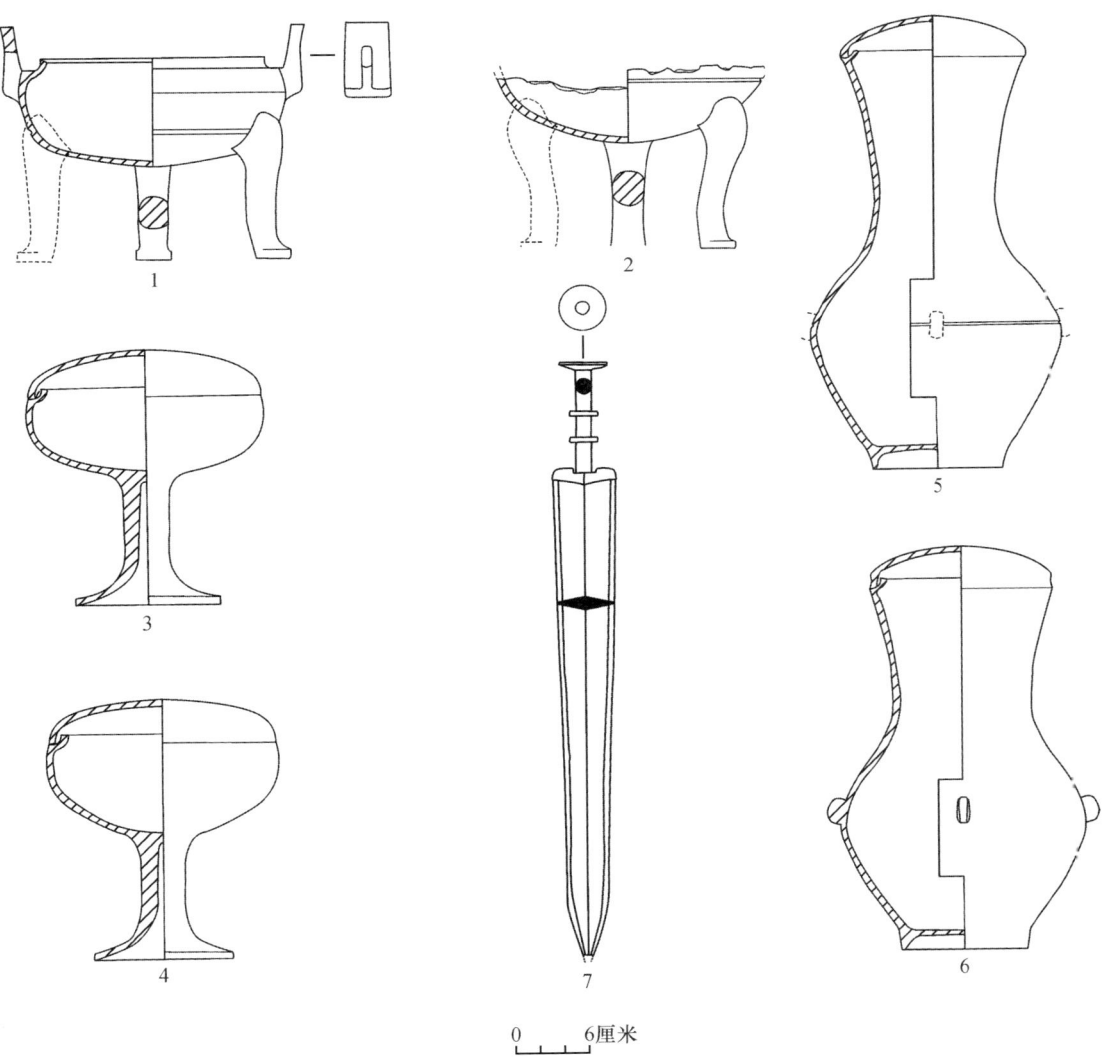

图一〇一 M61出土器物

1、2.鼎（M61：4、M61：3） 3、4.盖豆（M61：5、M61：6） 5、6.壶（M61：1、M61：2）
7.铜剑（M61：8）

凹弦纹。通高38、口径12、最大腹径20、圈足径10.4厘米（图一〇一，5；图版三四，4）。

M61：2，上承一弧形盖，盖为矮直口，方唇，盖面高隆。器子口内敛，方唇，束颈较粗，溜肩，鼓腹，腹上部附有四个相互对称的扁圆形盲耳，平底，矮圈足近直，器身最大腹径在中部。通高33.2、口径11.8、最大腹径19.6、圈足径10厘米（图一〇一，6；图版三四，5）。

（2）铜器

1件。为剑。M61：8，出土时锋尖略残。剑身长且宽，中起脊，刃部锐利，宽镡，圆柱形茎，双箍，喇叭形柄首。残长49、身长39.2、身宽4.6、镡宽5.0、茎长8.6、剑首径3.8厘米（图一〇一，7；彩版一六，5；图版六二，2）。

（3）骨器

1件。为鹿角。M61：7，碎蚀严重，已成粉末状。

四七、M62

M62位于墓地的西北部，东北与M79相距10.5米，东与M67相距10米，南与M63相距2米，西南与M64、M81分别相距3米和6米。

1. 墓葬形制

该墓为长方形竖穴土坑墓，方向70°。墓口开于耕土层下，距现地表0.2米。墓口平面呈长方形，口部略大于墓底，墓壁上下几乎垂直，平滑规整，底部平坦。

墓口东西长2.7米，南北宽1.4米。墓底至墓口深2.76米。在墓底的四周留有生土二层台，东侧台宽0.12～0.2米，南侧台宽0.14～0.2米，西侧台宽0.10～0.14米，北侧台宽0～0.1米，台高0.26米。

二层台的台面以下为墓室，平面略呈长方形，东端略宽，西端稍窄，直壁。墓室东西长2.3～2.34米，南北宽1.08～1.16米，高0.26米（图一〇二；图版四，2）。

墓内填土为浅红褐色五花土，土质上部干燥较硬，下部湿润较软，土内含有少量的白土块、黄泥块和料姜石块。

2. 葬具与葬式

（1）葬具

葬具皆腐朽严重，结构不明。依其残存的灰白色或灰黑色粉末状木质痕迹，可知为一椁一棺。

木椁的四壁紧贴墓室周壁，平面略呈长方形，东西长2.3～2.34米，南北宽1.08～1.16米，残高0.26米。

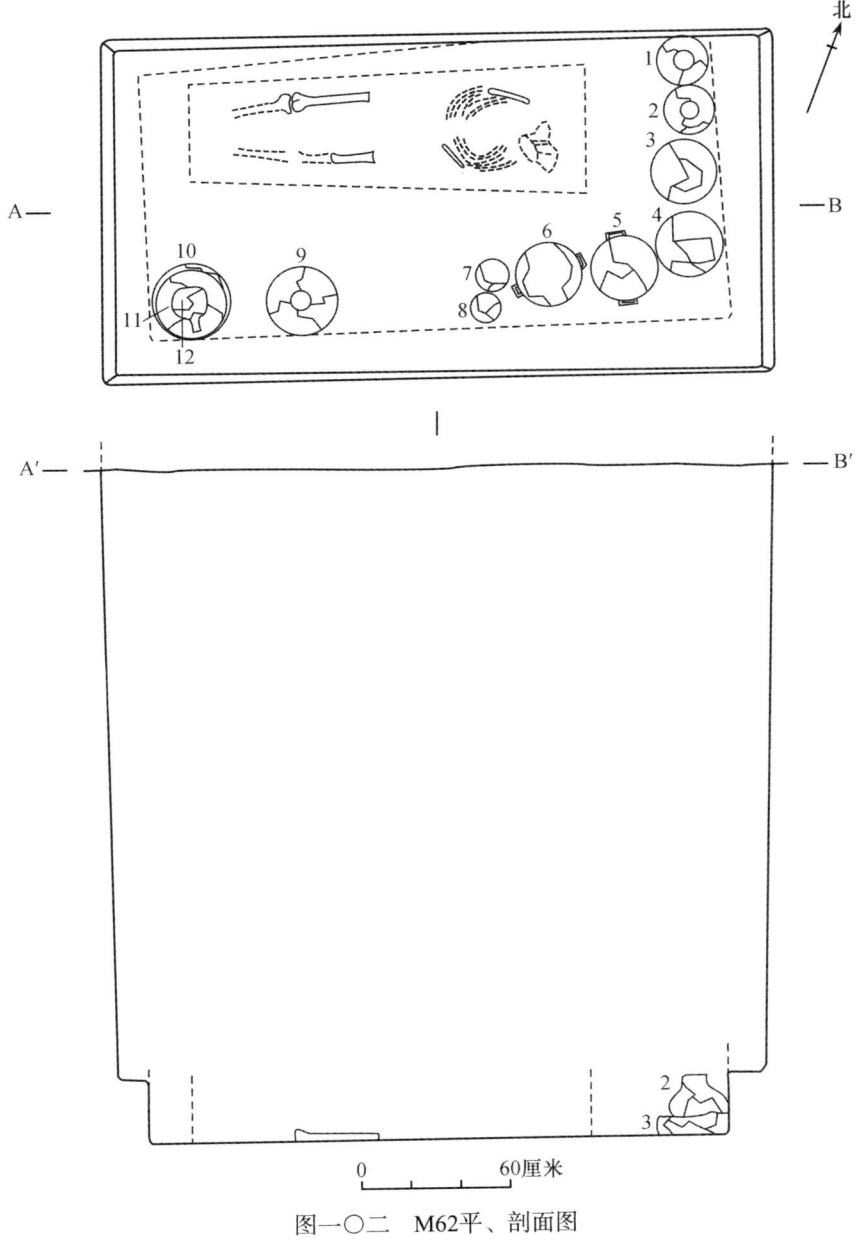

图一〇二　M62平、剖面图

1、2.陶壶　3、4.陶敦　5、6、10.陶鼎　7、8.陶豆　9.陶罐　11.陶盘　12.陶匜

木棺置于墓底椁室内偏北部，平面近长方形，东西长1.6米，南北宽0.4~0.52米，高度和棺板厚度不详。

（2）葬式

棺内葬有墓主一人，骨骼腐朽严重，保存较差。仍可看出墓主为仰身直肢葬，头东足西。年龄、性别不详。

3. 随葬器物

随葬器物放置于墓底棺椁之间的东侧和南侧，即墓主人的头部与左侧。东侧自北向南依次有陶壶、敦，南侧自东向西有陶鼎、豆、罐、盘、匜等。

随葬器物共12件。全部为陶器，因烧制火候较低，破碎严重。计有鼎3件、豆2件、壶2件、敦2件、罐1件、盘1件、匜1件（图版八，6）。

鼎　3件。除M62：10外，其他两件鼎的陶质、形制、大小及纹样相同。M62：5，泥质黑皮陶，红褐胎。上有一覆盘形盖，敞口，方唇，弧顶近平，顶上部附有均匀分布的三个梯形纽。器子口内敛，方唇，口沿外侧下附有二个对称的长方形耳，浅腹略鼓，近平底，三个蹄形足外撇，较高。盖面上饰两周凹弦纹，腹部饰一周凸弦纹。通高26.2、口径20.8、足高14.6厘米；盖口径22.8、高5.4厘米（图一〇三，1；图版三四，6）。M62：6，盖残甚，未能修复。陶质、器身形制、尺寸大小及纹样皆与M62：5相同（图一〇三，2；图版三四，7）。M62：10，夹砂红褐陶。陶质差，残碎较甚，口部、腹部未能修复。下腹部外弧缓收至底部，圜底，下附三个蹄形足，足根略外撇。残高11.1、足高10.2厘米（图一〇三，3）。

豆　2件。陶质、形制、纹样相同，大小略异。皆泥质黑皮陶，灰胎。敞口，尖唇，盘较浅，上腹壁近直，下部微弧斜折，外侧折棱明显，柱状实心细高柄，喇叭形圈足座，底座中部有一道明显的折棱，座沿直折。柄中部和下部各饰一组两周凹弦纹，底座上部饰一组三周细凹弦纹，中部饰一组两周细凹弦纹。M62：7，通高21.2、口径14.4、底径11.2厘米（图一〇三，7；图版三五，1）。M62：8，通高22、口径14.4、底径11.2厘米（图一〇三，8；彩版一一，3；图版三五，2）。

壶　2件。M62：1，夹砂黑皮陶，红褐胎。上有盖，深子母口，圆唇，盖面向上隆起，边缘处有三个分布均匀的楔形纽。器口微侈，方唇，短束颈较粗，溜肩，鼓腹，平底，圈足略外撇，器身最大腹径在中部。盖面中部饰一周凹弦纹，颈部、肩部和腹部各饰一组二周凹弦纹。通高38.7、口径11.7、最大腹径25、圈足高3.6、圈足径14.8厘米（图一〇三，6；图版三五，3）。M62：2，残甚，未能修复。

敦　2件。陶质、形制、大小相同。均泥质黑皮陶，红褐胎。由盖和器上下扣合而成，整体呈扁圆形。盖与器形制相同，均呈半球状，口微敛，方唇，唇上有两道浅凹槽，弧腹，圜底，盖上和器身下各附三个似简化的"S"形兽形纽（足）。M62：3，通高20.6、口径21.2厘米（图一〇三，4；彩版一三，5；图版三五，4）。M62：4，尺寸大小与M62：3相同（图一〇三，5；图版三五，5）。

罐　1件。M62：9，泥质灰陶。陶质差，残碎较甚，腹中部以上部分无法修复。下腹部外弧内收，平底内凹。残高11、底径8.6厘米（图一〇三，11）。

盘　1件。M62：11，泥质黑皮陶，黄褐胎。敞口，尖圆唇，沿微外撇折，折棱较明显，沿面有一周凹槽，弧腹，大平底。口径20.4、底径10.8、高8.8厘米（图一〇三，9；图版

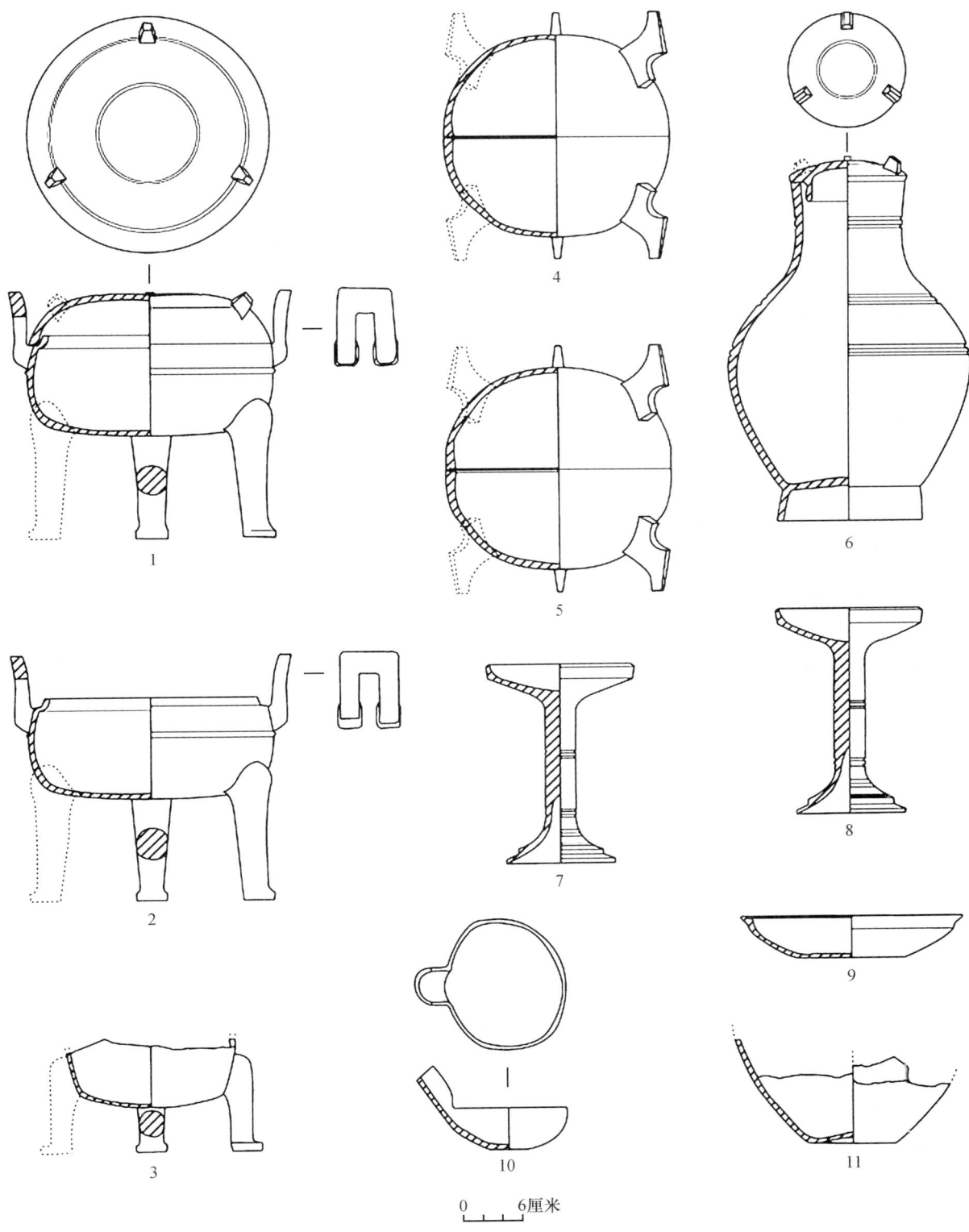

图一〇三 M62出土陶器

1~3.鼎（M62:5、M62:6、M62:10） 4、5.敦（M62:3、M62:4） 6.壶（M62:1） 7、8.豆（M62:7、M62:8）
9.盘（M62:11） 10.匜（M62:12） 11.罐（M62:9）

三五，6）。

匜 1件。M62：12，泥质红褐胎，黑皮陶。近椭圆形口，稍内敛，方唇，一侧有槽状窄流，流上翘，断面近半圆形，弧腹，小平底。高8.8、口径13.8、底径4厘米；流长4.6、流宽4厘米（图一〇三，10；图版三五，7）。

四八、M63

M63位于墓地的西北部，北与M62相距2米，东与M69相距2.5米，南与M74相距4米，西南与M65相距2.2米，西与M64相距2米。

1. 墓葬形制

该墓为长方形竖穴土坑墓，方向76°。墓口开于耕土层下，距现地表0.2米。墓口平面呈长方形，口部稍大于墓底，墓的东、西两壁斜直下切，南、北两壁上下垂直，墓底平坦。

墓口东西长2.7米，南北宽1.6米。墓底至墓口深2.3米。在墓底的四周留有生土二层台，东侧台宽0.08米，南侧台宽0.24～0.26米，西侧台宽0.24米，北侧台宽0.22～0.24米，台高0.3米。

二层台的台面以下为墓室，平面呈长方形，直壁。墓室东西长2.28米，宽1.12米，高0.3米（图一〇四；图版四，3）。

墓内填土为浅红褐色五花土，土质较硬，土内含有少量的白土块、黄泥块和料姜石块等。

2. 葬具与葬式

（1）葬具

葬具皆腐朽严重，结构不明。依其残存的灰白色或灰黑色粉末状木质痕迹，判断为一椁一棺。

木椁的四壁紧贴墓室周壁，平面呈长方形，东西长2.28米，宽1.12米，残高0.3米，椁板厚度不详。

木棺置于椁室内的中部，平面呈长方形，东西长1.6米，南北宽0.6米，高度与棺板厚度不详。

（2）葬式

棺内葬有墓主一人，骨骼腐朽严重，保存很差，已成浅黄色粉末状。依残存骨痕仍可看出，墓主为仰身直肢葬，头东足西。年龄、性别不详。

3. 随葬器物

随葬器物放置于墓底棺椁之间的东侧和南侧，即墓主人的头部与左侧。东侧自北向南依次有陶壶、石环、陶鼎，南侧向西有陶敦、石环、陶豆、鹿角和陶盘、陶罐等。

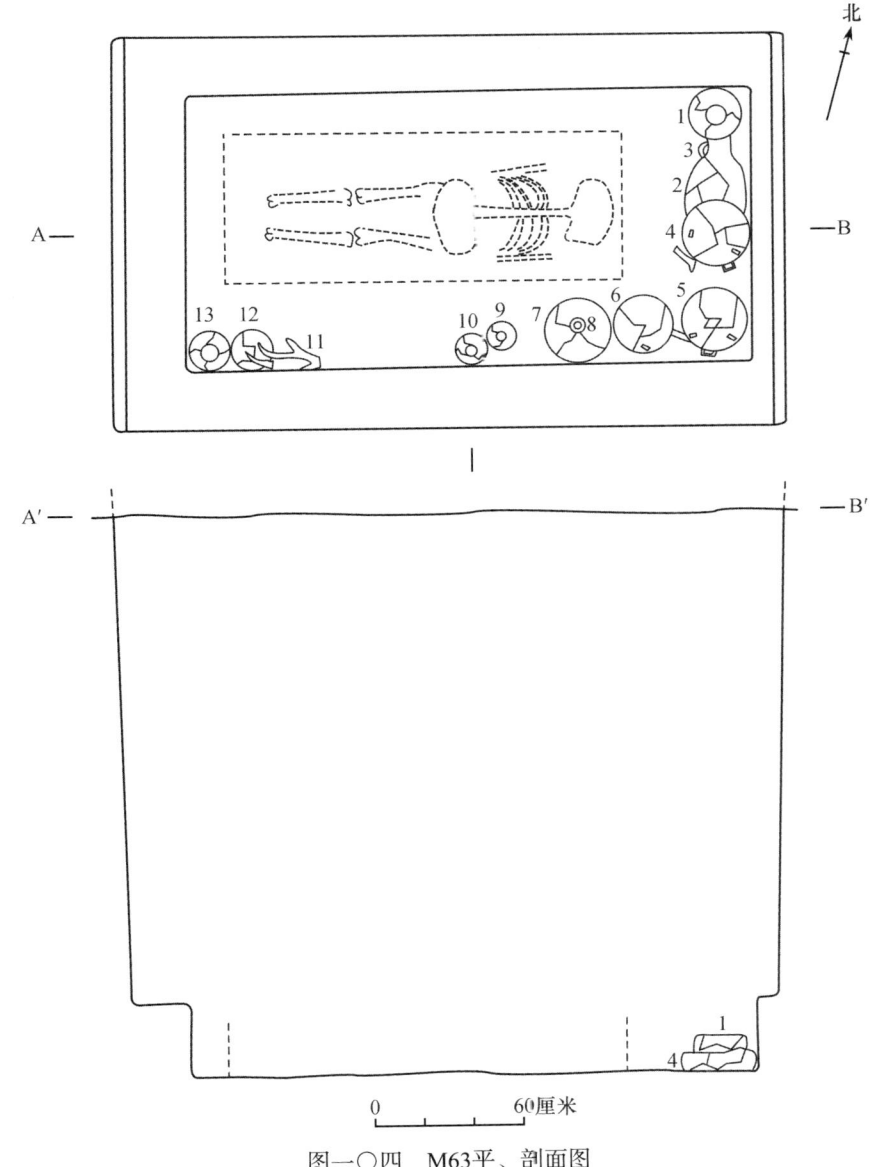

图一〇四　M63平、剖面图

1、2. 陶壶　3、8. 石环　4、5. 陶鼎　6、7. 陶敦　9、10. 陶豆　11. 鹿角　12. 陶盘　13. 陶罐

随葬器物共15件。依质地可分为陶、石器和骨器三类。其中陶器10件，因烧制火候较低，破碎严重，计有鼎2件、豆2件、壶2件、敦2件、罐1件、盘1件；石器为环2件；骨器为鹿角3件。

（1）陶器

10件。

鼎　2件。陶质、形制、大小及纹样相同。均为泥质灰陶。上承一覆盘形盖，盖口部内侧有一周凸棱，顶部近平，近边缘处有三个分布均匀的楔形纽。器子口内敛，方唇，口沿外侧下附有二个对称的长方形耳，鼓腹较浅，圜底近平，下附三个较高的蹄形足。盖面饰三周细凹弦纹，腹部饰一周粗凸弦纹。M63：4，通高25、口径20、足高15厘米；盖口径21.6、高

4.6厘米（图一〇五，1；彩版九，5；图版三六，1）。M63：5，尺寸大小与M63：4相同（图一〇五，4；彩版九，6；图版三六，2）。

豆　2件。陶质、形制、大小及纹样相同。皆为泥质灰陶。敞口，尖圆唇，盘较浅，上腹

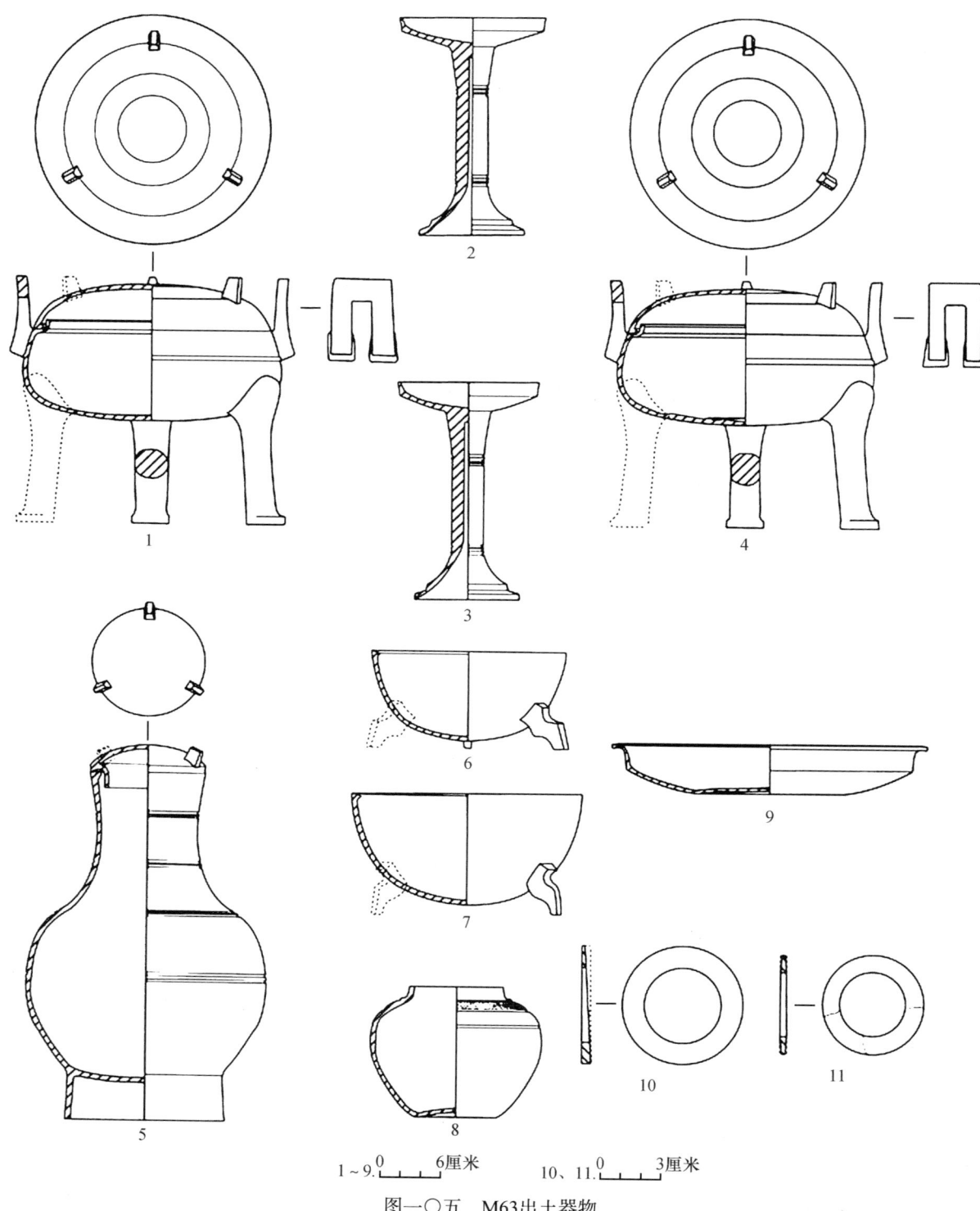

图一〇五　M63出土器物

1、4. 鼎（M63：4、M63：5）　2、3. 豆（M63：9、M63：10）　5. 壶（M63：1）　6、7. 敦（M63：6、M63：7）
8. 罐（M63：13）　9. 盘（M63：12）　10、11. 石环（M63：3、M63：8）

壁近直，下部斜折，外侧折棱明显，柱状实心细高柄，喇叭形圈足座，底座中部有一道明显的折棱，座沿直折。柄上部和下部各饰一组三周凹弦纹。M63：9，通高22、口径14、底径10.4厘米（图一〇五，2；图版三六，3）。M63：10，尺寸大小与M63：9相同（图一〇五，3；彩版一一，4；图版三六，4）。

壶　2件。M63：1，泥质黑皮陶，黄褐胎。上有盖，深子母口，方唇，盖面向上隆起较高，边缘处有三个分布均匀的楔形纽。器口微敛，方唇，长颈微束，广肩，圆鼓腹，圜底近平，高圈足近直，器身最大腹径在中部。颈部饰四周凹弦纹，每二周为一组，肩部和腹部各饰一组二周凹弦纹。通高38、口径9.2、最大腹径23.6、圈足径15.6厘米（图一〇五，5；图版三六，5）。M63：2，残甚，未能修复。

敦　2件。敦盖皆残甚，均未能修复。陶质、器身形制相同，大小不一。皆泥质黑皮陶，红褐胎。器呈半球状，口微敛，方唇，弧腹，圜底，下附三个似简化的"S"形兽形足，足外撇较甚，足向外超出最大腹径部位。M63：6，高10、口径19.2厘米（图一〇五，6；图版三六，6）。M63：7，高12.2、口径22.8厘米（图一〇五，7；图版三六，7）。

罐　1件。M63：13，泥质硬灰陶。直口微敛，方唇，圆肩，鼓腹，下腹外弧内收，平底微凹。肩部饰两周凹弦纹，之间饰一周均匀分布的斜行戳印麻点纹，腹上部饰一周凹弦纹。高13.2、口径8.4、腹径16.8、底径8厘米（图一〇五，8；彩版一四，2；图版三七，2）。

盘　1件。M63：12，泥质灰陶。敞口，方唇，宽翻折沿，微上翘，折腹，折棱明显，腹上部稍向内凹，下部斜直微外弧内收，平底略内凹。高5、口径29.2、底径14.8厘米（图一〇五，9；图版三七，1）。

（2）石器

2件。仅为环一种。石质、颜色、形状相同，大小不同。皆为大理石质，白色，表面呈土黄色，不透明。圆形，断面近长方形。素面。M63：3，出土时表面锈蚀严重，已成粉末状。直径6、好径3.8、厚0.4厘米（图一〇五，10；图版六七，3）。M63：8，出土时已断裂为三块，表面锈蚀严重，已成粉末状。直径5、好径3.2、厚0.3厘米（图一〇五，11；图版六七，4）。

（3）骨器

3件。为鹿角。M63：11-1～M63：11-3，因腐朽严重，无法复原。

四九、M64

M64位于墓地的西北部，东北与M62相距3米，东与M63相距2米，南与M65相距1.5米，西与M81相距3米。

1. 墓葬形制

该墓为长方形竖穴土坑墓，方向55°。墓口开于耕土层下，距现地表0.16米。墓口清晰，平面呈长方形，墓壁上下垂直，较规整，墓底平坦。

墓口东西长1.8米，宽0.48米，墓底尺寸与墓口相同。墓底至墓口深0.4米（图一〇六）。

墓内填土为浅红褐色五花土，土质干燥较硬，土内含有少量的白土块、黄泥块和料姜石块。

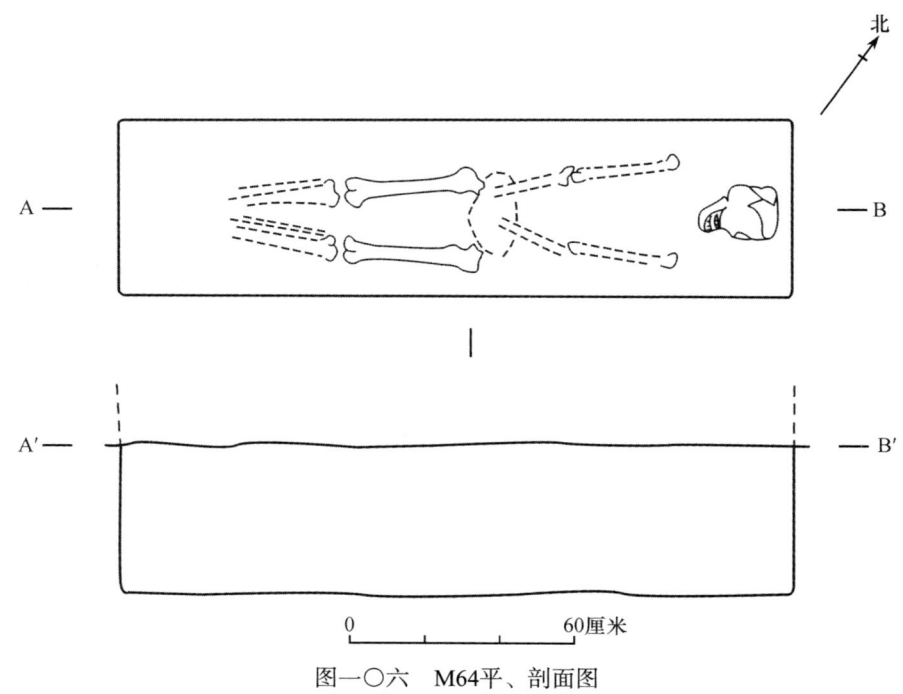

图一〇六　M64平、剖面图

2. 葬具与葬式

（1）葬具

墓内葬具不详。

（2）葬式

墓底葬有墓主一人，骨骼腐朽严重，保存较差。从残存的骨渣看，墓主为仰身直肢葬，头东足西，面朝南。年龄、性别不详。

3. 随葬器物

无。

五〇、M65

M65位于墓地的西北部，北与M64相距1.5米，东北与M63相距2.2米，东与M74相距4米，南与M76相距6米。

1. 墓葬形制

该墓为长方形竖穴土坑墓，方向52°。墓口开于耕土层下，距现地表0.2米。墓口平面呈长方形，墓壁上下垂直，平滑规整，墓底平坦。

墓口东西长2.7米，南北宽1.44米。墓底至墓口深1.5米。在墓底的四周留有生土二层台，东侧和北侧台宽均为0.2米，南侧台宽0.36~0.38米，西侧台宽0.2~0.22米，台高0.3米。

二层台的台面以下为墓室，平面呈长方形，直壁。墓室东西长2.28米，南北宽0.86~0.88米，高0.3米（图一〇七；图版四，4）。

墓内填土为浅红褐色五花土，土质较硬，土内含有少量的白土块、黄泥块和料姜石块。

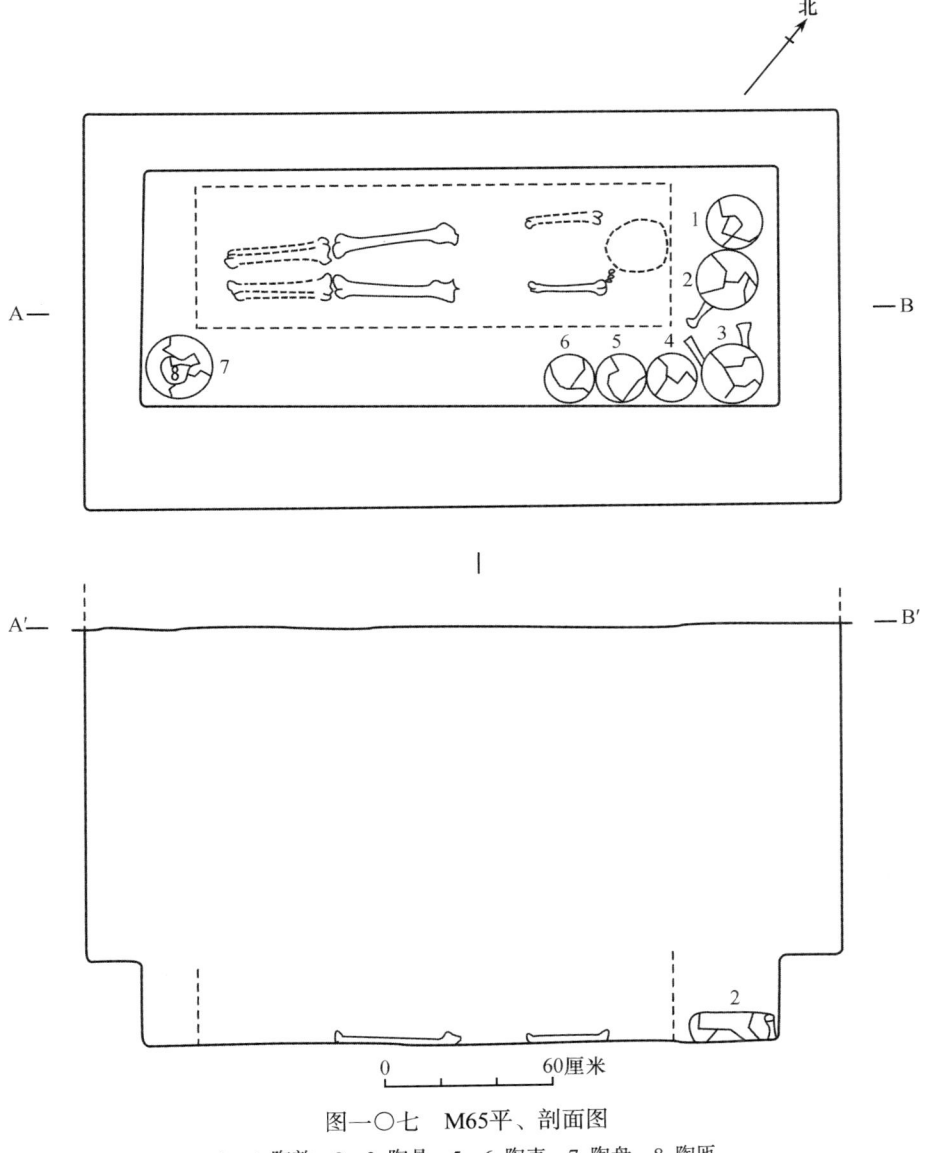

图一〇七　M65平、剖面图
1、4.陶敦　2、3.陶鼎　5、6.陶壶　7.陶盘　8.陶匜

2. 葬具与葬式

（1）葬具

葬具皆腐朽严重，结构不明。依其残存的灰白色或灰黑色粉末状木质痕迹，判断为一椁一棺。

木椁的四壁紧贴墓室周壁，平面为长方形，东西长2.28米，南北宽0.86米，残高0.3米，椁板厚度不详。

木棺置于椁室内的北部，平面呈长方形，东西长1.7米，宽0.52米，高度与棺板厚度不详。

（2）葬式

棺内葬有墓主一人，骨骼腐朽严重，保存较差，除两股骨保存较好外，其他部分已朽成粉末状。从残存的骨渣看，墓主为仰身直肢葬，头东足西。年龄、性别不详。

3. 随葬器物

该墓的随葬器物放置于墓底棺椁之间的东侧、东南侧及西南角，即墓主人的头部、左侧和左脚处。东侧自北向南依次有陶敦、鼎，东南侧向西有陶鼎、敦、壶，西南角有陶盘、匜。

随葬器物共8件。全部为陶器，因烧制火候较低，出土时破碎严重。计有鼎2件、壶2件、敦2件、盘1件、匜1件。

鼎　2件。M65∶2和M65∶3，均残甚，未能修复。

壶　2件。M65∶5和M65∶6，均残甚，未能修复。

敦　2件。敦盖皆残碎较甚，均未能修复。陶质、形制相同，大小稍异。均为泥质黑皮陶，黄褐胎。器呈半球状，敛口，斜方唇，弧腹，圜底，下附三个似简化的"S"形兽形足，外撇较甚，足向外超出最大腹径部位较多。M65∶1，高10.4、口径16.4厘米（图一〇八，1；图版三七，3）。M65∶4，高12、口径16.8厘米（图一〇八，2；图版三七，4）。

盘　1件。M65∶7，残甚，未能修复。

匜　1件。M65∶8，泥质黄褐胎，黑皮陶。近椭圆形口，口微敛，方唇，一侧有槽状窄流，微上翘，断面近半圆形，弧腹，平底。高6、口径12.2、底径5.4厘米；流长4.4、流宽2.8厘米（图一〇八，3；图版三七，5）。

五一、M66

M66位于墓地的西北部，北与M75相距2米，东北与M73相距4.2米，西南与M70相距3米，西与M71相距6.2米。

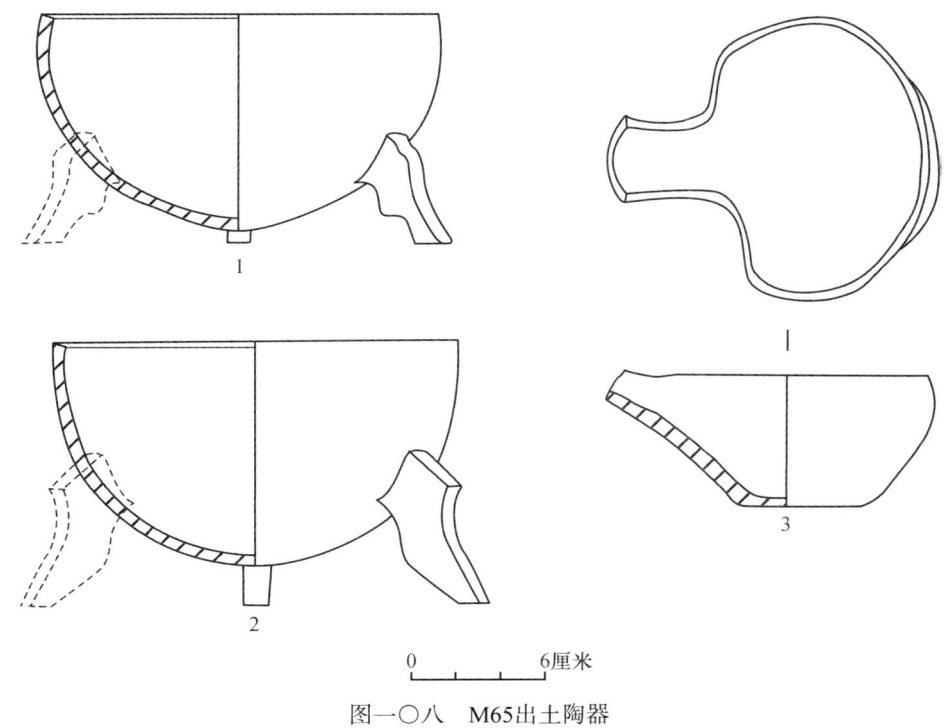

图一〇八　M65出土陶器
1、2.敦（M65∶1、M65∶4）　3.匜（M65∶8）

1. 墓葬形制

该墓为长方形竖穴土坑墓，方向55°。墓口开于耕土层下，距现地表0.25米。墓口平面呈长方形，墓壁上下垂直，平滑规整，墓底平坦。

墓口东西长2.6米，南北宽1.32米。墓底距墓口深1.4米。在墓底的四周留有生土二层台，东侧台宽0.1米，南侧台宽0.2米，西侧台宽0.06～0.12米，北侧台宽0.06～0.18米，台高0.3米。

二层台的台面以下为墓室，平面近长方形，东端略宽，西端稍窄，直壁。墓室东西长2.38～2.42米，南北宽0.94～1.06米，高0.3米（图一〇九；图版五，1）。

墓内填土为浅红褐色为主的五花土，土质较硬，土内含少量的黑土块和料姜石块。

2. 葬具与葬式

（1）葬具

葬具腐朽严重，结构不明。依其残存的灰白色或灰黑色木质痕迹，判断为一椁一棺。

木椁的四壁紧贴墓室周壁，平面近长方形，东西长2.38～2.42米，宽0.94～1.06米。残高0.3米。

木棺置于椁室内的北部，平面呈长方形，东西长1.4米，南北宽0.42米，高度与棺板厚度不详。

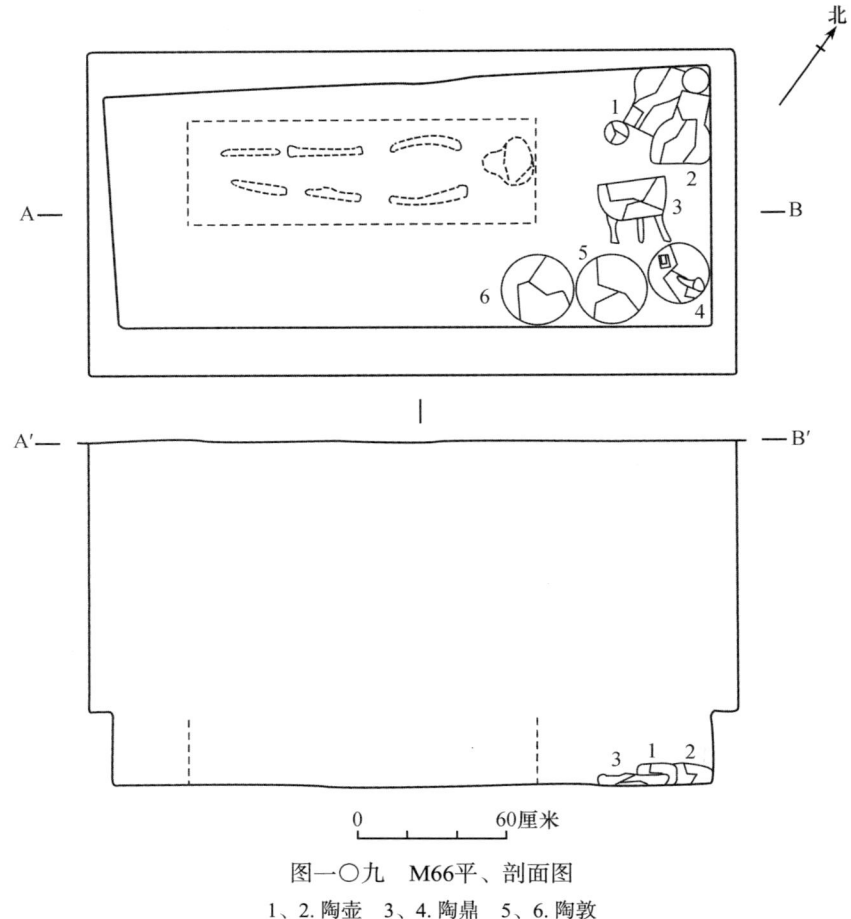

图一〇九 M66平、剖面图
1、2.陶壶 3、4.陶鼎 5、6.陶敦

（2）葬式

棺内葬有墓主一人，骨骼腐朽严重，保存很差，已朽成粉末状。依骨痕可辨墓主为仰身直肢葬，头东足西，年龄、性别不详。

3. 随葬器物

随葬器物放置于墓底棺椁之间的东部，即墓主人的头部。自北向南依次有陶壶、鼎、敦。

随葬器物共6件。全部为陶器，由于烧制火候较低，出土时破碎严重。计有鼎2件、壶2件、敦2件。

鼎 2件。M66：3和M66：4，均破碎较甚，未能修复。

壶 2件。M66：1，泥质黑皮陶，红褐胎。子口内敛，方唇，短粗束颈，溜肩，圆鼓腹，下腹略弧内收，平底内凹，器身最大腹径在腹中部。高26.4、口径10.2、最大腹径20.4、底径9.2厘米（图一一〇，1；图版三七，6）。M66：2，因破碎较甚，未能修复。

敦 2件。敦盖皆残碎较甚，均未能修复。陶质、形制相同，大小稍异。均为泥质黑皮陶，黄褐胎。器呈半球形，口微侈，斜方唇，弧腹，圜底，下附似简化的三个"S"形兽形足，足根外撇较甚，向外超出最大腹径部位较多。M66：5，高11.2、口径18厘米（图一一〇，

第二章 战国墓葬

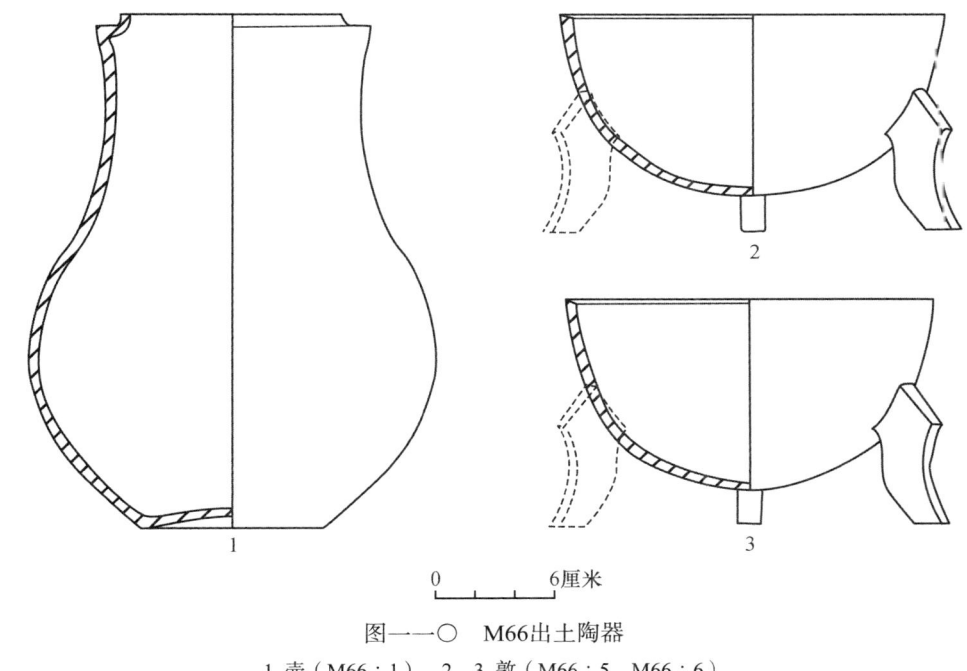

图一一〇　M66出土陶器
1. 壶（M66：1）　2、3. 敦（M66：5、M66：6）

2；图版三八，1）。M66：6，高11.6、口径17.2厘米（图一一〇，3；图版三八，2）。

五二、M67

M67位于墓地西北部，北与M79相距2.5米，南与M68相距3米，西南与M69相距4米，西与M62相距10米。

1. 墓葬形制

该墓为长方形竖穴土坑墓，方向72°。墓口开于耕土层下，距现地表0.45米。墓口平面呈长方形，墓壁上下垂直，较规整，底部平坦。

墓口东西长2.7米，南北宽1.6米。墓底至墓口深1.7米。在墓底的北、南、西三面留有生土二层台，南侧台宽0.36米，西侧台宽0.32~0.34米，北侧台宽0.26~0.3米，台高0.5米。

二层台的台面以下为墓室，平面呈长方形，东端微宽于西端，直壁。墓室东西长2.36米，南北宽0.94~1米，高0.5米（图一一一）。

墓内填土为浅红褐色五花土，土质较硬，土内含有较多的料姜石块和白土块。

2. 葬具与葬式

（1）葬具

葬具皆腐朽严重，结构不明。依其残存的黑色或褐色粉末状木质痕迹，判断为一椁一棺。

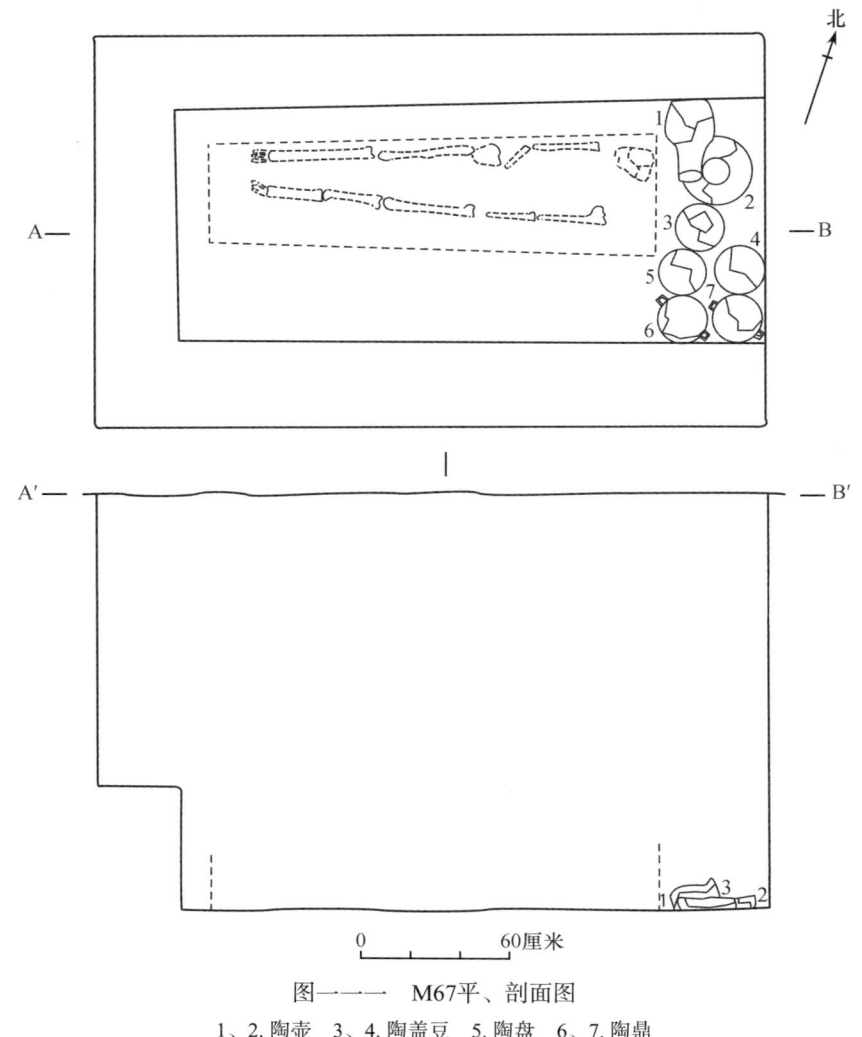

图一一一 M67平、剖面图
1、2. 陶壶 3、4. 陶盖豆 5. 陶盘 6、7. 陶鼎

木椁的四壁紧贴墓室周壁，平面为长方形，东西长2.36米，南北宽0.94～1米，残高0.5米，椁板厚度不详。

木棺置于椁室内的北部，平面略呈长方形，东西长1.8米，南北宽0.4～0.5米，高度与棺板厚度不详。

（2）葬式

棺内葬有墓主一人，骨骼腐朽严重，保存很差，已朽成粉末状。依骨痕可辨墓主为仰身直肢葬，头东足西，年龄、性别不详。

3. 随葬器物

随葬器物放置于墓底棺椁之间的东部，即墓主人的头部。自北向南依次有陶壶、盖豆、盘、鼎等。

随葬器物共7件。全部为陶器，由于烧制火候较低，出土时破碎严重。计有鼎2件、盖豆2

件、壶2件、盘1件（图版九，1）。

鼎　2件。陶质、器身形制、大小及纹样相同。皆夹砂黑皮陶，红褐胎。器子口内敛，方唇，口沿外侧下附有二个对称的长方形耳，扁鼓腹，圜底，下附三个蹄形足。腹下部饰二周凹弦纹。M67:6，上有一覆盘形盖，盖敞口，方唇，顶部近平。通高20.2、口径15.2、足高12.2厘米；盖口径18、高2.8厘米（图一一二，1；图版三八，3）。M67:7，器盖因残碎较甚，未能复原。器身尺寸大小与M67:6相同（图一一二，2；图版三八，4）。

盖豆　2件。皆夹砂黑皮陶，红褐胎。M67:4，盖、盘整体呈盒形。盖作覆盘形，敞口，方唇，盖面向上微隆，近平。器子口内敛，方唇，弧腹较深，圜底近平，豆柄中空稍短，喇叭形圈足座，底座直折。通高20、口径15.6、底径12.4厘米（图一一二，3；图版三八，5）。M67:3，豆盘残碎较甚，未修复。空心柱状柄，较矮，喇叭形圈足座，座沿直折。残高10、底径13.6厘米（图一一二，4）。

壶　2件。形制、纹样相同，大小与陶质各不相同。皆子口内敛，方唇，粗束颈，溜肩，肩部附有三个分布均匀的半圆形盲耳，鼓腹，下腹略弧内收，圜底内凹，器身最大腹径在中部。肩部饰一周凹弦纹。M67:1，夹砂黑皮陶，红褐胎。高29.2、口径9.4、最大腹径19.6、底径8.8厘米（图一一二，5；图版三八，6）。M67:2，泥质灰陶。高28.6、口径7.6、最大腹径18.8、底径10厘米（图一一二，6；图版三八，7）。

盘　1件。M67:5，泥质黑皮陶，红褐胎。敞口，圆唇，弧腹较浅，大平底。高2.8、口径19.6、底径12厘米（图一一二，7；图版三九，1）。

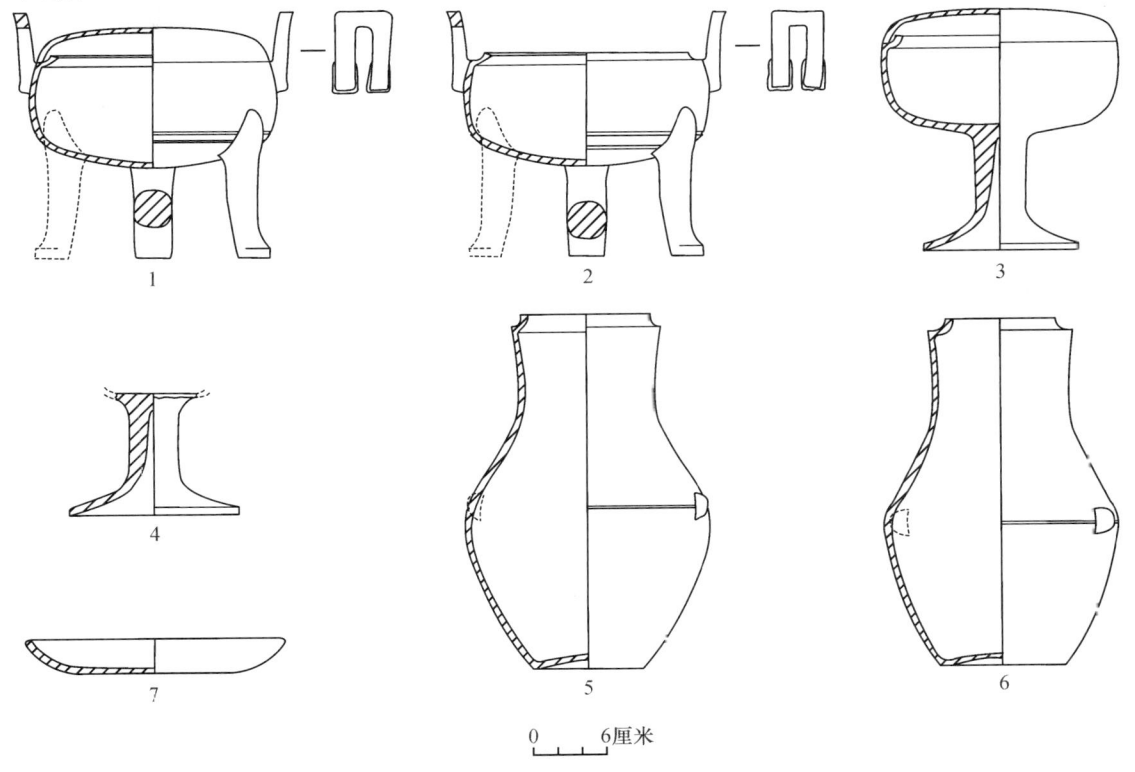

图一一二　M67出土陶器

1、2.鼎（M67:6、M67:7）　3、4.盖豆（M67:4、M67:3）　5、6.壶（M67:1、M67:2）　7.盘（M67:5）

五三、M68

M68位于墓地的西北部，北与M67相距3米，东与M60相距7.8米，东南与M61相距2.5米，西与M69相距5米。

1. 墓葬形制

该墓为长方形竖穴土坑墓，方向68°。墓口开于耕土层下，距现地表0.25米。墓口平面呈长方形，墓壁上下垂直，较规整，墓底平坦。

墓口东西长2.1米，南北宽1.04米；墓底尺寸与墓口相同。墓底至墓口深0.7米（图一一三）。

墓内填土为浅红褐色五花土，土质干燥较硬，土内含有较多的料姜石块和白土块。

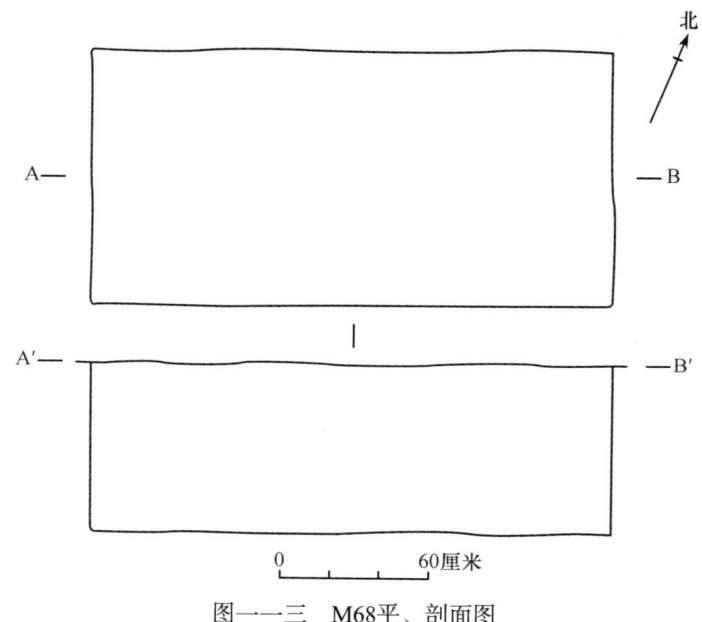

图一一三　M68平、剖面图

2. 葬具与葬式

（1）葬具

墓内葬具不详。

（2）葬式

墓内仅有零星的碎骨，且腐朽成粉末状，故葬式、性别、年龄等不详。

3. 随葬器物

无。

五四、M69

M69位于墓地的西北部,东北与M67相距4米,东与M68相距5米,西南与M74相距3米,西与M63相距2.5米。

1. 墓葬形制

该墓为长方形竖穴土坑墓,方向75°。墓口开于耕土层下,距现地表0.25米。墓口平面呈长方形,墓壁上下垂直,较规整,底部平坦。

墓口东西长2.8米,南北宽1.4米。墓底至墓口深1.8米。在墓底的北、南、西三面留有生土二层台,南侧台宽0.2~0.3米,西侧台宽0.16~0.2米,北侧台宽0.2米,台高0.5米。

二层台的台面以下为墓室,平面近长方形,西端略宽于东端,直壁。墓室东西长2.6~2.64米,南北宽0.9~1.04米,高0.5米(图一一四;图版五,2)。

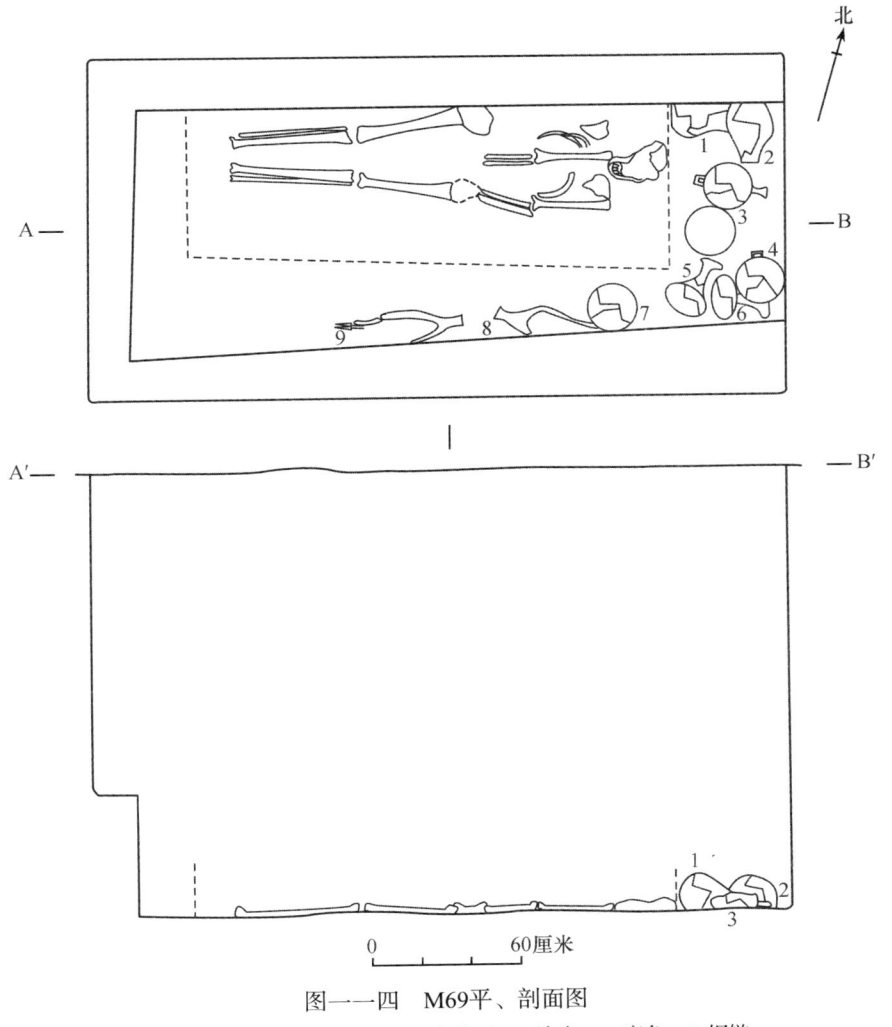

图一一四 M69平、剖面图
1、2.陶壶 3、4.陶鼎 5、6.陶盖豆 7.陶盘 8.鹿角 9.铜镞

墓内填土为浅红褐色五花土，土质上部干燥较硬，下部湿润较软，土内含有较多的料姜石块和白土块。

2. 葬具与葬式

（1）葬具

葬具皆腐朽严重，结构不明。依其残存的黑色或褐色粉末木质朽痕，判断为一椁一棺。

木椁的四壁紧贴墓室周壁，平面近长方形，东西长2.6米，宽0.9~1.04米，残高0.5米，椁板厚度不详。

木棺置于椁室内的北部，平面近长方形，东西长1.94米，南北宽0.62~0.7米，高度与棺板厚度不详。

（2）葬式

棺内葬有墓主一人，骨骼已腐朽，保存较差。墓主为仰身直肢葬，头东足西，年龄、性别不详。

3. 随葬器物

随葬器物放置于墓底棺椁之间的东部和南侧，即墓主人的头部与左侧。东部自北向南依次有陶壶、鼎、盖豆，南侧向西有陶盘、鹿角和铜镞等。

随葬器物共11件。依质地可分为陶、铜、骨器三类。其中陶器7件，计有鼎2件、盖豆2件、壶2件、盘1件；铜器3件，均为铜镞；骨器为鹿角1件。

（1）陶器

7件。

鼎　2件。器身形制相同，陶质、大小及纹样不同。器皆子口内敛，方唇，口沿外侧下附有二个对称的长方形耳，耳略外撇，扁鼓腹，上腹较直，下腹弧折内收，圜底，下附三个蹄形足，足略外撇。M69：3，夹砂黑皮陶，黄褐胎。无盖。素面。通高21.6、口径15.2、足高12.3厘米（图一一五，1；图版三九，2）。M69：4，泥质黑皮陶，黄褐胎。上有一弧形顶盖，直口，方唇，盖顶微隆。器腹下部饰一周细凹弦纹。通高20、口径15.6、足高12.9厘米（图一一五，2；图版三九，3）。

盖豆　2件。盖皆残甚，均未能修复。形制相同，陶质、大小稍有差异。皆子口内敛，方唇，弧鼓腹，圜底近平，豆柄中空稍短，喇叭形圈足座，底座沿直折起台。M69：5，泥质黑皮陶，红褐胎。通高18.6、口径15.6、底径12.8厘米（图一一五，3；图版三九，5）。M69：6，泥质灰陶。通高19.2、口径14、底径12.8厘米（图一一五，5；彩版一〇，5；图版三九，6）。

壶　2件。M69：2，泥质灰陶。子口内敛，方唇，束颈较长，溜肩，鼓腹，下腹略向内弧收，圜底微内凹，器身最大腹径在中部偏上。高27.4、口径9.2、最大腹径19.2、底径9.6厘米

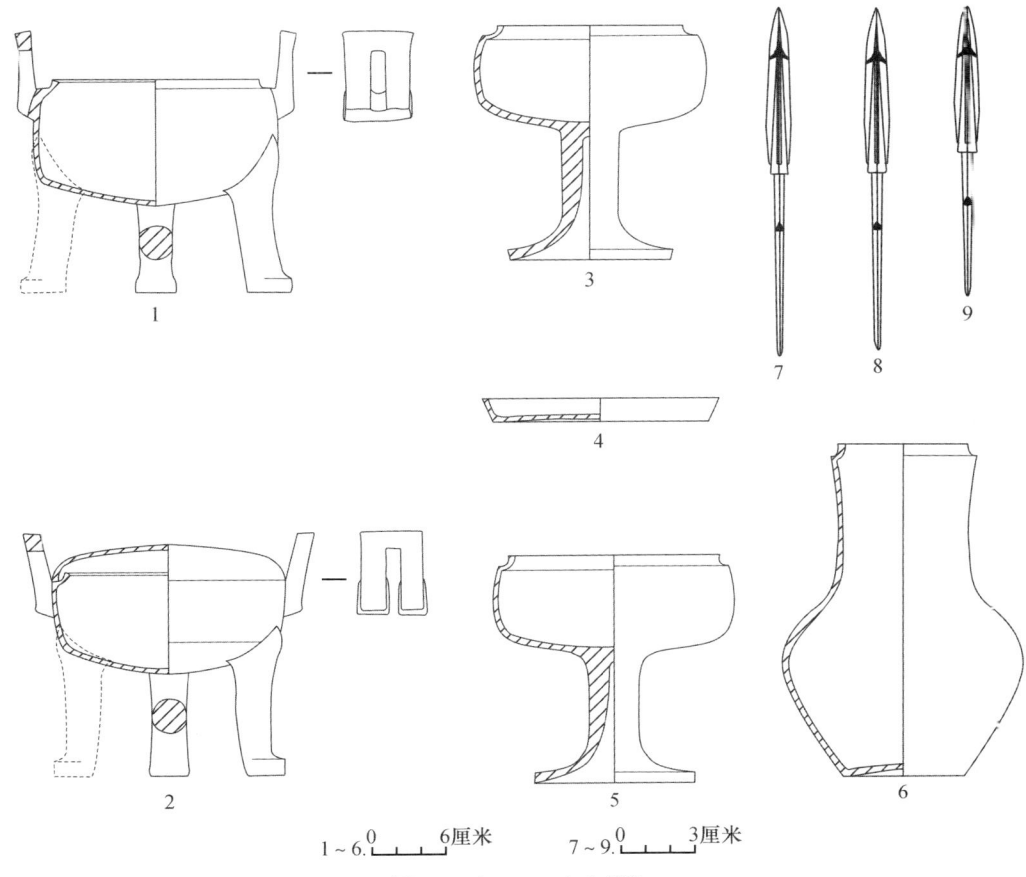

图一一五 M69出土器物

1、2.鼎（M69：3、M69：4） 3、5.盖豆（M69：5、M69：6） 4.盘（M69：7） 6.壶（M69：2）
7～9.铜镞（M69：9-1、M69：9-2、M69：9-3）

（图一一五，6；图版三九，7）。M69：1，破碎严重，无法修复。

盘 1件。M69：7，泥质黑皮陶，黄褐胎。敞口，方唇，斜直腹较浅，大平底，略内凹。高2、口径18、底径17.2厘米（图一一五，4；图版三九，4）。

（2）铜器

3件。仅为镞一种。形制基本相同，大小略有差异。皆为三棱形镞身，三刃聚为前锋，三棱形铤或稍长或稍短，至铤末端渐细（彩版一八，2；图版六二，3）。M69：9-1，形体最长，三棱形铤稍长。通长14.2、宽1、铤长7.4厘米（图一一五，7）。M69：9-2，形体较长，三棱形铤稍长。通长14、宽1、铤长7.2厘米（图一一五，8）。M69：9-3，形体最短，三棱形铤也稍短细。通长11.8、宽1、铤长5.8厘米（图一一五，9）。

（3）骨器

1件。为鹿角。M69：8，腐朽严重，仅采集有骨渣，无法复原。

五五、M70

M70位于墓地的西北部,北与M75相距6米,东北与M66相距3米,西北与M71相距5米。

1. 墓葬形制

该墓为长方形竖穴土坑墓,方向52°。墓口开于耕土层下,距现地表0.2米。墓口东高西低,平面呈长方形,口部略大于墓底,墓壁斜直,光滑规整,墓底平坦。

墓口东西长3米,南北宽1.8米。墓底至墓口深1.7~2.0米。在墓底的四周留有生土二层台,东侧台宽0.12米,南侧台宽0.46米,西侧台宽0.26米,北侧台宽0.16米,台高0.3米。

二层台的台面以下为墓室,平面呈长方形,直壁。墓室东西长2.5米,南北宽1.1米,高0.3米(图一一六;图版五,3)。

墓内填土为浅红褐色五花土,土质较硬,土内含有少量的白土块、黄泥块和料姜石块。

2. 葬具与葬式

(1)葬具

墓内葬具皆严重腐朽,结构不明。依其残存的灰白色或灰黑色粉木质朽痕,判断为一椁一棺。

木椁的四壁紧贴墓室周壁,平面呈长方形,东西长2.5米,南北宽1.1米,残高0.3米,椁板厚度不详。

木棺置于椁室内的北侧,平面呈长方形,东西长1.9米,南北宽0.6米,高度和椁板厚度不详。

(2)葬式

棺内葬有墓主一人,骨骼腐朽严重,保存较差。墓主为仰身直肢葬,头东足西,面向上,年龄、性别不详。

3. 随葬器物

随葬器物放置于墓底棺椁之间的东部、东南角及西南角,即墓主人的头部、左侧和左脚处。东部自北向南依次有陶壶、敦,东南角有陶鼎,西南角有陶盘、匜。

随葬器物共8件。全部为陶器,均破碎较甚,计有鼎2件、壶2件、敦2件、盘1件、匜1件(图版九,2)。

鼎 2件。陶质、形制、大小及纹样相同。皆泥质灰陶。上有一弧形顶盖,敛口,方唇,盖面上立有三个分布均匀的楔形纽。器子口内敛,方唇,口沿外侧下附有二个对称的长方形耳,扁鼓腹,下腹弧形内收,圜底,下附三个较高的兽蹄形足,足面上有刮削痕迹。盖面上

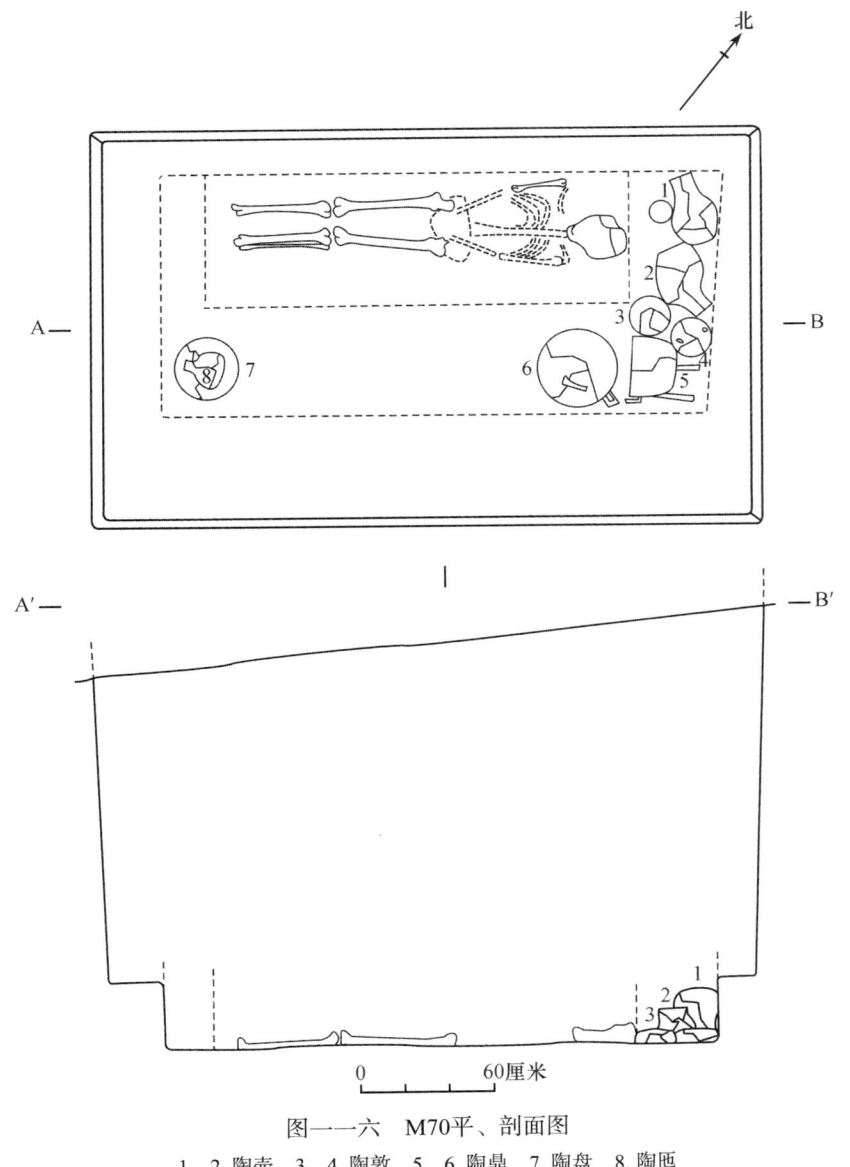

图一一六 M70平、剖面图
1、2.陶壶 3、4.陶敦 5、6.陶鼎 7.陶盘 8.陶匜

饰三周细凹弦纹,腹部饰一周粗凸弦纹。M70:5,通高27.2、口径20.4、足高16.2厘米(图一一七,1;图版四〇,1)。M70:6,尺寸大小与M70:5相同(图一一七,2;图版四〇,2)。

壶 2件。陶质、形制、大小及纹样相同。皆泥质灰陶。上有一弧形顶盖,直口,方唇,盖顶向上隆起,近边缘处有三个分布均匀的梯形纽。器为侈口,方唇,长颈微束,溜肩,鼓腹,下腹向内弧收,圜底近平,圈足略外撇,器身最大腹径在中部。颈部饰两组凹弦纹,肩部与腹上部各饰一组凹弦纹,每两周凹弦纹为一组。M70:1,通高37.4、口径10、腹径2⸳.6、底径12.4厘米(图一一七,7;图版四〇,3)。M70:2,尺寸大小与M70:1相同(图一一七,8;图版四〇,4)。

敦 2件。陶质、形制、大小基本相同。皆为泥质灰陶。由盖和器上下扣合而成,整体呈

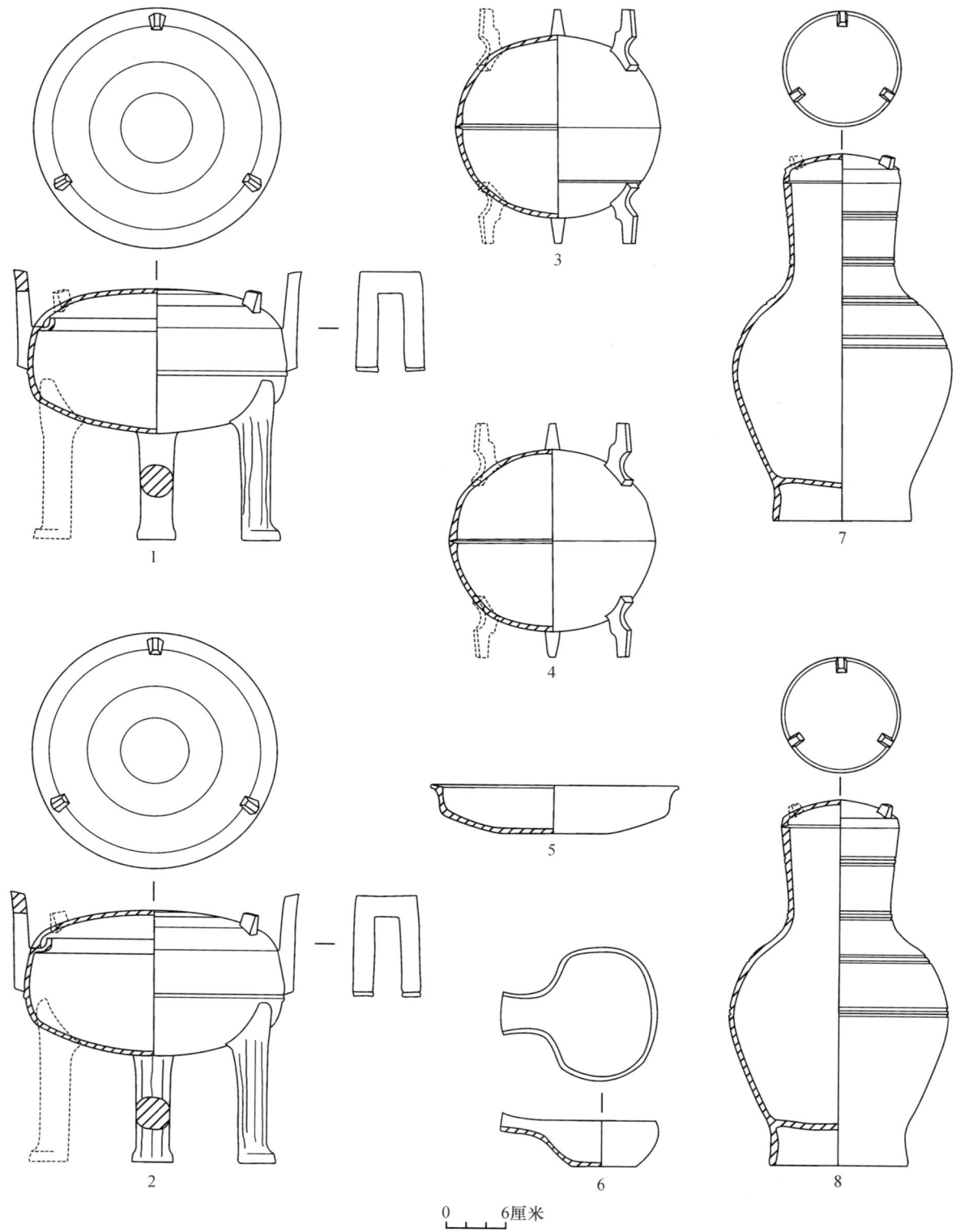

图一一七 M70出土陶器
1、2.鼎（M70：5、M70：6） 3、4.敦（M70：3、M70：4） 5.盘（M70：7）
6.匜（M70：8） 7、8.壶（M70：1、M70：2）

圆球形。盖与器形制相同，均呈半球状，口微敛，斜方唇，弧腹，圜底，盖上和器身下各附有三个似简化的"S"形兽形纽（足）。M70：3，器身下腹部饰一道凹弦纹。通高23.6、口径18.8厘米（图一一七，3；图版四〇，5）。M70：4，尺寸大小与M70：3相同（图一一七，4；图版四〇，6）。

盘　1件。M70：7，泥质黑皮陶，黄褐胎。直口，斜折沿，圆唇，折腹，上腹较直，下腹弧形内收，平底。高4.8、口径22、底径10.4厘米（图一一七，5；图版四〇，7）。

匜　1件。M70：8，泥质灰陶。椭圆形口，口微敛，方唇，一侧有槽状窄流，流微上翘，断面近半圆形，弧鼓腹，平底。高5.4、口径12.6、底径6.8厘米；流长4.6、流宽3.2厘米（图一一七，6；彩版一四，6；图版四一，1）。

五六、M71

M71位于墓地的西北部，北与M76相距3米，东与M66相距6.2米，东北、东南分别与M75和M70相距5米。

1. 墓葬形制

该墓为长方形竖穴土坑墓，方向65°。墓口开于耕土层下，距现地表0.2米。墓口东高西低，平面呈长方形，口部略大于墓底，墓壁斜直，光滑规整，墓底平坦。

墓口东西长3.6米，南北宽2.16米。墓底至墓口深2.46~2.86米。在墓底的四周留有生土二层台，东侧台宽0.36米，南侧台宽0.34米，西侧台宽0.4米，北侧台宽0.34米，台高0.46米。

二层台的台面以下为墓室，平面呈长方形，直壁。墓室东西长2.74米，南北宽1.4米，高0.46米（图一一八；图版五，4）。

墓内填土为浅红褐色五花土，土质较硬，土内含有少量的白土块、黄泥块和料姜石块。

2. 葬具与葬式

（1）葬具

葬具皆腐朽严重，结构不明。依其残存的灰白色或灰黑色粉末状木质朽痕，判断为一椁一棺。

木椁的四壁紧贴墓室周壁，平面呈长方形，东西长2.74米，宽1.4米，残高0.46米，椁板厚度不详。

木棺置于椁室内的北部，平面呈长方形，东西长1.9米，南北宽0.6米，高度和棺板厚度不详。

（2）葬式

棺内葬有墓主一人，骨骼保存较好。墓主为仰身直肢葬，头东足西，面向上，双手交叉置

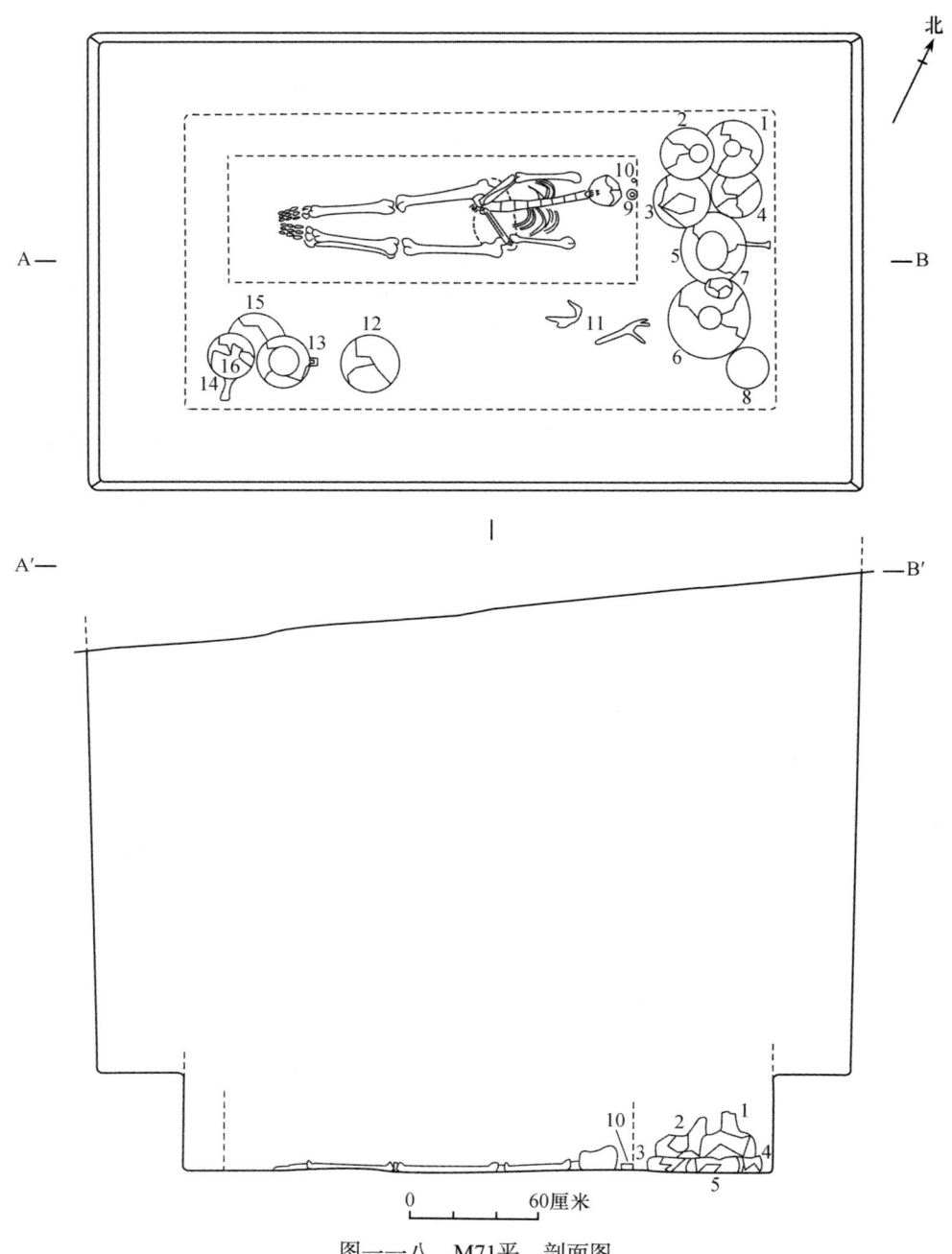

图一一八 M71平、剖面图

1、2.陶壶 3、4.陶敦 5、6、13.陶鼎 7、8.陶豆 9.石环 10.料珠 11.鹿角 12.陶浴缶 14.陶提梁盉 15.陶盘 16.陶匜

于腹下部。初步鉴定为女性，年龄不详。

3. 随葬器物

随葬器物较为丰富，主要放置于墓底棺椁之间的东部、南部和棺内，即墓主人的头部和左侧。棺椁之间的东部自北向南依次有陶壶、敦、鼎、豆，南部向西有鹿角、陶浴缶、鼎、提梁盉、盘、匜等；棺内墓主人头上有料珠、石环。

随葬器物共16件（颗）。依质地分为陶、石、骨、料器四类。其中陶器13件，均破碎严重，计有鼎3件、豆2件、壶2件、敦2件、浴缶1件、盘1件、匜1件、提梁盉1件；石器仅环1件；料器为料珠1颗；骨器仅鹿角1件。

（1）陶器

13件。

鼎　3件。除M71∶13外，其他两件鼎的陶质、形制、纹样基本相同，大小略有差异。M71∶5，夹砂黑皮陶，黄褐胎。子口内敛，方唇，口沿外侧下附有二个对称的长方形耳，耳上部外撇较甚，扁圆腹稍鼓，下腹弧形内收，圜底，下腹部附三个较高的兽蹄形足，足上有刮削痕。腹中部饰一周凸弦纹。通高27.2、口径22、足高17.6厘米（图一一九，1；图版四一，2）。M71∶6，形制与M71∶5基本相同。夹砂黑皮陶，黄褐胎。子口内敛，方唇，口沿外侧下附有二个对称的长方形耳，耳上部外撇较甚，扁圆腹稍鼓，下腹弧形内收，圜底近平，下腹附三个较高的人面兽蹄形足，足上有刮削痕。腹中部饰一周凸弦纹。通高28.2、口径19.2、足高18.2厘米（图一一九，2；图版四一，3）。M71∶13，泥质黑皮陶，黄褐胎。上有盖，直口，方唇，弧形顶。器为小直口略内敛，方唇，圆肩较平，肩部附有两个对称的长方形耳，耳上部内收，鼓腹，圜底，下附三个蹄形足，足稍高且略外撇，足上有刮削痕。盖面上饰三周细凹弦纹，肩部与腹部各饰两周凹弦纹。通高25.6、口径9.2、最大腹径22.4厘米（图一一九，3；图版四一，4）。

豆　2件。陶质、形制、纹样相同，大小近似。皆为泥质灰陶。敞口，圆唇，盘较浅，弧腹，柱状空心豆柄，较细长，喇叭形圈足座。豆柄上饰数周凸弦纹。M71∶7，通高17、口径13.2、底径8厘米（图一一九，4；图版四一，5）。M71∶8，通高16、口径13.6、底径8厘米（图一一九，5；图版四一，6）。

壶　2件。陶质、形制基本相同，大小稍异。均为泥质黑皮陶，黄褐胎。口微侈，斜方唇，细长颈微束，溜肩，圆鼓腹，下腹向内弧收，圜底，矮圈足近直，器身最大径在腹中部。M71∶1，颈部、肩部、腹中部各饰一组三周凹弦纹，腹下部饰一组两周凹弦纹。高36.4、口径9.2、最大腹径23.6、底径11.6厘米（图一一九，6；图版四一，7）。M71∶2，圜底近平。颈部、肩部、腹中部和下部各饰一组三周凹弦纹。高37.4、口径9.6、最大腹径21.6、底径11.6厘米（图一一九，7；图版四二，1）。

敦　2件。盖皆残碎较甚，均无法修复。陶质、形制、大小相同。皆为泥质黑皮陶，黄褐胎。器呈半球形，口微敛，斜方唇，弧腹，圜底，下附三个似三角形或简化的"S"形兽形足。M71∶3，高12.6、口径20.8厘米（图一一九，8；图版四二，2）。M71∶4，尺寸大小与M71∶3相同（图一一九，9；图版四二，3）。

浴缶　1件。M71∶12，泥质黑皮陶，黄褐胎。上有盖，直口微内敛，方唇，盖顶微隆。器为直口，方唇，广肩较平，肩部附有四个分布均匀的桥形贯耳，鼓腹，下腹内收，平底内凹。盖顶中部饰三周凹弦纹，肩部和腹部各饰一组两周的凹弦纹。通高20.5、口径9.6、底径12厘米（图一二〇，1；图版四二，6）。

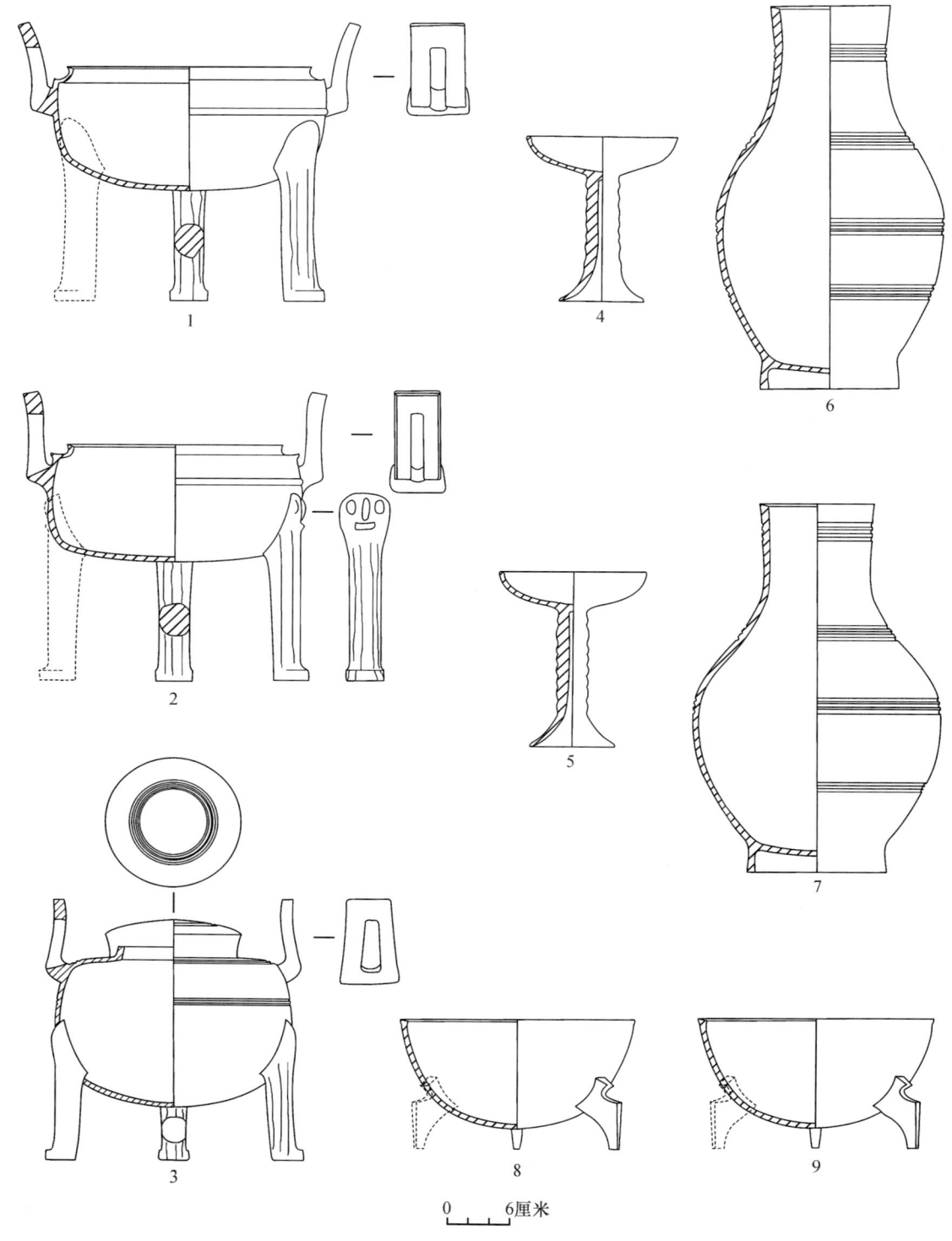

图一一九　M71出土陶器

1~3.鼎（M71：5、M71：6、M71：13）　4、5.豆（M71：7、M71：8）　6、7.壶（M71：1、M71：2）
8、9.敦（M71：3、M71：4）

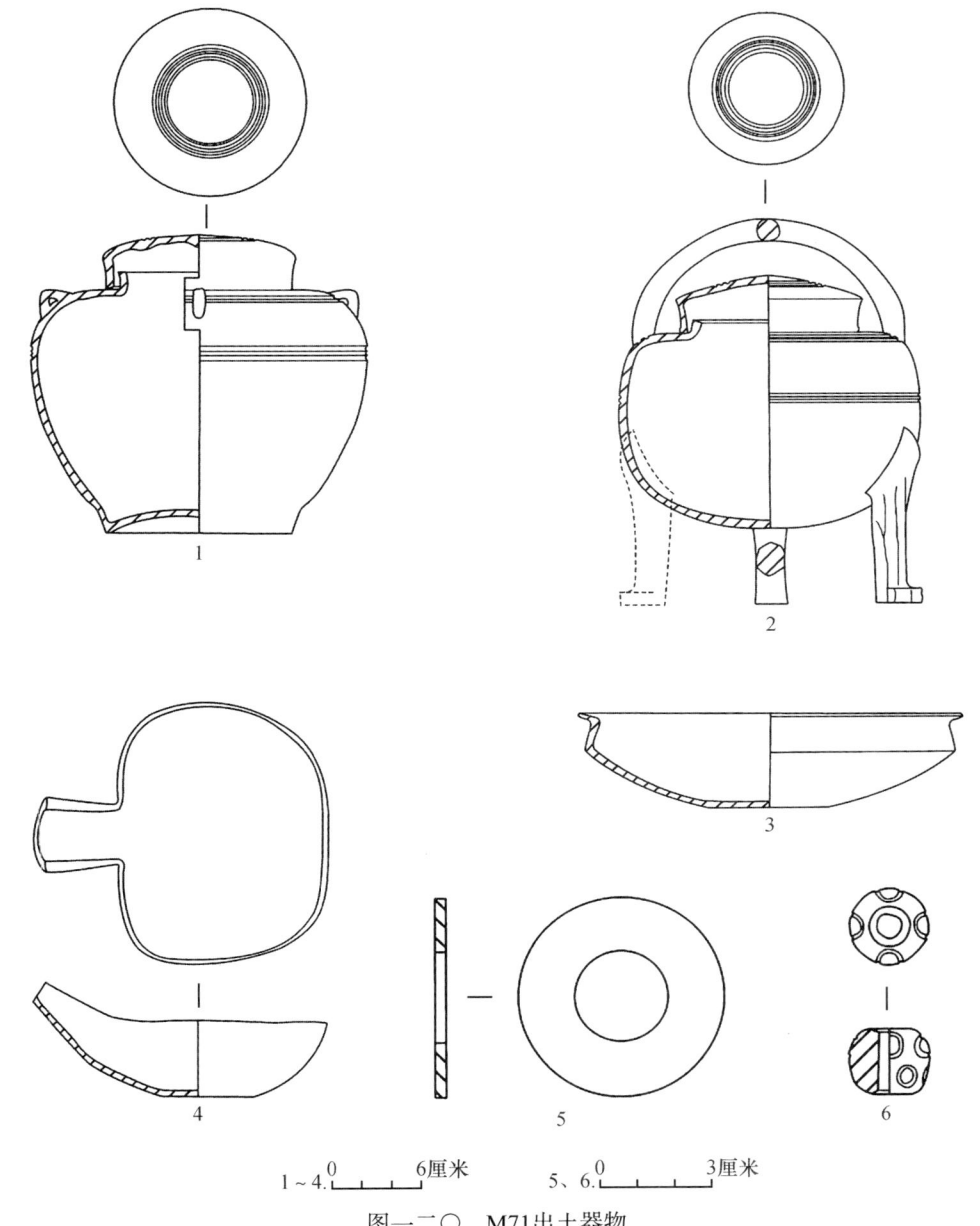

图一二〇　M71出土器物
1. 陶浴缶（M71：12）　2. 陶提梁盉（M71：14）　3. 陶盘（M71：15）　4. 陶匜（M71：16）　5. 石环（M71：9）
6. 料珠（M71：10）

盘　1件。M71：15，泥质黑皮陶，黄褐胎。口微敛，折沿上翘，圆唇，折腹较深，折棱较明显，小平底。高6.6、口径22.8、底径8厘米（图一二〇，3；图版四二，4）。

匜　1件。M71：16，泥质黑皮陶，黄褐胎。近椭圆形敞口，方唇，一侧有槽状窄流，流上翘，断面近半圆形，弧腹，平底。高7.8、口径17.4、底径6.2厘米；流长5.6、流宽4.4厘米（图一二〇，4；图版四二，5）。

提梁盉　1件。M71：14，泥质黑皮陶，黄褐胎。上有盖，直口微内敛，方唇，盖顶隆起。器为小直口略内敛，斜方唇，圆肩较平，肩上有圆柱状的拱形提梁，鼓腹，圜底，下附三个蹄形足，足稍高，上有刮削痕迹。盖顶中部饰三周细凹弦纹，肩部与腹部各饰两周凹弦纹。通高26.5、口径8.8、最大腹径20厘米（图一二〇，2；图版四三，1）。

（2）石器

1件。为环。M71：9，出土时器表面因受侵蚀已成粉末状。大理石质，白色，表面呈土黄色，不透明。圆形，断面呈长方形，双面钻孔。素面。直径5.6、好径2.6、厚0.3厘米（图一二〇，5；图版六七，5）。

（3）料器

1件。为珠。M71：10，体近珠形，断面为圆形，两端微凹，中间有一圆形贯穿孔。表面饰天蓝色圆圈，部分天蓝色已脱落。高1.8、直径2.1厘米（图一二〇，6；彩版二〇，6；图版六七，6）。

（4）骨器

2件。为鹿角。M71：11，因腐朽严重，动辄即成骨渣或粉末状，无法复原。

五七、M72

M72位于墓地的北部略偏西，东北与M5相距5.5米，南与M12相距8.5米，西南与M57相距8米，西与M58相距8.1米，西北与M4相距7米。

1. 墓葬形制

该墓为长方形竖穴土坑墓，方向55°。墓口开于耕土层下，距现地表0.2米。墓口平面呈长方形，墓壁上下垂直，光滑规整，墓底平坦。

墓口东西长3.1米，南北宽1.52米。墓底至墓口深2.4米。在墓底的四周有生土二层台，东侧台宽0.18～0.2米，南侧台宽0.16～0.24米，西侧台宽0.32～0.34米，北侧台宽0.2～0.22米，台高0.4米。

二层台的台面以下为墓室，平面为长方形，直壁。墓室东西长2.56～2.6米，南北宽1.1～1.14米，高0.4米（图一二一；图版六，1）。

墓内填土为浅红褐色五花土，上部土质较硬，下部湿软，土内含有少量的料姜石块。

2. 葬具与葬式

（1）葬具

墓内葬具皆腐朽严重，结构不明。从残存的灰白色木质朽痕，判断为一椁一棺。

木椁的四壁紧贴墓室周壁，平面为长方形，东西长2.56～2.6米，宽1.1～1.14米，残高0.4米，椁板厚度不详。

木棺置于椁室内的中部，平面近长方形，东西长1.76米，南北宽0.4～0.5米，高度与棺板厚

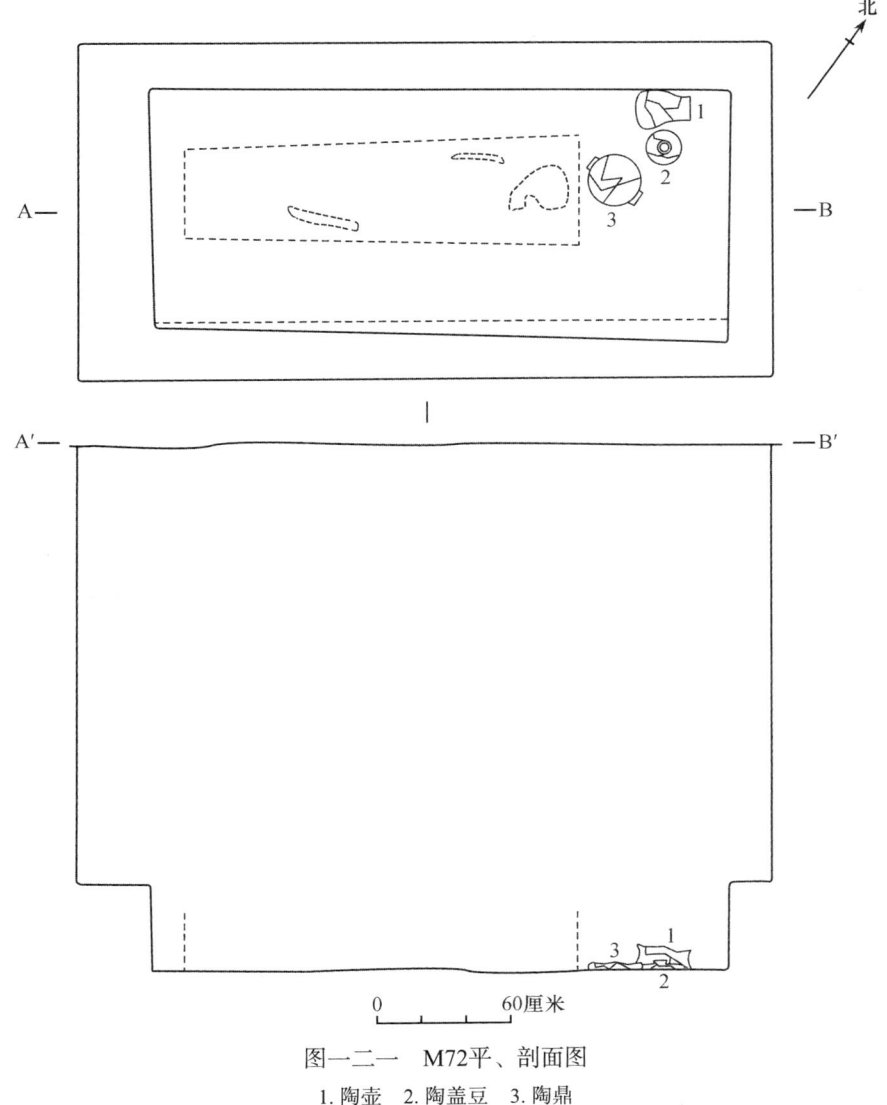

图一二一　M72平、剖面图
1. 陶壶　2. 陶盖豆　3. 陶鼎

度不详。

（2）葬式

棺内葬有墓主一人，骨骼腐朽严重，保存很差。根据黄褐色粉末状的骨痕可辨，墓主为仰身直肢葬，头东足西，年龄、性别不详。

3. 随葬器物

随葬器物放置于墓底棺椁之间的东部，即墓主人的头部，自北向南依次有陶壶、盖豆、鼎。

随葬器物共3件。全部为陶器，烧制火候低，质地差，破碎严重。计有鼎1件、盖豆1件、壶1件。

鼎　1件。M72∶3，近泥质状，无法提取。

盖豆　1件。M72∶2，近泥质状，无法提取。

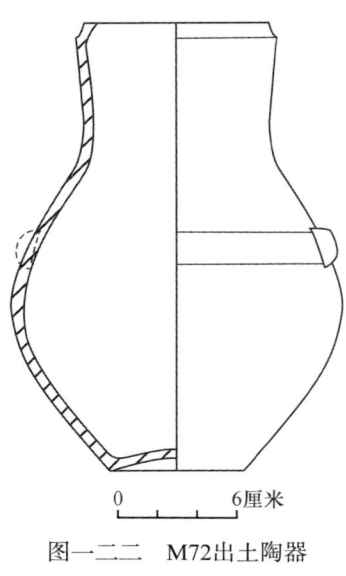

图一二二　M72出土陶器
陶壶（M72：1）

壶　1件。M72：1，夹砂黑皮陶，红褐胎。子口内敛，方唇，短粗颈微束，溜肩，肩部附有三个分布均匀的半圆形盲耳，鼓腹，平底略内凹，最大腹径在器中部偏下。肩部饰两周细凹弦纹。高23、口径8、腹径16.2、底径6.8厘米（图一二二；图版四三，2）。

五八、M73

M73位于墓地的西北部，东北与M59相距4米，东与M58相距3.5米，西南与M66相距4.2米，西与M75相距6米。

1. 墓葬形制

该墓为长方形竖穴土坑墓，方向60°。墓口开于耕土层下，距现地表0.25米。墓口平面呈长方形，墓壁上下垂直，光滑规整，墓底平坦。

墓口东西长3.1米，南北宽1.8米。墓底至墓口深2.24米。在墓底的南、西、北三面留有生土二层台，南侧台宽0.22～0.24米，西侧台宽0.36～0.38米，北侧台宽0.22～0.28米，台高0.44米。

二层台的台面以下为墓室，平面近长方形，西端略宽于东端，直壁。墓室东西长2.72米，南北宽1.26～1.36米，高0.44米。

在椁室底部下靠近东、西两端各有一道南北向的浅沟槽，用以放置枕木。东端沟槽长1.3米，宽0.1米，深0.04米，距墓室东壁0.62米；西端沟槽长1.35米，宽0.1米，深0.04米，距墓室西壁0.44米（图一二三；图版六，2）。

墓内填土为浅红褐色五花土，填土经过夯打，土质较硬，夯层厚0.1～0.12米，土内含有较多的料姜石块。

2. 葬具与葬式

（1）葬具

墓内葬具皆已腐朽，结构不明。依据残存的黑色或褐色粉末状木质朽痕，判断为一椁一棺。

木椁的四壁紧贴墓室周壁，平面近长方形，东西长2.72米，宽1.26～1.36米，残高0.44米，椁板厚度不明。在椁室底部下铺有两根枕木。

木棺置于椁室内的中部，平面呈长方形，东西长2米，南北宽0.82米，高度与棺板厚度

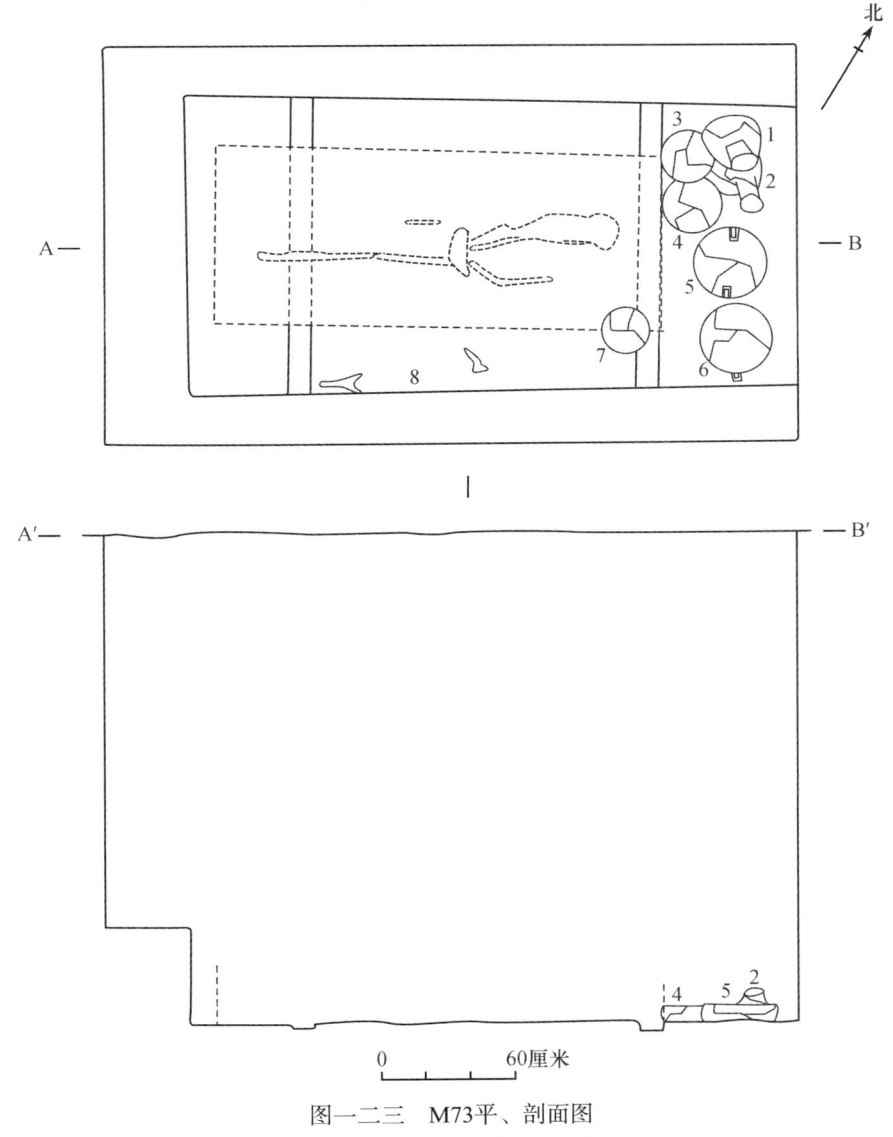

图一二三 M73平、剖面图
1、2.陶壶 3、4.陶敦 5、6.陶鼎 7.陶盘 8.鹿角

不明。

（2）葬式

棺内葬有墓主一人，骨骼腐朽严重，保存很差。从残存的骨痕可以辨出，墓主为仰身直肢葬，头东足西，年龄、性别不详。

3. 随葬器物

随葬器物放置于墓底棺椁之间的东部和南侧，即墓主人的头部与左侧。东部自北向南依次有陶壶、敦、鼎，南侧向西有陶盘和鹿角。

随葬器物共8件。除鹿角M73：8因腐朽成粉末状未采集外，其余均为陶器。陶器7件，烧制火候较低，破碎严重，计有鼎2件、壶2件、敦2件、盘1件。

鼎　2件。鼎盖均破碎较甚，无法修复。陶质、形制、纹样相同，大小稍异。皆夹砂黑皮陶，黄褐胎。子口内敛，斜方唇，口沿外侧下附有二个对称的长方形耳，耳上部略外撇，扁鼓腹，下腹弧形内收，圜底，下附三个较高的兽蹄形足。腹下部饰两周细凹弦纹。M73:5，通高26、口径20.4、足高14.2厘米（图一二四，1；图版四三，4）。M73:6，通高25.2、口径19.6、足高13.4厘米（图一二四，2；图版四三，5）。

壶　2件。陶质、形制相同，大小相差无几。皆泥质黑皮陶，红褐胎。子口内敛，方唇，颈微束，较细长，溜肩，圆鼓腹，小平底内凹，器身最大径在腹中部。M73:1，高35.6、口径8.8、腹径21.6、底径9.6厘米（图一二四，3；图版四三，3）。M73:2，高37.6、口径9、腹径22.4、底径9.6厘米（图一二四，6；图版四三，6）。

敦　2件。皆泥质黑皮陶，红褐胎。M73:3，盖残碎较甚，未能修复。器呈半球状，直口微敛，方唇，口沿外附有两个圆环形纽，弧腹，圜底，下附有三个似三角形或简化的"S"形兽形足，足根部有圆形穿孔。通高10.8、口径17.6厘米（图一二四，4；图版四三，8）。M73:4，由盖和器上下扣合而成，整体呈圆球形。盖与器形制相同，均呈半球状，直口微敛，方唇，盖与器口沿外各附有两个圆环形纽，弧腹，圜底，盖上与器身下附有三个似三角形或简化的"S"形兽形纽（足），根部均有圆形穿孔。通高24.8、口径18.8厘米（图一二四，

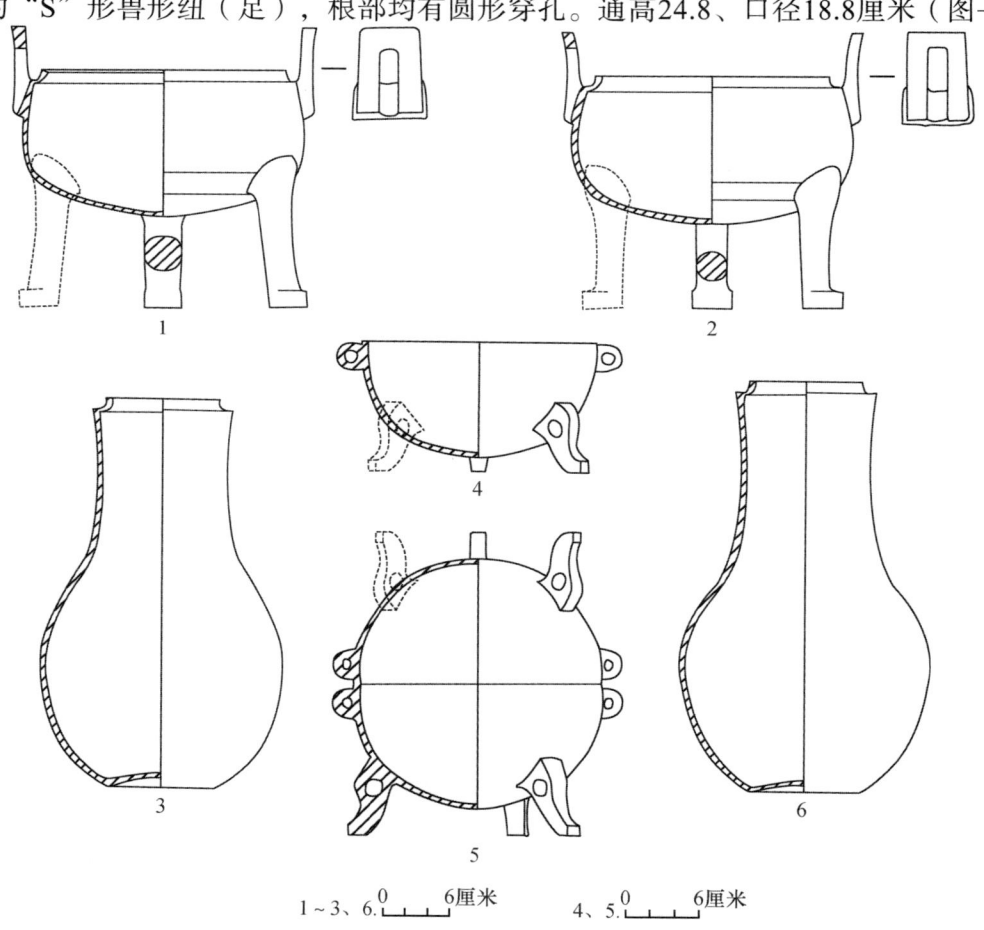

图一二四　M73出土陶器
1、2.鼎（M73:5、M73:6）　3、6.壶（M73:1、M73:2）　4、5.敦（M73:3、M73:4）

5；图版四三，7）。

盘　1件。M73：7，残甚，未能修复。

五九、M74

M74位于墓地的西北部，西、北分别与M65和M63相距4米，东北与M69相距3米，南与M75相距6米。

1. 墓葬形制

该墓为长方形竖穴土坑墓，方向65°。墓口开于耕土层下，距现地表0.2米。墓口平面呈长方形，墓壁上下垂直，光滑规整，墓底平坦。

墓口东西长2.8米，宽1.6米。墓底至墓口深2.6米。在墓底的四周留有生土二层台，东侧台宽0.16米，西侧台宽0.18米，南、北两侧台各宽0.16～0.18米，台高0.5米。

二层台的台面以下为墓室，平面呈长方形，直壁。墓室东西长2.46米，南北宽1.26米，高0.5米。

在椁室底部下靠近东、西两端各有一道南北向的浅沟槽，用以放置枕木。东端沟槽长1.26米，宽0.13米，深0.06米，距墓室东壁0.26米；西端沟槽长1.26米，宽0.15米，深0.06米，距墓室西壁0.2～0.26米（图一二五；图版六，3）。

墓内填土为浅红褐色五花土，土质较硬，土内含有少量的白土块、黄泥块和料姜石块。

2. 葬具与葬式

（1）葬具

墓内葬具皆腐朽严重，结构不明。依据残存的灰白色或灰黑色粉末状木质朽痕，可判断为一椁一棺。

木椁的四壁紧贴墓室周壁，平面呈长方形，东西长2.46米，南北宽1.26米，残高0.5米，椁板厚度不明。在椁室底板下铺有两根枕木。

木棺置于椁室内的北部，平面呈长方形，东西长1.98米，南北宽0.59米，高度与棺板厚度不详。

（2）葬式

棺内葬有墓主一人，骨骼腐朽严重，保存较差，除股骨和胫骨外，其他部分已朽成黄褐色粉末状。从残存的骨骼朽痕看，墓主为仰身直肢葬，头东足西，年龄、性别不详。

3. 随葬器物

随葬器物放置于墓底棺椁之间的东部和南侧，即墓主人的头部与左侧。东部自北向南依次

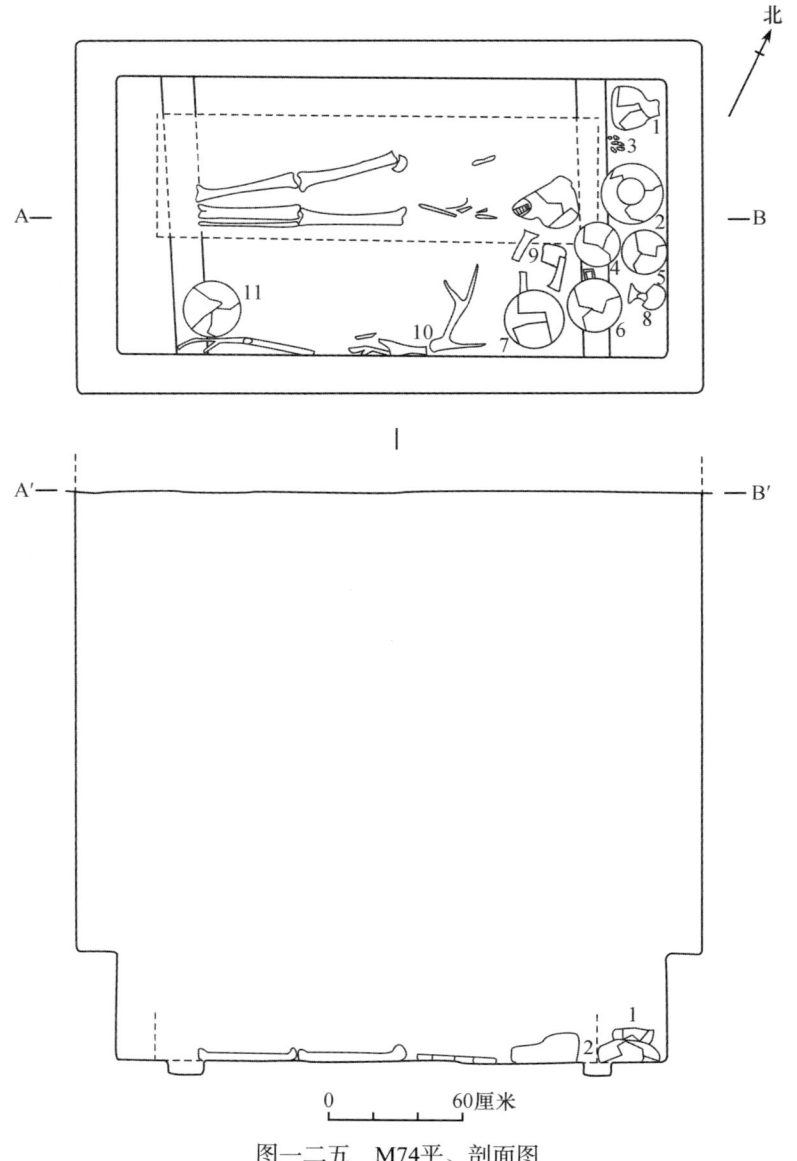

图一二五　M74平、剖面图
1、2.陶壶　3.石片　4、5.陶敦　6、7.陶鼎　8、9.陶豆　10.鹿角　11.陶盘

有陶壶、石片、陶敦、鼎和豆，南部向西有陶豆、鼎、鹿角和陶盘等。

随葬器物共24件。依质地分为陶、石、骨器三类。其中陶器9件，均破碎严重，计有鼎2件、豆2件、壶2件、敦2件、盘1件；石器为椭圆形石片12件；骨器为鹿角3件。

（1）陶器

9件。

鼎　2件。陶质、形制、大小不尽同。M74:6，泥质黑皮陶，黄褐胎。子口内敛，方唇，口沿外侧下附有二个对称的长方形耳，耳上部略外撇，腹上部近直，下部向外弧折，圜底近平，下附三个蹄形足较高，足面上有刮削痕迹。腹部饰一周凸弦纹。通高25.6、口径20.8、足高16.2厘米（图一二六，1；图版四四，1）。M74:7，夹砂黑皮陶，红褐胎。子口内敛，圆

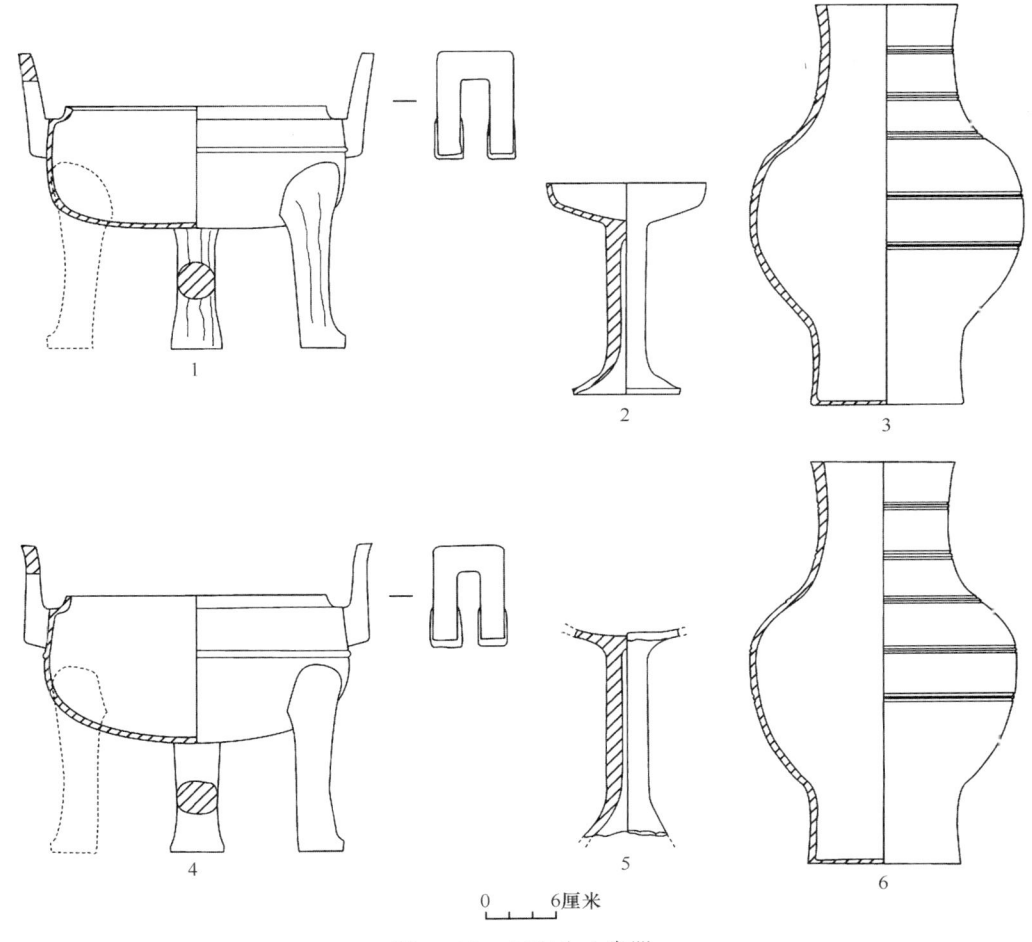

图一二六　M74出土陶器
1、4. 鼎（M74：6、M74：7）　2、5. 豆（M74：8、M74：9）　3、6. 壶（M74：1、M74：2）

唇，口沿外侧下附有二个对称的长方形耳，耳上部略外撇，鼓腹，下腹外弧内收，圜底，下附三个蹄形足较高。腹部饰一周凸弦纹。通高26.6、口径21.2、足高16.6厘米（图一二六，4；图版四四，2）。

豆　2件。陶质、大小不同。M74：8，泥质黑支陶，红褐胎。敞口，方唇，盘较浅，弧腹，柱状空心细高豆柄，喇叭形圈足座，座沿直折起台。通高18.8、口径12.8、底径8.8厘米（图一二六，2；彩版一一，5；图版四四，3）。M74：9，泥质灰陶。豆盘及圈足残甚，未能复原，仅存豆柄。豆柄为较细高的柱状空心柄，可看出圈足呈喇叭形。残高9.1、柄径3.6厘米（图一二六，5）。

壶　2件。陶质、形制、纹样相同，大小近似。皆为泥质灰陶。侈口，方唇，颈部微束，弧肩，圆鼓腹，下腹向内弧收，近底部较直，呈假圈足，平底，器身最大径在中腹部。颈部和腹部各饰两组凹弦纹，肩部饰一组凹弦纹，每两周凹弦纹为一组。M74：1，高35、口径10、最大腹径23.2、底径12.8厘米（图一二六，3；图版四四，4）。M74：2，高35.2、口径10、最大腹径22.6、底径12.8厘米（图一二六，6；图版四四，5）。

敦　2件。M74∶4和M74∶5，皆破碎较甚，未能修复。

盘　1件。M74∶11，破碎较甚，未能修复。

（2）石器

12件。均为椭圆形石片。形制近同，大小不一。整体皆呈椭圆形，石片的两面被加工磨平。依据其穿孔情况，可分为有穿孔和无穿孔两种。其中有穿孔者4件，无穿孔者8件。M74∶3-1～M74∶3-4，石片一端有一穿孔，另一端无穿孔。长径2.3～3.7厘米，短径1.5～1.8厘米（图一二七，1～4）。M74∶3-5，石片两端无穿孔或者一端穿孔残失。长径3.1厘米，短径1.9厘米（图一二七，5）。M74∶3-6～M74∶3-12，石片一端无穿孔，另一端有穿孔，但已残失。长径残长1.7～3.1厘米，短径1.7～2厘米（图一二七，6～12）。

（3）骨器

3件。为鹿角。M74∶10，因腐朽严重，动辄即成骨渣或粉末状，无法复原。

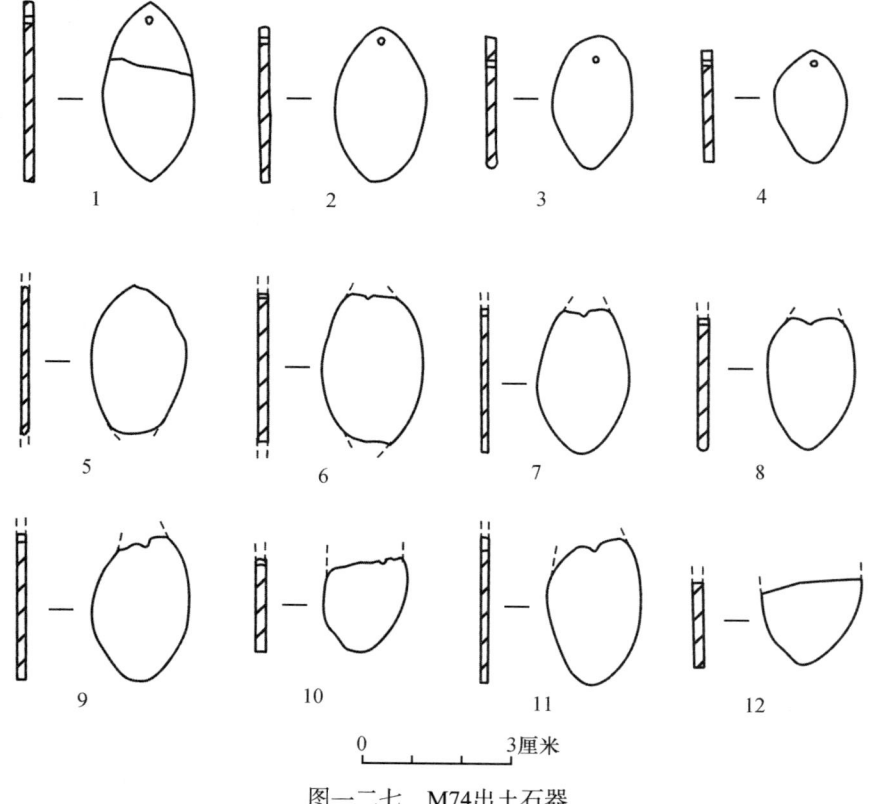

图一二七　M74出土石器

1～4.石片（M74∶3-1～M74∶3-4）　5.石片（M74∶3-5）　6～12.石片（M74∶3-6～M74∶3-12）

六〇、M75

M75位于墓地的西北部，北与M74相距6米，东与M73相距亦6米，南与M66相距2米，西南与M71相距5米，西与M76相距6.5米。

1. 墓葬形制

该墓为长方形竖穴土坑墓，方向72°。墓口开于耕土层下，距现地表0.2米。墓口平面呈长方形，口部稍大于墓底，墓的东、西两壁斜直下切，南、北两壁上下垂直，墓底平坦。

墓口东西长2.6米，南北宽1.48米。墓底至墓口深2.3米。在墓底的四周留有生土二层台，东侧台宽0.18～0.2米，南侧台宽0.14米，西侧台宽0.16～0.18米，北侧台宽0.17米，台高0.3米。

二层台的台面以下为墓室，平面呈长方形，直壁。墓室东西长2.22米，南北宽1.1米，高0.3米（图一二八；图版六，4）。

墓内填土为浅红褐色五花土，土质较硬，土内含有少量的白土块、黄泥块和料姜石块。

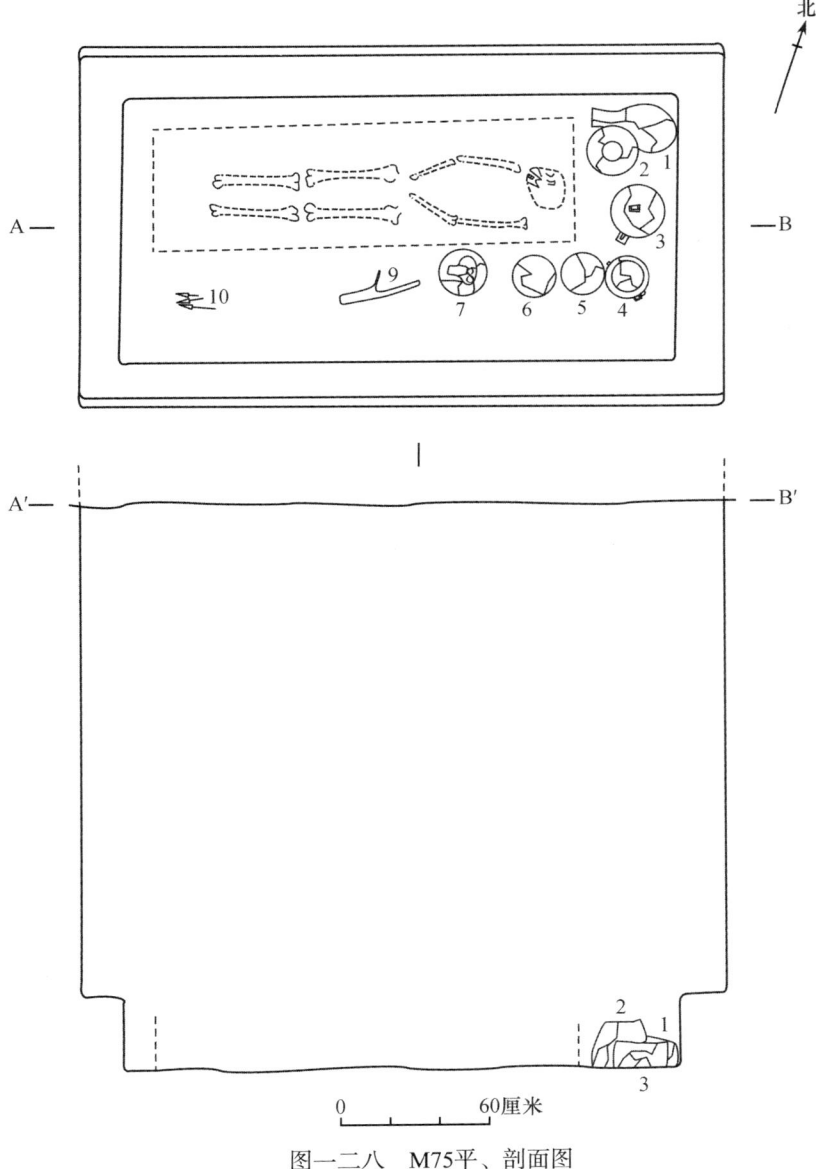

图一二八　M75平、剖面图

1、2.陶壶　3、4.陶鼎　5、6.陶盖豆　7.陶盘　8.陶匜　9.鹿角　10.铜镞

2. 葬具与葬式

（1）葬具

墓内葬具皆腐朽严重，结构不明。依据残存的灰白色或灰黑色粉末状木质朽痕，可判断为一椁一棺。

木椁的四壁紧贴墓室周壁，平面呈长方形，东西长2.22米，宽1.1米，残高0.3米，椁板厚度不详。

木棺置于椁室内的北部，平面为长方形，东西长1.7米，宽0.5米，高度与棺板厚度不详。

（2）葬式

棺内葬有墓主一人，骨骼腐朽严重，已朽成黄褐色粉末状。从骨痕可以看出，墓主为仰身直肢葬，头东足西，面向北，双手置于腹部，年龄、性别不详。

3. 随葬器物

随葬器物放置于墓底棺椁之间的东部和南侧，即墓主人的头部与左侧。东部自北向南依次有陶壶、鼎，南侧向西有陶盖豆、盘、匜和鹿角、铜镞等。

随葬器物共12件。依质地可分为陶、铜、骨器三类。其中陶器8件，破碎严重，计有鼎2件、盖豆2件、壶2件、盘1件、匜1件；铜器为铜镞3件；骨器为鹿角1件。

（1）陶器

8件。

鼎　2件。陶质、形制、大小略有差异。M75：3，夹砂黑皮陶，红褐胎。子口内敛，方唇，口沿外侧下附有二个对称的长方形竖耳，腹部略鼓，腹下部弧形内收，圜底，下附三个蹄形足。通高20.4、口径14.8、足高11.6厘米（图一二九，1；图版四四，6）。M75：4，泥质黑皮陶，红褐胎。子口内敛，方唇，口沿外侧下附有二个对称的长方形竖耳，耳上部略外撇，腹上部较直，腹下部弧形内收，圜底，下附三个蹄形足。通高20.2、口径13.6、足高11厘米（图一二九，2；图版四四，7）。

盖豆　2件。盖皆残甚，均未能修复。陶质、形制相同，大小稍异。皆为泥质黑皮陶，红褐胎。子口内敛，方唇，弧腹，圜底近平，豆柄较短，中空，喇叭形圈足座，底座直折。M75：5，腹略外鼓。高20、口径16.8、底径12.4厘米（图一二九，3；图版四五，1）。M75：6，下腹内收。高18.6、口径17.2、底径12.4厘米（图一二九，4；图版四五，2）。

壶　2件。陶质相同，形制、大小略有差异。皆泥质黑皮陶，红褐胎。M75：1，子口内敛，方唇，束颈细长，溜肩，鼓腹，腹下部弧收，平底微凹，器身最大径在腹上部。高31.8、口径9、最大腹径18.8、底径8厘米（图一二九，7；图版四五，3）。M75：2，侈口，方唇，束颈稍粗长，圆肩，鼓腹，腹下部弧收，平底微凹，器身最大径在腹上部。高29、口径12、最大腹径19.6、底径10厘米（图一二九，5；图版四五，4）。

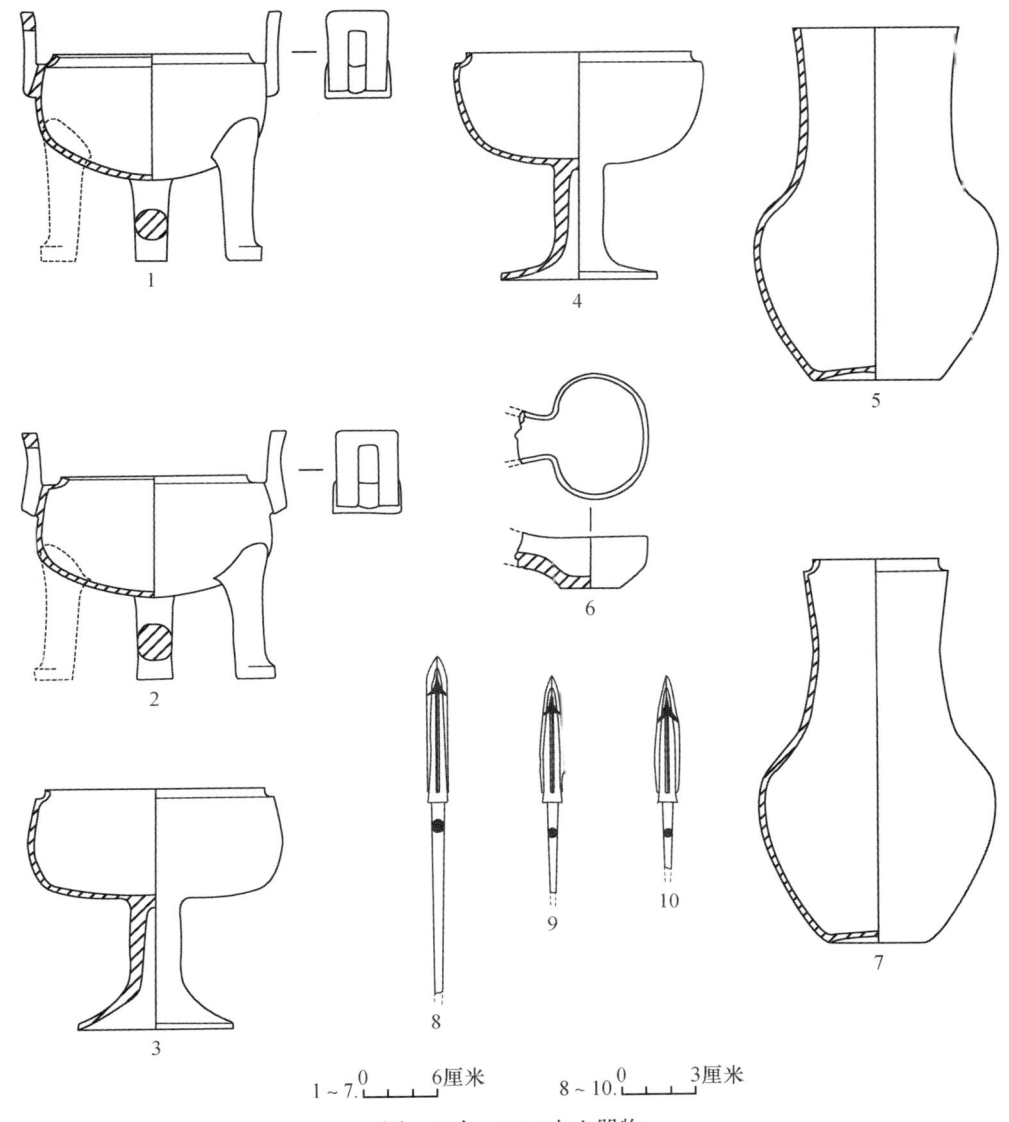

图一二九　M75出土器物

1、2.陶鼎（M75∶3、M75∶4）　3、4.陶盖豆（M75∶5、M75∶6）　5、7.陶壶（M75∶2、M75∶1）　6.陶匜（M75∶8）
8~10.铜镞（M75∶10-1、M75∶10-2、M75∶10-3）

盘　1件。M75∶7，残甚，未能修复。

匜　1件。M75∶8，泥质黑皮陶，灰胎。流稍残。椭圆形直口，方唇，槽状窄流，微上翘，断面近半圆形，腹微弧，中腹微折，平底。残高4.6、口径9.6、底径4.8厘米；流残长3、宽2.8~3.4厘米（图一二九，6；图版四五，5）。

（2）铜器

3件。仅为镞一种。出土时铤均残。形制基本相同。皆为三棱形镞身，三刃聚为前锋，圆柱形铤末端渐细（图版六二，4）。M75∶10-1，体较长。体残长14、宽0.8、铤残长8厘米（图一二九，8）。M75∶10-2，体残长9、宽1、铤残长3.8厘米（图一二九，9）。M75∶10-3，体较短。体残长8、宽1、铤残长2.8厘米（图一二九，10）。

（3）骨器

1件。为鹿角。M75：9，腐朽严重，动辄即成骨渣或粉末状，无法复原。

六一、M76

M76位于墓地的西北部，北与M65相距6米，东与M75相距6.5米，南与M71相距3米。

1. 墓葬形制

该墓为长方形竖穴土坑墓，方向60°。墓口开于耕土层下，距现地表0.2米。墓口东高西低，平面呈长方形，墓壁上下垂直，光滑规整，墓底平坦。

墓口东西长2.8米，南北宽1.6米。墓底至墓口深2.6～2.8米。在墓底的四周留有生土二层台，东侧台宽0.18米，南侧和西侧台宽各为0.28米，北侧台宽0.26米，台高0.3米。

二层台的台面以下为墓室，平面呈长方形，直壁。墓室东西长2.34米，南北宽1.06米，高0.3米（图一三〇；彩版六，1）。

墓内填土为浅红褐色五花土，土质较硬，土内含有少量的白土块、黄泥块和料姜石块。

2. 葬具与葬式

（1）葬具

墓内葬具皆腐朽严重，结构不清。依据残存的灰白色或灰黑色粉末状木质朽痕，可判断为一椁一棺。

木椁的四壁紧贴墓室周壁，平面呈长方形，东西长2.34米，南北宽1.06米，残高0.3米，椁板厚度不详。

木棺置于椁室内的中部，平面呈长方形，东西长1.74米，南北宽0.6米，高度与棺板厚度均不详。

（2）葬式

棺内葬有墓主一人，骨骼腐朽严重，保存较差。墓主为仰身直肢葬，头东足西，双手交叉置于腹部，年龄、性别不详。

3. 随葬器物

随葬器物放置于墓底棺椁之间的东部和南侧中部，即墓主人头部与左侧。东部自北向南依次有陶壶、石璧和陶豆、敦、鼎等，南侧中部有陶盘、匜。

随葬器物共11件。依质地分为陶器与石器两类。其中陶器10件，计有鼎2件、豆2件、壶2件、敦2件、盘1件、匜1件（图版九，3）；石器为璧1件。

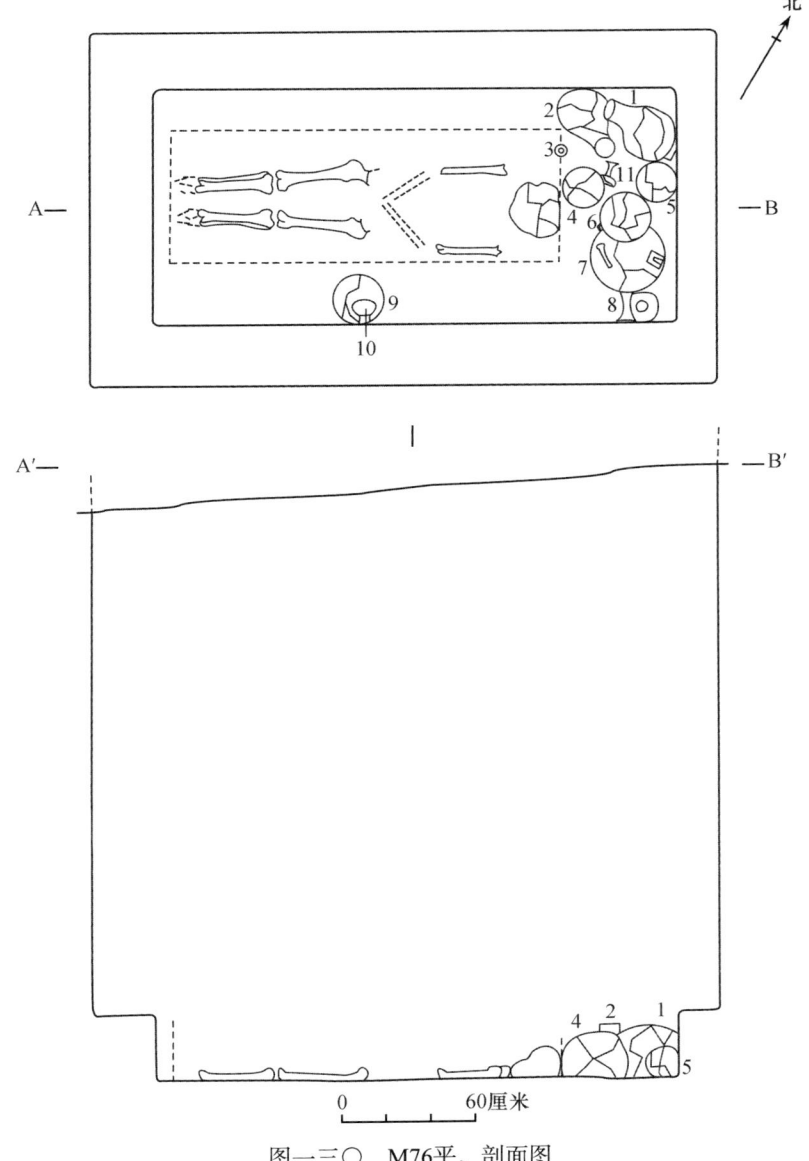

图一三〇 M76平、剖面图

1、2.陶壶 3.石璧 4、5.陶敦 6、7.陶鼎 8、11.陶豆 9.陶盘 10.陶匜

（1）陶器

10件。

鼎 2件。陶质、形制、纹样相同，大小相差无几。皆为泥质灰陶。子口内敛，方唇，口沿外侧下附有二个对称的长方形耳，扁鼓腹，下腹弧形内收，圜底近平，下附三个较高的兽蹄形足，足面上有刮削痕。腹部饰一周凸弦纹。M76：6，通高28.6、口径21.6、足高19厘米（图一三一，1；图版四五，6）。M76：7，通高28、口径22.8、足高18厘米（图一三一，2；图版四五，7）。

豆 2件。陶质松散，出土时均碎裂严重，整器未能复原，仅修复出豆柄部及盘底部。M76：8，泥质黑皮陶，红褐胎。盘底呈圜底近平，较细高的柱状空心柄。残高6.9、柄径3.4厘

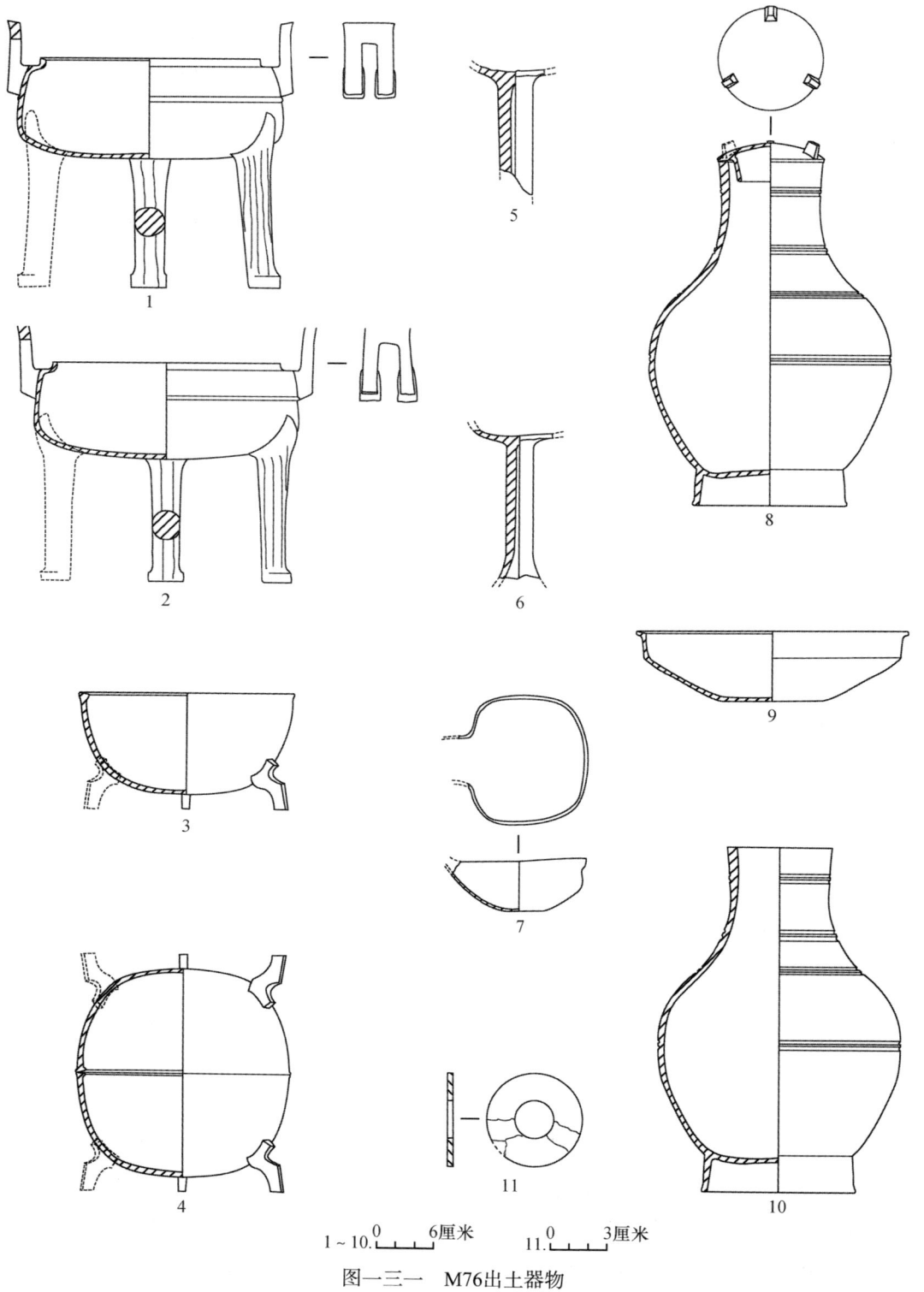

图一三一　M76出土器物

1、2.陶鼎（M76：6、M76：7）　3、4.陶敦（M76：4、M76：5）　5、6.陶豆（M76：8、M76：11）　7.陶匜（M76：10）　8、10.陶壶（M76：1、M76：2）　9.陶盘（M76：9）　11.石璧（M76：3）

米（图一三一，5）。M76∶11，泥质黑皮陶，黄褐胎。盘底呈圜底近平，较细高的柱状空心柄，喇叭形圈足残缺。残高8、柄径2.8厘米（图一三一，6）。

壶　2件。陶质、器身形制、大小、纹样相同。皆泥质灰陶。器口微侈，方唇，束颈，弧肩，圆鼓腹，下腹向内弧收，平底微凹，圈足略外撇，器身最大径在腹部偏上。颈部饰两组凹弦纹，肩部与腹部各饰一组凹弦纹，每两周凹弦纹为一组。M76∶1，上有一弧顶形盖，深子母口，圆唇，盖顶近边缘处有分布均匀的三个楔形纽。通高39.2、口径8.8、腹径25.2、底径14.8厘米（图一三一，8；彩版一二，4；图版四六，1）。M76∶2，无盖。器身尺寸大小与M76∶1相同（图一三一，10；图版四六，2）。

敦　2件。皆泥质黑皮陶，灰胎。M76∶5，由盖和器上下扣合而成，整体呈扁圆球形。盖与器形制相同，均呈半球状，口微敛，方唇，口沿内侧均有一周凸棱，弧腹，圜底，盖上和器身下各附三个似三角形或简化的"S"形兽形纽（足）。通高25.2、口径20.4厘米（图一三一，4；彩版一三，6；图版四六，3）。M76∶4，盖残碎较甚，未能修复。器的形制与M76∶5相同。高12.6、口径20.4厘米（图一三一，3；图版四六，4）。

盘　1件。M76∶9，泥质灰陶。直口，斜折沿，圆唇，盘腹较深，折腹，折棱明显，上腹垂直，腹斜直内收，平底。高7.4、口径26.4、底径10.8厘米（图一三一，9；图版四六，5）。

匜　1件。M76∶10，出土时流端残缺。泥质灰陶。近椭方形口，方唇，弧腹，上腹内凹，小平底。高5.8、口径13.2、底径4.4厘米（图一三一，7；图版四六，6）。

（2）石器

1件。为璧。M76∶3，出土时已断为四块，并略有残缺，表面受侵蚀成粉末状。大理石质。白色，表面呈土黄色，不透明。圆形，断面呈长方形，双面钻孔。素面。直径5、好径2、厚0.3厘米（图一三一，11；图版六八，1）。

六二、M77

M77位于墓地的北端，东北与M80相距14.5米，西南与M60相距11米，西与M79相距15米，西北与M78相距13米。

1. 墓葬形制

该墓为长方形竖穴土坑墓，方向65°。墓口开于耕土层下，距现地表仅0.1米。墓口西高东低，平面呈长方形，墓壁上下垂直，较规整，墓底平坦。

墓口东西长2.6米，南北宽1.08米；墓底尺寸与墓口相同，墓底至墓口深0.3～0.4米（图一三二；图版七，1）。

墓内填土为浅红褐色五花土，土质干燥较硬，内含有少量的小白土块、黄泥块和较多的料姜石块。

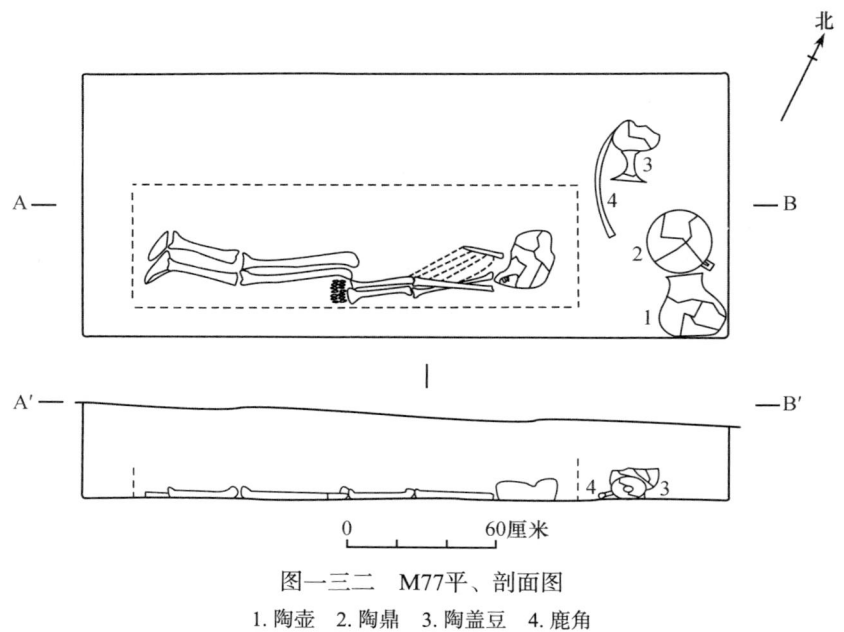

图一三二　M77平、剖面图
1.陶壶　2.陶鼎　3.陶盖豆　4.鹿角

2. 葬具与葬式

（1）葬具

墓内葬具腐朽严重，结构不明。从残存的灰白色或灰黑色木质朽痕，可知为一棺。

木棺置于墓底南部，平面呈长方形，东西长1.8米，宽0.5米，高度与棺板厚度不详。

值得注意的是，在现存的墓圹周壁上发现有木质朽痕，因墓圹上部已不存，推测现存的墓室可能为该墓的椁室。

（2）葬式

棺内葬有墓主一人，骨骼已腐朽，保存较差。墓主为侧身直肢葬，头东足西，面向南，双手置于腹部，年龄、性别不详。

3. 随葬器物

墓内随葬器物放置于墓底棺外的东部，即墓主人的头部，自北向南依次有鹿角和陶豆、鼎、壶等。

随葬器物共4件。除M77：4鹿角因腐朽成骨渣或粉末状未采集外，其余均为陶器。陶器3件，计有鼎1件、盖豆1件、壶1件（图版九，4）。

鼎　1件。M77：2，泥质黑皮陶，红褐胎。子口内敛，方唇，口沿外侧下附有二个对称的长方形耳，耳上部略外撇，腹略鼓，圜底，下附三个蹄形足，足较粗短。通高17.6、口径15.6、足高6.8厘米（图一三三，1；图版四六，7）。

盖豆　1件。M77：3，泥质黄褐胎黑皮陶。盖、盘整体呈盒形。上有一覆盘形盖，直口，方唇，盖面隆起，中部有一圆形握手。器子口较直，圆唇，弧腹稍鼓，圜底，粗短豆柄，中

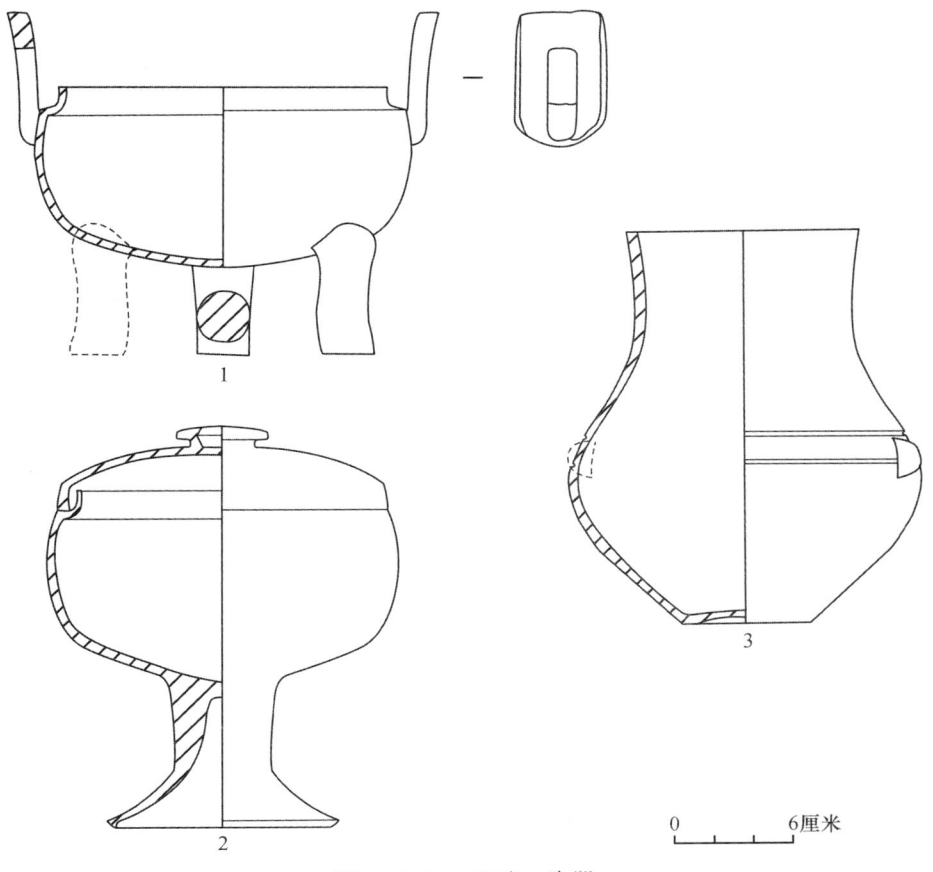

图一三三　M77出土陶器
1.鼎（M77：2）　2.盖豆（M77：3）　3.壶（M77：1）

空，喇叭形圈足座，底座斜折。通高20.6、口径14、底径10.8厘米（图一三三，2；彩版一〇，6；图版四七，1）。

壶　1件。M77：1，泥质黑皮陶，红褐胎。敞口，方唇，短粗束颈，溜肩，肩部附有三个分布均匀的半圆形盲耳，鼓腹，下腹内收略外弧，平底微内凹。肩部饰两周凹弦纹。高20.2、口径10.4、最大腹径17.6、底径6.4厘米（图一三三，3；图版四七，2）。

六三、M78

M78位于墓地的北端，东与M80相距11米，西南与M77相距14.5米。

1. 墓葬形制

该墓为长方形竖穴土坑墓，方向60°。墓口开于耕土层下，距现地表0.1米。墓口西高东低，东宽西窄，平面近长方形，墓壁上下垂直，平滑规整，墓底平坦。

墓口东西长3.1米，南北宽1.68~1.8米。墓底至墓口深1.6~1.9米。在墓底的四周留有生土二层台，东侧台宽0.28米，南侧台宽0.3米，西侧台宽0.32~0.38米，北侧台宽0.22~0.32米，台高0.7米。

二层台的台面以下为墓室，平面近长方形，南端略宽于北端，直壁。墓室东西长2.24~2.52米，南北宽1.18米，高0.7米（图一三四；图版七，2）。

墓内填土为浅红褐色五花土，土质较硬，略经夯打，夯层与夯窝不明显，土内含有少量的小料姜石块和黄泥块。

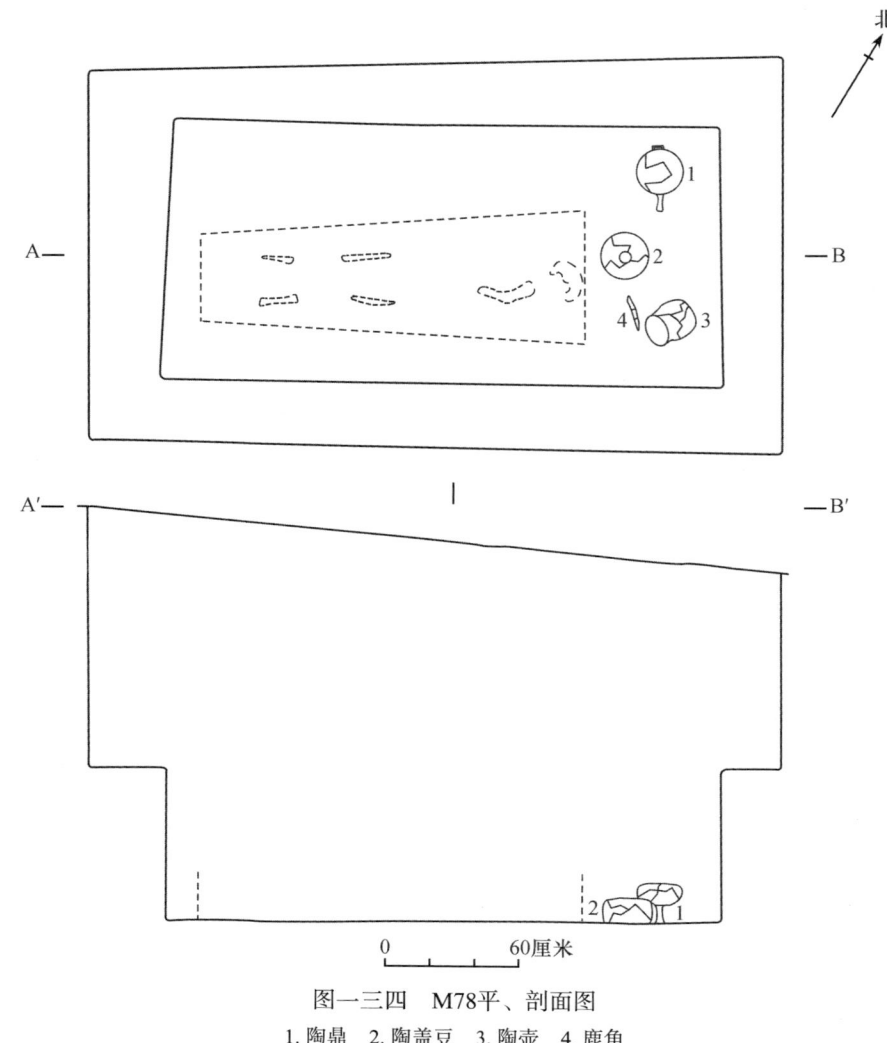

图一三四　M78平、剖面图
1. 陶鼎　2. 陶盖豆　3. 陶壶　4. 鹿角

2. 葬具与葬式

（1）葬具

葬具皆腐朽严重，结构不明。依其残存的灰白色或灰黑色木质朽痕，判断为一椁一棺。

木椁的四壁紧贴墓室周壁，平面近长方形，东西长2.24~2.5米，宽1.18米，板厚0.05米，高0.7米。

木棺置于椁室内的中部略偏西，平面近长方形，东西长1.72米，南北宽0.4～0.6米，高度与棺板厚度不详。

（2）葬式

棺内葬有墓主一人，骨骼腐朽严重，已朽成黄褐色粉末状。依残存的骨痕可辨出，墓主为仰身直肢葬，头东足西，年龄、性别不详。

3. 随葬器物

随葬器物放置于墓底棺椁之间的东部，即墓主人的头部，自北向南依次有陶鼎、盖豆、壶和鹿角。

随葬器物共4件。除M78：4鹿角因腐朽成骨渣或粉末状未采集外，其余均为陶器。陶器3件，计有鼎1件、盖豆1件、壶1件。

鼎　1件。M78：1，泥质黑皮陶，红褐胎。子口内敛，方唇，口沿外侧下附有二个对称的长方形耳，耳较直，长方形耳穿，半球形腹，圜底，下附三个蹄形足，足外撇。通高22.6、口径15.2、足高10厘米（图一三五，1；图版四七，4）。

盖豆　1件。M78：2，泥质黑皮陶，黄褐胎。失盖。子口内敛，方唇，深弧腹，圜底，豆柄较粗短，中空，喇叭形圈足座。盘腹中部饰一周细凹弦纹。高18.2、口径14.8、底径11.2厘米（图一三五，2；图版四七，5）。

壶　1件。M78：3，泥质黑皮陶，红褐胎。子口内敛，方唇，粗束颈较短，溜肩，圆鼓

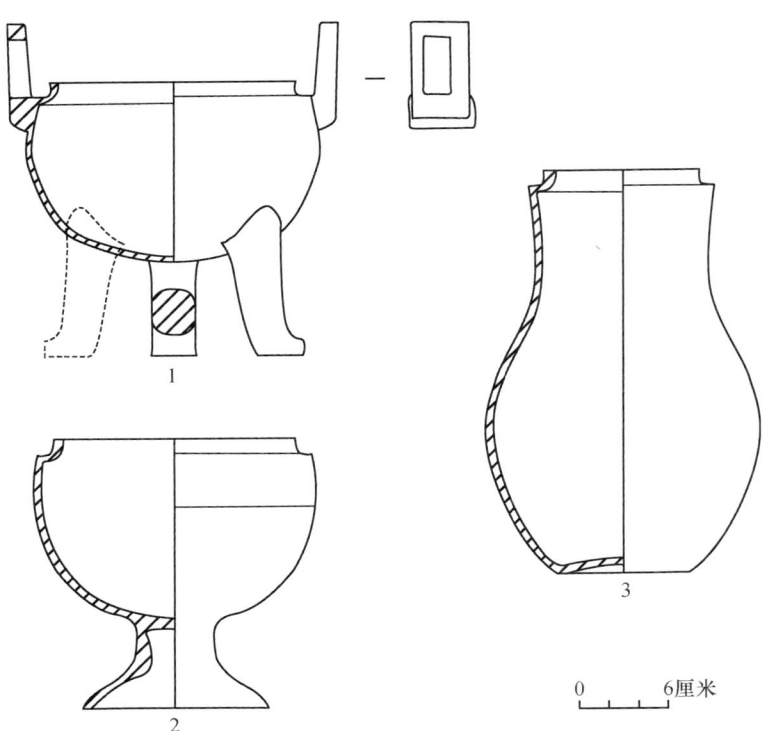

图一三五　M78出土陶器
1. 鼎（M78：1）　2. 盖豆（M78：2）　3. 壶（M78：3）

腹，下腹向内弧收，平底微内凹，器身最大径在腹中部。高27.2、口径8.8、最大腹径18.4、底径8.8厘米（图一三五，3；图版四七，3）。

六四、M79

M79位于墓地的西北部，东与M77相距15米，南与M67相距2.5米。

1. 墓葬形制

该墓为长方形竖穴土坑墓，方向75°。墓口开于耕土层下，距现地表0.55米。墓口平面呈长方形，墓壁上下垂直，光滑规整，墓底平坦。

墓口东西长3.3米，南北宽2米。墓底至墓口深2米。在墓底的四周留有生土二层台，东侧台宽0.44~0.48米，南侧台宽0.36~0.45米，西侧台宽0.38~0.5米，北侧台宽0.5~0.56米，高0.3米。

二层台的台面以下为墓室，平面近长方形，南端略宽于北端，直壁。墓室东西长2.3~2.48米，南北宽1.04米，高0.3米。

在椁室底部下靠近东、西两端各有一道南北向的浅沟槽，用以放置枕木。东端沟槽长1.05米，宽0.14米，深0.04米，距墓室东壁0.44~0.48米；西端沟槽长1.08米，宽0.16米，深0.04米，距墓室西壁0.3米（图一三六）。

墓内填土为浅红褐色五花土，土质较硬，土内含有大量的小石块和较多的料姜石块、白土块等。

2. 葬具与葬式

（1）葬具

葬具皆已腐朽，结构不明。依其残存的黑色或褐色粉末状木质朽痕，判断为一椁一棺。

木椁的四壁紧贴墓室周壁，平面近长方形，东西长2.3~2.48米，宽1.04米，残高0.3米，椁板厚度不详。

木棺置于椁室内的中部，平面近长方形，东西长1.8米，宽0.3~0.54米，高度与棺板厚度不详。

（2）葬式

棺内葬有墓主一人，骨骼腐朽严重，已朽成黄褐色粉末状。依据骨痕可知，墓主为仰身直肢葬，头东足西，年龄、性别不详。

3. 随葬器物

随葬器物放置于墓底棺椁之间的东部，即墓主人的头部，自北向南依次陶壶、鼎、敦和

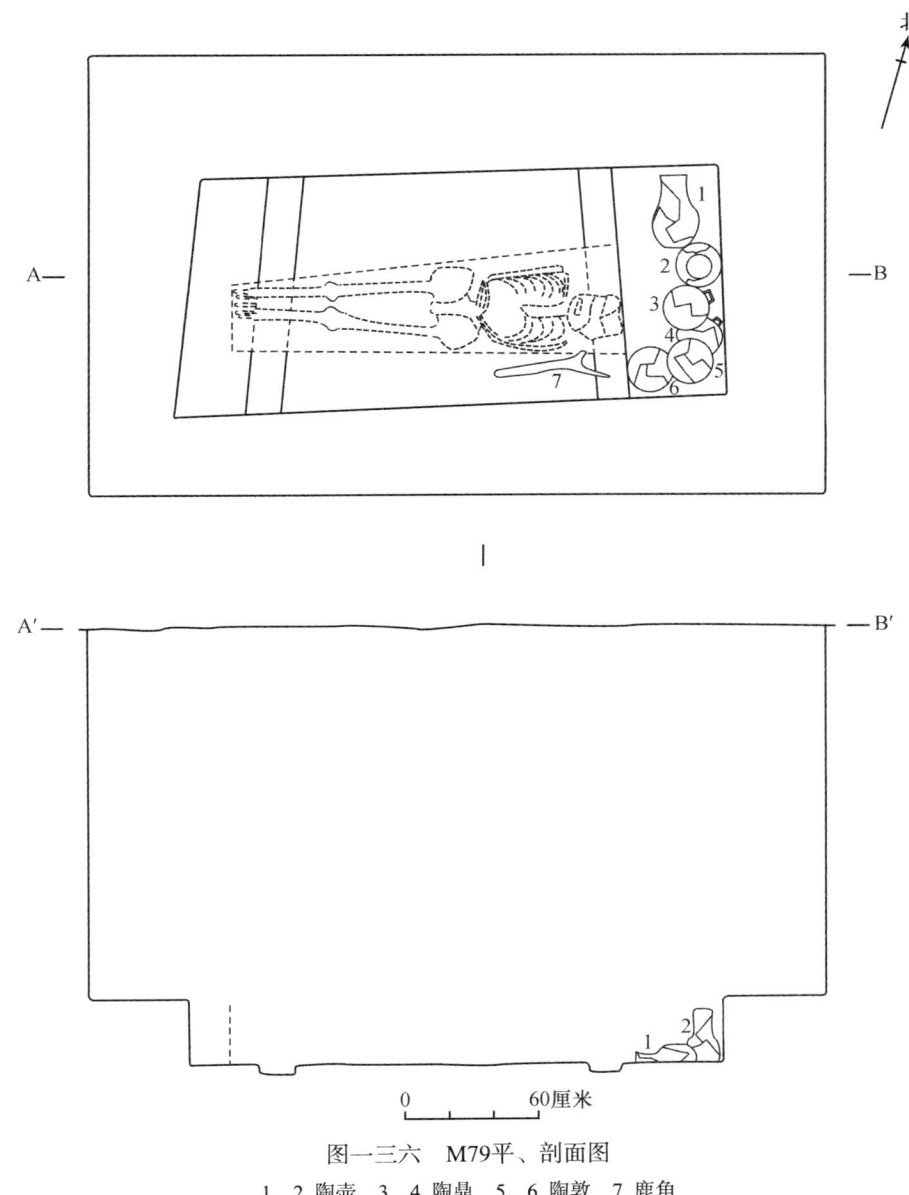

图一三六　M79平、剖面图
1、2.陶壶　3、4.陶鼎　5、6.陶敦　7.鹿角

鹿角。

随葬器物共7件。除M79：7鹿角因腐朽成骨渣或粉末状未采集外，其余均为陶器。陶器6件，计有鼎2件、壶2件、敦2件。

鼎　2件。形制相同，陶质、大小略有差异。皆子口内敛，方唇，口沿外侧下附有二个对称的长方形耳，耳稍外撇，弧腹微鼓，圜底，下附三个蹄形足，足较高。M79：3，泥质黑皮陶，红褐胎。通高23、口径21.8、足高13.2厘米（图一三七，1；图版四七，6）。M79：4，夹砂黑皮陶，红褐胎。通高24、口径21.2、13.2厘米（图一三七，2；图版四七，7）。

壶　2件。形制相同，陶质、大小略有差异。皆子口，微内敛，方唇，长颈微束，圆肩，肩部附有三个分布均匀的半圆形盲耳，鼓腹，下腹外弧内收，平底微内凹，器身最大径在上腹

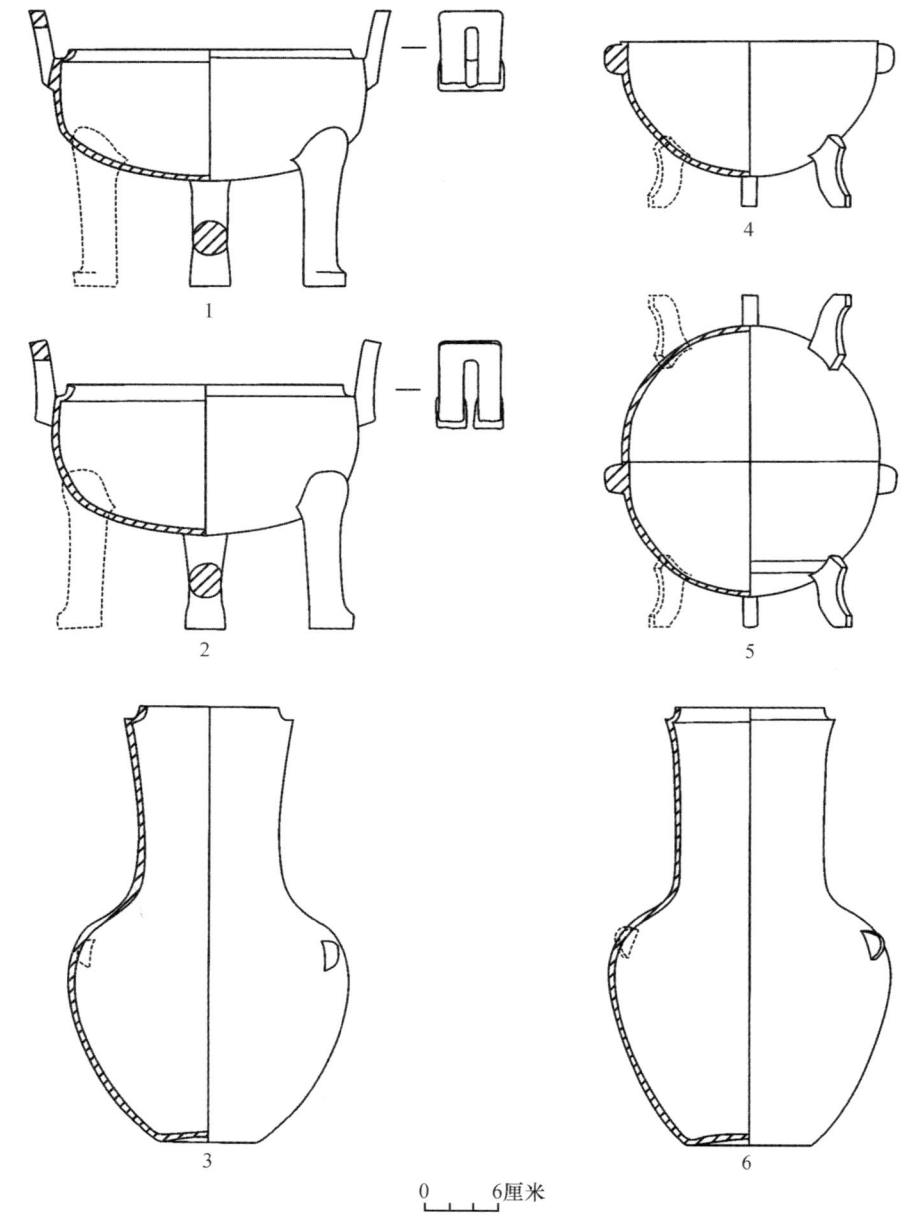

图一三七　M79出土陶器
1、2. 鼎（M79∶3、M79∶4）　3、6. 壶（M79∶1、M79∶2）　4、5. 敦（M79∶5、M79∶6）

部。M79∶1，泥质灰陶。高36.8、口径11.2、最大腹径22.8、底径10厘米（图一三七，3；图版四八，1）。M79∶2，夹砂黑皮陶，红褐胎。高36.6、口径10、最大腹径22.8、底径8厘米（图一三七，6；图版四八，2）。

敦　2件。皆为泥质黑皮陶，黄褐胎。M79∶5，盖残甚，未能修复。器呈半球形，直口，方唇，口沿外侧附有两个对称的扁圆形盲耳，弧腹，圜底，下附三个似简化的"S"形兽形足。高13.6、口径19.6厘米（图一三七，4；图版四八，4）。M79∶6，由盖和器上下扣合而成，整体呈椭圆球形。盖与器形制近同，均呈半球状，直口，方唇，弧腹，圜底，盖上和器身下各附三个似简化的"S"形兽形纽（足）。器口沿外侧附有两个对称的扁圆形盲耳，腹下部饰两道细凹弦纹。通高27.6、口径19.6厘米（图一三七，5；图版四八，3）。

六五、M80

M80位于墓地的北端，西南与M77相距14.5米，西与M78相距11米。

1. 墓葬形制

该墓为长方形竖穴土坑墓，方向70°。墓口开于耕土层下，距现地表0.15米。墓口西高东低，东端略宽于西端，平面近长方形，墓壁上下垂直，规整平滑，墓底平坦。

墓口东西长3.2米，南北宽1.8～1.98米。墓底至墓口深0.96～1.36米。在墓底的四周留有生土二层台，东侧台宽0.26～0.3米，南侧台宽0.3米，西侧台宽0.18～0.2米，北侧台宽0.3～0.32米，台高0.16米。

二层台的台面以下为墓室，平面近长方形，东端略宽于西端，直壁。墓室东西长2.72米，南北宽1.2～1.3米，高仅0.16米。

在椁室底部下靠近东、西两端各有一道南北向的浅沟槽，用以放置枕木。东端沟槽长1.28米，宽0.2米，深0.1米，距墓室东壁0.4米；西端沟槽长1.22米，宽0.2米，深0.1米，距墓室西壁0.4米（图一三八；图版七，3）。

墓内填土为浅红褐色五花土，土质较硬，略经夯打，夯层与夯窝不明显，土内含有少量的小料姜石块。

2. 葬具与葬式

（1）葬具

葬具皆腐朽严重，结构不明。从残存的灰白色或灰黑色木质朽痕，判断为一椁一棺。

木椁的南、北两壁紧贴墓室内壁，平面呈"Ⅱ"形，东端略宽于西端。东西长2.68米，南北宽1.2～1.3米，残高0.16米，椁板厚0.06米。椁的东、西两端挡板较长，分别伸出南、北两侧壁板之外并进入墓室壁内，东端挡板长1.47米，西端挡板长1.36米。

木棺置于椁室内的中部略偏西，平面呈长方形，东西长1.92米，南北宽0.5米，高度与棺板厚度不详。

（2）葬式

棺内葬有墓主一人，骨骼腐朽严重，已朽成黄褐色粉末状。依骨痕可辨出，墓主为仰身直肢葬，头东足西，年龄、性别不详。

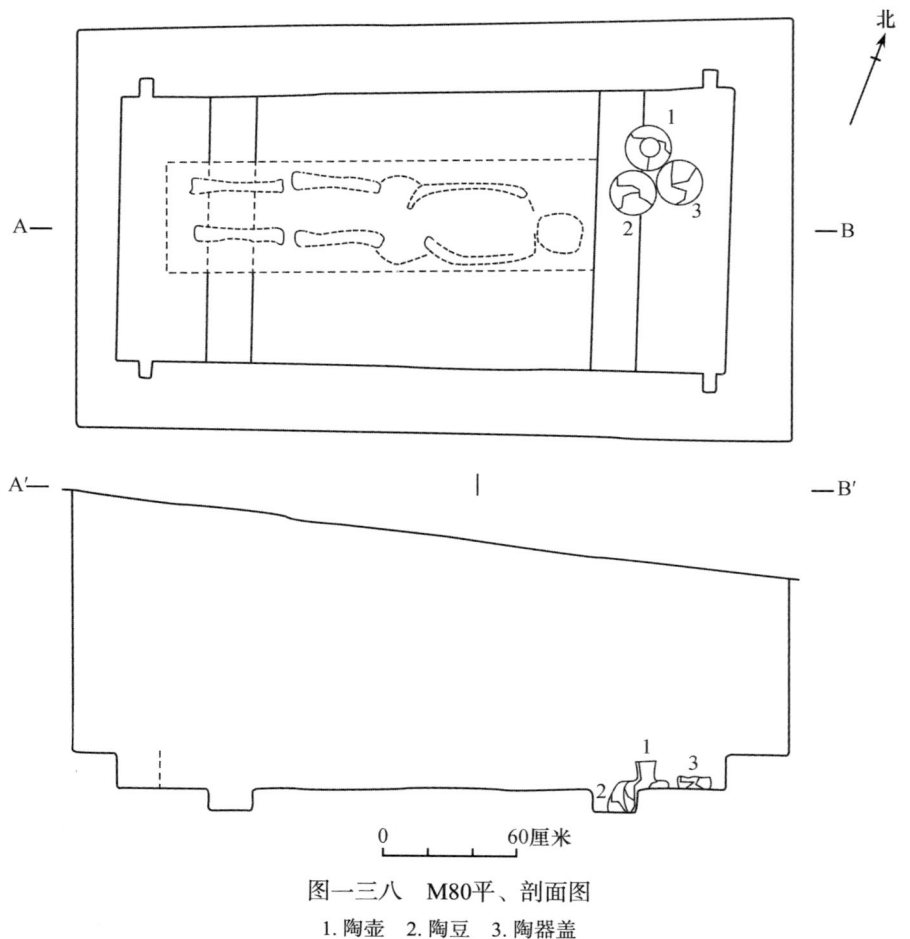

图一三八　M80平、剖面图
1.陶壶　2.陶豆　3.陶器盖

3. 随葬器物

随葬器物放置于墓底棺椁之间的东部，即墓主人的头部，自北向南依次有陶壶、豆、器盖。

随葬器物共3件。全部为陶器，破碎较甚，计有豆1件、壶1件、器盖1件。

豆　1件。M80：2，残甚，未能修复。

壶　1件。M80：1，泥质黑皮陶，红褐胎。敞口，方唇，短粗颈微束，溜肩，鼓腹，腹上部附三个分布均匀的半圆形盲耳，平底微凹，最大腹径在器中部。腹上部饰两周凹弦纹。高22.8、口径10.4、腹径18.8、底径7.2厘米（图一三九，1；图版四八，6）。

器盖　1件。M80：3，泥质黑皮陶，红褐胎。盖作覆盘形，敞口，方唇，顶部微隆，中心有一圆环形握手，内空。高4.6、口径16.4厘米（图一三九，2；图版四八，5）。

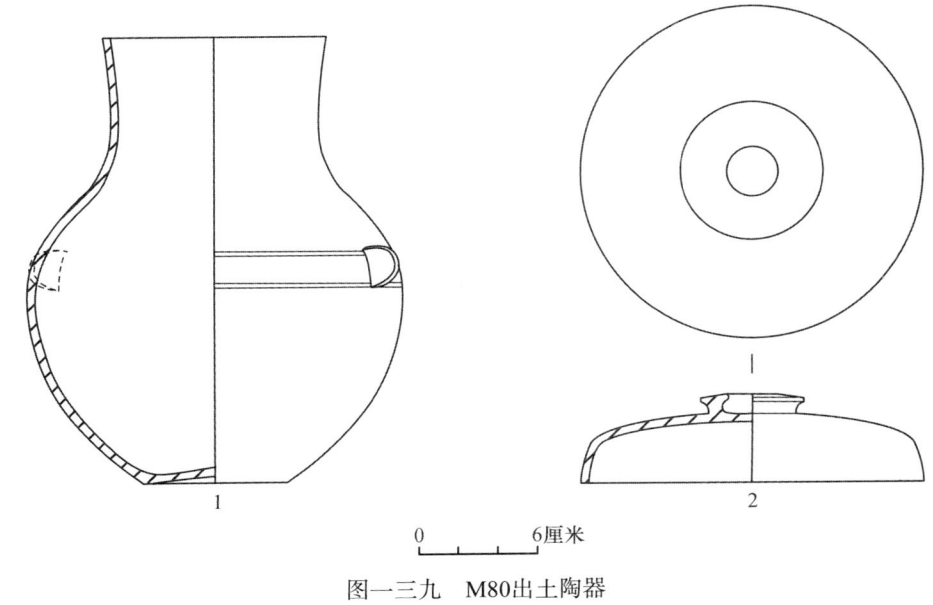

图一三九　M80出土陶器
1. 壶（M80∶1）　2. 器盖（M80∶3）

六六、M81

M81位于墓地的西北角，东北与M62相距6米，东与M64相距3米，西北与M82相距22米。

1. 墓葬形制

该墓为长方形竖穴土坑墓，方向65°。墓口开于耕土层下，距现地表0.2米。墓口平面呈长方形，墓壁上下垂直，光滑规整，墓底平坦。

墓口东西长2.4米，南北宽1.32米；墓底尺寸与墓口相同，墓底至墓口深2米（图一四〇；图版七，4）。

墓内填土为浅红褐色五花土，上部土质干燥较硬，下部湿润较软，土内含有少量的白土块、黄泥块和料姜石块。

2. 葬具与葬式

（1）葬具

墓内葬具皆腐朽严重，结构不明。从残存的灰白色木质朽痕，判断为一椁一棺。

木椁置于墓底中部，平面呈长方形，东西长2.26米，南北宽1.18米，高0.5米，椁板厚度不详。

木棺置于椁室的中部，平面近长方形，东西长1.9米，南北宽0.4~0.5米，高度与棺板厚度不详。

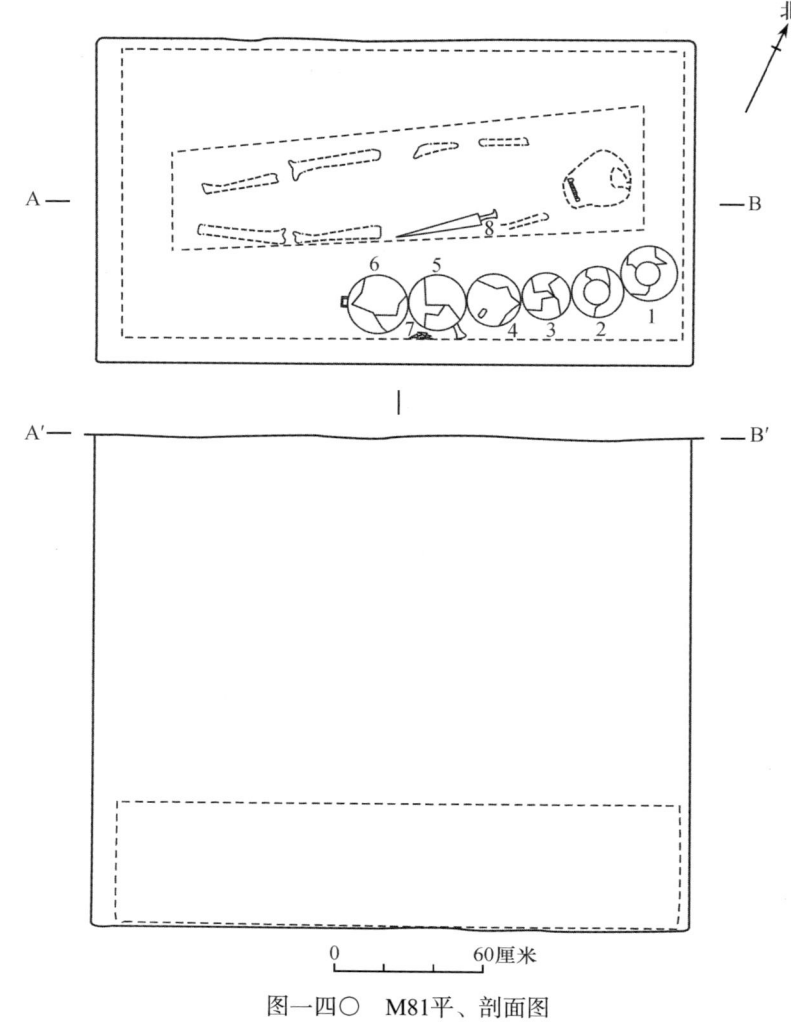

图一四〇　M81平、剖面图
1、2.陶壶　3、4.陶敦　5、6.陶鼎　7.铜镞　8.铜剑

（2）葬式

棺内葬有墓主一人，骨骼腐朽较甚，保存较差。墓主为仰身直肢葬，头东足西，年龄、性别不详。

3. 随葬器物

随葬器物放置于墓底棺椁之间的南侧东部和棺内，即墓主人的左侧。棺内放有铜剑1件；棺椁之间南侧东部向西有陶壶、敦、鼎和铜镞等。

随葬器物共10件。依质地可分为陶器与铜器两类。其中陶器6件，计有鼎2件、壶2件、敦2件（图版九，5）；铜器4件，计有剑1件、镞3件。

（1）陶器

6件。

鼎　2件。陶质相同，形制、大小稍有差异。皆泥质黑皮陶，黄褐胎。M81∶5，上承一弧形顶盖，盖近直口，斜方唇，盖面微隆。器子口内敛，尖圆唇，口沿外侧下附有二个对称的长方形耳，耳上部略外撇，鼓腹，下腹弧形内收，圜底近平，下附三个较高的蹄形足。腹部饰一周凸弦纹。通高20.8、口径16.8、足高12.6厘米（图一四一，1；图版四八，7）。M81：6，上承弧形顶盖，敞口，盖面微隆。器子口内敛，方唇，口沿外侧下附有二个对称的长方形耳，耳上部略外撇，鼓腹，下腹弧形内收，圜底，下附三个较高的蹄形足。盖面上饰两周凹弦纹，器腹部饰一周凸弦纹。通高22.6、口径16.4、足高12.3厘米（图一四一，2；图版四九，1）。

壶　2件。陶质、器身形制、纹样相同，大小有别。皆泥质灰陶。器口微侈，方唇，长颈

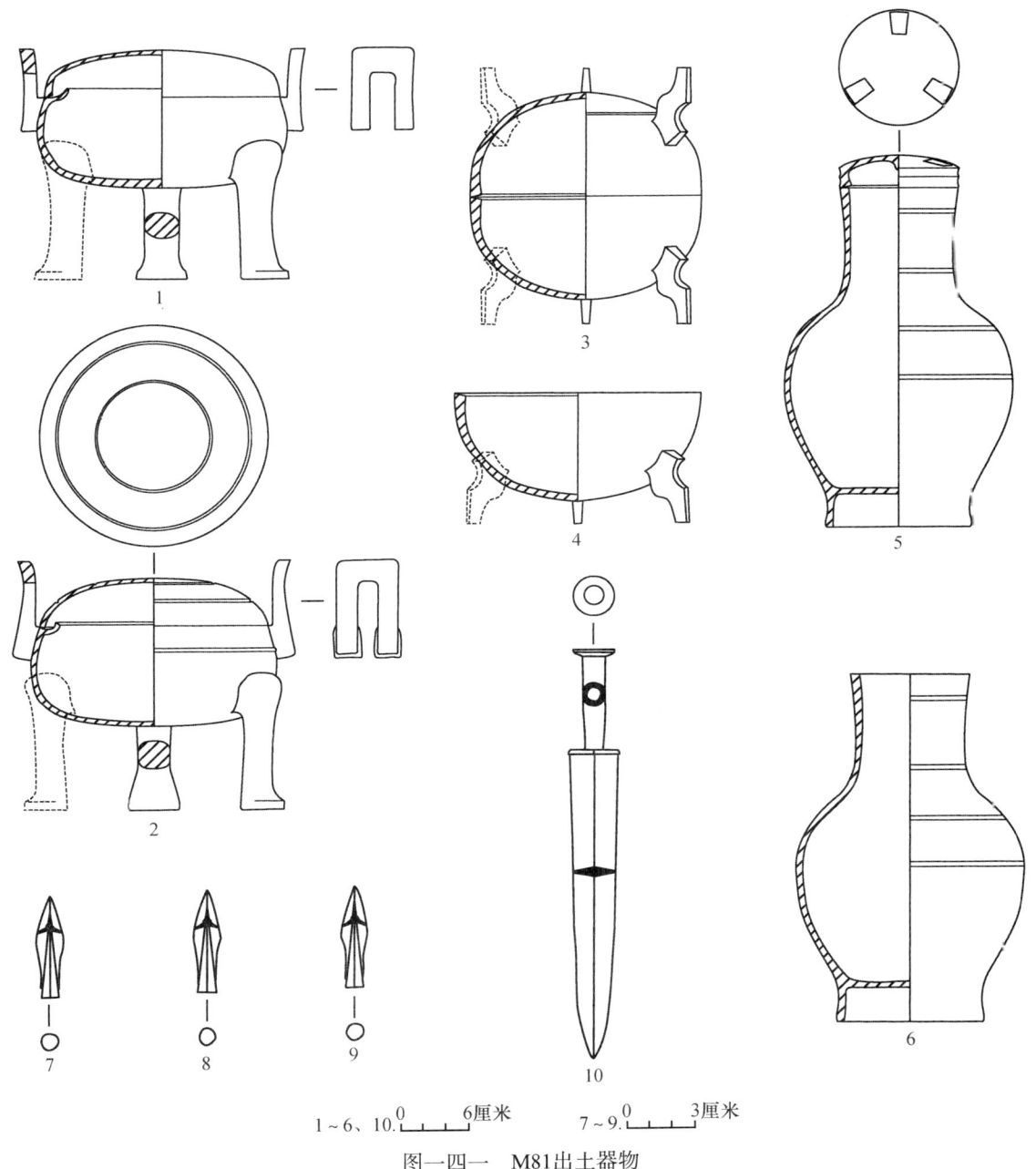

图一四一　M81出土器物

1、2.陶鼎（M81：5、M81：6）　3、4.陶敦（M81：4、M81：3）　5、6.陶壶（M81：1、M81：2）
7~9.铜镞（M81：7-1、M81：7-2、M81：7-3）　10.铜剑（M81：8）

微束，广肩，圆鼓腹，下腹向内弧收，平底，圈足略外撇，器身最大径在中腹部。颈部饰两组四周浅细的凹弦纹，肩与腹部各饰一组二周浅细的凹弦纹。M81：1，上有盖，盖直口微敛，方唇，盖顶微隆，近边缘处有三个分布均匀的方形纽。盖沿外侧饰两周宽凹弦纹。通高34、口径8.8、最大腹径20、底径11.6厘米（图一四一，5；彩版一二，5；图版四九，2）。M81：2，无盖。高31.4、口径8.8、最大腹径20、底径11.6厘米（图一四一，6；图版四九，3）。

敦　2件。皆泥质灰陶。M81：4，由盖和器上下扣合而成，整器呈圆球状。盖与器形制相同，均呈半球形，敛口，斜方唇，弧腹，圜底，盖上与器身下各附有三个似简化的"S"形兽形纽（足）。盖上部与器下部各饰一周凹弦纹。通高23.2、口径18.4厘米（图一四一，3；图版四九，4）。M81：3，盖残甚，未修复。器呈半球形，敛口，斜方唇，弧腹，圜底，下附有三个似简化的"S"形兽形足。高12、口径19.6厘米（图一四一，4；图版四九，5）。

（2）铜器

4件。

剑　1件。M81：8，锋尖及刃部锐利，剑身宽而稍短，中部起脊，窄镡，圆柱形茎，中空，内有范土，喇叭形剑首。通长36.8、身长27.4、身宽4、镡宽4.4、茎长8.4、剑首径3.6厘米（图一四一，10；彩版一六，6；图版六二，5）。

镞　3件。形制、大小相同。皆为三棱形镞身，三刃聚为前锋，前锋尖锐，后端为圆形骹部，中空，末端骹口呈圆孔形，用以安装木质铤（图版六二，6）。M81：7-1，长4.6、宽1.2、骹口0.8厘米（图一四一，7）。M81：7-2、M81：7-3，尺寸大小均与M81：7-1相同（图一四一，8、9）。

六七、M82

M82位于墓地的西北角，东南与M81相距22米。

1. 墓葬形制

该墓为长方形竖穴土坑墓，方向60°。墓口开于耕土层下，距现地表0.25米。墓口东部略宽，西端稍窄，平面近长方形，墓壁上下垂直，较规整，墓底平坦。

墓口东西长3米，南北宽1.4~1.52米。墓底至墓口深2米。在墓底的四周留有生土二层台，东侧台宽0.24~0.3米，南侧台宽0.26~0.31米，西侧台宽0.44~0.46米，北侧台宽0.2~0.24米，台高0.5米。

二层台的台面以下为墓室，平面近长方形，直壁。墓室东西长2.24~2.28米，南北宽0.9~1.0米，高0.5米（图一四二；彩版六，2）。

墓内填土为浅红褐色五花土，土质干燥较硬，土内含有较多的料姜石块和白土块。

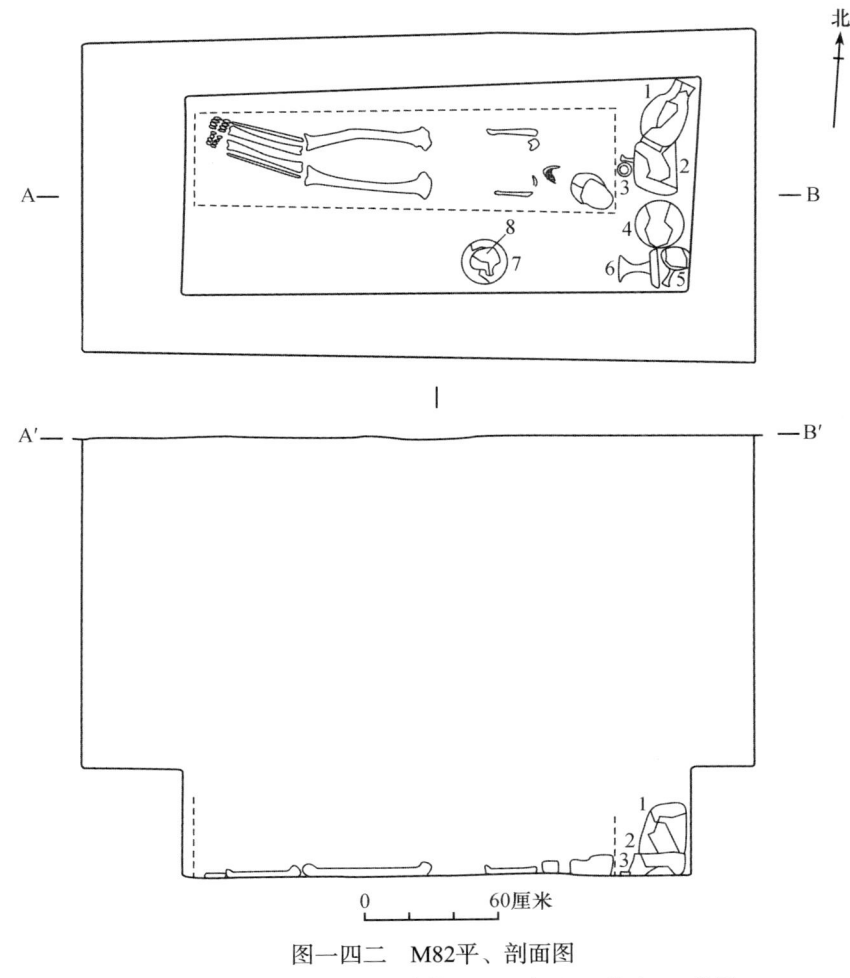

图一四二 M82平、剖面图
1.陶壶 2.陶鼎 3.石环 4.陶敦 5、6.陶豆 7.陶盘 8.陶匜

2. 葬具与葬式

（1）葬具

墓内葬具腐朽严重，结构不明。从残存的黑色或褐色粉末状木质朽痕，可判断一椁一棺。

木椁的四壁紧贴墓室周壁，东端稍宽于西端，平面近长方形。东西长2.24～2.28米，宽0.9～1米，残高0.5米，椁板厚度不详。

木棺置于椁室内中部略偏北，平面近长方形，东西长1.88米，宽0.4～0.5米，高度与棺板厚度不详。

（2）葬式

棺内葬有墓主一人，骨骼腐朽较严重，保存较差。墓主为仰身直肢葬，头东足西，面向上，年龄、性别不详。

3. 随葬器物

随葬器物放置于墓底棺椁之间的东侧和南侧中部，即墓主人的头部与左侧。东侧自北向南依次有陶壶、鼎、敦、豆和石环等，南侧中部有陶盘、匜。

随葬器物共8件。依质地可分为陶器和石器两类。其中陶器7件，计有鼎1件、豆2件、壶1件、敦1件、盘1件、匜1件（图版九，6）；石器为石环1件。

（1）陶器

7件。

鼎　1件。M82：2，泥质黑皮陶，黄褐胎。子口内敛，方唇，口沿外侧下附有二个对称的长方形耳，耳上部略外撇，鼓腹，下腹弧形内收，圜底，下腹部附三个较高的蹄形足，足外撇，足面有刀削痕迹。通高24.8、口径18.8、足高15.4厘米（图一四三，1；图版四九，6）。

豆　2件。陶质相同，形制、大小稍有差别。皆泥质灰陶。M82：5，直口微敞，方唇，盘较浅，上腹壁较直，腹下部斜折，外侧折棱明显，实心柱状细高柄，喇叭形圈足座，底座沿斜折。通高17.6、口径12.8、底径9.2厘米（图一四三，3；图版五〇，1）。M82：6，直口微敞，圆唇，盘较浅，上腹壁较直，底部近平，实心柱状细高柄，喇叭形圈足座，底座沿直折。通高17.8、口径13.2、底径9.6厘米（图一四三，4；彩版一一，6；图版五〇，2）。

壶　1件。M82：1，泥质灰陶。上有一拱形顶盖，深子母口，圆唇，盖顶高隆。器为敞口，斜方唇，微束颈，溜肩，鼓腹，下腹向内弧收，平底内凹，高圈足较直，器身最大腹径在中部。盖顶中部饰两周凹弦纹，近边缘处饰一周凹弦纹，颈部、肩部、腹中部和腹下部各饰一组三周凹弦纹。通高38、口径10、腹径22.8、底径12.8厘米（图一四三，2；彩版一二，6；图版五〇，3）。

敦　1件。M82：4，泥质灰陶。由盖和器上下扣合而成，整器呈圆球形。盖与器形制相同，均呈半球形，直口，斜方唇，唇面上有两道凹槽，弧腹，圜底，盖上与器身下各附三个似简化的"S"形兽形纽（足）。通高26、口径21.2厘米（图一四三，5；图版五〇，4）。

盘　1件。M82：7，泥质灰陶。近直口，折沿上翘，方唇，折腹较浅，折棱较明显，下腹近直略外弧，小平底。高4、口径16.8、底径6厘米（图一四三，7；图版五〇，5）。

匜　1件。M82：8，泥质灰陶。近椭圆形口，口微敞，方唇，一侧有槽状窄流，流微上翘，断面近半圆形，弧腹，平底。高4.8、口径10.3、底径3.4厘米；流长3.6、宽3厘米（图一四三，6；图版五〇，6）。

（2）石器

1件。为环。M82：3，出土时因受侵蚀严重，表面已成粉末状，周边略残。大理石质，白色，表面呈土黄色，不透明。圆形，断面呈长方形，双面对钻孔。素面。直径5.5、好径2.7、厚0.4厘米（图一四三，8；图版六八，2）。

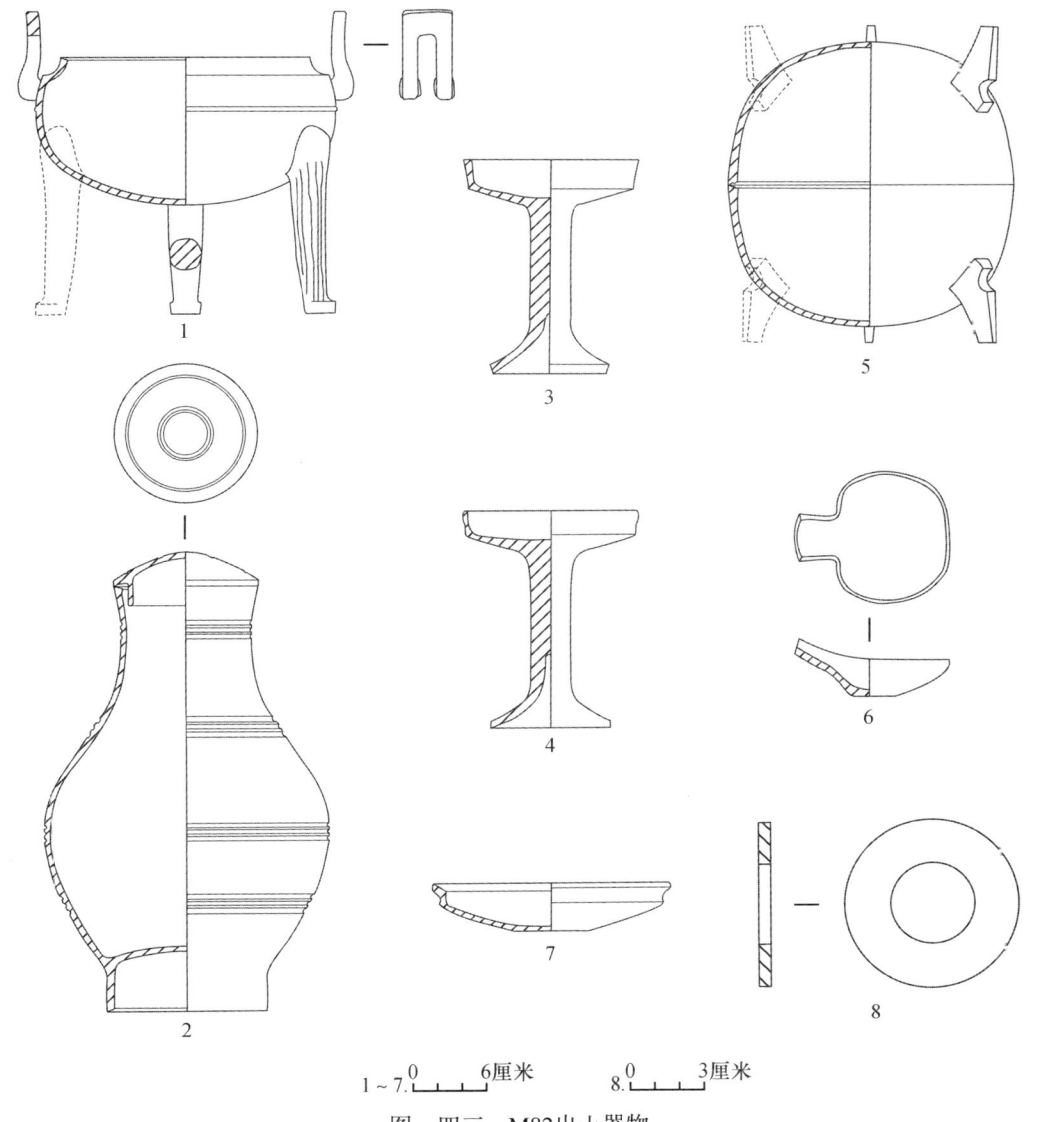

图一四三 M82出土器物

1. 陶鼎（M82∶2） 2. 陶壶（M82∶1） 3、4. 陶豆（M82∶5、M82∶6） 5. 陶敦（M82∶4） 6. 陶匜（M82∶8）
7. 陶盘（M82∶7） 8. 石环（M82∶3）

第三节　出土器物的类型学分析

在熊家岭墓地发掘的67座战国墓葬中，有57座墓葬出土有器物。其中50座墓出土的器物组合相对完整，这中间有1座（M19）因陶质极差，陶器无法提取；1座（M4）不出陶器，而单出一套铜礼器组合。在出土陶器组合的49座墓葬中，又有一部分墓葬伴出有铜器、玉器、石器、骨器、料器等。

整个墓地出土各类随葬器物共计796件。其中陶器358件，铜器198件，玉、石、水晶器共145件，骨器42件，料器18件，海贝、蚌壳等35件（见表一）。下面对出土的各类器物分别进行类型学的分析、探讨。

表一　战国墓葬出土器物统计表

编号	随葬品	器物件数						合计
		陶器	铜器	玉石器	骨器	料器	其他	
M4	铜鼎1、圆壶1、豆1、盘1、匜1、环首刀2、剑1、戈1、玉环1、鹿角1		9	1	1			11
M5	陶鼎1、壶1、盖豆1	3						3
M7	陶鬲1、罐1、盂1	3						3
M8	陶鼎1、豆1、壶1、盘1、匜1，石圭1、石块1	5		2				7
M9	无							
M11	陶鬲1、罐1	2						2
M12	陶鼎1、壶1、盖豆1	3						3
M13	无							
M14	陶鼎1、壶1、豆盖1	3						3
M15	陶鼎3、壶3、豆2、盘1、匜1	10						10
M16	陶鼎2、敦2、壶2、盘1、匜1、鹿角2	8			2			10
M17	陶鼎2、壶2、盖豆2、盘1、匜1、鹿角1	8			1			9
M18	无							
M19	陶器7（火候低，无法提取），鹿角1	7			1			8
M20	陶鼎2、盖豆2、壶1、盘1，填土中出石铲1	6		1				7
M21	陶鼎3、敦2、壶2、盖豆1、盘1、残器1、铜軎2、辖2、衔2、锥1、玉环1、蚌壳1、鹿角1	10	7	1	1		1	20
M22	陶鼎3、敦2、壶2、豆2、提梁盉1、浴缶1、盘1、铜环1、衔环铺首2、石环4、绿松石管5、料珠17颗、鹿角1	12	3	9	1	17		42
M23	无							
M24	陶鼎3、壶2、盖豆1、浴缶1、盘1、铜鼎1、盖豆1、壶1、盘1、匜1、剑1、戈2、镞3、衔2、軎2、辖2、环2、軑件2、玉璧2、刀形饰1、璜形饰1、骨管5、海贝34、鹿角1	8	21	4	6		34	73
M25	陶盘1等	1						1
M28	陶鼎2、豆2、壶2、敦1、盘1、匜1、铜剑1、环首刀1、軎2、辖2、镞6、衔2、带钩1、玉环1、椭圆形石片76、鹿角2	9	15	77	2			103
M29	陶鼎2、盖豆2、壶2、盘1、匜1、鹿角2	8			2			10
M31	陶鼎1、盖豆1、壶1，玉环1	3		1				4
M32	陶鼎2、盖豆2、壶2、盘1、匜1、铜镞2、鹿角3	8	2		3			13
M35	陶鼎2、盖豆2、壶2、铜盘1、匜1、绿松石管1、鹿角1	6	2	1	1			10
M36	陶鼎2、豆2、壶2、敦2、盂1、浴缶1、盘1、匜1、石璧1	12		1				13
M37	无							
M38	陶鼎2、壶2、敦2、盘1、匜1、鹿角2	8			2			10
M39	陶鼎2、敦2、壶2、豆2、盘1、匜1	10						10
M41	陶敦1	1						1

续表

编号	随葬品	器物件数						合计
		陶器	铜器	玉石器	骨器	料器	其他	
M43	陶鼎2、盖豆2、壶2，铜衔环铺首2、衔6、合页3、镞4、戈3、矛1	6	19					25
M44	陶鼎2、豆2、壶2、敦2，铜器盖1、珩8、玉璧2、环1、水晶环1、方管2，鹿角1	8	9	6	1			24
M45	陶鼎2、豆2、壶2、敦2	8						8
M48	陶鼎2、豆4、壶2、敦2、盘1、匜1，铜剑1，鹿角（骨）2	12	1		2			15
M49	无							
M50	铜衔1、镞2、圆环3、异形环2、小半圆形箍饰90，石片23枚		98	23				121
M51	陶提梁盉1，铜饰件1，石环1	1	1	1				3
M53	陶壶2	2						2
M54	陶鼎、壶残片							
M55	无							
M56	无							
M57	陶鼎2、敦2、壶2、盘1	7						7
M58	陶鼎2、敦2、壶2、盘1、匜1，鹿角1	8			1			9
M59	陶鼎2、敦2、壶2、盘1、匜1，鹿角1	8			1			9
M60	小陶罐1、纺轮1	2						2
M61	陶鼎2、壶2、盖豆2，铜剑1，鹿角1	6	1		1			8
M62	陶鼎3、敦2、壶2、豆2、盘1、匜1、罐1	12						12
M63	陶鼎2、敦2、壶2、豆2、盘1、罐1，石环2，鹿角3	10		2	3			15
M64	无							
M65	陶鼎2、敦2、壶2、盘1、匜1	8						8
M66	陶鼎2、敦2、壶2	6						6
M67	陶鼎2、盖豆2、壶2、盘1	7						7
M68	无							
M69	陶鼎2、盖豆2、壶2、盘1，铜镞3，鹿角1	7	3		1			11
M70	陶鼎2、敦2、壶2、盘1、匜1	8						8
M71	陶鼎3、敦2、壶2、豆2、盘1、匜1、盉1、浴缶1，石环1，料珠1，鹿角1	13		1	1	1		16
M72	陶鼎1、盖豆1、壶1	3						3
M73	陶鼎2、敦2、壶2、盘1，鹿角1	7			1			8
M74	陶鼎2、敦2、壶2、豆2、盘1，椭圆形石片12，鹿角3	9		12	3			24
M75	陶鼎2、壶2、盖豆2、盘1、匜1，铜镞3，鹿角1	8	3		1			12
M76	陶鼎2、敦2、壶2、豆2、盘1、匜1，石璧1	10		1				11
M77	陶鼎1、盖豆1、壶1，鹿角1	3			1			4
M78	陶鼎1、盖豆1、壶1，鹿角1	3			1			4
M79	陶鼎2、敦2、壶2，鹿角1	6			1			7

续表

编号	随葬品	器物件数						合计
		陶器	铜器	玉石器	骨器	料器	其他	
M80	陶器盖1、豆1、壶1	3						3
M81	陶鼎2、敦2、壶2、铜剑1、镞3	6	4					10
M82	陶鼎1、敦1、壶1、豆2、盘1、匜1、石环1	7		1				8
合计		358	198	145	42	18	35	796

一、陶　器

共358件。分别出土于熊家岭墓地的56座战国墓内，其中有1座墓的7件器物未能提取，另1座墓出土残器1件，均不能辨明器形。除此以外出土的350件陶器，按用途可分为仿铜礼器和日用器两大类，且多数为冥器，少量为实用器。绝大多数陶器在器表施黑色或灰黑色陶衣。陶器表面纹样装饰简单，一般饰弦纹，少数饰绳纹、戳印麻点纹等几种。器形主要有鼎、豆、壶、敦、盘、匜、盉、浴缶、鬲、罐、盂、纺轮等。按用途分别介绍于后。

（一）仿铜礼器

共341件。其中能复原者273件，有鼎、豆、壶、敦、盘、匜、盉、浴缶等；另外还有4件仅修复了器盖。

1. 鼎

87件。出土于46座墓中，包括小口鼎在内共复原71件。根据已修复的71件鼎形制的不同，可分为三型。

A型　21件。器腹较深，圜底稍尖。依据器物足部的变化，又可分为四式。

Ⅰ式：3件。三蹄足较矮，高度小于腹深。分别出自M5、M14、M77中，各墓均出土1件。M5∶2，盖作覆盘形，顶部较平，中部有一桥形纽，纽内套一圆环，盖缘分布三个环形立纽，盖面有两周凸弦纹。器直口微敛，口沿外有一周凸棱，口沿外侧下有二个对称的长方形附耳，弧腹，圜底，腹上饰两周凹弦纹（图一四四，1）。M14∶2，盖作浅盘形，折沿，顶部较平，并分布三个半圆形立纽，盖面上饰一周凹弦纹。器子口内敛，圆唇，口沿外侧下附有二个对称的长方形耳，耳外撇，弧腹，圜底（图一四四，2）。

Ⅱ式：15件。三足逐渐增高，足高与腹深基本相当。分别出自M8、M17、M20、M24、M31、M32、M35、M38、M78中，其中M8、M31、M78三座墓各出土1件，M24出土3件，其他各墓均出土2件，M20中有1件未能修复。M20∶6，子口内敛，方唇，口沿外侧下附有二

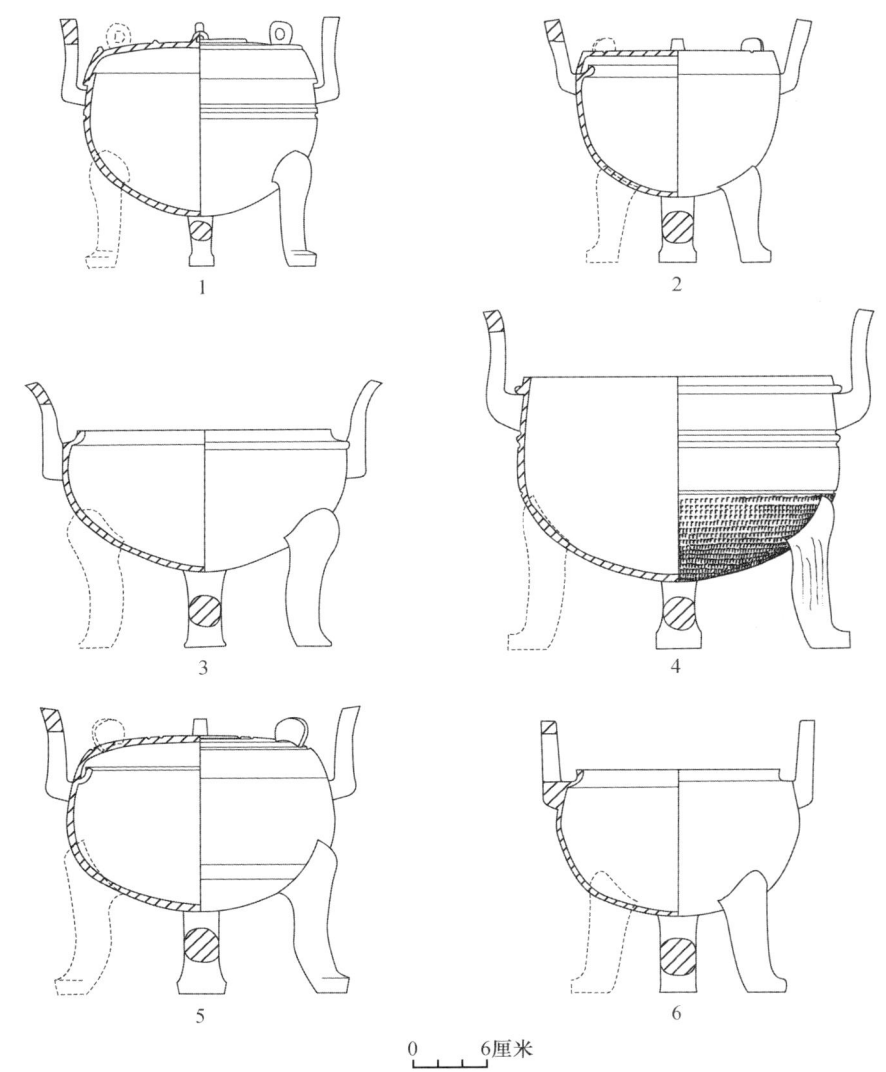

图一四四　战国墓葬出土A型陶鼎
1、2. A型Ⅰ式（M5：2、M14：2）　3～6. A型Ⅱ式（M20：6、M24：10、M35：5、M78：1）

个对称的长方形附耳，耳上部外撇较甚，弧腹，圜底较尖，腹下附有三个兽蹄形足。口沿下饰一周凸弦纹（图一四四，3）。M24：10，器直口微敛，方唇，口沿外侧下附有二个对称的长方形耳，耳略外撇，耳上略弧，腹略鼓，圜底，下附三个兽蹄形足，足跟外撇。耳根部下饰两周凹弦纹，腹下部饰一周凹弦纹，其下及底部满饰"『"字形戳印纹（图一四四，4）。M35：5，盖作弧顶形，盖顶微隆近平，盖近边缘处均匀地分布三个半圆形立纽，盖面上饰两组凹弦纹，每两周为一组。器子口内敛，斜方唇，口沿外侧下附有两个对称的长方形耳，圆鼓腹，上腹较直，下腹弧形内收，圜底，下附三个粗高的蹄形足，足外撇较甚，腹下部饰一组两周刻划的弦纹（图一四四，5）。M78：1，子口内敛，方唇，口沿外侧下附有二个对称的长方形耳，耳较直，长方形耳穿，半球形腹略扁，圜底，下附三个蹄形足，足外撇（图一四四，6）。

Ⅲ式：2件。三足变得较高，高度略大于腹深。均出自M22中。M22：5，盖作浅盘拱形，盖面有三个分布均匀的半圆形纽,盖面饰三周凹弦纹。器身子口,口稍内敛,方唇,口沿外侧下附有两个对称的长方形耳,耳稍外撇,腹略鼓,圜底近平,下附三个兽蹄形足,腹部饰一周凸弦纹(图一四五,1)。M22:6,形制、纹样与鼎M22:5相同(图一四五,2)

Ⅳ式:1件。三个蹄形足细高,高度大于腹深。出自M82中。M82:2,器子口内敛,方唇,口沿外侧下附有二个对称的长方形耳,耳上部略外撇,鼓腹,下腹弧形内收,圜底,下腹部附三个蹄形足,足外撇,足面有刀削痕迹(图一四五,3)。

B型　46件。器腹稍浅,圜底近平或平底。依据器物足部的变化,又可分为四式。

Ⅰ式:1件。三个蹄形足矮直,足高略低于腹深。出自M12中。M12:1,盖作覆盘形,盖口沿微内折,顶部隆起,中心有一环形纽,内空。器子口微敛,方唇,口沿外侧下附有两个对

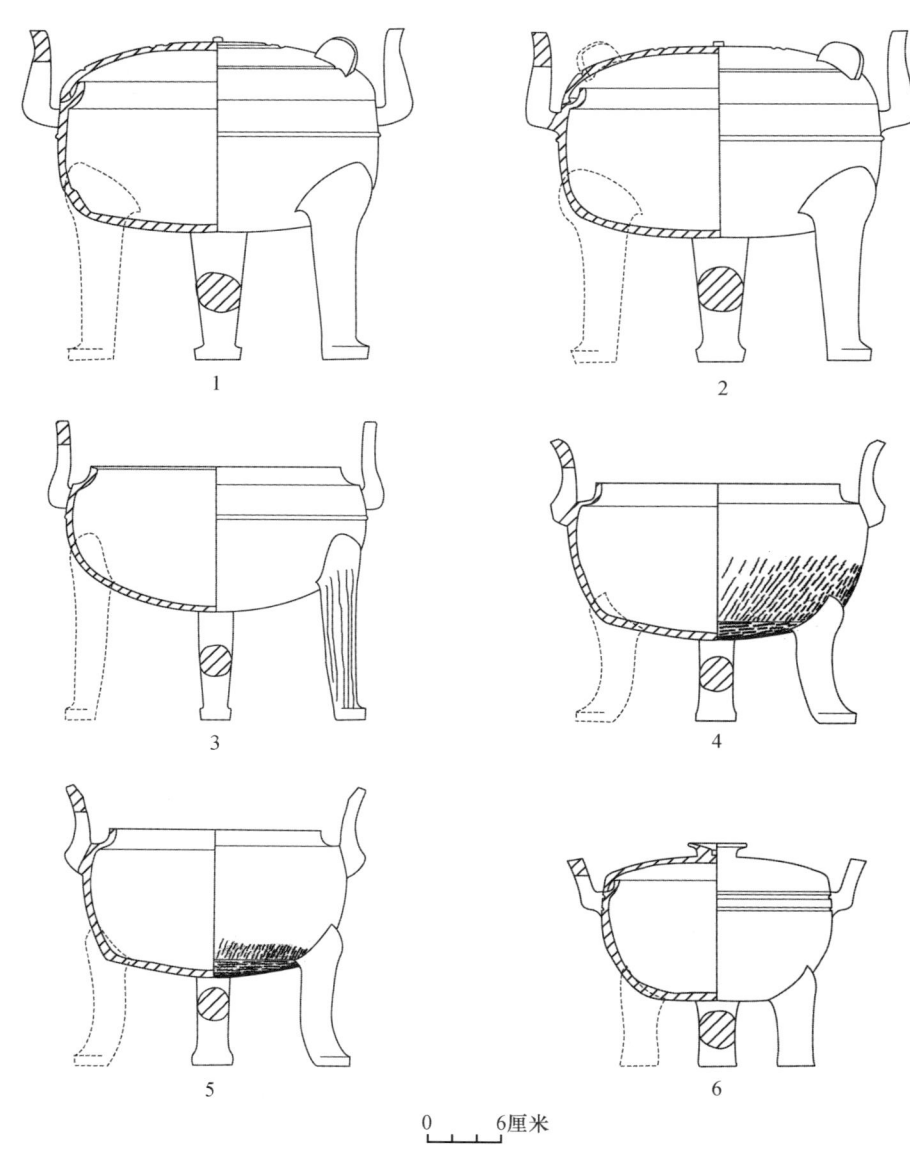

图一四五　战国墓葬出土A、B型陶鼎
1、2. A型Ⅲ式(M22:5、M22:6)　3. A型Ⅳ式(M82:2)　4、5. B型Ⅱ式(M43:3、M43:4)
6. B型Ⅰ式(M12:1)

称的近长方形耳，耳外撇较甚，弧腹，圜底近平，下腹附三个蹄形足，较粗矮，腹上部饰两周凹弦纹（图一四五，6）。

Ⅱ式：2件。三个蹄形足较矮，与腹深相当。均出自M43中。M43∶4，子口内敛，方唇，口沿外侧下附有二个对称的长方形耳，耳略外撇，扁鼓腹，下腹微折，折棱不明显，圜底近平，下附三个蹄形足，足略外撇，腹下部及底部饰绳纹（图一四五，5）。M43∶3，形制、纹样与鼎M43∶4相同（图一四五，4）。

Ⅲ式：30件。三个蹄形足变得更高。分别出自M21、M29、M36、M44、M45、M48、M57、M58、M62、M63、M67、M69、M73、M75、M79、M81中。该式陶鼎在这16座墓中各出2件，其中M36和M45各有1件未能修复。M21∶4，盖作拱形顶，顶上有三个分布均匀的楔形纽，盖面饰两周凸弦纹。器子口微内敛，方唇，口沿外侧下附有二个对称的长方形耳，耳略外撇，弧腹，平底，腹下部附三个较高的兽蹄形足，腹中部饰一周凸弦纹（图一四六，1）。M44∶3，盖作拱弧形，近边缘处有三个分布均匀的楔形纽，盖面上饰三周凸弦纹。器子口近直，方唇，口沿外侧下附有二个对称的长方形耳，耳上部外撇，鼓腹，圜底近平，下附三个蹄形足较高，腹部饰一周凸弦纹（图一四六，2）。M63∶4，盖作覆盘形，盖口部内侧有一周凸棱，顶部近平，近边缘处有三个分布均匀的楔形纽，盖面饰三周细凹弦纹。器子口内敛，方唇，口沿外侧下附有二个对称的长方形耳，鼓腹较浅，圜底，下附三个蹄形足较高，腹部饰一周粗凸弦纹（图一四六，3）。

Ⅳ式：13件。三个蹄形足变得细高，且大于腹深。分别出自M15、M59、M61、M70、M71、M74、M76中。该式鼎在7座墓中各出2件，其中M15中有1件未能复原。M15∶3，子口微敛，方唇，口沿外侧下附有两个对称的长方形耳，耳略外撇，弧腹，近平底，下附三个蹄形足较高。腹上部饰一周凹弦纹，腹下部饰二周凹弦纹（图一四六，4）。M71∶6，子口内敛，方唇，口沿外侧下附有二个对称的长方形耳，耳上部外撇，扁鼓腹，圜底近平，下腹附三个较高的人面兽蹄形足，足上有刮削痕，腹部饰一周凸弦纹（图一四六，5）。M76∶6，子口内敛，方唇，口沿外侧下附有二个对称的长方形耳，扁鼓腹，下腹弧形内收，圜底近平，下附三个较高的兽蹄形足，足面上有刮削痕，腹部饰一周凸弦纹（图一四六，6）。

C型　4件。小直口。依照器腹部、底部及足部的差异，可分为二式。

Ⅰ式：2件。腹壁较直，圜底近平，三个兽蹄形足略矮。分别出自M21、M22中。M21∶7，上承一圆形盖。器方唇，口沿外侧下附有两个对称的长方形耳，耳穿呈长方形，耳外撇较甚，广肩，圜底下附三个矮兽蹄形足（图一四七，1）。M22∶12，上承拱顶形盖，盖顶隆起，顶部饰两周凹弦纹。器方唇，圆肩，肩部附有两个对称的长方形耳，下腹弧收，圜底下附稍高的三个兽蹄形足，足上有刮削痕，肩部与腹部各有两周为一组的凹弦纹（图一四七，2）。

Ⅱ式：2件。腹部外鼓，圜底微尖，三个兽蹄形足略高。分别出自M36、M71中。M36∶1，器方唇，圆肩，肩部原有二个对称附耳，耳残失，下腹内收呈圜底，下附三个兽蹄形足，足上有刮削痕迹。肩部、腹部各饰一组凸弦纹，每组各为三周（图一四七，3）。

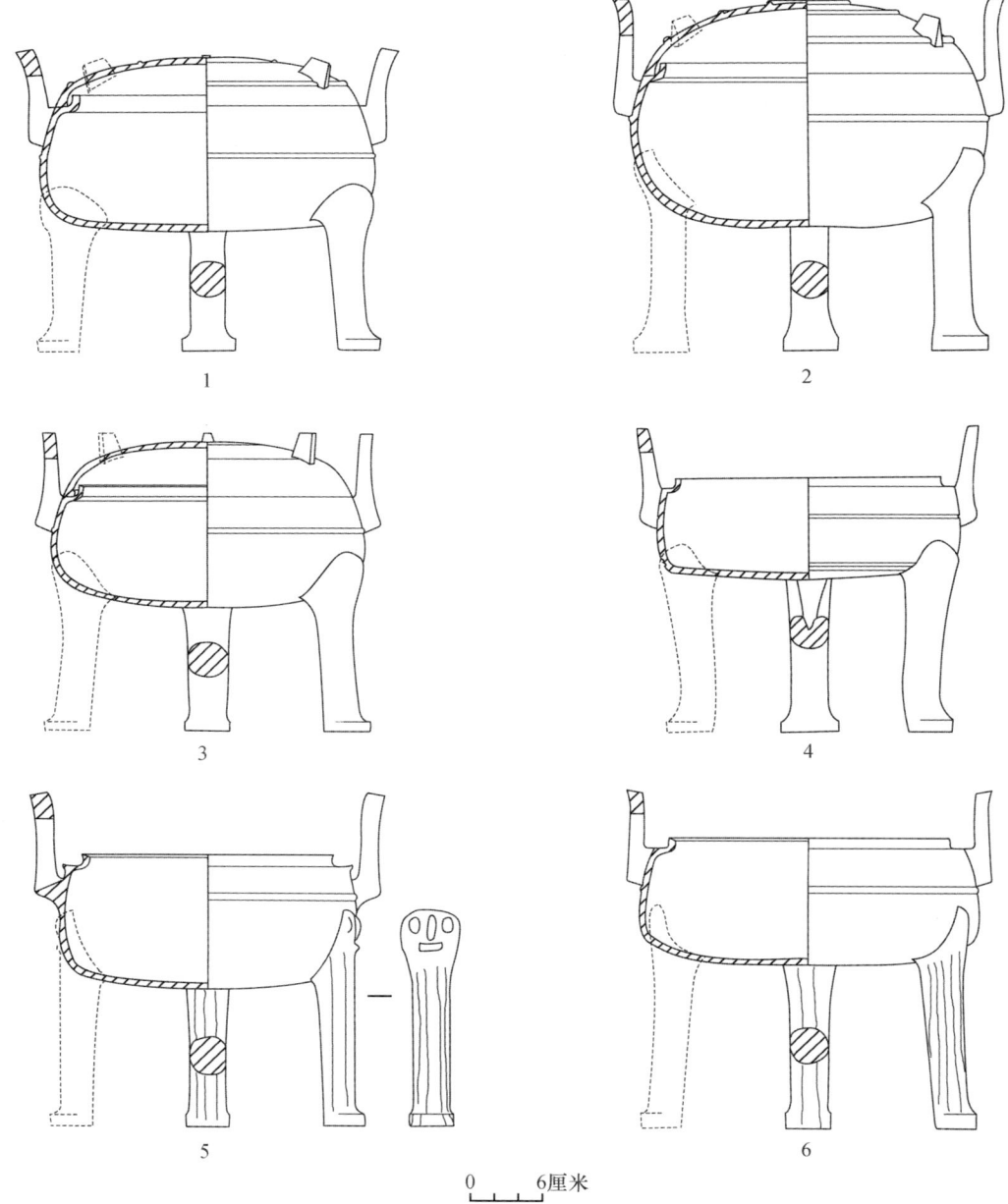

图一四六　战国墓葬出土B型陶鼎
1~3. B型Ⅲ式（M21：4、M44：3、M63：4）　4~6. B型Ⅳ式（M15：3、M71：6、M76：6）

M71：13，上有弧形盖，盖面上饰三周细凹弦纹。器口略内敛，方唇，圆肩较平，肩部附有两个对称的长方形耳，耳上部内收，圜底下附三个蹄形足，足稍高且略外撇，足上有刮削痕，肩部与腹部各饰两周凹弦纹（图一四七，4）。

从以上可以看出，前两型鼎的发展趋势大致是腹部由深逐渐变浅，尖圜底演变为圜底近平或平底，足与腹底相接处由底部逐渐上移近腹中部。后一型鼎的变化不很明显。

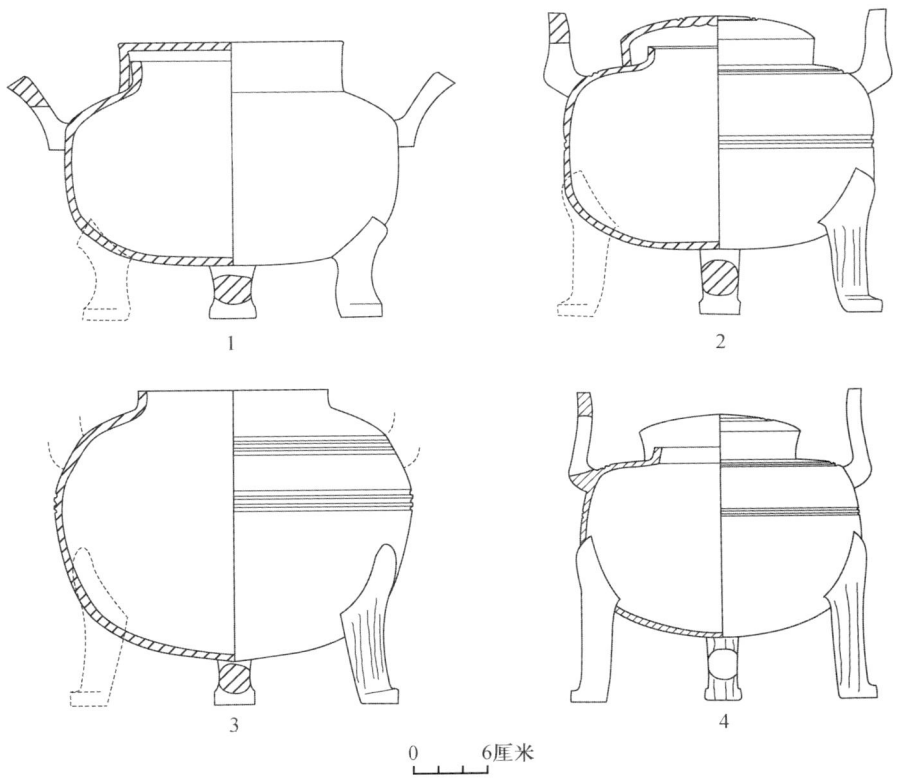

图一四七　战国墓葬出土C型陶鼎
1、2. C型Ⅰ式（M21：7、M22：12）　3、4. C型Ⅱ式（M36：1、M71：13）

2. 豆

共61件。出土于28座墓中。其中能复原者50件（其中3件豆盘残缺），而可分型式者有49件。皆为喇叭形圈足。根据已修复49件豆的整体形制的不同，分为深盘盖豆和浅盘高柄豆二型。

A型　24件。为深盘盖豆。盘腹较深，皆有盖（部分豆盖破碎严重，未能修复）。依据整器形状的不同，又可分为二亚型。

Aa型　22件。整体稍矮胖。依据柄部的变化，可分为三式。

Ⅰ式：4件。豆柄稍高。分别出自M17和M35中，两墓各出2件。M17：6，子口内敛，方唇，弧腹，空柄，圜底，喇叭形圈足座，底座中部两道较明显的折棱。盘腹上部和豆柄中部各饰两道一组的凹弦纹，盘腹下部饰一道凹弦纹（图一四八，1）。M35：4，盖、盘整体呈盒形。盖沿微折，沿内一周突起，盖顶隆起，顶部中心有一圆形握手，内空，盖面上饰有三周凹弦纹。器为敛口，方唇，唇部内折呈一周尖突，弧腹略鼓，圜底近平，空柄，柄中部有一周凸棱，喇叭形圈足座。底座面微凹，上部外折，折痕明显。座底斜折起台（图一四八，2）。

Ⅱ式：5件。豆柄较矮。分别出自M12、M24、M31、M77和M78中。M24：2，盖、盘整体呈盒形。盖作覆盘形，顶部中心有一圆形握手，内空。器子口内敛，方唇，弧腹，圜底近平，空柄，喇叭形圈足座，底座微鼓，上部外折，折痕明显。盘腹部饰三周凹弦纹，上部一周

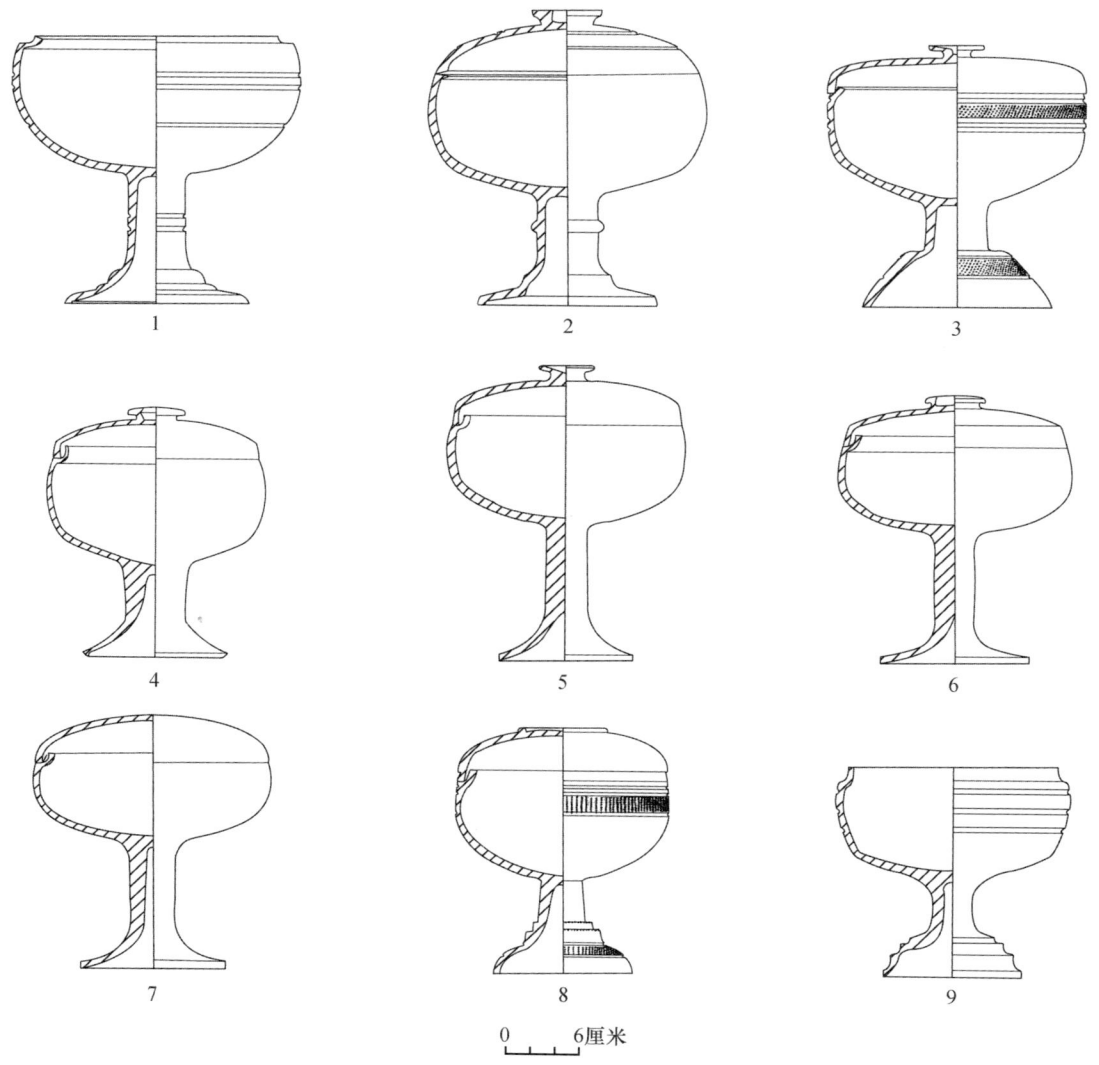

图一四八 战国墓葬出土A型陶豆

1、2. Aa型Ⅰ式（M17：6、M35：4） 3、4. Aa型Ⅱ式（M24：2、M77：3） 5~7. Aa型Ⅲ式（M29：5、M32：4、M61：5）
8、9. Ab型（M5：3、M20：2）

为一组，中部两周为一组，两组凹弦纹之间饰斜行均匀分布的宽带戳印麻点纹；底座上中部饰两周凹弦纹，其间饰斜行分布均匀的宽带戳印麻点纹（图一四八，3）。M77：3，盖、盘整体也呈盒形。盖为覆盘形，中部有一圆形握手。器身子口较直，圆唇，弧腹稍鼓，圜底，粗短豆柄，中空，喇叭形圈足座，底座斜折（图一四八，4）。

Ⅲ式：13件。豆柄细高。分别出自M21、M29、M32、M61、M67、M69、M75这7座墓中，其中M21出土1件，其他各墓均出2件。M29：5，盖与盘整体呈盒形。盖作浅盘拱形，盖顶隆起，中心有一圆形握手。器子口内敛，方唇，下腹弧收，实心柄，喇叭形圈足座，底座直折起台（图一四八，5）。M32：4，盘、盖整体呈盒形。盖作覆盘形，盖上中部有一圆形握手，内空。器子口内敛，弧腹，实心柄，喇叭形圈足座，底座直折，微起台（图一四八，6）。M61：5，盖、盘整体呈盒形。盖作弧形，盖面隆起。器子口内敛，方唇，弧腹略外鼓，圜底，豆柄中空，喇叭形圈足座，底座直折（图一四八，7）。

Ab型　2件。整体稍矮，豆柄也矮，柄中空至盘底，底座沿面折棱明显。分别出自M5和M20中，其中M5出土1件，M20出土2件（1件未修复）。M5∶3，盖、盘整体呈盒形。盖作覆盘形，外缘内折起棱，盖顶微鼓，中部矮圈足形纽。器子口微敛，方唇，弧腹，上腹较直，下腹斜弧内收至盘底，短空柄稍细，喇叭形圈足座，座面弧鼓，座上部起两周明显的折棱。盘腹外上部饰有三周凹弦纹，上边两周为一组，下部一周为一组，两组凹弦纹之间均匀装饰一周戳印的宽带状分布的麻点纹；底座中部饰两道凹弦纹，之间又分布有较宽一周戳印的麻点纹，座折棱外沿上各饰有一圈麻点纹（图一四八，8）。M20∶2，盖残甚未修复，器子口内敛，方唇较直，弧腹，下腹微折，盘底斜直近平，空柄较短粗，喇叭形圈足，底座座沿直折起台，中部有三道明显的折棱。盘腹部饰三周凹弦纹（图一四八，9）。

B型　25件。为浅盘高柄豆。浅盘，豆柄细高，无盖。依照器物盘腹和底部的不同，也分为二亚型。

Ba型　7件。豆盘腹内弧，圈足底部较小。分别出自M15、M39、M71、M74中，每座墓各出2件，M74仅修复1件。M39∶3，敞口，圆唇，细柄较高，上部实心，下部空心，喇叭形圈足座，座沿斜折起台。柄中部和座上部各饰数周凹弦纹（图一四九，1）。M71∶7，敞口，圆唇，柱状空心豆柄，较细长，喇叭形圈足座。豆柄上饰数周凸弦纹（图一四九，2）。M74∶8，敞口，方唇，柱状空心细高豆柄，喇叭形圈足座，座沿直折起台（图一四九，3）。

Bb型　18件。盘腹壁外折，圈足底部变大。根据盘腹壁的变化，又可分为三式。

Ⅰ式：6件。盘上腹壁近直，下部微弧斜折。分别出自M22、M62、M63三座墓中，每座墓各出2件。M22∶8，口稍敞，方唇，盘腹壁外侧折棱明显，柱状实心柄，喇叭形圈足座，底座中部均有明显折棱，座沿直折起台。柄中部、下部和底座上部各饰两周凹弦纹（图一四九，4）。M62∶7，敞口，尖唇，盘腹壁外侧折棱明显，柱状实心柄，喇叭形圈足座，底座中部有一道明显的折棱，座沿直折。柄中部和下部各饰一组两周凹弦纹，底座上部饰一组三周细凹弦纹，中部饰一组两周细凹弦纹（图一四九，5）。

Ⅱ式：6件。盘腹直折。分别出自M36、M44、M82中，每座墓各出2件。M36∶8，口微敞，圆唇，盘腹壁外侧折棱明显，柱状实心柄，喇叭形圈足座，座沿直折起台（图一四九，6）。M82∶5，直口微敞，方唇，盘腹壁外侧折棱明显，实心柱状柄，喇叭形圈足座，底座沿斜折（图一四九，7）。

Ⅲ式：6件。盘腹稍弧，壁微外折，折棱不明显。分别出自M45和M48两座墓中，其中M45出土2件，M48出土4件。M45∶8，口微侈，圆唇，上腹直折，中腹部有一周较宽的凹面，下腹斜直微弧，柱状空心柄，喇叭形圈足座，座沿直折，沿面上部外凸，底座中部有一道明显的折棱。柄上部、中部和下部各饰一组三周的凹弦纹（图一四九，8）。M48∶3，敞口，圆唇，上部稍直，下部斜折，实心柱状柄，喇叭形圈足座，底座中部有明显的折棱，座沿直折起台。盘腹部饰一周较宽的凹弦纹，柄上部、中部和下部各饰一组三周的凹弦纹（图一四九，9）。

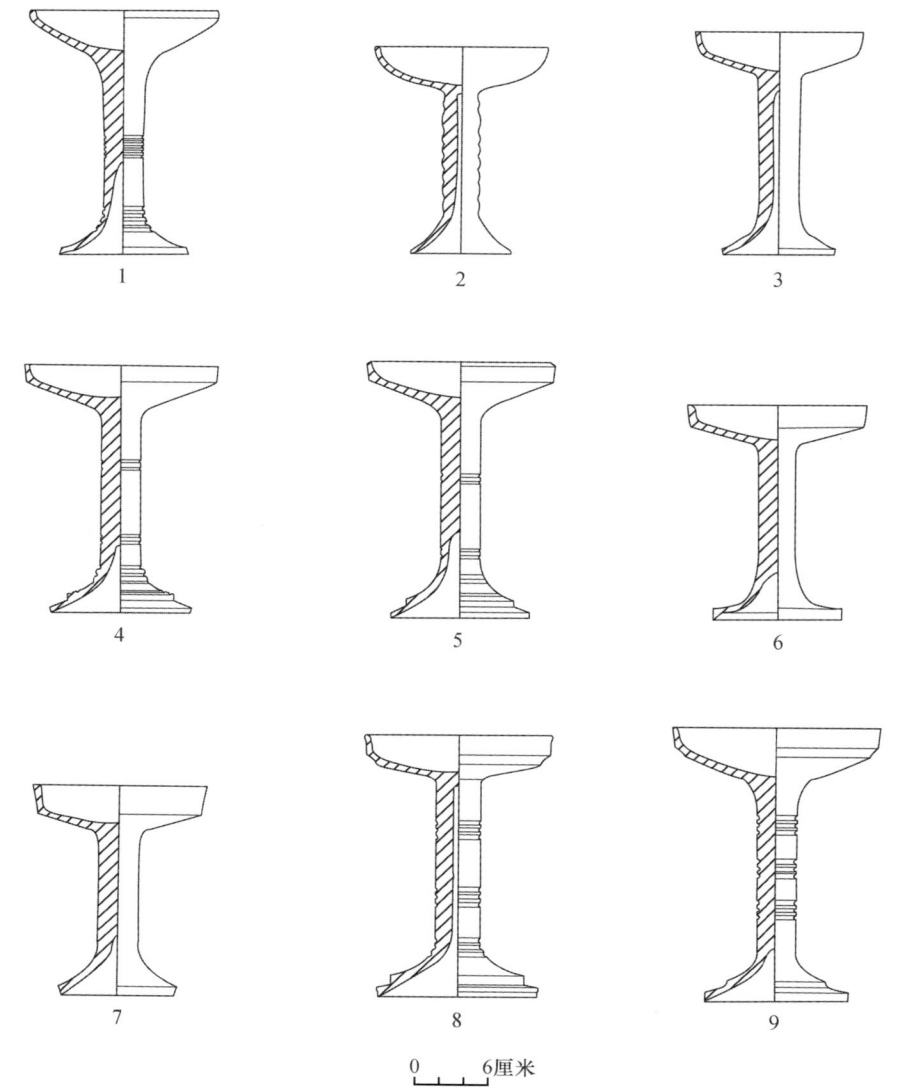

图一四九 战国墓葬出土B型陶豆
1~3.Ba型（M39：3、M71：7、M74：8） 4、5.Bb型Ⅰ式（M22：8、M62：7） 6、7.Bb型Ⅱ式（M36：8、M82：5）
8、9.Bb型Ⅲ式（M45：8、M48：3）

从上述分析可看出，深盘盖豆的发展大体是盘腹由深逐渐变浅，柄由粗矮渐渐细高的趋势；浅盘无盖高柄豆的发展则是盘渐变宽浅，柄由矮渐高的趋势。

3. 壶

共84件。出土于47座墓葬中，其中能复原者71件。根据已修复的71件壶的整体形制差异，可以分为二型。

A型 34件。颈稍粗，腹较小，无圈足，平底内凹。依照壶口部形状的差异，又可分为二亚型。

Aa型 14件。皆平口。依照口部、腹部、底部的变化，又可分为三式。

Ⅰ式：6件。口微敞或近直，最大腹径在器中部或略偏下，平底微内凹。分别出自M12、M14、M43、M77、M80这五座墓中，其中M43出土2件，其他各墓均出土1件。M14：1，盖为子母口，平顶，中部有一扁圆形立纽。器近直口，方唇，颈微束，颈部稍长，溜肩，鼓腹，肩与腹部之间均匀分布有三个桥形贯耳，最大腹径在器中部略偏下。肩、腹部之间饰两周凹弦纹（图一五〇，1）。M43：2，盖为浅子母口，顶部隆起较尖。器为敞口，方唇，束颈，溜肩，弧腹略鼓，肩腹交界处有一道折棱，并附有四个相互对称的半圆形盲耳，最大腹径在器中部略偏下。肩腹处的折棱两侧各饰一周宽凹弦纹，腹下部饰斜绳纹（图一五〇，2）。M80：1，敞口，方唇，颈微束，溜肩，鼓腹，腹上部附三个分布均匀的半圆形盲耳。腹上部饰两周凹弦纹（图一五〇，3）。

Ⅱ式：4件。侈口，圜底内凹，最大腹径在上腹部。分别出自M17和M38中，每座墓均出2件。M17：1，盖作为弧顶形，浅子母口，近平顶，顶中部有一扁圆形立纽，纽略残。器为侈口，方唇，束颈，溜肩，肩部有两个对称的环形纽，鼓腹，下腹弧形内收。盖面饰两周凹弦纹，颈部、肩部与腹部各饰两周一组的凹弦纹（图一五〇，4）。M38：2，盖作弧顶形，子母口较深，顶部隆起，近边缘处均匀地分布有三个楔形纽。器为侈口，方唇，短粗束颈，溜肩，肩部有对称的两个环形贯耳，圆鼓腹。颈部、肩部和腹上部各饰一组两周凹弦纹（图一五〇，5）。

Ⅲ式：4件。侈口或敞口，平底略内凹，最大径在器上腹部。分别出自M29和M58中，每座墓均出土2件。M29：1，敞口，斜方唇，平沿，长颈微束，溜肩，鼓腹，腹上部附有三个分布均匀的方形盲耳。腹上部饰一周凹弦纹（图一五〇，6）。M58：1，盖为浅子母口，弧顶形，顶部微隆。器侈口，方唇，唇部内侧有一周凸棱，束颈，溜肩，肩部附有两个对称的扁圆形盲耳，圆鼓腹。盖面上饰两周凹弦纹，颈部饰二组四周凹弦纹，肩部和腹部各饰一组两周凹弦纹（图一五〇，7）。

Ab型　20件。皆子母口。依照器的颈部、腹部和底部的变化，又可分为三式。

Ⅰ式：1件。器颈部较粗长，平底略内凹。出自M5中。M5：1，盖作覆盘形，顶部隆起，盖上中部有一圆形握手。器子口较直，方唇，溜肩，鼓腹，腹部有四个桥形贯耳。腹部饰两周凹弦纹（图一五〇，8）。

Ⅱ式：3件。器颈部较短粗，平底略内凹，器身最大腹径在腹中部。分别出自M66、M72、M78中，每座墓各出土或修复1件。M66：1，子口内敛，方唇，束颈，溜肩，圆鼓腹，下腹略弧内收（图一五〇，9）。M78：3，子口内敛，方唇，粗束颈较短，溜肩，圆鼓腹，下腹向内弧收，平底微内凹（图一五一，1）。

Ⅲ式：16件。器颈部较细长，圜底或近平底内凹，最大腹径在上腹部。分别出自M24、M31、M32、M57、M67、M69、M73、M75、M79这九座墓中，其中M31出土1件，其他各墓均出土2件，而M69中又有1件未能修复。M24：8，子母直口，方唇，束颈，溜肩，深鼓腹，腹上均匀分布着四个扁圆环形附耳，圜底内凹。颈上部饰有五周凹弦纹，上边每两周为一组，下边一周为一组，共三组，三组凹弦纹每两组之间各饰一周竖行均匀分布的宽带戳印麻点纹；

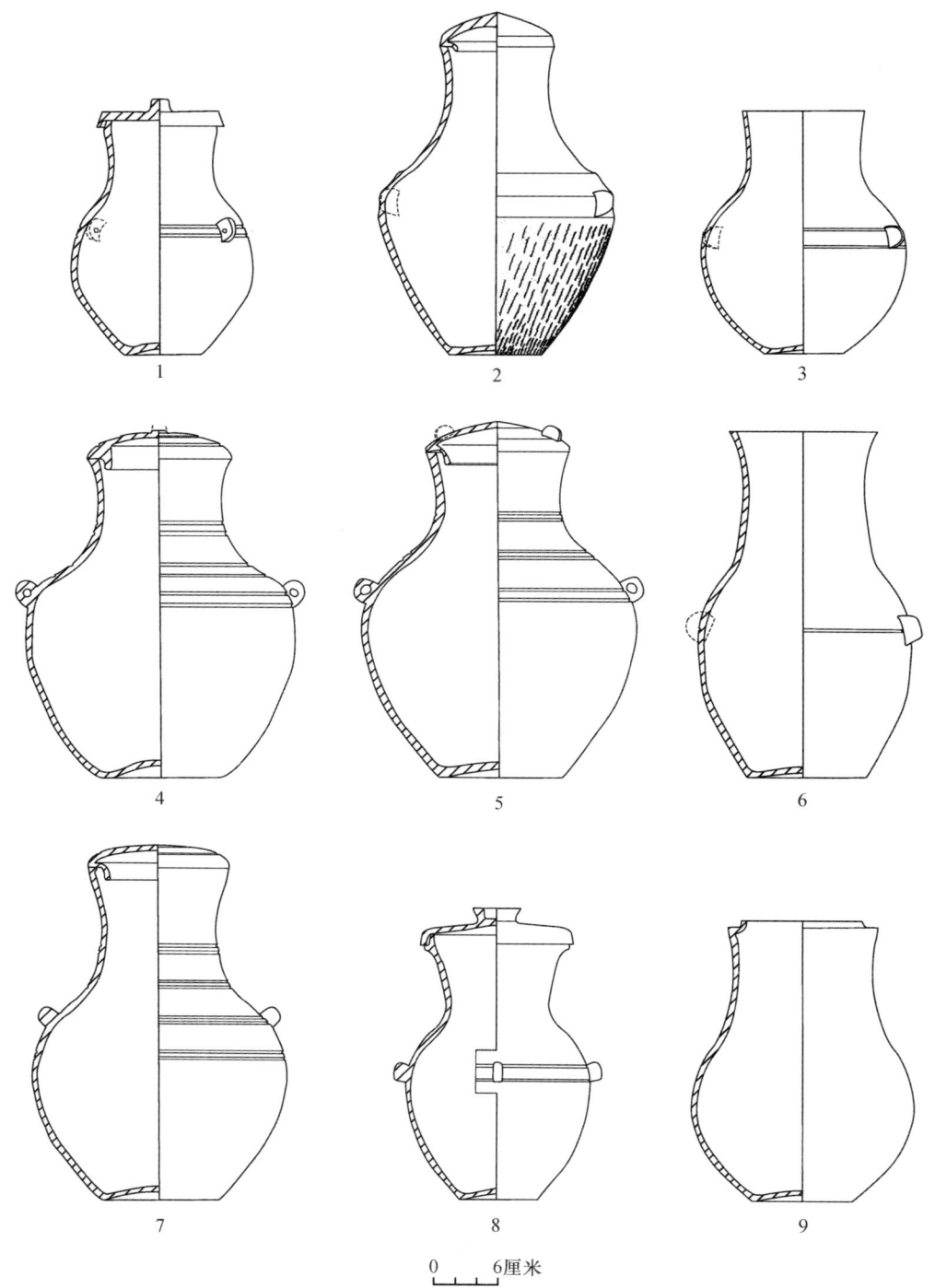

图一五〇 战国墓葬出土A型陶壶

1~3.Aa型Ⅰ式（M14：1、M43：2、M80：1） 4、5.Aa型Ⅱ式（M17：1、M38：2） 6、7.Aa型Ⅲ式（M29：1、M58：1）
8.Ab型Ⅰ式（M5：1） 9.Ab型Ⅱ式（M66：1）

颈下部装饰有一圈共四组刻划横向排列的曲线水波纹，有的地方已不太明显；肩部、腹部亦各有两周凹弦纹，每二周各为一组，间饰竖行均匀分布的宽带戳印麻点纹（图一五一，2）。M32：2，盖作覆盘形，折沿方唇，唇部内敛，顶部微鼓。器子口内敛，方唇，颈微束，溜

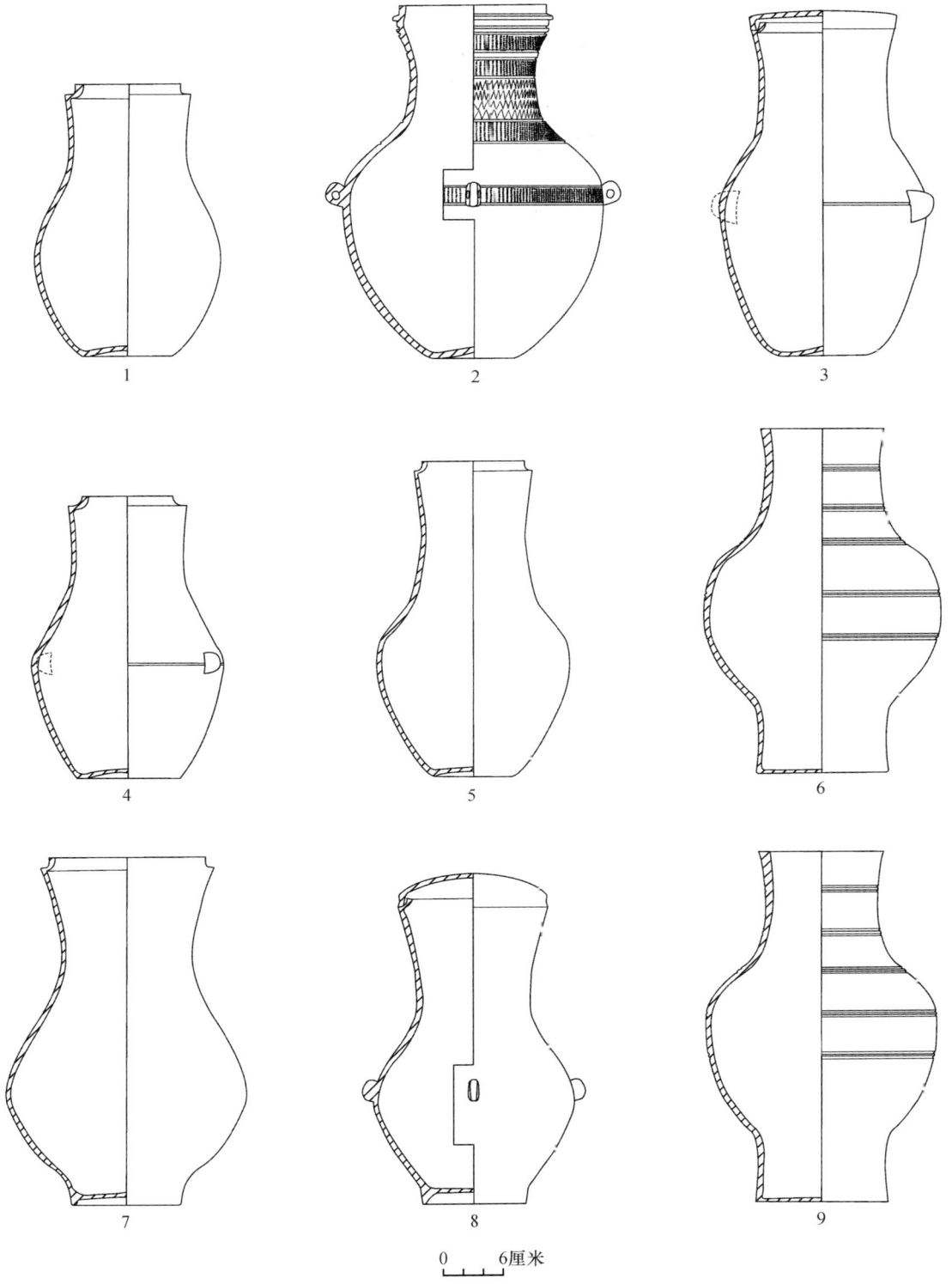

图一五一 战国墓葬出土A、C、D型陶壶

1. Ab型Ⅱ式（M78：3） 2~5. Ab型Ⅲ式（M24：8、M32：2、M67：2、M75：1） 6、9. D型（M74：1、M74：2）
7、8. C型（M28：4、M61：2）

肩，鼓弧腹，圜底内凹。肩部均匀分布有三个桥形盲耳，并饰一周凹弦纹（图一五一，3）。M67：2，子口内敛，方唇，粗束颈，溜肩，肩部附有三个分布均匀的半圆形盲耳，鼓腹，下腹略弧内收，圜底内凹。腹部饰一周凹弦纹（图一五一，4）。M75：1，子口内敛，方唇，细长束颈，溜肩，鼓腹，腹下部弧收，近平底内凹（图一五一，5）。

B型　32件。颈部相对较细，腹肥硕，底部有圈足。依照壶底部的差异，又可分为二亚型。

Ba型　22件。平底或平底微内凹。根据器颈部和圈足的变化，又可分为四式。

Ⅰ式：2件。器颈部短粗，平底，矮圈足略外撇。均出自M35中。M35：2，盖作圆饼状，中部有一扁圆形纽。器直口微侈，方唇，溜肩，肩部有一对称的扁方形盲耳，鼓腹，平底，矮圈足略外撇。肩部与腹部各饰一组两周凹弦纹（图一五二，1）。

Ⅱ式：7件。器颈部稍粗长，平底，圈足近直且渐高。分别出自M22、M39、M62、M44这四座墓中，每座墓中各出土2件，其中M62中有1件未能修复。M22：3，盖为深子母口，拱形顶，盖面上有三个分布均匀的梯形纽。器为侈口，方唇，束颈，溜肩，深鼓腹，平底，圈足近直，最大腹径在中部。盖面上饰三周凹弦纹，颈部、肩部与腹部各有两周一组的凹弦纹（图一五二，2）。M44：2，盖作拱弧形，顶部隆起，近边缘处有三个分布均匀的楔形纽。器为敞口，方唇，束颈，溜肩，鼓腹，平底，高圈足较直。盖面中部和边缘各饰一周凹弦纹，器颈部和肩部各饰两组凹弦纹，腹部饰一组凹弦纹，每组凹弦纹为二周（图一五二，3）。

Ⅲ式：7件。平底内凹，圈足较直。分别出自M36、M45、M53、M82这四座墓中，其中M82出土1件，其他各墓均出土2件。M36：6，盖为深子母口，盖面向上隆起，近边缘处有三个分布均匀的简化蹄形纽。器为侈口，方唇，唇上有两道浅凹槽，束颈，溜肩，鼓腹，圈足较矮。盖面中部饰两周凹弦纹，边缘饰一周凹弦纹；器颈部、肩部、腹中部与腹下部各饰一组三周凹弦纹（图一五二，4）。M82：1，盖为深子母口，拱形顶，盖顶高隆。器为敞口，斜方唇，微束颈，溜肩，鼓腹，下腹向内弧收，圈足较高，器身最大腹径在中部。盖顶中部饰两周凹弦，近边缘处饰一周凹弦纹，颈部、肩部、腹中部和腹下部各饰一组三周凹弦纹（图一五二，5）。

Ⅳ式：6件。平底或底近平，圈足略外撇。分别出自M70、M76、M81三座墓中，每座墓各出土2件。M70：1，盖作弧形顶，顶部向上隆起，近边缘处有三个分布均匀的梯形纽。器为侈口，方唇，长颈微束，溜肩，鼓腹，下腹向内弧收，底近平，器身最大腹径在中部。颈部饰两组凹弦纹，肩部与腹上部各饰一组凹弦纹，每两周凹弦纹为一组（图一五二，6）。M81：1，盖直口微敛，盖顶微隆，近边缘处有三个分布均匀的方形纽。器口微侈，方唇，长颈微束，广肩，圆鼓腹，下腹向内弧收，平底，器身最大径在中腹部。盖沿外侧饰两周宽凹弦纹，颈部饰两组四周浅细的凹弦纹，肩与腹部各饰一组二周浅细的凹弦纹（图一五二，7）。

Bb型　10件。圜底。根据器圈足的变化，又可分为四式。

Ⅰ式：4件。高圈足外侈或近直。分别出自M21和M48中，每座墓各出土2件。M21：2，盖作覆盘形，平顶上有三个分布均匀的楔形纽。器为侈口，方唇，束颈，溜肩，深鼓腹，圜底，

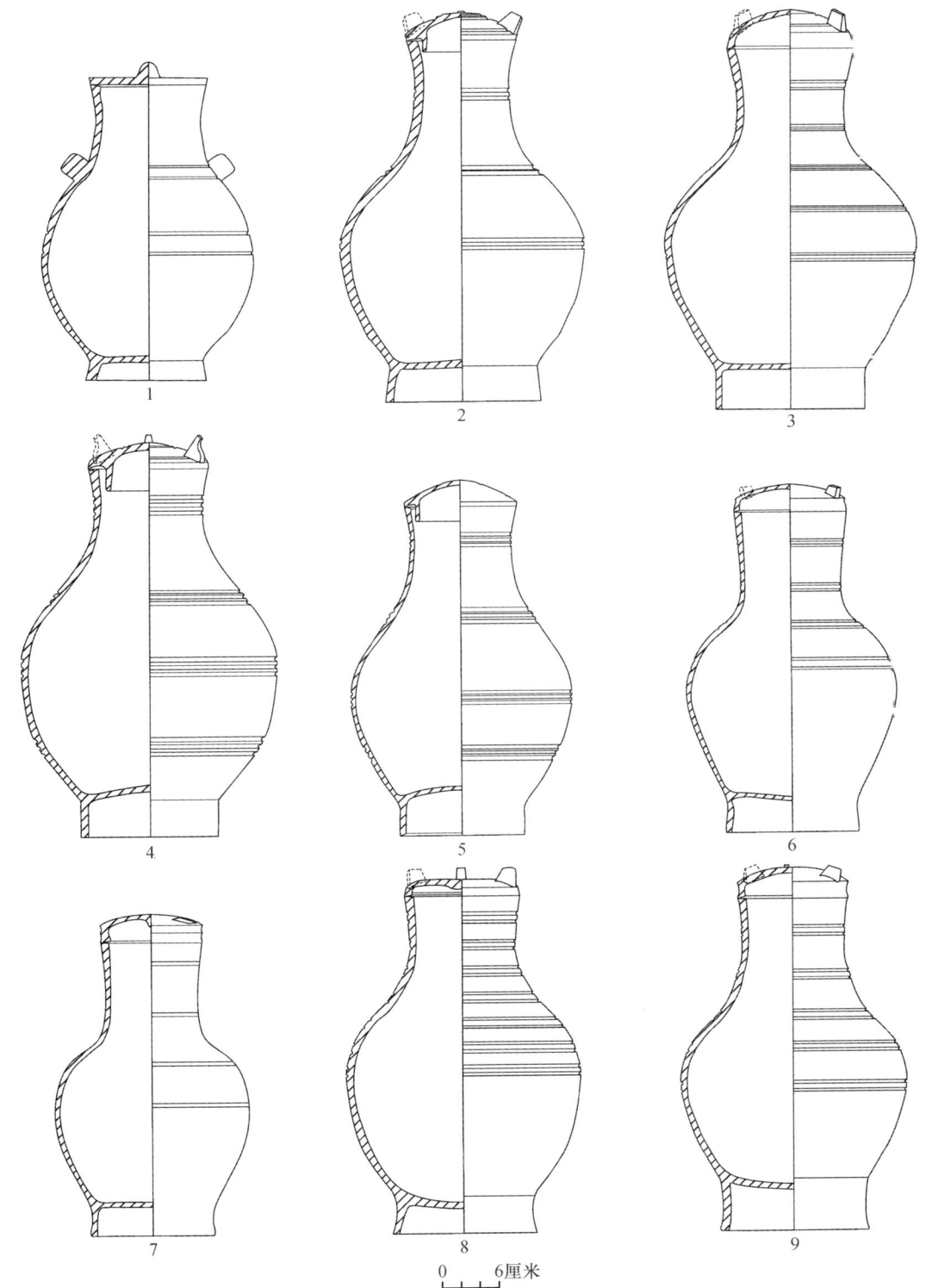

图一五二 战国墓葬出土B型陶壶
1. Ba型Ⅰ式（M35∶2） 2、3. Ba型Ⅱ式（M22∶3、M44∶2） 4、5. Ba型Ⅲ式（M36∶6、M82∶1）
6、7. Ba型Ⅳ式（M70∶1、M81∶1） 8、9. Bb型Ⅰ式（M21∶2、M48∶11）

高圈足外侈，最大腹径在上腹部。颈部有六周凹弦纹，肩部与腹部各饰四周凹弦纹，每二周各为一组。盖上施有红彩，部分已脱落（图一五二，8）。M48：11，盖为直口，弧形顶，盖面向上隆起，近边缘处均匀分布有三个梯形纽。器直口微侈，斜方唇，粗束颈，溜肩，圆鼓腹，圜底，圈足近直。颈部与肩部各饰四周凹弦纹，腹部饰两周凹弦纹，每两周凹弦纹为一组（图一五二，9）。

Ⅱ式：1件。圜底近平，高圈足近直。出自M63中。M63：1，盖为深子母口，盖面向上隆起较高，边缘处有三个分布均匀的楔形纽。器口微敛，方唇，长颈微束，广肩，圆鼓腹，器身最大腹径在中部。颈部饰四周凹弦纹，每二周为一组，肩部和腹部各饰一组二周凹弦纹（图一五三，1）。

Ⅲ式：1件。高圈足外侈。出自M15中。M15：2，盖为浅子母口，盖面隆起，平顶。器为侈口，方唇，长束颈，溜肩，深鼓腹，下腹弧形内收，圜底，最大腹径在器上腹部（图一五三，2）。

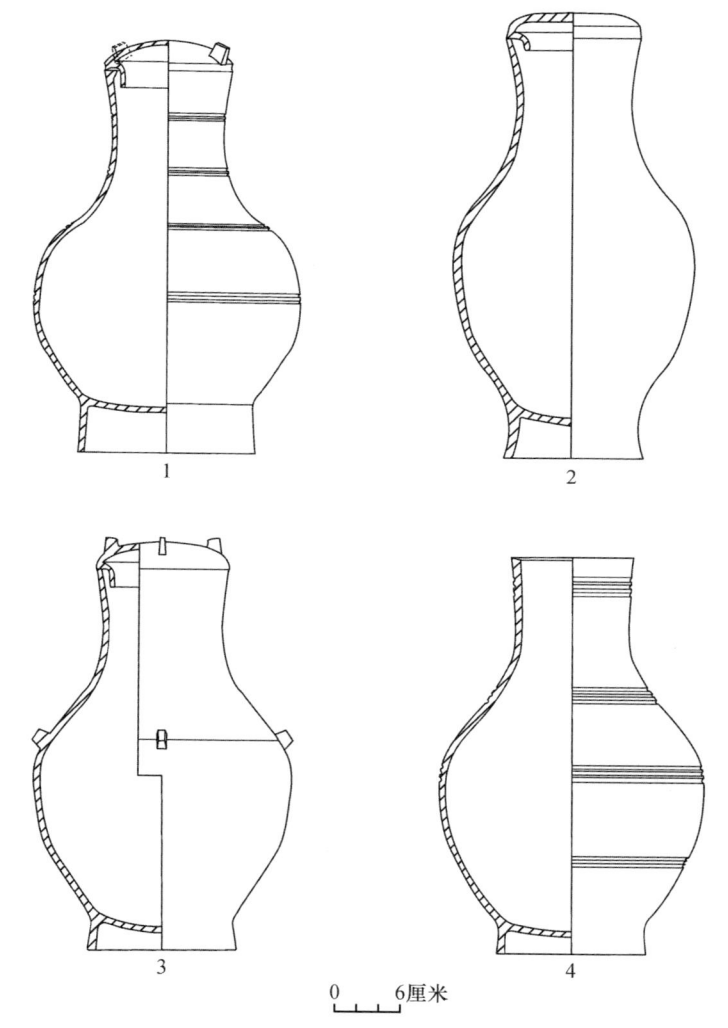

图一五三　战国墓葬出土B型陶壶
1. Bb型Ⅱ式（M63：1）　2. Bb型Ⅲ式（M15：2）　3、4. Bb型Ⅳ式（M59：2、M71：1）

Ⅳ式：4件。矮圈足外撇或近直。分别出自M59和M71中，每座墓各出土2件。M59：2，盖为深子母口，拱形顶向上隆起，近边缘均匀分布四个楔形纽。器为侈口，方唇，粗束颈，溜肩，肩部附有四个相互对称的梯形盲耳，深鼓腹，圜底，圈足略外撇，器身最大腹径在中部。肩部饰一周凹弦纹（图一五三，3）。M71：1，口微侈，斜方唇，细长颈微束，溜肩，圆鼓腹，下腹向内弧收，圜底，圈足近直，器身最大径在腹中部。颈部、肩部和腹中部各饰一组三周凹弦纹，腹下部饰一组两周凹弦纹（图一五三，4）。

C型　3件。颈较粗，平底，矮圈足近直。分别出自M28和M61中，其中每座墓各出2件，M28仅修复1件。M28：4，子口内敛，方唇，束颈，溜肩，鼓腹，平底微凹，最大腹径在中腹部（图一五一，7）。M61：2，盖为矮直口，弧形顶，盖面高隆。器子口内敛，方唇，束颈，溜肩，鼓腹，腹上部附有四个相互对称的扁圆形盲耳，平底，器身最大腹径在中部。腹上部饰一周凹弦纹（图一五一，8）。

D型　2件。假圈足，平底。均出自M74中。M74：1，侈口，方唇，颈部微束，弧肩，圆鼓腹，下腹向内弧收，近底部较直，器身最大径在中腹部。颈部和腹部各饰两组凹弦纹，肩部饰一组凹弦纹，每两周凹弦纹为一组（图一五一，6）。M74：2，形制、纹样均与M74：1相同（图一五一，9）。

4. 敦

共49件。出土于26座墓葬中（有3座墓各出土1件，其余23座墓各出土2件），其中能复原者43件，有的仅修复出器身。根据已修复的43件敦的整体形状的不同，可分为五型。

A型　11件。整体呈近圆球形，器、盖皆呈半球状，斜方唇微内敛。依据器腹部的变化，又可分为二式。

Ⅰ式：8件。沿面有两道凹槽，弧腹较深。分别出自M22、M45、M62、M71中，每座墓中各出土2件。M22：2，整体呈椭圆球形，盖与器均呈半球状，斜方唇微内敛，沿面有两道凹槽，圜底，盖上和器身下各附三个"S"形纽（足），足稍外撇。盖顶与器外底部各饰三周凸弦纹（图一五四，1）。M62：3，整体呈扁圆形，盖与器均呈半球状，方唇，唇上有两道浅凹槽，圜底，盖上和器身下各附三个似简化的"S"形兽形纽（足）（图一五四，2）。

Ⅱ式：3件。弧腹略鼓。分别出自M36和M82中，其中M36出土2件，M82出土1件。M36：9，整体呈扁圆形，盖与器呈半球形，口微敛，方唇，唇面上各有两道凹弦纹，圜底，盖上和器身下各附三个似简化的"S"形兽形纽（足）（图一五四，3）。M82：4，整器呈圆球形，盖与器均呈半球形，直口，斜方唇，唇面上有两道凹槽，圜底，盖上和器身下各附三个似简化的"S"形兽形纽（足）（图一五四，4）。

B型　15件。整体呈圆球形或扁圆球形，盖、器平口微敛。根据器腹部、纽（足）的变化，可分二式。

Ⅰ式：11件。整体呈圆球形，弧形腹。分别出自M21、M41、M44、M63、M70、M81中，其中M41出土1件，其他各墓均出土2件。M21：6，盖与器均呈半球形，口微敛，弧形腹，圜

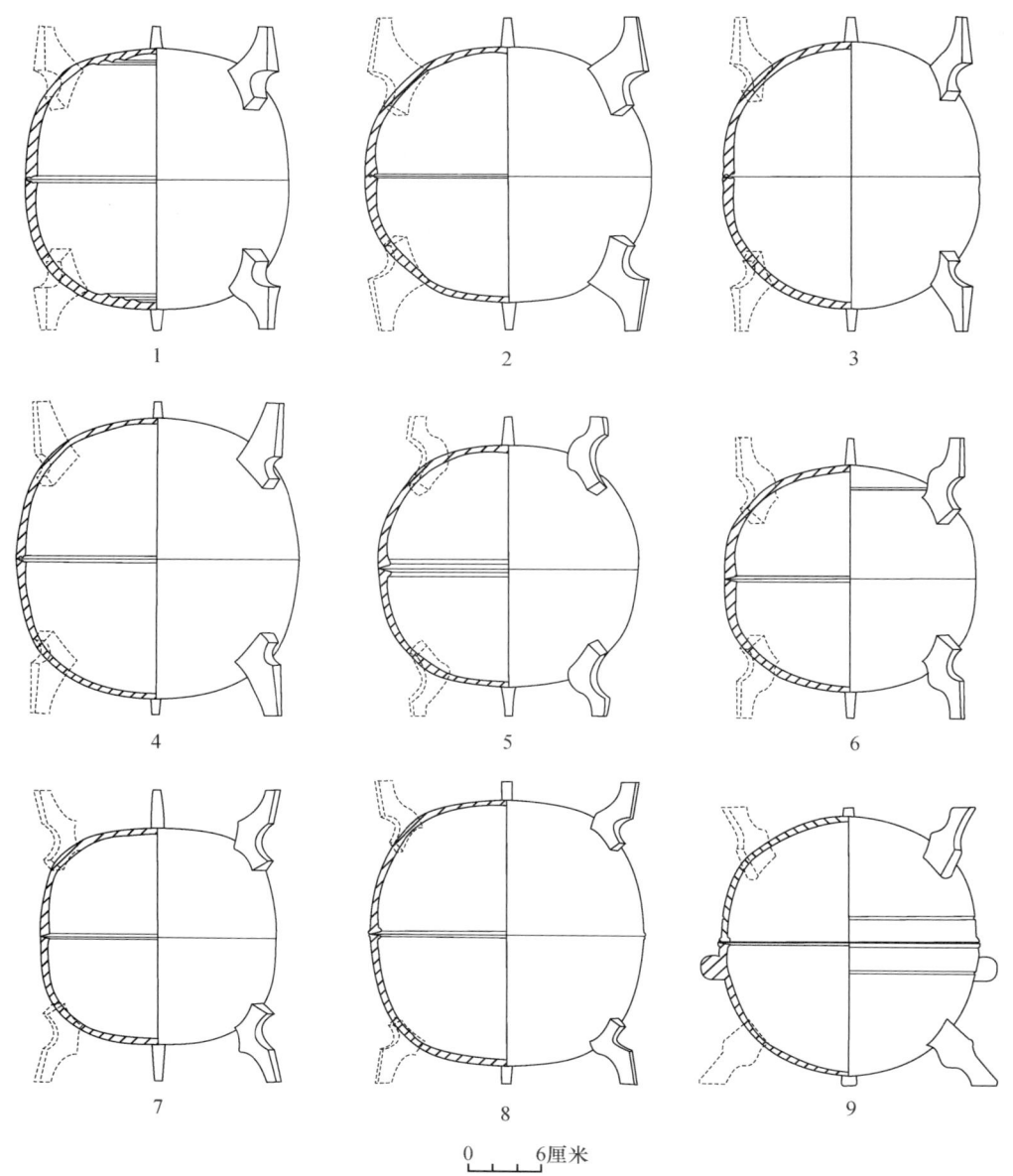

图一五四 战国墓葬出土A、B、C型陶敦
1、2.A型Ⅰ式（M22∶2、M62∶3） 3、4.A型Ⅱ式（M36∶9、M82∶4） 5、6.B型Ⅰ式（M21∶6、M81∶4）
7、8.B型Ⅱ式（M48∶10、M76∶5） 9.C型（M58∶6）

底。盖和身各有三个似简化的"S"兽形纽（足），稍外撇（图一五四，5）。M81∶4，盖与器呈半球形，敛口，斜方唇，弧形腹，圜底。器盖与器身下各附有三个似简化的"S"形兽形足。盖顶部饰有一周凹弦纹（图一五四，6）。

Ⅱ式：4件。整体呈扁圆球形，弧腹微鼓。分别出自M48和M76中，每座墓各出土2件。M48∶10，盖、器均呈半球状，口微敛，斜方唇，圜底，盖上和器身下各附三个似简化的"S"形兽形纽（足）（图一五四，7）。M76∶5，盖、器均呈半球状，口微敛，方唇，口沿内侧均有一周凸棱，圜底，盖上和器身下各附三个似三角形或简化的"S"形兽形纽（足）

（图一五四，8）。

C型 2件。整体呈圆球形，深弧腹，纽（足）作鸟首状。分别出自M58和M65中，每座墓各修复1件。M58：6，整体呈圆球形，盖与器均呈半球状，口微敛，方唇，弧腹，腹上部近口处附有两个对称扁圆形盲耳（盖上盲耳缺失），圜底，盖上和器身下各附三个鸟首状纽（足），外撇较甚。腹上部饰一周凹弦纹（图一五四，9）。

D型 7件。整体近圆球形，器直口微敛。根据器腹部、纽（足）的变化，可分三式。

Ⅰ式：2件。鼓腹。均出自M39中。M39：7，盖与器均呈半球状，直口微敛，斜方唇，鼓腹，圜底，盖和身各附有三个似简化或变形的"S"形兽形纽（足）（图一五五，1）。

Ⅱ式：2件。弧腹，三足略外撇。均出自M59中。M59：4，盖与器均呈半球状，直口微敛，方唇，弧腹，圜底，盖上和器下各附有三个似简化的扁蹄形兽形纽（足）（图一五五，2）。

Ⅲ式：3件。弧腹，足根部有圆形穿孔。分别出自M57和M73中，每座墓各出土2件，其中M57仅修复出1件。M73：4，盖与器均呈半球状，直口微敛，方唇，盖与器口沿外各附有两个圆环形纽，弧腹，圜底，盖上与器身下附有三个似三角形或简化的"S"形兽形纽（足），足根部均有圆形穿孔（图一五五，3）。

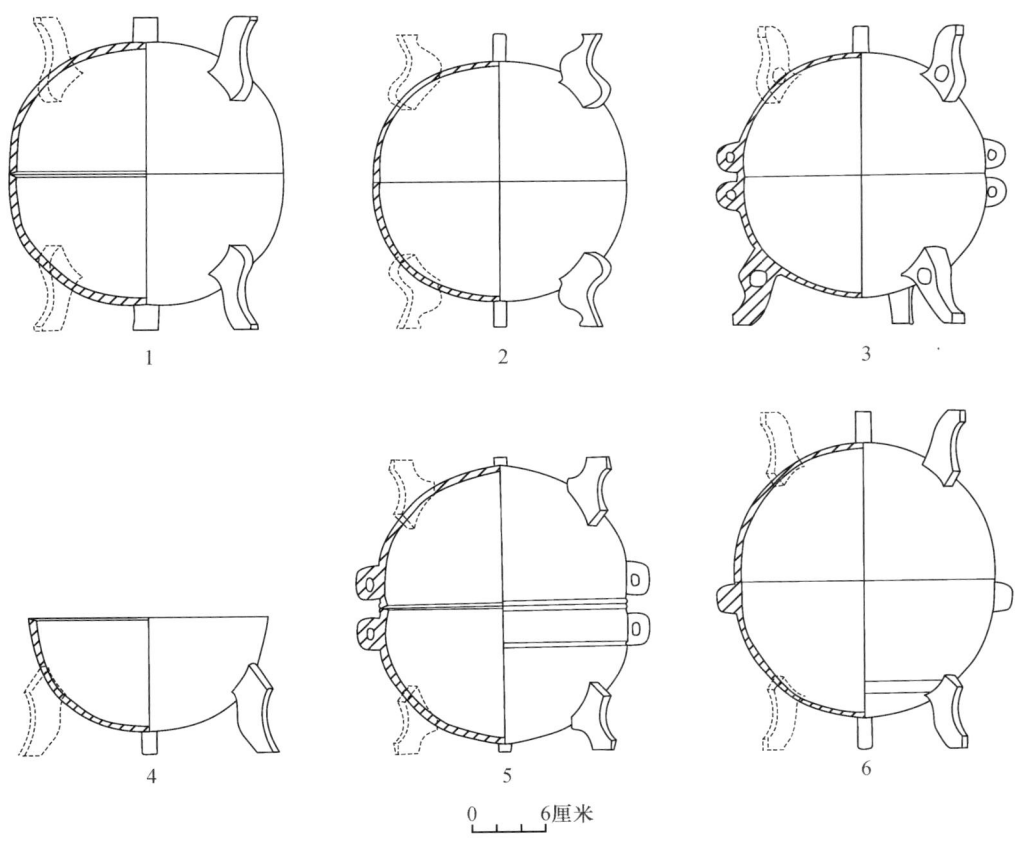

图一五五 战国墓葬出土D、E型陶敦
1. D型Ⅰ式（M39：7） 2. D型Ⅱ式（M59：4） 3. D型Ⅲ式（M73：4） 4. E型Ⅰ式（M66：5）
5、6. E型Ⅱ式（M38：3、M79：6）

E型　8件。足根外撇。根据器形状的变化，又可分为二式。

Ⅰ式：4件。整体呈近圆形，足根外撇较甚。分别出自M58、M65、M66三座墓中，每座墓各出土2件，其中M58修复2件，另两座墓各修复1件。M66∶5，器呈半球形，口微侈，斜方唇，弧腹，圜底，下附似简化的三个"S"形兽形足，足根外撇较甚，向外超出最大腹径部位较多（图一五五，4）。

Ⅱ式：4件。整体呈扁椭圆形，足根略外撇。分别出自M38和M79中，每座墓各出土2件。M38∶3，盖与器均呈半球状，口微敛，方唇，弧腹略鼓，圜底，盖和器身的口沿下各有一对称环状耳，盖上与器身下各附三个似简化的"S"形兽形纽（足）。盖与器的腹上部均饰一周凹弦纹（图一五五，5）。M79∶6，盖与器均呈半球状，直口，方唇，弧腹，圜底，盖上和器身下各附三个似简化的"S"形兽形纽（足）。器口沿外侧附有二个对称的扁圆形盲耳，腹下部饰二道细凹弦纹（图一五五，6）。

5. 盘

共32件。出土于32座墓葬中，其中能复原者18件。根据已复原18件盘的口沿和腹部的不同，可分为二型。

A型　14件。折沿，折腹。依据盘口沿的差异，又可分为二亚型。

Aa型　8件。宽折沿。分别出自八座墓葬中。根据器口沿和底部变化，又可分为三式。

Ⅰ式：2件。宽沿斜折，平底。分别出自M20和M22中。M22∶11，方唇，口沿折棱明显，深腹弧折，上腹较直，平底（图一五六，1）。

Ⅱ式：2件。宽平折沿，平底微凹。分别出自M21和M58中。M58∶7，敞口，方唇，口沿折棱明显，弧腹略深，腹上部微折，平底微凹（图一五六，2）。

Ⅲ式：4件。宽平沿斜外折，平底微凹。分别出自M36、M48、M59、M63四座墓中。M36∶3，直口，方唇，口沿折棱明显，折腹较深，腹上部近直，下部斜直略弧，平底微凹（图一五六，3）。M63∶12，敞口，方唇，折沿微上翘，腹部折棱明显，腹上部稍向内凹，下部斜直微外弧内收，平底略内凹（图一五六，4）。

Ab型　6件。折沿较窄。根据器口沿和底部变化，又可分为三式。

Ⅰ式：2件。窄平折沿，大平底。分别出自M39和M62中。M39∶9，敞口，尖圆唇，浅腹稍折，上腹斜直，下腹弧收，大平底（图一五六，5）。

Ⅱ式：2件。窄斜折沿，平底。分别出自M70和M76中。M76∶9，直口，圆唇，盘腹较深，折腹，折棱明显，上腹垂直，腹斜直内收，平底（图一五六，6）。

Ⅲ式：2件。折沿上翘，小平底。分别出自M71和M82中。M71∶15，口敛微，圆唇，折腹较深，折棱较明显，小平底（图一五六，7）。M82∶7，泥质灰陶。近直口，方唇，折腹较浅，折棱较明显，下腹近直略外弧，小平底（图一五六，8）。

B型　4件。弧腹或斜直腹。出于4座墓葬中。根据盘腹部和底部的不同，又可以分为四亚型。

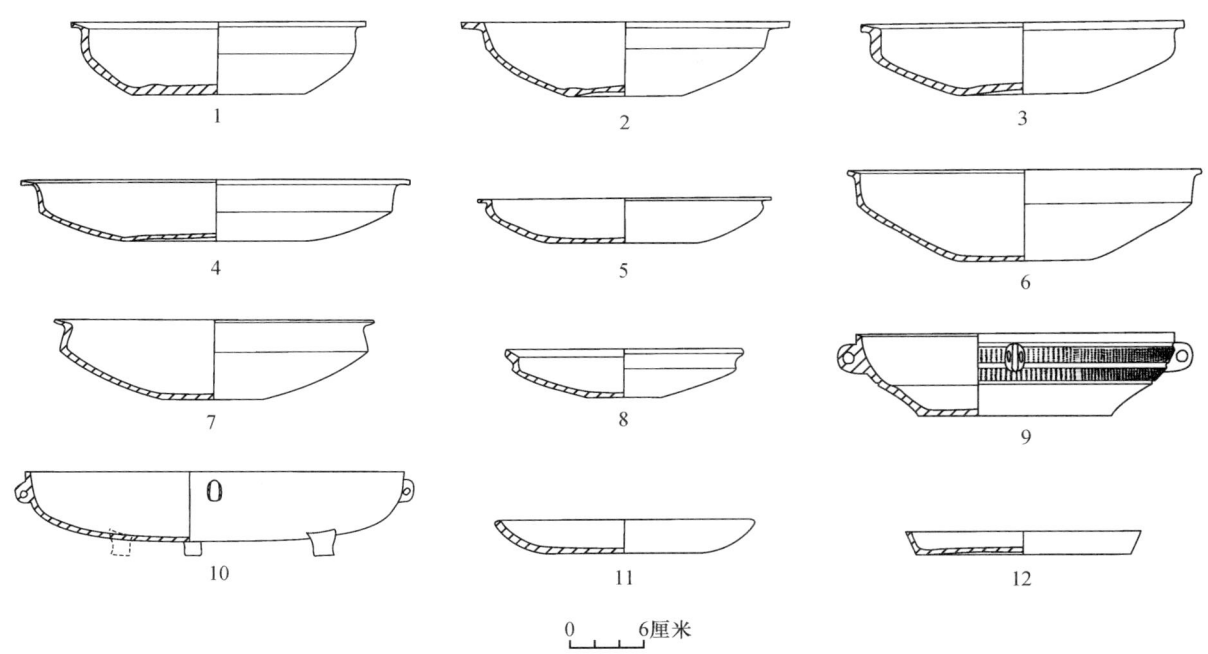

图一五六 战国墓葬出土A、B型陶盘
1. Aa型Ⅰ式（M22：11） 2. Aa型Ⅱ式（M58：7） 3、4. Aa型Ⅲ式（M36：3、M63：12） 5. Ab型Ⅰ式（M39：9）
6. Ab型Ⅱ式（M76：9） 7、8. Ab型Ⅲ式（M71：15、M82：7） 9. Ba型（M24：34） 10. Bb型（M25：1）
11. Bc型（M67：5） 12. Bd型（M69：7）

Ba型 1件。深弧腹微折，平底。出自M24中。M24：34，敞口，方唇，深弧腹，腹上部附有四个对称环状纽，腹中部微折，折痕不明显，平底。腹上部饰三周凹弦纹，其间饰以竖行分布均匀的两周宽带戳印麻点纹（图一五六，9）。

Bb型 1件。弧腹较深，圜底，下附较矮的蹄足。出自M25中。M25：1，泥质黑皮陶，黄褐胎。口微敞，方唇，弧腹，腹上部附有四个分布均匀的半环纽，腹下部内收成圜底，下附三个较矮的蹄形足（图一五六，10）。

Bc型 1件。浅弧腹，大平底。出自M67中。M67：5，敞口，圆唇，弧腹较浅，大平底（图一五六，11）。

Bd型 1件。浅斜直腹，平底略内凹。出自M69中。M69：7，敞口，方唇，斜直腹较浅，大平底略内凹（图一五六，12）。

6. 匜

共20件。出土于20座墓葬中，每座墓中各出1件。其中能复原者13件，而可分型式者有12件。根据已修复且可分型的12件匜口部和流部形状的不同，可分为三型。

A型 5件。直流较长。依照器口部的变化，又可分二式。

Ⅰ式：1件。敞口。出自M8中。M8：4，近椭圆形口，方圆唇，一侧有槽状宽直流，流微上翘，断面近半圆形，弧腹，近平底（图一五七，9）。

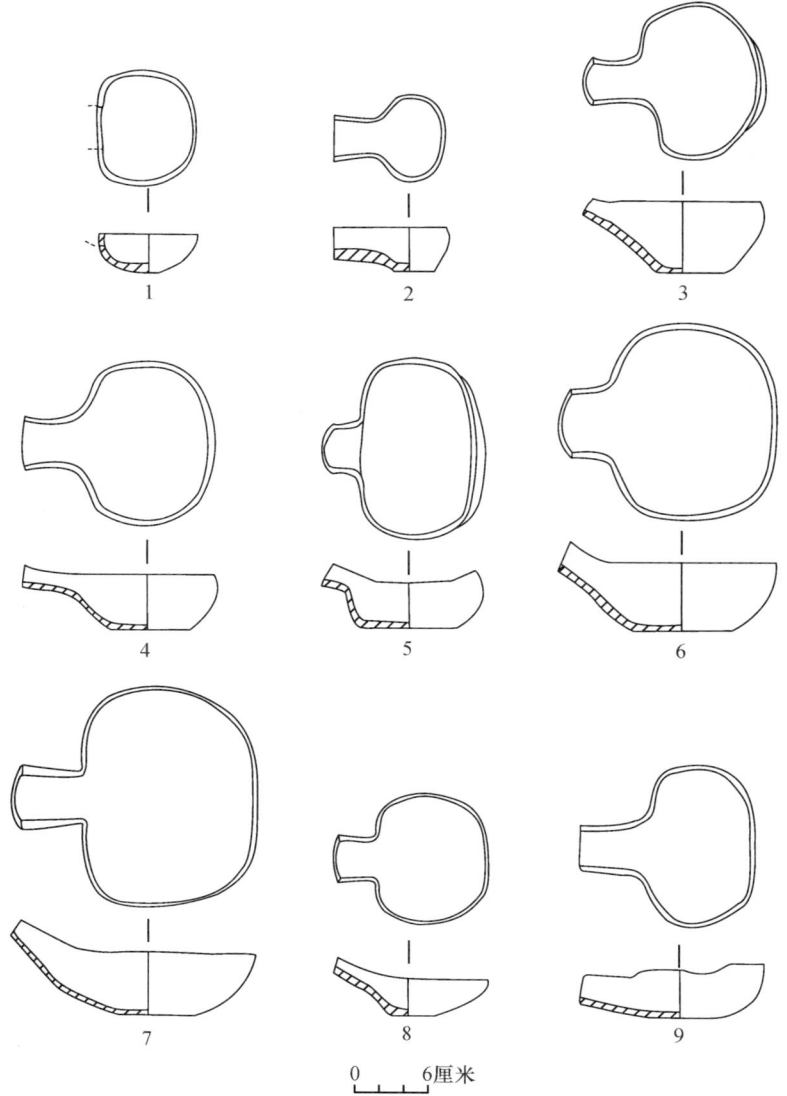

图一五七　战国墓葬出土A、B、C型陶匜

1. C型（M58：9）　2～4. A型Ⅱ式（M59：8、M65：8、M70：8）　5、6. B型Ⅰ式（M39：10、M48：14）　7、8. B型Ⅱ式（M71：16、M82：8）　9. A型Ⅰ式（M8：4）

Ⅱ式：4件。口微内敛。分别出自M59、M65、M70、M75四座墓葬中。M59：8，器形较小，椭圆形口，方唇，一侧有槽状宽直流，流微上翘，断面近半圆形，弧腹，小平底（图一五七，2）。M65：8，近椭圆形口，口微敛，方唇，一侧有槽状窄流，流微上翘，断面近半圆形，弧腹，平底（图一五七，3）。M70：8，椭圆形口，方唇，一侧有槽状窄流，流微上翘，断面近半圆形，弧鼓腹，平底（图一五七，4）。

B型　6件。流较短。依照器口部的变化，又可分二式。

Ⅰ式：3件。口内敛。分别出自M39、M48、M62三座墓葬中。M39：10，近椭圆形口，方圆唇，一侧有槽状流，流上翘，呈圆角长方形，弧腹略深，大平底（图一五七，5）。M48：14，椭圆形口，方唇，一侧有槽状宽流，流较直且上翘，断面近半圆形，弧腹，平底

（图一五七，6）。

Ⅱ式：3件。口微敞。分别出自M36、M71、M82三座墓葬中。M71:16，近椭圆形口，方唇，一侧有槽状窄流，流上翘，断面近半圆形，弧腹，平底（图一五七，7）。M82:8，近椭圆形口，方唇，一侧有槽状窄流，流微上翘，断面近半圆形，弧腹，平底（图一五七，8）。

C型　1件。口微侈，小平底。出自M58中。M58:9，流残缺。近椭圆形口，方唇，弧腹，小平底（图一五七，1）。

7. 盉

共4件。分别出土于4座墓葬中，均已复原。皆有盖。根据有无提梁和流，可分为二型。

A型　1件。无提梁，有流。出自M36中。M36:4，盖为直口，直壁，弧形顶。器为小直口，方唇，鼓肩，肩部有一圆柱形流，上翘，中空，球形腹，圜底，下附三个蹄形足，足略外撇，上有刮削痕。盖顶上饰一组两周凹弦纹，器肩与腹部各饰一组三周凹弦纹（图一五八，1）。

B型　3件。有提梁，无流。依据器腹部、底部及圈足的变化，又可分为二式。

Ⅰ式：1件。鼓腹，圜底，三个蹄形足较矮。出自M22中。M22:10，盖顶微隆，直口略内敛，顶上有两周凹弦纹。器为小直口，方唇，圆肩，上有圆柱状的拱形提梁，下附三个蹄形足，足略外撇，足面上有刮削痕，器腹部饰有一周凹弦纹（图一五八，2）。

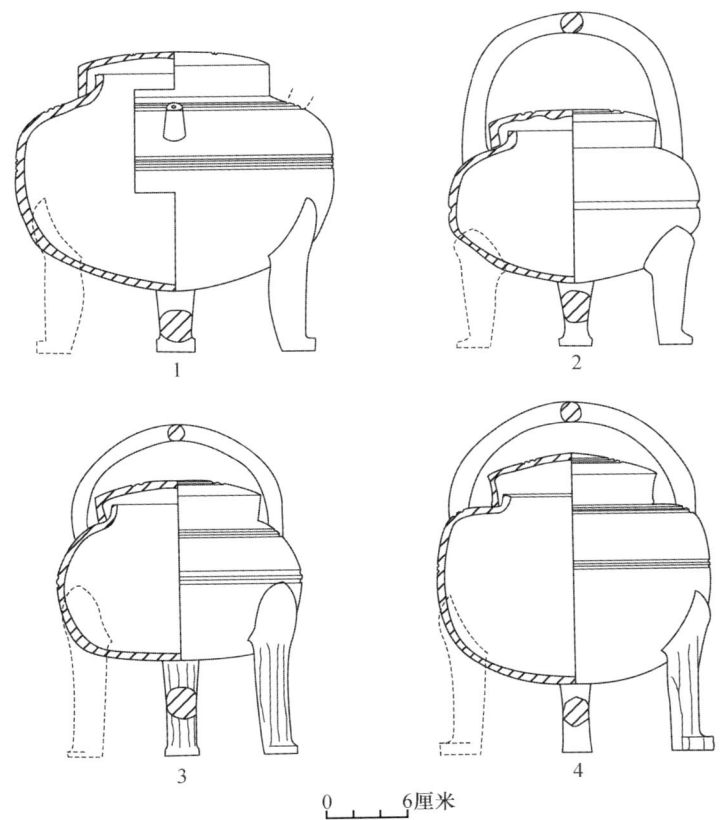

图一五八　战国墓葬出土A、B型陶盉
1. A型（M36:4）　2. B型Ⅰ式（M22:10）　3、4. B型Ⅱ式（M51:3、M71:14）

Ⅱ式：2件。扁鼓腹，圜底近平，三个蹄形足较高。分别出自M51和M71中。M51：3，盖顶呈弧形，直口内敛，顶上有一组两周凹弦纹；器为小口近直，方唇，微内敛，弧肩或平肩，上有圆柱状的拱形提梁，下附三个蹄形足，足上有刮削痕，器身肩、腹部各有两周凹弦纹（图一五八，3）。M71：14，盖顶隆起，直口微内敛，顶上饰有三周凹弦纹。器为小口近直，方唇，微内敛，弧肩或平肩，上有圆柱状的拱形提梁，下附三个蹄形足，足上有刮削痕，器身肩部、腹部各有二周凹弦纹（图一五八，4）。

8. 浴缶

共4件。分别出土于4座墓葬中，均已复原。皆有盖。根据器盖和器口部不同，可分为二型。

A型　1件。盖顶有握手，器敞口，尖唇，腹部有两个对称的大圆环形耳。出自M24中。M24：21，盖作覆盘形，腹较深，盖顶近平，顶中部有一圆形握手，内空，周围均匀地分布着四个扁圆形纽，盖缘饰三周凹弦纹，盖面饰二周凹弦纹，其间饰以分布均匀的竖行麻点纹。器口部略外折，矮领，圆肩，鼓腹，下腹弧形内收，平底略内凹，腹部均匀地分布着四个对称的突起圆饼，颈部饰三周凹弦纹，肩部与腹部各饰一组为二周的凹弦纹，每组凹弦纹之间装饰均匀分布的竖行麻点纹，二组弦纹之间突起的圆饼上饰卷云纹（图一五九，1）。

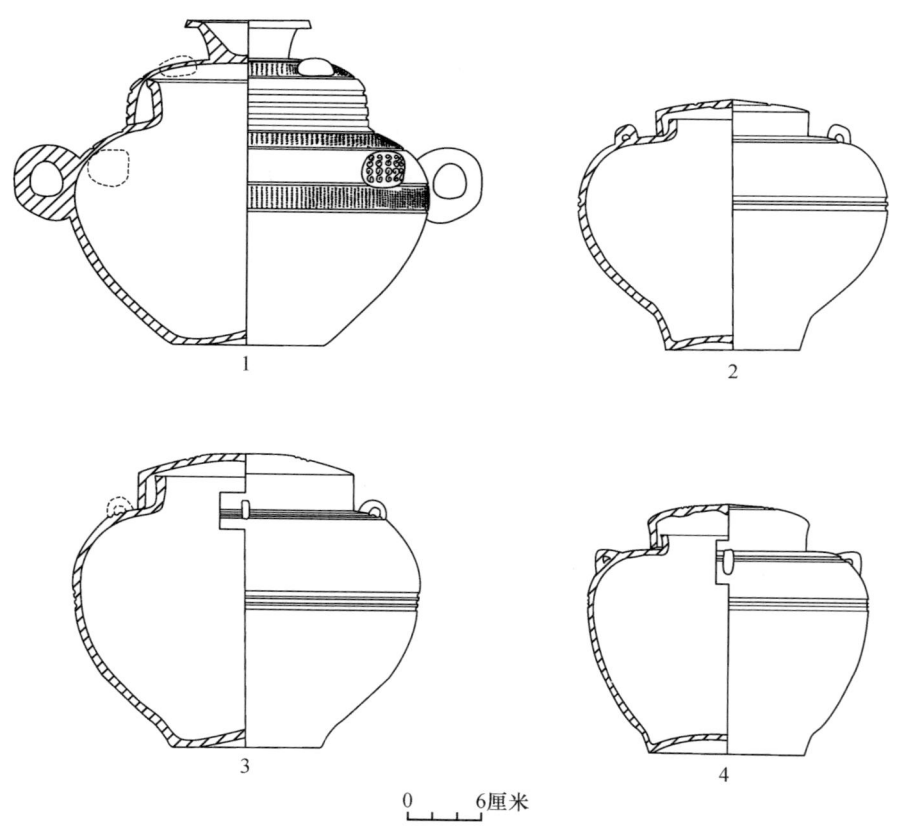

图一五九　战国墓葬出土A、B型陶浴缶
1. A型（M24：21）　2~4. B型（M22：9、M36：12、M71：12）

B型　3件。盖顶无握手，器直口，方唇，肩部有四个对称的桥形贯耳。分别出自M22、M36、M71三座墓中。M22：9，盖顶微隆，直口略内敛，顶中部饰一周凹弦纹。器圆肩，鼓腹，下腹内收较甚，平底内凹，肩部饰一道凹弦纹，腹部饰一组二周的凹弦纹（图一五九，2）。M36：12，盖顶隆起，顶中部饰三周凹弦纹。器圆肩，鼓腹，下腹内收较甚，平底内凹，肩、腹部各饰两周为一组的凹弦纹（图一五九，3）。M71：12，盖顶微隆，顶中部饰三周凹弦纹。器圆肩，鼓腹，下腹内收较甚，平底内凹，肩部、腹部各饰两周为一组的凹弦纹（图一五九，4）。

（二）日用器

共9件。能复原者7件，有鬲、罐、盂、纺轮等。

1. 鬲

2件。出土于2座墓中，其中1件完全复原，另1件器上部残缺。根据鬲腹部及足部的不同，可分为二型。

A型　1件。下腹弧形内收，柱状足较矮。出自M7中。M7：1，器身较大，口径小于腹径，也略小于三足外切圆径。平折沿，方唇，矮直领，上腹圆鼓，弧裆，颈部以下饰粗绳纹（图一六〇，1）。

B型　1件。下腹斜直内收，柱状足较高。出自M11中。M11：2，器中腹部以上部分残甚，无法修复。弧裆，通体饰粗绳纹（图一六〇，2）。

2. 罐

5件。出土于5座墓中，其中能复原者3件，1件仅残剩器底部，另1件未能修复。根据整体形状不同，可分为二型。

A型　2件。束颈。依据器口部、腹部和底部的不同，又可分二式。

Ⅰ式：1件。敞口，圆鼓腹，圜底内凹。出自M7中。M7：2，形体较大，方唇，束颈较长，溜肩，下腹弧形内收至底，肩部以下至底满饰竖粗绳纹（图一六〇，5）。

Ⅱ式：1件。侈口，平折沿，折肩，弧腹，平底内凹。出自M60中。M60：1，体形较小，圆唇，折沿外翻，短束颈，腹向下内收，肩部饰一周凹弦纹（图一六〇，6）。

B型　1件。直口微敛。出自M63中。M63：13，方唇，圆肩，鼓腹，下腹外弧内收，平底微凹。肩部饰两周凹弦纹，之间饰一周均匀分布的斜行戳印麻点纹，腹上部饰一周凹弦纹（图一六〇，4）。

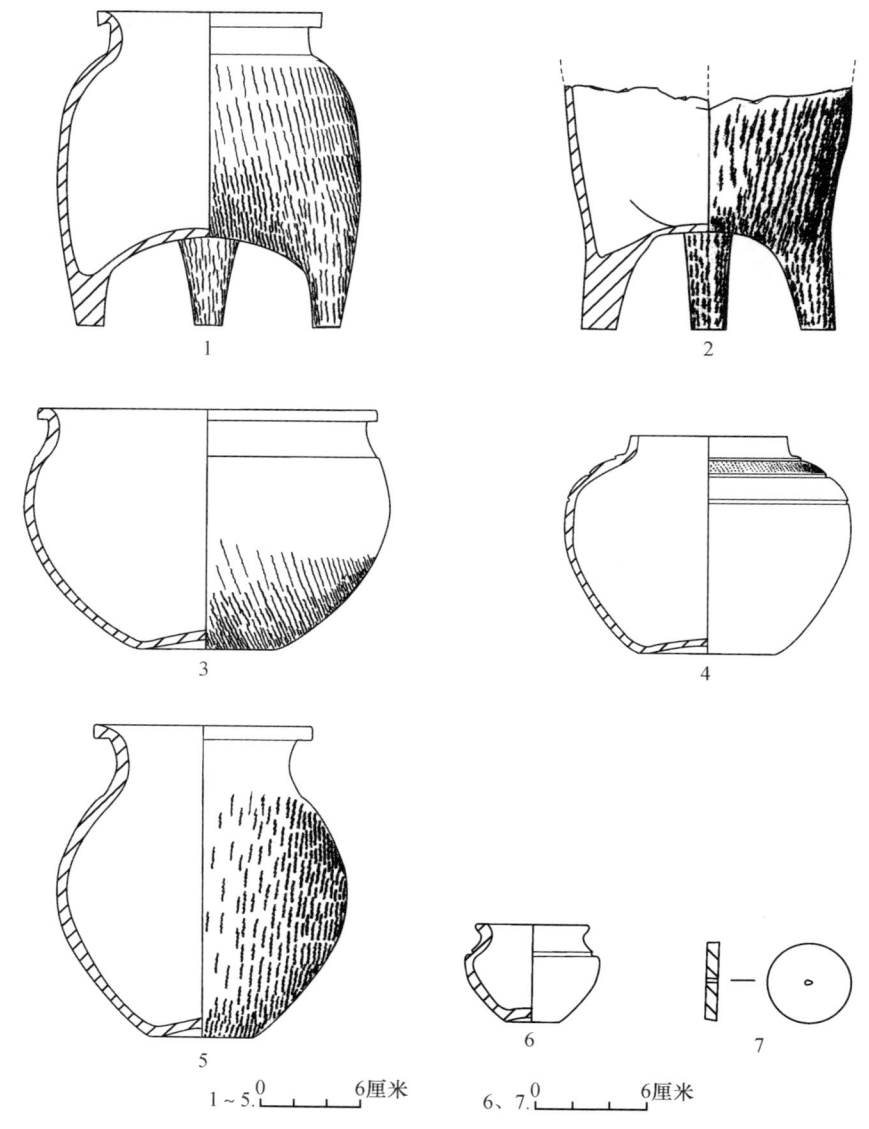

图一六〇 战国墓葬出土日用陶器

1. A型鬲（M7:1） 2. B型鬲（M11:2） 3. 盂（M7:3） 4. B型罐（M63:13） 5. A型Ⅰ式罐（M7:2）
6. A型Ⅱ式罐（M60:1） 7. 纺轮（M60:2）

3. 盂

1件。出自M7中。M7:3，器形较大。平折沿，方唇，束颈，上腹圆鼓，下腹斜弧内收，凹圜底。下腹至底部饰斜细绳纹（图一六〇，3）。

4. 纺轮

1件。出自M60中。M60:2，圆形，断面呈长方形，中心有一圆形小穿孔（图一六〇，7）。

二、铜　　器

共198件，分别出土于熊家岭墓地的15座战国墓中。按用途不同，可分为礼器、兵器、工具、车马器、服饰和杂器六大类，均为实用器。铜器多为素面，一部分有纹饰，装饰纹样简单，少数器物纹饰繁复，主要有弦纹、绞索纹、绳索纹、云纹、圆涡纹、兽面纹、圆圈纹、流线纹、乳钉纹、云雷纹、窃曲纹、蟠螭纹、谷纹、"人"字纹、珍珠纹、重环纹、鸟纹、蝉纹、凤鸟纹、三角形纹、龙纹等。

器型有鼎、豆、壶、盘、匜、盆、器盖、剑、戈、矛、镞、刀、带钩、合页、軎、辖、軏饰、衔、珩、锥、环、衔环铺首、柲帽等。下面按用途分别介绍。

（一）礼器

共13件。器形有鼎、豆、壶、盆、匜、器盖六种。

1. 鼎

2件。根据整体的不同，可以分为二型。

A型　1件。弧腹近直，圜底近平。出自M4中。M4：1，盖口微敛，方唇，盖面上隆，顶中部有一半环形方纽，纽内套一圆环，近盖缘上均匀分布三个环形兽首纽。器子口内敛，方唇，口沿外侧有一周较高的凸棱，下附二个对称的长方形耳，深弧腹，腹壁近直，圜底近平，下腹有三个蹄形足。盖顶方纽两端各饰一兽面纹，两侧饰重环纹，三个兽首纽上饰绳索纹，盖面中部和近边缘处各饰一周凸弦纹，凸弦纹上皆饰两两相对的蝉纹，凸弦纹之间饰一周以珍珠纹作衬地的五组两两相对的异形龙纹，两龙首之间饰S形窃曲纹，里层凸弦纹由外至里分别饰一周绞索纹和一周绞龙纹，盖口沿外饰一周凹弦纹；器耳部内、外侧纹样锈蚀严重，模糊不清，腹部饰一周凸弦纹，凸弦纹两侧各饰一周以珍珠纹作衬地的蟠螭纹，足根上饰兽面纹（图一六一，1）。

B型　1件。鼓腹，圜底。出自M24中。M24：5，盖为覆盘形，敞口，方唇，盖面上隆，顶部近平，中部有一半环形纽，纽内套一圆环，近边缘处有三个分布均匀的环形立纽。器子口微敛，方唇，口沿外侧下附有二个对称的长方形耳，鼓腹，圜底，下腹有三个蹄形足。盖顶半环形纽的两端各饰一兽面纹，三个环形立纽上饰勾云纹，盖面中部饰一周凸弦纹，凸弦纹内侧由外至里分别饰五周不同的纹样，最外一周为简易龙纹，向内依次为S形窃曲纹、绞索纹、重环纹和绞索纹，这五周纹样之间均界以一周宽带纹，凸弦纹外侧饰二周以珍珠纹作衬地、两两尾部相对的简易鸟纹；器耳部内、外侧皆饰一周纹样较模糊的鸟纹，口沿下和腹部各饰一周凸弦纹，凸弦纹上又饰两两相对的鸟纹和蝉纹，腹部凸弦纹的两侧各饰一周以珍珠纹作衬地、两

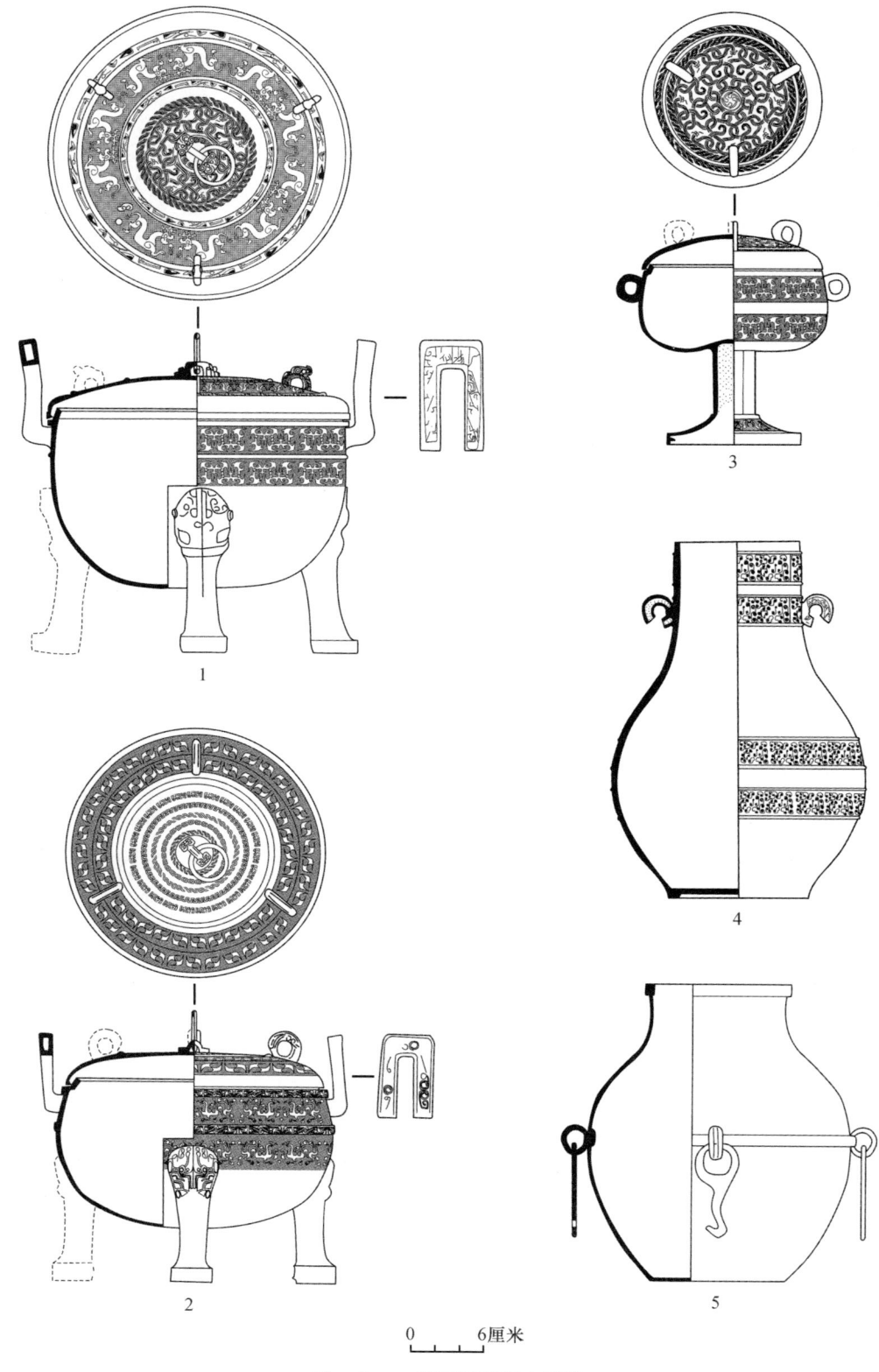

图一六一 战国墓葬出土铜器

1、2. 鼎（M4：1、M24：5） 3. 豆（M24：3） 4、5. 壶（M4：2、M24：1）

两相对的凤鸟纹（图一六一，2）。

2. 豆

2件。分别出自M4和M24两座墓葬中。其中M4：3豆因胎质较薄，出土时残甚，未能修复。M24：3，盖为敞口，方唇，盖面微隆，近边缘处有三个分布均匀的环形纽。器子口内敛，方唇，深鼓腹，腹上部有两个对称的环形耳，圜底向上凸起，六棱形柱状短柄，中空有范土，喇叭形圈足座，底座直折起台。盖顶中心饰圆形涡纹，其周围饰绞龙纹，绞龙纹外侧饰二周绞索纹；器腹部上、下各饰一周以珍珠纹作衬地的蟠虺纹；底座表面饰一周以珍珠纹作衬地、两两相对的异形龙纹（图一六一，3）。

3. 壶

2件。根据器整体形状的不同，可分为二型。

A型　1件。直口，直颈，矮圈足。出自M4中。M4：2，方唇，颈部有两个对称的椭圆形环状耳，溜肩，鼓腹，平底。颈部和腹部各饰二周由数量众多谷纹组成的宽带纹，宽带纹两侧以细凸弦纹为界；耳部两侧皆饰云雷纹（图一六一，4）。

B型　1件。口微侈，束颈，无圈足。出自M24中。M24：1，方唇，颈短粗，鼓腹，平底。腹部有一周凸棱，棱上有四个分布均匀的环形纽，纽内套一环形钩（图一六一，5）。

4. 盆

3件。分别出土于M4、M24、M35三座墓葬中，每座墓各出1件，皆因残碎较甚，未能修复。M4：4，口微敞，宽平折沿，薄方唇。折腹，上腹近直，中腹折，折棱明显，下腹略外弧内收（图一六二，1）。M24：6，敛口，口沿外侧下有两个对称的环形耳，斜弧腹（图一六二，2）。M35：7，折沿，上翘，薄方唇（图一六二，3）。

5. 匜

3件。分别出土于M4、M24、M35三座墓葬中，每座墓各出土1件，其中M4中的一件残碎较甚，未能修复。根据匜口部的不同，可分为二型。

A型　1件。器口近椭圆形。出自M24中。M24：7，方唇微内敛，一侧有槽状窄长流，微上翘，断面近半圆形，弧腹，平底。素面（图一六二，4）。

B型　1件。器口为椭圆形。出自M35中。M35：8，方唇微内敛，一侧有槽状宽直流，流上翘，断面近半圆形，弧腹，腹外一侧附一圆环形纽，平底，素面（图一六二，5）。

6. 器盖

1件。出自M44中。M44：7，呈覆盘形，折沿，方唇，直壁，盖顶隆起，顶中部有一半环

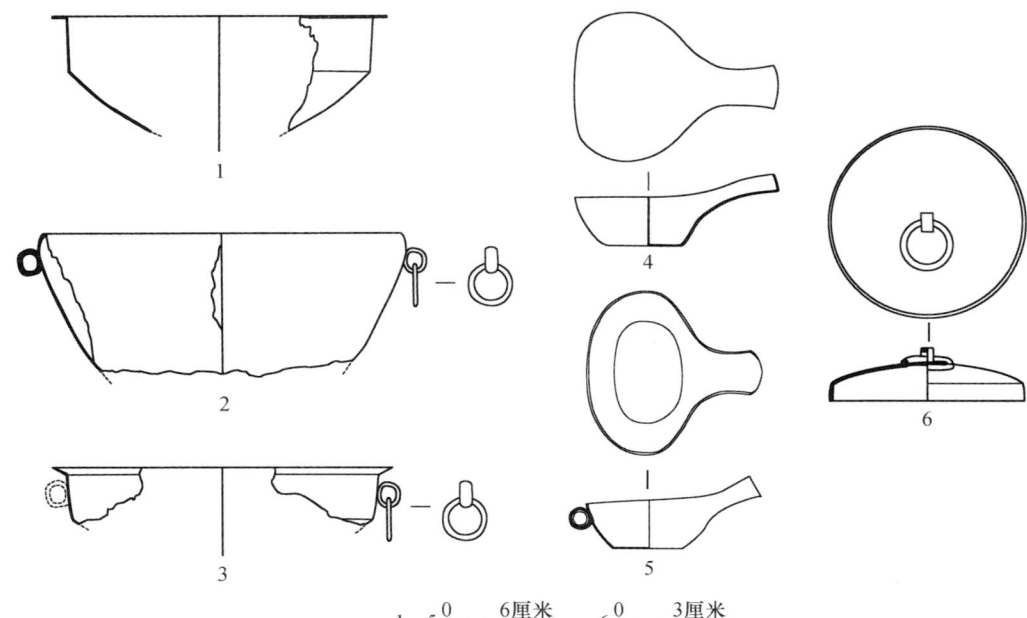

图一六二　战国墓葬出土铜盆、匜、器盖

1~3.盆（M4∶4、M24∶6、M35∶7）　4.A型匜（M24∶7）　5.B型匜（M35∶8）　6.器盖（M44∶7）

形扁纽，纽上套一小圆环（图一六二，6）。

（二）兵器

共39件。分为剑、戈、矛和镞四种。

1. 剑

6件。出土于6座墓中，每座墓各出土1件。依据剑形制的不同，可分为二型。

A型　4件。宽镡，茎部有双箍。分别出自M4、M24、M48、M61四座墓中。M4∶7，锋尖及刃部锐利，剑身窄而稍短，中部起脊，圆柱形茎，茎中空，内有范土，圆形剑首。剑身正背面均饰棱形方格纹，镡部饰兽面纹（图一六三，1）。M24∶24，剑身宽而稍短，中部略厚无脊，圆柱形实茎，喇叭形剑首（图一六三，2）。M48∶13，锋尖锐利，剑身长且窄，中起脊，圆柱形实茎，喇叭形柄首（图一六三，3）。M61∶8，剑身长且宽，中起脊，刃部锐利，圆柱形实茎，喇叭形柄首（图一六三，4）。

B型　2件。窄镡，茎部无双箍。分别出自M28和M81中。M28∶16，锋尖及刃部锐利，剑身略窄，中部起脊，圆柱形实茎，圆形剑首（图一六三，5）。M81∶8，锋尖及刃部锐利，剑身稍宽，中部起脊，圆柱形茎，茎中空，内有范土，喇叭形剑首（图一六三，6）。

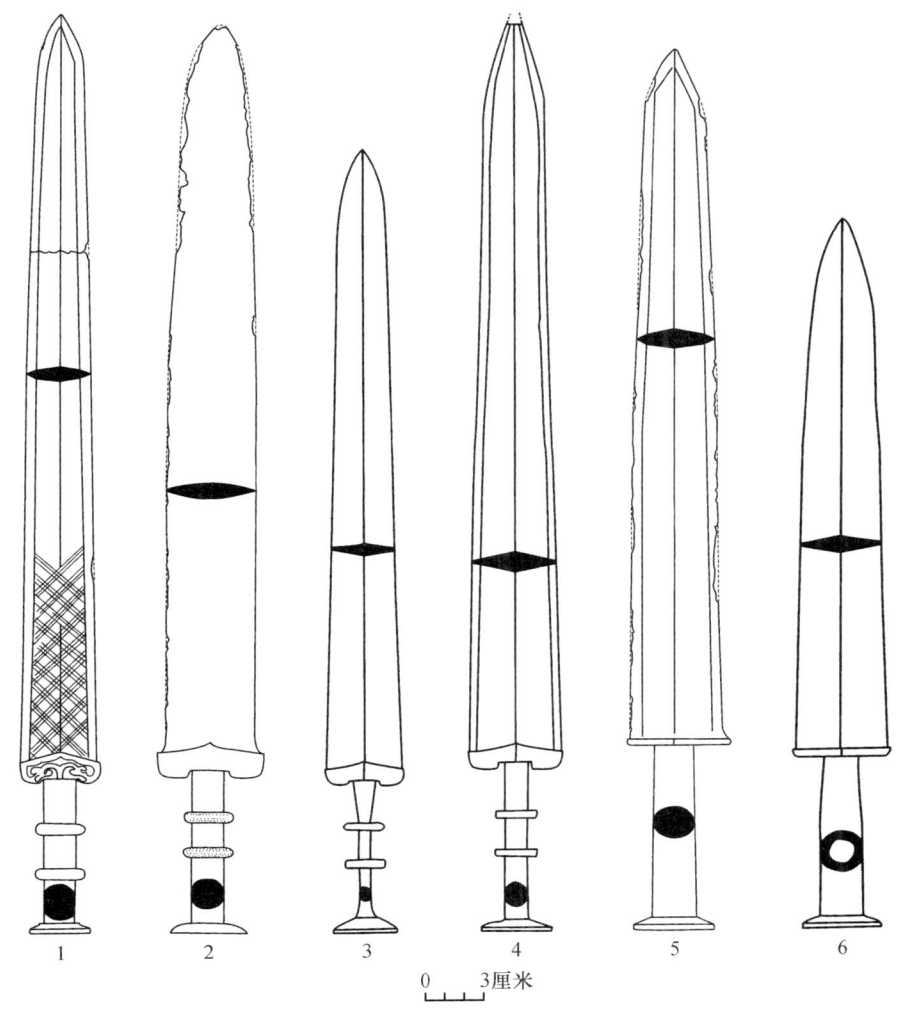

图一六三　战国墓葬出土铜剑

1~4. A型（M4：7、M24：24、M48：13、M61：8）　5、6. B型（M28：16、M81：8）

2. 戈

6件。出土于M4、M24、M43三座墓葬中，其中M43出3件，M24出2件，M4出1件。依据戈援部和内部的形制不同，可分为二型。

A型　4件。宽援、长内。依据戈栏侧穿数多少和内部形状的不同，又分为三亚型。

Aa型　1件。栏侧有一穿，内近直。出自M4中。M4：9，锋尖无收刹，长援较宽，有脊，援胡交角大于90°，胡下端为直角，栏侧下部有一个长方形穿；内近长方形，内上角为钝角，内下角近直角，内上无穿（图一六四，1）。

Ab型　2件。栏侧有二穿，直内。分别出于M24和M43两座墓中。根据戈援部的不同，又可分为二式。

Ⅰ式：1件。援较长，援脊不明显。M43：22，柳叶形锋，锋尖无收刹，较尖锐，援胡交角大于90°，胡下端为钝角，援根上部有一半圆形穿，栏侧有两个长方形穿。长方形直内，内

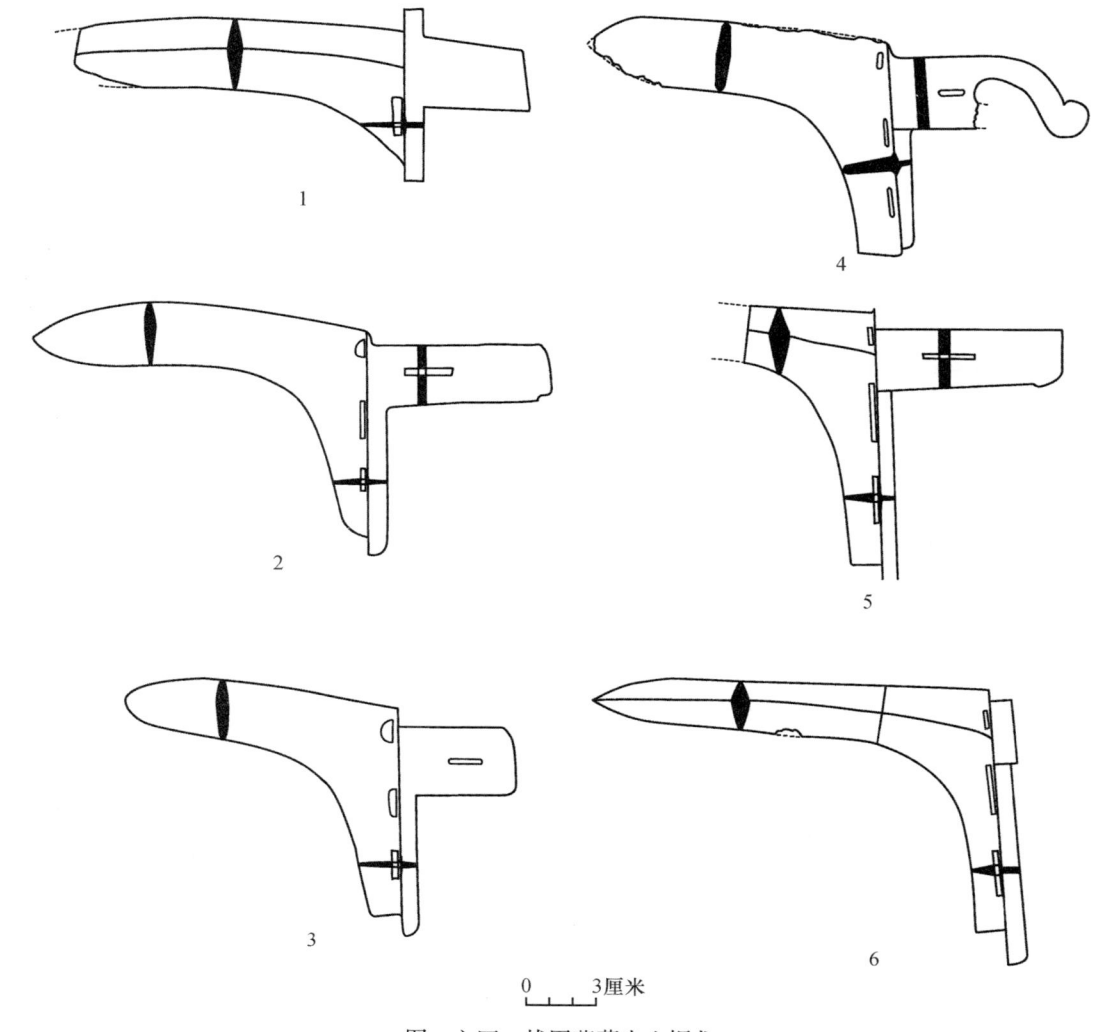

图一六四 战国墓葬出土铜戈
1. Aa型（M4:9） 2. Ab型Ⅰ式（M43:22） 3. Ab型Ⅱ式（M24:26） 4. Ac型（M24:28）
5. Ba型（M43:12） 6. Bb型（M43:17）

上角略斜弧，内下角有缺，内上有一长方形穿（图一六四，2）。

Ⅱ式：1件。援较短，有脊。M24:26，锋尖无收杀，援胡交角大于90°，胡下端为直角，援本上部有一个半圆形穿，栏侧有两个长方形穿。近长方形直内，内上角略斜弧，内下角圆弧，内上有一个长方形穿（图一六四，3）。

Ac型 1件。栏侧有二穿，曲内。出自M24中。M24:28，锋尖无收杀，短援稍直，无脊，援胡交角大于90°，胡下端为直角，援本上部有一个近半圆形穿，栏侧有两个长方形穿。近长方形内，内上角有一长尾向下弯曲，尾末上卷，内上有一个长方形穿。两面均残留有木鞘痕迹（图一六四，4）。

B型 2件。援有脊，栏侧有三穿。均出自M43中。依据戈援部和内部的不同，又分二亚型。

Ba型 1件。援较宽，长内。M43:12，援胡交角近90°，胡下端为直角，栏侧下部有三个长方形穿。近长方形内，内上角为直角，内下为弧角，内上有一个长方形穿（图一六四，5）。

Bb型　1件。援窄长，短内。M43∶17，柳叶形锋，尖锐，援胡交角近90°，胡下端为直角，栏侧下部有三个长方形穿，长方形内（图一六四，6）。

3. 矛

1件。出自M43中。M43∶16，叶呈柳叶形，两叶向后弧线收刹，中脊起棱，圆骹前部有一个小圆形穿孔（图一六五，6）。

4. 镞

26件。出土于8座墓葬中。皆呈三棱形镞身，三刃聚为前锋。根据镞末端有铤和无铤，可分为二型。

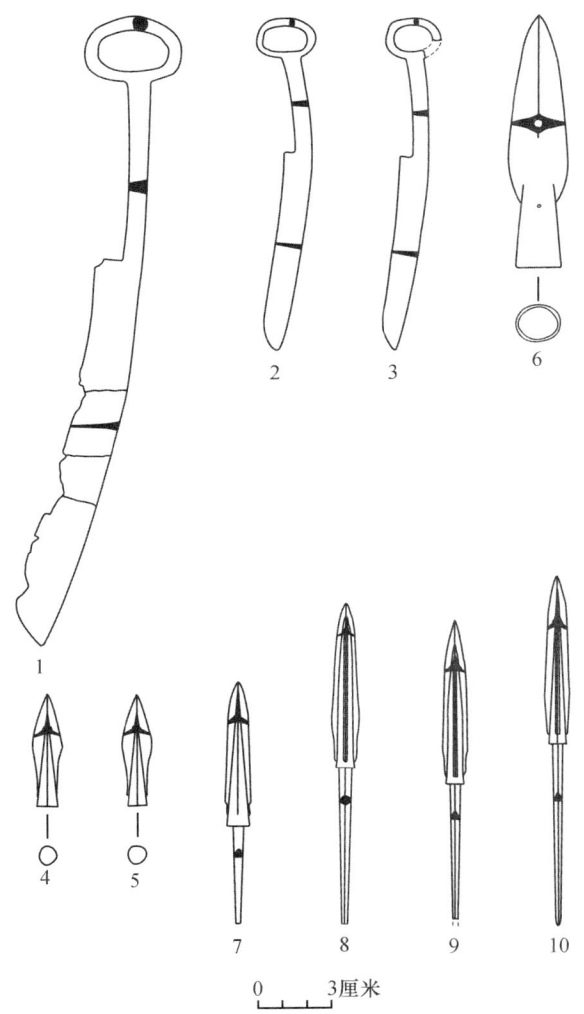

图一六五　战国墓葬出土环首刀、矛、镞

1. B型环首刀（M28∶17）　2、3. A型环首刀（M4∶6-1、M4∶6-2）　4、5. B型镞（M81∶7-2、M81∶7-3）　6. 矛（M43∶16）
7~10. A型镞（M28∶13-1、M32∶10-1、M43∶9-1、M69∶9-1）

A型　23件。镞末端有铤。分别出自M24、M28、M32、M43、M50、M69、M75这七座墓中，其中M28出土6件，M43出土4件，M24、M69、M75各出土3件，M32、M50各出土2件。M28∶13-1，铤稍长，铤末端渐细，截面近三棱形（图一六五，7）。M32∶10-1，铤稍长，铤末端渐细，截面呈圆柱形（图一六五，8）。M43∶9-1，铤末端残，铤末端渐细，截面呈三棱形（图一六五，9）。M69∶9-1，铤稍长，铤末端渐细，截面三棱形（图一六五，10）。

B型　3件。镞末端无铤。均出自M81中。M81∶7-2，前锋尖锐，后端为圆形骹部，中空，末端骹口呈圆孔形（图一六五，4）；M81∶7-3，形制与M81∶7-2相同（图一六五，5）。

（三）工具

3件。为环首刀一种。出土于3座墓中。根据形制的大小，可分为二型。

A型　2件。形体较小。均出自M4中。M4∶6-1，斜尖锋，背稍弧，刃略凹，窄长柄，断面呈三角形，末端有椭圆形环状柄首（图一六五，2）。M4∶6-2，形制与标本M4∶6-1相同（图一六五，3）。

B型　1件。形体较大。出自M28中。M28∶17，斜尖锋，背稍弧，刃略凹，刀身横断面呈三角形。细长柄，末端有椭圆形环状柄首，柄横断面呈梯形，刃部有使用痕迹（图一六五，1）。

（四）车马器

共27件。器型有軎、辖、軏饰和衔四种。

1. 軎、辖

軎、辖各6件，成6套。出土于3座墓中，每座墓各出土2套。根据軎形体的不同，可分为二型。

A型　2套。軎末端为多棱体。均出自M24中。M24∶16-1和M24∶16-2，成套。軎体呈圆筒状，开口端略粗，顶端封闭。斜直口，方唇，宽折沿，沿厚薄不一。近口沿部设有二个相对应的长方形辖孔，其中一侧辖孔外凸与口沿平齐，外凸部分两侧有二个相对应的圆形销孔。体中部近辖孔处有一凸箍饰，上端表面被等分为10个面，形成多棱体。顶部正中饰四个S形窃曲纹，边缘饰一周C形窃曲纹，两者之间界以一周凹弦纹；上端10个面上皆饰一组两两相对的S形窃曲纹，中部凸箍上饰一周同向的"人"字纹，下端饰细云雷纹作衬地的简易蟠螭纹；开口端的口沿下面饰一周简易S形窃曲纹，唇部饰一周C形与近T形相间的纹带。辖整体呈"J"字形，辖首饰浮雕兽面，两侧面上均有一个相贯通的穿孔，背面为平面；辖键呈扁长条形，近末端有一长方形穿孔（图一六六，1、2）。M24∶17-1和M24∶17-2，成套，形制、大小、纹样均与

M24∶16-1和M24∶16-2亦相同（图一六六，3、4）。

B型　4套。軎末端为圆筒形。分别出自M21和M28中。如M21∶10-1和M21∶10-2，成套。軎体呈圆筒状，开口端略粗，顶端封闭。斜直口，斜方唇，宽折沿，近口沿部设有二个相对应的长方形辖孔，近辖孔处有一凸箍饰。辖键整体呈"J"字形，辖首饰浮雕兽面，两侧面上均有一个相贯通的穿孔，背面为平面；辖键呈扁长条形，末端为斜弧边，近末端有一长方形穿孔（图一六六，5、6）。M28∶8-2和M28∶9-2，成套。軎体呈圆筒形，开口端较粗，顶端封闭。斜直口，斜方唇，宽折沿，近口沿部设有二个相对应的长方形辖孔，近辖孔处有一凸箍饰。辖键整体呈"J"字形，辖首饰浮雕兽面，两侧面上均有一个相贯通的穿孔，背面为平面；辖键呈扁长条形，末端为斜弧边，近末端有一长方形穿孔（图一六六，7、8）。

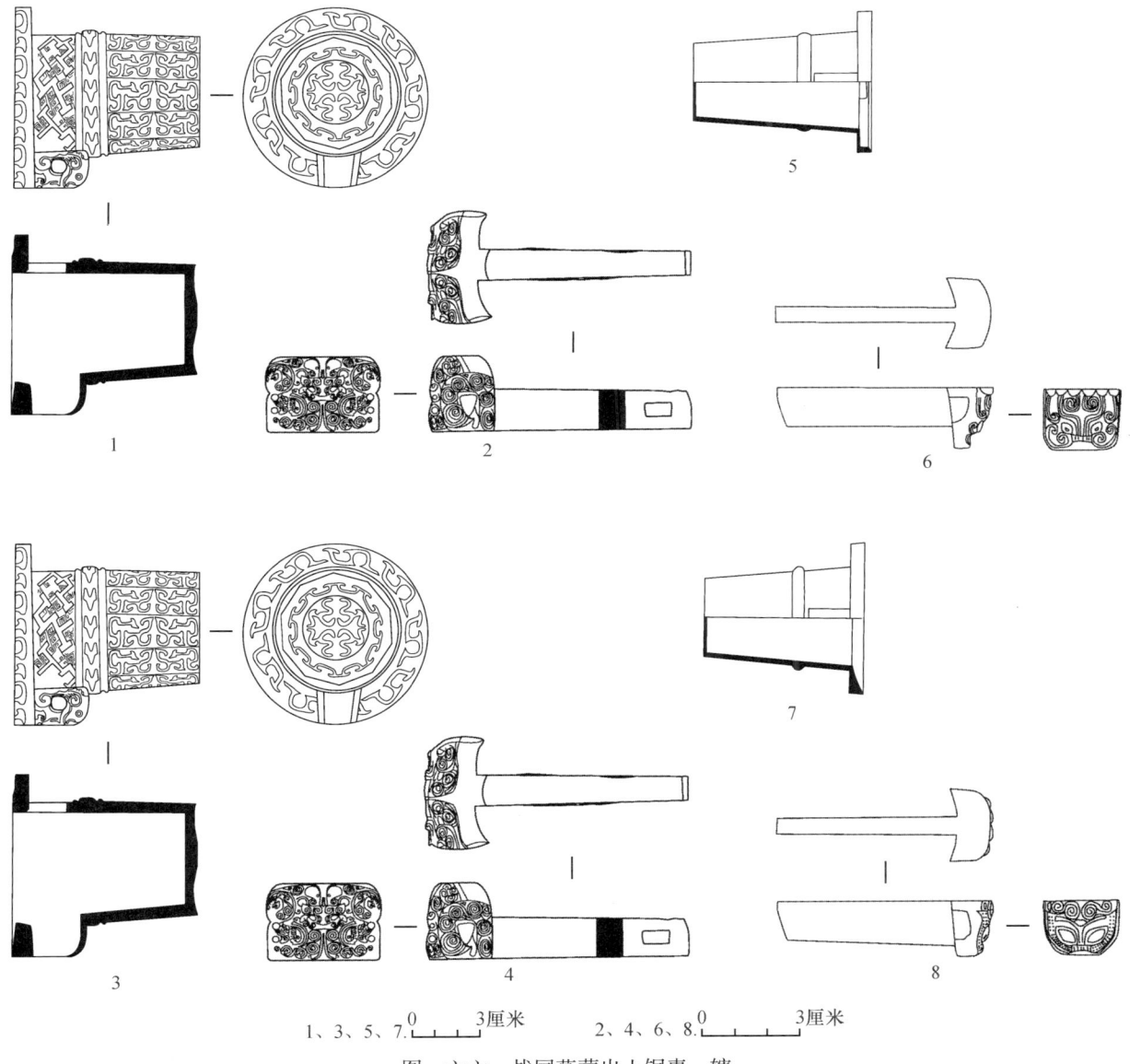

1、3、5、7.　0　3厘米　　2、4、6、8.　0　3厘米

图一六六　战国墓葬出土铜軎、辖

1~4.A型（M24∶16-1、M24∶16-2、M24∶17-1、M24∶17-2）　5~8.B型（M21∶10-1、M21∶10-2、M28∶8-2、M28∶9-2）

2. 軜饰

2件。皆出土于M24中。M24：15，近长方形体，横断面呈梯形，一端封闭，底部边棱有内弧形缺口，两侧面中部有一长方形对穿孔，背面中部有一个小长方形孔和一个不规则形孔，开口端上部和一侧面的正中各有一个长方形豁口。封闭一端饰一兽首纹，头上有犄角，椭圆形凸目，张口露齿，口两边有上下獠牙；中部近开口端四个侧面皆饰细云雷纹作衬地的蟠螭纹，开口端外侧饰一周三角形纹，三角形内填云雷纹（图一六七，1）。M24：18，形制、大小及纹样均与M24：15相同（图一六七，2）。

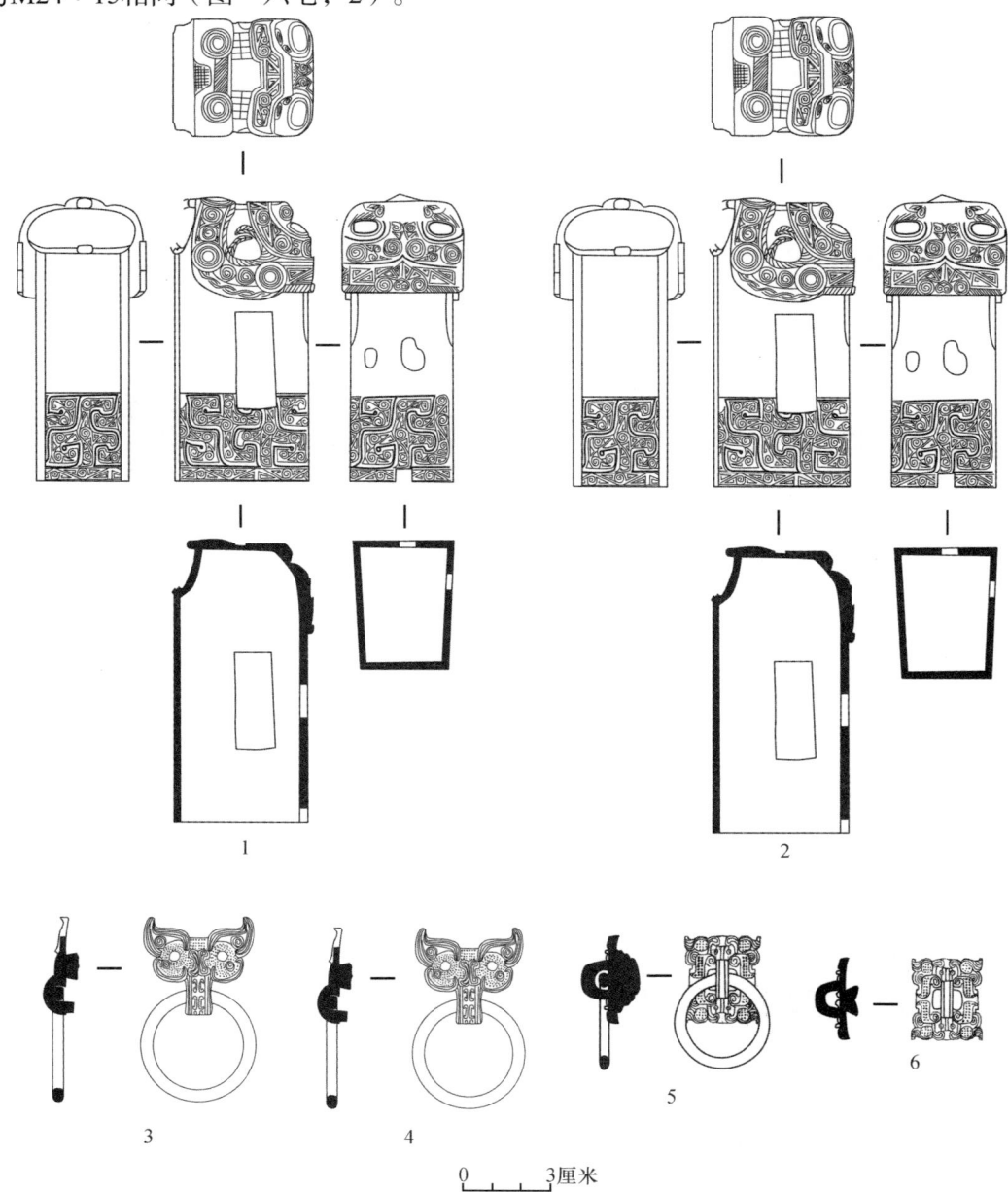

图一六七　战国墓葬出土铜軜饰和衔环铺首

1、2.铜軜饰（M24：15、M24：18）　3、4.B形铜衔环铺首（M22：17、M22：18）　5、6.A型铜衔环铺首（M43：7、M43：8）

3. 衔

13件。出土于5座墓中，其中M21、M24、M28各出土2件，M43出土6件，M50出土1件。根据衔的形体的不同，可分为二型。

A型　9件。双体套接型。分别出自M21、M24、M28、M43、M50五座墓中。M21：12-1，由两根一端带椭圆形环、另一端带圆形环的扁圆形铜柱套接而成，套接的两圆环呈90°交角（图一六八，1）。M24：19，由两根扁圆形铜柱连接椭圆形环互相套接而成，椭圆形环与扁铜柱连接处有箍（图一六八，2）。M28：14-1和M50：1，大小相近，形制与M21：12-1相同（图一六八，3、4）。

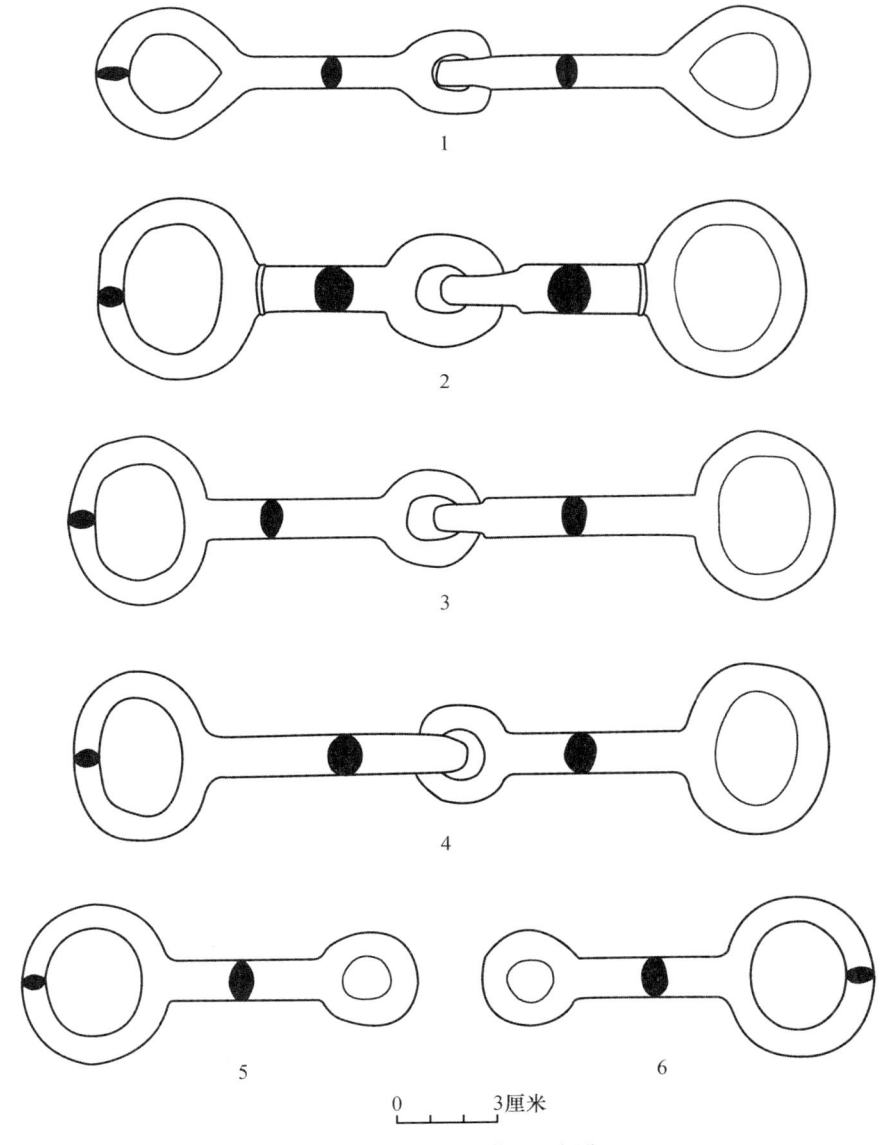

图一六八　战国墓葬出土铜衔
1～4. A型（M21：12-1、M24：19、M28：14-1、M50：1）　5、6. B型（M43：10、M43：18）

B型　4件。单体型。均出自M43中。M43：10，为一根一端连接椭圆形环、另一端连接圆形环的扁圆形铜柱(图一六八，5）。M43：18，形制、大小与M43：10基本相同（图一六八，6）。

（五）服饰类

1件。为带钩，出自M28中。M28：20，青灰色泛绿。鸭首形弯钩首，平面呈琵琶形，身较长，正面弧鼓，背部平整，背面尾部有一鸟首形钮。素面（图一六九，4）。

（六）杂器

共115件。计有合页、珩、锥、圆环、衔环铺首、异形环、小半圆形箍饰、柲帽八种。

1. 合页

3件。均出于M43中。M43：13，由两块长方形穴片与顶端的环形钮相套接，上下可以活动，两页片间留有空隙，但页片不能开合，两穴片各有四个对称圆孔，素面（图一六九，1）。M43：14，形制、大小与M43：13相同，素面（图一六九，2）。

2. 珩

8件。均出自M44中。M44：11-4，器身较窄薄，呈拱弧形，弧顶有一圆形小孔（图一六九，5）。M44：11-5，形制、大小均与M44：11-4相同（图一六九，6）。

3. 锥

1件。出自M21中。M21：15，出土时尾端残缺。锥体呈细长条形，断面呈圆形，至前端渐细，锥尖锐利（图一六九，3）。

4. 圆环

6件。出土于3座墓中。根据纹饰的不同，可以分为三型。
A型　2件。表面饰阴刻勾云纹。均出自M24中。M24：29，形体较大，圆形，横断面亦呈圆形。表面饰四组阴刻勾云纹，每六个勾云纹为一组（图一六九，7）。M24：30，形制、大小、纹样均与24：29相同（图一六九，8）。
B型　3件。正面饰绞索纹。皆出自M50中。M50：3-1，形体较小，圆环形，两面较平，正面饰绞索纹（图一六九，9）。M50：3-2，形制、大小、纹样均与M50：3-1相同（图一六九，10）。

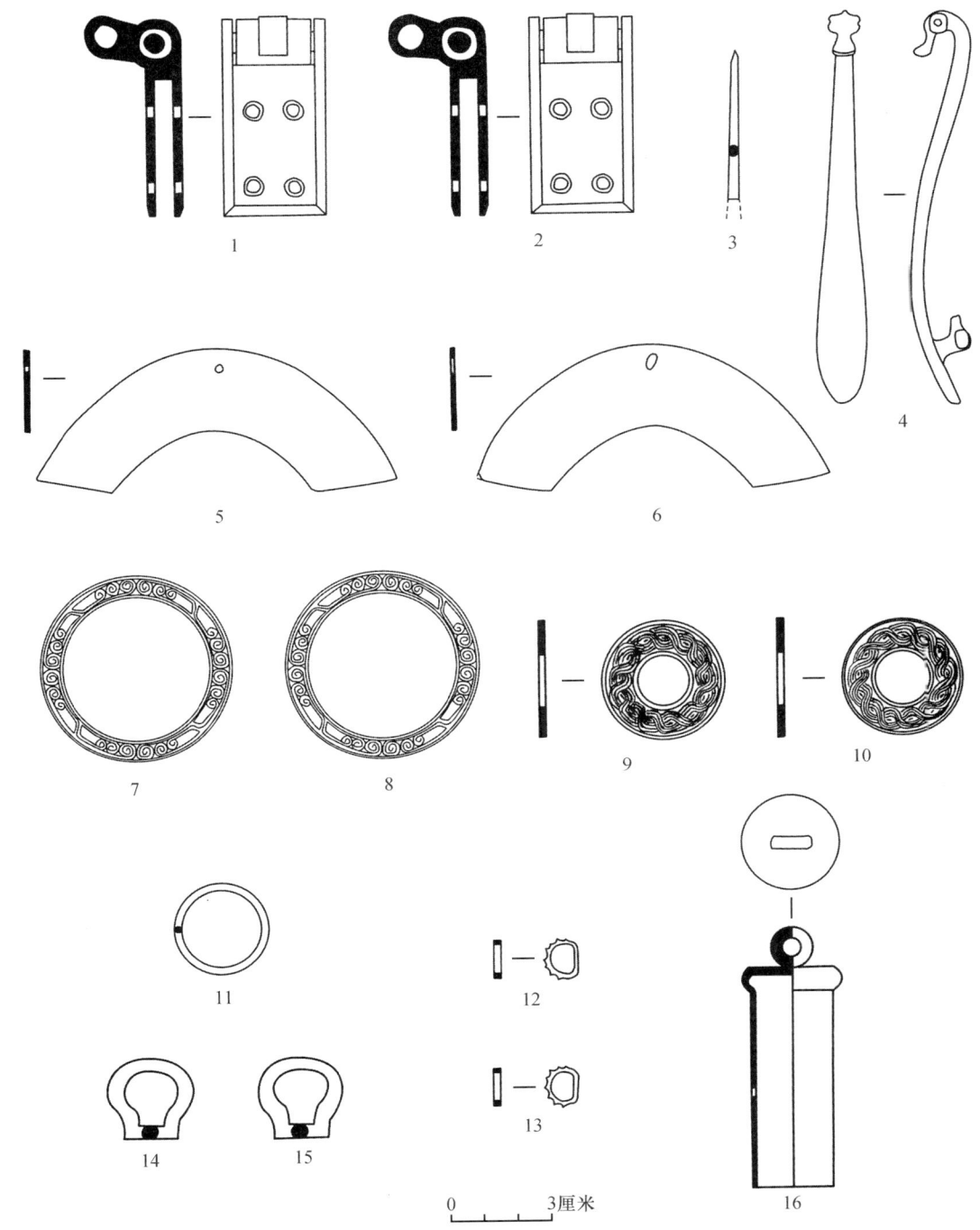

图一六九 战国墓葬出土铜合页、带钩等

1、2. 铜合页（M43：13、M43：14） 3. 铜锥（M21：15） 4. 铜带钩（M28：20） 5、6. 铜珩（M44：11-4、M44：11-5）
7、8. A型铜环（M24：29、M24：30） 9、10. B型铜环（M50：3-1、M50：3-2） 11. C型铜环（M22：16）
12、13. 小半圆形铜箍饰（M50：5-1、M50：5-2） 14、15. 异形铜环（M50：4-1、M50：4-2） 16. 铜䩞帽（M51：2）

C型 1件。素面。出自M22中。M22：16，形体较小，圆形，环截面呈圆柱形（图一六九，11）。

5. 衔环铺首

4件。出土于2座墓中。根据形状的不同，可以分为二型。

A型　2件。正面整体呈长方形。均出土于M43中。M43∶7，正面整体为长方形牌饰，中间有桥形纽，上下雕刻一兽首，周边饰乳钉纹、卷云纹、龙纹等。背面微凹，中有铆钉，锈蚀严重。纽内穿一圆环，环断面为圆形（图一六七，5）。M43∶8，纽内铜环缺失，形制、大小及纹饰均与M43∶7相同（图一六七，6）。

B型　2件。正面整体近三角形。均出土于M22中。M22∶17，正面上部为一兽首，其下为桥形纽，以圆圈纹、圆涡纹、卷云纹、流线纹、点纹勾勒出兽首的面部轮廓，下部纽内穿一圆环，环断面为圆形。背面微凹（图一六七，3）。M22∶18，形制、大小、纹样均与M22∶17相同（图一六七，4）。

6. 异形环

2件。均出自M50中。M50∶4-1，环形，有一直边，环的断面为圆形（图一六九，14）。M50∶4-2，形制、大小与M50∶4-1相同（图一六九，15）。

7. 小半圆形箍饰

90枚。均出自M50中。M50∶5-1，呈半环形，个体较小，外侧有锯齿，一端平直（图一六九，12）。M50∶5-2，形制、大小与M50∶5-1相同（图一六九，13）。

8. 柲帽

1件。出自M51中。M51∶2，铜绿色。整体似蘑菇状，上部为圆饼状平顶，顶中部有一圆环形立纽，下部为圆形銎，器身中部有对穿的小钉孔（图一六九，16）。

三、玉　石　器

共142件。主要器形包括璧、环、佩饰、圭、铲、贝、管、石片、石块等。下面我们就这些器物作型式上的分析、探讨。

1. 璧

6件。出土于4座墓中。皆圆形。根据体形大小的不同，可分二型。

A型　1件。形体较大。出自M24中。M24∶22，青玉。豆青色，全部受沁呈灰白色或有大面积的墨斑。玉质较差，近石质，不透明。器形体较薄，断面近长方形，中孔为单面钻，素面

（图一七〇，1）。

B型　5件。形体较小。依据器物纹样的有或无，又可分二亚型。

Ba型　4件。素面。分别出自M24、M44、M36、M76中。M36:13，大理石质，白色，受沁表面呈土黄色，不透明。断面近长方形，单面钻孔（图一七〇，2）。M24:23，青玉。深豆青色，大部受沁呈灰白色或黄褐色。玉质较粗，不透明。器形体较薄，断面近长方形，单面钻孔（图一七〇，3）。M44:13，青玉。浅冰青色，局部受沁呈灰白色或有黄褐斑。质地较细，半透明。形体较小，断面呈长方形，双面钻孔（图一七〇，4）。M76:3，大理石质。白色，表面呈土黄色，不透明。断面呈长方形，双面钻孔（图一七〇，5）。

Bb型　1件。饰卷云纹。出自M44中。M44:14，青白玉。青白色，受沁处呈灰白色。玉质细腻，半透明。形体较小，断面呈长方形，双面钻孔。两面纹样相同，皆饰卷云纹，其两侧各饰一周凹弦纹（图一七〇，6）。

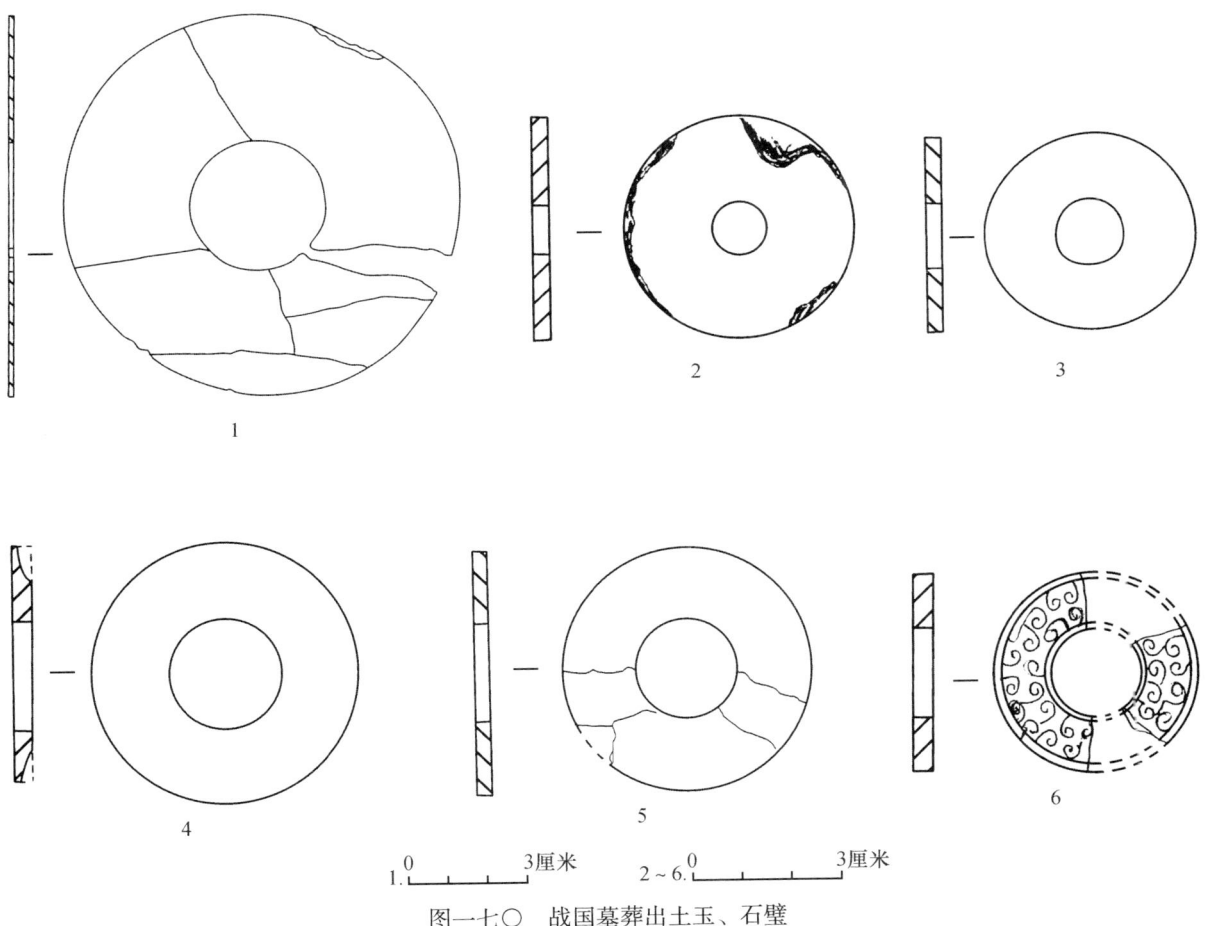

图一七〇　战国墓葬出土玉、石璧

1.A型（M24:22）　2～5.Ba型（M36:13、M24:23、M44:13、M76:3）　6.Bb型（M44:14）

2. 环

14件。出土于10座墓葬中，除M22出土3件、M63出土2件外，其他墓各出土1件。皆圆形。依据器物形制不同和纹样的有无，可分为二型。

A型　2件。正、背面有内、外郭，且有纹样装饰。分别出自M4和M31中。M4:8，青玉。浅豆青色，大部受沁呈灰白色。玉质细腻，半透明。断面呈长方形，正背面均阴刻隆起的卷云纹，以斜线纹衬底（图一七一，1）。M31:4，青玉。深冰青色。玉质细腻，半透明。器体稍厚，断面呈长方形，对钻孔。正背面均饰蟠螭纹和勾云纹（图一七一，2）。

B型　12件。无内、外郭，素面。分别出自M21、M22、M28、M44、M51、M63、M71、M82这八座墓中。M21:13，青玉。豆青色，夹杂有黄褐色和灰白色斑。玉质较差，近石质，不透明。形体较厚，断面呈长方形，单面钻孔（图一七一，3）。M22:13，大理石质。灰白色，受沁有墨绿色杂斑。形体较大，断面呈长方形，单面钻孔（图一七一，4）。M22:14，大理石质。灰白色，表面呈土黄色或有墨斑，不透明。形体较大，断面呈长方形，单面钻孔（图一七一，5）。M28:18，青玉。冰青色，大部分受沁呈黄褐色或有灰白斑。玉质细腻，半透明。器体厚薄不均，断面呈长方形，对钻孔。背面保留有切割痕（图一七一，6）。

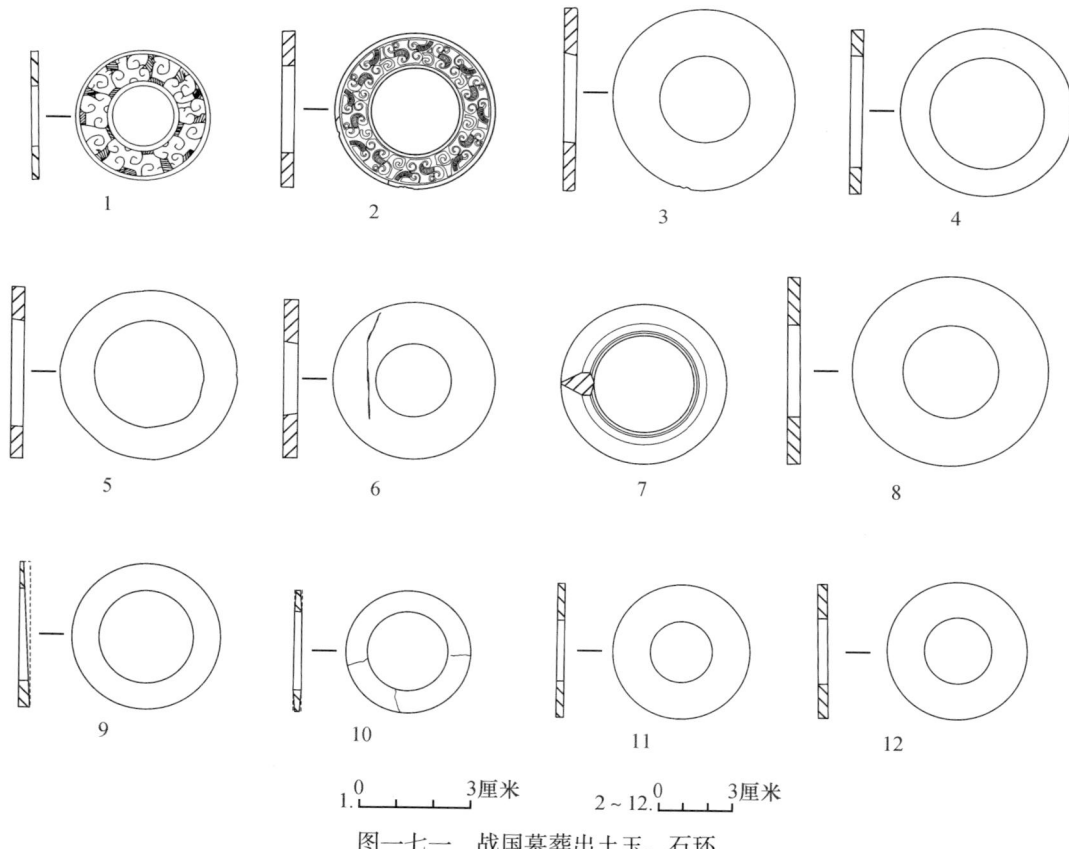

图一七一　战国墓葬出土玉、石环

1、2. A型（M4:8、M31:4）　3~12. B型（M21:13、M22:13、M22:14、M28:18、M44:10、M51:1、M63:3、M63:8、M71:9、M82:3）

M44∶10，白玉。乳白色，受沁处有灰白斑。玉质细腻，晶莹透彻。环肉中间厚至周围边缘渐薄，断面呈多边形（图一七一，7）。M51∶1，青石质，青灰色，不透明。双面钻孔，断面呈长方形，一面有切割痕（图一七一，8）。M63∶3，出土时表面锈蚀严重，已成粉末状。大理石质，白色，表面呈土黄色，不透明。断面呈长方形（图一七一，9）。M63∶8，大理石质，白色，表面呈土黄色，不透明。断面呈长方形（图一七一，10）。M71∶9，大理石质，白色，表面呈土黄色，不透明。断面呈长方形，双面钻孔（图一七一，11）。M82∶3，大理石质，白色，表面呈土黄色，不透明。断面呈长方形，双面对钻孔（图一七一，12）。

3. 玉佩饰

2件。均出土于M24中。根据整体形制不同，可分为二型。

A型　1件。璜形。M24∶32，青玉。浅豆青色，受沁处有灰白斑。玉质较细，半透明。整体呈半圆形，断面近梯形，两端各有一双面钻细圆穿（图一七二，1）。

B型　1件。刀形。M24∶27，青玉。豆青色。玉质细腻，半透明。平面呈刀形，断面近椭圆形，刀背微弧，刃部前端弯曲，一侧面近平，另一面略弧，接近刀刃中部和末端处各有一单面钻细圆穿（图一七二，2）。

4. 绿松石管

6件。分别出土于M22和M35中。M22∶20-1，绿松石质地，青绿色，不透明。整体呈圆柱形，两端平齐，中间有一贯穿孔，断面为圆形，素面（图一七二，3）。M35∶10，质地、形制与M22∶20-1相同（图一七二，4）。

5. 石铲

1件。出自M20中。M20∶7，青石质，青灰色。长方形扁平体，顶端略弧，下端为单面弧刃（图一七二，5）。

6. 石圭

1件。出自M8中。M8∶6，出土时圭的下部残缺。青石质。片状，顶端为斜面，其下呈扁长方体（图一七二，6）。

7. 石片饰与石块

112件。

（1）石片饰

111件。分别出土于M28、M50和M74三座墓中，其中M28出土76件，M50出土23件，M74出土12件。根据石片的穿孔情况，可分为二型。

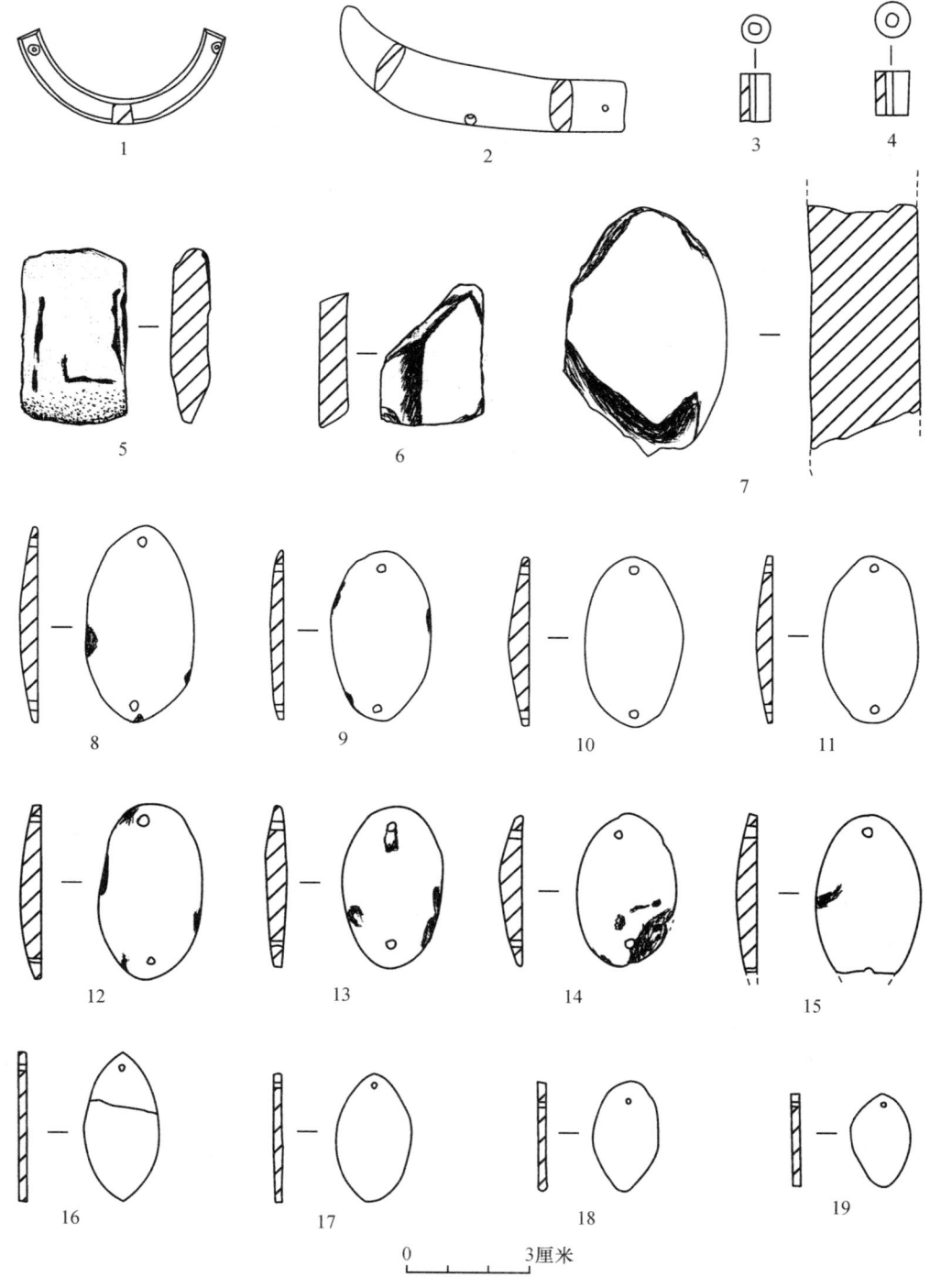

图一七二　战国墓葬出土玉佩饰、石器等

1. A型玉佩（M24∶32）　2. B型玉佩（M24∶27）　3、4. 绿松石管（M22∶20-1、M35∶10）　5. 石铲（M20∶7）
6. 石圭（M8∶6）　7. 石块（M8∶7）　8~15. A型石片饰（M28∶7-1~M28∶7-4、M50∶6-1~M50∶6-4）
16~19. B型石片饰（M74∶3-1~M74∶3-4）

A型　99件。两端各有一个穿孔。分别出土于M28和M50中。M28：7-1，整体呈长椭圆形，系将石片两面加工磨平而成，一面较平，一面为弧形两端各有一个穿孔（图一七二，8）。M28：7-2～M28：7-4和M50：6-1～M50：6-4，形制均与M28：7-1相同（图一七二，9～15）。

B型　12件。一端有穿孔或穿孔残缺，另一端无穿孔。均出自M74中。M74：3-1，整体皆呈椭圆形，石片的两面被加工磨平，石片的一端无穿孔，另一端有一细小圆穿（图一七二，16）。M74：3-2～M74：3-4，形制均与M74：3-1相同（图一七二，17～19）。

（2）石块

1件。出自M8中。M8：7，红褐色。形状呈不规则形（图一七二，7）。

四、水晶器

共3件。均出土于M44中。器形有环、方管二种。

1. 环

1件。M44：12，无色，透明。圆形，素面。环中部厚，至周围边缘渐薄，断面近三棱形（图一七三，1）。

2. 方管

2件。皆为素面。M44：9-1，无色，洁莹透亮。方柱形体，两端面平齐，中间有一对钻的圆形贯穿孔（图一七三，2）。M44：9-2，形制、大小与M44：9-1相同（图一七三，3）。

五、骨、角、料器

共60件。其中骨管5件、鹿角37件、料珠18颗。它们分别出土于26座墓中。

1. 骨管

5件。均出于M24中。形制相同，大小不一。其中较大者1件，较小者4件。根据器形状、大小不同，可分为二型。

A型　1件。形体较大，细长。M24：13，青白色。圆管形，表面磨光，一端稍粗，另一端略细，横断面为圆形，截面近长方形（图一七三，4）。

B型　4件。形体较小，粗短。M24：14-1，青白色。圆管形，表面磨光，一端稍粗，另一端略细，横断面为圆形，截面近长方形（图一七三，5）。

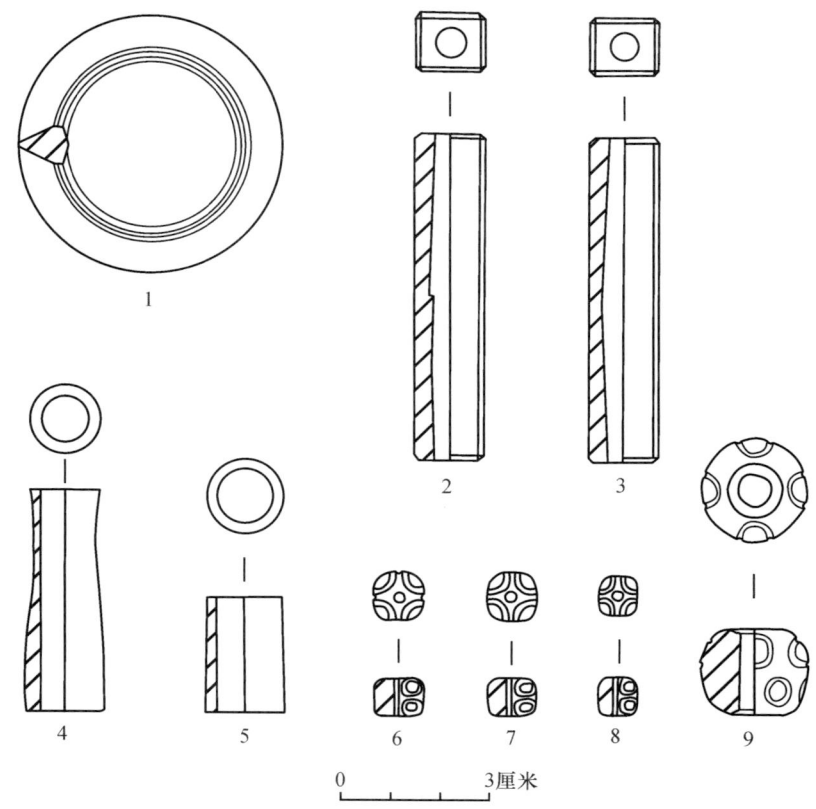

图一七三 战国墓葬出土水晶器、骨器、料器等
1.水晶环（M44：12） 2、3.水晶方管（M44：9-1、M44：9-2） 4.A型骨管（M24：13） 5.B型骨管（M24：14-1）
6~8.A型料珠（M22：20-1~M22：20-3） 9.B型料珠（M71：10）

2. 鹿角

共37件。分别出土于26座墓中，均因腐朽严重，已成骨渣或粉末状，无法提取或复原。

3. 料珠

18颗。分别出土于M22和M71中，其中M22出17颗，M71仅出1颗。珠形制基本相同，大小不同。根据器形体大小不同，可分为二型。

A型　17颗。体形较小。均出自M22中。M22：20-1，体近珠形，两端近平，中有一圆形穿孔天蓝色底，饰白色圆圈和菱形图案（图一七三，6）。M22：20-2、M20：22-3，形制、大小、纹样均与M22：20-1相同（图一七三，7、8）。

B型　1件。体形较大。出于M71中。M71：10，近珠形，断面为圆形，两端微凹，中间有一圆形贯穿孔。表面饰天蓝色圆圈，部分天蓝色已脱落（图一七三，9）。

六、其　他

共计68件。包括海贝、蚌壳等。其中海贝67件、蚌壳1件。

1. 海贝

67件。均出自M24中，分二处放置，形状基本相同。M24：12-1，将海贝进行两面加工而成，体近椭圆形，有一面较深的凹槽（图一七四，1）。M24：12-2、M24：31-1和M31-2，形状均与M24：12-1相同（图一七四，2~4）。

2. 蚌壳

1件。出自M21中。M21：17，略残。白色。体呈扇形（图一七四，5）。

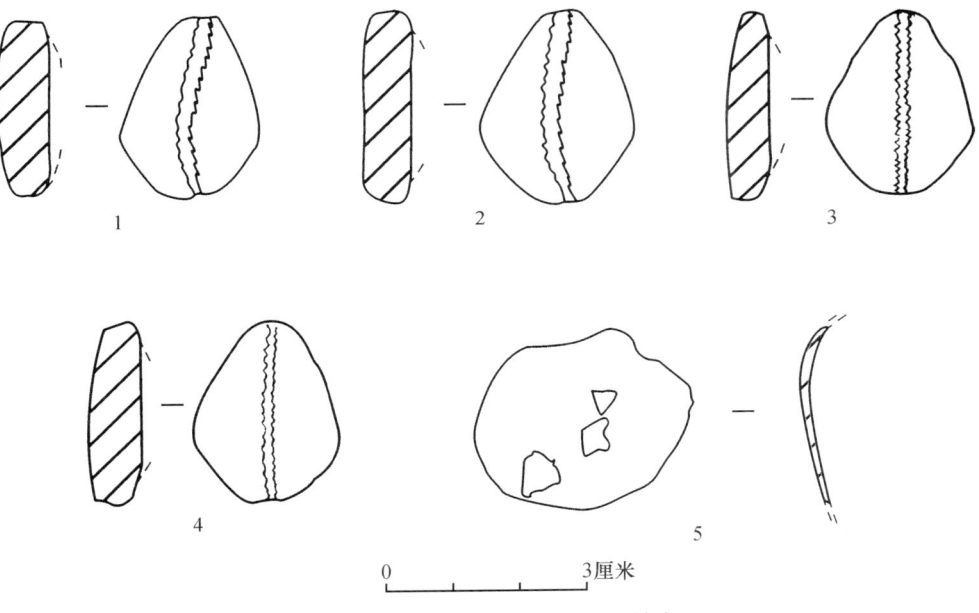

图一七四　战国墓葬出土海贝、蚌壳

1~4.海贝（M24：12-1、M24：12-2、M24：31-1、M24：31-2）　5.蚌壳（M21：17）

第四节　随葬器物的组合分析

在本墓地发掘的67座战国墓葬中，除10座墓葬（M9、M13、M18、M23、M37、M49、M55、M56、M64、M68）不见随葬品或墓葬遭到盗扰破坏不出器物外，其余墓葬均有器物出土。其中M19随葬陶器7件，因烧制火候较低，破碎严重，未能提取；M25因被盗仅存残陶盘1件；M41因被盗仅剩陶敦1件；M50因被盗仅在盗洞中发现少量铜兵器、铜车马器和石贝等；M51因被盗仅出土陶提梁盉、铜饰和石环各1件；M53被水冲毁仅剩陶壶2件；M54被水冲毁仅出土鼎、壶等陶器残片。除上述7座墓外，其余50座墓葬中，有49座墓葬出土陶器组合相对完整，器物修复率高；另有1座不出土陶器，单出土一套铜礼器和兵器的组合。

在49座出土陶器的墓中，有3座墓随葬器物组合为日用陶器，其余46座墓随葬器物组合则主要为仿铜陶礼器。需要说明的是，在46座随葬陶礼器的墓葬中，虽然有2座墓各伴出有日用陶器罐，2座墓分别随葬有一套铜礼器或铜礼器与兵器、车马器的组合，还有一些墓葬伴出有少量的铜兵器、车马器、服饰器、杂器和玉、石、骨、料、贝、蚌器等，但这些因不是主要组合器物，我们在分析说明器物组合形式时不予考虑。因此对战国墓葬出土器物组合的分析，主要依据46座仿铜陶礼器为主的墓葬。

下面我们对上述46座出土仿铜陶礼器的墓葬，在随葬器物类型学分析的基础上，按照器物组合关系进行分组，大致可分为以下四组。

（一）A组：包括M5、M12、M14、M77、M80，共5座。

M5：A型Ⅰ式鼎，Ab型豆，Ab型Ⅰ式壶；

M12：B型Ⅰ式鼎，Aa型Ⅱ式豆，Aa型Ⅰ式壶；

M14：A型Ⅰ式鼎，AaⅠ式壶，盘；

M77：A型Ⅰ式鼎，Aa型Ⅱ式豆，Aa型Ⅰ式壶；

M80：器盖，豆，Aa型Ⅰ式壶。

该组墓葬的陶礼器组合为鼎、豆、壶，并且同一墓中同类器物都只出1件。

在此组墓葬出土的器物组合中，陶礼器鼎皆为圜底深腹鼎，足接在鼎底或腹底交接处；豆皆为带盖深盘豆，豆柄较粗矮；壶皆为平底无圈足，颈部粗短，腹部相对不深。

（二）B组：包括M8、M17、M20、M24、M31、M32、M35、M38、M43、M72、M78，共11座。

M8：A型Ⅱ式鼎，豆，壶，盘，A型Ⅰ式匜；

M17：A型Ⅱ式鼎，Aa型Ⅰ式豆，Aa型Ⅱ式壶，盘，匜；

M20：A型Ⅱ式鼎，Ab型豆，壶，Aa型Ⅰ式盘；

M24：A型Ⅱ式鼎，Aa型Ⅱ式陶豆，Ab型Ⅲ式陶壶，Ba型陶盘，A型陶浴缶；

M31：A型Ⅱ式鼎，Aa型Ⅱ式豆，Ab型Ⅲ式壶；

M32：A型Ⅱ式鼎，Aa型Ⅲ式豆，Ab型Ⅲ式壶，盘，匜；

M35：A型Ⅱ式鼎，Aa型Ⅰ式陶豆，Ba型Ⅰ式陶壶；

M38：A型Ⅱ式鼎，Aa型Ⅱ式壶，E型Ⅱ式敦，盘，匜；

M43：B型Ⅱ式鼎，盖豆，Aa型Ⅰ式壶；

M72：鼎，盖豆，Ab型Ⅱ式壶；

M78：A型Ⅱ式鼎，Aa型Ⅱ式豆，Ab型Ⅱ式壶。

此组墓葬出土的陶礼器组合为鼎、豆、壶或鼎、敦、壶，个别的有盘、匜等。同一墓中的鼎、豆、壶、敦多成对出现，而盘、匜为单件。此外还有两座墓各共出一套铜礼器组合，其中M24为鼎、豆、壶、盆、匜，M35则只有盆、匜，每件器物一墓也只出土1件。

该组墓葬出土的器物组合中，主要陶礼器鼎有深腹圜底和浅腹平底两种，足均接在腹底交接处或下腹近底处，而且圜底鼎的腹部相对变浅；豆仍为有盖深腹豆，腹稍变浅，柄渐变细高；壶颈部变较细高，腹略深，形体相对较瘦。

（三）C组：包括M16、M21、M22、M29、M36、M39、M44、M45、M48、M57、M58、M62、M63、M65、M66、M67、M69、M73、M75、M79、M81，共21座。

M16：鼎、壶、敦、盘、匜；

M21：B型Ⅲ式、C型Ⅰ式鼎，Aa型Ⅲ式豆，Bb型Ⅰ式壶，B型Ⅰ式敦，Aa型Ⅱ式盘；

M22：A型Ⅲ式、C型Ⅰ式鼎，Bb型Ⅰ式豆，Ba型Ⅱ式壶，A型Ⅰ式敦，Aa型Ⅰ式盘，B型Ⅰ式盉，B型浴缶；

M29：B型Ⅲ式鼎，Aa型Ⅲ式豆，Aa型Ⅲ式壶，盘，匜；

M36：B型Ⅲ式、C型Ⅱ式鼎，Bb型Ⅱ式豆，Ba型Ⅲ式壶，A型Ⅱ式敦，Aa型Ⅲ式盘，B型Ⅱ式匜，A型盉，B型浴缶；

M39：鼎，Ba型豆，Ba型Ⅱ式壶，D型Ⅰ式敦，Ab型Ⅰ式盘，B型Ⅰ式匜；

M44：B型Ⅲ式鼎，Bb型Ⅱ式豆，Ba型Ⅱ式壶，B型Ⅰ式敦；

M45：B型Ⅲ式鼎，Bb型Ⅲ式豆，Ba型Ⅲ式壶，A型Ⅰ式敦；

M48：B型Ⅲ式鼎，Bb型Ⅲ式豆，Bb型壶Ⅰ式壶，B型Ⅱ式敦，Aa型Ⅲ式盘，B型Ⅰ式匜；

M57：B型Ⅲ式鼎，Ab型Ⅲ式壶，D型Ⅲ式敦，盘；

M58：B型Ⅲ式鼎，Aa型Ⅲ式壶，C型、E型Ⅰ式敦，Aa型Ⅱ式盘，C型匜；

M62：B型Ⅲ式鼎，Bb型Ⅰ式豆，Ba型Ⅱ式壶，A型Ⅰ式敦，Ab型Ⅰ式盘，B型Ⅰ式匜，罐；

M63：B型Ⅲ式鼎，Bb型Ⅰ式豆，Bb型Ⅱ式壶，B型Ⅰ式敦，Aa型Ⅲ式盘，B型罐；

M65：鼎，壶，C型、E型Ⅰ式敦，盘，A型Ⅱ式匜；

M66：鼎，Ab型Ⅱ式壶，E型Ⅰ式敦；

M67：B型Ⅲ式鼎，Aa型Ⅲ式盖豆，Ab型Ⅲ式壶，Bc型盘；

M69：B型Ⅲ式鼎，Aa型Ⅲ式豆，Ab型Ⅲ式壶，Bd型盘；

M73：B型Ⅲ式鼎，Ab型Ⅲ式壶，D型Ⅲ式敦，盘；

M75：B型Ⅲ式鼎，Aa型Ⅲ式豆，Ab型Ⅲ式壶，盘，A型Ⅱ式匜；

M79：B型Ⅲ式鼎，Ab型Ⅲ式壶，E型Ⅱ式敦；

M81：B型Ⅲ式鼎，Ba型Ⅳ式壶，B型Ⅰ式敦。

该组墓葬数量最多，出土的陶礼器组合主要有鼎、豆、壶，鼎、敦、壶或鼎、壶、敦、浅盘豆等，且同类器物仍多成对出现。少数墓葬随葬有单件的盘、匜，个别墓葬还伴出有小口鼎、盉、浴缶和日用器陶罐等。

此组墓葬出土的器物中，主要陶礼器鼎流行浅腹平底，足一般接在下腹部；壶多有圈足，颈部细长，腹部较肥硕，腹部最大径偏上。

（四）D组：包括M15、M28、M59、M61、M70、M71、M74、M76、M82，共9座。

M15：B型Ⅳ式鼎，Ba型豆，Bb型Ⅲ式壶，盘，匜；

M28：鼎，豆，C型壶，敦，盘，匜；

M59：B型Ⅳ式鼎，Bb型Ⅳ式壶，D型Ⅱ式敦，Aa型Ⅲ式盘，A型Ⅱ式匜；

M61：B型Ⅳ式鼎，Aa型Ⅲ式豆，C型壶；

M70：B型Ⅳ式鼎，Ba型Ⅳ式壶，B型Ⅰ式敦，Ab型Ⅱ式盘，A型Ⅱ式匜；

M71：B型Ⅳ式、C型Ⅱ式鼎，Ba型豆，Bb型Ⅳ式壶，A型Ⅰ式敦，Ab型Ⅲ式盘，B型Ⅱ式匜，B型Ⅱ式盉，B型浴缶；

M74：B型Ⅳ式鼎，Ba型豆，D型壶，敦，盘；

M76：B型Ⅳ式鼎、豆、Ba型Ⅳ式壶、B型Ⅱ式敦、Ab型Ⅱ式盘、匜；

M82：A型Ⅳ式鼎、Bb型Ⅱ式豆、Ba型Ⅲ式壶、A型Ⅱ式敦、Ab型Ⅲ式盘、B型Ⅱ式匜。

此组墓葬出土的陶礼器组合有鼎、豆、壶、盘、匜，鼎、敦、壶、盘、匜和鼎、豆、壶、敦、盘、匜等，而且鼎、豆、壶、敦在该组墓中一般以三种器物组合形式出现。

在该组墓葬出土器物组合中，主要陶礼器浅腹鼎的腹部变得更浅，足与腹相接处上缘接近腹中部；壶的形体瘦长，颈细长，最大腹径位于腹中部。

综上所述，我们对四组墓葬出土器物在具体型式组合上进行了分析探讨，可知各组墓葬出土器物在发展序列上不仅有器类组合形式的差异，也存在器物型式上的变化，而且各组器物在时间空间上的不同发展阶段又相对集中。此外，同一类型的器物在同一阶段的墓葬中有着比较明显的共存关系，而在不同阶段的墓葬中又有着纵向的演变关系，显然它们在时代上存在着早晚关系，为我们对这批墓葬的分期研究提供了重要依据。

第五节　墓葬分期与年代

一、墓葬分期

这次发掘的67座战国墓葬，均分布于仓房镇沿江村东部的熊家岭东南部低山丘陵延伸地带上。这批墓葬不仅形制相近，排列有序，而且墓葬之间相互不存在打破或叠压关系。虽然少数墓葬被严重盗扰，但墓葬形制基本清楚，也出土了一批陶器、铜器及玉石器等随葬品。

在上一节，我们对熊家岭墓地46座出土陶礼器组合完整的战国墓葬按照出土器物组合关系进行了分组，并对各组内器物进行了型式上的分析。依据同类器物在组合型式上的发展演变，我们又将各组墓葬大致划分了四个不同的发展阶段。在此基础上，可将这批墓葬分为二期，每期又分前、后两段，共二期四段。

第一期1段　即A组墓葬，包括M5、M12、M14、M77、M80，共5座。

属于该段的墓葬分别位于墓地最北部的中东部，出土有鼎、豆、壶等完整的陶礼器组合，典型陶器包括A型Ⅰ式、B型Ⅰ式鼎，Aa型Ⅱ式、Ab型豆，Aa型Ⅰ式壶等。不仅这种器物组合为春秋晚期至战国时期墓葬中所习见，而且从墓葬形制和随葬器物的特征等方面看，这批墓葬在时代上也具有战国早期的特征。

此外，位于墓地北中部的M4单出土一组铜礼器鼎、豆、壶、盘、匜组合，M7、M11分别出土一组日用陶器鬲、罐、盂和鬲、罐的组合。从M4中铜鼎、M7和M11中陶鬲的形制看，这三座墓也应归入第一期1段。

第一期2段 即B组墓葬，包括M8、M17、M20、M24、M31、M32、M35、M38、M43、M72、M78，共11座。

此段的大部分墓葬仍位于该墓地的北部，少量有向墓地中部发展的趋势。出土的陶礼器组合为鼎、豆、壶或鼎、敦、壶，个别的有盘、匜等，组合形式上多常见三件或四件器物同出。同第1段墓葬的器物组合形式相比，第2段墓葬的器物组合内容变得较为丰富，新增器物陶敦、陶匜，并逐步与盘成为主要随葬器类，极个别墓内还出现了陶浴缶。另在M24和M35中还见有鼎、豆、壶、盘、匜和盘、匜两种铜礼器组合，且与陶礼器组同出。由此可见，本期墓葬在时代上略晚于第一期1段墓葬。

该段墓葬出土的典型陶器主要有A型Ⅱ式、B型Ⅱ式鼎，Aa型Ⅰ式、Aa型Ⅱ式、Aa型Ⅲ式、Ab型豆，Aa型Ⅰ式、Aa型Ⅱ式、Ab型Ⅱ式、Ab型Ⅲ式、Ba型Ⅰ式壶，E型Ⅱ式敦，Aa型Ⅰ式、Ba型盘，A型Ⅰ式匜和A型浴缶等。

此外，位于墓地西北部的M60出土有陶日用器罐与纺轮的组合，其日用器陶罐从形制看具有战国早期特征，所以该墓也可归入第二期2段。

第二期3段 即C组墓葬，包括M16、M21、M22、M29、M36、M39、M44、M45、M48、M57、M58、M62、M63、M65、M66、M67、M69、M73、M75、M79、M81，共21座。

该段墓葬主要分布于墓地北部、中部，南部也有少量分布。出土的陶礼器组合主要有鼎、豆、壶，鼎、敦、壶或鼎、壶、敦、浅盘豆等。这时期各墓葬出土器物以陶礼器占多数，个别墓中随葬有日用器——陶罐，同时出土于早期墓葬中的铜礼器不见，多伴出铜兵器、车马器和玉石器等。

出土典型陶器有A型Ⅲ式、B型Ⅲ式鼎，Aa型Ⅱ式、Aa型Ⅲ式、Ba型、Bb型Ⅰ式、Ⅱ式、Bb型Ⅲ式豆，Aa型Ⅲ式、Ab型Ⅱ式、Ⅲ式、Ba型Ⅱ式、Ⅲ式、Ⅳ式、Bb型Ⅰ式、Ⅱ式壶，A型Ⅰ式、Ⅱ式、B型Ⅰ式、Ⅱ式敦，Aa型Ⅰ式、Ⅱ式、Ⅲ式、Ab型Ⅰ式、Bc型、Bd型盘，A型Ⅱ式、B型Ⅰ式、Ⅱ式匜。共出有C型、D型Ⅰ式、Ⅲ式、E型Ⅰ式、Ⅱ式敦，C型匜，C型Ⅰ式、Ⅱ式小口鼎，A型、B型Ⅰ式盂，B型浴缶等。

第二期4段 即D组墓葬，包括M15、M28、M59、M61、M70、M71、M74、M76和M82，共9座。

此段墓葬分布较为零散。出土的陶礼器组合主要有鼎、豆、壶、盘、匜，鼎、敦、壶、盘、匜和鼎、豆、壶、敦、盘、匜等。

出土的典型陶器有A型Ⅳ式、B型Ⅳ式鼎，Aa型Ⅲ式、Ba型、Bb型Ⅱ式豆，Ba型Ⅲ式、Ⅳ式、Bb型Ⅲ式、Ⅳ式壶，A型Ⅰ式、Ⅱ式、B型Ⅰ式、Ⅱ式敦，Aa型Ⅲ式、Ab型Ⅱ式、Ⅲ

式盘，A型Ⅱ式、B型Ⅱ式匜。此外还有C型Ⅱ式小口鼎，C型、D型壶，D型Ⅱ式敦，B型Ⅱ式盏，B型浴缶等。

以上各期墓葬出土典型陶器型式关系及分期经归纳如下表（表二、表三）。各期主要陶器型式的演变规律见附表四。

根据墓葬出土各类陶器不同型式的共存关系，战国时期墓葬的典型铜器和陶器分期图如下（图一七五~图一八二）。

表二　战国墓葬出土陶器型式分期表

期	段	墓号	器形											
			鼎	敦	壶	豆	盘	匜	鬲	盂	罐	小口鼎	盏	浴缶	其他
一	1	M5	AⅠ		AbⅠ	Ab									
		M7							A	√	AⅠ				
		M11							B	√					
		M12	BⅠ		AaⅠ	AaⅡ									
		M14	AⅠ		AaⅠ	√									
		M77	AⅠ		AaⅠ	AaⅡ									
		M80			AaⅠ	√									
	2	M8	AⅡ		√	√	√	AⅠ							
		M17	AⅡ2		AaⅡ2	AaⅠ2	√	√							
		M20	AⅡ2		√	Ab2	AaⅠ								
		M24	AⅡ3		AbⅢ2	AaⅡ	Ba						A		
		M31	AⅡ		AbⅢ	AaⅡ									
		M32	AⅡ2		AbⅢ2	AaⅢ2	√	√							
		M35	AⅡ2		BaⅠ2	AaⅠ2									
		M38	AⅡ2	EⅡ2	AaⅡ2		√	√							
		M43	BⅡ2		AaⅠ2	2√									
		M60									AⅡ				纺轮
		M72	√		AbⅡ	√									
		M78	AⅡ		AbⅡ	AaⅡ									

续表

期	段	墓号	器形												
			鼎	敦	壶	豆	盘	匜	鬲	盂	罐	小口鼎	盉	浴缶	其他
二	3	M16	2√	2√	2√		√	√							
		M21	BⅢ3	BⅠ2	BbⅠ2	AaⅢ	AaⅡ					CⅠ			
		M22	AⅢ3	AⅠ2	BaⅡ2	BbⅠ2	AaⅠ					CⅠ	BⅠ	B	
		M29	BⅢ2		AaⅢ2	AaⅢ2	√	√							
		M36	BⅢ	AⅡ2	BaⅢ2	BbⅡ2	AaⅢ	BⅡ				CⅡ	A	B	
		M39	2√	DⅠ2	BaⅡ2	Ba2	AbⅠ	BⅠ							
		M44	BⅢ2	BⅠ2	BaⅡ2	BbⅡ2									
		M45	BⅢ2	AⅠ2	BaⅢ2	BbⅢ2									
		M48	BⅢ2	BⅡ2	BbⅠ2	BbⅢ4	AaⅢ	BⅠ							
		M57	BⅢ2	DⅢ2	AbⅡ2		√								
		M58	BⅢ2	C、EⅠ	AaⅢ2		AaⅡ	C							
		M62	BⅢ3	AⅠ2	BaⅡ2	BbⅠ2	AbⅠ	BⅠ			√				
		M63	BⅢ	BⅠ	BbⅡ	BbⅠ	AaⅢ					B			
		M65	2√	C、EⅠ2	2√		√	AⅡ							
		M66	2√	EⅠ2	AbⅡ2										
		M67	BⅢ2		AbⅡ2	AaⅢ2	Bc								
		M69	BⅢ2		AbⅢ2	AaⅢ2	Bd								
		M73	BⅢ2	DⅢ2	AbⅢ2		√								
		M75	BⅢ2		AbⅡ2	AaⅢ2	√	AⅡ							
		M79	BⅢ2	EⅡ2	AbⅡ2										
		M81	BⅢ2	BⅠ2	BaⅣ2										
	4	M15	BⅣ3		BbⅢ3	Ba2	√	√							
		M28	2√	√	C2	2√	√	√							
		M59	BⅣ2	DⅡ2	BbⅣ2		AaⅢ	AⅡ							
		M61	BⅣ2		C2	AaⅢ2									
		M70	BⅣ2	BⅠ2	BaⅣ2		AbⅡ	AⅡ							
		M71	BⅣ2	AⅠ2	BbⅣ2	Ba2	AbⅢ	BⅡ				CⅡ	BⅡ	B	
		M74	BⅣ2	2√	D2	Ba2	√								
		M76	BⅣ2	BⅡ2	BaⅣ2	2√	AbⅡ	√							
		M82	AⅣ	AⅡ	BaⅢ	BbⅡ2	AbⅢ	BⅡ							

注：1. "√"表示未分型式的器物。
    2. 未注明件数者皆为1件。

表三　战国墓葬各期出土陶器型式统计表

期	段	鬲A	鬲B	罐A	罐B	盂	纺轮	鼎A	鼎B	鼎C	豆Aa	豆Ab	豆Ac	豆Ba	豆Bb	豆Bc	壶Aa	壶Ab	壶Ba	壶Bb	壶C	壶D	敦A	敦B	敦C	敦D	敦E	盘Aa	盘Ab	盘Ba	盘Bb	盘Bc	盘Bd	匜A	匜B	匜C	盏A	盏B	浴缶A	浴缶B
一	1	I	I	I		√		I	I		II																													
一	2				II		√	II	II			I	II				I	II,III	I				I,II					I		Ba				I					A	
二	3				B			III	III	I,II		Ab	Ac	Ba		I,II	II,III	III,IV	I,II	I			I,II	I,II	C	I,II	I,II	I	II		Bb	Bc	Bd	II	I	C	A			B
二	4								III,IV	II		Ab		Ba				IV	III	IV	C	D				II			III	III		Bb			II		II		II		B

注：1. 表中的"√"表示未分型式的器物。
2. 表中的英文字母表示型，罗马数字表示式。

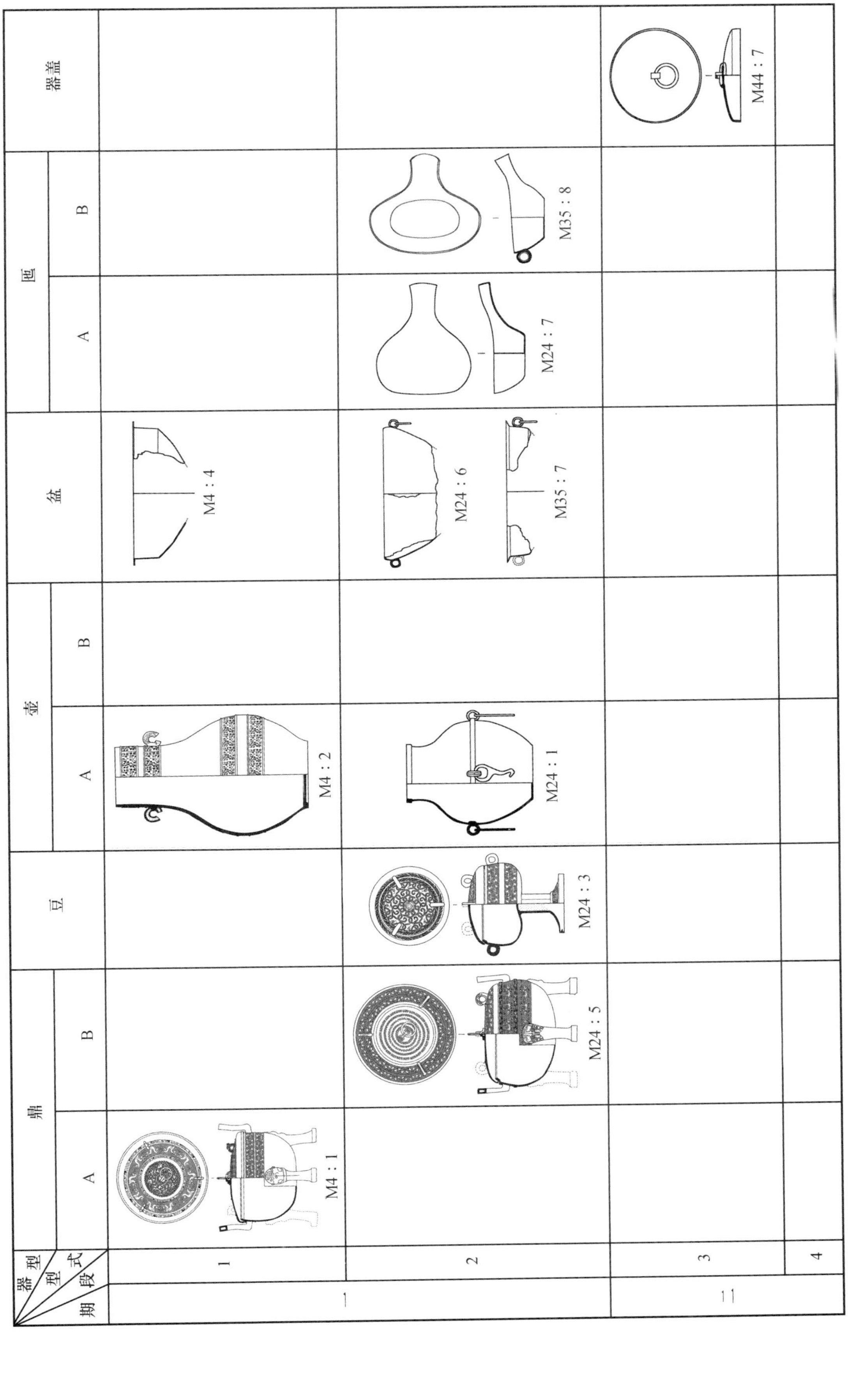

器型 式									
期 段	鼎 A	鼎 B	豆	壶 A	壶 B	盆	匜 A	匜 B	器盖
一 1	M4:1			M4:2		M4:4			
2		M24:5	M24:3	M24:1		M24:6 M35:7	M24:7	M35:8	
二 3									M44:7
4									

图一七五　战国墓葬出土典型铜器分期图

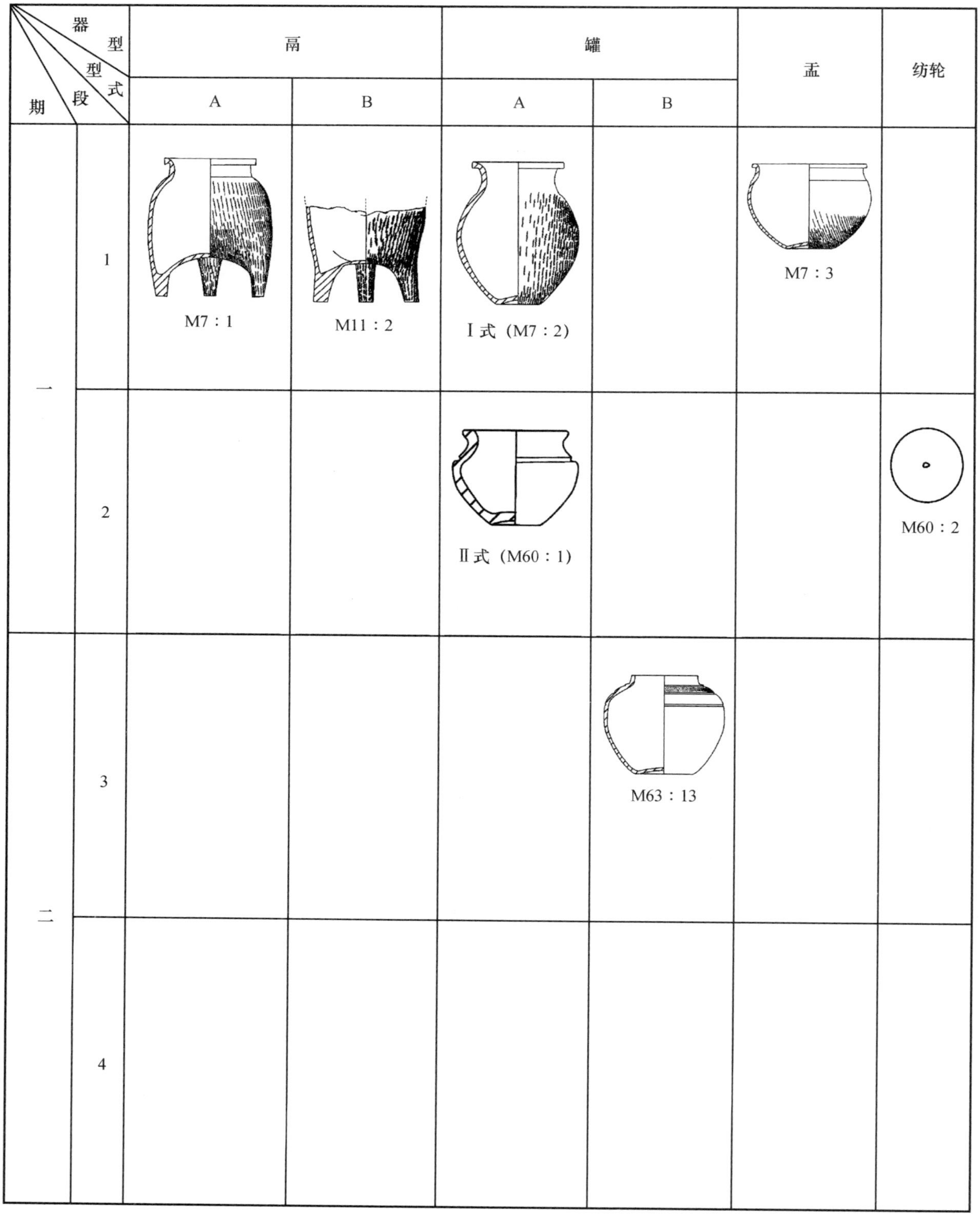

期	段	器型 型式	鬲 A	鬲 B	罐 A	罐 B	盂	纺轮
一	1		M7:1	M11:2	Ⅰ式（M7:2）		M7:3	
	2				Ⅱ式（M60:1）			M60:2
二	3					M63:13		
	4							

图一七六　战国墓葬出土日用陶器分期图

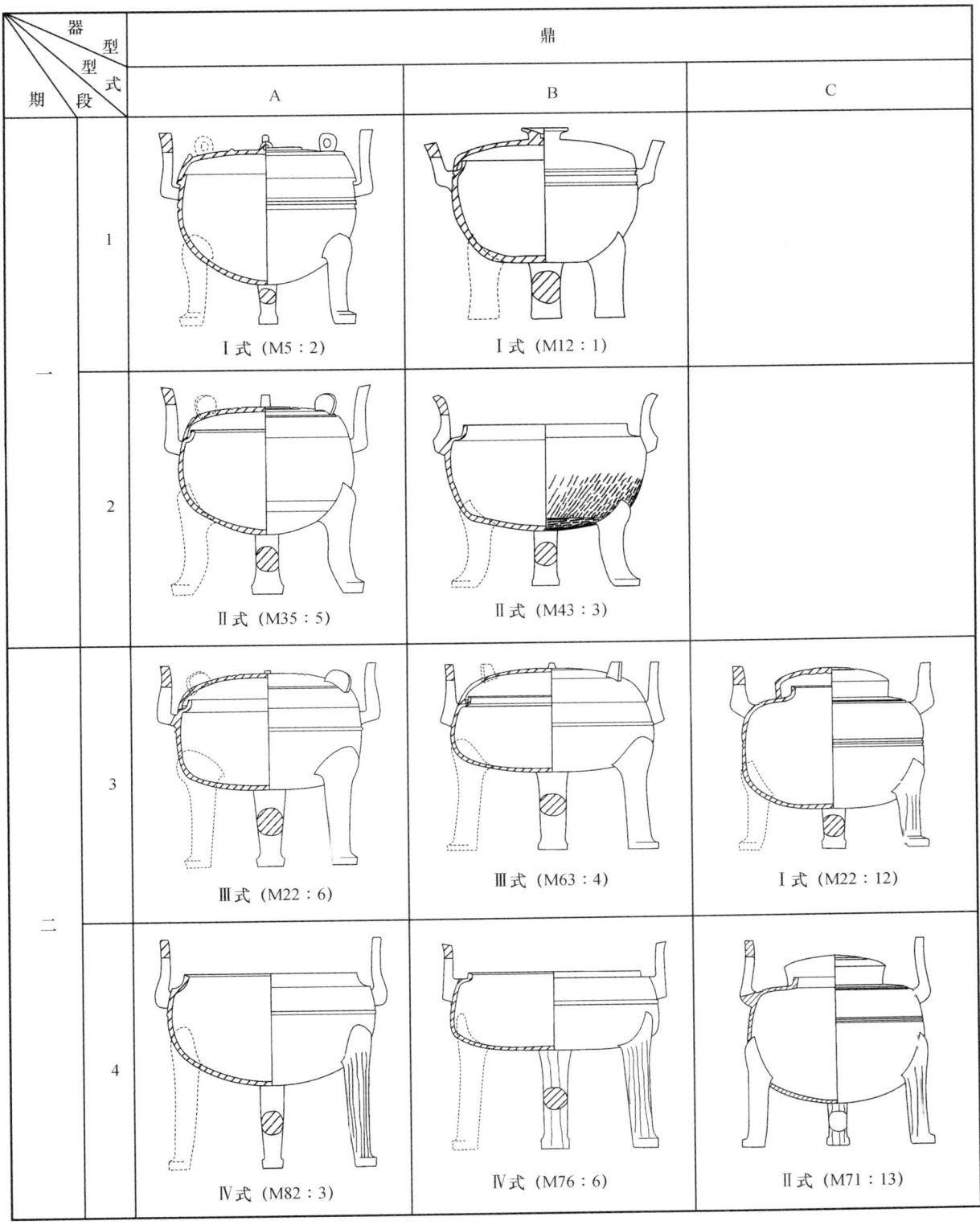

图一七七　战国墓葬出土陶礼器分期图（一）

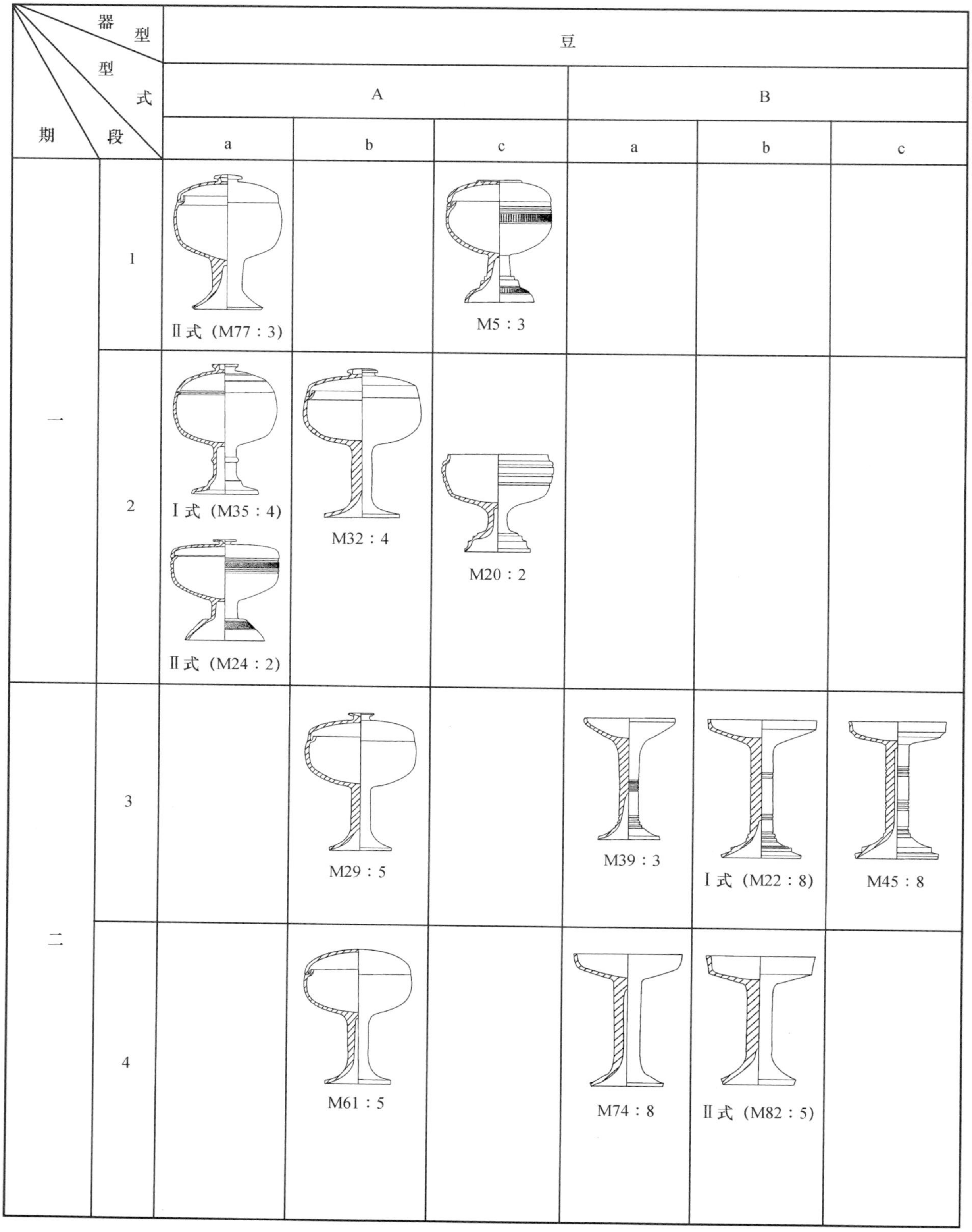

期	段	器型 型式	豆 A			B		
			a	b	c	a	b	c
一	1		Ⅱ式 (M77:3)		M5:3			
一	2		Ⅰ式 (M35:4); Ⅱ式 (M24:2)	M32:4	M20:2			
二	3		M29:5			M39:3	Ⅰ式 (M22:8)	M45:8
二	4		M61:5			M74:8	Ⅱ式 (M82:5)	

图一七八　战国墓葬出土陶礼器分期图（二）

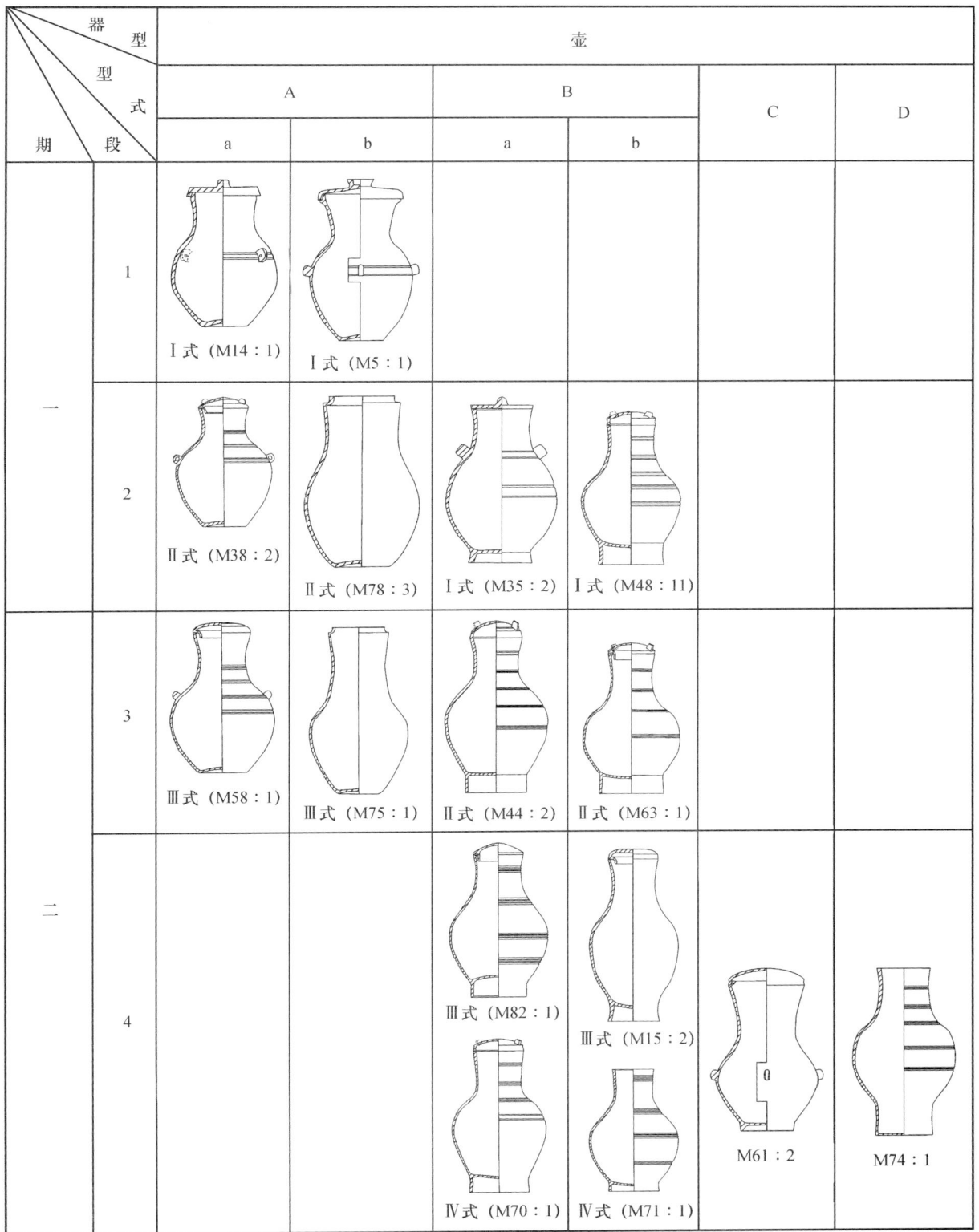

图一七九 战国墓葬出土陶礼器分期图（三）

期	段	器型 式型	敦				
			A	B	C	D	E
一	1						
一	2						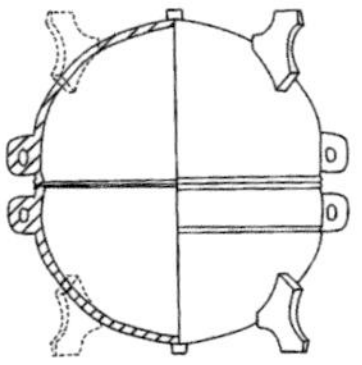 Ⅱ式（M38∶3）
二	3		Ⅰ式（M62∶3）	Ⅰ式（M81∶4）	M58∶6	Ⅰ式（M39∶7）	Ⅰ式（M66∶5）
二	3		Ⅱ式（M36∶9）	Ⅱ式（M48∶10）		Ⅲ式（M73∶4）	Ⅱ式（M79∶6）
二	4		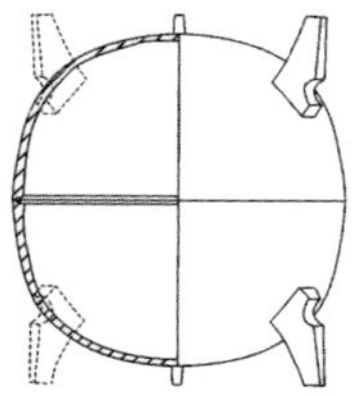 Ⅱ式（M82∶4）	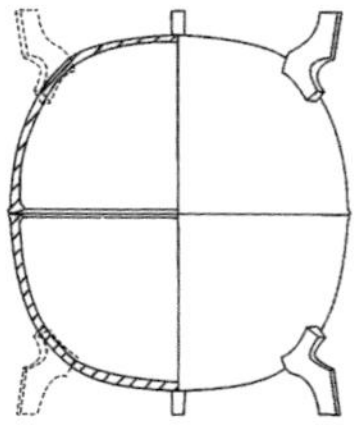 Ⅱ式（M76∶5）		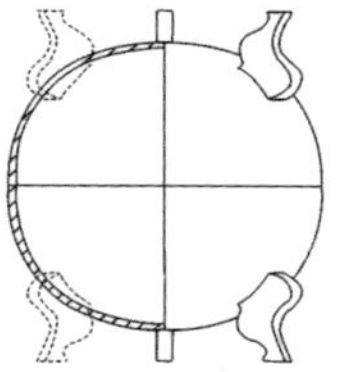 Ⅱ式（M59∶4）	

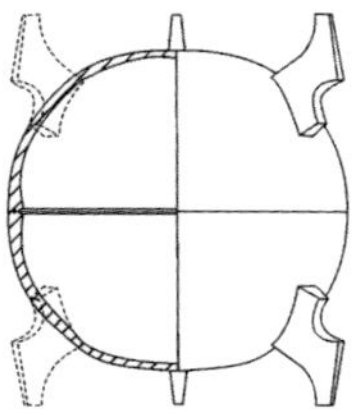

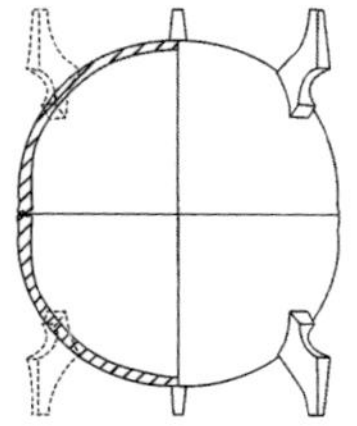

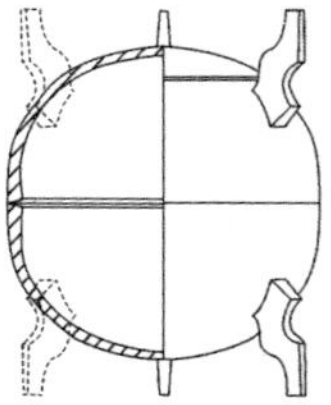

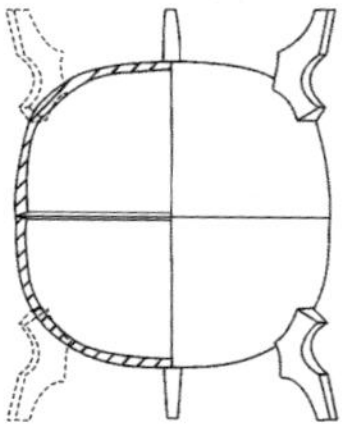

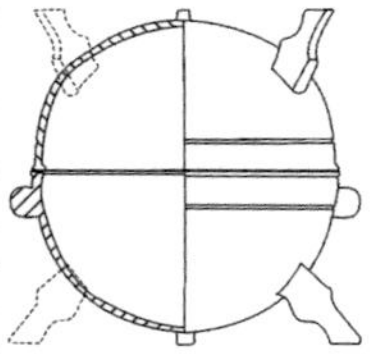

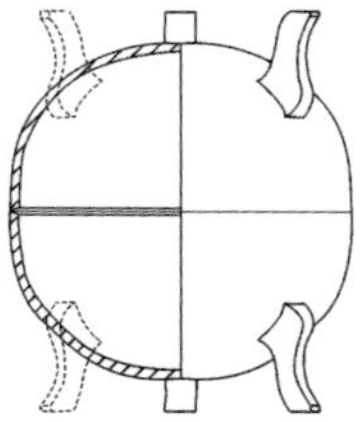

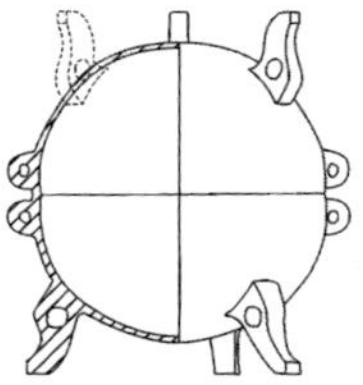

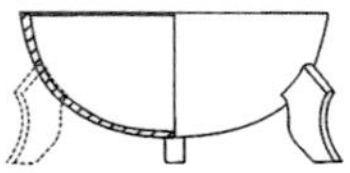

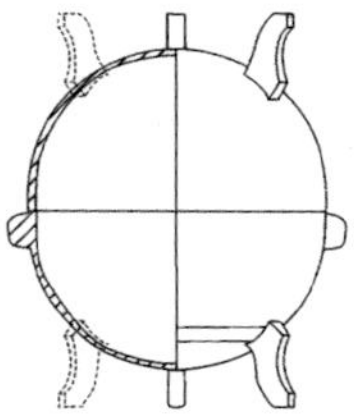

图一八〇　战国墓葬出土陶礼器分期图（四）

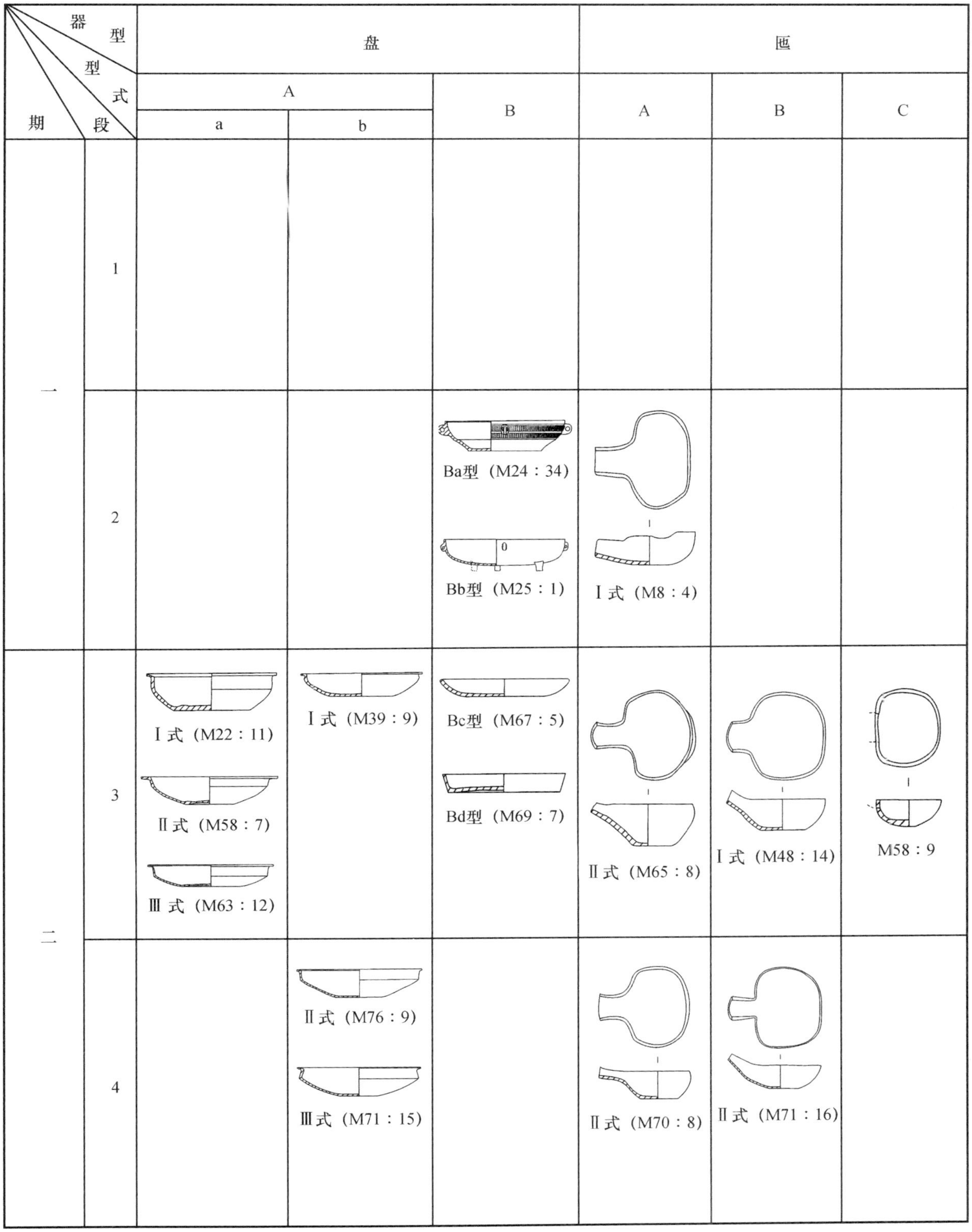

期	段	盘 A a	盘 A b	盘 B	匜 A	匜 B	匜 C
一	1						
一	2			Ba型 (M24:34) Bb型 (M25:1)	I式 (M8:4)		
二	3	I式 (M22:11) II式 (M58:7) III式 (M63:12)	I式 (M39:9)	Bc型 (M67:5) Bd型 (M69:7)	II式 (M65:8)	I式 (M48:14)	M58:9
二	4		II式 (M76:9) III式 (M71:15)		II式 (M70:8)	II式 (M71:16)	

图一八一 战国墓葬出土陶礼器分期图（五）

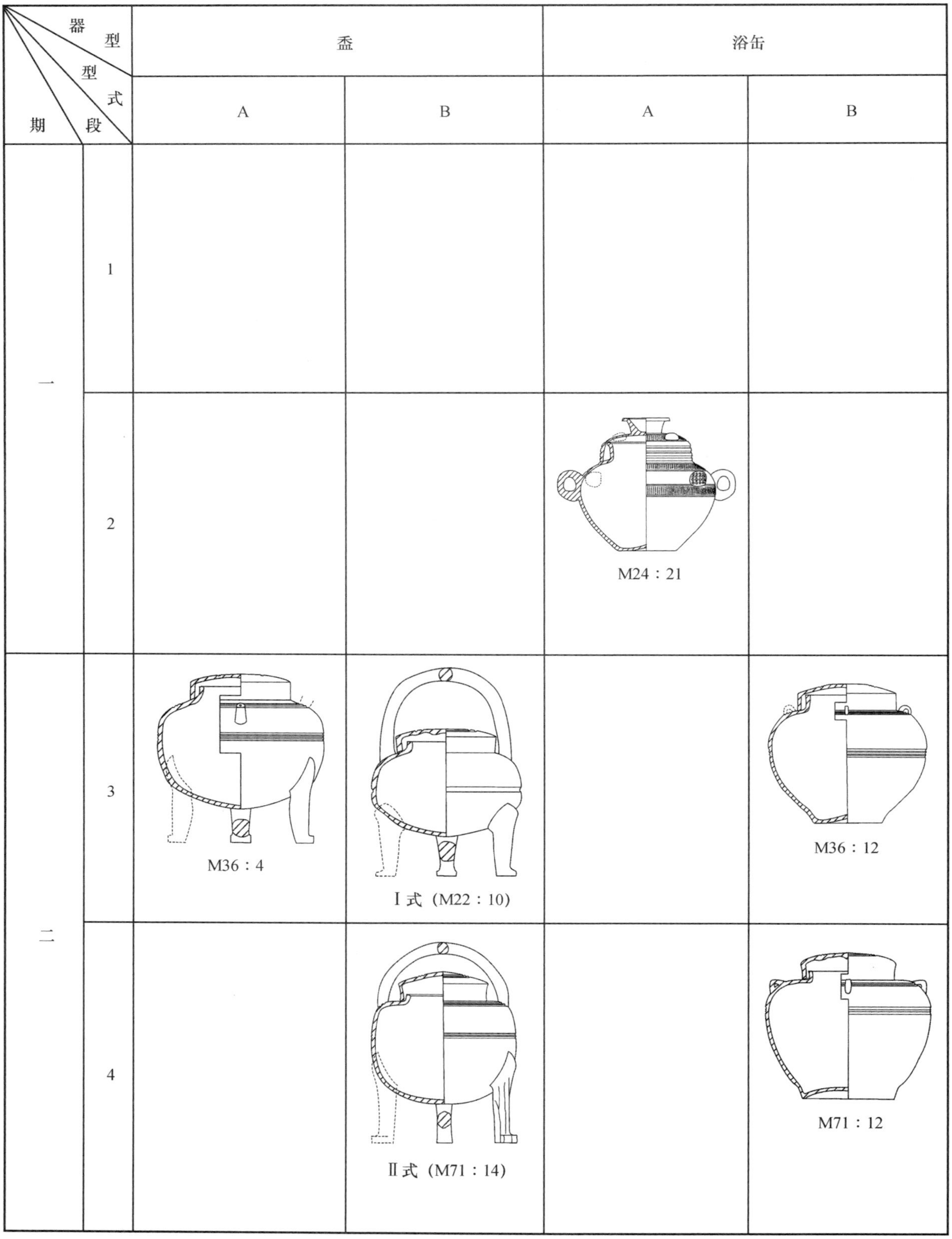

期	段	盂 A	盂 B	浴缶 A	浴缶 B
一	1				
一	2			M24:21	
二	3	M36:4	Ⅰ式 (M22:10)		M36:12
二	4		Ⅱ式 (M71:14)		M71:12

图一八二 战国墓葬出土陶礼器分期图（六）

二、墓葬年代

熊家岭墓地发掘的67座战国墓，均没有出土具有明确纪年的遗物，故对这批墓葬年代推断只能根据50座战国墓的墓葬形制及出土器物（包括陶器和铜礼器）进行综合分析来推测。对不出器物的墓葬年代，根据墓葬形制和墓葬在墓地与其他墓葬之间的相对位置关系作出大概的推测，不作具体年代分析；而部分被毁坏或盗扰严重且又出土少量器物的墓葬，则依据出土器物的型式同本墓地其他墓葬进行横向对比分析作出大致的推断。

根据熊家岭墓地战国墓出土器物不同型式的组合关系，通过与相邻地区墓葬出土同类器物的对比、分析，熊家岭墓地战国墓二期四段所反映的年代，分别为战国早期前段、战国早期后段、战国中期前段和战国中期后段。

第一期1段　共8座墓。从该段墓葬的器物特征看，陶日用器中的A型、B型鬲与镇平程庄出土春秋晚期至战国早期A型Ⅲ式鬲（M90∶2）[1]近似；盂、A型Ⅰ式罐分别与襄阳余岗M134中出土的Ba型Ⅲ式盆（M134∶3）、Ba型Ⅴ式罐（M134∶13）[2]形制相同。陶礼器中的A型Ⅰ式、B型Ⅰ式鼎分别与襄阳余岗出土B型Ⅰ式鼎（M254∶5）、C型Ⅱ式鼎（M133∶6）[3]有较多相似之处；Aa型Ⅱ式豆与湖北江陵九店楚墓中的Ⅱ式豆（M230∶1）[4]近同，Ac型豆和湖北江陵雨台山楚墓出土Ⅱ式盖豆（M430∶1）[5]、河南淅川东沟长岭楚墓出土A型盖豆（M7∶4）[6]近似；Aa型Ⅰ式、Ab型Ⅰ式壶分别与襄阳余岗出土A型Ⅱ式缶（M117∶10、M253∶1）[7]亦有较多相似之处。而后者年代皆属战国早期前段。

此外，本墓地出土铜礼器中，A型铜鼎（M4∶1）与襄阳余岗Ⅶ式铜鼎（M177∶2）[8]相同；出土A型铜壶（M4∶2）没有具体可对比的资料，其形制与余岗Ⅱ式铜缶（M214∶3）[9]有较多相似之处，但颈部较长，双系位于颈部；礼器中铜豆、铜盘、铜匜因胎质均较薄，残碎较甚，未能修复。

综上分析，第一期1段墓葬的年代，大体可定在战国早期前段。

第一期2段　共12座墓。从出土的器物特征上看，典型陶礼器中的A型Ⅱ式鼎分别与淅川东沟长岭楚墓中出土战国早期鼎（M7∶1）[10]、襄阳余岗楚墓出土的深直腹圜底异形鼎

---

[1] 河南省文物局编著：《南阳镇平程庄墓地》，科学出版社，2011年。
[2] 襄阳市文物考古研究所：《余岗楚墓》，科学出版社，2011年。
[3] 襄阳市文物考古研究所：《余岗楚墓》，科学出版社，2011年。
[4] 湖北省文物研究所：《江陵九店东周墓》，科学出版社，1995年。
[5] 湖北省荆州地区博物馆：《江陵雨台山楚墓》，文物出版社，1984年。
[6] 河南省文物局编著：《淅川东沟长岭楚汉墓》，科学出版社，2011年。
[7] 襄阳市文物考古研究所：《余岗楚墓》，科学出版社，2011年。
[8] 襄阳市文物考古研究所：《余岗楚墓》，科学出版社，2011年。
[9] 襄阳市文物考古研究所：《余岗楚墓》，科学出版社，2011年。
[10] 河南省文物局编著：《淅川东沟长岭楚汉墓》，科学出版社，2011年。

（M173：8）[1]形制近同，B型Ⅱ式鼎与余岗楚墓C型Ⅱ式鼎（M117：8）[2]形制接近；Aa型Ⅰ式、Ⅱ式豆分别与江陵雨台山楚墓出土Ⅰ式盖豆（M24：2）[3]和淅川毛坪楚墓出土盖豆（M23）[4]近似，Aa型Ⅲ式豆与江陵雨台山楚墓中Ⅱ式盖豆（M430：1）[5]近同，Ab型豆和湖北江陵九店东周墓中出的Ⅱ式豆（M230：1）[6]近同；出土Aa型Ⅰ式、Ⅱ式壶分别与襄阳余岗楚墓A型Ⅱ式缶（M117：10）[7]及东沟长岭战国早期墓出土壶（M7：5）[8]相似，Ab型Ⅱ式、Ⅲ式壶分别与余岗楚墓出土A型Ⅰ式（M139：2）、Ⅱ式壶（M115：3）[9]形制接近，Ba型Ⅰ式壶与襄阳黄家村楚墓中A型Ⅱ式壶（M327：5）[10]相近；E型Ⅱ式敦与湖南长沙楚墓中B型Ⅱa式敦（M107：7）[11]相同；Aa型Ⅰ式、Ba型盘分别与襄阳黄家村楚墓Ⅰ式盘（M327：7）[12]、余岗楚墓中A型Ⅲ式盘（M226：10）[13]近同；A型Ⅰ式匜与襄阳余岗楚墓Ⅳ式匜（M149：2）[14]相同；A型浴缶与江陵雨台山楚墓中的Ⅰ式罍（M142：3）[15]形制相同。

陶日用器A型Ⅱ式罐与襄阳余岗楚墓出土Bb型Ⅱ式盂（M179：1）[16]形制相似。

出土的铜礼器中，B型铜鼎与襄阳余岗楚墓出土Ⅷ式铜鼎（M173：5）[17]相同；出土B型铜壶与余岗楚墓出土Ⅲ式铜缶（M175：3）[18]形制近似；铜豆无可对比的资料；铜盘破碎，未能修复；A、B型铜匜与余岗楚墓出土铜匜（M173：4）[19]形制接近。

综上所述，第一期2段的年代，可定在战国早期后段。

第二期3段　共21座墓。从出土的器物特征上看，典型陶礼器中的A型Ⅲ式、B型Ⅲ式鼎

---

[1] 襄阳市文物考古研究所：《余岗楚墓》，科学出版社，2011年。
[2] 襄阳市文物考古研究所：《余岗楚墓》，科学出版社，2011年。
[3] 湖北省荆州地区博物馆：《江陵雨台山楚墓》，文物出版社，1984年。
[4] 淅川县博物馆、南阳地区文物队：《淅川县毛坪楚墓发掘简报》，《华夏考古》1982年第1期。
[5] 湖北省荆州地区博物馆：《江陵雨台山楚墓》，文物出版社，1984年。
[6] 湖北省文物研究所：《江陵九店东周墓》，科学出版社，1995年。
[7] 襄阳市文物考古研究所：《余岗楚墓》，科学出版社，2011年。
[8] 河南省文物局编著：《淅川东沟长岭楚汉墓》，科学出版社，2011年。
[9] 襄阳市文物考古研究所：《余岗楚墓》，科学出版社，2011年。
[10] 襄阳市文物考古研究所：《襄阳黄家村》，科学出版社，2013年。
[11] 湖南省博物馆、湖南省文物考古研究所、长沙市博物馆、长沙市文物考古研究所：《长沙楚墓》，文物出版社，2000年。
[12] 襄阳市文物考古研究所：《襄阳黄家村》，科学出版社，2013年。
[13] 襄阳市文物考古研究所：《余岗楚墓》，科学出版社，2011年。
[14] 襄阳市文物考古研究所：《余岗楚墓》，科学出版社，2011年。
[15] 湖北省荆州地区博物馆：《江陵雨台山楚墓》，文物出版社，1984年。
[16] 襄阳市文物考古研究所：《余岗楚墓》，科学出版社，2011年。
[17] 襄阳市文物考古研究所：《余岗楚墓》，科学出版社，2011年。
[18] 襄阳市文物考古研究所：《余岗楚墓》，科学出版社，2011年。
[19] 襄阳市文物考古研究所：《余岗楚墓》，科学出版社，2011年。

分别与襄阳余岗楚墓出土C型Ⅳ式鼎（M142∶1）①、东沟长岭Bc型Ⅰ式鼎（M24∶11）②形制相同；Aa型Ⅱ式、Ab型豆分别与江陵九店东周墓Ⅱ式豆（M230∶1）③、雨台山楚墓Ⅱ式盖豆（M430∶1）④相同，Ba型、Bb型Ⅰ式、Ⅱ式、Bb型Ⅲ式豆分别与东沟长岭楚墓Db型Ⅰ式（M26∶2）、Ⅱ式（M21∶7）、Ⅳ式（M60∶8）、Cb型Ⅰ式（M17∶2）豆⑤基本相同；Aa型Ⅲ式、Ab型Ⅱ式、Ⅲ式壶分别与襄阳余岗楚墓中出土B型Ⅰ式（M108∶1）、A型Ⅰ式（M139∶2）、Ⅱ式壶（M115∶3）⑥形制相近，出土Ba型Ⅱ式、Ⅲ式、Ⅳ式壶分别与东沟长岭楚墓Cb型Ⅰ式（M24∶15）、Cc型Ⅰ式（M59∶4）、Cb型Ⅱ式（M42∶7）壶⑦相同或相似，出土Bb型Ⅰ式、Ⅱ式壶分别与东沟长岭楚墓Ca型Ⅰ式（M25∶3）、Ⅱ式（M22∶15）壶⑧近同；A型和B型的Ⅰ式、Ⅱ式敦分别与东沟长岭楚墓C型Ⅰ式（M25∶5）、Ⅱ式（M24∶23）敦⑨相同；Aa型Ⅰ式、Ⅱ式、Ⅲ式盘、Ab型Ⅰ式盘、Bc型盘、Bd型盘分别与东沟长岭楚墓B型Ⅰ式（M25∶24）、Ⅱ式（M21∶2）、Ⅲ式盘（M46∶18）⑩、余岗楚墓的A型Ⅳ式（M106∶5）、Ⅵ式（M143∶9）和B型Ⅰ式（M116∶1）盘⑪接近；A型Ⅱ式、B型Ⅰ式、Ⅱ式匜分别与东沟长岭楚墓A型Ⅰ式（M22∶4）匜⑫、余岗楚墓的Ⅲ式（M157∶1）、Ⅳ式（M151∶2）匜⑬相同；C型Ⅰ式、Ⅱ式小口鼎与东沟长岭出土的D型Ⅰ式（M22∶2）、Ⅱ式（M148∶4）小口鼎⑭形制相同；A型、B型Ⅰ式盏分别与东沟长岭楚墓出土B型Ⅰ式（M13∶8）盏⑮、徐家岭楚墓出土盏（M6∶14）⑯相同；B型浴缶与徐家岭楚墓出土浴缶（M6∶18）⑰相同。

出土日用器中的B型罐，分别与东沟长岭楚墓出土战国中期B型罐（M24∶22）⑱和淅川刘

---

① 襄阳市文物考古研究所：《余岗楚墓》，科学出版社，2011年。
② 河南省文物局编著：《淅川东沟长岭楚汉墓》，科学出版社，2011年。
③ 湖北省文物研究所：《江陵九店东周墓》，科学出版社，1995年。
④ 湖北省荆州地区博物馆：《江陵雨台山楚墓》，文物出版社，1984年。
⑤ 河南省文物局编著：《淅川东沟长岭楚汉墓》，科学出版社，2011年。
⑥ 襄阳市文物考古研究所：《余岗楚墓》，科学出版社，2011年。
⑦ 河南省文物局编著：《淅川东沟长岭楚汉墓》，科学出版社，2011年。
⑧ 河南省文物局编著：《淅川东沟长岭楚汉墓》，科学出版社，2011年。
⑨ 河南省文物局编著：《淅川东沟长岭楚汉墓》，科学出版社，2011年。
⑩ 河南省文物局编著：《淅川东沟长岭楚汉墓》，科学出版社，2011年。
⑪ 襄阳市文物考古研究所：《余岗楚墓》，科学出版社，2011年。
⑫ 河南省文物局编著：《淅川东沟长岭楚汉墓》，科学出版社，2011年。
⑬ 襄阳市文物考古研究所：《余岗楚墓》，科学出版社，2011年。
⑭ 河南省文物局编著：《淅川东沟长岭楚汉墓》，科学出版社，2011年。
⑮ 河南省文物局编著：《淅川东沟长岭楚汉墓》，科学出版社，2011年。
⑯ 河南省文物研究所、南阳市文物考古研究所、淅川县博物馆：《淅川和尚岭与徐家岭楚墓》，大象出版社，2004年。
⑰ 河南省文物研究所、南阳市文物考古研究所、淅川县博物馆：《淅川和尚岭与徐家岭楚墓》，大象出版社，2004年。
⑱ 河南省文物局编著：《淅川东沟长岭楚汉墓》，科学出版社，2011年。

家沟口墓地出土B型Ⅰ式罐（M62：4）①相近或相同。

综上分析，第二期3段墓葬的年代，大致可定为战国中期前段。

第二期4段　共9座墓。典型陶礼器中的A型Ⅳ式、B型Ⅳ式鼎、C型Ⅱ式小口鼎分别与东沟长岭楚墓出土Bc型Ⅲ式鼎（M46：5）②、长沙楚墓中的D型Ⅳ式鼎（M380：8）③、徐家岭楚墓中出土的小口鼎（M6：13）④形制相同；Aa型Ⅲ式、Ba型、Bb型Ⅱ式豆分别与江陵九店东周墓Ⅱ式豆（M230：1）⑤、长沙楚墓Ⅱ式豆（M1195：13）⑥、东沟长岭楚墓Db型Ⅱ式（M21：7）⑦形制相同；Ba型Ⅲ式、Ⅳ式、Bb型Ⅲ式、Ⅳ式壶分别与东沟长岭楚墓出土Cc型Ⅱ式（M46：2）、Ⅲ式壶（M33：10）⑧、襄阳黄家村楚墓A型Ⅲ式壶（M139：1）⑨有较多相似之处，C型、D型壶分别与东沟长岭Cb型Ⅲ式壶（M23：4）⑩、襄阳黄家村楚墓Bc型Ⅱ式壶（M300：4）⑪相同；A型Ⅰ式、Ⅱ式、B型Ⅰ式、Ⅱ式敦分别与东沟长岭楚墓的C型Ⅲ式（M43：4）、Ⅳ式（M60：4）敦⑫比较相似，D型Ⅱ式敦与东沟长岭楚墓A型敦（M41：1）⑬近似；Aa型Ⅲ式、Ab型Ⅱ式、Ⅲ式盘分别与东沟长岭楚墓A型Ⅱ式盘（M48：7）⑭、黄家村楚墓Ⅰ式盘（M327：7）⑮、东沟长岭A型Ⅲ式（M43：18）⑯相同；A型Ⅱ式、B型Ⅱ式匜分别与黄家村楚墓A型Ⅰ式匜（M327：8）⑰、东沟长岭B型Ⅱ式匜（M46：19）⑱相同；B型Ⅱ式盉与东沟长岭D型盉（M21：1）⑲近同，但肩部提梁不同；B型浴缶与东沟长岭C型Ⅲ式

---

① 河南省文物局编著：《淅川刘家沟口墓地》，科学出版社，2011年。
② 河南省文物局编著：《淅川东沟长岭楚汉墓》，科学出版社，2011年。
③ 湖南省博物馆、湖南省文物考古研究所、长沙市博物馆、长沙市文物考古研究所：《长沙楚墓》，文物出版社，2000年。
④ 河南省文物研究所、南阳市文物考古研究所、淅川县博物馆：《淅川和尚岭与徐家岭楚墓》，大象出版社，2004年。
⑤ 湖北省文物研究所：《江陵九店东周墓》，科学出版社，1995年。
⑥ 湖南省博物馆、湖南省文物考古研究所、长沙市博物馆、长沙市文物考古研究所：《长沙楚墓》，文物出版社，2000年。
⑦ 河南省文物局编著：《淅川东沟长岭楚汉墓》，科学出版社，2011年。
⑧ 河南省文物局编著：《淅川东沟长岭楚汉墓》，科学出版社，2011年。
⑨ 襄阳市文物考古研究所：《襄阳黄家村》，科学出版社，2013年。
⑩ 河南省文物局编著：《淅川东沟长岭楚汉墓》，科学出版社，2011年。
⑪ 襄阳市文物考古研究所：《襄阳黄家村》，科学出版社，2013年。
⑫ 河南省文物局编著：《淅川东沟长岭楚汉墓》，科学出版社，2011年。
⑬ 河南省文物局编著：《淅川东沟长岭楚汉墓》，科学出版社，2011年。
⑭ 河南省文物局编著：《淅川东沟长岭楚汉墓》，科学出版社，2011年。
⑮ 襄阳市文物考古研究所：《襄阳黄家村》，科学出版社，2013年。
⑯ 河南省文物局编著：《淅川东沟长岭楚汉墓》，科学出版社，2011年。
⑰ 襄阳市文物考古研究所：《襄阳黄家村》，科学出版社，2013年。
⑱ 河南省文物局编著：《淅川东沟长岭楚汉墓》，科学出版社，2011年。
⑲ 河南省文物局编著：《淅川东沟长岭楚汉墓》，科学出版社，2011年。

（M46∶20）①相同。

综上分析，第二期4段墓葬的年代，可定在战国中期后段。

另外，在67座战国墓葬中，还有10座墓葬不出器物或者随葬品破碎较甚未能修复，7座墓葬因破坏严重而导致器物组合不全。所以不能全面分析它们的随葬器物型式组合关系，较详细的期段无法确定，只能大致推侧它们的年代为战国时期。这些墓葬包括M9、M13、M18、M19、M23、M25、M37、M41、M49、M50、M51、M53、M54、M55、M56、M64、M68等。

通过以上分析，50座墓葬所分二期四段的相对年代如下：

第一期1段：M4、M5、M7、M11、M12、M14、M77和M80，为战国早期前段。

第一期2段：M8、M17、M20、M24、M31、M32、M35、M38、M43、M60、M72和M78，为战国早期后段。

第二期3段：M16、M21、M22、M29、M36、M39、M44、M45、M48、M57、M58、M62、M63、M65、M66、M67、M69、M73、M75、M79和M81，为战国中期前段。

第二期4段：M15、M28、M59、M61、M70、M71、M74、M76和M82，为战国中期后段。

从上述战国墓葬的分布、形制及随葬器物等情况看，一期和二期的前后两段之间，以及一期后段和二期前段之间是一个连续发展的过程，它们之间不存在年代上的缺环。

第六节 小 结

本墓地67座战国时期的墓葬中，有50座墓可以分为早、中两期，在此基础上各期又可分成两段，即战国早期前段、战国早期后段、战国中期前段和战国中期后段。另外17座墓只能依据它们的形制和其他墓葬的相对位置关系，大致归入战国时期。这批墓葬在墓葬形制方面存在较多的相似之处，而在随葬器物方面不同期段则具有一定的差异。

（1）所有墓葬均分布在熊家岭东南部延伸带的中部岗脊上，两侧无墓葬分布。以墓地北部分布最为密集，自北向南逐渐稀疏。

（2）墓葬均为长方形或近长方形竖穴土坑式，仅有一座带斜坡墓道，属于第二期前段。墓坑内设生土台的墓葬约占总数的三分之二，多数墓葬留一级生土台，仅M51则在墓室四壁留二级生土台。竖穴土坑墓以口大底小者为多数，又可分直壁平底或斜壁平底两种；少数墓口底同大，直壁平底；仅1座墓（M45）口小底大，斜壁平底。

（3）墓葬规模相差较大，墓室长度在1.8~5.28米，宽度在0.48~4.4米，墓口面积一般在2~6平方米，最大者也只在10平方米左右。墓坑深浅不一，多在2米左右，最深者为5.95米，最浅者仅为0.24米。墓壁较为规整，墓底较平坦。墓内填土为红褐色五花土，夹杂有少量的料姜石和青石块，有的填有白土块和黄泥块，个别墓内填土中包含有较多的碎石块，可能是墓内

---

① 河南省文物局编著：《淅川东沟长岭楚汉墓》，科学出版社，2011年。

积石现象。

（4）墓葬方向中以向东的墓葬居多，向北、向南和向西的墓葬极少。其中向东者占墓葬总数的95.5%，向北、向南和向西的墓葬各一座，分别占1.5%。

（5）除16座墓葬的葬具腐朽较甚，未见朽痕或痕迹不明显外，其余51座墓葬内均发现有葬具腐朽痕迹。能够判断的葬具有一椁一棺、一椁两棺、一椁、一棺等四种，以一棺一椁居多，一椁两棺的仅1座。墓内设生土台的墓葬葬具均有椁，一般为一棺一椁，有的仅见一椁。墓底有枕木槽的墓葬葬具多一棺一椁，个别为一椁或一椁两棺，枕木均横向放置，多为两根，有的仅见一根。由于墓主的骨骼绝大多数腐朽严重，有19座墓内未发现人骨或痕迹不明显，无法辨别葬式，其余墓葬均可分辨出葬式，以单人葬为主，仅有2座为双人葬；其中仰身直肢葬43座，侧身屈肢葬仅1座，还有直肢葬4座。

（6）发掘的67座战国墓葬，除10座不出随葬品外，其余57座墓均出土有随葬器物，多数墓葬随葬器物数量不多，一般在3～8件，少者因被盗扰仅出土1件，最多者出有121件。

（7）随葬器物的放置位置具有明显的规律，不同种类的器物所放位置也有所区别。随葬陶礼器中的鼎、鬲、豆、壶、敦一般放置于墓底东端（即棺外墓主人的头端），盘、匜、盂、浴缶和个别的豆、敦、鼎以及日用器罐则放置于墓底南侧。而少数墓随葬的铜车马器或鹿角放置于墓底南侧；铜兵器或玉器则放置于棺内墓主身体一侧或两侧，个别的则置于棺内墓主头端。

（8）随葬器物主要为礼器、日用器两大类。其中陶器组合以仿铜陶礼器组合为主，礼器一般为鼎、豆、壶或鼎、豆、壶、敦为基本组合，有的在此基础上增加了盘、匜参与组合，个别墓葬到第二期前段又新增加了小口鼎、盂、浴缶等；陶日用器仅见于三座墓内，且组合器物简单，主要组合形式有鬲、罐、盂或鬲、罐和罐、纺轮三种。此外第二期前段个别墓葬中还出现有陶礼器鼎、豆、壶、敦、盘、匜和日用器陶罐的混合组合。此外，有一座墓随葬一套单纯铜礼器鼎、豆、壶、盆、匜和铜兵器组合，二座墓在陶礼器组合基础上又增加了一套铜礼器或与兵器、车马器的组合；也还有一些墓葬中则伴出有少量的铜兵器、车马器、饰件和玉、石、骨、料、贝、蚌器等不同质地的器物，从而使墓葬器物组合情况较为复杂。

（9）墓中随葬陶礼器的数量最多，主要包括有鼎、豆、壶、敦、盘、匜等，以鼎、豆、壶、敦和鼎、豆、壶、敦、盘、匜组合最为常见。陶礼器出土数量在多数墓葬中有一定的定制，其中鼎、豆、壶、敦一般成对出现，多为2件，在少数墓葬中仅出1件；盘、匜各出1件，且两件基本同出，个别墓中只出1盘；小口鼎、盂、浴缶为新增器物，在第二期前段开始出现。

（10）陶日用器只有鬲、罐、盂、纺轮四种，且同一类型的器物在一座墓中仅出土1件。

（11）随葬的陶礼器和日用陶器，在组合上同一期段内没有大的变化，而前后两期变化比较明显，反映在器物形制上区别也较大。一是日用陶器中第一期前段随葬有A、B型鬲、A型Ⅰ式罐和盂，后段出现A型Ⅱ式罐，到第二期则不出鬲、盂，仅出B型罐，并且是伴出于陶礼器组合中。二是陶礼器中器类较多，形制也较为复杂，两期之间器物型式序列变化明显，多种同式别的器物在相邻两期段中都有发现，不同式别的器物在同一墓葬中也经常出现，一、二期多种器物在形制上渐进变化，存在明显的发展演变序列。

第一期墓葬中随葬品器类不多，主要为鼎、豆、壶，后段开始出现E型Ⅱ式敦，Aa型Ⅰ式、Ba型盘，A型Ⅰ式匜，个别墓还出现了A型浴缶等。各类器物在一期的多数墓内仅出土1件，少数墓中2件成对出现，而后段出现的盘、匜、浴缶则只出土1件。

第二期墓葬随葬器物数量、种类和型式增多，敦、盘、匜出现在较多的墓葬中，参与组合并成为主要器物。这时期的鼎、豆、壶、敦、盘、匜成为基本组合形式，鼎、豆、壶、敦多2件成对出土，个别墓葬鼎出土3件，壶在极少数墓葬中也有出土3件的现象，盘、匜则一座墓只出土1件。第二期前段墓葬中，共出的陶礼器有C型、D型Ⅰ式、Ⅲ式、E型Ⅰ式、Ⅱ式敦和C型匜，一些墓葬还出土C型Ⅰ式、Ⅱ式小口鼎，A型、B型Ⅰ式盉和B型浴缶等。到二期后段，器物组合和形制都发生了较大变化，除出C型Ⅱ式小口鼎、B型浴缶外，又新出现了C型、D型壶，D型Ⅱ式敦和B型Ⅱ式盉等。

（12）铜礼器出土数量不多，只见于第一期早、晚两段墓葬中，到第二期早段不见出土。主要器类有鼎、豆、壶、盘、匜等。

（13）从墓葬分布上看，M24和M25、M62和M63、M71和M76、M66和M75等墓葬两两并列，相距约2～5米，墓葬形制和随葬器物组合基本相同，处于同一时代，它们应是夫妻异穴合葬墓。

第三章 汉代墓葬

第一节 墓葬的分布与概况

本次共发掘汉代时期墓葬9座,均位于沿江村三组东部的小路以南,此处属于熊家岭东南部的延伸地带。墓葬布局具有一定的规律,基本呈"一"字形南北向排列分布,墓地的北、中、南部各分布三座。其中二座为土坑墓,由墓道和墓室组成,平面呈"甲"字形,其余皆为砖室墓,平面呈长方形、"凸"字形或刀形。砖室墓均在墓室的一端设有竖穴土坑墓道,墓道为斜坡形,由于毁坏严重,部分墓葬的墓道已不存在。

墓葬均开口于表土层下,墓口距现地表深0.15～0.2米,墓坑深或残深0.1～2.14米。墓葬方向除北部的M6为坐北朝南、中南部的M40为坐东朝西外,其余7座均为坐西朝东。墓内填土均为红褐色五花土,夹杂有较多的料姜石块,其中砖室墓填土内还包含有较多的碎砖块和少量的陶器残片等。土坑墓的墓内葬具均已腐朽,仅能根据腐朽痕迹判断有无葬具或葬具的数量。在两座土坑墓中,一座为一椁一棺(M27),人骨腐朽无存,葬式不明;另一座为一椁两棺(M34),从朽痕看,棺内底部有铺草木灰的现象,可辨葬式为仰身直肢葬。砖室墓扰乱严重,葬具及葬式不明。除两座土坑墓有随葬器物外,其他砖室墓由于遭到不同程度的盗扰和破坏,个别墓葬仅在填土中出土有少量陶片,墓内的随葬品基本无存。出土器物均为泥质灰陶,组合基本为鼎、罐、仓、灶、井、磨、盆等,个别出土有陶鸡和随葬有铜釜、铜盆,多数墓葬出土有少量的铜钱等(见附表二)。

第二节 墓葬分述

汉代时期的墓葬共发现9座,分别编号为M6、M10、M26、M27、M33、M34、M40、M42和M52。其中砖室墓7座,土坑墓2座。现分述如下。

一、M6

M6位于墓地的北部,东北与M33相距10.5米,东南与M10相距11米。

1. 墓葬形制

该墓为一座坐北朝南的砖室墓，平面呈"凸"字形，方向170°。墓口开于耕土层下，距现地表0.2米。墓葬上部被毁，仅残存下部一小部分，墓道已不存在。该墓现存部分由甬道和墓室两部分组成，墓葬总残长4.4米（图一八三）。

甬道 位于墓室南端，平面呈长方形，甬道壁砖仅存墓室口部东侧一层平砖。南北进深1.66米，东西宽1.1米，残高0.3米。

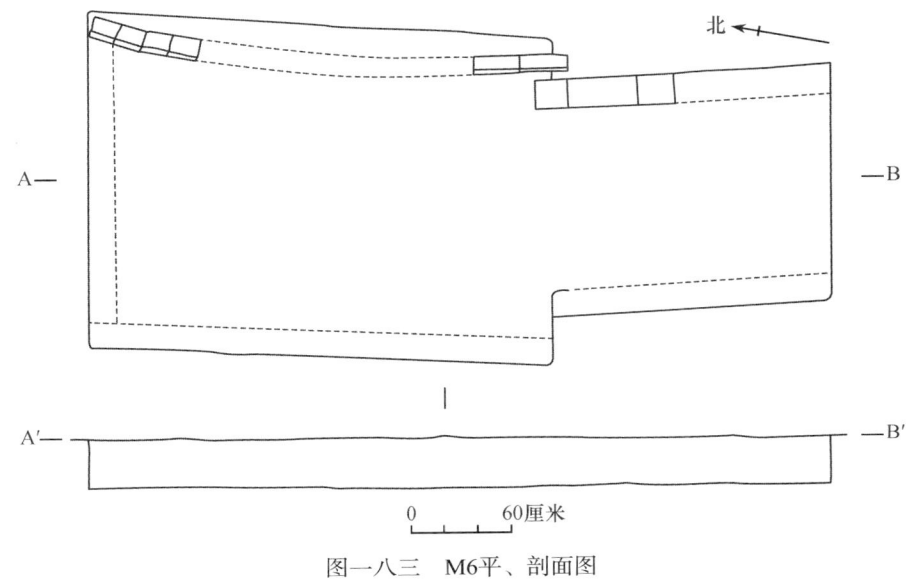

图一八三 M6平、剖面图

墓室 平面呈长方形，长2.74米，宽2.04米，残高0.3米。壁砖被毁坏严重，仅存墓室东北角和东南角几块残砖。用砖规格为36厘米×16厘米×5厘米。

墓内填土为浅红褐色五花土，土质较硬，土内含有较多的红砖块和少量的料姜石块。

2. 葬具与葬式

因该墓被盗扰和毁坏严重，墓内葬具与葬式皆不详。

3. 随葬器物

该墓被盗扰和毁坏严重，随葬器物被劫掠一空，仅在墓室西南部的填土中出土10枚五铢铜钱。

铜钱 10枚。其中2枚破碎，8枚较完整。制作规整，正面有内郭无外郭，背面内外郭俱全。M6∶1-1，"五"字交笔弯曲，上下横笔基本与两竖齐，"朱"旁上横笔圆折，"金"字尖呈三角形，四点多较短。直径2.5厘米（图一八四，1）。M6∶1-2，形制、尺寸与M6∶1-1相同（图一八四，2）。

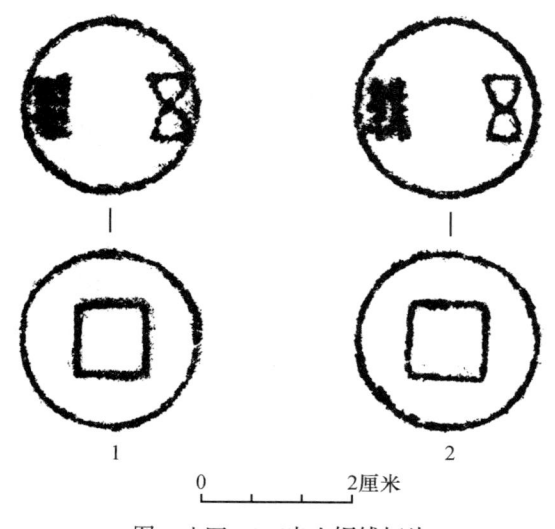

图一八四　M6出土铜钱拓片
1、2. 五铢（M6∶1-1、M6∶1-2）

二、M10

M10位于墓地北部略偏东，北与M33相距9.5米，西北与M6相距11米。

1. 墓葬形制

该墓为一座坐西朝东的砖室墓，平面呈"凸"字形，方向90°。墓口开于耕土层下，距现地表约0.15米。由于距地表较浅，该墓上部被毁严重。该墓由墓道、甬道和墓室三部分组成，现总长6.9米（图一八五）。

墓道　位于甬道东端，平面为长方形，口残长2.18米，宽1.24米。底呈斜坡状，坡长2.04米，底宽1.24米，墓道最深处距墓口1.08米。墓道与甬道之间设有墓门，墓门用条砖残块错缝平砌封堵，残存18层，封门砖呈外弧形。

甬道　平面呈长方形，东西进深1.37米，南北宽1.04米，高1.02米。甬道南、北两壁为顺砖错缝平砌，残存18层。

墓室　平面呈长方形，东西长3.25米，南北宽1.88～1.8米，残高0.84～1.08米。墓室上部残毁，下部四壁均用条砖顺向错缝平铺砌筑；底部用条砖顺向错缝铺砌，但多已被毁无存。在墓室的后部设有棺床，棺床长2.34米，高0.18米。

该墓用砖规格相同，均为子母砖，规格为40厘米×16厘米×6厘米。砖的一侧宽面上饰有

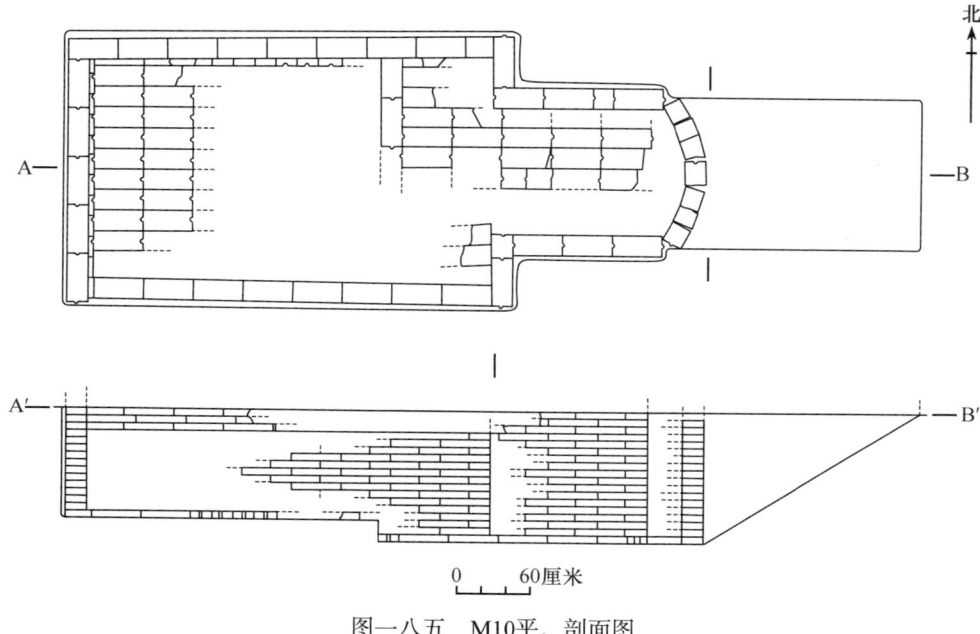

图一八五　M10平、剖面图

粗绳纹,一长侧面饰有菱形纹和三角纹几何纹。

墓道内填土为浅红褐色五花土,土质干燥较硬,土内含有少量的料姜石块;墓室内填五花土,含有大量的碎砖块和少量的料姜石块。

2. 葬具与葬式

因该墓被盗扰和毁坏严重,墓内葬具与葬式皆不详。

3. 随葬器物

该墓被盗扰和毁坏严重,随葬器物被劫掠一空,仅在墓内填土中发现3枚五铢铜钱。

铜钱 3枚。大小、形状相同。M10:1-1,"五"字交笔弯曲,上下横笔基本与两竖齐,"朱"旁上横方折,下笔圆折,"金"字尖呈三角形,四点较短。直径2.5厘米(图一八六)。

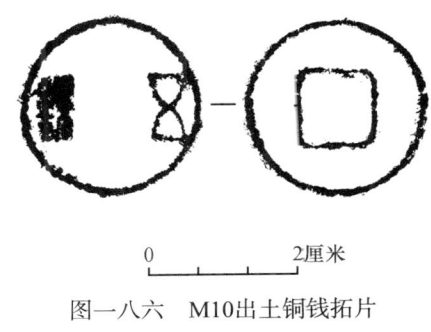

图一八六 M10出土铜钱拓片
五铢(M10:1-1)

三、M26

M26位于墓地的中西部,西南与M27相距3米。

1. 墓葬形制

该墓为一座东西向的长方形竖穴砖室墓,方向75°。墓口开于耕土层下,距现地表0.2米。因该墓被毁严重,仅残留墓室下部一小部分。墓口东高西低,墓壁斜直,壁砖已无存,墓底平坦(图一八七)。

墓室平面呈长方形,口部东西长3.4米,南北宽2.2米;底部东西长3.25米,南北宽1.92~2米。墓底距墓口深0.36~0.6米。

墓内填土为浅红褐色五花土,土质较硬,土内含有少量的料姜石块和大量的碎砖块。

2. 葬具与葬式

因该墓被盗扰和毁坏严重,墓内葬具与葬式皆不详。

3. 随葬器物

该墓被盗扰和毁坏严重,随葬器物被劫掠一空,未发现任何遗物。

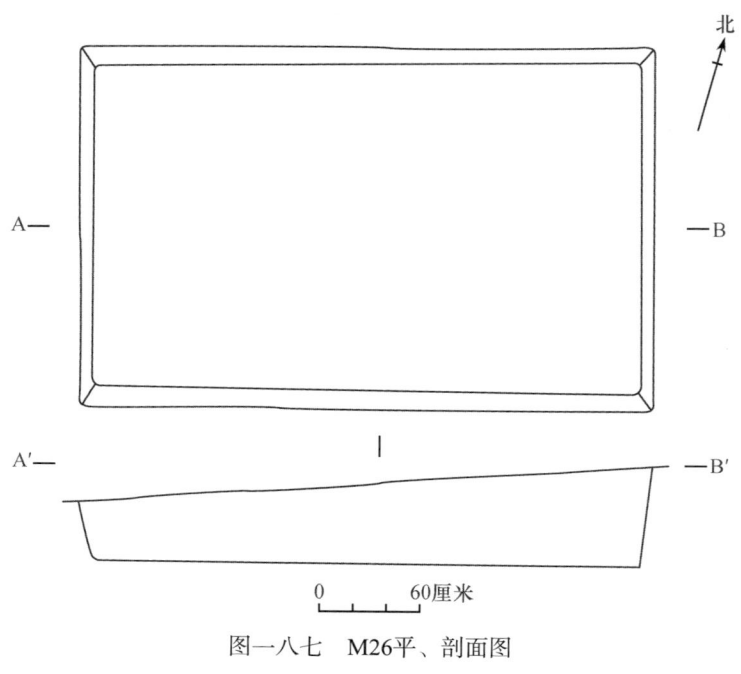

图一八七　M26平、剖面图

四、M27

M27位于墓地的中西部，东北与M26相距3米，东南与M34相距24米。

1. 墓葬形制

该墓为一座坐西朝东的土圹墓，平面呈"甲"字形，方向87°。墓口开于耕土层下，距现地表0.2米。该墓由墓道和墓室两部分组成，总长8.06米（图一八八；彩版七，1）。

墓道　位于墓室东端，口部平面呈长方形，墓道南、北两壁上下齐整，底部为斜坡状。口部东西长5.1米，南北宽1.2米；底坡长6.6米，宽1.1～1.2米。底部距墓口最深处为1.84米。

墓室　平面呈长方形，墓室的西、北两壁向下斜直，南壁略外张，底部平坦。墓室口部东西长2.96米，南北宽1.54米。墓底距墓口高2.16米。在室内底部四周设生土二层台，东侧台宽0.4米，南侧台宽0.17～0.38米，西侧台宽0.12～0.14米，北侧台宽0.14～0.18米，台高0.32米。二层台内的墓底东端略窄，西端稍宽，平面近长方形，东西长2.4米，南北宽1～1.16米。

墓内填土为浅红褐色五花土，土质较疏松，且黏湿，土内含有少量的料姜石块。

2. 葬具与葬式

（1）葬具

墓内葬具腐朽严重，加上墓室底部黏湿，难以清理。仅见零星的木质腐朽痕迹，推测应有木棺。

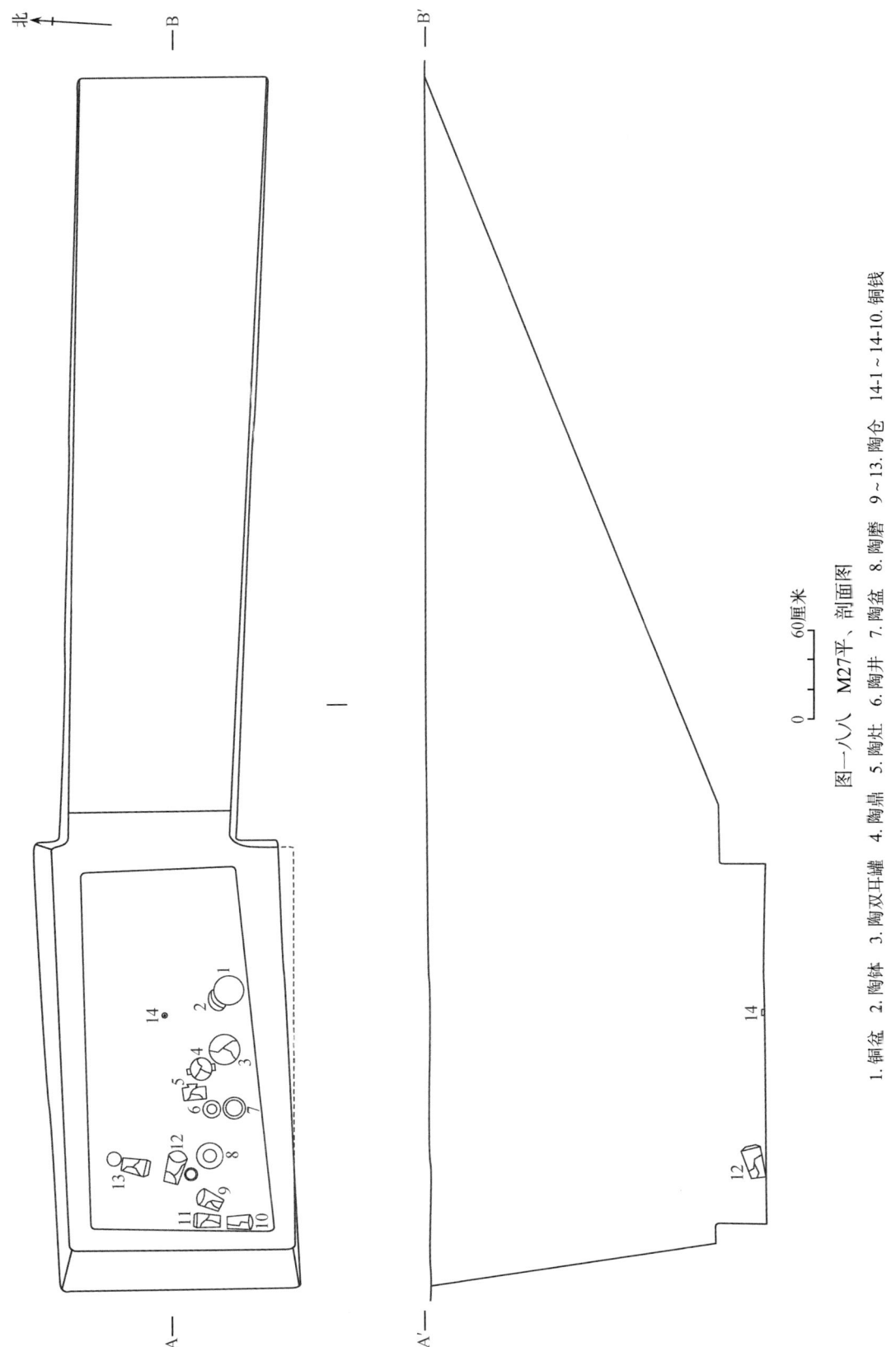

图一八八 M27平、剖面图
1.铜盆 2.陶钵 3.陶双耳罐 4.陶鼎 5.陶灶 6.陶井 7.陶盆 8.陶磨 9~13.陶仓 14-1~14-10.铜钱

（2）葬式

墓内人的骨骼因腐朽过甚未能清出，故葬式不详。

3. 随葬器物

随葬器物主要放置于墓室底部的南部和西端。其中墓底南部有陶钵、罐、鼎、灶、井、盆和铜洗、钱等，西端有陶仓、磨等。

随葬器物共23件（枚）。依质地可分为陶器和铜器两类。其中陶器12件，计有鼎1件、双耳罐1件、仓5件（带盖）、灶1件、盆1件、钵1件、井1件、磨1件（图版六九，1）；铜器11件（枚），计有洗1件、钱10枚。

（1）陶器

12件。

鼎　1件。M27∶4，泥质灰陶。子母敛口，口沿外侧下附有两个对称的长方形耳，耳上部外撇较甚，弧腹略鼓，腹上部有一周折棱，下附三个柱状足，足外撇较甚。通高12.8、口径13.2厘米（图一八九，1；图版七〇，1）。

双耳罐　1件。M27∶3，泥质灰陶。敞口，方唇，唇面微凹，短束颈，平肩，肩部有两个对称的牛鼻形耳，鼓腹，平底内凹。口沿内侧饰两周凹弦纹，肩部以下至腹中部饰竖绳纹，腹下部及底饰横绳纹，五周宽凹弦纹又将绳纹分成六部分。高29、口径12.4、最大腹径28、底径10厘米（图一八九，2；图版七〇，3）。

仓　5件。陶质、形制、纹样基本相同，大小略异。均为泥质灰陶。整器上宽下窄，圆形。上有盖，盖顶部隆起。器身敛口，方唇，折肩，筒形腹，腹壁斜直内收，平底。外腹壁饰八周宽凹弦纹。M27∶9，盖为拱弧形，方圆唇，器近底部有刀削痕。通高18.3、口径8、底径10厘米（图一八九，8；图版七〇，4）。M27∶10，盖为浅盘形，圆唇，器近底部有刀削痕。通高18.4、口径9.6、底径9.6厘米（图一八九，9；图版七〇，5）。M27∶11，盖为浅盘形，圆唇，顶部近平。通高18.8、口径8.4、底径8.8厘米（图一八九，11；图版七〇，6）。M27∶12，盖为弧形，圆唇，器近底部有刀削痕。肩下部饰一周凹弦纹。通高19、口径8.8、底径9.6厘米（图一八九，12；图版七一，1）。M27∶13，盖弧形，圆唇，器近底部有刀削痕。通高18.6、口径7.6、底径9.6厘米（图一八九，13；图版七一，2）。

灶　1件。M27∶5，泥质灰陶。整体近长方形，灶体前端较宽呈方形，后部稍窄呈弧形，灶面小底大，两侧壁略弧，前后端两侧各有刀削面；灶面上两个圆形灶眼，灶前有半圆形不落地火门，后壁有一圆形烟眼。两个灶眼上分置一甑、一釜和一盆。其中甑为敞口，圆唇，斜折沿，弧腹近直，平底，底部有五个圆形小孔，内壁有轮制痕迹，底部有刀削痕；釜为敛口，方圆唇，鼓腹，小平底，近底部有刀削痕；盆体很小，圆唇，口略侈，弧折腹，小平底。灶体高5.6、长20.6、宽11厘米；甑高5、口径12.8、底径5.6厘米；釜高6.4、口径6.8、腹径9.6、底径4厘米；盆高3、口径5.2、底径3厘米（图一八九，6；图版七〇，2）。

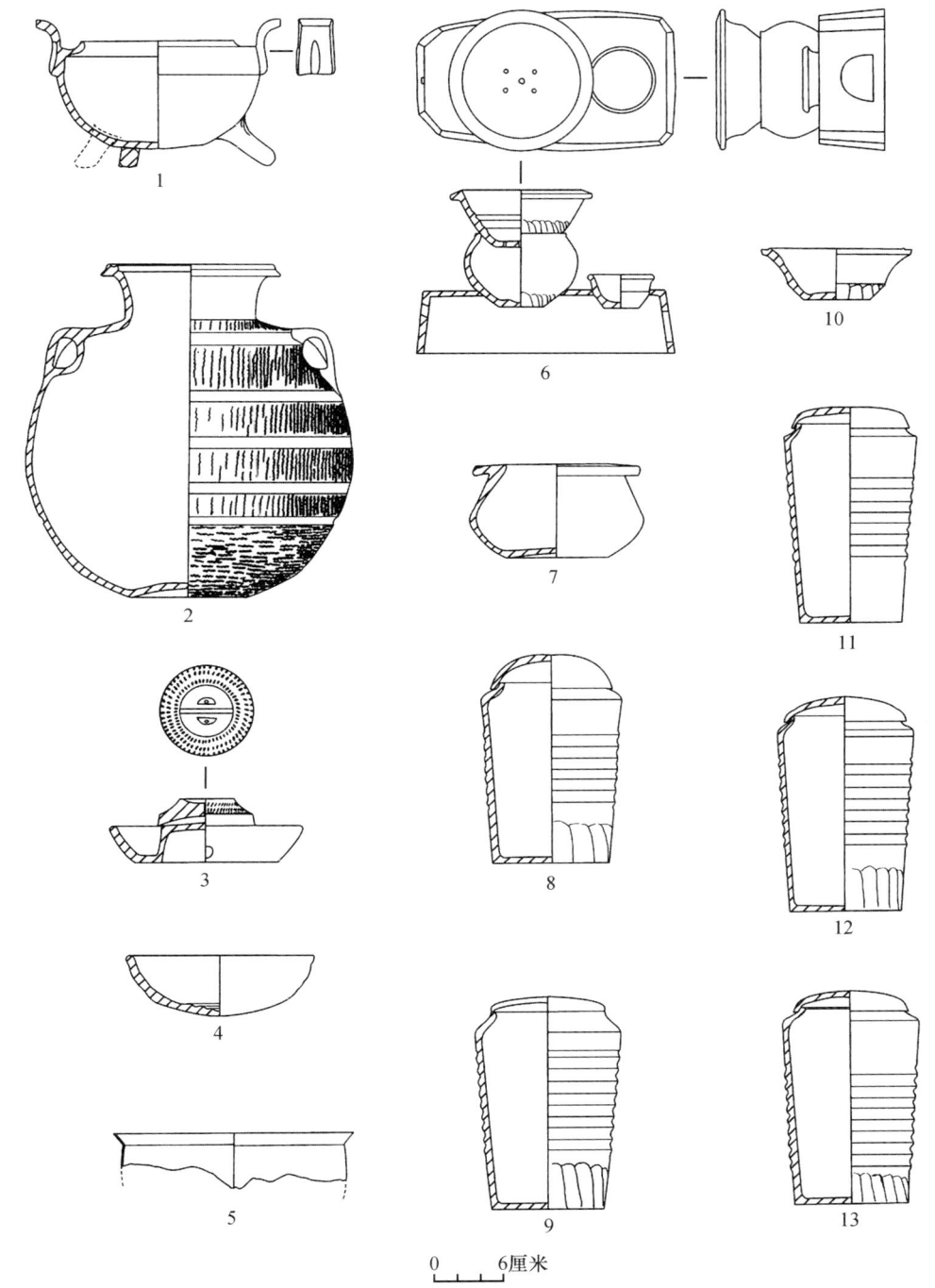

图一八九 M27出土器物

1. 陶鼎（M27∶4） 2. 陶双耳罐（M27∶3） 3. 陶磨（M27∶8） 4. 陶钵（M27∶2） 5. 铜洗（M27∶1）
6. 陶灶（M27∶5） 7. 陶井（M27∶6） 8、9、11~13. 陶仓（M27∶9、M27∶10、M27∶11、M27∶12、M27∶13）
10. 陶盆（M27∶7）

盆 1件。M27∶7，泥质灰陶。敞口，方唇，翻折沿，沿面有一道凹槽，内弧腹，外腹壁微折，平底，底部有刀削痕。高4.5、口径11.2、底径5.6厘米（图一八九，10；图版七一，3）。

钵 1件。M27∶2，夹砂灰陶。口微敛，圆唇，弧腹，圜底，底部内侧有轮制痕迹。高

5.4、口径14.8厘米（图一八九，4；图版七一，4）。

井　1件。M27：6，泥质灰陶。敛口，斜方唇，宽平沿，沿面外侧有一道凹槽，颈微束，折腹外鼓，折棱不明显，平底微内凹。口径8.8、底径8.8、高8.2厘米（图一八九，7；图版七一，5）。

磨　1件。M27：8，夹砂灰陶。分上下两扇。上扇呈圆形，中部微凹，有两个月牙形凹槽和两个小孔，上扇底部内凹；下扇圆盘形，盘壁微外弧，中部圆柱形且顶部上拱，底部中空，平底，近底部有一小圆孔。上扇表面饰有三周麻点纹。通高5.6、上扇径8.4、下扇径7.6、盘径16厘米（图一八九，3；图版七一，6）。

（2）铜器

11件（枚）。

洗　1件。M27：1，铜绿色，锈蚀严重。胎壁较薄，腹部以下残甚。敛口，翻折沿上翘。口径18.8、残高2.4厘米（图一八九，5；图版七二，1）。

钱　10枚。标本M27：14-1～M27：14-10，钱文"五铢"，内外郭俱全。"五"字交笔弯曲，上下两横出头接于外郭或内郭，"朱"字头上横方折，"金"字尖呈三角形，四点多较短。直径2.5厘米（图一九〇，1～10）。

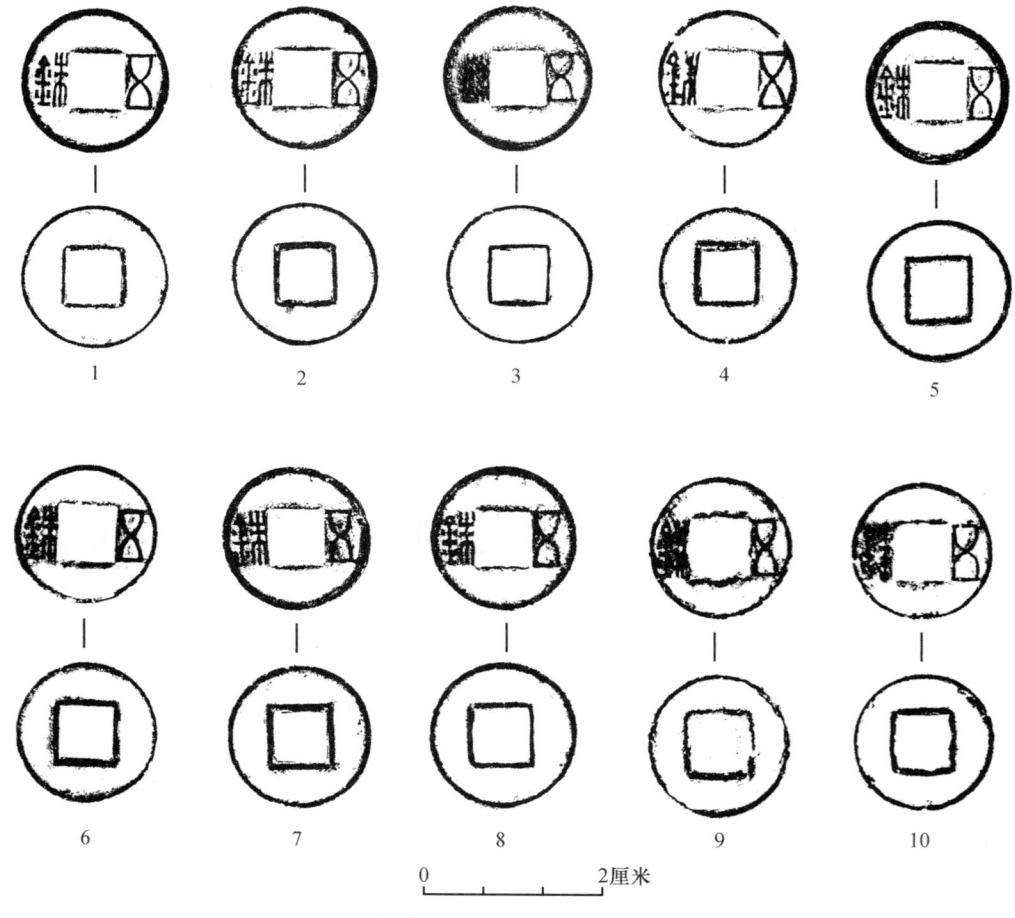

图一九〇　M27出土铜钱拓片
1～10. 五铢（M27：14-1～M27：14-10）

五、M33

M33位于墓地的东北部，南与M10相距9.5米，西南与M6相距10.5米。

1. 墓葬形制

该墓为一座坐西朝东的砖室墓，平面呈"甲"字形，方向90°。墓口开于耕土层下，距现地表0.2米。该墓上部被毁严重，仅残存下部一小部分。由墓道、甬道和墓室三部分组成，总残长5.52米（图一九一）。

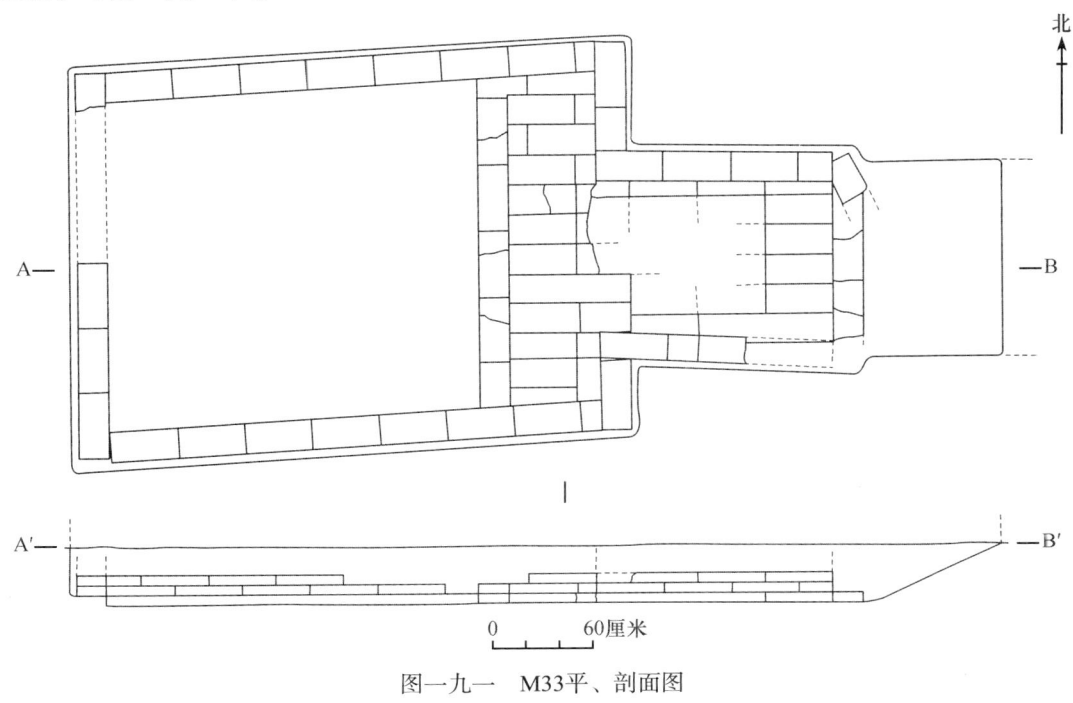

图一九一　M33平、剖面图

墓道　位于甬道的东端，大部分被毁坏掉。墓道口部平面呈长方形，底部为斜坡状。口部东西残长1.0米，南北宽1.2米；底坡残长1.06米，宽1.2米。底距墓口最深处仅0.35米。

甬道　位于墓道和墓室之间，平面呈长方形，东西进深1.38米，南北宽0.92~0.96米，残高0.12米。甬道南、北两壁的砖墙多已无存，仅残存底部少许，为平砖错缝顺铺砌筑。封门砖无存。

墓室　平面呈长方形，东西长2.92米，南北宽2.0米，残高0.35米。室壁砌砖大部分被毁掉，仅残存1~4层，平砖错缝顺铺砌筑。在墓室后部原设有砖砌的棺床，现已被毁。仍可看出棺床长2.2米，宽2米，残高0.12米。墓底铺砖也多已无存，残余底前部及甬道内铺砖，均为平砖对缝顺铺。

该墓用砖规格均为40厘米×18厘米×6厘米，砖的一面饰有菱形纹和三角纹。

墓道内填土为浅红褐色五花土，土质较纯净，含有少量的料姜石块；墓室内填红褐色五花土和大量碎砖块。

2. 葬具与葬式

该墓被盗扰和毁坏严重，墓内葬具与葬式皆不详。

3. 随葬器物

该墓被盗扰和毁坏严重，随葬器物被劫掠一空，未发现任何遗物。

六、M34

M34位于墓地的中南部，西北与M27相距24米。

1. 墓葬形制

该墓为一座坐西朝东的土圹墓，平面呈"甲"字形，方向97°。墓口开于耕土层下，距现地表0.18米。该墓由墓道和墓室两部分组成，总长7.48米（图一九二；彩版七，2）。

墓道 位于墓室东端，墓道口平面近长方形，东端略窄于西端，南、北两壁的西部向下略外张，呈口大底小状，底部为斜坡。墓道口东西长4.4米，南北宽1.44~1.56米；底坡长4.7米，宽1.37~1.78米。底部距墓口最深处为1.6米。

墓室 东端略宽于西端，平面近长方形，墓室的四壁向下斜直略外张，底部平坦。墓室口部东西长3.08米，南北宽1.9~2.04米。室底距墓口高2米。在室内底部四周设生土二层台，东侧台宽0.28米，南侧台宽0.16米，西侧台宽0.12米，北侧台宽0.2~0.26米，台高仅0.2米。二层台内的墓底东端略宽，西端稍窄，平面近长方形，东西长2.76米，南北宽1.6~1.74米。

墓内填土为浅红褐色五花土，土质较干硬，土内含有少量的料姜石块。

2. 葬具与葬式

（1）葬具

该墓内未见葬具，仅在墓主骨骼下发现铺有厚0.04~0.05米的草木灰。其中南侧墓主骨骼下的草木灰痕迹范围为东西长2.23米，南北宽0.5~0.66米，厚0.05米；北侧墓主骨骼下草木灰痕迹范围为东西长1.9米，南北宽0.38~0.44米，厚0.04米。

（2）葬式

墓室底部葬有墓主二人，系夫妻合葬墓。北侧的墓主骨骼较为凌乱，应为二次迁葬，初步鉴定为女性；南侧的墓主初步鉴定为男性。两具骨骼皆已腐朽，保存较差。葬式均为仰身直肢葬，头东足西，年龄不详。

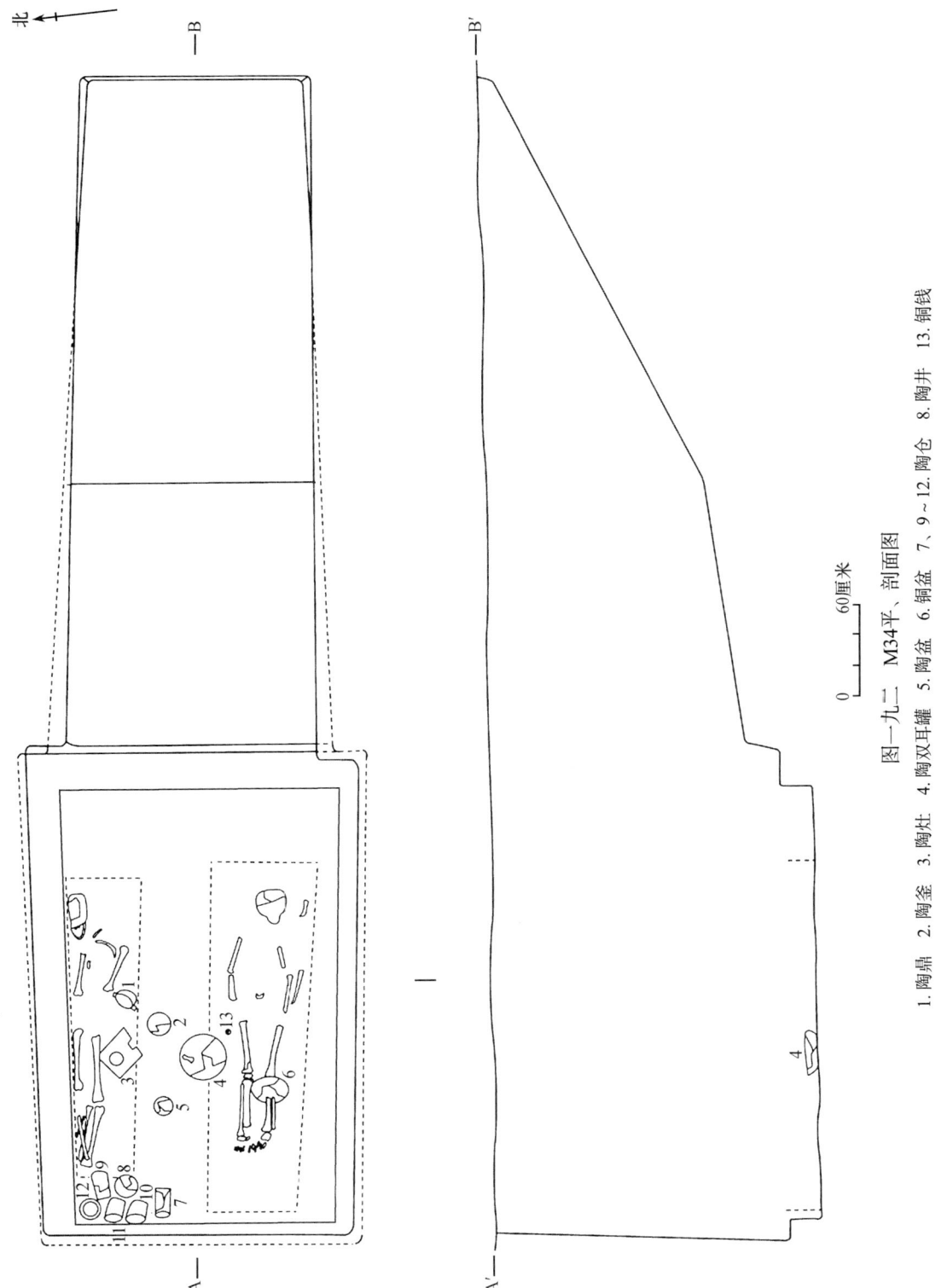

图一九二 M34平、剖面图

1.陶鼎 2.陶釜 3.陶灶 4.陶双耳罐 5.陶盆 6.铜盆 7、9~12.陶仓 8.陶井 13.铜钱

3. 随葬器物

随葬器物主要放置于墓室的中部和西南角。其中墓底中部有陶鼎、釜、灶、罐、盆和铜盆、钱等，西南角有陶仓、罐等。

随葬器物共13件。依质地可分为陶器和铜器两类。其中陶器11件，计有鼎1件、罐1件、灶1件、釜1件、盆1件、仓5件、井1件（图版六九，2）；铜器2件，计有盆1件、钱1枚。

（1）陶器

11件。

鼎　1件。M34：1，泥质灰陶。子母敛口，尖圆唇，口沿外侧下附有二个对称的长方形外折耳，扁鼓腹，下腹弧形内收为圜底，下附三个瘦长的扁形兽蹄形足。耳部外侧面饰变形兽面纹，足部蹄面饰人面纹。通高12.8、口径13厘米（图一九三，1；图版七二，2）。

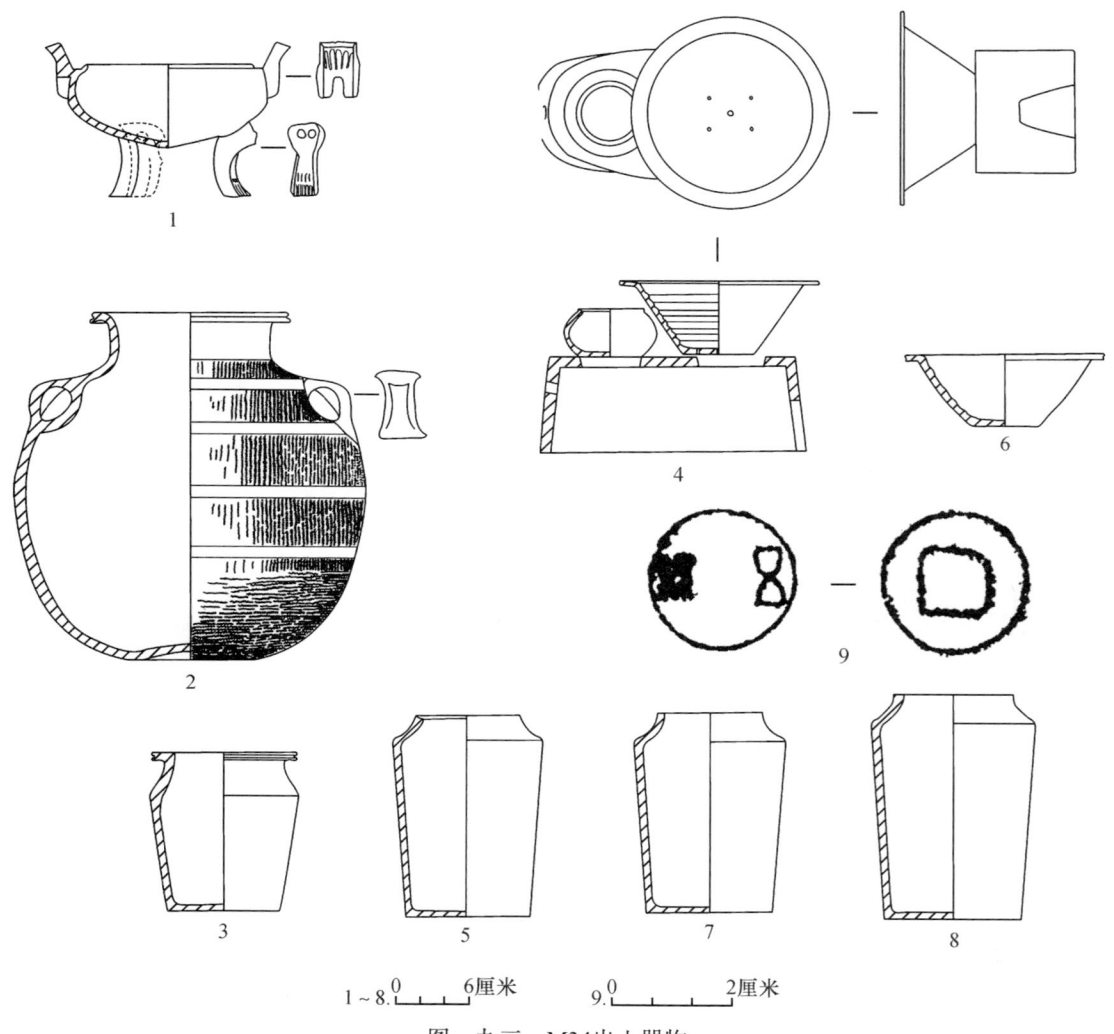

图一九三　M34出土器物

1. 陶鼎（M34：1）　2. 陶双耳罐（M34：4）　3. 陶井（M34：8）　4. 陶灶（M34：3）　5、7、8. 仓（M34：12、M34：11、M34：10）　6. 盆（M34：5）　9. 五铢钱拓片（M34：13）

双耳罐　1件。M34：4，泥质灰陶。敞口，方唇，唇部有一周凹槽，平折沿微卷，束颈，溜肩，肩部有两个对称的桥形耳，鼓腹，平底内凹。肩部以下至腹中部饰竖绳纹，腹下部及底饰横绳纹，五周宽凹弦纹又将绳纹分成六部分。高29.2、口径15.6、最大腹径28.4、底径10.1厘米（图一九三，2；图版七二，5）。

灶　1件。M34：3，泥质灰陶。近长方形，前方后圆，前端壁近直，后端呈弧形；灶面上两个圆形灶眼，灶前有梯形火门，后壁有一圆形烟眼。两个灶眼上分置一甑一釜，其中甑为敞口，平折沿，方唇，斜直腹略外弧，平底，底部有八个小孔，腹内壁有数周凸弦纹；釜为敛口，圆唇，鼓腹，平底。灶体高8、长21.4、宽8.2～10厘米；甑高5.5、口径15、底径6厘米；釜高4、口径4.4、腹径7.4、底径5厘米（图一九三，4；图版七二，3）。

釜　1件。M34：2，从出土位置看，应为陶灶M34：3上面甑下的一附件。因残碎较甚，未能修复。

盆　1件。M34：5，泥质灰陶。敞口，平折沿，方唇，唇上有一道凹槽，斜腹略外弧，近平底。腹内壁有数周凸弦纹。高6、口径12.8、底径5.6厘米（图一九三，6；图版七二，4）。

仓　5件。形制基本相同，大小略异。整器皆呈圆形，上粗下细，敛口，方唇，折肩，筒形腹，腹壁斜直，平底。M34：10，泥质黑皮陶，灰胎。高18.4、口径8、底径11.2厘米（图一九三，8；图版七二，6）。M34：11，泥质灰陶。高16.4、口径7.4、底径10厘米（图一九三，7；图版七三，1）。M34：12，泥质灰陶。唇部有一道浅凹槽。高16.4、口径7.4、底径10厘米（图一九三，5；图版七三，2）。M34：7和M34：9，残甚，未能修复。

井　1件。M34：8，泥质灰陶。口微敛，方唇，唇部有一道凹槽，颈微束，折肩，腹壁斜直，平底。高13.2、口径11.7、底径9.1厘米（图一九三，3；图版七三，3）。

（2）铜器

2件。

盆　1件。M34：6，铜绿色，锈蚀严重。口微敛，窄平折沿，弧腹。因胎壁很薄，破碎较甚，未能修复。

钱　1枚。钱文"五铢"。M34：13，"五"字交笔弯曲，上下两横不出头，与两竖平齐，"朱"字头上横方折，"金"字尖呈三角形，四点较短。直径2.4厘米（图一九三，9）。

七、M40

M40位于墓地的南部略偏北，南部与M42相距13米。

1. 墓葬形制

该墓为一座坐东朝西的砖室墓，平面呈"甲"字形，方向290°。墓口开于耕土层下，距地表0.17米。由于该墓上部被盗毁严重，仅存墓葬下部。该墓由墓道、甬道和墓室三部分组成，现总残长5.06米（图一九四）。

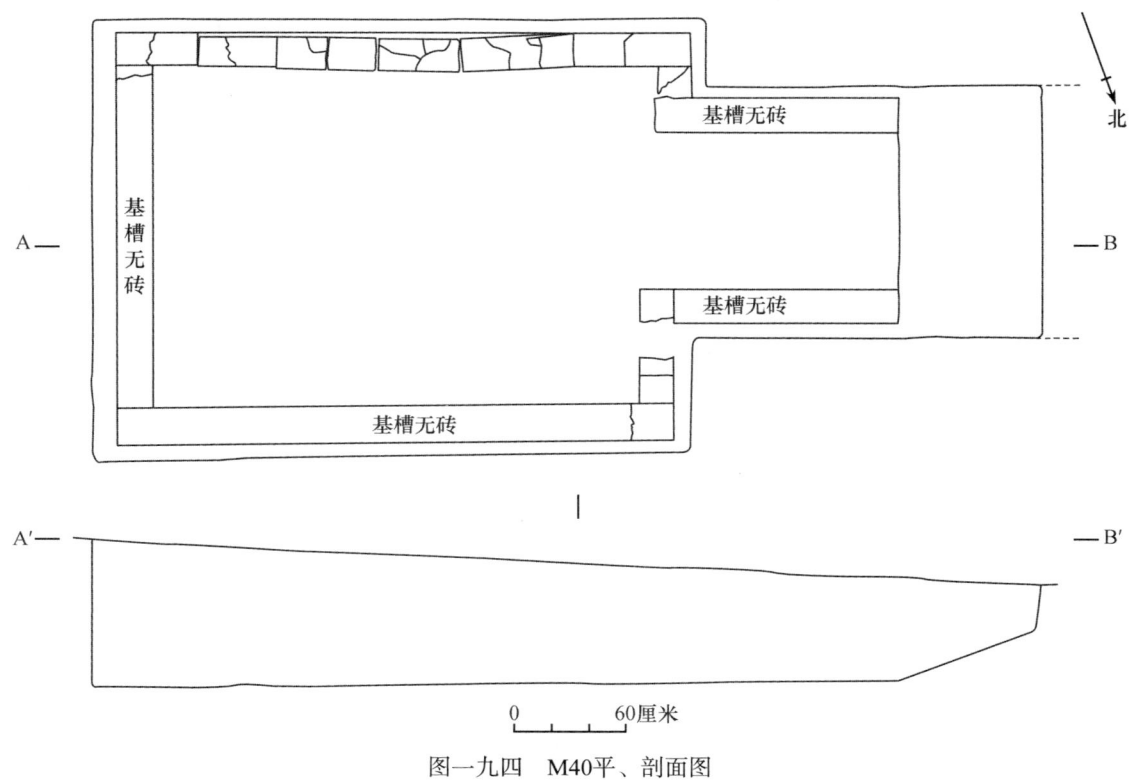

图一九四 M40平、剖面图

墓道 位于甬道的西端，墓道口平面呈长方形，南、北两壁上下垂直，较规整，底为斜坡状。墓道口东西残0.76米，南北宽1.37米。底距口部最深处为0.54米。

甬道 介于墓道和墓室之间，平面呈长方形。甬道被毁严重，从南、北两壁明显的砖墙基槽痕迹判断，应为砖券结构。东西进深1.38米，南北宽0.86米，残高0.58米。

墓室 平面呈长方形，直壁，底部平坦。东西长3.1米，南北宽2.26~2.4米，残高0.8米。墓内除北壁留下一层平砖外，其他壁砖皆已无存，四周留下非常明显的墙砖基槽痕迹。砖为青灰色条砖，规格为36厘米×18厘米×5厘米。

墓内填土为浅红褐色五花土，土质较硬，含有较多的碎砖块和少量的器物残片。

2. 葬具与葬式

该墓被盗扰和毁坏严重，墓内葬具与葬式皆不详。

3. 随葬器物

该墓被盗扰和毁坏严重，随葬器物被劫掠一空。仅在填土内发现陶磨1件、残陶鸡1件和铜钱2枚。

（1）陶器

2件。

磨 1件。M40：2，夹砂灰陶。体呈圆盘状，中部为粗圆柱形磨扇，扇顶部微弧，中部有一个圆形小磨眼，底部中空。高5.2、扇径8、盘径15.4、底径10.6厘米（图一九五，1；图版七三，4）。

鸡 1件。M40：3，泥质灰陶。出土时鸡头已残缺。作站立状，挺胸，尾部上翘，两侧饰有翅和羽毛，下为圆形圈足座。体残高8.6、长9.8、宽4.6厘米（图一九五，2；图版七三，5）。

（2）铜器

仅有钱一种。

钱 2枚。大小、形状相同。M40：1-1，钱文"五铢"。"五"字交笔弯曲，上下两横不出头，与两竖平齐，"朱"字头上横方折，"金"字尖呈三角形，四点呈短长方形。直径2.5厘米（图一九五，3）。

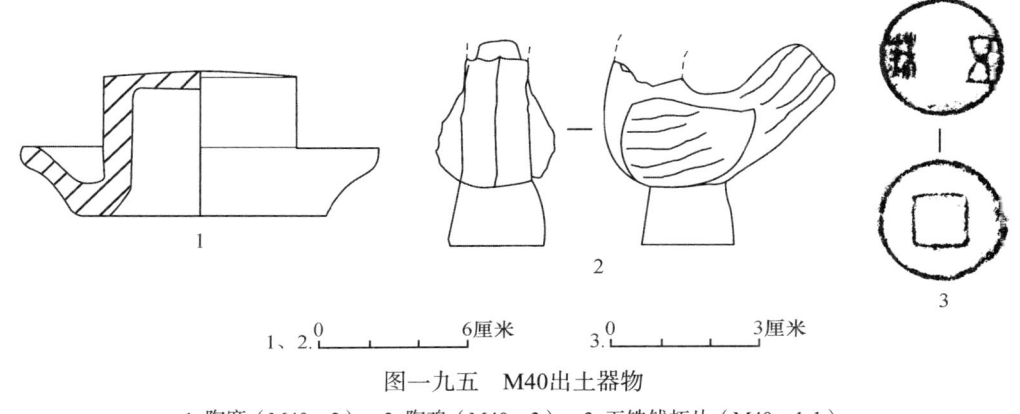

图一九五 M40出土器物
1. 陶磨（M40：2） 2. 陶鸡（M40：3） 3. 五铢钱拓片（M40：1-1）

八、M42

M42位于墓地的南部略偏北，北与M40相距13米。

1. 墓葬形制

该墓为一座坐西朝东的砖室墓，平面呈"甲"字形，方向110°。墓口开于耕土层下，距现地表0.18米。由于该墓上部被毁坏严重，仅存墓葬下部。该墓由墓道和墓室两部分组成，现总长7.26米（图一九六）。

墓道 位于墓室的东端，墓道口东窄西宽，平面略呈梯形，口部略宽于底部；南、北两壁向下斜直，较规整，底部为斜坡状。墓道口东西长2.6米，南北宽1.16～1.44米；底坡长2.4米，宽1.1～1.23米。底距口部深为0.3～0.8米。

墓室 平面呈长方形，口部略大于墓底，墓壁较斜直，底部平坦。墓室口部东西长4.66米，宽2.38～2.27米；底部东西长4.44米。南北宽2.3米，残高0.7～0.8米。墓室的南、北两壁仅存少量子母口条砖，平砖错缝顺砌，室顶已遭破坏，高度及形状不详。在墓室底西部设有一棺床，棺床长2.58米，宽2.38米，残高0.7米。墓室棺床铺地砖仅存一排平砖顺铺。墓内用砖均为

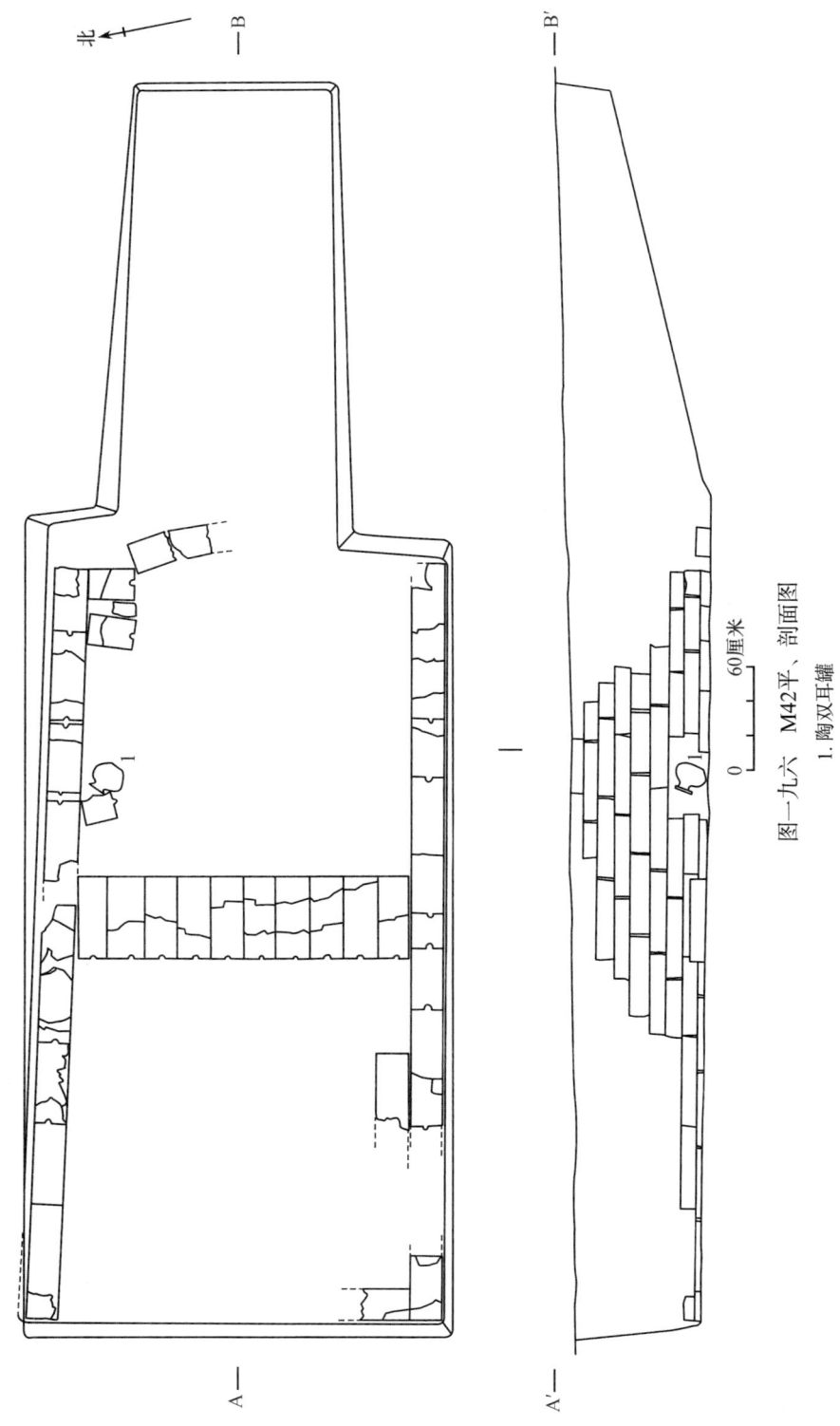

图一九六 M42平、剖面图
1. 陶双耳罐

子母砖，规格为长37厘米×18厘米×8厘米。

墓内填土为浅红褐色五花土，土质较干硬，土内含有少量的料姜石块和大量的碎砖块。

2. 葬具与葬式

该墓被盗扰和被毁严重，墓内葬具与葬式皆不详。

3. 随葬器物

该墓被盗扰和毁坏严重，大部分随葬器物被盗走或被扰动。从现存情况看，随葬器物应放置于墓内棺床东部墓室底部。

随葬器物4件（枚）。其中陶罐1件，出于墓室中部棺床下北壁边；铜钱3枚，出土于墓室底部填土之中。

陶罐　1件。M42：1，夹砂灰陶。盘口微侈，圆唇，卷沿，束颈，斜肩微折，弧腹略鼓，肩腹处有两个对称的桥形耳，平底微内凹。高15.8、口径11.6、最大腹径17、底径9.2厘米（图一九七，1；图版七三，6）。

铜钱　3枚。钱文"五铢"。M42：2-1，"五"字交笔弯曲，上下两横不出头，与两竖平齐，"朱"字头上横方折，"金"字尖呈三角形，四点较短。直径2.5厘米（图一九七，2）。M42：2-2，"五"字交笔弯曲，上下两横出头相交于外郭，"朱"字头上横方折，"金"字尖呈三角形，四点较短。直径2.5厘米（图一九七，3）。M42：2-3，"五"字交笔弯曲，上下横笔基本与两竖齐，"朱"旁上横笔圆折，"金"字尖呈三角形，四点较短。直径2.5厘米（图一九七，4）。

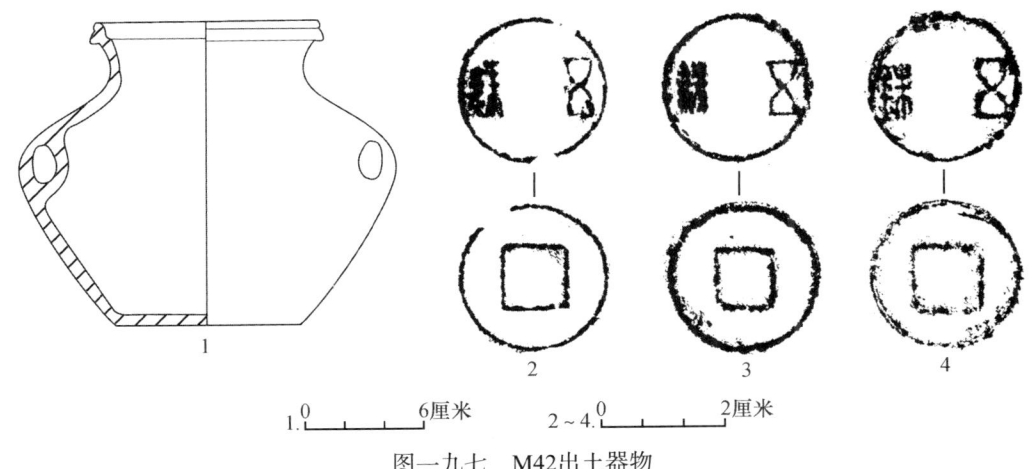

图一九七　M42出土器物
1. 陶双耳罐（M42：1）　2~4. 五铢钱拓片（M42：2-1～M42：2-3）

九、M52

M52位于墓地的南部。

1. 墓葬形制

该墓为一座坐西朝东的砖室墓,平面呈刀形,方向95°。墓口开于耕土层下,距现地表0.2米。该墓被毁坏严重,仅存墓葬下部一小部分。该墓由墓道和墓室两部分组成,现总残长4.7米(图一九八)。

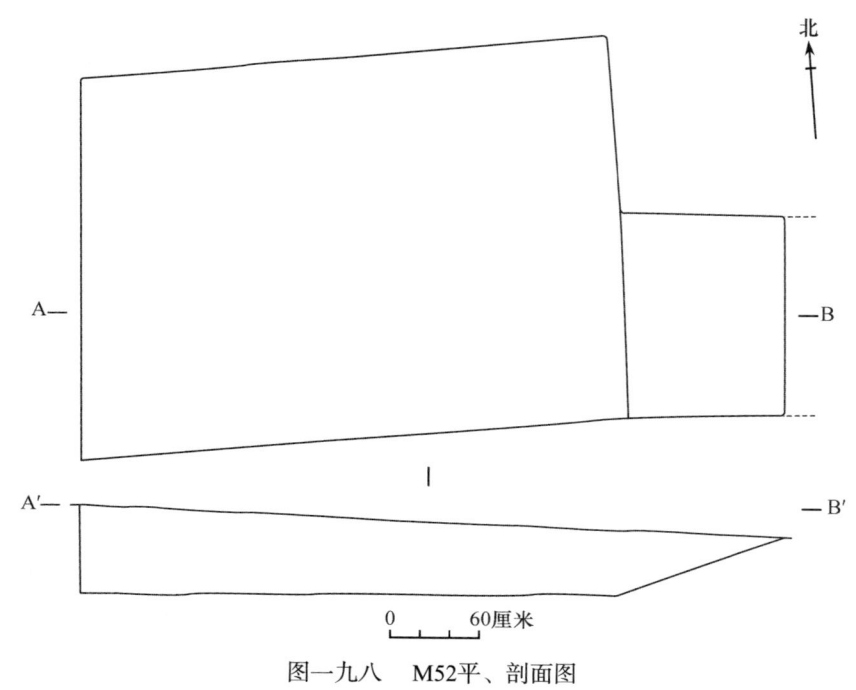

图一九八　M52平、剖面图

墓道　位于墓室东端南侧,平面近长方形,墓道南、北两壁陡直,底部为斜坡状。墓道口东西残长1.1米,南北宽1.36~1.4米;底坡长1.14米,宽1.36~1.4米。底距墓口最深处为0.44米。

墓室　平面近长方形,墓壁上下陡直,底部平坦。墓室口部东西长3.5~3.6米,宽2.6米;底部尺寸与口部相同,残高0.44~0.6米。由于该墓被毁严重,墓内的券砖、壁砖和铺地砖皆已无存。

墓内填土为浅红褐色五花土,因该墓被盗扰和毁坏严重,填土中含有大量的青砖碎块。据此我们推断该墓应为一座砖券室墓。

2. 葬具与葬式

该墓被盗扰和毁坏严重,墓内葬具与葬式皆不详。

3. 随葬器物

该墓被盗扰和毁坏严重，随葬器物被劫掠一空，未发现任何遗物。

第三节　出土器物的类型学分析

本次发掘的九座汉代墓葬中，M27和M34两座土坑墓出土器物的陶器组合比较完整，还出土有铜洗、铜盆、铜钱等；而其他七座砖室墓，则由于被盗和被毁坏严重，除M26、M33和M52未见随葬器物外，其他四座墓葬出土有一件或二件陶器及少量铜钱等。因此，对这些墓葬的器物分析，主要依据出土有陶器和铜钱的六座墓葬。这些墓葬所出的陶器主要有陶鼎、双耳罐、仓、灶、井、磨等。下面对这些器物进行简单的类型学分析。

一、陶　　器

1. 鼎

2件。出土于两座墓葬中。均为泥质灰陶，素面。根据整器形制的不同，可分为二型。

A型　1件。出自M34中。M34：1，浅直腹，尖圜底，长方形竖耳，耳上略撇折，兽面蹄形足（图一九九，2）。

B型　1件。出自M27中。M27：4，深弧腹，圜底近平，长方形竖耳，耳上外撇较甚，柱状足外撇，超出最大腹径（图一九九，1）。

2. 双耳罐

3件。出土于三座墓葬中。均为泥质灰陶。根据器的耳、腹、底部不同，可分为二型。

A型　2件。器肩部的双耳为牛鼻式，圜底内凹。肩部以下饰绳纹。依据器口沿、颈、肩部的变化，又可分为二式。

Ⅰ式：1件。侈口翻沿，粗直颈，斜肩。出自M34中。M34：4，方唇，沿面近平，弧鼓腹，腹最大径在上腹部（图一九九，4）。

Ⅱ式：1件。敞口，颈斜弧，肩部近平。出自M27中。M27：3，尖唇，弧鼓腹，腹最大径在腹中部（图一九九，3）。

该型双耳罐的发展趋势为颈由粗直变为斜弧，斜肩渐平，腹部最大径从上腹下移至中腹。

B型　1件。器肩部的双耳为环形，平底。出自M42中。M42：1，敞口，尖唇，折沿下垂，沿面有一周凹弦纹，弧束颈，溜肩，鼓腹外弧折，下腹斜直内收，平底（图一九九，5）。

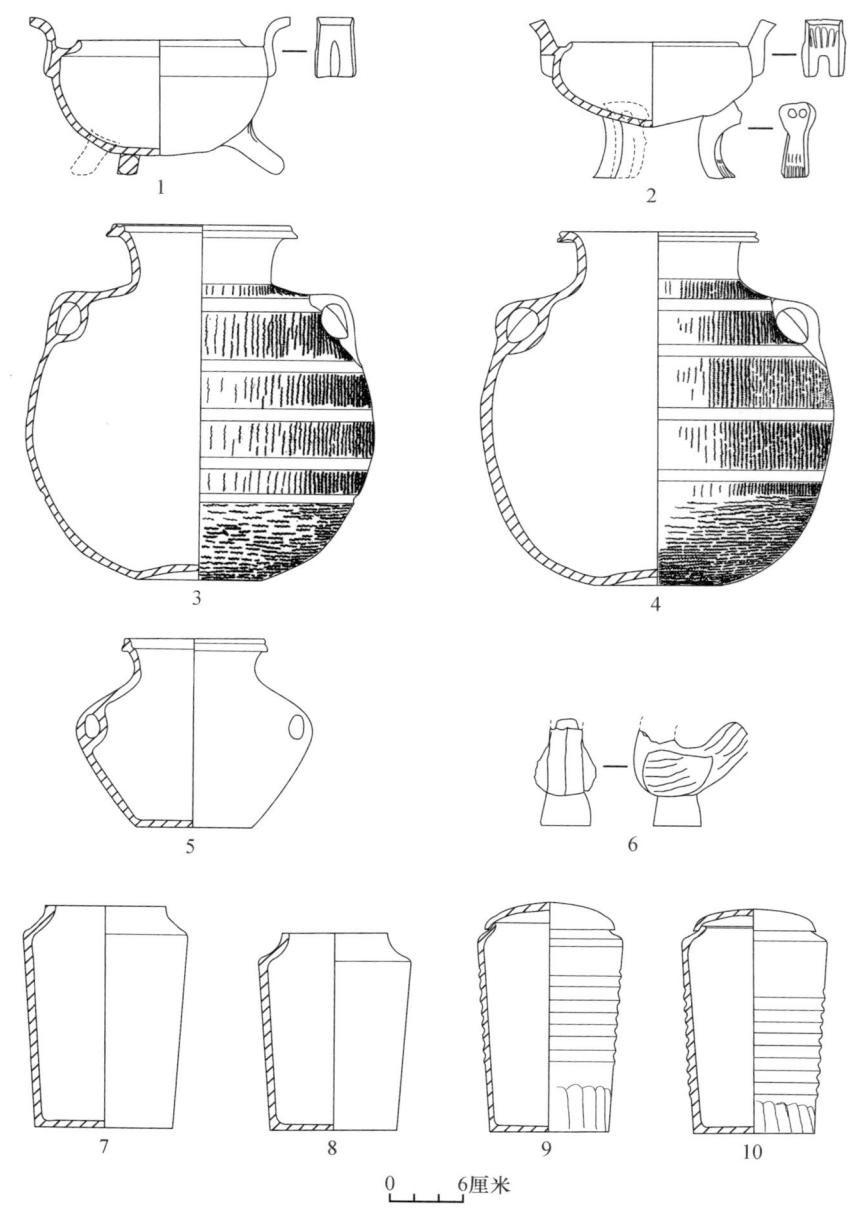

图一九九　汉代墓葬出土陶鼎、双耳罐、仓

1. B型鼎（M27∶4）　2. A型鼎（M34∶1）　3. A型Ⅱ式双耳罐（M27∶3）　4. A型Ⅰ式双耳罐（M34∶4）　5. B型双耳罐（M42∶1）　6. 鸡（M40∶3）　7、8. A型仓（M34∶10、M34∶11）　9、10. B型仓（M27∶12、M27∶13）

3. 仓

10件。出土于两座墓葬中，每座墓各出土5件，其中M34中修复3件。皆为泥质灰陶。器身上宽下窄，敛口，折肩，斜直腹，平底。根据器盖和纹样的有无，可分为二型。

A型　3件。无盖，素面。均出自M34中。如仓M34∶10和M34∶11（图一九九，7、8）。

B型　5件。有盖，器身饰有数周凹弦纹。均出自M27中。如仓M27∶12和M27∶13（图一九九，9、10）。

4. 灶

2件。出土于两座墓葬中。双眼灶。皆为泥质灰陶。根据器形制及烟眼、火门的不同，可分为二型。

A型　1件。出自M34中。M34∶3，近长方形，前方后圆，前端壁近直，后端呈弧形。灶前有梯形火门，后壁有圆形烟眼（图二〇〇，1）。

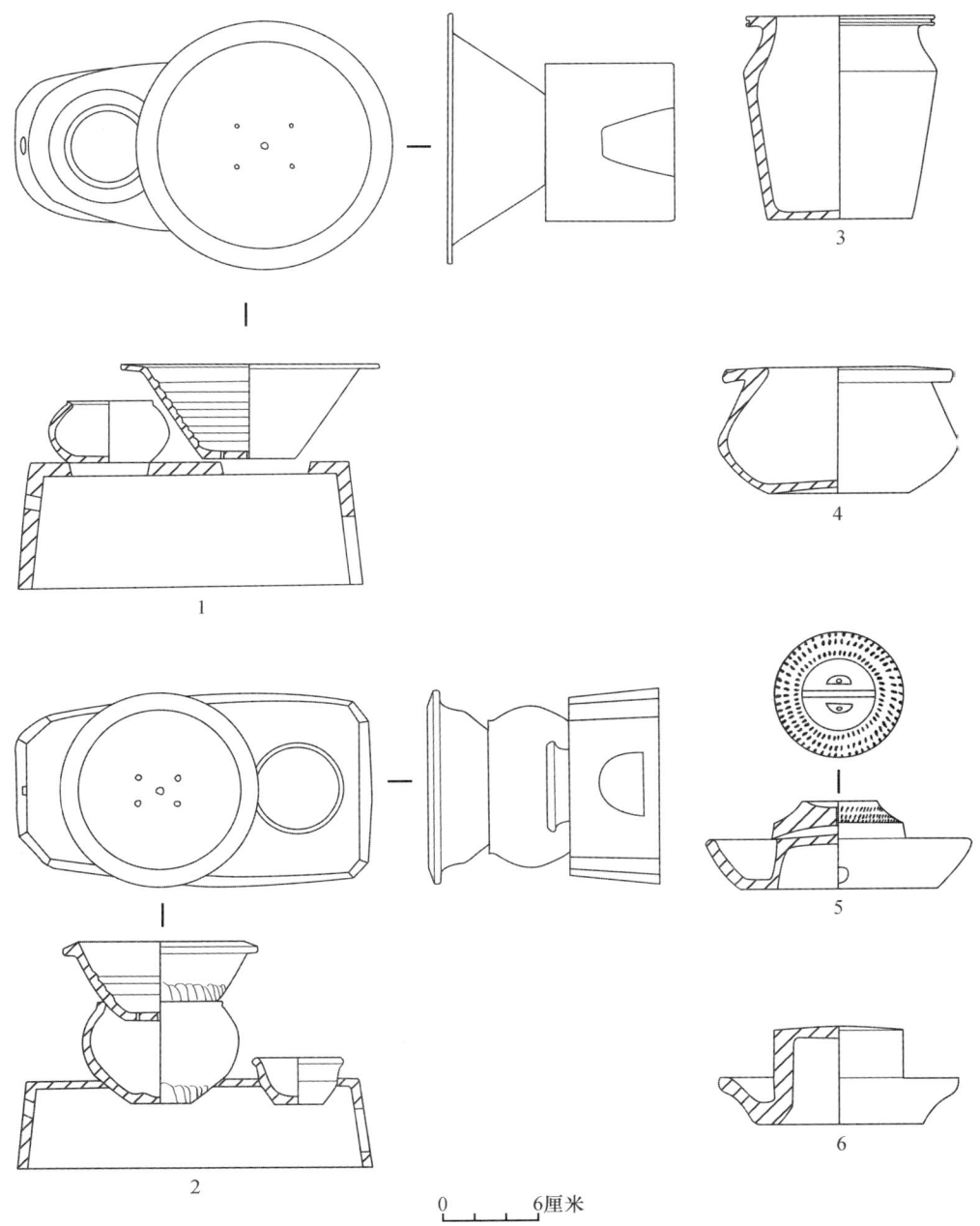

图二〇〇　汉代墓葬出土陶灶、井、磨
1. A型灶（M34∶3）　2. B型灶（M27∶5）　3. A型井（M34∶8）　4. B型井（M27∶6）　5. A型磨（M27∶8）
6. B型磨（M40∶2）

B型　1件。出自M27中。M27：5，灶体前端较宽，后部稍窄，前端方形，后端呈弧形，面小底大，两侧壁略弧，前后端两侧各有刀削面。灶前有半圆形不落地火门，后壁有一长方形烟眼（图二〇〇，2）。

5. 井

2件。出土于两座墓葬中。皆为泥质灰陶。根据器的口、腹、底部差异，可分为二型。

A型　1件。出自M34中。M34：8，直口微敛，宽平折沿，方唇，束颈，折肩，斜直腹内收，平底。唇部有一周凹弦纹（图二〇〇，3）。

B型　1件。出自M27中。M27：6，敛口，平沿微下垂，沿面外侧有一周凹弦纹，颈微束，折腹外鼓，平底微凹（图二〇〇，4）。

6. 磨

2件。出土于两座墓葬中。根据磨盘形制的不同，可分为二型。

A型　1件。出自M27中。M27：8，夹砂灰陶。分上下两扇。上扇呈圆形，中部微凹，有两个月牙形凹槽和两个小孔。上扇底部内凹。下扇圆盘形，圆唇，盘壁外弧，中部圆柱形且顶部上拱，底部中空，平底。上扇表面装饰有三周麻点纹，下扇近底部有一小圆孔（图二〇〇，5）。

B型　1件。出自M40中。M40：2，泥质灰陶。体呈圆盘状，圆唇，盘壁内弧，中部为粗圆柱形磨扇，顶部微上拱，底部中空，平底（图二〇〇，6）。

7. 鸡

1件。出自M40中。M40：3，泥质灰陶。头部残缺，立姿，翘尾（图一九九，6）。

二、铜　　器

主要为铜洗和铜盆。分别出自M27和M34中，出土时已破碎，无法修复。另外，六座墓葬中出土有铜钱，共计29枚，钱文均为五铢，大小近同，不分型式。M6：1-1、M6：1-2，"五"字交笔弯曲，上下横笔基本与两竖齐，"朱"旁上横笔圆折，"金"字尖呈三角形，四点多较短（图二〇一，1、2）。M10：1-1，"五"字交笔弯曲，上下横笔基本与两竖齐，"朱"旁上横方折，下笔圆折，"金"字尖呈三角形，四点较短（图二〇一，3）。M27：14-7、M27：14-8，"五"字交笔弯曲，上下两横出头接于外郭或内郭，"朱"字头上横方折，"金"字尖呈三角形，四点多较短（图二〇一，4、5）。M34：13，"五"字交笔弯曲，上下两横不出头，与两竖平齐，"朱"字头上横方折，"金"字尖呈三角形，四点较短（图二〇一，6）。M40：1-1，"五"字交笔弯曲，上下两横不出头，与两竖平齐，"朱"字头上横方折，"金"字尖呈三角形，四点呈短长方形（图二〇一，7）。M42：2-1、M42：2-2、

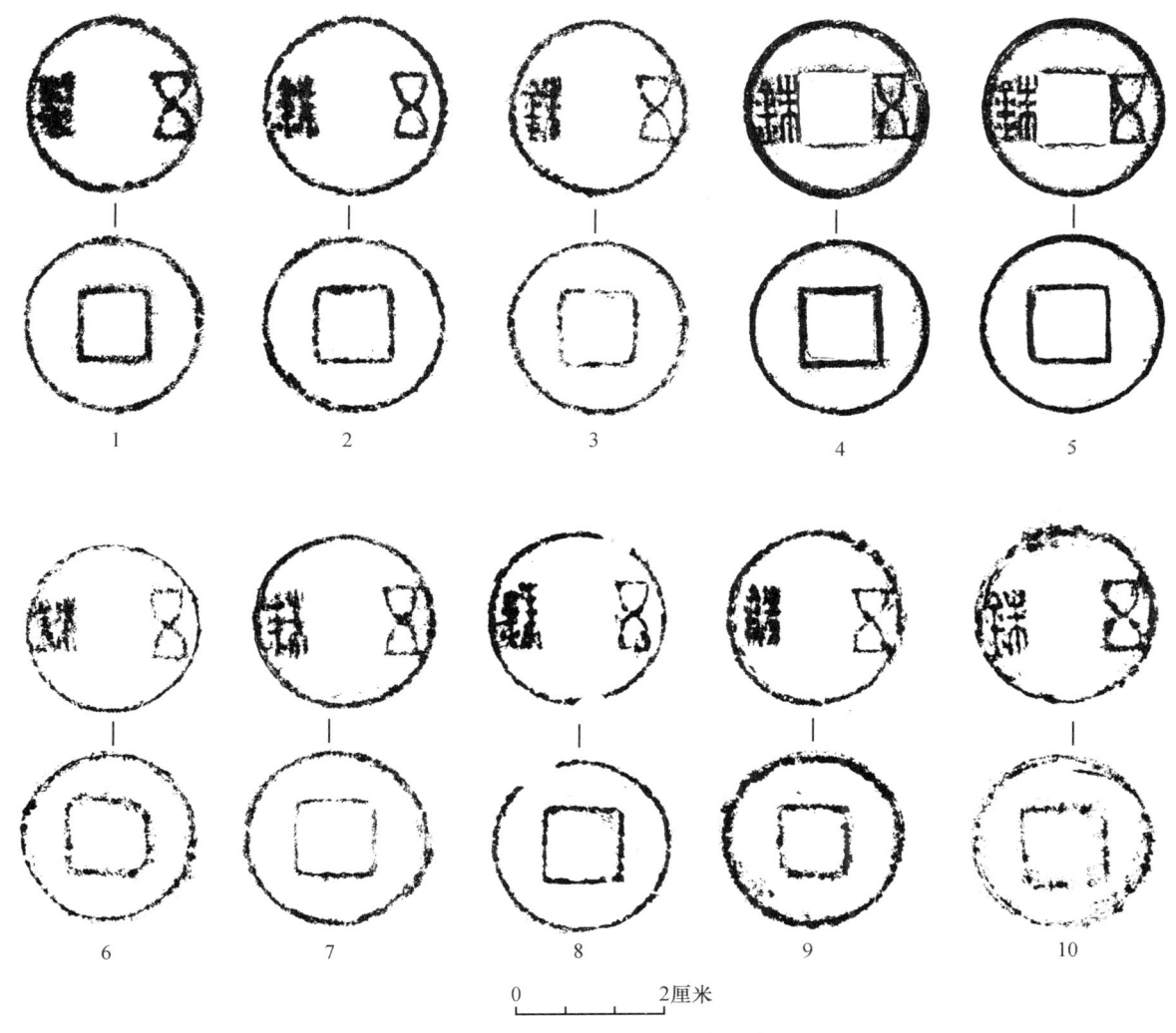

图二〇一　汉代墓葬出土铜钱拓片

1~10.五铢（M6：1-1、M6：1-2、M10：1-1、M27：14-7、M27：14-8、M34：13、M40：1-1、M42：2-1、M42：2-2、M42：2-3）

M42：2-3，"五"字交笔弯曲，上下横笔基本与两竖齐，"朱"旁上横笔方折或圆折，"金"字尖呈三角形，四点较短。直径2.5厘米（图二〇一，8、9、10）。

第四节　墓葬分期与年代

一、墓葬形制和器物组合所反映的时代关系

熊家岭墓地发掘的9座汉代墓葬，除M27、M34为土坑墓外，其余墓葬均为砖室墓。土坑墓的形制保存相对完整，出土随葬品组合基本齐全，而砖室墓则遭受不同程度的盗掘破坏，墓室损毁严重，随葬品经过盗扰，多数未能保存下来，仅个别墓葬出土有少量的陶器残片和铜钱，

给这批汉代墓葬的分期和年代推断带来了一定的困难。

在发掘的9座汉代墓葬中，2座土坑墓内均未见有流行于西汉早中期的成套仿铜陶礼器鼎、盒、壶出土，仅见有一鼎随葬，多数器物以仓、灶、井、磨等模型明器组合陪葬，还羼杂有日用陶器，如罐等。参照南阳周边、淅川丹江流域地区以及湖北襄阳、丹江口一带的汉墓资料，可以断定这两座墓所反映的时代应在西汉晚期。

7座砖室墓毁坏严重，依据墓葬现存情况，可分为长方形墓、带短甬道和长方形墓室组成的"凸"字形或"甲"字形墓、刀形墓三种。这7座墓葬的形制相对比较简单，是汉代砖室墓开始出现的阶段。根据洛阳烧沟汉墓分期方法，砖室墓的出现在西汉晚期。从墓葬出土的钱币来看，最早的为文帝时期私铸的"四铢半两"，最晚的是西汉宣帝时期"五铢"，因而，判断这些砖室墓的时代当为西汉晚期前后。此外M40中出土有模型明器陶磨和陶鸡，也可推断墓葬时代为西汉晚期或之后，下限可至东汉初年；M42仅出土的一件陶罐，时代应在西汉晚期。

二、墓葬分期与年代

通过上述对本墓地2座土坑墓和7座砖室墓的墓葬形制以及出土器物组合的分析，结合上节主要器物在类型学分析的基础上，参照南阳周边、淅川丹江地区汉墓的分期，我们可将这批汉墓大致分为三期。

第一期　仅M34一座墓。出土有A型陶鼎、A型Ⅰ式陶双耳罐、A型陶仓、A型陶灶、A型陶井、陶钵、陶盆、铜盆等。

第二期　仅M27一座墓。出土B型陶鼎、A型Ⅱ式陶双耳罐、B型陶仓、B型陶灶、B型陶井、A型陶磨、陶盆、铜洗等。

第三期　M40和M42。出土有B型陶罐、B型陶磨、陶鸡等。

由于这9座汉墓中没有出土具有明确纪年的遗物，对年代的推断只能根据墓葬形制和出土器物的综合分析来推测。不出土器物或仅出土有铜钱的砖室墓的年代，则依据墓葬之间在墓地的相对位置关系或出土铜钱的钱文特征分析进行大致的推断。

根据该墓地汉墓出土陶器不同型式的组合关系，并通过与相邻地区墓葬出土同类器物的对比、分析，可以断定熊家岭墓地汉墓三期所反映的年代，应分别为西汉晚期前段、西汉晚期后段和新莽时期。

第一期　仅M34一座墓，其形制同淅川东沟长岭西汉晚期的M8[1]相同，均为带斜坡墓道的"甲"字形竖穴土坑墓。出土典型器物中，A型鼎与淅川泉眼沟汉墓出土的D型Ⅱ式鼎（M13：12）[2]近似；出土A型Ⅰ式双耳罐与淅川东沟长岭M15出土的西汉晚期A型Ⅰ式双耳罐

---

[1] 河南省文物局编著：《淅川东沟长岭楚汉墓》，科学出版社，2011年。

[2] 四川大学历史文化学院考古系、上海大学艺术研究院美术考古研究中心等：《河南淅川泉眼沟汉代墓葬发掘报告》，《考古学报》，2014年第3期。

（M15∶1）①近同；出土的A型仓与淅川东沟长岭M8出土的Ab型仓（M8∶2）②近似，出土的A型灶与泉眼沟B型Ⅰ式灶（M10∶4）③相似；A型井和泉眼沟出土Aa型Ⅰ式井（M24∶10）④近同；出土铜钱为西汉宣帝时期铸造的"五铢"钱。

综上分析，第一期墓葬的年代，大致为西汉晚期前段，约相当于汉宣帝时期。

第二期　仅M27一座墓，其形制与淅川东沟长岭的M55相同，均为带斜坡墓道的"甲"字形竖穴土坑墓。M27中出土的B型鼎与淅川东沟长岭M8出土鼎（M8∶8）⑤和泉眼沟M24出土的C型Ⅲ式鼎（M24∶6）⑥有较多的相似之处，不同的是本墓地M27出土的鼎足为柱状足，而东沟长岭、泉眼沟出土的鼎足为兽蹄形足；出土A型Ⅱ式双耳罐（M27∶3）和淅川泉眼沟汉墓出土的A型Ⅲ式双耳罐（M58∶1）⑦相似，后者年代在西汉晚期至新莽时期，亦与襄阳蔡家山西汉晚期后段墓葬出土的A型Ⅴ式罐（M161∶4）⑧相似；出土的B型仓和B型井分别与淅川新四队墓地M11出土的B型Ⅰ式仓（M11∶23）⑨和东沟长岭M5出土的B型井（M5∶6）⑩近似，后者的两座墓葬时代分别为西汉晚期和新莽之际；出土B型灶与淅川新四队墓地西汉晚期阶段的M44出土的A型Ⅰ式灶（M44∶10）⑪相同。出土铜钱为宣帝"五铢"。

综上所述，第二期墓葬的年代，大致可定在西汉晚期偏晚阶段，约相当于汉元帝、汉成帝、汉哀帝、汉平帝时期，具体年代稍晚于第一期的M34，应在汉成帝前后。

第三期　M40和M42均为砖室墓，由墓道、甬道和墓室组成。由于破坏严重，随葬品出土较少，仅见有B型陶罐、B型陶磨、陶鸡和少量"五铢"钱等。通过与南阳市区内一中墓地⑫、丰泰小区墓地⑬同类型墓葬和同类器物对比分析，该期墓葬的年代，可大致定在新莽时期，其下限可到东汉初年即光武帝建武十六年（40年）。

---

① 河南省文物局编著：《淅川东沟长岭楚汉墓》，科学出版社，2011年。
② 河南省文物局编著：《淅川东沟长岭楚汉墓》，科学出版社，2011年。
③ 四川大学历史文化学院考古系、上海大学艺术研究院美术考古研究中心、河南省文物局、南阳市文物局、淅川县文物局等：《河南淅川泉眼沟汉代墓葬发掘报告》，《考古学报》，2014年第3期。
④ 四川大学历史文化学院考古系、上海大学艺术研究院美术考古研究中心、河南省文物局、南阳市文物局、淅川县文物局等：《河南淅川泉眼沟汉代墓葬发掘报告》，《考古学报》，2014年第3期。
⑤ 河南省文物局编著：《淅川东沟长岭楚汉墓》，科学出版社，2011年。
⑥ 四川大学历史文化学院考古系、上海大学艺术研究院美术考古研究中心、河南省文物局、南阳市文物局、淅川县文物局等：《河南淅川泉眼沟汉代墓葬发掘报告》，《考古学报》，2014年第3期。
⑦ 四川大学历史文化学院考古系、上海大学艺术研究院美术考古研究中心、河南省文物局、南阳市文物局、淅川县文物局等：《河南淅川泉眼沟汉代墓葬发掘报告》，《考古学报》，2014年第3期。
⑧ 湖北省文物考古研究所、襄樊市考古队、襄阳区文物管理处：《襄阳王坡东周秦汉墓》，科学出版社，2005年。
⑨ 河南省文物局：《淅川新四队墓地》，科学出版社，2015年。
⑩ 河南省文物局编著：《淅川东沟长岭楚汉墓》，科学出版社，2011年。
⑪ 河南省文物局：《淅川新四队墓地》，科学出版社，2015年。
⑫ 南阳市文物考古研究所：《南阳一中战国秦汉墓》，文物出版社，2012年。
⑬ 河南省南阳市文物考古研究所、武汉大学历史学院考古系：《南阳丰泰墓地》，科学出版社，2011年。

另外，其他未出器物的墓葬，年代可大致推断如下：

M26、M52两座墓，形制均为长方形单室砖室墓，墓坑较宽。这种类型的墓葬，在洛阳烧沟汉墓中出现并流行于西汉晚期[①]，故这两座墓年代应在西汉晚期或之后。

M6、M10、M33三座墓，形制皆为"凸"字形砖室墓，在墓室前端中间多出一纵长方形甬道。这类形制的砖室墓，在南阳及周边地区最早出现于新莽时期，故这三座墓年代当在新莽时期，下限可到东汉早期。

第五节 小　　结

从发掘情况看，本墓地发掘的9座汉代墓葬之间无打破关系。除位于墓地中部的土坑墓葬M27、M34未被扰动，出土随葬品组合较齐全外，其余墓葬皆为砖室墓，均遭到严重盗扰，随葬品基本无存，仅见有极少数的残陶器和铜钱。这批汉墓依据墓葬形制和随葬器物大致分为三期，各期的墓葬形制和出土随葬器物具有比较鲜明的时代特征，并呈现出发展变化的不同特点。

（1）本次发掘的汉代墓葬共9座，墓葬布局具有一定的规律，基本自北而南成一纵列分布于南北向的岗脊之上，彼此之间无打破关系，墓地的北、中、南部各分布三座。汉代墓葬与整个墓地的战国墓葬之间交错分布，北部的汉墓M6打破了战国墓M14。

（2）从墓葬形制上看，有两座为土坑墓，余皆为砖室墓，均带有斜坡式的竖穴墓道，有的已毁坏不存。其中土坑墓M27、M34的墓葬形制继承了本墓地战国时代的风格，在墓坑内设有一级生土台阶。两座土坑墓中，有一座口略大于墓底，另一座口略小于墓。墓内填土均为红褐色五花土，夹杂有较多的料姜石块，而砖室墓的填土内还包含有较多的碎砖块和少量的陶器残片等。

（3）墓葬方向以座西朝东者为主，共7座，占77.78%，坐北朝南和坐东朝西者各有1座，各占11.11%，不见坐南朝北的墓葬。

（4）两座土坑墓的墓内葬具已腐朽。从朽痕推测，一座为一椁一棺（M27），人骨腐朽无存，葬式不明；另一座为一椁两棺（M34），棺内底部有铺草木灰的现象，可辨葬式为仰身直肢葬。砖室墓扰乱严重，葬具及葬式不明。

（5）两座土坑墓葬随葬器物出土不多，多者不过14件；砖室墓葬由于破坏严重，墓内的随葬品基本无存，个别出土有少量的陶片和铜钱。

（6）随葬器物质地有陶、铜两种，以陶器为主，均为泥质灰陶。器物齐全的基本组合为鼎、罐、仓、灶、井、磨等，个别伴出有铜洗、铜盆，多数墓葬出土有铜钱等。

（7）随葬品在用途上，为礼器、日用器和明器的混合组合。礼器仅见陶鼎1件，不见壶、盒出土，日用器也仅有罐1种，明器有仓、灶、井、磨等，仅M40出土陶鸡1件。从随葬器物组

---

① 中国社会科学院考古研究所：《洛阳烧沟汉墓》，科学出版社，1959年。

合来看，模型明器已占主要地位，成为随葬器物的主流。

（8）本墓地汉墓发掘数量虽少，但从另一方面也说明最迟到了西汉晚期早段，即宣帝时期，流行于中原地区的砖室墓在本墓地乃至附近地区已成为墓葬形制发展的主流因素。

另外，在文化面貌上，汉代各墓内不见出土有周边其他墓地常见的带有浓厚秦文化风格的鍪、釜等器物，典型的楚文化因素也已基本消失不见，表明汉文化的逐步形成、确立与发展已成为历史的必然。

第四章 明清墓葬

第一节 墓葬分布与位置

在熊家岭墓地发掘的79座墓葬（不包括M1、M2和M3三座近现代迁葬墓）中，还有3座墓葬时代较晚，分布比较杂乱。其中墓地中部有1座（即M30），位于岗脊的西部，南部和西北部分布为汉代时期的墓葬，北部和东部为战国时期的墓葬；墓地的中东部分布1座（即M46），位于墓地东部断崖的东侧，其西部和南部分布有战国时期的墓葬，北部和东部无墓葬，东部为缓坡直通丹江水库；另1座（即M47）位于墓地的中南部，处在熊家岭向丹江库区延伸地带的末端，周围为战国和汉代时期的墓葬。

第二节 墓葬分述

三座墓葬形制为竖穴土坑墓，均开口于表土层下，墓口距地表0.16～0.7米。葬具腐朽严重，两座在墓底发现有少量腐朽的棺木痕迹，判断应为一棺，另一座葬具不详，墓内均不见死者人骨。墓葬均遭到不同程度的破坏，不见随葬品（见附表三）。

一、M30

M30位于墓地的中部。

1. 墓葬形制

该墓为长方形竖穴土坑墓，方向190°。墓口开于耕土层下，距现地表0.18米。墓口平面呈长方形，口部略大于墓底，墓壁向下斜直，较规整，墓底平坦。

墓口南北长4.55米，东西宽1.15～1.26米；墓底南北长2.95米，东西宽1.1～1.06米。墓底至墓口深0.92米。在墓圹的南端留两个生土台阶，第一台阶距墓口深0.25米，台面宽0.55米；第二台阶的台面距第一台阶的台面深0.18米，台面宽0.84米（图二〇二）。

墓内填土为黄灰色五花土，土质较纯净、疏松，土内含有少量的小料姜石块。

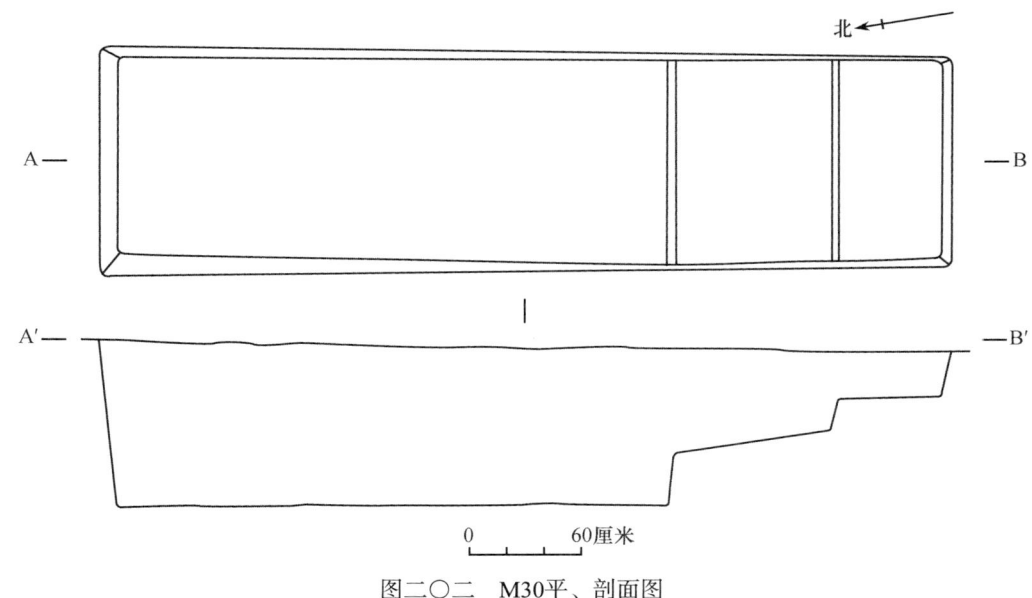

图二〇二 M30平、剖面图

2. 葬具与葬式

葬具及葬式不详。

3. 随葬品

无。

二、M46

M46位于墓地的中东部。

1. 墓葬形制

该墓为长方形竖穴土坑墓，方向248°。墓口开于耕土层下，距现地表0.7米。墓口平面呈长方形，墓壁上下垂直，较规整，底部平坦。

墓口东西长2.46米，南北宽0.96~0.98米；墓底尺寸与墓口大小相同。墓底至墓口深0.25~0.35米（图二〇三）。

墓内填土为黄褐色五花土，土质湿度大，较疏松，土内含有少量的料姜石块。

2. 葬具与葬式

（1）葬具

葬具腐朽严重，在墓底仅发现有少量腐朽的棺木，判断应有一棺。棺的结构与尺寸不详。

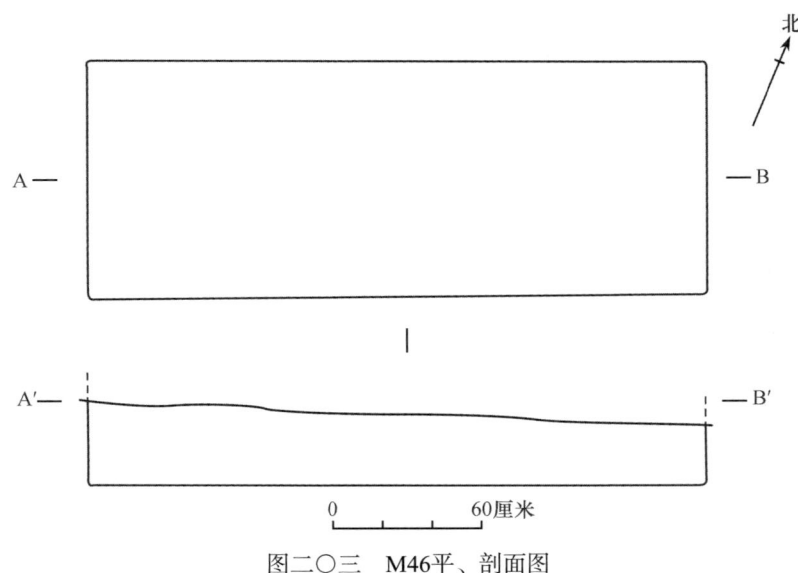

图二〇三　M46平、剖面图

（2）葬式

在墓底未发现人的骨骼，推测应为近代迁葬墓，故葬式不详。

3. 随葬器物

无。

三、M47

M47位于墓地的南中部。

1. 墓葬形制

该墓为长方形竖穴土坑墓，方向10°。墓口开于耕土层下，距现地表0.16米。墓口北高南低，南宽北窄，平面近长方形，口部略大于墓底，墓壁向下斜直，较为规整，底部较平。

墓口南北长2.6米，东西宽1～1.25米；墓底南北长2.5米，东西宽0.92～1.1米。墓底至墓口深0.57～0.64米（图二〇四）。

墓内填土为黄褐色为主的五花土，土质软硬不均，较纯净，土内含有少量的料姜石块和较多红碎砖块。

2. 葬具与葬式

（1）葬具

在墓内发现有残存的木棺朽木，判断有一木棺。

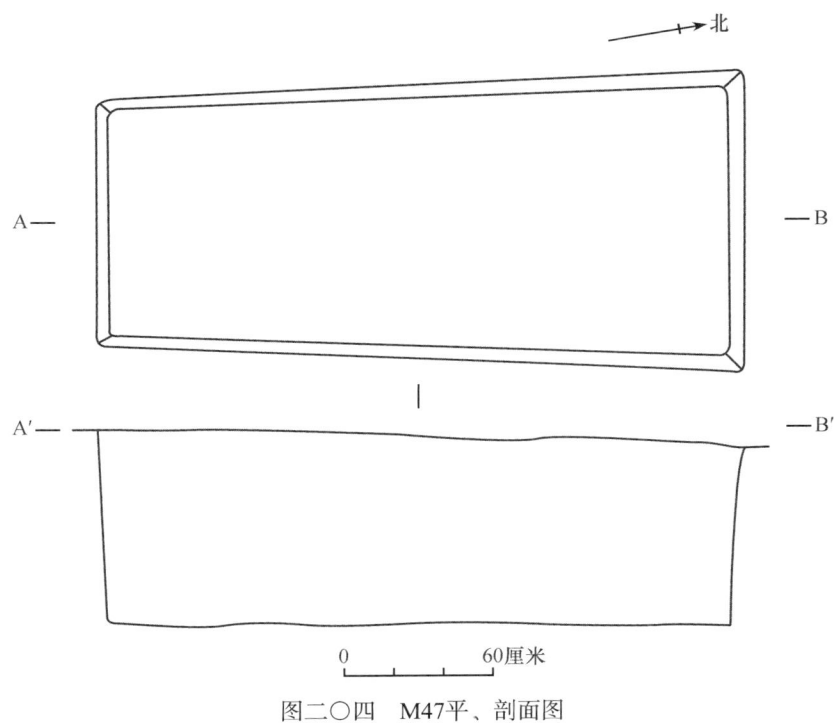

图二〇四　M47平、剖面图

（2）葬式

墓内未发现人的骨骼，推测应为近代迁葬墓，故葬式不详。

3. 随葬器物

无。

第三节　墓葬年代

熊家岭墓地上述的3座墓葬，分布较为分散，掺杂于该墓地战国和汉代时期的墓葬周围。墓葬形制均为竖穴土坑墓，无椁，有一木棺，人骨无存，墓内填土以黄褐或黄灰色为主的花土，土质较疏松，包含有少量的料姜石块。这3座墓葬均无随葬品出土，根据墓葬形制、结构等情况看，与熊家岭一带的明清时期墓葬较为相似，只能初步推测它们的年代为明清时期。

第四节　小　　结

三座墓葬的规模均不大，形制皆为土坑竖穴式，墓内不见随葬品，葬具已腐朽，存痕迹者有一木棺，据此推测墓主人身份均不高，可能为一般的平民百姓。从墓葬的发掘情况看，墓内不见人骨，无随葬品出土。种种特征表明，这3座墓葬应为明清时期的迁葬墓。

第五章 结 语

熊家岭墓群是淅川县丹江口水库最宽阔处西岸的一处墓地，此处是丹江流域最大盆地——李官桥盆地所在地，著名的龙城遗址即位于此盆地内，该墓地发掘的墓葬包含了战国、汉代及明清等时期。本次发掘为我们进一步了解丹江流域这一时期的文化面貌提供了翔实的实物资料，其中战国墓葬应是从属于龙城遗址的一处等级较低的贵族及庶民墓地。

熊家岭墓地共发现67座战国墓。这些墓葬均排列有序且密集地分布于一座岗脊之上，时间从战国早期前段到战国中期后段，其间无缺环，而这一时期也正是楚文化由繁盛逐渐走向衰落的历史时期。故该墓地的发掘，对于研究探讨丹江流域的豫、鄂等周边地区楚文化从形成、发展、成熟、繁荣到走向衰落的历史过程具有重要的意义。

一、战国墓葬的文化属性及相关问题

熊家岭墓地的战国墓葬位于丹江中游的龙城遗址附近，地理位置相当重要，弄清这批墓葬的性质、等级、埋葬制度、文化特征、文化因素等问题十分重要。下面我们从几方面对以上问题作简单的探讨、分析。

（一）战国墓葬的文化属性

熊家岭墓地的战国墓葬均为中小型竖穴土坑木椁墓，极个别墓葬有长方形斜坡墓道。通过第二章第六节的比较分析，我们可以知道这批战国墓葬在墓葬形制和埋葬习俗上存在较多的共性，如方向基本一致，大多数头向朝东，多为仰身直肢葬，随葬品组合大多出仿铜陶礼器，较少日用陶器，且随葬品的摆放有明显规律，均位于墓底棺外或棺椁之间。

这批战国墓葬的年代为战国早期至战国中期，墓葬规模均属于中小型墓葬。通过与湖北襄樊、江陵、湖南长沙、河南淅川丹江流域地区等地发现的楚墓进行比较，熊家岭墓地战国墓葬在墓葬形制结构和埋葬习俗方面最接近于丹江流域的淅川毛坪、大石头山、徐家岭、东沟长岭等地的楚墓，也与湖北襄樊地区发现楚墓比较相似。

据此我们认为，熊家岭墓地的战国墓葬总体文化特征是相同的，均应属于楚墓。

（二）战国墓葬的等级制度及墓地性质

通过前面章节中对该墓地墓葬结构布局、棺椁结构、特征等分析，再结合随葬器物种类、多寡等因素的综合分析，可知熊家岭战国墓地是一处士级或士级以下低级贵族阶层的墓地，其中一些墓葬为庶民墓，个别墓葬等级可能较高些。

熊家岭墓地的战国墓虽然在墓葬形制、棺椁数量和随葬器物组合上存在一些差异，但其分布具有一定的规律。在67座战国墓葬中，一棺一椁墓32座、一椁墓12座、一棺墓6座、一椁两棺墓仅1座，其余16座墓葬未见葬具朽痕或痕迹不明显。随葬器物组合主要为陶礼器鼎、豆、壶或鼎、豆、壶、敦、盘、匜，少数墓葬在此基础上又增加了小口鼎、盉、浴缶等随葬品；随葬日用陶器的墓葬仅见3座，组合形式为鬲、罐、盂或鬲、罐以及罐、纺轮等。此外，有1座墓葬单随葬铜礼器鼎、豆、壶、盆、匜和铜兵器的组合，有2座墓葬在陶礼器组合基础上又增加了一套铜礼器或与兵器、车马器的组合，还有一些墓葬中则伴出有少量的铜兵器、车马器和玉、石、骨、料、贝、蚌器等不同质地的器物，从而使该墓道墓葬器物组合情况较为复杂。

从棺椁制度看，一棺一椁墓32座，一椁两棺墓1座，一椁墓12座，这些墓葬是本墓地的核心墓葬，其他墓葬则是围绕着这类墓葬而布局。无论是墓葬形制、规格，还是随葬器物的种类、数量，都表明这些墓的墓主人身份是该墓地最高的。关于棺椁结构的等级标准，根据《荀子·礼论》记载的"天子棺椁七重，诸侯五重，大夫三重，士再重"来确定。这里的"大夫三重"当为一椁两棺，"士再重"为一棺一椁。所以，本墓地中战国墓棺椁俱全或有椁的墓葬当为士级阶层，但葬具为一椁两棺的M48除外。M48使用大夫级的一椁二棺，这在战国中期的楚国墓葬中并不少见。从葬具多为一棺一椁看，也符合《礼记》中"士"的身份。这类墓出土器物组合主要以陶礼器为主，其次为铜礼器，后者多与陶礼器混合使用，单为铜礼器墓仅1座。

在墓内随葬礼器中，用鼎数量的多少也直接反映墓主身份的高低。本墓地中单出一件铜鼎的墓1座；出有一件铜鼎和三件陶鼎的墓葬1座；单出一件陶鼎的墓7座；单出二件陶鼎的墓25座；单出三件陶鼎的墓4座。不考虑质地因素，仅就各墓用鼎的数量统计，分别是：一鼎墓8座；二鼎墓25座；三鼎墓4座；四鼎墓1座。

在葬具仅为单棺的六座墓葬中，随葬陶礼器墓4座（一鼎墓3座、二鼎墓1座），日用器墓1座，无随葬品墓1座。这类墓除一座二鼎墓为士族阶层外，其他的一鼎墓、日用器墓、无随葬品墓均不在士级贵族之列，社会地位及身份较低，应是与士族有一定关系的庶民墓。

熊家岭墓地的楚墓之间无打破关系，且墓葬间排列有序，由此可以断定该墓地在战国时期是有"墓大夫"专人负责管理的邦墓墓地。战国早期前段，墓地葬入的多数为庶民，少数为低级贵族即士族阶层，到战国早期后段开始至战国中期后段，墓地的使用发生了变化，身份较高的士族也多埋葬于此，但其周围还埋葬有少量与士族阶层有一定宗亲关系的庶民，从而使墓地形成了相对复杂的士级家族墓地形态。

（三）战国墓葬的考古学文化特征

熊家岭墓地的战国墓葬均为中小型土坑竖穴墓，年代为战国早期前段至战国中期晚段，仅有1座（M51）是带长方形斜坡墓道的"甲"字形墓，年代为战国中期。长方形土坑竖穴墓葬墓坑规模一般不大，较多为窄坑墓，少数为宽坑墓，均不设墓道，墓室内多设置有生土二层台，一般为一级，少数设二级台阶，墓壁多较陡直，口大底小或口底同大，部分直壁墓葬则因墓内设生土台阶而使墓坑口大底小。熊家岭墓地部分墓葬墓底部有使用青膏泥铺底的现象。葬具为一椁、一椁一棺或一椁两棺的墓葬墓坑规模比一棺或无葬具墓大，墓坑修整得也较光滑规整，墓底平坦。

战国早期前段单纯随葬铜礼器的墓葬仅1座，组合为鼎、豆、壶、盆、匜，其他墓葬则随葬仿铜陶礼器和日用陶器。其中陶礼器组合多为鼎、豆、壶（少数墓内有盘）一类墓葬的规格一般较高，多为身份较高的士级贵族墓葬，而日用陶器组合为鬲、罐、盂或鬲、罐等一类墓葬的墓主身份低等，为庶民墓。战国早期后段墓葬随葬陶器组合仍以单纯的陶礼器为主，仅有1座（M60）为日用器罐、纺轮组合，还出现有陶礼器和铜礼器的混合组合墓葬（M24、M35），组合中铜器为鼎、豆、壶、盆、匜和盘、匜两种，单纯陶礼器组合以鼎、豆、壶、盘、匜为主，个别墓葬加入敦或浴缶参与组合。到了战国中期前、后两段，陶礼器中的鼎、豆、壶、敦、盘、匜成为随葬器物主流。值得注意的是，战国中期前段出现的小口鼎、浴缶、盂等新器类已出现于少数墓葬中，个别墓葬（M62、M63）中还存在日用器陶罐参与组合，而出现于战国早期的青铜礼器到战国中期前段之后已不见，墓葬中多伴出铜兵器、车马器和玉石器等。

总之，战国墓葬中随葬陶礼器组合是本墓地的主要文化特征，但组合器类一般不见在一座墓中全出者，组合形式上多常见三件或四件器物同出。战国墓葬在熊家岭墓地早、中期的前、后两段或早期后段、中期前段之间是一个渐进演变的过程，不论是墓葬形制与棺椁结构，还是在随葬器物组合型式的演变上，均是在前期的基础上发展的，没有出现较大的变化，只有时段上的差异。

二、关于汉代墓葬的文化特征

本墓地汉代时期墓葬发现不多，对其文化面貌和时代特点，我们只能知道其大概。本次发掘的汉代墓葬共9座，墓葬布局自北而南成一纵列分布于南北向的岗脊之上，彼此之间无打破关系，墓地的北、中、南部各分布3座。汉代墓葬与墓地的战国墓葬之间彼此交错分布。

本墓地发现的9座汉代墓葬，在时代上跨西汉晚期至王莽时期，最晚可推至东汉初年。墓葬形制除2座为土坑墓外，余皆为砖室墓。汉代墓葬多被严重盗掘破坏，出土随葬品不多，随葬器物以陶器为主，均为泥质灰陶，器形主要有鼎、罐、仓、灶、井、磨等，个别墓葬伴出土有铜洗、铜盆，多数墓葬出土有铜钱等。随葬品在用途上，为礼器、日用器和模型明器的混合组合，礼器仅见陶鼎一件，不见壶、盒出土，日用器也仅有罐一种，模型明器有仓、灶、井、磨，个别墓葬出有陶鸡。从随葬器物组合来看，模型明器已开始出现并成为随葬器物的主流。

这批汉墓在文化面貌上，墓内均不见有其他墓地常见的带有浓厚秦文化风格的鍪、釜等器物，典型的楚文化因素也已基本消失不见。从这些墓葬的发掘情况来看，墓葬之间的分布具有一定规律，应是一处家族墓地，短时间内埋葬于此，墓葬之间存在有贫富差别，但不太明显。

三、关于明清时期的墓葬

熊家岭墓地明清时期墓葬仅发现3座，分布比较杂乱，其中墓地中部有1座，中东部分布1座，另一座位于墓地的中南部。墓葬形制均为竖穴土坑墓，无椁，有一木棺，不见人骨，墓内均不出随葬品，只能依据墓葬形制、结构等情况，初步推测它们的年代为明清时期。墓主人身份不高，应为一般的平民百姓。从墓葬的发掘情况看，墓内不见人骨，又无随葬品出土。这些特征表明，这3座墓葬可能明清时期的迁葬墓。

附 表

附表一 淅川熊家岭墓地战国墓葬登记表

(单位：米)

墓号	方向	形制结构	墓口（长×宽-深）	墓底（长×宽-深）	葬具（长×宽-高）	葬式	随葬品	分期	备注
M4	55°	长方形竖穴土坑墓，口大底小，斜壁，平底	3.2×1.9-0.2	3.02×(1.62~1.7)-3.76	一椁：2.72×(0.96~1.5)-(0.82~0.87)；一棺：1.98×(0.54~0.62)-0.48	仰身直肢	铜鼎1，圆壶1，豆1，盆1，匜1，环首刀2，剑1，戈1，玉环1，鹿角1	战国中期	墓底设生土二层台
M5	60°	长方形竖穴土坑墓，口大底小，斜壁，平底	3.05×1.94-0.18	2.16×(0.8~0.9)-2.09	一椁：2.08×(0.8~0.94)-0.34	不详	陶鼎1，壶1，盖豆1	战国中期	墓底设生土二层台
M7	72°	长方形竖穴土坑墓，口大底小，斜壁，平底	3.46×1.42-0.2	3.3×1.12-0.78	一棺：1.72×(0.44~0.5)-?	直肢	陶鬲1，罐1，盂1	战国早期	
M8	60°	长方形竖穴土坑墓，口大底小，直壁，平底	2.88×(1.64~1.68)-0.18	2.4×1.2-1.6	一棺：1.86×(0.58~0.64)-?	仰身直肢	陶鼎1，豆1，盘1，匜1；石圭1，石块1	战国中期	墓底设生土二层台
M9	64°	长方形竖穴土坑墓，口大底同大，直壁，平底	1.94×0.6-0.18	1.88×0.52-0.76	一棺：1.98×0.58-?	仰身直肢	无	战国	
M11	62°	长方形竖穴土坑墓，口大底小，斜壁，平底	2.3×1.4-0.2	2.3×1.4-0.26	不详	不详	陶鬲1，罐1	战国早期	盗扰
M12	66°	长方形竖穴土坑墓，口大底小，斜壁，平底	2.92×(1.7~1.8)-0.2	2.6×1.2-1.0	一椁：2.6×1.2-0.2未见棺木痕迹	不详	陶鼎1，壶1，盖豆1	战国中期	墓底设生土二层台
M13	65°	长方形竖穴土坑墓，口大底小，斜壁，平底	1.9×0.52-0.18	1.7×0.47-0.6	不详	不详	无	战国	
M14	58°	长方形竖穴土坑墓，口大底小，斜壁，平底	3.06×(1.16~1.2)-0.2	2.94×1.1-0.76	一棺：1.86×0.56-?	仰身直肢	陶鼎1，壶1，豆盖1	战国中期	
M15	78°	长方形竖穴土坑墓，直壁，平底	2.36×1.2-0.18	2.16×(0.86~0.9)-2.2	一椁：2.16×(0.86~0.9)-0.26	仰身直肢	陶鼎3，壶3，豆2，盘1，匜1	战国中期	墓底设生土二层台

续表

墓号	方向	形制结构	墓口（长×宽-深）	墓底（长×宽-深）	葬具（长×宽-高）	葬式	随葬品	分期	备注
M16	60°	长方形竖穴土坑墓，口大底小，直壁，平底	(2.98~3.1)×1.68-0.15	2.34×(1.2~1.24)-2.2	一椁：2.34×(1.2~1.24)-0.6	侧身直肢	陶鼎2、敦2、壶1、盘1、匜1、鹿角2	战国中期	墓底设生土二层台
M17	60°	长方形竖穴土坑墓，口大底小，直壁，平底	3.02×(1.88~1.96)-0.15	2.45×(1.2~1.26)-2.3	一椁：2.1×0.8-?	仰身直肢	陶鼎2、盖豆2、壶1、盘1、匜1、鹿角1	战国中期	墓底设生土二层台
M18	70°	长方形竖穴土坑墓，口大底小，斜壁，平底	3.3×1.84-0.15	2.5×1.18-1.55	一椁：2.4×0.78-?	仰身直肢	无	战国	
M19	72°	长方形竖穴土坑墓，口大底小，斜壁，平底	3.1×(1.76~2)-0.2	2.58×(1.23~1.37)-0.44	一椁：2.55×(1.23~1.37)-0.44 一棺：残长(0.44~0.54)×0.58-0.24	直肢	陶器7（火候低，无法提取），填土中出石铲1、鹿角1	战国	盗扰，墓底设生土二层台
M20	70°	长方形竖穴土坑墓，口大底小，斜壁，平底	3.26×(2.28~2.35)×(0.16~0.2)	2.52×(1.08~1.14)-(3.34~3.62)	一椁：2.52×(1.08~1.14)-1.06 一棺：1.89×(0.52~0.66)-0.18	仰身直肢	陶鼎2、盖豆2、壶1、盘1、铜箅2、锥1、蚌壳1、鹿角1	战国中期	墓底设生土二层台
M21	60°	长方形竖穴土坑墓，口大底小，斜壁，平底	(4.4~4.2)×(2.3~2.4)-0.2	3×(1.36~1.38)-(2.7~2.94)	一椁：3×(1.36~1.38)-0.4	仰身直肢	陶鼎3、敦2、盖豆2、盘1、残器1、玉环1、锥2、铜环2、蚌壳1、鹿角1	战国中期	墓底设生土二层台
M22	67°	长方形竖穴土坑墓，口大底小，斜壁，平底	4.4×3-0.18	2.94×(1.58~1.66)-4.12	一椁：2.9×(1.56~1.64)-?	直肢	陶鼎2、浴缶1、盘1、豆1、壶2、提梁盉1、铜环首1、衔环铺首2、石环4、绿松石管5、料珠17颗、鹿角1	战国中期	墓底设生土二层台
M23	67°	长方形竖穴土坑墓，口大底小，斜壁，底西高东低	2.3×0.97-0.18	2.08×(0.8~0.86)-(1.44~1.55)	一棺：1.77×(0.56~0.58)-?	直肢	无	战国	

续表

墓号	方向	形制结构	墓口（长×宽-深）	墓底（长×宽-深）	葬具（长×宽-高）	葬式	随葬品	分期	备注
M24	60°	长方形竖穴土坑墓，口大底小，斜壁，平底	5.28×（4.26~4.4）-0.13	3.54×（1.94~2.02）-5.96	一椁：3.54×（1.94~2.02）-0.21 一棺：2.15×（0.66~0.73）-? 枕木槽：（东）2.88×0.24-0.14 （西）2.78×0.23-0.15	仰身直肢	陶鼎3、壶2、盖豆2、洛缶1、盘1、盒1、匜1、剑1、戈2、镞3、辖2、軎2、刀1、环1、軓形饰2、玉璧1、璜形饰1、骨管5、鹿角1、海贝34	战国中期	墓上部被盗扰，墓底设生土二层台
M25	60°	长方形竖穴土坑墓，口大底小，斜壁，平底	4.76×（2.7~2.76）-0.18	3×（1.46~1.52）-3.7	不详	不详	陶盘1	战国中期	盗扰，墓底设生土二层台
M28	60°	长方形竖穴土坑墓，口大底小，斜壁，平底	4.16×2.22-0.2	3.38×（1.6~1.7）-（1.5~2.1）	一椁：3.02×（1.44~1.46）-? 枕木槽：（东）1.62×0.18-0.14 （西）1.68×0.18-0.14	仰身直肢	陶鼎2、豆1、盘1、敦1、铜剑1、环首刀1、镞6、辖2、軎2、衔1、带钩1、玉环1、椭圆形石片76、鹿角2	战国中期	夫妇合葬墓，墓底设生土二层台
M29	58°	长方形竖穴土坑墓，口大底小，斜壁，平底	3.36×1.72-0.2	2.7×1.2-（1.1~1.4）	一椁：2.2×0.78-0.3 枕木槽：1.2×0.1-0.1	仰身直肢	陶鼎2、盖豆2、壶2、盘1、匜1、鹿角2	战国中期	墓底设生土二层台
M31	72°	长方形竖穴土坑墓，近直壁，平底	3.04×1.48-0.2	2.94×1.4-2.8	一椁：2.3×0.9-?	仰身直肢	陶鼎1、盖豆2、壶1、玉环1	战国中期	
M32	60°	长方形竖穴土坑墓，口大底小，斜壁，平底	3.46×（1.76~1.8）-0.2	2.72×1.2-（2.4~2.44）	一椁：2.7×1.2-?	仰身直肢	陶鼎2、盖豆2、壶2、盘1、匜1、铜镞2、鹿角3	战国中期	墓底设生土二层台
M35	56°	长方形竖穴土坑墓，口大底小，斜壁，平底	4.4×（3.08~3.13）-0.18	2.96×1.6-（5.1~5.4）	一椁：2.96×1.6-0.78 一棺：1.8×（0.5~0.6）-0.18 枕木槽：（东）1.83×0.22-0.16 （西）1.92×0.2-0.16	仰身直肢	陶鼎2、盖豆2、壶2、铜盘1、匜1、绿松石管1、鹿角1	战国中期	墓底设生土二层台
M36	98°	长方形竖穴土坑墓，口大底小，斜壁，平底	3.84×（2.2~2.3）-0.18	3.02×1.22-（2.9~2.96）	一椁：3×1.22-0.24 一棺：2.2×0.62-?	不详	陶鼎2、豆1、壶2、敦2、盏1、洛缶2、盘1、匜1、石璧1	战国中期	墓底设生土二层台

续表

墓号	方向	形制结构	墓口（长×宽-深）	墓底（长×宽-深）	葬具（长×宽-高）	葬式	随葬品	分期	备注
M37	58°	长方形竖穴土坑墓，口大底小，斜壁，平底	2.45×(0.92~1.02)-0.18	2.34×(0.88~0.9)-(0.86~0.98)	不详	仰身直肢	无	战国	
M38	57°	长方形竖穴土坑墓，口大底小，斜壁，平底	3.05×2.05-0.16	2.4×(0.96~1.06)-(2.3~2.4)	一椁：2.4×(0.96~1.06)-0.48 一棺：1.75×(0.55~0.58)-0.16	仰身直肢	陶鼎2、壶2、盘1、匜1、鹿角2	战国中期	墓底设生土二层台
M39	237°	长方形竖穴土坑墓，口大底小，斜壁，平底	3.2×(1.94~2)-0.16	2.7×(1.14~1.24)-(0.3~0.32)	一椁：2.7×(1.14~1.24)-(0.3~0.32) 一棺：1.91×(0.45~0.52)-0.2	仰身直肢	陶鼎2、敦2、壶2、豆2、盘1、匜1	战国中期	墓底三面设生土台
M41	70°	长方形竖穴土坑墓，口大底小，斜壁，平底	2.98×(1.78~1.82)-0.2	2.9×(1.68~1.7)-(0.66~0.8)	不详	不详	陶敦1	战国	盗扰
M43	62°	长方形竖穴土坑墓，口大底小，外斜壁，平底	3.62×(2.26~2.4)-0.18	2.93×(1.6~1.64)-(2.7~3)	一椁：2.93×(1.57~1.62)-0.4 一棺：1.88×(0.78~0.82)-0.14 枕木槽：2.05×0.16-0.15	仰身直肢	陶鼎2、盖豆2、壶2、铜衔2、铜环铺首2、合页3、镞4、戈3、矛1	战国中期	墓底设生土二层台
M44	80°	长方形竖穴土坑墓，口大底小，斜壁，平底	3.2×1.7-0.15	3.1×1.6-(1.1~1.32)	一椁：尺寸不明	仰身直肢	陶鼎2、豆2、壶2、敦2、盖1、珩8、玉璧2、环1、方管2、鹿角1	战国中期	盗扰
M45	97°	长方形竖穴土坑墓，口小底大，斜壁外张，平底	2.58×1.52-0.16	2.12×(1.02~1.08)-(2.04~2.2)	一椁：2.12×(1.06~1.1)-0.32 一棺：1.73×0.56-0.14	不详	陶鼎2、豆2、壶2、敦2	战国中期	墓底设生土二层台

续表

墓号	方向	形制结构	墓口（长×宽-深）	墓底（长×宽-深）	葬具（长×宽-高）	葬式	随葬品	分期	备注
M48	67°	长方形竖穴土坑墓，口底同大，直壁，平底	3.4×（2.2~2.32）-0.15	（2.8~2.96）×（1.74~1.88）-（0.8~1.16）	一椁：（2.8~2.96）×（1.74~1.88）-0.36 两椁：（北）2.2×（0.5~0.7）-? （南）2.24×（0.4~0.5）-? 枕木槽：（东）1.84×0.1-0.05 （西）1.75×0.1-0.05	仰身直肢	陶鼎2、豆4、壶2、盘1、匜1、敦2、鹿角（骨）2、铜剑1	战国中期	墓底设生土二层台
M49	105°	长方形竖穴土坑墓，口底同大，直壁，平底	3.1×2.3-0.2	3.1×2.3-（0.1~0.3）	不详	不详	无	战国	盗扰
M50	65°	长方形竖穴土坑墓，口大底小，斜壁，平底	4.6×（2.8~2.92）-0.2	3.6×（1.8~1.9）-（1.12~2.48）	不详	不详	铜衔1、镞2、圆环3、异形环2、小半圆形箍饰90、石片23枚	战国中期	盗扰，墓底设生土二层台
M51	97°	"甲"字形竖穴土坑墓，由墓道和墓室组成	墓室：5.8×3.6-0.25 墓道：2.6×1.4-0.25	4.7×2.7-（3.8~4.4）	不详	不详	陶提梁盉1、铜柲帽1、石环1	战国中期	盗扰
M53	170°	长方形竖穴土坑墓，口底同大，直壁，平底	3.3×1.8-0	3.3×1.8-（0.24~0.32）	不详	不详	陶壶2	战国中期	严重盗扰
M54	350°	长方形竖穴土坑墓，口底同大，直壁，平底	3.5×（1.8~2）-0	3.5×（1.8~2）-（0.4~0.6）	不详	不详	陶鼎、壶残片	战国中期	严重盗扰
M55	70°	长方形竖穴土坑墓，口底同大，直壁，平底	2.9×1.88-0	2.9×1.88-（0.44~0.5）	不详	不详	无	战国中期	严重盗扰
M56	85°	长方形竖穴土坑墓，口底同大，直壁，平底	2.9×（1.57~1.7）-0	2.9×（1.57~1.7）-（0.24~0.3）	不详	不详	无	战国中期	严重盗扰
M57	57°	长方形竖穴土坑墓，口大底小，直壁，平底	2.66×1.68-0.25	2.2×1.1-1.2	一椁：2.2×1.1-0.5	直肢	陶鼎2、敦2、壶2、盘1	战国中期	墓底设生土二层台

续表

墓号	方向	形制结构	墓口（长×宽-深）	墓底（长×宽-深）	葬具（长×宽-高）	葬式	随葬品	分期	备注
M58	52°	长方形竖穴土坑墓，口大底小，直壁，平底	2.8×1.76-0.2	(2.26~2.34)×(1.06~1.24)-2.1	一椁：(2.26~2.34)×(1.06~1.24)-0.4 一棺：1.5×0.5-?	仰身直肢	陶鼎2、敦2、壶2、盘1、匜1、鹿角1	战国中期	墓底设生土二层台
M59	55°	长方形竖穴土坑墓，口大底小，直壁，平底	2.9×(1.64~1.76)-0.2	2.4×(1.08~1.12)-2.7	一椁：2.4×(1.08~1.12)-0.4 一棺：1.64×(0.48~0.6)-?	仰身直肢	陶鼎2、敦2、壶2、盘1、匜1、鹿角1	战国中期	墓底设生土二层台
M60	50°	长方形竖穴土坑墓，口大底小，直壁，平底	2.1×0.64-0.25	2.1×0.64-0.3	不详	不详	小陶罐1、纺轮1	战国中期	
M61	60°	长方形竖穴土坑墓，口大底小，直壁，平底	3.7×1.84-0.25	(2.3~2.4)×(1.12~1.24)-1.8	一椁：(2.3~2.4)×(1.12~1.24)-0.5 一棺：1.7×(0.54~0.64)-?	仰身直肢	陶鼎2、盖豆2、壶2、铜剑1、鹿角1	战国中期	墓底设生土二层台
M62	70°	长方形竖穴土坑墓，口大底小，直壁，平底	2.7×1.4-0.2	(2.3~2.34)×(1.08~1.16)-2.76	一椁：(2.3~2.34)×(1.08~1.16)-0.26 一棺：1.6×(0.4~0.52)-?	仰身直肢	陶鼎3、敦2、壶2、盘1、匜1	战国中期	墓底设生土二层台
M63	76°	长方形竖穴土坑墓，口大底小，直壁，平底	2.7×1.6-0.2	2.28×1.12-2.3	一椁：2.28×1.12-0.3 一棺：1.6×0.6-?	仰身直肢	陶鼎2、敦2、壶2、豆2、盘1、罐1、石环2、鹿角3	战国中期	墓底设生土二层台
M64	55°	长方形竖穴土坑墓，口大底小，直壁，平底	1.8×0.48-0.16	1.8×0.48-0.4	无	仰身直肢	无	战国	
M65	52°	长方形竖穴土坑墓，口大底小，直壁，平底	2.7×1.44-0.2	2.28×(0.86~0.88)-1.5	一椁：2.28×0.86-0.3 一棺：1.7×0.52-?	仰身直肢	陶鼎2、盖豆2、壶2、盘1、匜1	战国中期	墓底设生土二层台
M66	55°	长方形竖穴土坑墓，口大底小，直壁，平底	2.6×1.32-0.25	(2.38~2.42)×(0.94~1.06)-1.4	一椁：(2.38~2.42)×(0.94~1.06)-0.3 一棺：1.4×0.42-?	仰身直肢	陶鼎2、敦2、壶2	战国中期	墓底设生土二层台
M67	72°	长方形竖穴土坑墓，口大底小，直壁，平底	2.7×1.6-0.45	2.36×(0.94~1)-1.7	一椁：2.36×(0.94~1)-0.5 一棺：1.8×(0.4~0.5)-?	仰身直肢	陶鼎2、盖豆2、壶2、盘1	战国中期	墓底设生土二层台

续表

墓号	方向	形制结构	墓口（长×宽-深）	墓底（长×宽-深）	葬具（长×宽-高）	葬式	随葬品	分期	备注
M68	68°	长方形竖穴土坑墓，口底同大，直壁，平底	2.1×1.04-0.25	2.1×1.04-0.7	不详	不详	无	战国中期	
M69	75°	长方形竖穴土坑墓，口大底小，直壁，平底	2.8×1.4-0.25	（2.6~2.64）×（0.9~1.04）-1.8	一椁：2.6×（0.9~1.04）-0.5 一棺：1.94×（0.62~0.7）-?	仰身直肢	陶鼎2、盖豆2、壶2、盘1、铜镞3、鹿角1	战国中期	墓底设生土二层台
M70	52°	长方形竖穴土坑墓，口大底小，斜壁，平底	3×1.8-0.2	2.5×1.1-(1.7~2.0)	一椁：2.5×1.1-0.3 一棺：1.9×0.6-?	仰身直肢	陶鼎2、敦2、壶2、盘1、匜1	战国中期	墓底设生土二层台
M71	65°	长方形竖穴土坑墓，口大底小，斜壁，平底	3.6×2.16-0.2	2.74×1.4-(2.46~2.86)	一椁：2.74×1.4-0.46 一棺：1.9×0.6-?	仰身直肢	陶鼎3、匜1、盘1、盉1、浴缶2、石环1、料珠1、鹿角1	战国中期	墓底设生土二层台
M72	55°	长方形竖穴土坑墓，口大底小，直壁，平底	3.1×1.52-0.2	（2.56~2.6）×（1.1~1.14）-2.4	一椁：（2.56~2.6）×（1.1~1.14）-0.4 一棺：1.76×（0.4~0.5）-?	仰身直肢	陶鼎1、盖豆1、壶1	战国中期	墓底设生土二层台
M73	60°	长方形竖穴土坑墓，口大底小，直壁，平底	3.1×1.8-0.25	2.72×（1.26~1.36）-2.24	一椁：2.72×（1.26~1.36）-0.44 一棺：2×0.82-? 枕木槽：（1.3~1.35）×0.1-0.04	仰身直肢	陶鼎2、敦2、壶2、盘1、鹿角1	战国中期	墓底设生土二层台
M74	65°	长方形竖穴土坑墓，口大底小，直壁，平底	2.8×1.6-0.2	2.46×1.26-2.6	一椁：2.46×1.26-0.5 一棺：1.98×0.59-? 枕木槽：1.26×（0.13~0.15）-0.06	仰身直肢	陶鼎2、敦2、壶2、豆2、盘1、椭圆形石片12、鹿角3	战国中期	墓底设生土二层台
M75	72°	长方形竖穴土坑墓，口大底小，直壁，平底	2.6×1.48-0.2	2.22×1.1-2.3	一椁：2.22×1.1-0.3 一棺：1.7×0.5-?	仰身直肢	陶鼎2、壶2、盖豆2、盘1、铜镞3、鹿角1	战国中期	墓底设生土二层台
M76	60°	长方形竖穴土坑墓，口大底小，直壁，平底	2.8×1.6-0.2	2.34×1.06-(2.6~2.8)	一椁：2.34×1.06-0.3 一棺：1.74×0.6-?	仰身直肢	陶鼎2、敦2、壶2、豆2、盘1、匜1、石璧1	战国中期	墓底设生土二层台

续表

墓号	方向	形制结构	墓口 （长×宽-深）	墓底 （长×宽-深）	葬具 （长×宽-高）	葬式	随葬品	分期	备注
M77	65°	长方形竖穴土坑墓，口底同大，直壁，平底	2.6×1.08-（0.3~0.4）	2.6×1.08-0.1	一椁：1.8×0.5-?	侧身直肢	陶鼎1、盖豆1、壶1、鹿角1	战国中期	
M78	60°	长方形竖穴土坑墓，口大底小，直壁，平底	3.1×（1.68~1.8）-0.1	（2.24~2.52）×1.18-（1.6~1.9）	一椁：（2.24~2.5）×1.18-0.7 一棺：1.72×（0.4~0.6）-?	仰身直肢	陶鼎1、盖豆1、壶1、鹿角1	战国中期	墓底设生土二层台
M79	75°	长方形竖穴土坑墓，口大底小，直壁，平底	3.3×2-0.55	（2.3~2.48）×1.04-2	一椁：（2.3~2.48）×1.04-0.3 一棺：1.8×（0.3~0.54）-? 枕木槽： （东）1.05×0.14-0.04 （西）1.08×0.16-0.04	仰身直肢	陶鼎2、敦2、壶2、鹿角1	战国中期	墓底设生土二层台
M80	70°	长方形竖穴土坑墓，口大底小，直壁，平底	3.2×（1.8~1.98）-0.15	2.72×（1.2~1.3）-（0.96~1.36）	一椁：2.68×（1.2~1.3）-0.16 一棺：1.92×0.5-? 枕木槽：（1.22~1.28）×0.2-0.1	仰身直肢	陶器盖1、豆1、壶1	战国中期	墓底设生土二层台
M81	65°	长方形竖穴土坑墓，口底同大，直壁，平底	2.4×1.32-0.2	2.4×1.32-2	一椁：2.26×1.18-0.5 一棺：1.9×（0.4~0.5）-?	仰身直肢	陶鼎2、敦2、壶2、铜剑1、镞3	战国中期	
M82	60°	长方形竖穴土坑墓，口大底小，直壁，平底	3×（1.4~1.52）-0.25	（2.24~2.28）×（0.9~1）-2	一椁：（2.24~2.28）×（0.9~1）-0.5 一棺：1.88×（0.4~0.5）-?	仰身直肢	陶鼎1、敦1、匜1、豆2、盘1、石环1	战国中期	墓底设生土二层台

附表二 淅川熊家岭墓地汉代墓葬登记表

(单位：米)

墓号	方向	形制结构	墓口（长×宽-深）	墓底（长×宽-深）	葬具（长×宽-高）	葬式	随葬品	分期	备注
M6	170°	"凸"字形砖室墓，由甬道和墓室组成	墓室：2.74×2.04-0.2；甬道：1.66×1.1-0.2	2.74×2.04-0.3	不详	不详	铜钱10枚	新莽时期	盗扰严重
M10	90°	"甲"字形竖穴砖室墓，由墓道、甬道及墓室组成	墓室：3.25×(1.8~1.88)-0.15；甬道：1.37×1.04-0.15；墓道：2.18×1.24-0.15	3.25×(1.8~1.88)-(0.84~1.08)	不详	不详	铜钱3枚	新莽时期	盗扰
M26	75°	长方形竖穴砖室墓	3.4×2.2-0.2	3.25×(1.92~2)-(0.36~0.6)	不详	不详		西汉晚期	盗扰严重
M27	87°	"甲"字形竖穴土坑墓，由墓道及墓室组成	墓室：2.96×1.54-0.2；墓道：5.1×1.2-0.2	2.4×1.16-2.16	不详	不详	陶鼎1、双耳罐1、钵1、盆1、灶1、井1、磨1、仓5、铜洗1、铜锤10	西汉晚期后段	墓底设生土二层台
M33	90°	"甲"字形竖穴砖室墓，由墓道、甬道及墓室组成	墓室：2.92×2-0.2；甬道：1.38×(0.92~0.96)-0.2；墓道：（残）(1~1.06)×1.2-0.2	2.92×2-0.35	不详	不详		新莽时期	盗扰严重
M34	97°	"甲"字形竖穴土坑墓，由墓道和墓室组成	墓室：3.08×(1.9~2.04)-0.18；墓道：4.4×(1.44~1.56)-0.18	2.76×(1.6~1.74)-2	不详	仰身直肢	陶鼎1、罐1、灶1、井1、盆1、釜1、仓1、铜盆1、铜钱1	西汉晚期前段	人骨2具，夫妻合葬
M40	290°	"甲"字形竖穴砖室墓，由墓道、甬道和墓室组成	墓室：3.1×1.38×0.86-0.17；甬道：(残)0.76×1.37-0.17	3.1×(2.26~2.4)-0.8	不详	不详	残陶磨1、鸡1、铜钱2枚	新莽时期	盗扰
M42	110°	"甲"字形竖穴砖室墓，由墓道和墓室组成	墓室：4.66×(2.27~2.38)-0.18；墓道：2.6×(1.16~1.44)-0.18	4.44×2.3-0.7~0.8	不详	不详	陶罐1，铜钱3	新莽时期	盗扰
M52	95°	刀形竖穴砖室墓，由墓道和墓室组成	墓室：3.5×3.6×2.6-0.2；墓道：1.1×(1.36~1.42)-0.2	3.6×2.6-0.44~0.6	不详	不详	未见随葬器物	西汉晚期	盗扰

附表三 淅川熊家岭墓地明清墓葬登记表

(单位：米)

墓号	方向	形制结构	墓口（长×宽-深）	墓底（长×宽-深）	葬具（长×宽-高）	葬式	随葬品	分期	备注
M30	190°	长方形竖穴土坑墓，口大底小，斜壁，平底	4.55×(1.15~1.26)-0.18	2.95×(1.1~1.06)-0.92	不详	不详	无	明清	
M46	248°	长方形竖穴土坑墓，口底同大，直壁，平底	2.46×(0.98~0.96)-0.7	2.46×(0.98~0.96)-(0.25~0.35)	一棺	不详	无	明清	迁葬
M47	10°	长方形竖穴土坑墓，口大底小，斜壁，平底	2.6×(1~1.25)-0.16	2.5×(0.92~1.1)-(0.57~0.64)	一棺	不详	无	明清	迁葬

后　　记

　　《淅川熊家岭墓地》考古发掘报告终于付梓了，它是河南省南水北调中线工程文物保护工作的成果之一。

　　本项目从田野发掘到报告的完成，得到了河南省文物局南水北调文物保护管理办公室、河南省文物考古研究院、南阳市文物考古研究所、淅川县文广新局等单位和部门的大力协助和支持。在田野发掘期间，河南省文物局马萧林副局长，南水北调文物保护管理办公室张志清主任、董睿同志，河南省文物考古研究院杨文胜同志，三门峡市文物局张占海局长，淅川县文广新局潘陟副局长、淅川县文物局刘国奇副局长等专家领导曾多次莅临发掘现场指导工作。在考古报告整理期间，三门峡市文物局梅良川局长、宁会振副局长曾多次过问此事，南阳市文物考古研究所崔本信副所长、杨俊峰主任等为报告编写给予了很大的支持和帮助。

　　杨海青为本报告的第一主编，全面负责报告的编写、统稿与定稿工作，史智民为本报告的第二主编，郑立超、何冰和燕飞为本报告的副主编。

　　报告各章节撰写的具体分工如下：

　　第一章：郑立超、杨海青、史智民

　　第二章：杨海青、郑立超、史智民、燕飞

　　第三章：史智民、何冰

　　第四章：郑立超、何冰

　　第五章：杨海青、郑立超、燕飞、史智民

　　本报告田野绘图的主要完成者，为三门峡文物考古研究所杨海青、胡小龙和技工赵小光、刘磊等。室内绘图的完成者为三门峡文物考古研究所燕飞和技工刘磊、陈英。所有墨拓的完成者为河南省文物考古研究院技工陈英和南阳市文物考古研究所技工韩猛。田野摄影与录像的完成者为三门峡市文物考古研究所杨海青和李宪增。室内摄影的完成者为三门峡市文物考古研究所燕飞、杨海青、赵小灿和段海波。

　　郑州大学历史学院李峰教授、郜向平副教授和河南省文物局南水北调文物保护办公室张志清主任对本报告初稿进行了认真审阅，并提出了许多宝贵意见。

　　本报告的出版，得到了河南省文物局南水北调文物保护办公室专项经费支持。科学出版社考古分社张亚娜、田媛女士为本书的编辑出版付出了辛勤劳动。

　　值此《淅川熊家岭墓地》考古报告付梓出版之际，谨向给予本项目指导和支持的单位和个人表示深深的感谢。

后 记

本报告在编写过程中,由于我们的水平有限,认识和研究尚显肤浅,错误遗漏在所难免,敬请专家、学者及广大读者批评指正。

编 者

2016年

淅川熊家岭墓地远景(东→西)

彩版一

彩版二

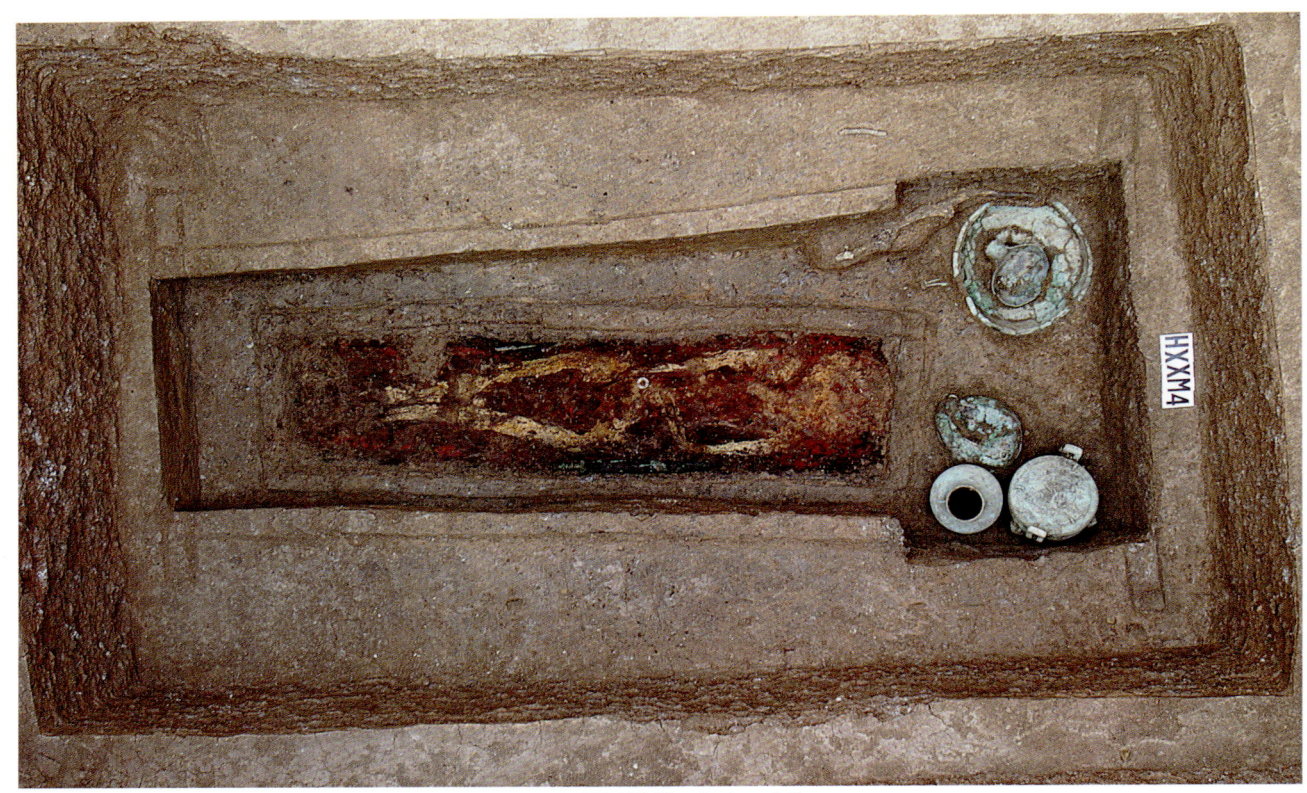

1. M4形制结构（西→东）

2. M15形制结构（西→东）

淅川熊家岭墓地战国墓葬形制与结构

彩版三

1. M21形制结构（北→南）

2. M24形制结构（北→南）

淅川熊家岭墓地战国墓葬形制与结构

彩版四

1. M35形制结构（西→东）

2. M39形制结构（东→西）

淅川熊家岭墓地战国墓葬形制与结构

彩版五

1. M48形制结构（上→下）

2. M59形制结构（南→北）

淅川熊家岭墓地战国墓葬形制与结构

彩版六

1. M76形制结构（上→下）

2. M82形制结构（上→下）

淅川熊家岭墓地战国墓葬形制与结构

1. M27形制结构（西→东）

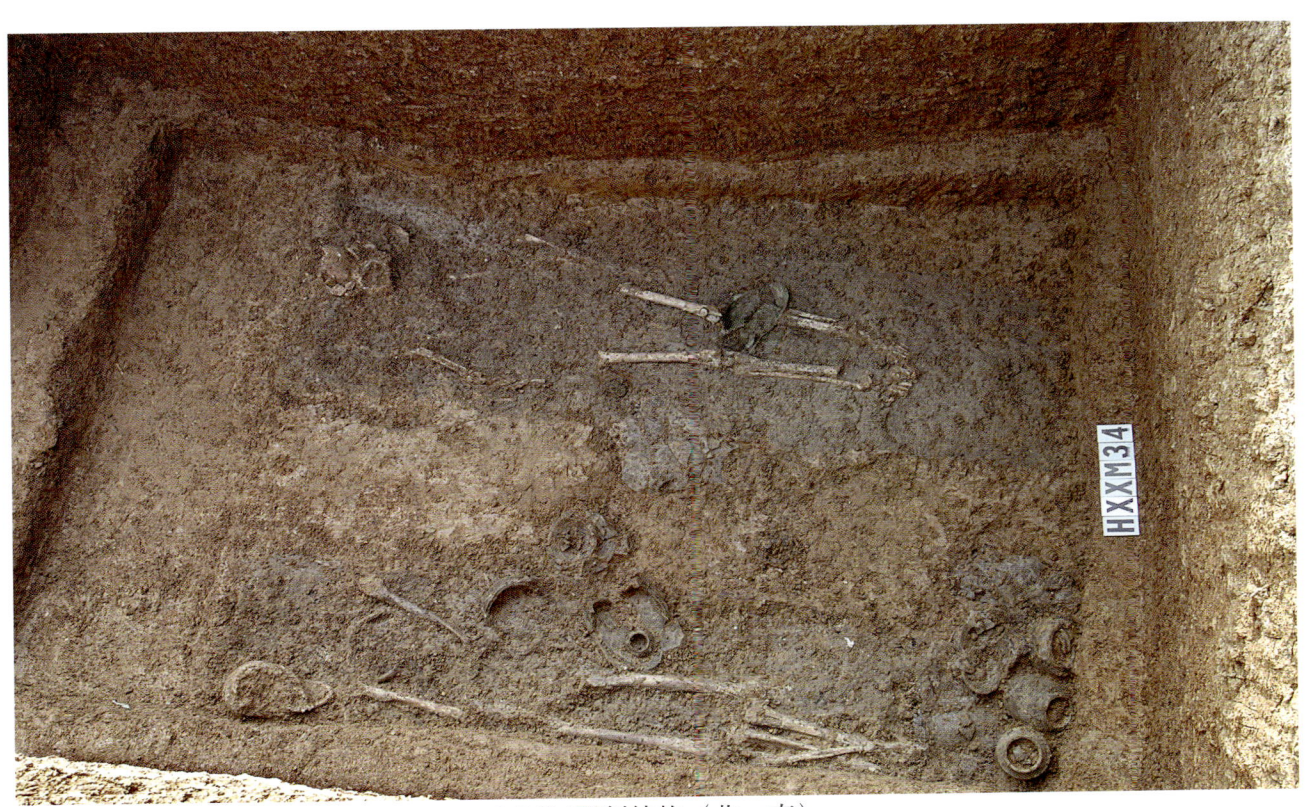

2. M34形制结构（北→南）

淅川熊家岭墓地汉代墓葬形制与结构

彩版八

1. M5 陶器组合

2. M22 陶器组合

3. M24 陶器组合

4. M35 陶器组合

5. M48 陶器组合

6. M59 陶器组合

淅川熊家岭墓地战国墓葬陶器组合

彩版九

1. M5∶2

2. M22∶5

3. M44∶3

4. M61∶4

5. M63∶4

6. M63∶5

淅川熊家岭墓地战国墓葬出土陶鼎

彩版一〇

1. M5:3

2. M21:8

3. M31:1

4. M35:3

5. M69:6

6. M77:3

淅川熊家岭墓地战国墓葬出土陶盖豆

彩版一一

1. M22:7

2. M36:7

3. M62:8

4. M63:10

5. M74:8

6. M82:6

淅川熊家岭墓地战国墓葬出土陶豆

彩版一二

1. M22：4
2. M39：1
3. M48：11
4. M76：1
5. M81：1
6. M82：1

淅川熊家岭墓地战国墓葬出土陶壶

彩版一三

1. M21:5

2. M21:6

3. M22:1

4. M22:2

5. M62:3

6. M76:5

淅川熊家岭墓地战国墓葬出土陶敦

彩版一四

1. 陶浴缶（M22∶9）

2. 陶罐（M63∶13）

3. 陶提梁盉（M22∶10）

4. 陶提梁盉（M51∶3）

5. 陶盘（M24∶34）

6. 陶匜（M70∶8）

淅川熊家岭墓地战国墓葬出土陶器

彩版一五

1. 铜鼎（M4∶1）

2. 铜鼎（M24∶5）

3. 铜壶（M4∶2）

4. 铜壶（M24∶1）

5. 铜盖豆（M24∶3）

6. 铜匜（M35∶8）

淅川熊家岭墓地战国墓葬出土铜礼器

彩版一六

1. M4∶7
2. M24∶24
3. M28∶16
4. M48∶1
5. M61∶8
6. M81∶8

淅川熊家岭墓地战国墓葬出土铜剑

彩版一七

1. M4∶9

2. M24∶26

3. M24∶28

4. M43∶12

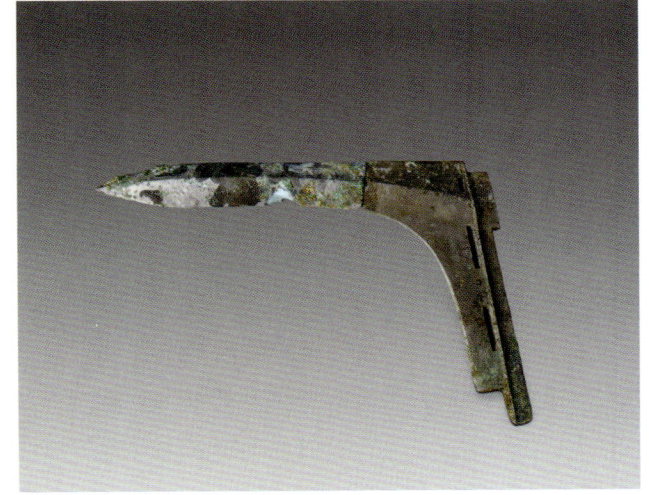

5. M43∶17

6. M43∶22

淅川熊家岭墓地战国墓葬出土铜戈

彩版一八

1. 铜矛（M43：16）

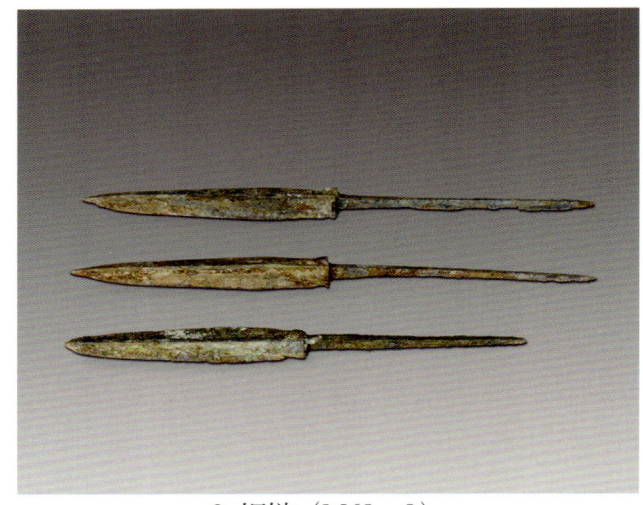

2. 铜镞（M69：9）

3. 铜軎（M24：16-1）

4. 铜軎（M24：17-1）

5. 铜軏饰（M24：15）

6. 铜軏饰（M24：18）

淅川熊家岭墓地战国墓葬出土铜器

彩版一九

1. 玉环（M4∶8）

2. 玉璧（M24∶23）

3. 玉环（M28∶18）

4. 玉环（M31∶4）

5. 玉环（M44∶10）

6. 玉璧（M44∶13）

淅川熊家岭墓地战国墓葬出土玉环、璧

彩版二〇

1. 刀形玉饰（M24∶27）

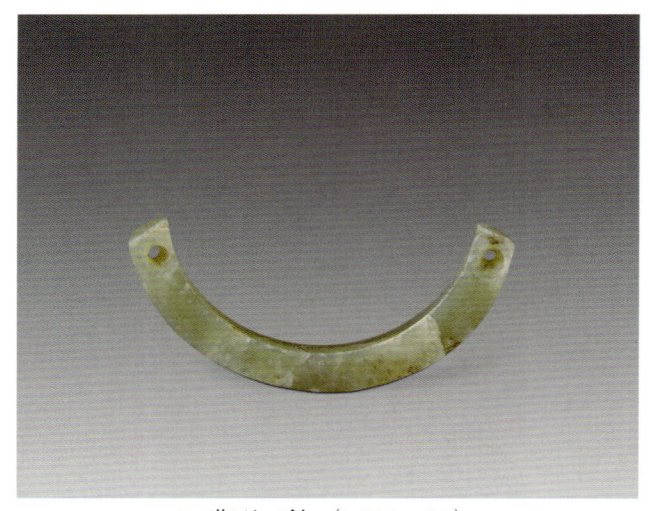

2. 璜形玉饰（M24∶32）

3. 水晶方管（M44∶9-1）

4. 水晶方管（44∶9-2）

5. 水晶环（M44∶12）

6. 料珠（M71∶10）

淅川熊家岭墓地战国墓葬出土玉、水晶器与料器

图版一

2. M8形制结构（东→西）

4. M17形制结构（西→东）

1. M5形制结构（西→东）

3. M16形制结构（西→东）

淅川熊家岭墓地战国墓葬形制与结构

图版二

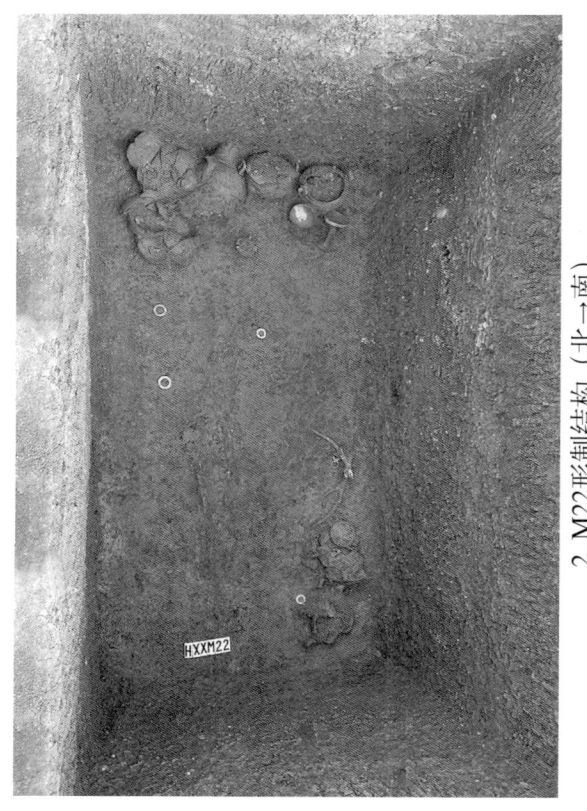

1. M20形制结构（西→东）

2. M22形制结构（北→南）

3. M25形制结构（西→东）

4. M28形制结构（西→东）

淅川熊家岭墓地战国墓葬形制与结构

1. M29形制结构（东→西）

2. M32形制结构（西→东）

3. M36形制结构（西→东）

4. M38形制结构（北→南）

淅川熊家岭墓地战国墓葬形制与结构

图版四

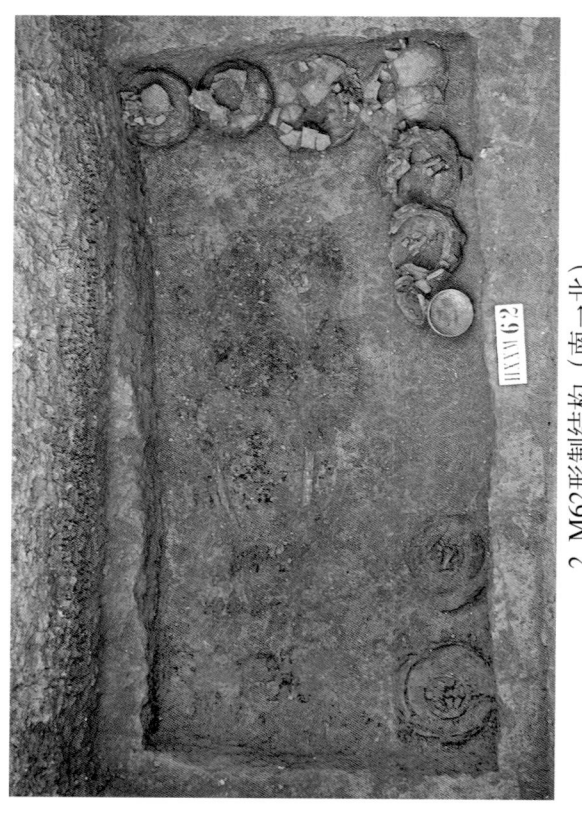

1. M61形制结构（西→东）

2. M62形制结构（南→北）

3. M63形制结构（上→下）

4. M65形制结构（上→下）

淅川熊家岭墓地战国墓形制与结构

图版五

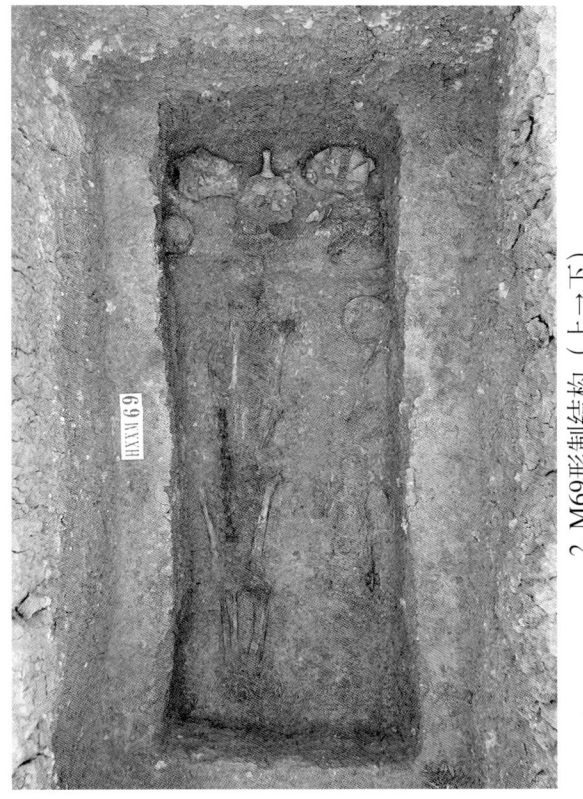

1. M66形制结构（北→南）
2. M69形制结构（上→下）
3. M70形制结构（西→东）
4. M71形制结构（上→下）

淅川熊家岭墓地战国墓葬形制与结构

图版六

2. M73形制结构（上→下）

4. M75形制结构（上→下）

1. M72形制结构（上→下）

3. M74形制结构（上→下）

淅川熊家岭墓地战国墓葬形制与结构

1. M77形制结构（上→下）   2. M78形制结构（上→下）

3. M80形制结构（上→下）   4. M81形制结构（上→下）

淅川熊家岭墓地战国墓葬形制与结构

图版八

1. M17陶器组合

2. M21陶器组合

3. M38陶器组合

4. M44陶器组合

5. M61陶器组合

6. M62陶器组合

淅川熊家岭墓地战国墓葬陶器组合

图版九

1. M67陶器组合

2. M70陶器组合

3. M76陶器组合

4. M77陶器组合

5. M81陶器组合

6. M82陶器组合

淅川熊家岭墓地战国墓葬陶器组合

图版一〇

1. 陶鼎（M5:2）

2. 陶盖豆（M5:3）

3. 陶壶（M5:1）

4. 陶鬲（M7:1）

5. 陶罐（M7:2）

6. 陶盂（M7:3）

M5、M7出土陶器

图版一一

1. 陶鼎（M8:2）

2. 陶匜（M8:4）

3. 陶壶（M12:3）

4. 陶盖豆（M12:2）

5. 陶鼎（M12:1）

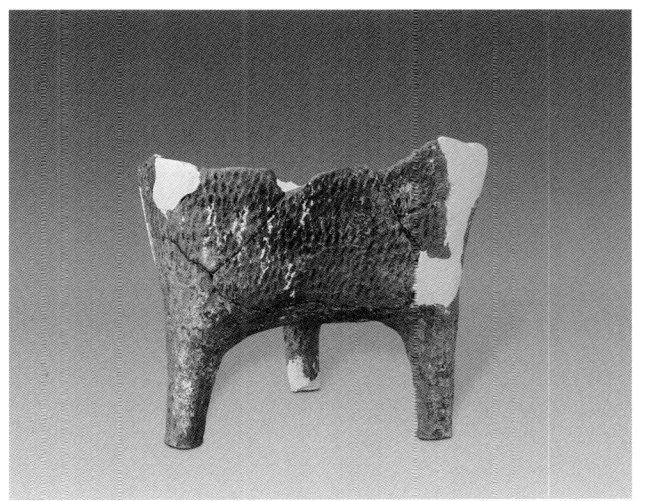

6. 陶鬲（M11:2）

M8、M11、M12出土陶器

图版一二

1. 陶鼎（M14∶2）

2. 陶豆盖（M14∶3）

3. 陶壶（M14∶1）

4. 陶鼎（M15∶3）

5. 陶豆（M15∶5）

6. 陶豆（M15∶7）

M14、M15出土陶器

图版一三

1. 陶鼎（M17:3）

2. 陶鼎（M17:4）

3. 陶盖豆（M17:5）

4. 陶盖豆（M17:6）

5. 陶壶（M15:2）

6. 陶壶（M17:1）

7. 陶壶（M17:2）

M15、M17出土陶器

图版一四

1. 陶鼎（M20∶6）

2. 陶盖豆（M20∶2）

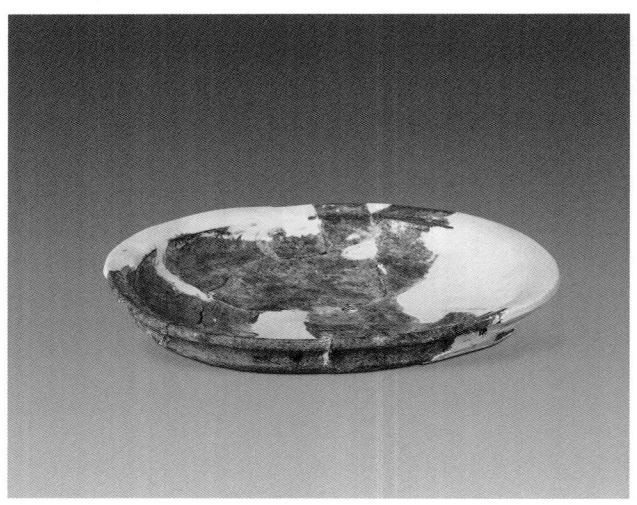

3. 陶盘（M20∶4）

4. 陶鼎（M21∶3）

5. 陶鼎（M21∶4）

6. 陶鼎（M21∶7）

M20、M21出土陶器

图版一五

1. 陶盖豆（M21∶8）

2. 陶壶（M21∶1）

3. 陶壶（M21∶2）

4. 陶敦（M21∶5）

5. 陶盘（M21∶9）

6. 陶敦（M21∶6）

7. 陶鼎（M22∶5）

M21、M22出土陶器

图版一六

1. 陶鼎（M22∶6）

2. 陶鼎（M22∶12）

3. 陶豆（M22∶7）

4. 陶豆（M22∶8）

5. 陶壶（M22∶3）

6. 陶壶（M22∶4）

7. 陶敦（M22∶1）

8. 陶敦（M22∶2）

M22出土陶器

图版一七

1. 陶盘（M22：11）

2. 陶浴缶（M22：9）

3. 陶提梁盉（M22：10）

4. 陶鼎（M24：4）

5. 陶鼎（M24：10）

6. 陶鼎（M24：11）

M22、M24出土陶器

图版一八

1. 陶盖豆（M24：2）

2. 陶壶（M24：8）

3. 陶壶（M24：9）

4. 陶浴缶（M24：21）

5. 陶壶（M28：4）

6. 陶盘（M24：34）

7. 陶盘（M25：1）

M24、M25、M28出土陶器

图版一九

1. 陶鼎（M29∶3）

2. 陶鼎（M29∶4）

3. 陶盖豆（M29∶5）

4. 陶盖豆（M29∶6）

5. 陶壶（M29∶1）

6. 陶壶（M29∶2）

7. 陶鼎（M31∶3）

M29、M31出土陶器

图版二〇

1. 陶壶（M31：2）

2. 陶盖豆（M31：1）

3. 陶盖豆（M32：3）

4. 陶鼎（M32：6）

5. 陶鼎（M32：5）

6. 陶盖豆（M32：4）

7. 陶壶（M32：1）

8. 陶壶（M32：2）

M31、M32出土陶器

图版二一

1. 陶鼎（M35∶5）

2. 陶鼎（M35∶6）

3. 陶壶（M35∶1）

4. 陶壶（M35∶2）

5. 陶盖豆（M35∶3）

6. 陶盖豆（M35∶4）

7. 陶鼎（M36∶11）

M35、M36出土陶器

图版二二

1. 陶鼎（M36∶1）

2. 陶豆（M36∶7）

3. 陶豆（M36∶8）

4. 陶壶（M36∶6）

5. 陶壶（M36∶5）

6. 陶敦（M36∶9）

7. 陶敦（M36∶10）

M36出土陶器

图版二三

1. 陶盘（M36：3）

2. 陶匜（M36：2）

3. 陶浴缶（M36：12）

4. 陶盉（M36：4）

5. 陶鼎（M38：5）

6. 陶鼎（M38：6）

M36、M38出土陶器

图版二四

1. 陶壶（M38：1）   2. 陶壶（M38：2）   3. 陶敦（M38：3）

4. 陶敦（M38：4）   5. 陶豆（M39：3）   6. 陶豆（M39：4）

7. 陶壶（M39：1）   8. 陶壶（M39：2）   9. 陶敦（M39：7）

M38、M39出土陶器

图版二五

1. 陶敦（M39：8）

2. 陶盘（M39：9）

3. 陶匜（M39：10）

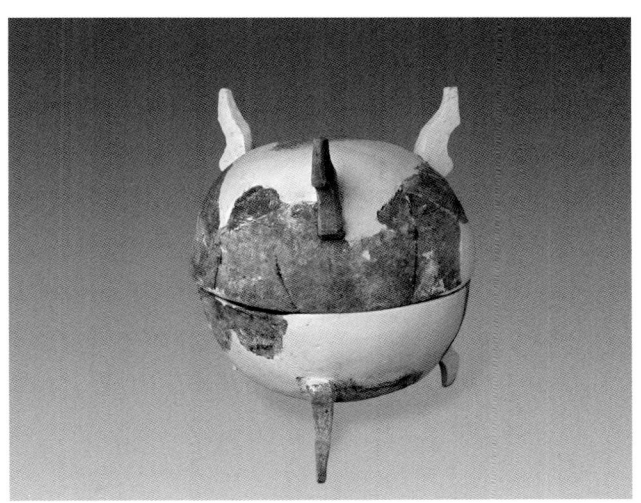

4. 陶敦（M41：1）

5. 陶鼎（M43：3）

6. 陶鼎（M43：4）

M39、M41、M43出土陶器

图版二六

1. 陶豆盖（M43∶5）

2. 陶豆盖（M43∶6）

3. 陶壶（M43∶1）

4. 陶壶（M43∶2）

5. 陶鼎（M44∶3）

6. 陶鼎（M44∶4）

M43、M44出土陶器

图版二七

1. 陶豆（M44∶5） 2. 陶豆（M44∶6） 3. 陶壶（M44∶1）
4. 陶壶（M44∶2） 5. 陶敦（M44∶8） 6. 陶敦（M44∶16）
7. 陶豆（M45∶7） 8. 陶豆（M45∶8） 9. 陶壶（M45∶3）

M44、M45出土陶器

图版二八

1. 陶鼎（M45：6）

2. 陶壶（M45：4）

3. 陶敦（M45：1）

4. 陶敦（M45：2）

5. 陶鼎（M48：2）

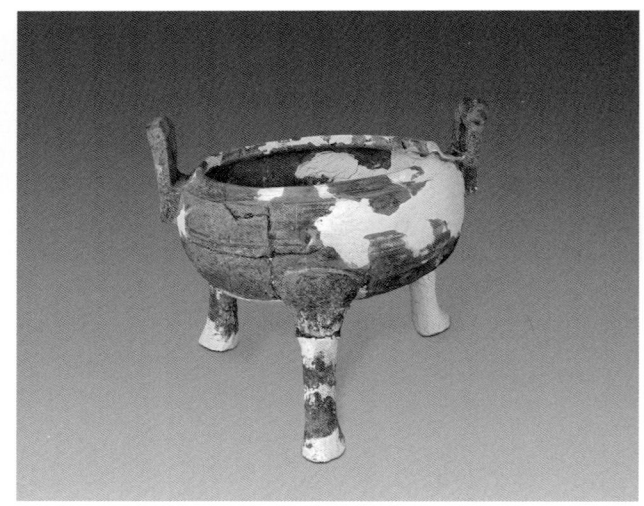

6. 陶鼎（M48：5）

M45、M48出土陶器

图版二九

1. 陶豆（M48∶3）

2. 陶豆（M48∶4）

3. 陶豆（M48∶6）

4. 陶豆（M48∶8）

5. 陶壶（M48∶11）

6. 陶壶（M48∶12）

7. 陶盘（M48∶7）

8. 陶匜（M48∶14）

M48出土陶器

图版三〇

1. 陶敦（M48∶9）

2. 陶敦（M48∶100）

3. 陶提梁盉（M51∶3）

4. 陶鼎（M57∶2）

5. 陶鼎（M57∶3）

6. 陶壶（M57∶5）

7. 陶壶（M57∶7）

M48、M51、M57出土陶器

图版三一

1. 陶敦（M57∶4）

2. 陶鼎（M58∶3）

3. 陶鼎（M58∶4）

4. 陶敦（M58∶5）

5. 陶敦（M58∶6）

6. 陶壶（M58∶1）

7. 陶壶（M58∶2）

M57、M58出土陶器

图版三二

1. 陶盘（M58∶7）

2. 陶匜（M58∶9）

3. 陶鼎（M59∶5）

4. 陶鼎（M59∶6）

5. 陶壶（M59∶1）

6. 陶壶（M59∶2）

M58、M59出土陶器

图版三三

1. 陶敦（M59:3）

2. 陶敦（M59:4）

3. 陶盘（M59:7）

4. 陶匜（M59:8）

5. 陶罐（M60:1）

6. 陶纺轮（M60:2）

M59、M60出土陶器

图版三四

1. 陶鼎（M61:4）

2. 陶盖豆（M61:5）

3. 陶盖豆（M61:6）

4. 陶壶（M61:1）

5. 陶壶（M61:2）

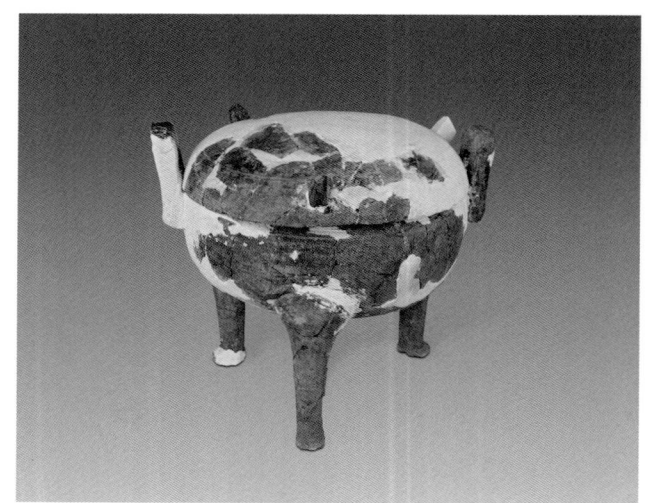

6. 陶鼎（M62:5）

7. 陶鼎（M62:6）

M61、M62出土陶器

图版三五

1. 陶豆（M62∶7）

2. 陶豆（M62∶8）

3. 陶壶（M62∶1）

4. 陶敦（M62∶3）

5. 陶敦（M62∶4）

6. 陶盘（M62∶11）

7. 陶匜（M62∶12）

M62出土陶器

图版三六

1. 陶鼎（M63∶4）

2. 陶鼎（M63∶5）

3. 陶豆（M63∶9）

4. 陶豆（M63∶10）

5. 陶壶（M63∶1）

6. 陶敦（M63∶6）

7. 陶敦（M63∶7）

M63出土陶器

1. 陶盘（M63:12）

2. 陶罐（M63:13）

3. 陶敦（M65:1）

4. 陶敦（M65:4）

5. 陶匜（M65:8）

6. 陶壶（M66:1）

M63、M65、M66出土陶器

图版三八

1. 陶敦（M66:5）

2. 陶敦（M66:6）

3. 陶鼎（M67:6）

4. 陶鼎（M67:7）

5. 陶盖豆（M67:4）

6. 陶壶（M67:1）

7. 陶壶（M67:2）

M66、M67出土陶器

图版三九

1. 陶盘（M67:5）

2. 陶鼎（M69:3）

3. 陶鼎（M69:4）

4. 陶盘（M69:7）

5. 陶盖豆（M69:5）

6. 陶盖豆（M69:6）

7. 陶壶（M69:2）

M67、M69出土陶器

图版四〇

1. 陶鼎（M70∶5）

2. 陶鼎（M70∶6）

3. 陶壶（M70∶1）

4. 陶壶（M70∶2）

5. 陶敦（M70∶3）

6. 陶敦（M70∶4）

7. 陶盘（M70∶7）

M70出土陶器

图版四一

1. 陶匜（M70：8）

2. 陶鼎（M71：5）

3. 陶鼎（M71：6）

4. 陶鼎（M71：13）

5. 陶豆（M71：7）

6. 陶豆（M71：8）

7. 陶壶（M71：1）

M70、M71出土陶器

图版四二

1. 陶壶（M71∶2）

2. 陶敦（M71∶3）

3. 陶敦（M71∶4）

4. 陶盘（M71∶15）

5. 陶匜（M71∶16）

6. 陶浴缶（M71∶12）

M71出土陶器

图版四三

1. 陶提梁盉（M71:14）

2. 陶壶（M72:1）

3. 陶壶（M73:1）

4. 陶鼎（M73:5）

5. 陶鼎（M73:6）

6. 陶壶（M73:2）

7. 陶敦（M73:4）

8. 陶敦（M73:3）

M71、M72、M73出土陶器

图版四四

1. 陶鼎（M74：6）

2. 陶鼎（M74：7）

3. 陶豆（M74：8）

4. 陶壶（M74：1）

5. 陶壶（M74：2）

6. 陶鼎（M75：3）

7. 陶鼎（M75：4）

M74、M75出土陶器

1. 陶盖豆（M75∶5）

2. 陶盖豆（M75∶6）

3. 陶壶（M75∶1）

4. 陶壶（M75∶2）

5. 陶匜（M75∶8）

6. 陶鼎（M76∶6）

7. 陶鼎（M76∶7）

M75、M76出土陶器

图版四六

1. 陶壶（M76:1）

2. 陶壶（M76:2）

3. 陶敦（M76:5）

4. 陶敦（M76:4）

5. 陶盘（M76:9）

6. 陶匜（M76:10）

7. 陶鼎（M77:2）

M76、M77出土陶器

图版四七

1. 陶盖豆（M77:3）

2. 陶壶（M77:1）

3. 陶壶（M78:3）

4. 陶鼎（M78:1）

5. 陶盖豆（M78:2）

6. 陶鼎（M79:3）

7. 陶鼎（M79:4）

M77、M78、M79出土陶器

图版四八

1. 陶壶（M79：1）

2. 陶壶（M79：2）

3. 陶敦（M79：6）

4. 陶敦（M79：5）

5. 陶豆盖（M80：3）

6. 陶壶（M80：1）

7. 陶鼎（M81：5）

M79、M80、M81出土陶器

1. 陶鼎（M81:6）

2. 陶壶（M81:1）

3. 陶壶（M81:2）

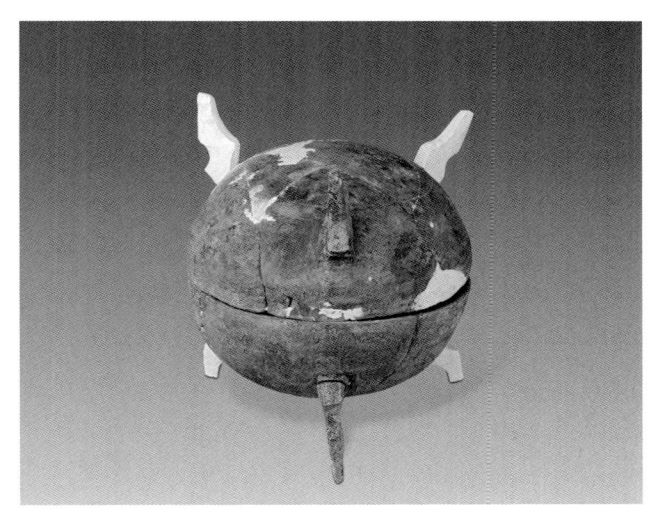
4. 陶敦（M81:4）

5. 陶敦（M81:3）

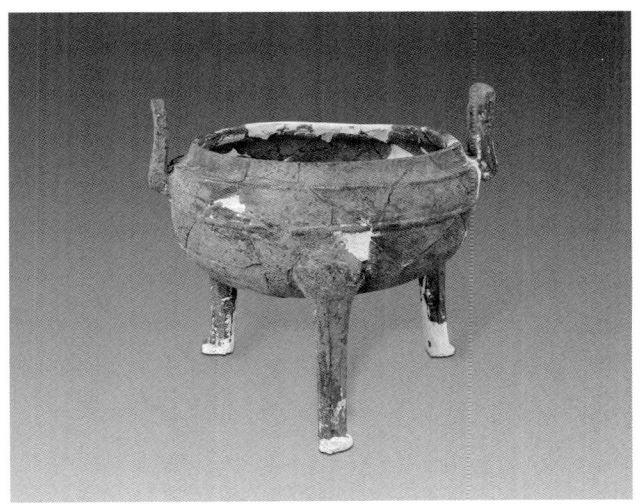
6. 陶鼎（M82:2）

M81、M82出土陶器

图版五〇

1. 陶豆（M82:5）

2. 陶豆（M82:6）

3. 陶壶（M82:1）

4. 陶敦（M82:4）

5. 陶盘（M82:7）

6. 陶匜（M82:8）

M82出土陶器

图版五一

1. 铜鼎（M4∶1）

2. 铜壶（M4∶2）

3. 铜剑（M4∶7）

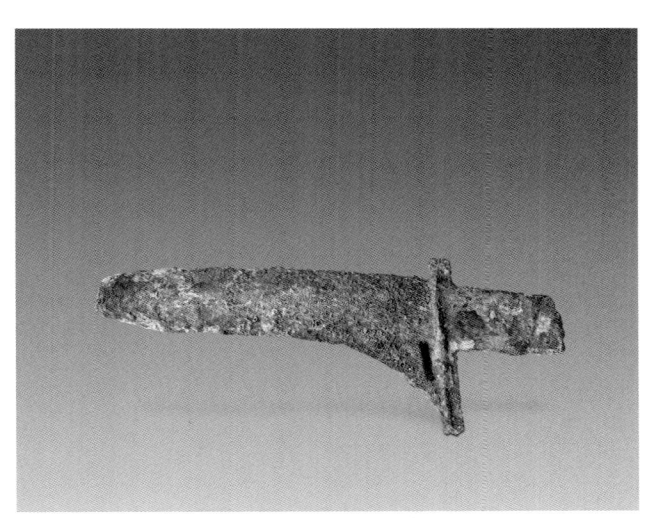

4. 铜戈（M4∶9）

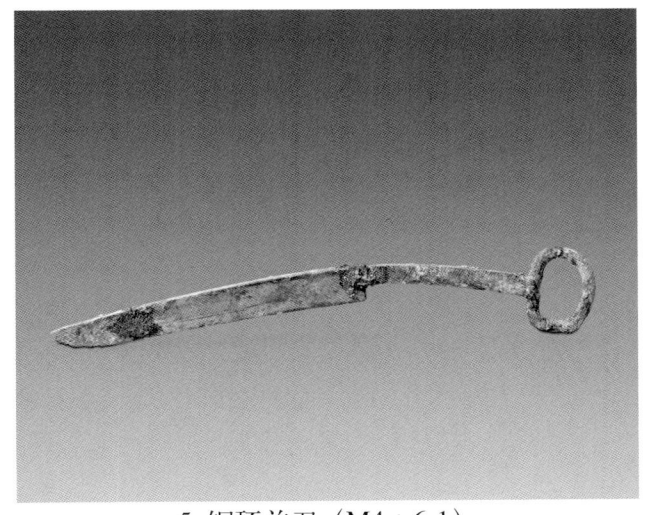

5. 铜环首刀（M4∶6-1）

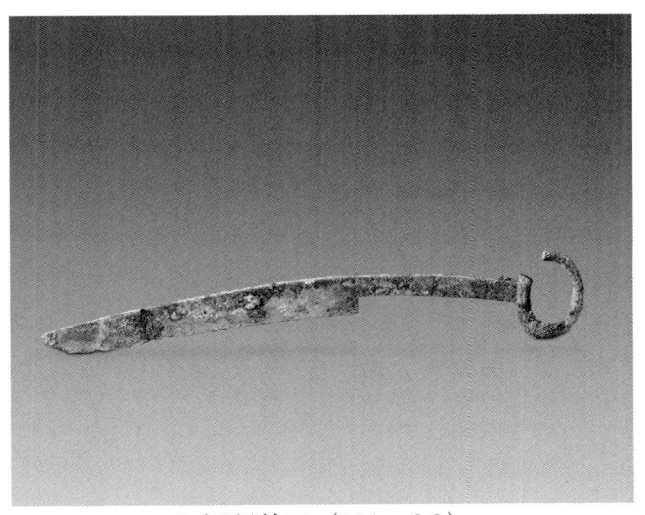

6. 铜环首刀（M4∶6-2）

M4出土铜器

图版五二

1. 铜衔（M21∶12）

2. 铜锥（M21∶15）

3. 铜軎（M21∶10-1）

4. 铜軎（M21∶10-2）

5. 铜辖（M21∶11-1）

6. 铜辖（M21∶11-2）

M21出土铜器

图版五三

1. 铜衔环铺首（M22：17）

2. 铜衔环铺首（M22：18）

3. 铜环（M22：16）

4. 铜鼎（M24：5）

5. 铜盖豆（M24：3）

6. 铜壶（M24：1）

M22、M24出土铜器

图版五四

1. 铜盆（M24∶6）

2. 铜匜（M24∶7）

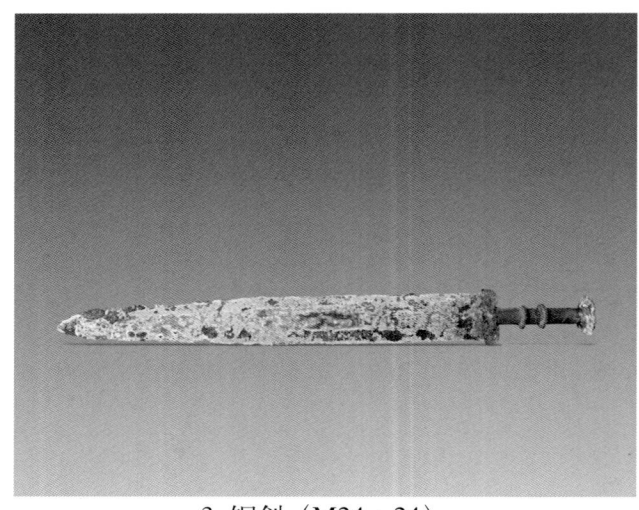

3. 铜剑（M24∶24）

4. 铜戈（M24∶26）

5. 铜戈（M24∶28）

6. 铜镞（M24∶25）

M24出土铜器

图版五五

1. 铜軎（M24：16-1）

2. 铜軎（M24：17-1）

3. 铜辖（M24：16-2）

4. 铜辖（M24：17-2）

5. 铜軧饰（M24：15）

6. 铜軧饰（M24：18）

M24出土铜器

图版五六

1. 铜衔（M24∶19）

2. 铜衔（M24∶20）

3. 铜环（M24∶29）

4. 铜环（M24∶30）

5. 铜剑（M28∶16）

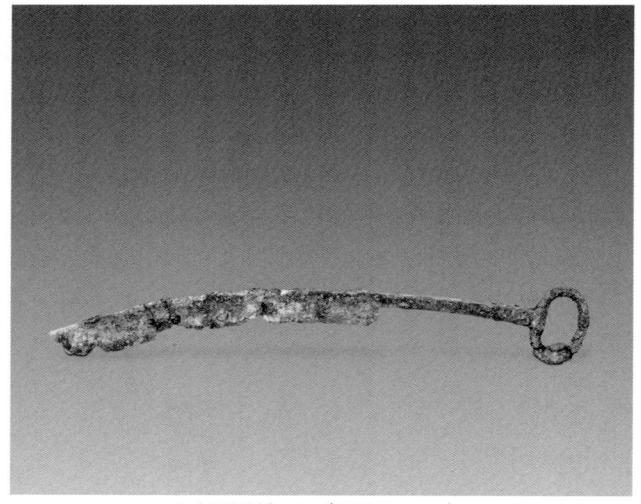

6. 铜环首刀（M28∶17）

M24、M28出土铜器

图版五七

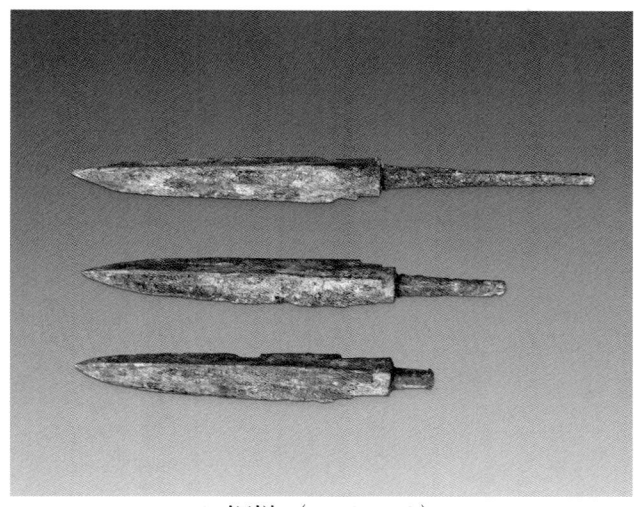

1. 铜镞（M28∶13）

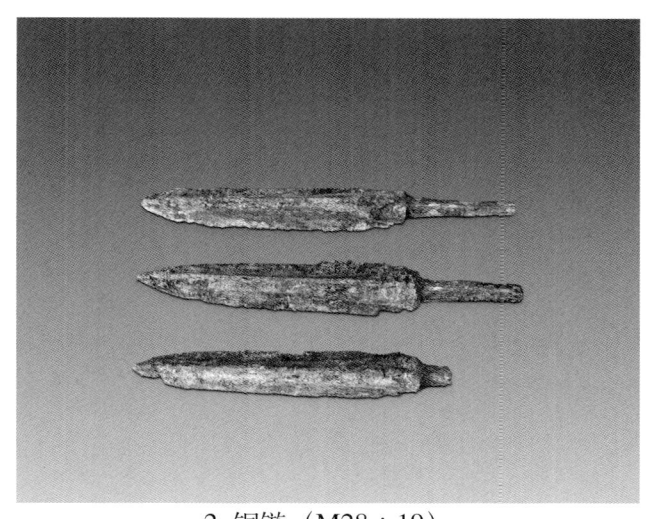

2. 铜镞（M28∶19）

3. 铜䪌（M28∶8-1）

4. 铜䪌（M28∶8-2）

5. 铜辖（M28∶9-1）

6. 铜辖（M28∶9-2）

M28出土铜器

图版五八

1. 铜衔（M28∶14）

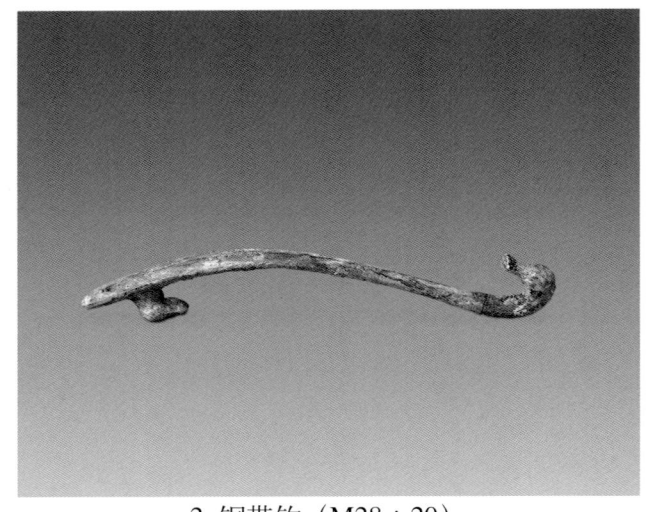

2. 铜带钩（M28∶20）

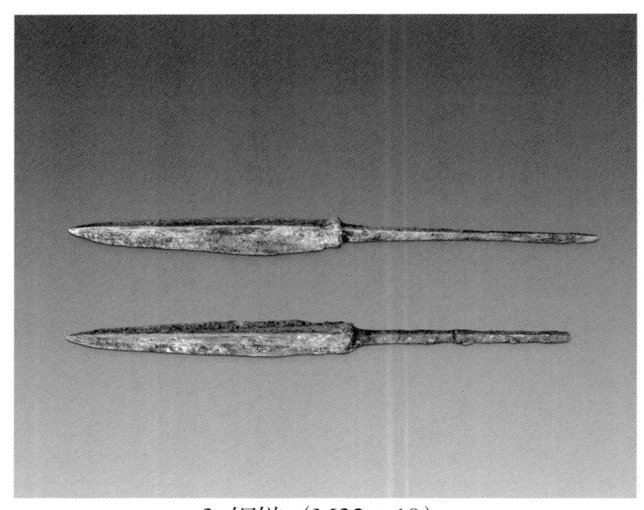

3. 铜镞（M32∶10）

4. 铜匜（M35∶8）

5. 铜矛（M43∶16）

6. 铜戈（M43∶12）

M28、M32、M35、M43出土铜器

图版五九

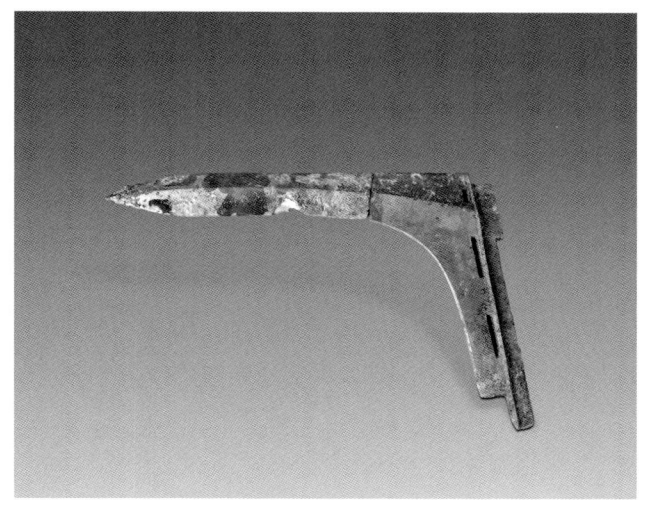

1. 铜戈（M43∶17）

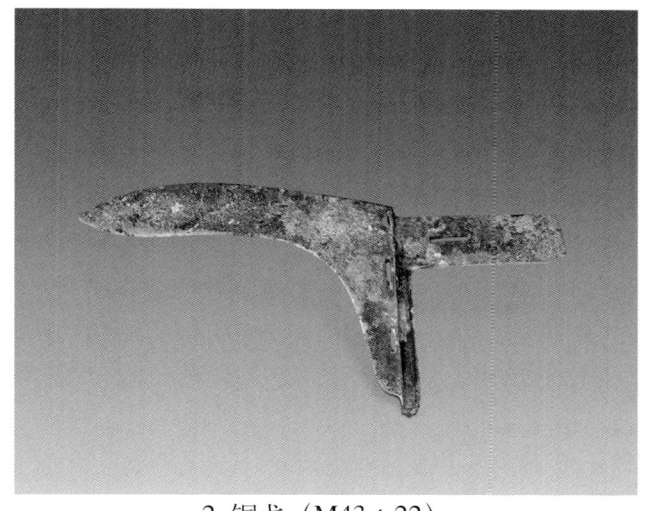

2. 铜戈（M43∶22）

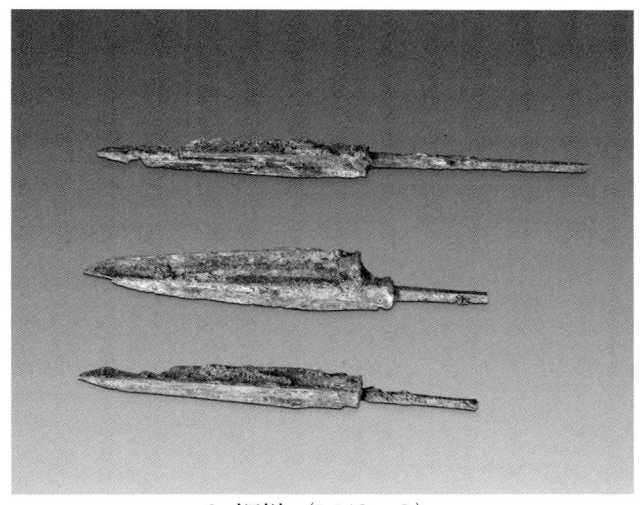

3. 铜镞（M43∶9）

4. 铜衔（M43∶10）

5. 铜衔（M43∶11）

6. 铜衔（M43∶18）

M43出土铜器

图版六〇

1. 铜衔（M43：19）

2. 铜衔（M43：20）

3. 铜衔（M43：21）

4. 铜衔环铺首（M43：7）

5. 铜衔环铺首（M43：8）

6. 铜合页（M43：13）

7. 铜合页（M43：14）

8. 铜合页（M43：15）

M43出土铜器

图版六一

1. 铜器盖（M44:7）

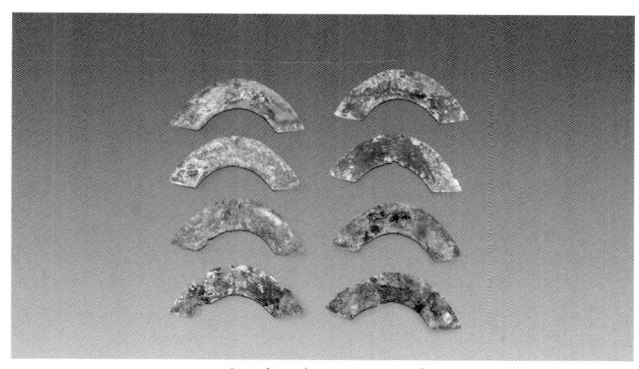
2. 铜珩（M44:11）

3. 铜剑（M48:1）

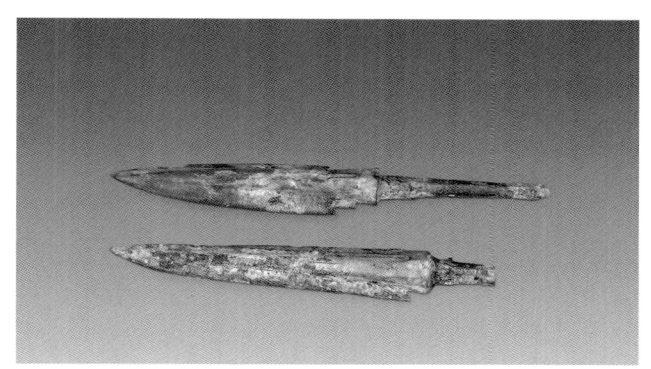
4. 铜镞（M50:2）

5. 铜衔（M50:1）

6. 铜圆环（M50:3）

7. 铜异形环（M50:4）

8. 铜小半圆形箍饰（M50:5）

M44、M48、M50出土铜器

图版六二

1. 铜柲帽（M51∶2）

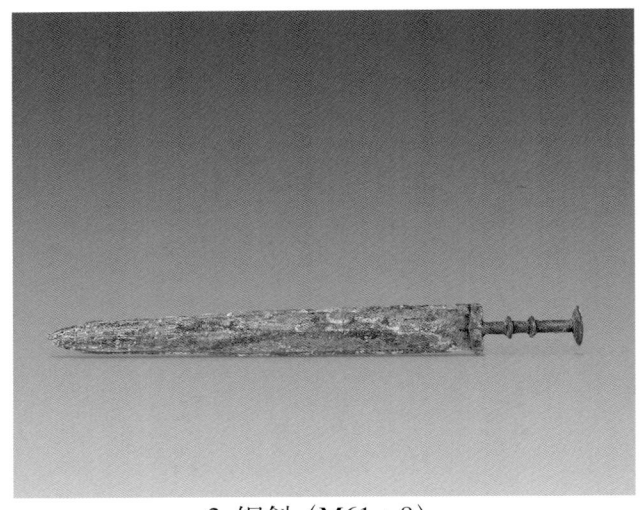

2. 铜剑（M61∶8）

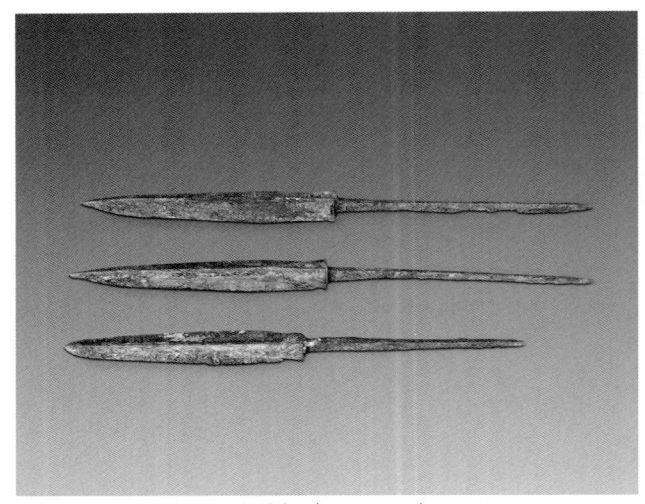

3. 铜镞（M69∶9）

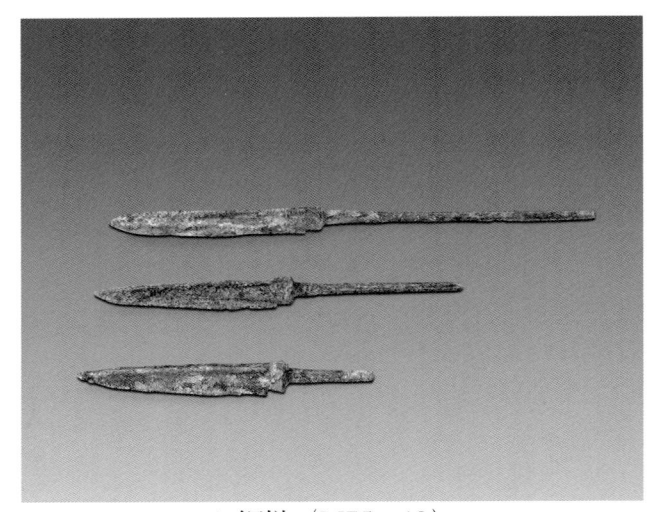

4. 铜镞（M75∶10）

5. 铜剑（M81∶8）

6. 铜镞（M81∶7）

M51、M61、M69、M75、M81出土铜器

图版六三

1. 玉环（M4:8）

2. 石环（M22:13）

3. 石环（M22:14）

4. 石环（M22:15）

5. 绿松石管（M22:20-1、M22:20-2）

6. 料珠（M22:20-6～M22:20-9）

M4、M22出土玉石器

图版六四

1. 石圭（M8∶6）

2. 石块（M8∶7）

3. 石铲（M20∶7）

4. 绿松石管（M35∶10）

M8、M20、M35出土石器

图版六五

1. 玉璧（M24：22）

2. 玉璧（M24：23）

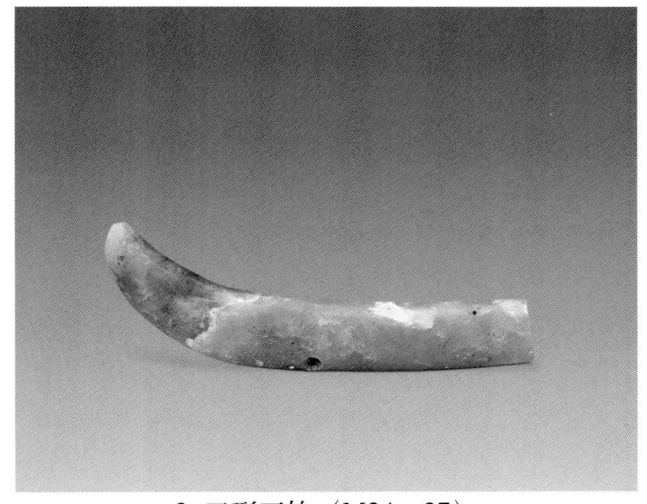
3. 刀形玉饰（M24：27）

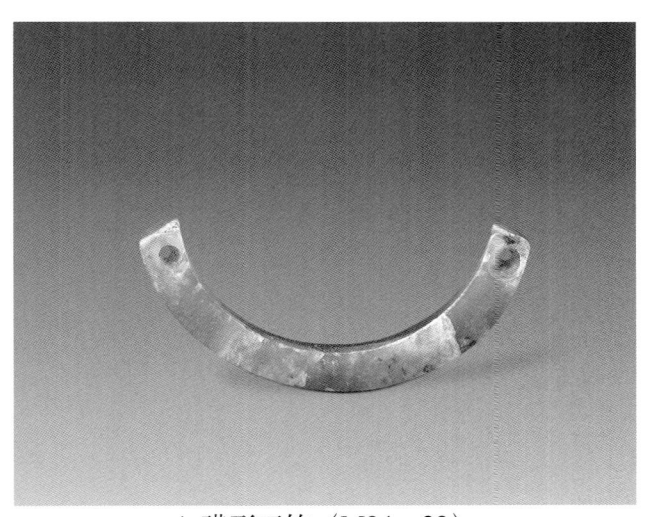
4. 璜形玉饰（M24：32）

5. 玉环（M28：18）

6. 椭圆形石片（M28：7-1～M28：7-8）

M24、M28出土玉石器

图版六六

1. 玉环（M31：4）　　　　　　2. 玉环（M44：10）

3. 水晶环（M44：12）　　　　　4. 玉璧（M44：13）

5. 水晶方管（M44：9-1）　　　 6. 水晶方管（M44：9-2）

M31、M44出土玉石器

图版六七

1. 石璧（M36:13）
2. 石环（M51:1）
3. 石环（M63:3）
4. 石环（M63:8）
5. 石环（M71:9）
6. 料珠（M71:10）

M36、M51、M63、M71出土玉石器

图版六八

1. 石璧（M76：3）

2. 石环（M82：3）

3. 蚌壳（M21：17）

4. 骨管（M24：13）

5. 骨管（M24：14-1～M24：14-4）

6. 海贝（M24：12-1～M24：12-5）

M76、M82、M21、M24出土石、骨器与蚌器

图版六九

1. M27陶器组合

2. M34陶器组合

淅川熊家岭墓地汉代墓葬陶器组合

图版七〇

1. 陶鼎（M27:4）

2. 陶灶（M27:5）

3. 陶双耳罐（M27:3）

4. 陶仓（M27:9）

5. 陶仓（M27:10）

6. 陶仓（M27:11）

M27出土陶器

图版七一

1. 陶仓（M27∶12）

2. 陶仓（M27∶13）

3. 陶盆（M27∶7）

4. 陶钵（M27∶2）

5. 陶井（M27∶6）

6. 陶磨（M27∶8）

M27出土陶器

图版七二

1. 铜洗（M27∶1）

2. 陶鼎（M34∶1）

3. 陶灶（M34∶3）

4. 陶盆（M34∶5）

5. 陶双耳罐（M34∶4）

6. 陶仓（M34∶10）

M27、M34出土器物

图版七三

1. 陶仓（M34∶11）

2. 陶仓（M34∶12）

3. 陶井（M34∶8）

4. 陶磨（M40∶2）

5. 陶鸡（M40∶3）

6. 陶双耳罐（M42∶1）

M34、M40、M42出土陶器